COMMANDANT WEIL

LA MORALE POLITIQUE

DU

GRAND FRÉDÉRIC

D'APRÈS

SA CORRESPONDANCE

PARIS
LIBRAIRIE PLON
PLON-NOURRIT et Cie, IMPRIMEURS-ÉDITEURS
8, RUE GARANCIÈRE — 6^e

1917

LA MORALE POLITIQUE
DU
GRAND FRÉDÉRIC
D'APRÈS
SA CORRESPONDANCE

COMMANDANT WEIL

LA MORALE POLITIQUE

DU

GRAND FRÉDÉRIC

D'APRÈS

SA CORRESPONDANCE

PARIS

LIBRAIRIE PLON

PLON-NOURRIT ET Cie, IMPRIMEURS-ÉDITEURS

8, RUE GARANCIÈRE — 6^e

1917

LA MORALE POLITIQUE
DU GRAND FRÉDÉRIC

D'APRÈS SA CORRESPONDANCE

En temps de paix, dans des circonstances ordinaires, je n'aurais jamais eu l'audace d'aborder à nouveau l'étude d'un sujet qui a été si magistralement traité par tant d'historiens, depuis Carlyle et Macaulay jusqu'au duc de Broglie et à Albert Sorel et plus récemment encore par MM. Ernest Lavisse et Charles Benoist. Il m'a semblé toutefois qu'aujourd'hui surtout, au moment où les destinées du monde sont de nouveau en jeu, où les peuples civilisés se sont vus contraints à défendre leur liberté et leur existence contre l'inqualifiable agression du nouvel Attila, il y aurait intérêt à mettre en pleine lumière les procédés, les *principes de morale politique* que le Grand Frédéric a légués à ses successeurs. J'ai d'autant moins hésité à le faire que, dans une série d'études (dont la première remonte à tout près de vingt ans et dont la dernière est bien récente puisqu'elle a été publiée à la fin de 1913 [1]), j'avais déjà eu l'idée de mettre, en regard des documents utilisés par la section historique de l'état-major autrichien dans les huit gros volumes de son histoire, presque complète aujourd'hui, de la *Guerre de la succession d'Autriche*, ceux non moins précieux contenus dans la *Correspondance politique de Frédéric II*, ce témoignage véridique et irrécusable par excellence, celui qui, comme le dit si justement

[1] Major Z... *La guerre de la succession d'Autriche*, 7 vol., Baudoin-Chapelot, 1896-1913.

le duc de Broglie[1], est véritablement sans prix, celui de Frédéric lui-même. « Nous avons là, ajoute le duc, Frédéric tout entier, non plus le Frédéric qui s'est peint lui-même dans l'*Histoire de mon temps* avec une franchise apparente qui n'est pas sans art, non plus le Frédéric transfiguré qu'adulaient à Paris tant de flatteurs gagés, recrutés par lui dans les rangs les plus élevés de la littérature et de la philosophie, mais un Frédéric sans fard et sans masque, dictant ses ordres à ses serviteurs avec une liberté et souvent un cynisme qui ne permettent pas de douter de sa sincérité. On peut l'en croire, ce Frédéric-là, même et surtout quand il parle de sa personne; car les censeurs les plus sévères auraient cru le calomnier en parlant de lui comme lui-même. »

On voit, rien que par ces quelques lignes, quels utiles, quels incomparables enseignements on pourrait tirer du dépouillement des trente-cinq volumes publiés, à ma connaissance, jusqu'à ce jour, de la *Correspondance politique* de Frédéric. Mais outre qu'une pareille étude, si l'on veut, comme il le faudrait, la pousser à fond, prendrait des proportions par trop considérables, elle ne servirait qu'à prouver qu'au cours de son long règne le grand roi de Prusse n'a jamais cessé de rester fidèle aux procédés qu'il avait appliqués dès le lendemain de son avènement. « Le début, comme l'écrivait encore le duc de Broglie, suffit pour faire juger l'homme et préjuger la suite. »

Fort de l'autorité et des conseils du grand écrivain, je me contenterai donc d'extraire des deux premiers volumes de la *Correspondance* les plus importantes des pièces et de préférence les notes et les dépêches, que le roi de Prusse écrivit de sa propre main, de juin 1740 à septembre 1742. Je les reproduirai presque toujours *in extenso*, afin qu'on ne puisse me reprocher d'avoir laissé intentionnellement de côté les passages qui auraient été de nature à changer ou tout au moins à atténuer le sens ou la portée de ces documents. Afin de faciliter la lecture de ces pièces, je ne saurai toutefois me dispenser de les faire précéder

---

[1] Duc DE BROGLIE, *Frédéric II et Marie-Thérèse*, t. I, p. 12.

de quelques lignes, parfois de quelques pages dans lesquelles je m'efforcerai d'exposer, le plus brièvement possible, la situation du moment, de rappeler les événements qui venaient de se produire, les manœuvres, les combinaisons, les intrigues politiques que nul mieux que Frédéric II ne savait préparer, suivre et diriger.

L'ami de Voltaire, l'auteur de l'*Anti-Machiavel* n'a jamais été plus perfide, plus audacieux, plus heureux et plus habile, mais aussi plus dénué de scrupules, plus intéressant par suite à observer, plus fécond en ruses et en machiavélisme que pendant la curieuse période qui s'étend presque du jour de son avènement aux préliminaires de Breslau et au traité de Berlin, en passant par la conclusion et la rupture de l'acte de Klein-Schnellendorf.

Il a d'ailleurs si peu varié dans ses principes, il est resté tellement conséquent avec lui-même que lorsqu'il rédigera, en 1775, l'avant-propos de l'*Histoire de mon temps*, il ne fera que développer, qu'accentuer davantage les idées qu'il avait émises une première fois en juin 1742 en essayant d'expliquer à son ami Jordan les raisons pour lesquelles il avait jugé bon de faire la paix et d'abandonner ses alliés. Sa profession de foi, l'épouvantable théorie qu'il ne craint pas d'exposer, « ces doctrines politiques destinées, comme le disent si justement Boutaric et Campardon, les éditeurs des *Mémoires de Frédéric*, à représenter comme le résultat de principes arrêtés toutes les atteintes données à la bonne foi et à l'équité dont il s'est rendu coupable dans le cours de son règne », méritent d'autant plus d'être rappelées, aujourd'hui, qu'elles ont en réalité frayé le chemin à la fausse dépêche de Bismarck et surtout au *chiffon de papier* de Bethmann-Hollweg.

« La postérité, écrit Frédéric, verra peut-être avec surprise dans ces *Mémoires* les récits de traités faits et rompus. Quoique ces exemples soient communs, cela ne justifierait point l'auteur de cet ouvrage, s'il n'avait d'autres raisons meilleures pour excuser sa conduite.

« L'intérêt de l'État doit servir de règle aux souverains. Les cas de rompre les alliances sont ceux : 1° où l'allié manque à remplir ses engagements ; 2° où l'allié médite de vous tromper et où il ne vous reste de ressource que de le prévenir ; 3° une force majeure qui vous opprime et vous force à rompre vos traités ; 4° enfin l'insuffisance des moyens pour continuer la guerre.

« Par je ne sais quelle fatalité, ces malheureuses richesses influent sur tout. Les princes sont les esclaves de leurs moyens. L'intérêt de l'État leur sert de loi et cette loi est inviolable. Si le prince est dans l'obligation de sacrifier sa personne même au salut de ses sujets, à plus forte raison doit-il leur sacrifier des liaisons dont la continuation leur deviendrait préjudiciable. Les exemples de pareils traités rompus se rencontrent communément. Notre intention n'est pas de les justifier tous. J'ose pourtant avancer qu'il en est de tels que la nécessité ou la sagesse, la prudence ou le bien des peuples obligeaient de transgresser, ne restant aux souverains que ce moyen-là d'éviter leur ruine...

« Les sages, qui prévoient les effets dans les causes, doivent à temps s'opposer à ces causes si diamétralement opposées à leurs intérêts. Qu'on me permette de m'expliquer exactement sur cette matière délicate, que l'on n'a guère traitée dogmatiquement. Il me paraît clair et évident qu'un particulier doit être attaché scrupuleusement à sa parole, l'eût-il même donnée inconsidérément. Si on lui manque, il peut recourir à la protection des lois et quoi qu'il en arrive, ce n'est qu'un individu qui souffre ; mais à quels tribunaux un souverain prendra-t-il recours, si un autre prince viole envers lui ses engagements ? La parole d'un particulier n'entraîne que le malheur d'un seul homme, celle des souverains, des calamités générales pour des nations entières. Ceci se réduit à cette question : Vaut-il mieux que le peuple périsse ou que le prince rompe son traité ? Quel serait l'imbécile qui balancerait pour décider cette question ? »

Quelque grande et incontestée que soit la gloire de Frédéric II, on ne saurait, après cette effroyable profession de foi, après l'argumentation éhontée par laquelle il essaye, non pas d'expliquer, mais de justifier son audacieux mépris du droit, s'empêcher de constater que le brillant édifice qu'il a légué à ses successeurs, cet édifice qu'eux aussi, sans s'arrêter devant le choix des moyens, ils ont si colossalement agrandi et qu'ils cherchent à agrandir encore, ne repose pas sur les assises du droit[1].

Il me semble donc, — et la terrible crise que traverse aujourd'hui l'Europe ne permet plus d'en douter — que, plus que personne au monde, nous sommes intéressés à voir la lumière se faire aussi complète que possible sur les procédés mis en œuvre par le grand roi de Prusse pendant une période dont l'étude approfondie s'impose d'autant plus impérieusement à nous qu'on peut en déduire une quantité d'enseignements précieux.

Tous nos malheurs, tous nos désastres, toutes les blessures dont nous souffrons depuis près de cinquante ans, datent de cette triste époque et ne sont que les suites fatales de nos erreurs politiques et militaires.

Vers le milieu du dix-huitième siècle, nous nous sommes acheminés vers Rossbach avec la même insouciance, avec le même aveuglement qui devaient un peu plus de cent ans après nous conduire à Sedan et nous arracher pour quarante-quatre ans l'Alsace et la Lorraine.

Louis XV, ses ministres, ses favorites, ses courtisans n'ont-ils pas été les premiers artisans de la grandeur de la Prusse ? N'est-ce pas à eux que l'on devrait à bon droit faire porter, au moins

---

[1] C'est là ce que vient de dire bien mieux que je n'aurais su le faire, le comte Baguenault de Puchesse, notre cher et savant directeur, dans ces quelques lignes que j'emprunte au compte rendu qu'il a consacré au beau livre de M. Charles BENOIST, *le Machiavélisme de l'Anti-Machiavel :* « ... N'ayant confiance en personne, soldat brutal et brimeur, le vrai Prussien se plaît à tromper tout le monde, à faire croire qu'il est attaqué quand c'est lui qui est l'agresseur, à manquer à sa parole, à ériger la force en droit. Il faut avouer qu'il le fait avec habileté et surtout avec esprit et que la civilisation française dont il était épris avait beaucoup adouci sa brutalité native. Après lui tout le peuple allemand s'est formé sur son modèle avec la barbarie grossière en plus et la légèreté d'esprit en moins. Du dix-huitième au vingtième siècle, il n'y a de changement que dans la forme. » (*Revue d'histoire diplomatique*, n° 5, de 1915.)

en grande partie, la responsabilité des luttes sanglantes que nous avons eu à soutenir ? N'est-ce pas leur politique inconsciente et funeste qui a aidé la Prusse à forger les armes qu'elle devait tourner contre nous, qui a encouragé et soutenu ses premiers pas, favorisé ses agrandissements ? N'est-ce pas cette politique qui, non contente de ces erreurs que jusqu'à ce jour il ne nous avait pas encore été donné de réparer, nous a épuisés dans des guerres sans raison et sans issue ? Ne sont-ce pas enfin les fautes et les erreurs de cette politique incohérente qui nous ont valu de trouver toujours et partout, prête à profiter à tout instant de nos faiblesses, de nos embarras, de nos dissensions, de nos revers, cette Prusse dont l'hostilité, tantôt latente, tantôt déclarée ne s'est jamais démentie depuis lors ?

Les années, près de deux siècles, ont passé. La carte d'Europe a été profondément remaniée depuis l'entrée en scène de cette nouvelle puissance, mais hélas! sans modifier la situation à notre avantage. A l'heure où nous soutenons avec une énergie, un calme, une résolution qui étonnent le monde, la grande lutte dont nous sortirons vainqueurs, nous avons moins que personne le droit de commettre des fautes. Plus qu'à aucune autre époque il nous faut à toute force profiter des grands enseignements de l'histoire et méditer attentivement, pour mieux nous préparer à le détruire, le programme du grand Frédéric, le programme dont ses successeurs ont poursuivi le développement et la réalisation avec tant de persévérance, de perfidie et d'acharnement, le programme qui, dès le premier jour, n'a cessé de tendre, plus encore qu'à l'abaissement de l'Autriche, à l'affaiblissement, à l'humiliation, à l'anéantissement de la France.

I

LES PREMIERS MOIS DE RÈGNE

I

DE L'AVÈNEMENT DE FRÉDÉRIC II A LA MORT DE L'EMPEREUR CHARLES VI

(JUIN-OCTOBRE 1740)

« Personne, dit Macaulay [1], ne soupçonnait qu'un tyran doué de talents extraordinaires pour la guerre et la politique, d'une persévérance plus extraordinaire encore, sans crainte, sans foi et sans miséricorde venait de monter sur le trône, le 31 mai 1740. Dès le premier jour cependant, le nouveau roi de Prusse, à peine sorti de sa prison de Rheinsberg, donne la mesure de ce qu'il ne cessera pas d'être pendant les quarante-six ans de son règne. Douze jours après la mort de son terrible père, le colonel de Camas, chargé de notifier son avènement à la cour de Versailles, emportait des instructions secrètes qui contiennent les grandes lignes du programme politique du prince qui, comme le fait justement remarquer le duc de Broglie, trafiqua de son génie et de ses armes *comme un commerçant de ses capitaux* [2] ».

---

[1] MACAULAY, *Essais historiques et biographiques*. Frédéric II. — Charles BENOIST, le Machiavélisme de l'anti-Machiavel, *Revue des Deux Mondes*, 15 mars 1915.
[2] Duc DE BROGLIE, *Frédéric II et Marie-Thérèse*, I, 45, X, 8.

C. P. 4. — *Instruction secrète pour le colonel de Camas allant à la cour de France en qualité d'envoyé extraordinaire.*

Ruppin, 15 juin 1740.

Le prétexte de votre voyage à la Cour de France est de faire un compliment au Roi comme allié du défunt mon père et de lui notifier sa mort en assurant le roi de France que je suis très porté à lui témoigner les mêmes sentiments que mon père, *pourvu que mes véritables intérêts s'y puissent prêter.*

J'envoie Truchsess à Hanovre. Il doit tenir en échec la politique du Cardinal et vous parlerez de Truchsess comme d'un homme que j'estime beaucoup et qui a le secret, afin que, pour ne point me laisser échapper des mains, on me fasse de meilleures offres qu'à feu le Roi mon père.

L'Angleterre me recherche, cela est sûr; on me fera des propositions avantageuses, cela est certain. Ainsi plus les Anglais renchériront et plus je vous donnerai commission de parler haut sur l'affaire de la Grande Succession; et il faut faire accroire aux Français que je leur fais grande grâce si je me relâche en leur faveur sur le duché de Juliers et que je me contente de celui de Bergue.

S'ils entrent en négociation, il faut insister sur la démolition de la forteresse de Düsseldorf et appuyer beaucoup sur ce qu'elle soit remise *in statu quo* de l'année 1730. Vous pouvez prouver que nous n'avons point fait de mouvement de ce côté-là, sinon que de ces cinq escadrons que nous avons fait marcher; ce qui n'est assurément point comparable avec tous les mouvements que les Palatins se sont donnés.

S'ils vous parlent du traité secret[1], vous n'avez qu'à vous retrancher sur l'article 4[2], dont voici la teneur et qui est fécond en ressources pour se justifier si l'on veut rompre. En un mot, il faut leur

[1] Le traité de La Haye du 5 avril 1739.

[2] *Article 4.* « Comme l'importance du secret, que l'on promet de continuer à observer de part et d'autre sur le présent traité, n'a pas permis de savoir encore quelles pourraient être les dispositions du Sérénissime Électeur palatin sur les conditions d'un accommodement, Sa Majesté Très Chrétienne, immédiatement après la ratification du présent traité et sans cependant en compromettre le secret, agira par toutes les voies les plus capables d'engager le Sérénissime Électeur palatin à accepter le plan d'accommodement ci-dessus stipulé et à en donner son acte d'acceptation avec les renonciations réciproques en bonne et due forme ».

faire envisager que si la France peut entrer en liaison avec la Prusse, il faut absolument que ce soit sur des fondements solides; que je suis dans la ferme intention de maintenir scrupuleusement mes engagements, mais que je n'entrerai en accommodement qu'après avoir pris toutes mes sûretés; en un mot, que si l'on voulait que je fusse bon Français, il fallait me faire des conditions que je puisse raisonnablement accepter.

Pour faciliter la négociation, promettez, comme en vous relâchant, qu'on ne fortifiera jamais Düsseldorf et qu'on ne chargera jamais le cours du Rhin de nouveaux péages et qu'on renoncera à Juliers pour jamais.

L'augmentation, qui se fera dans mes troupes durant votre séjour à Versailles, vous fournira l'occasion de parler de ma façon de penser vive et impétueuse. Vous pouvez dire qu'il était à craindre que cette augmentation ne produisît un feu qui mît l'incendie dans toute l'Europe, que le caractère des jeunes gens était d'être entreprenant et que les idées d'héroïsme troublaient et avaient troublé dans le monde le repos d'une infinité de peuples. Vous pouvez dire que naturellement j'aime la France, mais que si on me négligeait à présent, ce serait peut-être pour toujours et sans retour; mais qu'au contraire si l'on me gagnait, je serais en état de rendre à la monarchie française des services plus importants que Gustave-Adolphe ne leur a jamais rendus.

Vous ferez mille amitiés et civilités au Cardinal. Vous payerez paroles veloutées de paroles veloutées et les réalités d'autres réalités.

Approfondissez les desseins du ministère. Je suis dans le sentiment que tous leurs projets sont tournés pour profiter de la mort de l'Empereur. Tâchez de pressentir si l'affaire de la Succession serait capable de leur faire entreprendre une guerre ou si vous croyez qu'ils temporiseront : excitez, autant qu'il sera en vous, l'envie qu'ils ont contre l'Angleterre, approfondissez Maurepas et ceux que vous croyez qu'ils succéderont au Cardinal et faites ce qui sera en vous pour le savoir par cœur.

Voilà, mon cher Camas, les instructions que je vous donne. Je n'aurais pu choisir ni un plus honnête, ni un plus digne homme pour la commission la plus importante qu'on eût pu donner dans les conjonctures présentes.

Je me repose sur votre fidélité et sur votre habileté dans l'exécution de mes ordres et je suis votre fidèle Roi.

Frédéric.

Les deux pièces suivantes, qui précèdent dans la *Correspondance* les instructions secrètes emportées à Londres par Truchsess, permettent de se faire une idée exacte de la façon dont le nouveau Roi entendait traiter ses affaires et ses conseillers.

Voici sa réponse au Département des Affaires étrangères qui lui rend compte, le 14 juin, de l'envoi du baron de Münchhausen, ministre d'État du Hanovre, pour complimenter le Roi à l'occasion de son avènement et chargé en même temps de renouveler le traité de l'alliance éternelle entre les maisons de Brandebourg et de Hanovre de 1693.

C. P. 6. — *Au Département des Affaires étrangères.*

Berlin, 15 juin 1740.

Envoyez-moi la minute de ce traité, dont je n'ai aucune idée. Il faut beaucoup caresser Münchhausen, faire mille protestations d'amitié, et lorsque j'aurai le contenu du traité, je donnerai ma résolution là-dessus d'une manière plus positive.

En attendant, il faut amuser le tapis et se retrancher sans cesse sur la multitude d'affaires intimes qui m'ôtent le temps jusqu'ici de *penser aux étrangères.*

C'est, en revanche, un tout autre ton qu'il prend après avoir jeté un coup d'œil sur les propositions que le Département lui soumit quarante-huit heures plus tard sur une question qu'il connaît déjà et sur laquelle il a des idées bien arrêtées.

C. P. 9. — *Au département des Affaires Étrangères.*

16-17 juin 1740.

Rapport des ministres en date de Berlin, 16 juin : « A propos des affaires de la baronie d'Herstal, ils envisagent deux possibilités :

« Ou d'employer la force pour réduire la révolte.

Lorsque les ministres raisonnent des négociations, ils sont d'habiles gens ; mais lorsqu'ils parlent de la guerre, c'est comme quand un Iroquois parle de l'astronomie.

J'irai cette année dans le pays de Clèves ; je tenterai la voie de

— 15 —

« Ou bien de renouer la négociation pour la vente de la baronnie.

« Au premier cas, il y faudra employer pour le moins 2 ou 3 000 hommes et Votre Majesté risquera en même temps de se brouiller avec l'Empereur et avec l'évêque de Liège et peut-être même avec la France. »

la douceur et si l'on me refuse je saurai me faire justice.

L'Empereur est le vieux fantôme d'un idole qui avait du pouvoir autrefois et qui était puissant, mais qui n'est plus rien à présent ; c'était un homme robuste, mais les Français et les Turcs lui ont donné la vérole et il est énervé à présent.

Il faut donc que ces choses dorment jusqu'à ce que j'aille à Wesel et que je puisse me régler sur les conjonctures quel parti il y aura à prendre.

Le choix seul du personnage[1] qu'il charge d'aller complimenter le roi Georges et la teneur des instructions qu'il lui a remises, la consigne qu'il lui donne (mais qu'il a jugé inutile de donner à Camas) de « ne faire son rapport qu'à lui seul », semblent d'autant mieux indiquer que ses préférences allaient, à ce moment, à l'Angleterre, que ce fut seulement un mois plus tard qu'il manda à son envoyé qu'il lui « faut, non des compliments vagues, mais des offres solides ». Évitant toujours de se compromettre, il a eu entre temps le soin de se dérober à l'entrevue que Georges II lui faisait proposer[2].

---

[1] Bien qu'il ait adressé le 22 juin, à Fleury, une lettre autographe pleine de toutes les flatteries imaginables (*ibidem*, 15, Berlin, 22 juin), il lui avait fallu charger Le Chambrier de calmer les susceptibilités du cardinal, de lui expliquer les choix qu'il avait faits et de dissiper toute idée de l'apparence d'une prédilection pour la cour d'Angleterre (*ibidem*, 29, au conseiller baron Le Chambrier, à Paris. Gumbinnen, 14 juillet 1740).

[2] Cf. 75 au colonel de Truchsess, de Hanovre. Charlottenbourg, 7 juillet 1740. « Vous répondrez convenablement aux honnêtetés qu'on me marque ; mais quant à l'entrevue, c'est presque toujours l'écueil de l'amitié entre de grands princes..... »

C. P. 10. — *Instruction secrète pour le colonel comte Truchsess de Waldbourg allant à la Cour d'Hanovre, en qualité d'envoyé extraordinaire.*

Charlottenbourg, 18 juin 1740.

J'ai résolu de vous envoyer à Hanovre pour faire le compliment usité au roi d'Angleterre touchant la mort du feu roi mon père. Vous ferez des assurances d'amitié personnelle à l'infini. Il faut affecter devant les ministres ou les créatures françaises beaucoup de cordialité avec les ministres anglais, *quand même il y en aurait très peu*. Il faut tirer les vers du nez des ministres pour savoir leurs véritables intentions. Si l'on vous parle du bien de l'Europe et d'alliances, dites que je suis plus porté pour le bien de l'Europe que qui que ce soit, que je ne demande pas mieux que d'entrer, mais qu'il me faut de bonnes conditions et des choses solides qui puissent constater l'union des deux maisons.

Vous ferez beaucoup valoir l'envoi de Camas en France. Vous direz avec un air de jalousie que c'est un de mes intimes, qu'il possède ma confiance et qu'il ne va pas en France pour enfiler des perles.

Si l'on veut vous parler d'affaires, dites toujours que vous ne désespérez pas de réussir, pourvu que l'on vous fasse des conditions qui vaillent mieux que celles que les Français me font. Enfin, il faut toujours les renvoyer à des réalités touchant Juliers, Bergue, la Frise et le Mecklembourg.

Si l'on vous parle de l'augmentation, dites que je n'en vivrai pas pas moins bien avec mes voisins et que je cherche plutôt ma sûreté que leur dépréciation. En un mot, approfondissez les replis de leurs intentions; parlez beaucoup de l'inclination que j'ai pour eux, mais n'avancez rien de positif. *Faites tout espérer et tout craindre*. Gardez inviolablement le secret et dites-leur que la conduite du roi d'Angleterre serait le thermomètre de notre union.

C'est ma volonté expresse que vous suiviez de point en point cette instruction. Je vous donnerai moi-même le chiffre; vos rapports ne se feront qu'à moi et pour que je fusse sûr de mon fait je vous ai choisi comme un honnête homme en qui je peux avoir confiance. Je m'assure donc sur votre fidélité et sur votre dextérité, vous assurant en revanche que je suis votre très affectionné Roi.

Fédéric.

C. P. 31. — *Au colonel de Truchsess, à Hanovre.*

Königsberg, 18 juillet 1740.

Mon colonel de Truchsess, j'ai reçu vos relations n°⁸ 2 et 3 et j'ai été bien aise de voir la favorable disposition que la cour et les ministres marquent à mon égard. Mais comme ce qu'on vous a insinué a plutôt la mine de sincérations générales et de compliments vagues que d'offres solides, vous trouverez vous-même qu'il serait peu sûr de bâtir sur un fondement si léger. Ainsi vous représenterez aux ministres qu'ayant fait de leur côté le premier pas afin de me détacher de la France qui a épousé mes intérêts, il leur conviendra aussi de poursuivre et de me faire des propositions du plan sur lequel on voudra former nos liaisons, en me découvrant avec franchise ce que l'on fera pour moi dans l'affaire de Juliers et de Bergue, d'Ostfrise et de Mecklembourg, comme aussi ce qu'on souhaite de moi en revanche par rapport à leurs convenances.

Il me paraît presque superflu de penser si tôt au renouvellement de l'ancienne alliance qui étant perpétuelle n'en a pas besoin; et s'il faut la changer selon les intérêts présents des deux maisons, il vaudrait mieux d'en faire une nouvelle. Vous chercherez à pénétrer leurs véritables sentiments dont vous m'informerez au plus tôt.

Je suis, etc.

FÉDÉRIC.

Le jeu de bascule entre la France et la Grande-Bretagne n'est pas près de finir et pendant qu'il accable Fleury de compliments et de flatteries, Frédéric multiplie ses instructions et ses communications, tant à Camas qu'à Truchsess. Pour le moment, il lui semble que Camas a mieux travaillé que son camarade. Il est aussi gracieux avec lui que dur et sévère avec l'autre et il est même si satisfait de son travail qu'il ne parle de rien moins que d'aller « faire un petit tour en France », pour y faire la connaissance du cardinal [1].

---

[1] On sait qu'au lieu de venir à Paris, Frédéric se rendit à Strasbourg où il ne parvint pas à garder l'incognito.

C. P. 37. — *Au cardinal de Fleury, à Issy.*

Charlottenbourg, 23 juillet 1740.

Monsieur mon Cousin,

Il n'y a aucune occupation que je ne suspende volontiers pour avoir le plaisir de lire vos lettres et d'y répondre; mais quelque empressement que j'aie eu de vous satisfaire touchant le mariage du prince de Deux-Ponts [1] avec une de mes sœurs, je me suis vu arrêté par les oppositions de la Reine ma mère [2] qui m'a allégué tant de bonnes raisons que je n'ai pu les combattre.

Je souhaite, Monsieur, que vous ayez été content de la personne de M. de Camas. C'est un homme auquel vous pouvez parler avec confiance et qui est parfaitement informé de mes volontés. Je lui envie beaucoup la satisfaction de voir un ministre que je ne puis admirer que de loin. Je voudrais que vous fussiez ou moins grand ou moins aimable, car quelque plaisir que j'aie de connaître le pacificateur de l'Europe par ses lettres et par ses actions, je voudrais volontiers le connaître par une vision béatifique.

Je puis toutefois vous assurer très sincèrement que le Roi mon père n'a pu avoir plus de sentiments d'estime et d'amitié que ceux avec lesquels je suis à jamais, Monsieur mon Cousin, votre très affectionné et bien bon ami.

Fédéric R.

C. P. 39. — *Au colonel de Camas, à Paris.*

Charlottenbourg, 24 juillet 1740.

Monsieur de Camas,

Je viens d'apprendre par votre lettre du 14 de ce mois votre arrivée à Paris et l'obligeant accueil que le Cardinal vient de vous faire. J'en suis bien aise comme aussi de la manière dont on cherche à vous distinguer. A présent, je crois que vous aurez pu commencer votre négociation et j'espère d'en apprendre bientôt quelque chose d'intéressant. Je ne veux pas vous cacher qu'on se donne tous les mouvements imaginables à Hanovre pour m'attirer par des offres brillantes

---

[1] Christian, comte palatin de Deux-Ponts.
[2] La reine mère Sophie-Dorothée.

qui surpassent de beaucoup celles que la France m'a destinées. On me presse fort d'entrer dans ces liaisons, de renouer avant tout l'ancienne alliance et de profiter de leur bonne volonté. On m'invite même à des entrevues dont on me marque une flatteuse perspective. Mais j'ai résisté fermement à toutes les tentatives, et si la France veut sincèrement se prêter à nos intérêts et m'obliger, comme elle en a le pouvoir, je serai son allié du monde le plus fidèle et le plus reconnaissant. Vous insinuerez tout cela au Cardinal en l'assurant de mes amitiés. Au reste, ayant appris qu'il doit y avoir un traité secret entre cette cour et celle de l'électeur de Cologne, vous chercherez à l'approfondir et à m'en informer. Je suis, etc.

Fédéric.

On ne fait que chanter vos louanges. J'espère qu'on goûtera vos arguments avec la même facilité qu'on goûte votre personne.

C. P. 42. — *Au colonel de Camas à Paris.*

Berlin, 2 août 1740.

Monsieur de Camas,

J'ai bien reçu votre relation du 21 de juillet et l'apostille y jointe et j'y ai vu avec plaisir tout ce que s'y est passé à votre arrivée à Compiègne et aux audiences que le Roi, la Reine, le Dauphin et le Cardinal vous ont accordées, dont j'ai lieu d'être fort satisfait.

J'ai été bien aise d'apprendre que vous êtes entré en question touchant ce qui m'a paru mériter une réforme de la convention en question et comment le ministre y a répondu. J'approuve votre conduite et vous devez pousser votre pointe, suivant votre instruction, en évitant avec soin qu'on ne vous amuse point par des longueurs ordinaires.

Il m'importe de savoir à quoi m'en tenir, et vous devez faire connaître, avec toute la politesse imaginable, que, si la France veut sincèrement me lier à ses intérêts, il faudrait ménager les miens sans perdre de temps; que la cour d'Angleterre me presse fort d'accepter le parti avantageux qu'elle m'offre, mais que je tiens ferme par un principe de l'amitié et de l'attachement que j'ai pour la France; que si celle-ci ne veut rien faire de plus pour moi que ce qu'elle a offert par le traité secret, qui même n'a pas été accepté par l'Électeur palatin, nonobstant la promesse de la France de l'y porter efficacement, on ne saurait prendre en mauvaise part, si je me trouvais forcé par là à me donner à l'Angleterre ; mais que je me flatte que l'amitié et la sagesse du cardinal embrasseront l'occasion présente pour m'obliger réellement dans cette affaire et dans mes autres intérêts, ce qui m'attacherait pour toujours à ceux de la France en lui vouant toute mon amitié et une reconnaissance éternelle. Je verrai par la réponse qu'on vous donnera ce que j'aurai à attendre et je suis, etc.

Tâchez de savoir quelque chose de positif touchant les volontés de messieurs les Français et éclaircissez les ténèbres de leur politique [1].

Fédéric.

C. P. 43. — *Au colonel comte de Truchsess, à Hanovre.*

Berlin, 2 avril 1790.
Monsieur de Truchsess,

J'ai reçu votre relation n° 8, du 27, par laquelle vous me mandez de quelle manière ma lettre de félicitation a été reçue par le roi d'Angleterre et combien de compliments vous avez essuyés à cette occasion. Je ne vois encore rien de positif par rapport à l'alliance qu'on a tant pressée, quoique je vous aie marqué plusieurs fois mes sentiments là-dessus, et il me semble qu'on se flatte toujours que je me prêterai à leurs idées en donnant le premier mes demandes. Vous n'ignorez pas combien j'en suis éloigné et j'ai été surpris d'apprendre de vous-même que vous avez donné dans ces pièges en délivrant au Milord [2] un *Pro memoria* sur les articles dont vous l'aviez entretenu. Mais mes ordres ne vous autorisant aucunement à faire une telle démarche, je ne comprends pas par quelle raison vous sauriez l'excuser.

S'il est vrai que la cour d'Angleterre souhaite sincèrement de m'attacher à ses intérêts, il est naturel que j'attende d'elle les propositions sur ce qu'elle voudra faire pour l'amour de moi dans l'affaire de Juliers et de Bergue et dans celles qui regardent mes prétentions sur l'Ostfrise et le Mecklembourg, et il faudrait s'expliquer sur les moyens de m'assister dans la poursuite de ces droits et quel plan on voudrait en faire. Car, sachant que la France a épousé mes intérêts à l'égard du premier article, on ne saurait prétendre avec raison m'en détacher si l'on ne s'avise pas de m'offrir de plus grands avantages au lieu

---

[1] Le dernier paragraphe de la main même de Frédéric II.
[2] Harrington.

d'attendre de moi des avances. Je vous ordonne donc de ne vous pas laisser amuser par des compliments et de générales assurances, mais d'exiger des propositions claires et précises qui pourraient me mettre en état de m'expliquer aussi rondement avant mon départ pour Wesel.

Je vous adresse exprès le porteur de celle-ci afin de m'envoyer avec plus de sûreté votre réponse qui m'informera en détail de la véritable situation de cette affaire et de tous les secrets qu'on ne pourra point confier à la poste.

Je joins ici un autre chiffre trouvant le vôtre trop difficile, la moindre omission d'une lettre causant un grand embarras; c'est pourquoi vous vous servirez du nouveau qui est plus clair et plus facile.

Au reste n'oubliez pas de faire mes amitiés au prince de Hesse [1], et à la princesse [2] et de remercier le de Münchhausen de la délivrance des deux recrues arrêtées si longtemps à Brême. Je suis, etc.

FÉDÉRIC.

C. P. 44. — *Au colonel de Camas, à Paris.*

Charlottenbourg, 3 août 1740.

MON CHER CAMAS,

J'ai lu votre lettre avec beaucoup d'attention et j'en ai conclu qu'autant que je pouvais y comprendre, la France est résolue à se ménager Dusseldorf pour elle-même, afin d'avoir le passage du Rhin libre. Indépendamment de ce soupçon, il faut continuer à négocier afin de nous assurer ce que nous avons lieu de présumer.

Je vous envoie pour cet effet les deux pièces que vous souhaitez [3]. Il faut faire encore un essai touchant l'accord proposé avec la maison de Sulzbach et faire bien valoir la dernière condition de démolir Dusseldorf en cas qu'on l'obtienne. Si nous n'avançons point par ce moyen, il ne nous reste qu'à les amuser et à chercher parti ailleurs. Je regarde la convocation de Pecquet comme les paroles sacramentales de la négociation. L'emportement et la prévention de ce commis nous donnent le signal de leurs menées et de leurs intentions [4].

[1] Frédéric, prince de Hesse-Cassel.
[2] Marie, princesse de Hesse, fille du roi d'Angleterre Georges II.
[3] Les premières propositions de Frédéric-Guillaume à l'électeur palatin et copie du traité du 5 avril 1739.
[4] Rapport de Camas, 26 juillet : « Hier au soir, j'ai été voir M. Pecquet,

Parlez un peu de l'Angleterre. Voyez ce qu'ils disent. Voyez si la jalousie ne serait pas un ressort capable de les faire agir en notre faveur. Mettez en mouvement toutes les machines de la rhétorique. La France veut gagner le temps que le roi d'Angleterre soit reparti de Hanovre, pour nous amuser. Il faut les frustrer de cet avantage et les faire expliquer encore plus clair afin que nous sachions précisément à quoi nous en tenir. Parlez de la nullité de l'article auquel la France n'avait pas satisfait et serrez-leur le bouton, car il est absolument nécessaire de terminer cette négociation avant la mort du vieux bonhomme [1].

Tâchez aussi de pénétrer ce que le ministère pense de notre augmentation, s'ils en prennent ombrage ou s'ils considèrent ce phénomène comme une chose qui ne saurait causer des scrupules au très scrupuleux cardinal.

En un mot, mon avis est qu'après les avoir pris de toutes les manières pour réussir et après avoir tout tenté, il faut se retirer sans bruit et sans les ombrager pour prendre parti ailleurs. Mais *j'avoue que si nous pouvons réussir à Versailles, cela vaudra mieux qu'à Londres.*

... Adieu, je suis à jamais votre fidèle ami.

FÉDÉRIC.

C. P. 46. — *Au major général comte de Truchsess, à Hanovre.*

Ruppin, 8 août 1740.

MONSIEUR DE TRUCHSESS,

Je viens de recevoir vos relations du 3 et du 4 de ce mois, aussi bien que votre *pro memoria* du 29 juillet et les deux réponses que Milord Harrington et le ministère d'Hanovre ont trouvé à propos d'y faire. Mais je m'aperçois que nous ne sommes guère plus avancés qu'auparavant, ces déclarations ne contenant que des assurances générales et peu positives sur lesquelles on ne pourrait faire aucun fonds. Je vous ordonne donc de les presser plus vivement *à s'ouvrir avec cordialité à quelles conditions ils voudraient faire partie avec moi.*

Faites-leur comprendre que, ma situation étant telle que je n'ai pas eu besoin de rechercher leur alliance, ils avaient voulu faire le pre-

premier commis pour les Affaires étrangères. C'est proprement l'oracle... Dès que je fus entré en matière, je trouvai un homme fort prévenu contre les droits de Votre Majesté touchant la succession de Juliers et de Bergue, etc., etc. »

[1] Charles-Philippe, Électeur palatin.

mier pas pour tenter à me *détacher de la France dont je n'ai pas lieu de me plaindre;* que pour venir à cette fin il serait absolument nécessaire de me montrer plus de confiance et de sincérité en me découvrant les intérêts réels qu'ils voudraient me procurer par cette alliance dans l'affaire de Juliers et de Bergue et comment on m'en garantirait la possession prochaine contre les malintentionnés; que sans ces sortes de démonstrations solides d'une bonne volonté, je ne saurai être porté à de nouveaux engagements; que mon départ pour le pays de Clèves étant fort proche, leur lenteur à me gagner en avait déterminé à préférer la route de Baireuth à celle de Hanovre, ayant cru que celle-ci leur paraissait un peu indifférente. Mais qu'à mon retour je pourrais changer de route si l'on voudrait me convaincre de la sincérité des sentiments de leur cœur. Vous y ajouterez qu'en cas que le roi d'Angleterre fasse son retour pendant mon séjour de Clèves, la ville de Wesel ne semble pas trop éloignée pour y avoir une entrevue. Au reste, vous pouvez aussi insinuer au Ministère que l'alliance faite avec Hesse-Cassel n'a de quoi causer aucun ombrage par rapport à mes intérêts, me fiant à l'amitié du roi leur maître. Cependant vous aurez l'œil sur toutes leurs démarches et sur ce qui s'y passe à mon égard. Je verrai par le succès de vos efforts ce que j'aurais à attendre et je suis, etc.

FÉDÉRIC.

Insistez surtout sur ces points et dites que j'aurais fait le voyage d'Hanovre si l'on avait répondu positivement; mais, puisque l'on biaisait, que je ne pouvais pas non plus passer par chez eux. Mais qu'en cas que le roi voulût se déclarer, je pourrais le voir à Wesel, lorsqu'il retournera en Angleterre, ou que je pourrais passer par chez lui, s'il reste en Allemagne jusqu'à mon retour. Plus de voyages d'Herford. Je vous prie, etc. [1].

C. P. 48. — *Au colonel de Camas, à Paris.*

Ruppin, 17 août 1743.

MONSIEUR DE CAMAS,

Espérant de recevoir dans peu de jours une reponse claire et précise sur le contenu de ma précédente, j'ai cru à propos de vous avertir

[1] Le 11 août (C. P. 47) Frédéric, répondant à un rapport de Truchsess du 6 août, lui témoignait son mécontentement et lui disait que : « S'ils (les Anglais) ne me proposaient rien, nous ne conclurions assurément rien ensemble, ce que je vous ai déjà déclaré en termes exprès. »

que, si mes affaires vont là-bas selon mes souhaits connus, je pourrai faire un petit tour en France pendant l'espace de quinze jours pour avoir la satisfaction de connaître personnellement le cardinal et pour profiter de ses entretiens. Cependant vous comprendrez aisément que c'est un secret qu'il ne faut révéler à personne, outre que vous sonderez avec adresse ce ministre là-dessus, comme d'un cas qui pourrait arriver, sans pourtant lui dire que je vous aie écrit.

Je compte d'être à Wesel le 24 de ce mois où j'espère d'avoir de vos nouvelles. Je suis, etc.

Fédéric.

C. P. 50. — *Au major général comte de Truchsess, à Hanovre.*

Potsdam, 14 août 1740.

Monsieur de Truchsess,

Au lieu de recevoir de vous une réponse positive et claire de la part de la cour sur votre affaire, ce que je vous ai enjoint par mes dernières lettres des 8 et 11, je viens de voir par votre relation du 10 de ce mois que vous ne vous acquittez pas, comme je le désire, de cette commission. Vous ne faites que de remplir la lettre de nouvelles inutiles, sans me mander si vous avez poussé de nouveau le ministère sur les propositions que j'attends de leur côté s'ils me veulent attirer à une liaison étroite. Comme j'ai raison d'être peu content de cette conduite, je vous ordonne encore, une fois pour toutes, d'exécuter ma volonté si vous ne voulez pas risquer mes bonnes grâces. J'attends votre réponse le 14 à Wesel, étant, etc.

Fédéric.

Ce n'était assurément pas là le langage auquel on pouvait s'attendre de la part d'un jeune prince si jalousement tenu à l'écart des affaires. Les premiers actes du nouveau roi, uniquement guidé par sa rare intelligence, puissamment aidé par une absence totale de scrupules, suffisaient pour donner l'éveil aux hommes d'État et à leurs maîtres, pour leur prouver à tous qu'un terrible lutteur, avec lequel ses alliés et ses adversaires allaient avoir à compter, venait d'entrer dans l'arène. Jusqu'ici, Frédéric ne s'est apparemment occupé que des questions en litige et en suspens (Juliers, Bergue, Ostfrise, Mecklembourg et son différend avec l'évêque de Liège) qu'il a trouvées dans l'héritage de son père. Loin de se laisser distraire pendant le cours de son voyage du grand but vers lequel il tend, de l'objet qu'il poursuit, du vaste projet qui hante son esprit, c'est vers Vienne qu'il tourne dès ce moment ses regards. C'est sur une question bien autrement importante pour lui, l'acquisition de la Silésie et l'ouverture imminente de la succession d'Autriche, qu'il concentre son attention. Raison de plus pour multiplier ses ordres et ses instructions à ceux de ses agents qu'il a envoyés à Hanovre et à Paris, pour communiquer ses idées à Podewils et pour avoir soin surtout de ménager, de cajoler Fleury.

C. P. 53. — *Au ministre d'État Podewils, à Berlin.*

Wesel, 31 août 1740.

Monsieur de Podewils,

J'ai bien reçu votre lettre et le *post-scriptum* du 20 et votre relation du 22 et je suis satisfait de ce que vous m'avez mandé des ministres étrangers avec lesquels vous continuerez de vivre avec politesse. Vous traiterez surtout le comte Batthyany[1] avec beaucoup de civilité, parlant seulement en gros des affaires et le cajolant par des insinuations générales. Vous chercherez aussi à bien vivre avec Brackel[2] et vous lui insinuerez les raisons qui devraient porter la Russie à conclure sans délai notre alliance. Quant au comte de Törring[3], vous devez mettre toutes les honnêtetés en œuvre pour le gagner en lui faisant connaître que, s'il restait à Berlin, je ne manquerais pas d'envoyer un ministre à Munich. Cependant, vous pouvez raisonner en gros avec lui sur les affaires, mais sans entrer dans aucune négociation jusqu'à mon retour.

Pour ce qui regarde le marquis de Valory, vous continuerez de parler avec lui sur le même ton en lui disant que vous êtes persuadé de mon parfait attachement aux intérêts de la France et que je me

---

[1] Batthyany (Charles, comte), général autrichien et ministre d'Autriche à Berlin.

[2] Brackel (Casimir-Christophe, baron), conseiller intime actuel, ministre de Russie à Berlin.

[3] Törring-Jettenbach (Maximilien-Emmanuel, comte), ministre de Bavière à Berlin.

tiendrai sans doute aux engagements contractés avec elle, me flattant de sa part qu'elle voudra les affermir de plus en plus. Je suis, etc., etc.

FÉDÉRIC.

C. P. 56. — *Au major général, comte de Truchsess, à Hanovre.*

Wesel, 1ᵉʳ septembre 1740.

MON CHER COMTE DE TRUCHSESS,

J'ai reçu vos lettres du 19, 22 et 26 d'août aussi bien que toutes les précédentes. Je suis satisfait de vous et du compte que vous m'avez rendu de la favorable disposition où la cour paraît être à mon égard et des déclarations que le ministre vous a faites là-dessus, quoiqu'elles restent toujours dans des termes généraux. Ainsi vous devez employer tout votre savoir-faire pour convaincre le roi et les ministres de la sincérité de mon attachement et de l'amitié que j'ai pour Sa Majesté. Vous ne cesserez pas de leur insinuer qu'encore que la distraction de mon voyage et mes occupations continuelles ne me laissent pas le loisir de travailler si tôt à une négociation formelle d'un plan d'une alliance, je répondrai toujours en ami à ce que la liaison du sang et les véritables intérêts demanderaient de moi, faisant plus de fond sur l'amitié de ce prince que sur des traités solennels.

Je vous assure donc que vous travaillerez efficacement à gagner de plus en plus sa faveur et celle de ses ministres. Au reste, vous recevrez dans peu des instructions touchant le testament du feu roi d'Angleterre, qu'on cache jusqu'ici, quoiqu'il ait grande apparence que la Reine, ma mère, y doive y avoir part par rapport à un certain legs. Vous chercherez d'éclaircir cette affaire sous main et avec beaucoup de circonspection, sans en rien faire paraître aux ministres.

FÉDÉRIC.

Est-ce en raison de ce testament ou parce qu'il se croyait plus de chances d'arriver à ses fins avec la France, ou bien encore parce qu'il tenait à être fixé d'abord sur les intentions de la Saxe et de la Russie, toujours est-il que les instructions qu'il vient d'envoyer à Truchsess ne ressemblent guère à celles qu'il lui a fait tenir le 8 et surtout le 14 août, à celles qu'il lui adressera six semaines plus tard. La distraction du voyage lui laisse en revanche le temps d'écrire à Dresde, à Saint-Pétersbourg, à Fleury et surtout à Camas.

C. P. 57. — *Au conseiller de légation d'Ammon, à Dresde.*

Wesel, 3 septembre 1740.

Le caractère du père Guarini mérite mon attention. Si vous pouvez trouver des moyens sûrs et permis d'éclaircir ses vues et desseins sans risquer votre honneur, vous pouvez en faire une tentative. Mandez-moi surtout :
1° Les desseins que la cour a formés par rapport à la mort de l'empereur ;
2° Si elle a contracté pour cela des liaisons certaines avec la Russie et quel concert on aura fait là-dessus.
3° Ce que Guarini pense de moi et de mes desseins.

FÉDÉRIC.

C. P. 58. — *Au conseiller privé d'État de Mardefeld, à Saint-Pétersbourg.*

Berlin, 3 septembre 1740.

Quoique que vous sachiez vous-même combien il est nécessaire de ménager soigneusement le projet de l'alliance que je viens de proposer à la Russie, je vous avertis cependant par celle-ci d'être surtout extrêmement sur vos gardes là-dessus par rapport à l'ambassadeur de France et au ministre de Suède, puisqu'il m'importe extrêmement qu'ils n'en découvrent rien. J'espère que la cour de Russie en agira de même à l'égard de ces deux ministres aussi bien qu'à tous les autres qui s'y trouvent.

FÉDÉRIC.

Avant d'écrire à Fleury l'importante dépêche qu'il complète encore par de nouvelles instructions expédiées le même jour à Camas, il a jugé à propos d'encourager en quelques mots le zèle et la vigilance de Podewils.

C. P. 61. — *Au ministre d'État de Podewils, à Berlin.*

Wesel, 5 septembre 1740.

Votre lettre du 30 d'août m'a été rendue, et le récit des occupations inquiètes des ministres étrangers m'a diverti. Il ne faudra pas leur envier les belles et sublimes spéculations dont ils trouvent plaisir de s'amuser. Je vous tiens compte des sentiments de dévotion que vous avez pour moi.

Fédéric.

C. P. 64. — *Au cardinal de Fleury, à Issy.*

Wesel, 9 septembre 1740.

Monsieur mon Cousin,

Il ne fallait pas moins à Camas pour être bien reçu qu'une lettre de votre part. Je sens un véritable plaisir en les recevant et je les lis avec la satisfaction qu'elles doivent causer naturellement, d'autant plus qu'elles me servent de gages de votre bonne santé à laquelle toute l'Europe doit s'intéresser.

J'ai lu le mémoire que vous m'avez adressé. Quoique les raisons ne m'aient pas paru toutes alléguées dans leur force qu'on pouvait employer en ma faveur, je me flatte cependant qu'un temps viendra où elles vous paraîtront dans toute leur évidence. Il ne se peut point que vous ne trouviez une grande différence entre l'alliance de l'Électeur palatin et la mienne. Les intérêts de la France et les miens sont les mêmes; tout semble nous unir; un peu plus de bonne volonté de la part du Roi de France resserrerait ces liens à jamais. Je suis persuadé que cela viendra, d'autant plus que vous ne sauriez trouver d'allié plus ferme ni plus résolu que je ne le suis. Gustave-Adolphe servait la France autrefois; mais la Suède n'est plus de nos jours ce qu'elle était alors et, ce qu'il y a de pire, c'est qu'il ne s'y trouve plus de Gustave-Adolphe.

En un mot, mon cher Cardinal, je suis plein de confiance en l'amitié de votre Roi; je prends à l'affirmative l'assurance que vous me donnez à la fin du mémoire sur les bonnes intentions du Roi et j'espère qu'elles augmenteront à vue d'œil en ma faveur.

Vous trouverez peut-être ma lettre longue et bavarde; mais je vous écris avec la même sincérité que vous m'avez écrit. Une ouverture de cœur exige l'autre. Je souhaiterais que vous puissiez voir dans le fond du mien, vous y liriez tous les sentiments d'estime et de la considération infinie avec laquelle je suis, monsieur mon cousin, votre très fidèle ami et cousin.

FÉDÉRIC.

C. P. 65. — *Nouvelle instruction pour le colonel de Camas.*

Wesel, 9 septembre 1740.

MONSIEUR DE CAMAS,

M'étant expliqué avec vous sur tout ce qui regarde votre négociation à la cour de France et sur les vues que j'ai par rapport à mes intérêts, je trouve nécessaire que vous y retourniez au plus tôt pour continuer votre fonction. Voici une lettre de réponse au Cardinal que vous lui présenterez de ma part en l'accompagnant des protestations du monde les plus fortes et les plus polies, de l'amitié et de l'estime que j'ai pour lui. Lisez sur son visage la mine qu'il fera et quelle pourra être l'impression de ma lettre. Vous mettrez tout en œuvre pour le cajoler et le gagner et vous lui déclarerez positivement en mon nom qu'encore que mes raisons alléguées et solides n'eussent pas pu le déterminer, dans l'affaire de Juliers et de Bergue, d'ajouter quelque chose aux conditions contenues dans la convention secrète, j'ai trop d'amitié pour le Roi Très Chrétien et pour lui, le Cardinal, pour me départir du susdit traité que j'observerai, me flattant que la France le fera de même et fera quelques réflexions de plus, lorsqu'il s'agira effectivement du fait.

Cependant le Cardinal m'ayant fait connaître par son mémoire que le roi de France me voudra promettre de porter le prince de Sulzbach, quand il succédera à l'Électeur palatin, de s'accommoder avec moi de tout le pays que je souhaite qu'il me soit cédé, vous devez travailler à me procurer par écrit une telle déclaration formelle, s'il se peut, ou quelque chose sur quoi l'on puisse se fonder, le cas venant à exister. Insistez, autant que vous le pourrez, pour que j'aie une pièce signée du roi, où il y ait les mêmes termes qu'à la fin de la convention. Il ne m'en faut pas davantage.

Quant à l'affaire de la succession de l'Ostfrise, j'ai été bien aise d'apprendre la favorable disposition où vous avez trouvé le Cardinal à cet égard, m'ayant marqué par vous la facilité d'obtenir la garantie de sa cour. Mais cet objet étant encore éloigné, et la princesse d'Ostfrise[1] se déclarant enceinte, je ne trouve pas à propos que vous entriez dans cette matière, toute éblouissante qu'elle peut paraître, et vous ne manquerez pas de moyens plausibles de l'éviter sans affectation et sans désobliger le Cardinal.

Il s'entend de soi-même que vous devez cacher avec un soin extrême ce que vous savez de mes desseins et des vues que j'ai par rapport aux conjonctures qui se présenteront. Mais vous vous appliquerez plutôt à découvrir ceux de la France, à flatter le Cardinal par la perspective de l'utilité de nos liaisons[2] et à le mettre sincèrement dans mes intérêts. Je vous y laisserai jusqu'au départ du Roi d'Angleterre, et quand je vous aurai envoyé votre rappel, vous vous en retournerez par la route de Metz. Vous savez du reste mes sentiments sur ce que je souhaite de vous et je suis persuadé de votre fidélité et zèle, étant toujours .

(L. S.) Fédéric.

Quoi qu'il en soit, le roi de Prusse n'est pas encore sur le point de se décider et de se lier les mains. Il lui faut des gages qu'il n'a pas encore obtenus et sans lesquels il ne fera rien qui puisse entraver sa liberté d'action.

C. P. 75. — *Au ministre d'État de Podewils à Berlin.*

Magdebourg, 22 septembre 1740.

Monsieur de Podewils,

J'ai appris, par votre mémoire secret du 10 de ce mois, ce que le marquis de Valory vous a insinué touchant la disposition de sa cour de conclure avec moi une étroite alliance et d'y faire accéder la Suède et le Dancmark. Quoiqu'il ne faille pas le rebuter par un refus précipité, vous connaissez mes sentiments sur ce chapitre et que je crois de mes intérêts d'éviter avec soin une nouvelle alliance avec la France qui en retirerait seule tous les fruits en m'en

---

[1] Sophie-Wilhelmine, femme de Charles-Edgard, le dernier prince de la Frise orientale, mort en 1744.

[2] Il ne sera pas inutile de rapprocher de ces instructions la note que Frédéric adressait le lendemain à Podewils « ... Comme je suis persuadé de la justesse de votre raisonnement sur la manière de se comporter envers cette couronne (la France), en cultivant avec prudence les liaisons que j'ai avec elle sans se laisser trop engager, je continuerai de suivre ce plan. »

laissant les inconvénients. Ainsi, il me conviendra de me tenir au traité secret et d'attendre tranquillement le dénouement de la crise présente et ce qu'il plaira à la couronne de France de m'offrir pour me convaincre de sa prédilection promise. Je suis, etc.

FÉDÉRIC.

C. P. 76. — *Au ministre d'État de Podewils à Berlin.*

Magdebourg, 22 septembre 1740.

MONSIEUR DE PODEWILS,

J'ai bien reçu la vôtre par laquelle vous m'informez de la disette d'argent qui règne à Vienne et de l'envoi de l'émissaire juif qui a commission d'en chercher chez nous. J'approuve la manière dont vous avez répondu à l'ouverture qu'il nous en a faite ; *sans de bonnes hypothèques et des possessions réelles où je pourrais avoir des garnisons, il n'y aura rien à faire. Mais si l'Empereur me veut engager un district de Silésie, limitrophe de mes États, pour la sûreté du payement, nous en pourrions devenir d'accord,* ce que vous ferez connaître au susdit émissaire [1]. Je suis, etc.

FÉDÉRIC.

A partir de ce moment, tout en ne perdant pas de vue les intérêts qu'il a à cœur de défendre, les questions en litige dont il se propose de tirer largement parti, tout en affectant de vouloir se prêter à des concessions plus apparentes que réelles, c'est Vienne, ce sont les complications que ne peut manquer de faire éclater l'ouverture de la Succession d'Autriche qui sollicitent surtout son attention et ses soins.

C. P. 78. — *Au conseiller privé des Finances de Borcke, à Vienne.*

Berlin, 24 septembre 1740.

Votre relation du 24 de ce mois m'a été bien rendue.

Ce n'est plus un simple soupçon que la France a conclu un nouveau

---

[1] L'émissaire a dit, d'après le rapport du ministre, du 10 septembre, « qu'on engagerait en tout cas une partie de la Silésie limitrophe aux États de Votre Majesté ».

traité de subsides avec la cour de Bavière. La nouvelle en est confirmée de divers endroits et elle est accompagnée de tant de circonstances qu'on n'en saurait presque pas douter.

Il est naturel que cet événement, qui dérange furieusement le système de la cour de Vienne, lui donne beaucoup d'inquiétude. Elle devait néanmoins s'y attendre, et tant qu'elle se tient au système de la Pragmatique, elle aurait tort de se flatter de s'attacher la maison de Bavière ou même de l'empêcher de ne pas se donner à la France.

Reste à savoir quel parti la cour impériale prendra sur cette nouvelle et si, outre le mécontentement qu'elle lui inspirera contre la cour de Bavière, elle n'affaiblira point l'étroite liaison que les ministres de l'Empereur ont paru entretenir jusqu'ici avec la France.

Je suis fort curieux d'apprendre quelles en seront les suites, et vous ne manquerez point d'y prêter toute l'attention possible et de me rendre un compte exact de ce que vous en pourrez découvrir.

FÉDÉRIC.

C. P. 93. — *Au colonel de Camas, à Paris.*

Ruppin, 5 octobre 1740.

MONSIEUR DE CAMAS,

On m'avertit de Vienne et d'autres endroits l'intéressante nouvelle des mouvements présents des troupes françaises du côté du Luxembourg où elles doivent prendre des quartiers. Je vous ordonne donc de vous en éclaircir exactement et de me dire si cette nouvelle est véritable, comme aussi tout ce que vous apprendrez des mouvements de ces troupes et des vues de cette entreprise, si elle est fondée. J'attends votre réponse par le porteur de la présente qui pourrait aussi m'apporter ce que vous aurez à me mander au sujet de notre affaire principale. Je suis toujours, etc.

FÉDÉRIC.

C. P. 94. — *Au général-lieutenant von Dossow, à Wesel.*

Ruppin, 5 octobre 1740.

Je vous envoie par estafette une lettre pour le colonel de Camas[1]. Faites-la lui porter en secret par un officier discret montant bien à

---

[1] La lettre ci-dessus n° 93 à Camas

cheval, que vous expédierez sous tout autre prétexte et de façon que l'on ne puisse rien savoir dans les différents relais de poste du but réel de son voyage.

Vous enverrez de plus un autre officier intelligent et sûr, sous un faux nom et sous un déguisement, à Luxembourg et du côté de la frontière française, en prenant toutes les précautions possibles avec l'ordre de se renseigner exactement sur les mouvements qu'exécutent les troupes françaises stationnées dans ces parages, de savoir si elles se préparent à quitter leurs cantonnements, où sont situés leurs magasins et s'il est vrai qu'elles doivent aller prendre des quartiers dans le Luxembourg ou dans les environs.

Quand ces deux officiers seront de retour, vous m'enverrez par estafette ordinaire à Berlin les lettres et les renseignements qu'ils auront rapportés. Je suis, etc.

Fridérich.

C. P. 100. — *Au major général comte de Truchsess, à Hanovre.*

Ruppin, 13 octobre 1740.

J'ai vu par votre relation du 8 de ce mois ce qui s'est passé à l'audience que le Roi d'Angleterre vous a accordée et ce que Milord[1] vous a dit dans les entretiens que vous avez eus avec lui.

Pour vous mettre en état d'y répondre, vous lui ferez connaître de bouche que j'ai été très charmé d'apprendre que Sa Majesté Britannique me voulait continuer son amitié; que celle que j'ai pour lui serait toujours parfaite et que j'embrasserai toutes les occasions où il s'agira de lui faire plaisir; mais que l'Angleterre n'ayant encore aucun allié, la Hollande, l'Empereur et le Danemark ne voulant pas encore se déclarer, il me paraît de peu d'utilité d'entrer seul dans les engagements; qu'il faut travailler à attirer auparavant ces puissances, pour faire après un solide concert; qu'alors je pourrai prendre mes mesures et me prêter à ce que mes intérêts demanderaient; que jusqu'ici je ne suis nullement embarrassé des miens. Aussi, si on souhaite de m'avoir pour allié et de se servir de moi pour les intérêts des autres, qu'il faudrait me montrer des avantages réels et proportionnés pour me porter à m'y prêter; que jusqu'ici je n'ai vu que des protestations générales d'amitié sans aucun plan ni arrangement; c'est ce qui m'a empêché d'entrer plus avant dans cette délicate affaire; que si le Roi

[1] Harrington.

m'envoyait un ministre de poids et de confiance, je trouverais plus d'une occasion de travailler à une union plus étroite, conservant toujours les mêmes sentiments pour ce prince.

Fédéric.

Vous ferez connaître tout ceci à Harrington et lui ferez sentir que comme ils n'ont aucun plan, ni aucun dessein, ce serait travailler sur le vide que de s'engager avec eux.

Vingt-quatre heures plus tard, écrivant au colonel de Camas qui vient de revenir à Versailles où il a été bien reçu, il lui recommande une fois de plus la prudence et la réserve : « Vous devez prendre garde de ne faire aucune avance, ni ouverture parce qu'il suffira de l'attendre d'eux et de les faire parler les premiers. »

Deux jours plus tard, il adresse à Mardefeld, à Saint-Pétersbourg, des instructions précises, mais malheureusement tellement détaillées que j'ai cru devoir n'en reproduire ici que les passages les plus caractéristiques, les remarques que lui a suggérées la lecture attentive « du contre-projet de l'alliance à conclure entre moi et la cour de Russie, tel que le comte d'Ostermann vous l'a remis. »

C. P. 104. — Au conseiller privé d'État baron de Mardefeld,
à Saint-Pétersbourg.

Berlin, 16 octobre 1740.

(Instructions au sujet des négociations avec la Russie et du traité d'alliance qu'on signa le 27 décembre 1740).

« .... Vous sentez bien vous-même que de simples déclarations, telles qu'on offre de donner séparément du traité d'alliance, n'ont pas, à beaucoup près, la même force que si l'on fait un article séparé, conclu, signé et ratifié dans les formes comme cela se doit.

Vous pouvez aussi promettre à l'Impératrice et à ses ministres que je garderai le secret le plus inviolable là-dessus, et que ce n'est point dans les chancelleries où l'on met ces sortes de traités et d'articles secrets, mais bien dans les archives du cabinet où l'on garde des pièces d'une bien plus grande importance que celle-là, sans qu'il en

— 35 —

transpire jamais rien et dont l'accès est fermé à tout autre qu'à mes ministres chargés du département des affaires étrangères, de la fidélité et la discrétion desquels je dois être assuré, ou je serais fort à plaindre...

... Au reste il serait superflu de vous faire souvenir que pour le cérémoniel il faudra observer une exacte égalité dans le traité à conclure entre moi et l'Impératrice, c'est-à-dire que, comme le nom de cette princesse est mis le premier dans un exemplaire du traité d'alliance et de ses articles séparés, il faut que dans l'autre le mien le soit partout aussi. Vous savez ce qui s'est pratiqué là-dessus autrefois et vous serez, à ce que je me persuade, trop attentif à ces sortes de distinctions pour vouloir permettre qu'on porte la moindre atteinte à ma dignité là dedans.

Vous voilà donc entièrement en état par le plein pouvoir que vous aurez reçu déjà et par tout ce que je vous ai mandé ci-dessus, de signer promptement et sans délai, avec les ministres que l'Impératrice nommera pour cet effet, le susdit traité avec les articles secrets et séparés, et dès que cela sera fait, vous me l'enverrez sans délai par une estafette, me flattant qu'on gardera à la cour où vous êtes, tout comme on le fera ici, un secret inviolable là-dessus....

C. P. 107. — *Au conseiller privé des Finances de Borcke, à Vienne.*

Berlin, 21 octobre 1740.

J'ai vu par votre premier post-scriptum du 12 de ce mois les sentiments où l'on est à la cour impériale au sujet des liaisons des électeurs de Bavière et de Cologne avec la France.

Il n'est pas à la vérité tout à fait certain que la cour de Bavière ait déjà conclu son traité avec la France, bien que plusieurs circonstances rendent la chose très vraisemblable. Cependant, comme on ne saurait douter que l'électeur de Cologne n'ait conclu le sien, il est à présumer que celui de Bavière ne tardera guère de suivre l'exemple de son frère. Jusqu'ici, il ne m'a pas été possible de découvrir le but et les conditions de ce traité, la cour de Bonn ayant pris des précautions extraordinaires pour en assurer le secret. Il ne me paraît pourtant pas vraisemblable que la succession de Juliers et de Bergue en soit l'objet unique, ni même le principal, la France étant assez puissante pour se mêler efficacement de cette affaire, si elle le juge à propos, sans être obligée d'acheter par des subsides l'assistance de l'électeur de Cologne, et la coutume du cardinal de Fleury n'étant pas de prodiguer sans nécessité les deniers de son maître. Il est bien plus probable que la France ne fait cette dépense que dans la vue de se conserver un puissant parti dans l'Empire en s'attachant par des liens plus étroits ces deux électeurs aussi bien que le Palatin, et dont elle puisse se servir pour parvenir plus sûrement au but qu'elle se propose, à la future élection d'un roi des Romains.

Comme les vues de cette couronne à cet égard sont diamétralement opposées à celles de l'Empereur et que par conséquent personne n'est plus intéressé que ce prince à les traverser, je ne doute pas que la cour impériale ne fasse tout son possible pour être sûrement instruite du but et du succès de ces négociations et qu'elle ne prenne de bonne heure des mesures pour les faire échouer, ou du moins pour en empêcher l'effet et pour détourner le préjudice qu'elles pourraient apporter à ses desseins.

D'ailleurs, son jeu n'étant pas de cacher ce qu'elle pourra découvrir touchant le contenu des traités en question, je compte qu'il ne vous sera pas difficile d'obtenir des lumières sûres sur ce sujet, aussi bien que sur les résolutions que ladite cour jugera à propos de prendre là-dessus et vous ne manquerez pas de me rendre de temps en temps un compte exact de tout ce qui parviendra à votre connaissance sur l'un et l'autre de ces points.

FÉDÉRIC.

C. P. 108. — *Au colonel de Camas, à Paris.*

Ruppin, 21 octobre 1740.

MONSIEUR DE CAMAS,

J'ai bien appris par votre relation du 9 de ce mois les raisons qui vous ont empêché de terminer l'affaire dont vous êtes chargé. S'il n'y a pas d'autre obstacle que l'assurance qu'on demande que je tiendrai religieusement la convention, je vous autorise d'en signer la promesse, pourvu que vous puissiez obtenir la signature de la déclaration du Roi Très Chrétien que le Cardinal m'a promise au sujet de la succession de Juliers et de Bergue[1]. Quant à l'affaire que j'ai avec le prince et évêque de Liège, elle est sur le point d'être terminée amiablement, ce dont vous pouvez assurer le ministère. Au reste, comme je ne veux pas vous séparer plus longtemps de votre régiment, je

---

[1] Cette déclaration allait être envoyée à Frédéric. Cf. *ibidem*, pièce 113, à Camas, Rheinsberg, 25 octobre 1740.

vous ferai tenir votre rappel. Ainsi vous n'aurez qu'à prendre votre congé de la manière usitée. Je suis, etc.

FÉDÉRIC.

C. P. 109. — *Au ministre d'État de Podewils, à Berlin.*

Berlin, 22 octobre 1740.

Podewils soumet au Roi un rapport de Pollmann[1], de Ratisbonne, 13 octobre, transmettant un décret de la commission impériale défavorable au roi dans l'affaire d'Herstal[3].

« Cette démarche peu aimable fait voir de quel bois on se chauffe à Vienne à l'égard de Votre Majesté et à quoi il faudra s'attendre de la part de cette cour dans des affaires de plus grande importance. »

Il faut leur dire leur fait et faire sentir à Demeradt[2] qu'on peut juger de leurs bonnes intentions par ces bagatelles.

Il faut aussi que Borcke leur dise *grossièrement* leurs vérités et qu'il tâche à les chagriner tant qu'on pourra. Ceci ne nous fait ni bien ni mal.

FR.

P. C. 112. — *Au Cardinal de Fleury, à Issy.*

Ruppin, 23 octobre 1740.

MONSIEUR MON COUSIN,

M. de Beauveau est arrivé; il m'a rendu votre lettre et m'a assuré que votre santé est des meilleures, ce qui m'a fait un plaisir infini.

Je ne doute point que vous ne preniez des mesures très justes[4] par rapport à la guerre des Anglais et des Espagnols et je crois que l'Europe peut s'en rapporter à votre prudence. Les affaires de Camas m'intéressent à la vérité davantage et je suis étonné de voir que jusqu'ici je n'ai rien pu avancer chez vous, d'autant plus que de mon côté je n'ai rien négligé pour vous montrer les bonnes intentions que

---

[1] Pollmann (Adam-Henri de), conseiller privé de justice prussien et ministre à Ratisbonne.
[2] Demeradt (François-Joseph de), résident impérial à Berlin.
[3] Cf. pour plus de détail sur ce décret de commission, *ibidem*, pièce 110 à Borcke et à de Graeve, Berlin, 22 octobre 1740.
[4] L'envoi de la flotte française dans les Indes occidentales.

j'avais et le désir personnel qui me portait à m'unir de la façon la plus étroite avec le roi de France. Le temps et les conjonctures vous feront peut-être changer d'avis; mais il serait bien fâcheux pour moi qu'en ce cas je ne dusse qu'aux combinaisons différentes de la politique ce que j'aurais voulu devoir à la bonne volonté du Roi votre maître [1]. Je me renferme cependant toujours dans les sentiments d'estime et de confiance avec lesquels je suis, Monsieur mon Cousin, votre très parfait ami et cousin.

Frédéric.

II

LA MORT DE L'EMPEREUR, L'INVASION DE LA SILÉSIE ET LE TRAITÉ DE NEUTRALITÉ DE BRESLAU (26 OCTOBRE 1740-3 JANVIER 1741).

Malgré toute son habileté, malgré le mystère dont il entourait ses actes, la discrétion et le secret qu'il recommandait et imposait à ses envoyés et à ses représentants, on commençait à s'inquiéter des agissements et de l'activité du nouveau roi; on s'étonnait à peu près autant de ses protestations de fidélité et de dévouement que de certains éclats, presque aussitôt étouffés du reste; on se demandait où tendaient en réalité certaines manifestations soudaines, certains procédés, presque brutaux parfois, qu'il s'empressait de faire oublier par des déclarations rédigées avec une si rare habileté, avec une si grande apparence de franchise et de loyauté qu'elles réussirent plus d'une fois à endormir les soupçons, à donner le change sur les projets qu'il caressait, sur les mesures qu'il n'avait cessé de prendre dès le jour de son avènement en vue des grands événements qu'il prévoyait et en vue

---

[1] Quarante-huit heures plus tard, la mauvaise humeur de Frédéric a disparu à la réception d'une dépêche de Camas du 13 lui annonçant l'envoi prochain de la déclaration dont Frédéric parlait encore dans ses instructions du 21 : « Vous ne manquerez pas, mande-t-il à Camas (C. P. 113, Rheinsberg, 25 octobre 1740), de témoigner à M. le Cardinal combien je suis sensible à ce qu'il a fait à cette occasion pour mes intérêts en l'assurant de ma reconnaissance et de l'amitié inviolable que j'aurai toujours pour le Roi son maître... »

desquels il se préparait. De tous les souverains de l'Europe, Frédéric fut assurément celui que la nouvelle de la mort de l'Empereur Charles VI surprit le moins. Tout en se produisant plus tôt qu'il ne le prévoyait, cet événement qui, comme il le disait dans sa lettre à Voltaire [1], allait « être » le moment du changement total de l'ancien système de politique, loin de le surprendre, loin de le déconcerter, survenait au contraire fort à propos pour lui. Dès le premier jour de son règne, il avait voulu et il avait préparé la guerre *parce qu'il lui fallait la Silésie*. A la place de l'Empereur, il n'avait plus désormais devant lui que celle qu'il appelle lui-même *une insignifiante princesse sans expérience*. L'heure avait sonné ; il allait maintenant pouvoir donner libre cours à son ambition et commencer à poursuivre la réalisation de ses projets.

L'empereur Charles VI est mort le 26 octobre et Frédéric a

---

[1] « Römusberg, 26 d'octobre 1740.
« MON CHER VOLTAIRE,

« L'événement le moins prévu du monde m'empêche pour cette fois d'ouvrir mon âme à la vôtre comme d'ordinaire et de bavarder comme je le voudrais. L'Empereur est mort.

> Ce prince né particulier
> Fut roi, puis empereur. Eugène fit sa gloire ;
> Mais, par malheur pour son histoire,
> Il est mort en banqueroutier.

« Cette mort dérange toutes mes idées pacifiques et je crois qu'il s'agira au mois de juin plutôt de poudre à canon, de soldats, de tranchées que d'actrices, de ballets et de théâtres, de sorte que je me vois obligé de suspendre le marché que nous avions fait.

« Mon affaire de Liège est toute terminée ; mais celles d'à présent sont de bien plus grande conséquence pour l'Europe. C'est le moment du changement total de l'ancien système de politique : c'est le rocher détaché qui roule sur la figure des quatre métaux que vit Nabuchodonosor et qui les détruit tous.

« Je vous suis mille fois obligé de l'impression du *Machiavel* achevée ; je ne saurais y travailler à présent. Je suis surchargé d'affaires. Je vais faire passer ma fièvre, car j'ai besoin de ma machine et il en faut tirer tout le parti possible.

« Je vous envoie une ode en réponse à celle de Gresset. Adieu, cher ami. Ne m'oubliez pas et soyez persuadé de la tendre estime avec laquelle je suis
« Votre très fidèle ami,
« FÉDÉRIC. »

(Frédéric à Voltaire, 26 octobre 1740. Correspondance générale.)

si bien préparé ses batteries que, dèsle 29, Podewils et Schwerin pouvaient déjà lui soumettre le compte rendu de la conférence qu'ils venaient d'avoir avec lui à Rheinsberg, le mémoire dans lequel ils avaient consigné les idées que le roi venait de leur exposer, tandis que de son côté, parant au plus pressé, se préoccupant avant tout du parti que paraissait prendre la France, il envoyait sans plus tarder ses ordres au colonel de Camas et à Le Chambrier, son ministre à Paris.

C. P. 119. — *Dressé et concerté avec Son Excellence le Feld-maréchal général comte de Schwerin, à Rheinsberg, le 29 octobre 1740, par ordre du Roi*[1].

Votre Majesté nous ayant fait la grâce de S'ouvrir confidemment à nous sur Ses idées par rapport aux conjonctures présentes et au grand événement de la mort de l'Empereur, *Son plan principal se réduit que, pour tirer bon parti de la situation heureuse où se trouvent Ses affaires, il faut en profiter pour faire l'acquisition de la Silésie,* comme l'objet le plus considérable qui s'est présenté depuis longtemps pour l'agrandissement le plus solide et le plus convenable à Sa gloire et à la grandeur de Sa maison, quand même on n'y pourrait parvenir qu'en sacrifiant la succession de Juliers et de Bergue, comme étant d'un bien moindre intérêt que la Silésie, qui concentrerait Ses forces par la contiguïté avec Ses autres États et les grandes ressources d'un pays riche, abondant, plein de commerce et peuplé, tel qu'est la Silésie.

Nous avons, suivant les ordres sacrés de Votre Majesté, songé à mâcher et à digérer cette affaire avec toute l'attention qu'elle mérite et à examiner le plan qu'on pourrait, selon nos faibles lumières, observer pour parvenir au but que Votre Majesté se propose.

Voici nos idées. Il y a, selon nous, deux routes principales pour réussir dans un projet également digne du grand prince qui l'a formé et avantageux à Sa maison et à Sa postérité la plus reculée.

La première route, et celle qui nous paraît la plus sûre et la moins sujette aux inconvénients et aux revers auxquels on est généralement exposé quand on veut faire de grandes acquisitions, c'est d'abord de tâcher de porter la cour de Vienne à se prêter de bonne grâce à un

---

[1] Malgré la longueur de ce mémoire il m'a semblé indispensable, en raison même de son importance, de le reproduire *in extenso.*

projet qui, dans le fond, est le seul capable de la sauver et de la garantir de sa ruine totale, à laquelle elle touche maintenant.

Il s'agit donc de lui faire entendre, soit que la susdite cour vienne elle-même faire des propositions, soit que pour gagner du temps on rompe la glace de notre côté, que Votre Majesté veut bien, pour la conservation de l'équilibre de l'Europe et de la maison d'Autriche, telle qu'elle est maintenant, préférer le parti de soutenir ses intérêts à toutes les offres avantageuses qu'on pourrait lui faire ailleurs et lui accorder Sa protection et Son assistance dans toute l'étendue où cette maison pourrait le souhaiter, tant pour contribuer de toutes Ses forces à l'élection du grand-duc de Toscane pour empereur que pour prendre la défense des États de la maison d'Autriche, situés soit en Allemagne, soit dans les Pays-Bas *contra quoscunque*.

Mais, comme il est juste qu'un service aussi important et aussi signalé que celui-ci soit récompensé d'une façon qui puisse dédommager Votre Majesté du risque qu'Elle court et du refus des offres avantageuses qu'on pourrait lui faire ailleurs, il est nécessaire et raisonnable que la cour de Vienne songe d'abord à remettre entre les mains de Votre Majesté un gage assuré de sa reconnaissance et un équivalent proportionné des peines, des dépenses et du hasard dont Elle veut bien se charger.

Cet équivalent ne saurait être trouvé que dans le voisinage et à portée pour s'en assurer d'abord la possession. En un mot, c'est la Silésie, dont Votre Majesté demande à juste titre d'être d'abord, et sans aucun délai ou renvoi, mise en possession totale ou entière, moyennant quoi on pourrait offrir à la cour de Vienne :

1° D'employer tout son crédit et toutes ses forces à élire le grand-duc de Toscane empereur des Romains;

2° De prendre sous sa protection spéciale tous les États que la Maison d'Autriche possède en Allemagne et dans les Pays-Bas et de les garantir *contra quoscunque*. Et pour faire voir son désintéressement total, Elle pourrait offrir :

3° De céder à la maison d'Autriche tous Ses droits sur la succession de Juliers et de Bergue, pour le moins aussi considérable qu'est la Silésie et dont cette maison ne serait que trop dédommagée de la cession de cette dernière province, quand même Votre Majesté ne ferait rien de plus pour elle, quoique dans les deux articles précédents. Elle offre à se prêter à des engagements bien plus considérables encore.

Voilà quelle pourrait être la proposition de Votre Majesté à faire à la cour de Vienne, soit en guise de réponse aux premières ouvertures de cette cour-là, soit pour lui mettre le marché à la main dans un temps où on n'a point de moment à perdre.

Le meilleur véhicule, qu'il faudra pourtant réserver jusqu'à la dernière extrémité, pour faire agréer ce plan à la Cour de Vienne, naturellement difficile à céder un morceau d'aussi grande importance qu'est la Silésie, serait, selon nous, de lui lâcher une couple de millions pour subvenir à ses besoins les plus pressants.

S'il y a quelque chose au monde qui peut déterminer la Cour de Vienne à y donner les mains, c'est l'argent dont elle a un besoin extrême et sans lequel elle ne saurait fournir au courant des dépenses les plus pressées. Ce moyen seul franchirait plus tous les obstacles, comme un objet présent et qui frappe d'abord, que toutes les autres promesses, garanties et offres qu'on pourrait faire. Car il est certain que la Cour de Vienne se tournera d'abord du côté où elle peut attraper cette ressource indispensablement nécessaire; et quand elle devrait se jeter entre les bras de la France, elle le ferait, peut-être par bigoterie, pour se sauver dès le commencement d'un naufrage où elle ne saurait manquer de périr, à moins qu'on ne l'assiste promptement avec de l'argent En quoi, il est à remarquer que la garantie susmentionnée pourrait devenir plus coûteuse à Votre Majesté, en étant obligée d'agir seule qu'en mettant par là la Cour de Vienne en état de se relever et d'agir de concert par ses propres forces. Sans compter que ce titre donnerait une nouvelle force au droit de possession de la Silésie à Votre Majesté.

Il s'agit enfin de savoir si pour produire ce plan, on veut attendre et voir venir la Cour de Vienne d'elle-même, ou si, pour savoir où l'on est, le ministre de Votre Majesté à Vienne doit pressentir naturellement là-dessus le duc de Lorraine ou tout autre à qui le pouvoir suprême est remis dans la conjoncture présente et dont il faudrait en même temps demander, sans lui laisser le temps de biaiser, une réponse catégorique et mettre *pro conditione sine qua non* la prise de possession dès à présent de toute la Silésie, ajoutant qu'en refusant cette offre, Votre Majesté se trouverait obligée d'écarter et d'accepter les propositions qu'on pourrait lui faire d'un autre côté.

Si l'on accepte à Vienne, et même avant qu'on le fasse positivement, on pourra leur laisser entrevoir qu'en cas d'acceptation Votre Majesté se concerterait avec les Puissances Maritimes et la Russie, aussi bien qu'avec le collège électoral pour consolider le plan de relever la maison d'Autriche de sa chute, de faire tomber sur la tête du Grand-Duc la dignité impériale et de conserver le reste de tous les États de l'Allemagne à la famille impériale, et que ce serait le seul et unique moyen de conserver en quelque façon la maison d'Autriche, de lui procurer la continuation de la dignité impériale et d'empêcher le démembrement de tous ses États dont elle est menacée, surtout en Allemagne.

Dès que le plan sera goûté, il faudra le faire agréer aux Puissances Maritimes et à la Russie, faire valoir à l'une et à l'autre le grand et important service que Votre Majesté rendra par là à la cause commune, au salut de l'Europe et à la conservation de son équilibre, celle d'une maison qu'on a opposée seule jusqu'ici contre la maison de Bourbon.

Et au cas que la Cour de Vienne ne voulût point écouter raison là-dessus, il faudrait encore travailler à faire goûter ce plan aux Puissances Maritimes et tâcher de forcer la première par les dernières à s'y rendre, sans commencer par aucune voie de fait.

Il faudra surtout faire sonner bien haut auprès des Puissances Maritimes le grand sacrifice que Votre Majesté fait de Ses droits de succession sur Juliers et sur Bergue en faveur de la maison d'Autriche, droits qui ont causé tant de jalousie et d'ombrage à la République de Hollande et qui dans la maison d'Autriche ne pourront que fortifier la possession de celle-ci dans les Pays-Bas et rendre par conséquent la barrière de l'État d'autant plus forte contre la France.

Et comme, selon toutes les apparences, la dernière fera une levée de boucliers pour déconcerter ces mesures et pour se venger surtout de Votre Majesté en appuyant en même temps les droits de la maison de Bavière et ses vues pour la dignité Impériale, il faudra faire comprendre à la cour de Vienne, à celle de Russie et aux Puissances maritimes la nécessité d'une étroite alliance offensive et défensive pour perfectionner et soutenir le système, se mettre à l'abri des lunettes de la France et conserver dans le dedans de l'Empire, contre tous les esprits brouillons, le repos intérieur et de prendre de concert surtout avec la Russie des mesures convenables, en cas que la Suède et le Danemark aussi bien que la Saxe et la Pologne suscitées par la France veuillent faire une diversion à Votre Majesté, en haine de ce plan le mieux digéré qu'il se puisse faire pour le repos de l'Europe.

Il faudra surtout songer, tant pour la dignité de Votre Majesté que pour la promptitude et la commodité des négociations, d'en fixer le centre dans Sa capitale. Alors Elle en sera plus le maître et y donnera le plus ou moins d'activité qu'Elle trouvera à propos, rien n'étant au reste plus glorieux pour Elle que de se rendre l'arbitre d'une si grande affaire qui règle la destinée de l'Europe en quelque façon.

Mais s'il n'y a pas moyen de réussir par cette route-là, soit par obstination et éloignement invincible ou bigoterie de la part de la cour de Vienne, soit par des dispositions contraires des Puissances Maritimes, soit par d'autres difficultés, qu'on ne saurait prévoir d'abord, il en faudra choisir une toute opposée qui consisterait selon nos faibles idées :

1° A se concerter avec la cour de Dresde et celle de Bavière pour soutenir leurs prétentions et pour faire céder, en guise d'équivalent pour l'assistance de Votre Majesté, la possession de toute la Silésie dans un traité de partage à faire sous la garantie et l'assistance de la France ;

2° A porter cette couronne à entrer dans ce concert de toutes ses forces pour garantir à Votre Majesté la possession de toute la Silésie par les diversions qu'elle peut faire par ses alliés dans l'Empire et dans le Nord, et par l'échec dans lequel elle peut tenir les Puissances Maritimes et la maison d'Autriche ;

3° A remettre à ce prix-là, et aux conditions d'une assistance réelle de la part de la France, par un ultimatum, à la disposition de cette couronne les droits de succession de Votre Majesté sur les duchés de Juliers et de Bergue, bien entendu que cela soit en faveur de la maison palatine ou en celle de la Bavière, moyennant que la France garantisse à perpétuité, de la manière la plus solennelle, à Votre Majesté par tous les moyens les plus efficaces et les plus forts, la possession entière et tranquille de la Silésie *contra quoscunque* ;

4° On ne pourrait en ce cas-là guère se dispenser de se prêter aux vues de la France pour élever l'électeur de Bavière à la dignité impériale, qui en lui-même ne saurait donner de l'ombrage à Votre Majesté, et pour la facilité duquel il faudrait tâcher de gagner la pluralité des suffrages dans le corps électoral, dont la voix que l'électeur de ce nom peut se donner de lui-même, celle de l'électeur de Cologne, son frère, de Votre Majesté, du Palatin et d'un des électeurs ecclésiastiques, qu'il faudra intimider ou gagner à force d'argent, feraient l'affaire quant au nombre ;

5° Et pour n'avoir rien à craindre de la Russie, il faudra se lier étroitement avec la Suède et y faire entrer le Danemark et faire même, par le canal de la France, agir la Porte Ottomane, s'il fallait, pour tenir la Russie en échec et l'empêcher de faire une diversion à Votre Majesté.

Ce sont là les deux seuls plans sur lesquels Votre Majesté nous a fait l'honneur de nous entretenir hier.

Nous parlâmes encore d'un troisième, qui roula sur ce qu'en cas que la Saxe dût faire une levée de boucliers pour entrer soit en Bohême, soit en Silésie à main armée pour s'en emparer en partie ou en tout, Votre Majesté serait alors autorisée d'en faire autant par rapport à la Silésie, pour ne point souffrir qu'on la barre ainsi dans Ses États de tout côté et qu'on transporte le théâtre des opérations de la guerre sur Ses frontières.

Mais nous avouons franchement que, si la première route nous paraît la plus naturelle, la plus solide et la moins dangereuse pour les suites, la seconde ne laisse pas d'être d'autant plus raboteuse, sujette à de grands inconvénients et retours de fortune, surtout la France se trouvant fort éloignée de porter tous les secours qu'il fallait en cas de révolutions imprévues : la troisième pourra toujours être justifiée en quelque façon, et si l'on se trouve une fois en possession d'un pays, on traite bien mieux par rapport à sa cession que si on la doit obtenir par la voie d'une négociation ordinaire.

C'est maintenant à Votre Majesté à se déterminer et nous donner Ses ordres finalement sur tout ce qu'Elle trouvera à propos d'approuver ou de corriger dans ce plan et de ces idées pour qu'on puisse dans la suite du temps y travailler conséquemment [1].

C. P. 120. — *Au colonel de Camas et au conseiller baron Le Chambrier, à Paris.*

Berlin, 29 octobre 1740.

Comme on aura été déjà informé avant celle-ci de la mort de l'empereur, cette grande nouvelle et événement, arrivé précisément dans une crise où les affaires de l'Europe se trouvent dans une terrible fermentation, fixera surtout l'attention de la Cour de France et découvrira sans doute bientôt les desseins et projets que cette cour paraît s'être ménagés de longue main déjà et pour lesquels elle a pris, il y a longtemps, des engagements secrets avec les trois électeurs de la maison de Bavière et de la palatine.

On a assez remarqué par plusieurs démarches, et même par les discours des ministres de France à ma cour, que cette cour n'épargnera rien pour frustrer le duc de Lorraine de son attente de parvenir à la dignité impériale. La perte que ce prince a faite, contre son gré et d'une manière forcée, de son ancien patrimoine, lui tient trop à cœur pour qu'il ne doive songer un jour à s'en venger et à y rentrer s'il est

---

[1] Cf. pour la décision de Frédéric, *ibidem*, pièce 125, à Podewils. Rheinsberg, 1er novembre 1740.

possible. Cette idée seule suffit pour lui donner à jamais l'exclusion du trône impérial auprès de la France, qui en tout cas fera, selon toutes les apparences, une levée de boucliers pour empêcher cette élévation. Mais pour le même motif cette couronne s'employera vivement pour l'électeur de Bavière en cette occasion, comme étant le candidat à qui elle destine depuis longtemps son suffrage pour la dignité impériale et dont elle se promet beaucoup plus de reconnaissance et de bons services que de la maison de Lorraine.

Il est aussi fort probable qu'en cas que la France ne veuille pas risquer le paquet pour faire la guerre en faveur de l'électeur de Bavière, elle changera de batterie et travaillera à la dissolution du système d'à-présent de l'Empire pour renverser la Sanction Pragmatique et anéantir le reste des forces de la maison d'Autriche, qu'elle a de tout temps regardée comme le seul obstacle à ses vues.

Il y a encore une autre idée que bien des gens attribuent à la France, quoique, si j'ose le dire, elle me paraisse sinon chimérique, du moins fort téméraire, c'est de faire revivre l'ancien projet de François Ier et se porter hautement pour un des aspirants et candidats à la couronne impériale. On prétend que, pour y parvenir, elle compte en quelque façon sur les suffrages des trois électeurs ecclésiastiques, dont celui de Cologne lui est déjà attaché et dont les deux autres seraient ou intimidés ou gagnés à force d'argent. Les électeurs de Bavière et le Palatin, au cas que l'élection du premier trouvât trop d'obstacle, s'y livreraient par les convenances qu'on pourrait leur faire, et, par là, cette couronne trouverait la supériorité dans le collège électoral pour elle et suppléerait au reste par ses forces et par son argent.

Ce serait de tous les projets le plus dangereux pour la liberté de l'Allemagne et de toute l'Europe et j'ai de la peine à m'imaginer qu'un ministre aussi sage et aussi éclairé que le cardinal de Fleury s'y puisse livrer, quelque flatteuse que cette idée puisse paraître à son ambition et à celle du roi son maître.

Enfin, quoi qu'il en puisse être de ces plans différents, il est constant que la France en choisira un et qu'elle ne négligera rien pour le mettre à exécution, à moins que la guerre, dans laquelle elle est à la veille d'entrer avec l'Angleterre, ne fasse une grande diversion à ses projets de ce côté-là.

En attendant, vous comprenez bien de quelle importance il est pour mon service, dans la crise présente des affaires, que je sois informé, au plus tôt et au plus juste que cela se pourra, des véritables idées de cette cour sur cet événement et des arrangements et mesures qu'elle pourrait prendre conséquemment et vous ne devez rien négliger pour les approfondir, sans faire semblant que j'en appréhende aucune, et j'attends votre rapport exact et détaillé là-dessus avec la dernière impatience.

FÉDÉRIC.

Frédéric ne s'en tient pas là. Il a hâte de savoir exactement ce qu'on prépare, ce qu'on trame à Vienne et à Dresde; et, moins de quarante-huit heures après avoir envoyé ses ordres à Camas et à Le Chambrier, pour nous servir des expressions mêmes du rapport de Schwerin et de Podewils, « on rompt la glace du côté de l'Autriche ». Sans plus tarder il prescrit à Borcke de faire savoir au grand-duc qu'il est tout prêt à le soutenir, si l'on veut toutefois reconnaître convenablement le service qu'il rendra à la cour de Vienne. Mais au même moment il a grand soin de presser Ammon de le fixer sur le parti auquel s'arrêtera la cour de Saxe. Enfin la question qu'il pose le lendemain à Podewils prouve manifestement qu'à ce moment Frédéric hésitait encore sur le choix des moyens qui pourraient le mieux servir son ambition et lui valoir les agrandissements qu'il voulait s'assurer à tout prix.

C. P. 123. — *Au conseiller privé des Finances de Borcke, à Vienne.*

Berlin, 31 octobre 1740.

Je suis touché au vif d'apprendre, par vos dépêches du 17 et du 19 de ce mois, comme aussi par le rapport que le courrier, que vous m'avez envoyé, m'a fait de bouche, les circonstances de la maladie et de la mort de l'empereur, dont je regrette sincèrement la perte, ayant toujours rendu justice à son digne caractère et à ses sentiments de droiture et de probité.

Vous pouvez aussi témoigner au duc de Lorraine combien je partage sa juste douleur et combien j'entre dans la triste situation où toute la famille impériale se doit trouver par la perte de son auguste chef et de tout son soutien. Le duc de Lorraine ne se trompe pas, quand il met son espérance sur mon amitié et mon assistance qui ne lui manquera pas, dès qu'on me mettra en état de ce côté-là de faire quelque chose pour lui; mais vous jugez bien vous-même que cela ne saurait être que d'une manière que j'y trouve mon compte et qui puisse contre-balancer le risque que je courrais en prenant son parti dans la crise présente où nous ne sommes pas menacés de moins que d'une guerre générale, et où l'on sait à Vienne toutes les dispositions de ses voisins. C'est pour cela qu'il sera temps qu'on parle et qu'on s'explique clairement avant qu'on s'engage ailleurs, les conjonctures présentes étant d'une nature où il faudra saisir l'occasion aux cheveux et ne point biaiser longtemps sur le parti qu'il y aura à prendre. Et on peut compter que, si l'on ne renonce pas à la lenteur ordinaire avec laquelle on a traité jusqu'ici les affaires à Vienne et qu'on n'agisse pas avec plus d'activité et de vigueur que par le passé, on courra grand risque de venir trop tard et de rester sans ressource.

On ne se trompe pas à Vienne si l'on appréhende les mauvais desseins de la Saxe et de la Bavière. Il y a même beaucoup d'apparence que leurs flûtes sont déjà toutes ajustées et que les tristes suites de l'événement qui vient de frapper les débris de la maison d'Autriche ne se borneront pas à cela, mais qu'on pourrait bien être entamé en peu de temps en Italie et en Hongrie à la fois, si on ne tâche pas à temps à se procurer des amis et des ressources capables de prévenir la ruine totale de la famille impériale.

Mais je voudrais bien savoir quelles sont ces ressources sur lesquelles on compte le plus dans la détresse présente, et quels sont les amis auxquels on veut avoir recours, et ce que l'on voudra faire pour eux. Les 24 000 hommes que, selon votre dépêche du 19 de ce mois, on veut faire venir de la Hongrie, ne suffiront pas certainement, à beaucoup près, pour faire face à tout, et on sait ce que c'est que les troupes impériales, à l'heure qu'il est, à qui tout manque, et qui sont ordinairement un tiers, sinon la moitié, moindres que le nombre dont on les prône. Mais je suis curieux surtout d'apprendre les arrangements domestiques qu'on a faits depuis la mort de l'empereur pour l'union de la famille impériale, pour le soutien de la Pragmatique et pour les droits de la grande-duchesse de Toscane, comme aussi pour la succession future, quel rôle on prétend faire jouer au Grand-Duc et les mesures qu'on voudra prendre en cas que l'archiduchesse, son épouse, qu'on dit être grosse, vienne à mourir en couches sans laisser un enfant mâle et comment on dépouillerait alors le Grand-Duc de toutes les dignités qu'on pourrait lui avoir destinées ou dont il est peut-être déjà revêtu à l'heure qu'il est, et comment on prétend conserver à la seconde archiduchesse Caroline (Marianne) et à sa postérité mâle la succession des États de l'Empereur, quand le duc de Lorraine se trouverait une fois le maître. Voilà pourtant des cas qui peuvent arriver avant qu'on y pense et dont dépendent en quelque façon le repos de l'Europe et le salut du reste de la maison d'Autriche.

Vous ne manquerez pas de me faire sur tout cela un rapport exact et bien détaillé, comme aussi de quelle manière on prétend gagner, en cas qu'on voulût travailler à élever le Grand-Duc empereur, les électeurs de Cologne, de Bavière, de Saxe et le Palatin, qui tous se cabreront contre une telle élection, et qui ne se rendront certainement qu'à bonnes enseignes et à moins qu'ils n'y soient obligés par des forces supérieures.

Vous me manderez aussi les démarches qu'on voudra faire pour gagner la France, cet article demandant surtout que vous y ayez un œil fort attentif, puisqu'il y a bien de l'apparence qu'on pourra se porter à Vienne à des extrémités fort dangereuses pour la liberté de l'Europe, afin de se sauver pour un temps et de mettre cette couronne dans ses intérêts aux dépens de tout ce qui pourrait survenir de funeste dans la suite. Il y a tout à craindre que ce système, quoiqu'il ait perdu jusqu'ici la maison d'Autriche, ne prévale préférablement à d'autres, si ceux qui ont eu jusqu'ici le maniement des affaires restent en place, et en qui, je vous l'avoue franchement, je ne pourrais jamais prendre une certaine confiance, si tant il y a qu'on veuille se lier avec moi sur un certain pied.

C'est pourquoi j'attends avec la dernière impatience d'apprendre quels sont les ministres à qui l'on donne sa confiance maintenant, et les généraux qu'on pourra destiner pour diriger le militaire et prendre le commandement des troupes ; s'il y a apparence qu'on rappelle les disgrâciés, surtout le comte de Neipperg.

Au reste, je suis fort content de la promptitude avec laquelle vous m'avez informé de cet événement important et je me flatte que vous continuerez à m'informer avec la même exactitude dans la suite de tout ce qui peut regarder mes intérêts dans la crise présente ou intéresser tant soit peu ma curiosité.

FÉDÉRIC.

C. P. 124. — *Au conseiller de légation d'Ammon, à Dresde.*

Berlin, 31 octobre 1740.

J'ai reçu votre dépêche du 24 de ce mois sur la mort de l'empereur et les grands mouvements qu'on se donne à Dresde pour profiter des conjonctures présentes quoiqu'on n'y ait point été préparé.

Le roi de Pologne sera sans doute de retour à Dresde avant l'arrivée de celle-ci et vous avez fort bien fait d'être resté à votre poste et de n'en point bouger jusqu'à nouvel ordre, la situation présente des affaires demandant plus que jamais que vous m'informiez avec toute l'exactitude et tout le détail possible, comme vous l'avez fait jusqu'ici à ma grande satisfaction, des mesures qu'on pourrait prendre à la cour où vous êtes après un événement de cette nature.

On saura peut-être déjà à Dresde que la cour de Vienne fait défiler en grande diligence 24 000 hommes vers la Moravie, pour tenir la Saxe et la Bavière en bride, à ce que l'on prétend, et pour les empêcher l'une et l'autre d'entreprendre quelque chose contre la Bohême et l'Autriche. Ainsi je suis curieux de voir et d'apprendre quel parti la cour de Saxe choisira maintenant, et si elle voudra aller à la sape ou bien ouvertement pour se procurer les avantages auxquels elle a visé il y a longtemps et dont elle ne croquera que d'une dent, sans le secours ou un concert préalable avec ses voisins.

Il y a de l'apparence qu'elle s'entend avec la Bavière sous main, leurs prétentions et leurs vues étant d'une même nature, et j'espère que vous serez en état de me mander, avec autant de certitude que cela se peut, les arrangements qu'on a commencé de faire, soit en faisant défiler des troupes vers la Bohême et la Silésie, soit pour dresser des magasins ou d'autres dispositions qui pourraient dénoter une levée de boucliers, et comment on prétend la soutenir en cas qu'on s'y porte.

Vous vous informerez aussi soigneusement sous main des intentions de la cour où vous êtes à l'égard de l'élection future d'un empereur, si elle couche elle-même en vue cette dignité ou pour quel candidat elle penche le plus.

Vous ne manquerez pas de m'informer tous les ordinaires de tout cela en vous servant pour les choses secrètes de votre chiffre ; mais en cas que la cour de Dresde dût faire entrer ses troupes soit en Bohême, soit en Silésie et que vous en soyez informé à n'en pouvoir pas douter, vous me le manderez incessamment par une estafette ou un courrier sur la fidélité duquel vous pouvez vous reposer certainement.

Fédéric.

C. P. 125. — *Au ministre d'État de Podewils, à Berlin.*

Rheinsberg, 1er novembre 1740.

Après lui avoir annoncé l'envoi de l'ordre relatif au deuil pour la mort de l'empereur et d'un autre ayant trait à l'augmentation de ses appointements, il ajoute :

Je vous donne un problème à résoudre. Quand on est dans l'avantage, faut-il s'en prévaloir ou non? Je suis prêt avec mes troupes et tout. Si je ne m'en prévaux pas, je tiens entre mes mains un bien dont je méconnais l'usage. Si je m'en prévaux, on dira que j'ai l'habileté de me servir de la supériorité que j'ai sur mes voisins.

Fédéric.

Il semble bien que le roi ait, dès les jours qui suivirent l'envoi de ce billet, trouvé la solution de ce problème. En tout cas il est bien près d'être fixé sur les intentions et les prétentions de la cour de Vienne ; il commence à voir clair, à savoir où il va aller. On en jugera par le langage qu'il prescrit de tenir à Saint-Pétersbourg, par les instructions qu'il expédie à Borcke et qui ne ressemblent guère à celles qu'il lui a envoyées moins d'une semaine auparavant.

C. P. 127. — *Au ministre d'État de Podewils, à Berlin.*

Rheinsberg, 3 novembre 1740.

On est tout orgueilleux à Vienne ; on se flatte de maintenir soi-même des états héréditaires ; on croit déjà le Duc devenu empereur. Vanité, folie, ridicule illusion ; nous y ferons un petit changement ; mais cet échantillon pourra vous faire voir que je n'ai pas eu tort de juger que nous nous blâmerions (sic) si nous voulions négocier à Vienne.

P. C. 129. — *Au ministre d'État de Podewils, à Berlin.*

Rheinsberg, 3 novembre 1740.

Mon cher Podewils,

Vous devez demander à Brackel s'il a eu ordre de sa cour de vous parler sur le ton qu'il l'a fait[1] et lui dire que, comme il n'en avait

---

[1] Brackel avait dit à Podewils que l'Impératrice de Russie espérait bien qu'en aucun cas la Prusse n'aurait recours à la force.

point eu ni ne pouvait en avoir, il ferait bien de ne pas se mêler de
ce qui ne le regarde point. Je n'ai point de lettres de Russie. Je soupçonne les avis de Brackel touchant l'Impératrice d'être forgés à Berlin
et sa déclaration d'être l'ouvrage de Demeradt et de Manteuffel[1].
Approfondissez l'affaire.

FRÉDÉRIC.

C. P. 132. — *Au ministre d'État de Podewils, à Berlin.*

Rheinsberg, 4 novembre 1740.

Podewils rend compte dans un rapport en date de Berlin, 4 novembre, que : Pollmann peut à Ratisbonne agir sur le représentant de la Bavière « pour que l'Électeur fasse quelque levée de boucliers ».

Bon, envoyez-lui l'ordre en conséquence de vos idées.

Guarini est allé à Vienne. Ils veulent négocier le mariage de la seconde archiduchesse avec le Prince électoral.

J'ai envie de donner ordre à Borcke de semer la zizanie entre le Lorrain et les Saxons.

Le lendemain c'était chose faite.

C. P. 135. — *Au conseiller privé des Finances de Borcke, à Vienne.*

Rheinsberg, 5 novembre 1740.

MONSIEUR DE BORCKE,

Comme je viens de pénétrer les vues cachées de la cour de Saxe, qui ne tendent qu'à endormir la cour de Vienne par le dehors de sentiments d'affection et d'un désir sincère d'affermir les nœuds de l'union, mais en travaillant en même temps à exécuter leur plan favori de s'emparer du royaume de Bohême, vous devez adroitement insinuer ces idées au duc de Lorraine et au ministère en leur faisant comprendre que je suis trop bien informé de ces dangereuses intentions des Saxons[2] et trop bon ami du duc et de la maison d'Autriche pour ne

---

[1] Manteuffel (Ernest-Christophe, comte de), diplomate saxon, jusque-là très en faveur auprès de Frédéric, mais qui lui devint suspect et auquel le 9 novembre il fit donner l'ordre de quitter Berlin dans la huitaine. Cf. *ibidem*, 134 et 144.

[2] Le 2 novembre Podewils avait rendu compte au roi de l'ouverture que lui avait faite le résident saxon von Siepmann : « que le roi son maître reste-

pas les en avertir confidentiellement ; que je sais avec certitude que c'est dans ces vues que Guarini est allé à Vienne, sous le prétexte de négocier le mariage de la seconde archiduchesse [1] avec le Prince électoral, mais en effet pour travailler à la réussite des desseins susmentionnés, pour fortifier le parti saxon dans les pays héréditaires et pour mener les choses à leur but principal.

Vous devrez donc travailler avec beaucoup de soin et de circonspection à faire goûter au Duc et au public ces nouvelles, qui ne me paraissent que trop fondées, et vous n'omettrez rien de ce qui sera nécessaire pour mettre la méfiance entre les deux cours et pour traverser la négociation de Guarini.

Mandez-moi par une voie sûre les effets de ces ouvertures et tout ce qui méritera mon attention.

FÉDÉRIC.

Le roi ne s'en est pas tenu là : la deuxième dépêche qu'il adressa le même jour à Borcke est encore bien autrement intéressante, instructive et caractéristique.

C. P. 136. — *Au conseiller privé des Finances de Borcke, à Berlin.*

Berlin, 5 novembre 1740.

J'ai vu par la vôtre du 26 du mois passé comme quoi on est assez présomptueux à la cour où vous êtes, de croire pouvoir se maintenir en possession de tous les États héréditaires contre quiconque voudra les envahir.

L'événement fera voir si on ne se laisse pas séduire par une vaine illusion dans cette espérance flatteuse. L'empereur étant mort, l'empire et la maison d'Autriche sans chef, ses finances épuisées, son armée ruinée, ses provinces maltraitées par la guerre, la peste et la famine, aussi bien que les terribles charges qu'elles ont portées jusqu'ici, les prétentions de la Bavière assez connues, celles de la Saxe couvant sous la cendre d'un feu prêt à éclore, les desseins secrets de la France, de l'Espagne et de la Savoie sur le point de se manifester : comment est-il possible qu'on puisse vivre dans une espèce de sécurité dangereuse à Vienne, sans faire attention à tous ces maux qui

rait tranquille, tant que la cour de Bavière n'entreprendrait rien, mais dès que celle-ci remuerait pour faire valoir ses droits, le roi de Pologne ne saurait s'empêcher d'en faire autant. »

[1] Archiduchesse Marianne.

vont fondre sur cette maison infortunée, peut-être avant qu'elle s'y attende; et tant de bonnes têtes que celles qui restent encore dans le conseil de cette cour et qui n'ont point eu de part à la corruption du temps passé, peuvent-elles se faire des illusions assez fortes aux dépens du salut des tristes débris de cette vaste puissance, pour vouloir croire que tout ira si fort à plein pied par rapport à la conservation de la totalité de cette succession? A-t-on oublié le dessein formé depuis longtemps par plusieurs cours électorales, épaulées par les plus grandes puissances, de frustrer pour jamais la maison d'Autriche de la dignité impériale ?

Qu'est-ce qu'on opposera aux vues de la Bavière, de la Saxe, de la cour palatine et de quelques autres qui pourront se ranger de leur côté? Où sont les ressources sur lesquelles on compte tant? Est-ce la France? Il me semble qu'on ne la connaît que trop pour en attendre quelque chose d'avantageux. Est-ce l'Angleterre qui a assez d'affaires sur les bras avec sa guerre contre l'Espagne? Serait-ce la Hollande qui à peine veut remplir ses engagements avec l'Angleterre dans les conjonctures présentes? Ou croit-on que la Russie fera de gros efforts, elle qui est en garde et en défense continuelle contre la Suède et la Porte ottomane? Et qui sont les princes de l'empire qui se voudraient exposer ou perdre, pour l'amour d'une maison trop faible pour les soutenir et trop peu reconnaissante pour récompenser leurs peines et leurs dépenses ?

Le pire de toute l'affaire est qu'on reste toujours dans la fausse supposition à Vienne qu'il faut de toute nécessité qu'on s'intéresse gratis à leur conservation ou qu'on croie en être quitte pour des compliments ou des perspectives de faveur qui ne leur coûtent rien. On se blousera terriblement par rapport à l'un et à l'autre, et si on ne tâche pas de faire incessamment des convenances bien solides et réelles à ceux qui sont le plus en état de les retirer des bords du précipice où ils se trouvent, on courra risque à Vienne d'être planté là et que ceux qui étaient bien intentionnés prendront parti ailleurs où ils trouvent leur convenance.

J'ai cru qu'il était nécessaire de toucher toutes ces réflexions-là parce que je vois bien que l'ardeur, avec laquelle vous avez cru qu'on me rechercherait, paraît s'être ralentie beaucoup et que je commence à croire qu'il faudra songer à d'autres moyens pour tirer parti des conjonctures présentes sans se morfondre à voir venir des gens qui paraissent encore fort irrésolus s'ils doivent faire les premières avances ou non.

Fédéric.

Frédéric était si peu résigné « à se morfondre » et si fermement décidé à recourir d'ores et déjà, et non pas seulement « à songer à d'autres moyens », qu'il n'avait cessé de s'occuper de la Silésie, de prendre dans le plus grand secret une série de mesures préparatoires et que le lendemain du jour où il écrivait à Borcke, il avait déjà fixé sur le papier ses idées sur la conduite qu'il lui convenait de tenir, c'est-à-dire sur la nécessité de prendre immédiatement possession de la Silésie. Son hésitation, si toutefois il a réellement eu un semblant de scrupules, aurait en tous cas été de bien courte durée. La réponse que sur l'heure même il fit aux remarques ou, pour me servir des termes mêmes employés par Frédéric, aux oppositions pourtant modérées de Podewils, montra au ministre qu'il n'avait plus qu'à s'incliner devant les volontés de son roi, devant une résolution que rien ne pouvait plus modifier. A partir de ce moment, Frédéric va poursuivre la réalisation de son plan avec une ténacité, une dextérité et surtout une perfidie qui n'ont d'égales que l'habileté avec laquelle il parvient à entourer ses démarches du secret, du mystère qui doivent en faciliter l'exécution, en assurer la réussite. Dès ce moment il recourt déjà aux procédés que, trente ans plus tard, il recommandait encore à son frère le prince Henri. « Il ne faut jamais oublier qu'*en politique la méfiance est mère de la sûreté*. Je me borne à préparer le nécessaire, à bien aiguiser le couteau de façon que mes neveux n'aient pas à se plaindre de ma négligence [1]. »

C. P. 137. — *Au chancelier von Ludewig* [2], *à Halle.*

Rheinsberg, 6 novembre 1740.

Je vois par votre lettre du 1er de ce mois que vous avez rassemblé des renseignements utiles et intéressants sur les prétentions

---

[1] DUNCKER, *Lettres inédites du roi de Prusse*, p. 189-191. Frédéric II au prince Henri, 3 décembre 1769 et 1er février 1770, dans A. SOREL, *la Question d'Orient au dix-huitième siècle*, p. 78.

[2] Chancelier de l'Université de Halle.

de ma maison sur les quatre principautés de Silésie [1]. Faites-en un résumé clair et précis que vous m'enverrez. Gardez le plus grand secret sur ce travail et veillez à ce que rien n'en transpire.

Fridérich.

C. P. 138. — *Au ministre d'Etat de Podewils, à Berlin.*

Rheinsberg, 6 novembre 1740.

Monsieur de Podewils,

Je veux que vous me fassiez avoir un abrégé clair de la dernière disposition de quelle manière on veut prendre la possession de notre portion du duché de Bergue, combien de troupes y seront employées et si elles doivent rester dans les postes occupés ou s'en retirer après avoir soutenu les cérémonies de l'acte de possession.

Il m'importe aussi de savoir si la Silésie est un fief masculin ou si les deux sexes y peuvent succéder suivant le droit public, ce dont j'attends de voir votre sentiment. Je suis, etc.

Fédéric.

C. P. 139. — *Au ministre d'État de Podewils, à Berlin.*

Rheinsberg, 6 novembre 1740.

Mon cher Podewils,

Je vous envoie un écrit auquel je vous prie de me faire des oppositions avec toute la liberté possible. Vous aurez vu par la relation de Borcke que la Bavière veut en découdre pour moi [2]. Je crois être fortifié par là dans mes projets; enfin je ne crois presque plus rien voir qui puisse m'arrêter. Donnez-moi, je vous prie, prompte réponse.

Fédéric.

[1] « Il y a quarante ans, écrit Ludewig, que feu le ministre des Affaires étrangères von Ilgen me chargea de réunir des renseignements sur les droits de la Prusse sur la Silésie. Ilgen était convaincu qu'il y aurait lieu d'en faire usage au jour plus ou moins éloigné où la lignée masculine de la maison d'Autriche viendrait à s'éteindre. »

[2] Le 27 octobre, le comte Perusa, ministre de Bavière à Vienne, avait remis une note dans laquelle la Bavière faisait valoir ses droits sur la succession.

C. P. 140.

6 novembre 1740.

IDÉES SUR LES PROJETS POLITIQUES A FORMER AU SUJET DE LA MORT DE L'EMPEREUR.

La Silésie est de toute la succession impériale le morceau sur lequel nous avons le plus de droit et qui convient le mieux à la maison de Brandebourg; il est juste de maintenir ses droits et de saisir l'occasion de la mort de l'empereur pour s'en mettre en possession.

La supériorité de nos troupes sur celles de nos voisins, la promptitude avec laquelle nous pouvons les faire agir, et en gros l'avantage que nous avons sur nos voisins, est entier et nous donne, dans une occasion comme celle-ci, une supériorité infinie sur toutes les autres puissances de l'Europe. Si nous voulons attendre pour agir que la Saxe et la Bavière fassent les premières hostilités, nous ne saurions empêcher la Saxe de s'agrandir, ce qui est cependant contraire à nos intérêts et nous n'avons, en ce cas, aucun bon prétexte. Mais si nous agissons à présent, nous tenons la Saxe dans l'abaissement, et, l'empêchant d'avoir des chevaux de remonte, nous la mettons hors d'état de pouvoir rien entreprendre.

L'Angleterre et la France sont brouillées; si la France se mêle des affaires de l'Empire, l'Angleterre ne le pourra jamais souffrir, et de cette façon les deux parties opposées m'offriront toujours une bonne alliance. L'Angleterre ne saurait être jalouse de mon acquisition de la Silésie, puisque cela ne lui saurait faire du mal, et qu'au contraire elle s'en peut attendre des avantages dans la situation présente de ses affaires qui exigent des alliances.

La Hollande le regardera d'un œil indifférent, et cela d'autant plus qu'on garantit aux négociants d'Amsterdam les capitaux qu'ils ont prêtés sur la Silésie.

Si l'on ne trouve pas son compte avec l'Angleterre et la Hollande, on le trouvera sûrement avec la France, qui d'ailleurs ne saurait traverser nos desseins et qui regardera d'un œil satisfait l'abaissement de la maison impériale.

Reste la Russie. Toutes les autres puissances, dont je viens de parler, ne sont point en état de nous troubler; il ne reste que la Russie, seule capable de nous donner de l'ombrage.

Le printemps prochain nous ne pouvons trouver qui que ce soit dans notre chemin. Ainsi, si la Russie veut nous attaquer, elle peut être sûre qu'elle aura les Suédois sur les bras, de sorte qu'elle se mettrait entre l'enclume et le marteau. Si l'Impératrice [1] vit, le duc de Courlande, qui a de très riches terres en Silésie [2], me ménagera pour se les conserver ; et de plus il faut faire tomber parmi les principaux du Conseil de la pluie de Danaé, qui les fera penser comme on voudra. Si l'Impératrice est morte, les Russiens seront si occupés de l'intérieur de leurs affaires qu'ils n'auront pas le temps de penser aux étrangers ; et en tous cas faire entrer un âne chargé d'or à Pétersbourg n'est pas une affaire impossible.

Je conclus de tout ce raisonnement qu'il *faut avant l'hiver se mettre en possession de la Silésie et négocier l'hiver;* alors on trouvera toujours parti à faire et nous négocierons avec succès lorsque nous serons en possession, au lieu qu'agissant autrement nous nous mettons hors de nos avantages, et nous n'aurons jamais rien par une simple négociation, ou bien on nous fera des conditions très onéreuses pour nous accorder des bagatelles.

Frédéric.

C. P. 141. — *Au ministre d'État de Podewils, à Berlin.*

Rheinsberg, 7 novembre 1740.

Réponse de Podewils sur les *idées* du roi.

Pour la question de droit, il faut que je dise avec un profond respect à Votre Majesté que, quelques prétentions bien fondées que la maison de Brandebourg ait eues autrefois sur les duchés de Liegnitz, de Brieg et de Wohlau, sur Ratibor et Oppeln, sur la principauté de Jaegerndorff et le cercle de Schwiebus en Silésie, il y a des traités solennels que la maison d'Autriche réclamera et par lesquels la maison de Brandebourg s'est laissée induire, quoi-

L'article de droit est l'affaire des ministres, c'est la vôtre ; il est temps d'y travailler en secret, car les ordres aux troupes sont donnés.

---

[1] L'impératrice Anne.
[2] Biron, duc de Courlande, et la terre et la seigneurie de Wartenberg.

que frauduleusement, à renoncer pour des bagatelles à des prétentions si considérables. Cependant on trouvera toujours moyen de faire revivre ces anciens droits et de se récrier sur la lésion énorme en y ajoutant les prétentions pécuniaires que Votre Majesté a à la charge de la maison d'Autriche et qui font des sommes assez considérables.

Mais pour ce qui est de la question de fait, voici, Sire, les objections et les obstacles qui se sont présentés à mon imagination contre le dessein de Votre Majesté :

Quant à l'article du fait, je vous réponds pas à pas.

1° Si l'Électeur palatin venait à mourir, Elle se pourrait trouver fort embarrassée à deux si grandes et si différentes entreprises à la fois. Le roi semble préférer la possession de la Silésie à celle de Berg, mais ne serait-ce pas quitter une conquête quasi assurée contre une autre à la vérité aussi facile à faire, mais plus difficile à maintenir à la longue ?

1° Je me tiendrai à la convention[1], si le Palatin meurt, et j'entrerai avec les dragons de Sonsfeldt, tous les grenadiers de la Westphalie et un bataillon de la garnison de Wesel, du reste me tenant étroitement à la convention.

2° Pressée de tous côtés la cour de Vienne pourrait renoncer à ses Pays-Bas et se jeter dans les bras de la France.

2° L'Angleterre et la Hollande ne souffriront jamais que le Lorrain se jette entre les bras de la France en lui sacrifiant le Brabant. Cela est contraire à leur politique. D'ailleurs, les Autrichiens, se voyant attaqués par les Bavarois, les Savoyards et nous, ne penseront pas assurément à donner des provinces gratuitement, lors même qu'ils en perdent tant

---

[1] La convention du 5 avril 1739 avec la France.

3° Si le roi entre en Silésie avant la levée de boucliers en Bavière, la cour de Vienne pourrait dans son désespoir gagner la Bavière grâce à un sacrifice. Et la seule crainte que la Saxe concevrait contre Votre Majesté pour la conquête de la Silésie, qui lui met le couteau sur la gorge, serait capable de la porter sans autre gain ou avantage de tourner conjointement avec la maison d'Autriche ses armes contre Votre Majesté. Et comme la cour d'Hanovre n'est pas moins jalouse de son agrandissement que la Saxe, elle pourrait s'amasser facilement, avec les troupes auxiliaires de Hesse et de Danemark et plusieurs autres États de l'Empire intéressés à la conservation de la maison d'Autriche, une armée de 30 000 hommes et tenir Votre Majesté entre deux feux ou se jeter sur ses provinces pour lui faire une diversion.

4° La Russie s'est engagée à fournir 30 000 hommes à la cour de Vienne.

de force. Ensuite la France ne saurait secourir l'Autriche, car si tous ceux qui l'attaquent se joignent ensemble avec les Puissances maritimes, vous concevez que la force serait supérieure.

3° Vous oubliez toujours le roi de Sardaigne qui agira en Italie. Ensuite la Bavière a dressé son plan de conquête. Si les Autrichiens lui cèdent ce qu'il veut avoir, ils s'affaibliront beaucoup. S'ils ne lui cèdent pas, ils seront entre deux feux. Quant à la Saxe, elle n'a ni magasins ni cavalerie, et c'est le droit du jeu de l'écraser avant qu'elle puisse entreprendre la moindre chose, si elle nous est contraire. Quant aux Hanovriens et aux Hessois, ils ont besoin de nous contre la France, et la nécessité étouffera leur jalousie et en tout cas on pourrait faire agir le Danemark sur Brême et Verden. D'ailleurs, je lève tant de nouvelles troupes que je remplace toutes celles qui vont en Silésie.

4° Quant à la Russie, si, dans les circonstances présentes, ils veulent nous attaquer, ils trouveront 55 escadrons et je puis faire défiler facilement 10 bataillons pour les renforcer. En cas donc de ces inconvénients il faut ruiner la Finlande, la Courlande et brûler tout à 20 lieues autour du

5° La Pologne est, elle aussi, liée avec la cour de Vienne. L'établissement de la domination prussienne en Silésie serait considérée en Pologne comme un grand danger. Par conséquent la République, soufflée par la cour de Dresde et celle de Russie, pourra se laisser porter, quelque méprisables que soient d'ailleurs ses forces, à envahir les provinces de Votre Majesté depuis la Prusse jusqu'à la Nouvelle-Marche.

voisinage de Prusse, afin qu'ils ne puissent point y subsister; et la Saxe écrasée et la Silésie conquise me fourniront encore des fonds.

5° Je ne réponds rien à l'article de Pologne, vous en sentez vous-même la faiblesse.

Comme alors rien ne m'arrête, j'ai expédié aujourd'hui les ordres aux régiments et cela :

1° A cause de la déclaration de la Bavière.

2° A cause des ordres donnés aux troupes d'Hanovre.

3° A cause de l'armement du roi de Sardaigne qui fait acheter des chevaux à haut prix et en nombre.

S'il plaît à Dieu, mes troupes seront en marche au commencement de décembre et j'espère que tout réussira selon nos souhaits.

Mandez-moi quel effet causera l'ordre d'armer sur l'esprit des ministres, ce qu'on dit, et, s'il se peut, ce qu'on pense. Adieu.

FÉDÉRIC.

C. P. 142. — *Au ministre d'État de Podewils, à Berlin.*

Rheinsberg, 8 novembre 1740.

MON CHER PODEWILS,

J'ai donné ordre aux régiments de l'expédition d'acheter des chevaux et de se tenir prêts à la marche et en même temps je fais payer toutes les sommes qu'il faut pour les équipages.

Débitez à Berlin que j'ai reçu nouvelles que le Palatin a évanouissements et qu'on craint pour sa vie. Je vous prie, *faites bien mon charlatan et prenez du meilleur orviétan et du bon or pour dorer vos pilules.*

Adieu.

FÉDÉRIC.

C. P. 143. — *Au conseiller privé des Finances de Borcke, à Vienne.*

Berlin, 8 novembre 1740.

Votre dépêche du 29 d'octobre touchant la prétention de la cour de Bavière sur la succession d'Autriche et la déclaration que le comte de Perusa, ministre de l'électeur de ce nom, a faite de la part de son maître, m'est bien revenue.

Cela vérifie entièrement ce que je vous ai mandé par mes précédentes et on peut compter à Vienne que la cour de Bavière ne se serait pas portée à cette levée de boucliers si elle n'avait pas pris ses mesures là-dessus avec la France et que pour se soutenir elle ne fût moralement assurée de son secours et de son assistance.

Il ne faut pas douter que l'électeur de Bavière ne tâche de prendre possession là où il le pourra et où il croira trouver le moins de résistance, pusiqu'il sera impossible que la cour de Vienne puisse d'abord tout d'un coup tellement garnir toutes ses provinces limitrophes de la Bavière qu'il n'en reste toujours de dégarnies et assez ouvertes pour donner beau jeu aux Bavarois qui ont, outre leurs troupes régulières, une excellente milice de 15 000 hommes sur pied et qui sont assurés d'avance de l'affection des peuples de ces provinces, las de la domination de l'Autriche.

La cour de Dresde n'attend que ce commencement de branle pour se jeter sur la Silésie et sur la Bohême, et elle ne fait point la petite bouche, ainsi que je vous l'ai mandé déjà, et lèvera le masque, dès que la maison de Bavière le fera.

Je suis curieux de quel bois on se chauffera maintenant à Vienne et ce qu'on voudra faire pour ceux qui doivent la sauver comme aussi quelle contenance tient le marquis de Mirepoix[1] en tout cela et s'il ne rit pas sous cape de l'embarras où l'on se trouve.

Au reste vous avez fort bien répondu au comte de Perusa et s'il revient à la charge, vous pouvez continuer à lui dire que vous n'êtes pas informé de mes intentions à cet égard et que l'Électeur son maître ferait bien de s'adresser immédiatement à moi. J'attends avec beaucoup d'impatience d'apprendre de vous toutes les suites que cela pourra avoir. Vous me manderez aussi exactement sur quelles provinces l'électeur de Bavière forme progressivement ses prétentions en

---

[1] Mirepoix (Pierre-Louis, marquis de Lévis-), ambassadeur de France à Vienne.

faveur du testament de l'empereur Ferdinand I*er* et si la Bohême et la Silésie y sont comprises.

Fédéric.

C. P. 146. — *Au ministre d'Etat de Podewils, à Berlin.*

Rheinsberg, 9 novembre 1740.

Comme j'ai jugé nécessaire de donner les ordres à quelques régiments de Berlin de se préparer à une marche prochaine, il est aisé à comprendre qu'on fera des raisonnements de plus d'une façon sur le but de cette disposition. Vous pouvez donc dire, partout où vous le jugerez convenable, qu'on n'en doit pas être surpris, la mort prochaine de l'Électeur ne me donnant que trop de sujets et de motifs de me mettre en état de soutenir mes droits connus sur la succession de Juliers et de Bergue et que la mort de l'empereur et l'interrègne ne demandent pas moins de songer à sa sûreté et à celle de l'Allemagne. Je suis, etc.

Fédéric.

C. P. 147. — *Au ministre d'Etat de Podewils, à Berlin.*

Rheinsberg, 9 novembre 1740.

L'impératrice de Russie va mourir. Dieu nous favorise et le destin nous seconde [1].

Frédéric.

---

[1] Ce qui ne l'empêchera pas le lendemain, à la nouvelle de la mort de l'impératrice Anne, d'écrire aussitôt au baron de Brackel, ministre de Russie à Berlin, pour lui « témoigner sa douleur » et « combien il est sensible à cette grande perte qui doit intéresser toute l'Europe. On ne saurait trop regretter celle d'une si grande princesse, douée de tant de vertus héroïques, le délice de son peuple et de tous ses véritables amis parmi lesquels je prétends de n'avoir pas le moindre rang ». Il ajoute que « n'ayant pu trouver pendant la vie de l'impératrice l'occasion de lui marquer l'envie qu'il avait toujours eu de la convaincre de son attachement et d'augmenter sa gloire et sa puissance, il espère que le temps de minorité lui en fournira des favorables où il pourra affirmer de plus en plus l'amitié étroite et l'alliance qui subsiste depuis si longtemps entre nous... » (*Ibidem*, 148. A Brackel. Rheinsberg, 10 décembre 1740.)

C. P. 149. — *Au ministre d'Etat de Podewils, à Berlin.*

Rheinsberg, 10 novembre 1740.

Monsieur de Podewils,

Pour répondre à la vôtre d'hier, je vous dirai que j'ai déjà projeté tout ce qui sera nécessaire à l'exécution de mon plan. La lettre déchiffrée ci-jointe du colonel de Camas montrera que la France ne se doute encore de rien, ni de nos intentions, ni de la fermentation présente des affaires de l'Allemagne. *Ainsi le plus sûr sera de faire son coup à l'improviste* et que je commence le branle au commencement du mois de décembre. En attendant, *vous tâcherez d'amuser les ministres étrangers à Berlin et de leur donner le change.* Au reste, comme les Saxons, les Hanovriens et d'autres font des levées de leurs troupes, le temps nous éclairera sur ce qu'il y aura à espérer et à craindre. Je suis, etc.

Fédéric.

C. P. 151. — *Au colonel de Camas, à Paris.*

Rheinsberg, 11 novembre 1740.

Monsieur de Camas,

J'ai bien reçu vos deux lettres du 27 et du 30 et j'ai été satisfait des nouvelles intéressantes que vous m'avez mandées. Supposant que vous serez déjà sur votre départ, ayant reçu votre rappel, il y a quelques semaines, je remets jusqu'à votre retour de m'entretenir avec vous et j'espère que vous vous rendrez bientôt ici. En attendant, je ne suis point surpris de ce que le Cardinal fait à présent parade d'un dehors de modestie et de désintéressement au sujet des affaires d'Allemagne ; mais la suite nous prouvera si les effets répondront à ces beaux sentiments d'équité et de modération. Je vous souhaite un heureux voyage étant, etc.

Fédéric.

Je m'étonne beaucoup que vous ne soyez pas encore sur le chemin pour revenir à votre régiment ; votre commission est finie et d'ailleurs il n'y a aucun *parti à tirer de ces gens-là.*

Le roi de Prusse n'était évidemment à ce moment que fort peu satisfait de « ces gens-là », de cette France qu'il n'aimait guère, qu'il aimait même d'autant moins qu'il la redoutait à juste titre. Il est même d'autant plus mécontent que, comme peut-être, très probablement même, il aura besoin d'elle, force lui est, ainsi qu'on le verra par les réponses qu'il fait aux questions de Podewils, de faire bonne mine à mauvais jeu et de « se ménager une porte ouverte avec cette couronne ».

C. P. 152. — *Au ministre d'Etat de Podewils, à Berlin.*

Podewils rend compte de Berlin, 11 novembre, que : « tout devant être prêt pour expédier des estafettes aux cours étrangères lors de l'entrée en Silésie, il demande au Roi de vouloir bien à l'avance le fixer sur les points suivants :

1° Si Borcke doit faire connaître verbalement à Vienne les motifs de l'entrée en Silésie.

Oui, et il doit dire que c'est par amitié et proposer d'abord qu'on doit se remettre à moi.

2° Si en cas qu'on veuille se prêter de bonne grâce à Vienne à céder la Silésie à Votre Majesté, il doit, en Son nom, leur promettre une garantie efficace, avec toutes les forces de Votre Majesté et tous les États que la maison d'Autriche possède en Allemagne, *contra quoscunque*.

Bon, en y faisant entrer les maritimes.

3° Et que Votre Majesté est prête à rester là-dessus dans une étroite alliance avec les Puissances maritimes et la Russie.

Bon.

4° Si Borcke doit promettre qu'on soutiendra la candidature du duc de Lorraine.

Bon, et qu'on se fait fort de réussir.

5° Combien d'argent il peut offrir à la cour de Vienne pour ses armements afin de la mieux disposer à céder la Silésie.

Il faut marchander jusqu'à deux millions tout au plus.

6° S'il n'y a pas lieu d'attendre encore pour offrir de renoncer à Berg en échange de la Silésie et de garder cela pour un ultimatum ultérieur.

C'est l'ultimatum.

7° Si Borcke ne doit pas déclarer en même temps que le Roi, en cas de refus de ses offres, embrassera le parti adverse, et que la cour de Vienne ne devrait pas laisser échapper une occasion qui ne se représentera plus.

Oui, et qu'il ne dépendra que d'eux d'avoir ce qu'ils veulent.

8° S'il faut faire connaître à Pétersbourg et à Londres par des communications verbales de nos ministres les offres faites à Vienne « pour les leur faire agréer et pour les porter à presser la cour de Vienne d'y donner les mains comme au seul salut qui lui reste ».

Oui, mais à chaque cour d'une manière différente. A Londres, il faut dire que, sachant sûrement que le duc de Lorraine doit conclure avec la France, je m'approche de Vienne pour le forcer en quelque façon à se mettre du parti des marins et de la religion.

9° S'il ne faut pas donner à Londres et à la Haye l'assurance que les capitalistes qui ont de l'argent engagé en Silésie n'ont rien à craindre. Dans le cas contraire, on crierait furieusement contre Votre Majesté et on remuerait ciel et terre pour L'empêcher de garder la Silésie.

Bon. Aux Hollandais, il faut ajouter qu'on ne veut pas troubler le repos de l'Europe, que leurs capitaux leur seraient assurés et qu'enfin cette démarche ne tend qu'au bien public; que Frédéric-Guillaume a servi l'empereur Léopold et qu'*il en a été récompensé d'ingratitude et que je me dédommage d'avance et le servirai après.*

10° Si le ministre à Paris, en faisant part en gros au ministère français des motifs qui ont porté Votre Majesté d'entrer en Silésie, ne doit pas leur laisser entrevoir à mots couverts que cette entreprise pourrait tourner au plus grand avantage de la France, pour se ménager une porte avec cette

Bon, il faut faire la patte de velours avec ces bougres.

A Hanovre, Mayence et Ratisbonne, il faut parler du cœur patriote qu'il faut et que je veux soutenir l'empire; que je veux protéger les débris d'une maison faible et les tirer dans le bon chemin pourvu qu'ils veuillent le

couronne, en cas que la cour de Vienne et les Puissances maritimes refuseraient d'entrer dans les vues de Votre Majesté par rapport à la Silésie [1]. suivre, qu'il faut soutenir l'Empire et exterminer ceux de ses membres qui tendent à le détruire.

FÉDÉRIC.

C. P. 153. — *Au ministre d'État de Podewils, à Berlin.*

Rheinsberg, 12 novembre 1740.

MON CHER PODEWILS,

Je crois que, comme le bruit de nos arrangements éclate, il sera bon de prendre des mesures et d'écrire tout le projet à Borcke, à Vienne, en chiffre. Si l'on commence à en parler là-bas, il n'avouera rien que lorsqu'il en sera temps. Alors il en parlera au Duc (s'entend lorsque nos troupes auront marché). Je chargerai un courrier de cette commission. A présent, le bruit va s'augmenter, car l'artillerie que je prépare sera obligée d'acheter des chevaux, et cela ne peut être secret.

Il faut aussi faire dresser une lettre au roi d'Angleterre [2] selon ma marginale [3] et lui marquer que je n'ai d'autre but que le bien de l'Empire et que pour y engager la Cour de Vienne, c'est le seul moyen; qu'à présent il faut se concerter et s'entendre; que je presse les Hollandais et qu'il ne dépendra que du roi d'Angleterre de conclure avec la Hollande, la Lorraine et la Russie.

Il faut parler de Juliers et de Bergue en termes généraux et de

---

[1] A son rapport du 11 novembre, Podewils avait joint une lettre de Camas rendant compte de l'entretien qu'il avait eu avec Fleury le 29 octobre à Fontainebleau : « Je regarde, si j'ose le dire, écrivait Podewils, le discours que le Cardinal a tenu sur la mort de l'empereur comme préparatoire au parti que la France souhaiterait de faire prendre à Votre Majesté en faveur de l'électeur de Bavière. Tout leur système roule sur cela en France, et il sera bon de leur laisser entrevoir toujours quelque espérance de ce côté-là, sans s'engager à rien formellement jusqu'à ce qu'on soit d'accord avec la cour de Vienne et les Puissances maritimes pour pouvoir en tout cas se jeter entre les bras de la France, si les autres nous tournent le dos. »

Frédéric ne pouvait naturellement qu'approuver des appréciations qui n'étaient que la paraphrase de ses ordres de l'avant-veille. « Au reste, lui mande-t-il (*Ibidem*, 156, Rheinsberg, 13 novembre 1740), vos réflexions sur la lettre du colonel de Camas me paraissent justes. »

[2] Cette lettre fut écrite et expédiée le 4 décembre.

[3] Se rapporte à la note mise en marge de la pièce précédente.

façon qu'ils voient qu'on ne veut point leur donner de l'ombrage et faire le tout avec le plus de dignité qu'il est possible. Il faut écrire aussi aux Hollandais, les rassurer sur leurs capitaux en Silésie et d'ailleurs leur marquer combien on est porté pour le bien public et pour le leur et qu'on est même capable de se désister de toute prétention qui pourrait leur donner de la jalousie.

Adieu, mon cher charlatan. Tenez bonne contenance et ne faites semblant de rien. *La bombe crèvera au 1er de décembre 1740.*

FÉDÉRIC.

C. P. 158. — *Au ministre d'État de Podewils, à Berlin.*

Rheinsberg, 15 novembre 1740.

MON CHER PODEWILS,

J'ai envoyé un faux ordre aux régiments de Berlin avec une route pour Halberstadt. J'espère que cela trompera les politiques, ou du moins qu'il seront déroutés.

Il faut user de toutes sortes de moyens pour les rendre incertains et pour les dérouter dans toutes leurs conjectures. Ceci, je l'espère, n'y contribuera pas peu. En attendant nous travaillons ici au sérieux, et si le ciel ne nous est pas tout à fait contraire, nous aurons le plus beau jeu de l'univers. Jouez au guet de votre côté pour épier ce qui se peut passer dans les cervelles de vos lynx. L'ordre d'aujourd'hui, j'espère, va donner du mouvement à bien des courriers. Je compte de frapper mon coup le 8 de décembre et de commencer l'entreprise la plus hardie, la plus prompte et la plus grande dont jamais prince de ma maison se soit chargé. Adieu, mon cœur me promet de bons augures et mes troupes d'heureux succès.

FÉDÉRIC.

La deuxième quinzaine de novembre et la première de décembre sont tout entières consacrées par Frédéric à la préparation et à l'exécution d'une tâche hérissée de difficultés de toutes sortes, au développement du programme que son ambition lui avait fait concevoir et que seuls son manque absolu de scrupules et sa perverse dextérité lui permirent de réaliser. Comme l'a si bien dit Albert Sorel [1], « jamais joueur ne fut aussi intéres-

---

[1] Albert SOREL, *La question d'Orient au dix-huitième siècle*, p. 93.

sant à observer, car il n'en fut jamais de plus alerte, de plus hardi et de plus circonspect à la fois, de plus fécond en feintes et en expédients, de plus adroit surtout à découvrir les desseins de son adversaire et à les décevoir. » Jamais peut-être, au cours de sa carrière si accidentée, Frédéric ne justifia mieux cette appréciation que pendant les quatre semaines qui précédèrent l'invasion de la Silésie. « Politique dénué à la fois de décence et de moralité, insatiable dans sa rapacité, éhonté dans sa perfidie [1], » le brillant élève de Machiavel, dont il se flatte pourtant d'avoir victorieusement réfuté les doctrines, ne cherche même pas, heureusement pour nous, grâce à ce cynisme, dont peut-être il n'a pas toujours pleinement conscience, à déguiser sa pensée lorsqu'il rédige ses ordres et ses instructions. Il suffit donc de dépouiller sa correspondance du 15 novembre au 16 décembre 1740, pour se rendre un compte exact de l'énorme quantité de travail qu'il abat, de l'extraordinaire activité qu'il déploie, de son incomparable lucidité, mais aussi de l'effroyable immoralité des procédés qu'il ne rougit pas d'employer. S'il lui a fallu un certain temps pour devenir l'un des plus grands capitaines qui aient jamais vécu, il s'est du premier coup révélé l'égal, le maître des hommes d'État les plus accomplis. Conscient de sa valeur personnelle, de la force que lui donnent les ressources accumulées par son père, confiant dans les hautes destinées auxquelles il se croit appelé, impatient de jouer un grand rôle sur la scène du monde, il sait, presque dès le lendemain de son avènement, où il veut aller, à quoi il tend, et d'ores et déjà il a choisi la voie dans laquelle il va s'engager avec une *maestria* que lui envierait plus d'un vieux routier, rompu à toutes les finesses de la politique, à toutes les rouëries des chancelleries. Changeant de figure, de ton et de langage avec une merveilleuse désinvolture, excellant dans l'art de tenir la porte ouverte à tout événement, sachant en équilibriste consommé rester à cheval entre deux conduites diamétralement opposées, menaçant aujourd'hui ceux qu'il a

---

[1] MACAULAY, *Essais historiques et biographiques*, Frédéric II, p. 307-308.

accablés hier de compliments et de flatteries, il parvint du premier coup, par un chef-d'œuvre d'habileté, à mener d'une main si ferme et si sûre sa barque au milieu des innombrables écueils, contre lesquels tant d'autres, peut-être parce que plus honnêtes et plus scrupuleux que lui, n'auraient pas manqué de se briser, que, presque sans se compromettre d'aucune façon, sans se lier avec personne, pas plus avec l'Angleterre qu'avec la France, donnant jusqu'au dernier moment le change à tout le monde, il réussit à ne révéler ses projets que lorsque ses troupes eurent franchi la frontière, lorsque, pour son coup d'essai, l'*Anti-Machiavel* eut commis son premier grand crime [1].

C. P. 159. — *Au conseiller privé des Finances de Borcke, à Vienne.*

Berlin, 15 novembre 1740.

La situation des affaires de l'Europe étant telle présentement qu'il faut de toute nécessité prendre son parti, si on ne veut pas laisser tomber les choses dans un état désespéré, dont toute la prudence humaine et les efforts considérables ne sauraient les retirer dans la suite, je me suis vu forcé d'avoir recours à des remèdes qui, quelque violents qu'ils puissent paraître au premier coup d'œil, n'ont en vue que le véritable bien public, l'équilibre de l'Europe, la conservation du système de l'Empire, la liberté de l'Allemagne et le seul et véritable salut des tristes débris de la Maison d'Autriche.

C'est dans cette vue-là, et pour d'autres raisons très valables que je manifesterai en son temps, que j'ai pris la résolution de faire entrer un corps de troupes en Silésie, non seulement pour empêcher que d'autres dans les conjonctures présentes ne s'emparent d'une pro-

[1] « Cependant le roi de Prusse de l'*Anti-Machiavel* était déjà pleinement résolu à commettre le grand crime de violer la foi jurée, de dépouiller l'allié qu'il était tenu de défendre et de plonger toute l'Europe dans une guerre longue, sanglante et désolante. Et tout cela uniquement pour étendre ses domaines... Il se décida à rassembler promptement et secrètement une grande armée, à envahir la Silésie avant que Marie-Thérèse connût son dessein et à ajouter cette riche province à son royaume... » MACAULAY, *Essais historiques et biographiques, Frédéric le Grand*, II, — (traduction Guizot), cité par Charles BENOIST, *Le Machiavélisme de l'Anti-Machiavel* (*Revue des Deux Mondes*, 1ᵉʳ avril 1915, p. 643).

vince qui fait la barrière et la sûreté de mes Etats, mais aussi pour être par là plus à portée de secourir la Maison d'Autriche et de la sauver de la ruine dont elle est menacée.

Si on veut reconnaître en cela la pureté de mes sentiments et intentions à Vienne, en réfléchissant sur la fâcheuse situation où l'on s'y trouve et qui ne lui laisse d'autre ressource que celle d'opter entre le parti désespéré de se jeter entre les bras de la France et celui de s'en remettre à moi, on conviendra facilement qu'on ne saurait trouver nulle part son compte mieux qu'avec moi et voici ce que j'offre de faire pour le bien de la reine de Hongrie et de Bohême et de son époux, le duc de Lorraine :

1° Je suis prêt de garantir de toutes mes forces tous les États que la Maison d'Autriche possède en Allemagne contre quiconque voudra les envahir.

2° J'entrerai là-dessus dans une alliance étroite avec la cour de Vienne, celle de la Russie et les Puissances maritimes.

3° J'employerai tout mon crédit à faire parvenir le duc de Lorraine à la dignité impériale et à soutenir son élection *contra quoscunque*. Je pourrais même dire, sans risquer trop, que je me fais fort d'y réussir.

4° Pour mettre la cour de Vienne en état et bonne posture de défense, je lui fournirai d'abord en argent comptant deux millions de florins et je pourrai même aller jusqu'à trois, ce qu'il faudra pourtant ménager dans le commencement et marchander là-dessus le plus qu'il est possible.

Vous sentez bien que pour des services aussi essentiels que ceux auxquels je m'engage par les conditions très onéreuses marquées ci-dessus, il me faut une récompense proportionnée et une sûreté convenable pour un dédommagement de tous les risques que je cours et du rôle dont je veux bien me charger. En un mot, c'est la cession entière et totale de toute la Silésie[1] que je demande d'abord pour prix de mes peines et des dangers que je vais courir dans la carrière où j'entre pour le service de la Maison d'Autriche.

Les services considérables que mes ancêtres ont rendus à cette maison et qui n'ont point été récompensés, et même payés d'ingratitude,

---

[1] Frédéric n'avait pas attendu le mois de novembre pour préparer l'invasion de la Silésie. « Depuis quelque temps déjà il avait envoyé des officiers en Silésie, entre autres le colonel Lestwitz, qui y séjourna longtemps et s'y fit passer pour un marchand de fourrages. Il avait eu le soin d'y faire sonder et travailler les populations et de s'efforcer surtout de gagner à sa cause les protestants fort nombreux, du reste, dans cette province. (Major Z..., *La guerre de la Succession d'Autriche* (1740-1748), *Campagne de Silésie* (1740-1741).

demandent absolument que je m'assure d'avance un gage de reconnaissance de la part d'une Cour pour laquelle je suis prêt de tout sacrifier et de garantir la succession de toutes mes forces.

Mon intention est donc que, dès que vous aurez appris que mes troupes sont entrées en Silésie, vous demandiez d'abord une audience particulière au duc de Lorraine et que vous lui exposiez de bouche fidèlement tout le contenu de cette dépêche en l'assurant de ma part que, connaissant, par l'expérience que mes ancêtres en ont faite, l'irrésolution de la cour de Vienne, il a fallu, sans la consulter auparavant, prendre cette route pour son propre bien et surtout celui du duc de Lorraine que je chéris et estime infiniment, et pour l'amour duquel je me suis porté à cette démarche hardie, en coupant court à tous les délais d'une négociation longue et infructueuse dans une affaire où il ne s'agit pas moins que du salut de l'Europe, de celui de la Maison d'Autriche et de la fortune du duc de Lorraine.

Si l'on veut de moi à ce prix-là, on pourra s'attendre sincèrement aux plus grands efforts que je ferai pour la conservation des tristes débris de cette Maison et pour mettre la couronne impériale sur la tête de ce prince.

Mais si on ne m'accorde pas purement et simplement ce que je demande, *je m'en lave les mains et je me verrai forcé, quoiqu'à regret, de prendre parti ailleurs*, et nous verrons comment la Cour de Vienne se tirera d'affaire et comment elle pourra se conserver malgré moi et encore moins parvenir au but qu'elle se propose.

Car de quelque côté qu'elle se tourne, elle n'en sera jamais quitte sans faire quelque sacrifice, et si elle prend le parti désespéré de se jeter entre les bras de la France, aux dépens de la liberté de l'Europe, elle peut être assurée qu'il y a déjà un plan dressé pour l'empêcher d'une manière qui pourrait entraîner sa destruction totale.

Il faudra bien faire sentir ce dernier article au duc de Lorraine, puisque je prévois que ceux qui ont possédé la confidence de feu l'Empereur et qui sont capables des conseils les plus désespérés et les plus violents, ne manqueront pas de remuer ciel et terre pour précipiter la Cour de Vienne dans un précipice où elle se perdra sans retour.

Il s'agit donc de prendre promptement un parti à Vienne, sans vouloir m'amuser ou sans se faire de fausses illusions puisqu'il faut absolument que je sache où j'en suis avec ces gens-là.

Si le duc de Lorraine le trouve à propos, vous pouvez vous expliquer sur le même ton envers les ministres de la Conférence et ceux qui sont au timon des affaires présentement, en leur déclarant distinctement, et même à plusieurs reprises s'ils le souhaitent, nos intentions là-dessus. J'avoue cependant que je ne saurais me fier au baron de Bartenstein, qui s'est toujours montré ennemi de ma maison. C'est pour cela que je souhaiterais fort que la négociation ne passât point par ses mains, ce que vous devez insinuer adroitement au duc de Lorraine.

Je ne crois pas non plus qu'il conviendrait à mes intérêts, que vous leur donniez mes propositions par écrit, quoique vous puissiez fort bien permettre qu'ils les minutassent en votre présence et conformément à la communication que vous leur en ferez.

J'attends avec beaucoup d'impatience ce qu'on vous aura répondu sur tout cela; mais je n'en pousserai pas moins ma pointe pour prendre possession de toute la Silésie, afin d'être en état de m'y maintenir d'autant mieux et de secourir la cour de Vienne d'autant plus facilement, si elle le trouve à propos, ou de prendre mon parti ailleurs si elle m'y force par un refus mal placé d'offres si considérables.

Peut-être que le dessein pourra éclater ou être soupçonné à Vienne avant qu'on frappe le coup, puisqu'il est impossible que cela se puisse faire sans quelques préparatifs qui sautent aux yeux de tout le monde. Mais en cas qu'on vous en parle, *vous n'avez qu'à feindre de l'ignorer* entièrement, en contestant en gros que vous étiez informé de mes bonnes intentions pour la cour de Vienne, mais que vous ignoriez les routes que je prendrais pour leur en témoigner les effets.

Voilà une occasion qui vous donne un vaste champ pour continuer à mériter ma bienveillance et une récompense proportionnée au service que vous me rendrez dans une affaire de cette importance et pour la réussite de laquelle je me persuade que vous n'oublierez ni soin, ni peine en m'informant aussi souvent que la nécessité le demande par vos estafettes de ce qui pourrait exiger une prompte résolution ou des instructions ultérieures.

Frédéric.

De la main du Roi au-dessous de la minute on lit : « Ceci est très bon, mais il faut encore plus appuyer sur la bonne intention et le dessein dans lequel je suis de leur garantir la Pragmatique. Faites-le expédier alors et j'enverrai un courrier ». Malgré cet ordre du Roi, on n'ajouta rien à la minute.

C. P. 160. — *Au conseiller privé des finances de Borcke, à Vienne.*

Berlin, 15 novembre 1740.

J'ai vu par votre dépêche du 5 du courant, l'entretien que vous avez eu avec l'ambassadeur de France[1] au sujet de l'élection d'un empereur.

J'espère que vous tâcherez d'approfondir le système que la France s'est fait sur les conjonctures présentes, tant par rapport à la succession des pays héréditaires de la Maison d'Autriche qu'à celle de l'Empire, et pour quel prétendant elle se déclarera à l'égard de l'une et l'autre. Cependant vous aurez soin de vous tenir extrêmement serré envers lui et d'user de toute la circonspection imaginable pour ne pas lui laisser entrevoir mes sentiments sur ces matières, lui donnant au reste en toute occasion les assurances les plus fortes de mon intention sincère et inaltérable d'entretenir avec soin et sans interruption la bonne et parfaite intelligence dans laquelle j'ai le plaisir de vivre avec la France.

Au surplus, j'ai bien de la peine à me persuader que la cour de Dresde soit si bien disposée en faveur de la nouvelle reine de Hongrie et du Grand-Duc son époux, comme celle de Vienne paraît s'en flatter. Les Saxons n'ont pas su si bien déguiser leurs vues secrètes, qu'on n'en ait entrevu une partie et l'on sait à n'en pas douter que le roi de Pologne souhaite avec passion de monter sur le trône impérial, de sorte qu'il n'y a nulle apparence qu'il y renonce en faveur du Grand-Duc à moins que celui-ci ne lui fasse d'ailleurs sa convenance.

Il n'est pas vraisemblable que ces deux princes conviennent si aisément de leurs faits, au moins sans qu'il n'en transpire quelque chose. Ainsi je compte qu'il ne vous sera pas difficile de découvrir ce qui se négociera à ce sujet, et c'est à quoi vous apporterez une attention particulière pour m'en pouvoir donner de bonne heure des informations.

FÉDÉRIC.

[1] « Le marquis de Mirepoix m'a tiré à côté et me dit à l'oreille : « On m'a dit que le Roi votre maître a donné sa voix au grand-duc de Toscane pour le faire élire empereur. — Je répondis : Comment le Roi mon maître lui l'aurait-il donnée? A peine sait-il que l'Empereur est mort. — Il poursuivit : Mais le Grand-Duc ne pourrait pas l'être, n'ayant aucune possession en Allemagne. — Je répliquai que sans doute son épouse en avait. — Sur quoi, il repartit : C'est à savoir si elle les garde. — Sans vouloir continuer le discours davantage ».

C. P. 162. — *Au capitaine Andrié, à Londres.*

Berlin, 19 novembre 1740.

Votre dépêche du 4 de ce mois m'a été rendue et m'a appris ce que milord Harrington vous a dit, touchant l'évènement arrivé par la mort de l'Empereur, que le Roi son maître était et serait toujours prêt d'entrer de concert avec moi dans toutes les mesures convenables dans cette circonstance, ne doutant pas que, de ma part, elles ne soient toujours conformes au bien public et à la cause protestante en Europe. Vous pouvez lui répondre que mes sentiments se rencontrent entièrement sur cet article avec ceux de Sa Majesté Britannique, avec laquelle *je communiquerais au premier jour confidentiellement* sur les mesures à prendre dans la situation présente, souhaitant passionnément d'aller de concert avec elle en tout ce qui peut affirmer l'équilibre de l'Europe, le système de l'Empire et le bien général de la cause protestante qui feront toujours le seul et véritable but de toutes mes actions. Et comme le roi de la Grande-Bretagne y vise également, à ce que le lord Harrington vous a assuré, et que les intérêts de ce monarque me seront toujours aussi chers que les miens propres, il ne faut pas douter que nous ne tombions bientôt d'accord sur un ouvrage si salutaire.

Vous devez vous informer aussi adroitement de ce qu'on pense de la contenance de la France et du langage pacifique qu'elle tient par rapport à la garantie de la Sanction Pragmatique et si l'on s'y fie en Angleterre.

Je suis surtout curieux d'apprendre si la mort de l'Empereur, comme on l'assure, fera assez d'impression sur l'esprit de la nation, pour ne point prendre le parti de déclarer la guerre à la France, par rapport à l'assistance qu'elle a donnée à l'Espagne.

Il y a apparence que le cardinal de Fleury ne tient des propos si modérés au sujet de la garantie de la succession de feu l'Empereur, que pour empêcher la nation britannique, et même la cour, de prendre un parti vigoureux à l'ouverture prochaine du Parlement et pour éviter qu'on ne lui déclare la guerre, afin qu'on ait le temps en France de préparer à petit bruit tout ce qu'il faut pour frapper son coup d'autant plus sûrement. Vous pouvez insinuer ceci de vous-même au ministère d'Angleterre pour voir comment on s'expliquera là-dessus.

FÉDÉRIC.

C. P. 163. — *Au conseiller baron Le Chambrier, à Paris.*

Berlin, 19 novembre 1740.

J'ai de la peine à me persuader que la Cour de France, ainsi que vous le croyez selon votre dépêche du 6 de ce mois, ne fera aucun mouvement à l'occasion de l'événement qui est arrivé de la mort de l'Empereur, mais que le tout se passera de la part de cette couronne vraisemblablement en négociations.

On connaît assez le langage du Cardinal-ministre dans ces sortes de rencontres, qui affecte d'abord de grands sentiments de modération et de désintéressement pour endormir les autres, les empêcher de prendre des mesures et pour gagner du temps à préparer des matériaux à petit bruit, afin de frapper plus sûrement son coup avant qu'on s'y attende.

Quelle apparence y a-t-il à ce que la France veuille abandonner les intérêts de la Cour de Bavière, qui certainement par la voie de la négociation ne tirera jamais ni pied ni aile de la Maison d'Autriche, qui n'est point accoutumée à faire des cessions, à moins qu'elle n'y soit forcée.

Et la France laisserait-elle échapper cette occasion pour arracher la dignité impériale au duc de Lorraine qui y vise et pour ne point vouloir affaiblir ce qui reste encore de forces à la Maison d'Autriche et qui, sous un prince jeune, actif, économe et extrêmement appliqué aux affaires, tel que le duc de Lorraine, pourra avec le temps reprendre son ancienne vigueur et devenir, après quelques années de repos, aussi formidable à la France, moyennant de bonnes alliances, qu'elle a été autrefois.

Mais comment empêcher tout cela par la voie de la négociation seule? J'avoue que je n'y comprends rien et que je suis fort tenté de croire que la Cour de Vienne a su mettre la France dans ses intérêts, au moyen de quelque sacrifice considérable qu'elle lui a stipulé et qui n'éclatera que quand on croira le tout pacifié et tranquille. A ce prix-là, je crois la France assez portée d'abandonner la Bavière et de concourir à la défense de la Maison d'Autriche et même de son élévation à la dignité impériale.

Ainsi vous ferez bien de ne pas vous laisser endormir par les apparences, mais de tâcher de pénétrer, autant qu'il est possible, le dessous des cartes.

Fédéric.

C. P. 165. — *Au ministre d'État de Podewils, à Berlin.*

Podewils rend compte de Berlin le 19 novembre, que « Valory lui a remis une lettre adressée au Roi, contenant des protestations d'amitié de la cour de France et demandant un échange de vues tendant à assurer le repos du Corps Germanique. » Podewils s'est borné à une réponse gracieuse et vague.

Berlin, 19-20 novembre 1740.

Très sagement, nous les verrons venir d'une façon plus claire, et comme ils ne sont pas en état d'agir, ils voudraient nous endormir d'un sommeil léthargique jusqu'au moment qu'ils auraient pris toutes leurs mesures pour exécuter leurs desseins; mais, pour le coup, ils en seront la dupe.

C. P. 166. — *Au ministre d'État de Podewils, à Berlin.*

Rapport de Podewils.

Berlin, 20 novembre.

« Le résident du roi de Pologne, Siepmann, est venu me dire par ordre de sa Cour que le Roi son maître avait dessein d'envoyer, au premier jour, un ministre à Votre Majesté pour lui faire certaines propositions... Ainsi, la Cour de Dresde commence à rechercher Votre Majesté pour tout de bon et je crois qu'on en pourrait tirer bon parti dans les conjonctures présentes, d'autant plus qu'on prétend que le Roi de Pologne n'a pas encore reconnu, jusqu'ici, la reine de Hongrie et de Bohême en cette qualité. »

Berlin, 20-21 novembre 1740.

Voyons-les venir, rien ne nous convenant mieux que de recevoir des propositions de tous côtés et de choisir. Les lettres de Russie me font grand plaisir; celles de Paris nous sont favorables. Les Anglais font les sots, et les Hollandais les Gilles. Profitons, en attendant, des conjectures et *leurrons-les tous ensemble*. Valory croit pour sûr que nous allons à Dusseldorf. Sans quoi il ne m'aurait point écrit la dernière lettre. Cela est bon.

FÉDÉRIC.

Le 21 novembre, Frédéric a répondu en termes gracieux, mais vagues, à cette lettre de Valory en date du 18, en déclarant que « rien au monde ne saurait lui être plus agréable que de pouvoir convaincre le roi de France du désir qu'il a de lui marquer la sincérité de son amitié et de son attachement. »[1]. Le surlendemain, c'est un autre langage qu'il tient à Podewils dont il vient de recevoir un rapport en date du 22 :

C. P. 168. — *Au ministre d'Etat de Podewils, à Berlin.*

« Valory attend avec impatience la réponse du roi à sa lettre et lui-même a laissé entendre qu'il croit à l'existence d'une entente entre la Prusse et l'Angleterre. Il m'a fait comprendre que sa Cour désire l'élection de l'électeur de Bavière à la dignité impériale. » Podewils lui a répondu d'une manière dilatoire.

Il est fort bon de leurrer Valory. Je ne suis engagé à rien vers le Cardinal et je peux faire ce que je veux. D'ailleurs ils ne peuvent rien faire contre moi, car avant le printemps il faut que je sois d'accord avec le Lorrain. Alors ils n'ont aucun prétexte de rompre avec moi, et je trouverai toujours le moyen de m'accorder avec l'Angleterre et l'Empire. Ainsi, que cela ne vous embarrasse en rien.

C. P. 170. — *Au conseiller privé des Finances de Borcke, à Vienne.*

Berlin, 28 novembre 1740.

Votre dépêche du 16 de ce mois m'a été fidèlement remise. Je me suis bien douté qu'on commencerait à la fin à se réveiller de la fatale léthargie et sécurité à Vienne, dans laquelle on paraissait être tombé en se berçant dans les espérances les plus frivoles sans se mettre en peine de conjurer l'orage qui menace la maison d'Autriche de tous côtés et sans vouloir travailler à se faire de puissants amis.

En vérité, le danger presse plus que jamais et on n'a point de temps à perdre si on veut le prévenir. La contenance mal assurée du marquis de Mirepoix[2] ne me surprend pas, et il me semble qu'on devrait

---

[1] *Ibidem*, 167. — *Au marquis de Valory, à Berlin*, Rheinsberg, 21 novembre.

[2] « Le marquis ne sort pas de chez lui et ne tient point une contenance bien composée. Il me demanda l'autre jour s'il était vrai que Votre Majesté avait offert à la Reine de l'argent et 40 000 hommes de troupes, comme l'on s'en vantait ici. » Et Borcke lui ayant répondu négativement, Mirepoix ajouta : « Je l'ai bien cru aussi que ce n'était qu'une nouvelle aventurée. » (Rapport de Borcke du 16 novembre.)

assez connaître la France à Vienne pour ne point se laisser amuser par les belles déclarations qu'elle fait uniquement dans le but de jeter de la poudre aux yeux des autres et d'empêcher surtout qu'à l'ouverture prochaine du parlement en Angleterre on ne prenne de parti vigoureux et qu'on ne fasse de nouvelles augmentations en Hollande, tandis que la France fait ses préparatifs en secret et à petit bruit, ayant ordonné sous main à tous les officiers d'infanterie d'augmenter de cinq hommes leurs compagnies; sans qu'il y paraisse il en fera autant de la cavalerie [1]. La France ne se cache pas non plus envers ses confidents de vouloir procurer la couronne impériale à la cour de Bavière et à en frustrer pour jamais le duc de Lorraine [2]. Les trois électeurs n'agissent que par les ressorts secrets de la Cour de Versailles; l'électeur de Cologne et le Palatin font faire des levées considérables et leur plan est de faire joindre leurs troupes à celles de Bavière le printemps qui vient. La Cour de Dresde fait actuellement acheter 8 000 chevaux pour augmenter et remonter la cavalerie, et elle continue de faire dresser de gros magasins sur les frontières de la Silésie et de la Bohême. Ainsi on tâchera de fondre de tous côtés sur la maison d'Autriche et si elle ne se dépêche pas à prévenir ceux qui recherchent les puissances qui seules sont en état et à portée de l'assister efficacement et promptement, elle pourrait trouver visage de bois.

Vous faites parfaitement bien de continuer à leur insinuer tout cela à Vienne et cette Cour est perdue sans ressource si elle ne peut se résoudre à faire quelque sacrifice en faveur de ceux qui sont en état de lui sauver le reste et de la faire revenir sur l'eau.

Je verrai ce que le marquis de Botta [3] me proposera là-dessus. Vous lui avez parlé on ne saurait mieux [4]. Si l'on croit pouvoir me payer de

[1] Frédéric se garde bien de souffler mot des mesures qu'il a prises. « C'est dans le plus grand silence, dans le mystère le plus absolu que les préparatifs se sont faits et que le Ier corps prussien, fort de 27 159 hommes, 12 900 chevaux et 34 bouches à feu, à la tête duquel se trouvait le feld-maréchal Schwerin, a reçu l'ordre de commencer son mouvement dans les derniers jours du mois de novembre. Le roi s'est réservé le commandement suprême de son armée dans la composition de laquelle entrera en outre un deuxième corps qui, conduit par le duc de Holstein et le prince héritier d'Anhalt-Dessau, se mettra en route du 10 au 15 décembre et sera dans le principe plus particulièrement chargé de l'investissement et du siège de Glogau. » (Major Z..., *op. cit.*, p. 2, 3.)

[2] *Ibidem.* Cf. pièce 168.

[3] Botta d'Adorno (Antoine-Othon, marquis de) (1688-1745), général autrichien et envoyé extraordinaire d'Autriche à Berlin.

[4] Rapport de Borcke du 16 novembre : « Je lui [à Botta] ai dit naïvement

compliments et de belles protestations, je leur en rendrai le double et tâcherai en attendant de faire ce que mes intérêts et ma convenance demandent dans les conjonctures présentes où l'on ferait la plus haute folie de s'exposer de gaieté de cœur sans y trouver un profit bien réel et solide, de quoi vous pourrez continuer d'assurer sans déguisement la Cour où vous êtes

Fédéric.

C. P. 172. — *Au ministre d'Etat de Podewils, à Berlin.*

25-26 novembre 1740

Rapport de Podewils du 25 novembre : « Les ministres de France qui sont ici continuent d'être extrêmement inquiets sur la véritable destination des armements de Votre Majesté. Quoiqu'ils croyent assez généralement que cela vise la Silésie, ils ne sont cependant pas sans inquiétudes pour le pays de Juliers et de Bergue. On m'a assuré que le marquis de Beauveau a été s'informer l'autre jour chez Brackel de ce qu'il croyait de tous les préparatifs qu'on faisait ici. Il a ajouté que si cela regardait l'Électeur palatin, sa Cour ne souffrirait pas qu'on l'écrase ou qu'on lui tombe sur le corps de son vivant dans le duché de Bergue. »

Les ministres de France craignent une entente du roi avec les Puissances maritimes. L'arrivée des ministres des Cours de Dresde et de Vienne va encore ajouter à leur désarroi.

Tout cela est bon. Brackel parle sans ordre et assure ce qu'il ne sait pas. Beauveau n'apprendra rien que lorsqu'il en sera temps et nous réussirons malgré les jaloux.

Fr.

qu'il faudra dire tout net et sans biaiser ce que l'on est intentionné de faire, que sans cela il ne ferait que de l'eau claire. Il m'a promis de suivre ces avis, sans vouloir s'en ouvrir davantage, en y ajoutant les protestations les plus belles et les plus fortes. »

C. P. 173. — *Au ministre d'Etat de Podewils, à Berlin.*

26 novembre 1740.

Rapport de Podewils, de Berlin, 25 novembre : « On m'a voulu assurer hier que le roi de Pologne, tourmenté par l'ambition démesurée de la Reine son épouse, aurait formé le projet d'aspirer à la couronne impériale ; que la Cour de Dresde travaillait à gagner la France et à se procurer son assistance, moyennant quoi le Roi abdiquerait la couronne de Pologne en faveur du roi Stanislas et qu'on s'ouvrirait sur ce dessein aussi à Votre Majesté en Lui faisant des propositions là-dessus par le nouveau ministre de Saxe qui doit arriver au premier jour. Je crois qu'il ne pourrait nuire aux desseins de Votre Majesté, si on roulait actuellement à Dresde ces idées chimériques, puisqu'il est certain que plus il y aura de compétiteurs à la dignité impériale, plus Votre Majesté sera recherchée, ce dont la cour de Vienne commence enfin à sentir la nécessité selon les dernières dépêches de M. de Borcke qui ne sauraient être plus favorables.

Admirable, mon cher ami. J'ai le cœur gros de vous revoir. Nous parlerons deux heures ensemble et je serai charmé de vous dire tout ce que j'ai projeté [1].

Fr.

---

[1] En marge d'un rapport diplomatique envoyé le 27 novembre par le cabinet au ministère, le roi ajouta ces mots à l'adresse de Podewils : « Je serai vendredi, le 2 décembre, à Berlin, et vous m'attendrez dans ma chambre l'après-midi à 4 ou 5 heures. »

C. P. 175. — *Au ministre d'Etat de Podewils, à Berlin.*

29 novembre 1740.

Rapport de Podewils de Berlin 28 novembre : Il soumet au roi la déclaration relative à l'entrée en Silésie et le prie de fixer la date à laquelle il conviendra de la remettre aux souverains étrangers.

Oui, il la faut délivrer à tous les ministres; mais il faut attendre que mes troupes soient en marche. Aussi ce sera le 12, jour avant mon départ, que vous le leur insinuerez et qu'on pourra le faire mettre dans les gazettes.

C. P. 176. — *Au conseiller de légation d'Ammon, à Dresde.*

Berlin, 1ᵉʳ décembre 1740.

Votre dépêche du 26 de ce mois m'a été remise et vous pouvez marquer au comte de Brühl que le choix, que le roi de Pologne a fait de la personne du conseiller privé de Bülow pour l'envoyer en qualité de ministre à ma cour, m'a été fort agréable et que je ne demande pas mieux que de cultiver une bonne amitié et intelligence avec ce prince, pour lequel je me suis toujours senti beaucoup d'estime et de considération.

En attendant, comme je vous ai mis en état de pénétrer les vues secrètes de la Cour où vous êtes et que vous me dites qu'on a formé le dessein d'arracher quelque partie de la succession de la maison d'Autriche, vous devez tâcher de découvrir si c'est sur la Bohême ou la Silésie qu'on a jeté les yeux et sous quel prétexte ou de quelle manière on croit y pouvoir réussir.

Il faut bien prendre garde de démêler le vrai du faux et de ne point donner de simples bruits ou soupçons pour des vérités réelles.

FÉDÉRIC.

Je suis très content de vous, et si vous continuez, vous ferez votre fortune. Je vous enverrai des secours de temps en temps, mais soyez actif et vigilant et ayez des yeux de lynx.

C. P. 177. — *Au chancelier de Raesfeld* [1], *à la Haye.*

Potsdam, 2 décembre 1740.

Sachant combien les Etats Généraux sont intrigués touchant la situation présente des affaires d'Allemagne et l'élection d'un empereur, je trouve convenable que vous insinuiez au Grand Pensionnaire et à ceux qui sont du secret *que je ne donnerai ma voix qu'au duc de Lorraine.* Mais quand on vous parlera de la Sanction Pragmatique, vous devez vous en expliquer en termes vagues et peu significants sans toucher le fond de cette affaire délicate.

FÉDÉRIC.

C. P. 181. — *Au conseiller baron Le Chambrier, à Paris.*

Berlin, 3 décembre 1740.

J'ai vu par votre relation du 21 de ce mois passé que le cardinal de Fleury n'a pas paru répondre à l'empressement de l'ambassadeur d'Espagne qui voulait le porter à tirer parti de la mort de l'Empereur. Mais, comme les apparences sont souvent trompeuses, ce n'est qu'en remarquant exactement tout ce qui se passe, qu'on peut découvrir la vérité. Vous continuerez à vous informer soigneusement tant des propositions que la Cour d'Espagne pourrait faire dans la suite à celle de France que des espérances que cette dernière pourrait donner aux Espagnols. Les allures du ministre de Sardaigne ne méritent pas moins d'attention. Il est apparent que toutes ces Cours ne négligeront point leurs vues ; mais le cardinal de Fleury a jusqu'ici très finement caché les siennes et il paraît qu'il voudrait que ce fût la France seule, à l'exclusion des autres, qui profitât de ces conjonctures et qu'une contenance modeste lui procurât par la voie de la négociation un morceau à sa bienséance, comme Luxembourg ou quelque autre acquisition convenable en faisant toujours semblant de s'intéresser pour la reine de Hongrie et de vouloir écarter tout prétendant à la succession d'Autriche. Mais, quoi que la France en dise, il n'est pas apparent qu'elle abandonne entièrement la Bavière, ni qu'elle pousse la modestie jusqu'à renoncer à tous les avantages que les conjonctures présentes

[1] Raesfeld (Jean-Pierre de), chancelier du gouvernement prussien à Clèves, ministre de Prusse à La Haye.

semblent lui offrir. Ainsi, s'il ne paraît que la France fasse à l'heure qu'il est de nouvelles levées ni de préparatifs pour agir par terre, il faut considérer qu'elle est toujours armée et qu'elle se trouve actuellement en état de commencer la guerre, ses forces étant plus consirables que celles des autres puissances.

Fédéric.

C. P. 183. — *Au roi de la Grande-Bretagne, à Londres.*

Berlin, 4 décembre 1740.

Monsieur mon Frère,

La grande confiance que j'ai dans l'amitié de Votre Majesté et nos intérêts communs dans les conjonctures critiques d'à présent m'obligent à Lui communiquer sans réserve mes sentiments sur les mesures à prendre dans la situation épineuse des affaires où l'Europe se trouve maintenant et à Lui faire part en même temps de la démarche à laquelle j'ai été obligé de recourir pour remédier promptement au danger dont l'Europe entière, la liberté de l'Allemagne et le système de l'Empire sont menacés également.

La Maison d'Autriche, en butte à tous ses ennemis depuis la perte de son chef et le délabrement total de ses affaires, est sur le point de succomber sous les efforts de ceux qui font ouvertement des prétentions sur la succession ou qui méditent en secret d'en arracher une partie; et comme par la situation de mes Etats je me trouve le plus intéressé à en empêcher les suites et à prévenir surtout ceux qui pourraient avoir formé le dessein de s'emparer de la Silésie, qui fait la sûreté et la barrière de mes provinces limitrophes, je n'ai pu me dispenser de faire entrer mes troupes dans ce duché pour empêcher que d'autres, dans les conjonctures présentes, ne s'en emparent à mon grand préjudice et à celui des droits incontestables que ma maison a eu de tout temps sur la plus grande partie de ce pays-là, comme je ne manquerai pas de le manifester en temps et lieu.

Mon intention en cela n'a d'autre but que la conservation et le véritable bien de la Maison d'Autriche.

Je me suis même expliqué sur cela par mon ministre à la Cour de Vienne d'une manière que, si elle entend ses véritables intérêts, elle ne balancera pas un instant à y donner les mains.

Pour cet effet-là, je suis prêt d'entrer avec Votre Majesté, la Cour de Vienne, la Russie et les Etats Généraux dans toutes les mesures qu'on pourra juger convenables et dans une alliance des plus étroites pour maintenir l'équilibre de l'Europe, conserver le système de l'Empire, garantir les Etats de la Maison d'Autriche en Allemagne contre quiconque voudra les envahir et faire tomber l'élection d'un empereur sur la tête du duc de Lorraine pour rétablir l'ancien système.

Mais comme j'ai des avis certains, à n'en pouvoir douter, que la Cour de Vienne, conseillée par des gens qui jusqu'ici se sont portés à toutes les extrémités les plus fâcheuses, est prête à se jeter dans les bras de la France pour renverser ce qui pourrait rester encore d'espérance de sauver l'Empire et la liberté de l'Europe, j'ai cru qu'il ne fallait point perdre le temps en négociations inutiles, mais se servir des moyens les plus efficaces pour déterminer l'irrésolution de cette Cour, et pour l'obliger bon gré mal gré de prendre un parti convenable au bien de l'Europe, au sien propre et aux intérêts de la religion protestante, aussi bien qu'à ceux de Votre Majesté et de la république de Hollande.

Ce parti ne saurait être selon moi que celui que je viens d'indiquer ci-dessus à Votre Majesté et pour y parvenir plus facilement j'ai pressé les Etats Généraux de se mettre, le plus tôt qu'il se pourra, en bonne position de défense par une augmentation considérable de leurs forces de terre et de mer.

Moyennant quoi et les liaisons étroites entre Votre Majesté, moi et la Cour de Vienne, celle de Russie et la République, dans lesquelles il serait bon aussi de faire entrer le roi de Danemark, nous pourrions, à ce qu'il me semble, nous mettre à l'abri de toute insulte et maintenir la paix et l'équilibre de l'Europe.

Mais comme les plus grands efforts, surtout pour ce qui regarde l'Allemagne et la Maison d'Autriche, tomberont sur moi, je me persuade de l'équité de Votre Majesté qu'Elle trouvera juste et raisonnable que j'en sois dédommagé par un équivalent convenable et proportionné aux dépenses que je ferai, au risque que je cours et aux services que je rends par là à la cause commune et surtout à la maison d'Autriche qui, trop heureuse d'en être quitte par le sacrifice de la Silésie, sauvera par là tout le reste de ses Etats et pourra attendre tout de moi et de mon assistance.

Votre Majesté, selon Sa grande prudence, jugera bien Elle-même combien il sera nécessaire de porter la Cour de Vienne à se déterminer le plus vite qu'il est possible sur le parti qu'elle voudra prendre pour que je puisse me concerter là-dessus avec Votre Majesté et la République, dont les intérêts combinés me sont toujours aussi chers que les miens propres et dont je ne me séparerai jamais, si l'on veut entrer dans le plan que j'ai l'honneur de soumettre à Votre Majesté.

Pour ce qui est de la succession de Juliers et de Bergue, j'entrerai dans tous les tempéraments qu'on pourra juger convenables aux intérêts de la République de Hollande, et même à ceux de la Maison d'Autriche.

Comme tout cela demande un secret absolu, je me flatte de l'amitié de Votre Majesté qu'Elle ne souffrira point qu'on fasse un mauvais usage de la manière cordiale et pleine de confiance avec laquelle je viens de m'expliquer avec Elle sur un sujet de cette importance.

Je supplie Votre Majesté d'être entièrement persuadée de l'amitié sincère et de l'attachement inviolable avec lequel je ne cesserai jamais d'être, etc., etc.

FÉDÉRIC.

J'aurais écrit de main propre à Votre Majesté, si je n'avais été chargé d'affaires. L'expédition que je vais entreprendre est vive, mais c'est le seul moyen de sauver l'Allemagne, prête à périr par les nouveaux engagements que la Cour de Vienne est prête à prendre avec la France. J'espère que Votre Majesté me donnera dans cette occasion des marques de Son amitié, dont Elle m'a fait tant d'assurances et que l'union parfaite des deux Maisons se prêtera en tout les mains pour leurs communs intérêts.

C. P. 184. — *A la reine de Hongrie et de Bohême, à Vienne.*

Berlin, 6 décembre 1740.

MADAME MA SOEUR,

Le marquis de Botta m'a remis la lettre de Votre Majesté, et j'ai été charmé de voir une personne à qui je pouvais confirmer les sentiments de la haute estime que j'ai pour la personne de Votre Majesté. J'ai donné les ordres nécessaires à mon ministre de Borcke d'instruire Votre Majesté de la pureté de mes intentions. Je me flatte qu'Elle sera contente de ma façon d'agir et qu'Elle verra par là que je me ferai un vrai plaisir d'entrer dans Ses vues, espérant que cela sera réciqroque de son côté.

Je suis avec les sentiments de la plus profonde estime, madame ma Sœur, de Votre Majesté, le bon frère

FÉDÉRIC.

C. P. 185. — *Au grand-duc de Toscane, à Vienne.*

Berlin, 6 décembre 1740.

Monsieur mon Cousin,

J'ai reçu avec bien du plaisir la lettre que Votre Altesse Royale m'a fait le plaisir de m'écrire. Vous verrez que la pureté de mes bonnes intentions se rapporte entièrement à vos idées et j'ai donné des ordres très précis à mon ministre de Borcke d'instruire Votre Altesse Royale du projet que j'ai formé pour vous. Je suis sûr que, lorsque vous l'aurez bien pesé, vous conviendrez que c'est l'unique praticable dans les conjonctures présentes, et vous verrez par là que je ferai tout ce qui dépendra de moi pour vous prouver que mon amitié et la haute estime que j'ai pour Votre Altesse Royale ne lui sera pas inutile. Mais je vous conjure de ne pas précipiter vos jugements et de ne les déterminer qu'après avoir bien approfondi les causes pures et indispensables qui m'ont fait agir d'une façon convenable à ce que vous désirez de moi.

Je suis avec la plus parfaite estime, monsieur mon Cousin, de Votre Altesse Royale, le très parfait ami et cousin.

Fédéric.

C. P. 186. — *Au capitaine Andrié, à Londres.*

Berlin, 6 décembre 1740.

Vos dépêches du 22 et du 25 du mois passé m'ont été rendues.

Vous pouvez assurer tous ceux qui vous parlent, touchant mes sentiments sur les conjonctures présentes, qu'ils ne sauraient être plus avantageux qu'ils le sont réellement pour le maintien du système de l'Empire et de l'équilibre de l'Europe aussi bien que la conservation de la maison d'Autriche et même le véritable intérêt de la Grande-Bretagne et de la religion protestante. Je suis prêt de contracter là-dessus avec l'Angleterre, la Hollande et la Russie tels engagements qu'on trouvera à propos pour parvenir à ce but salutaire, ainsi que vous l'apprendrez en détail peut-être avant l'arrivée de celle-ci.

Mais on ne saurait prétendre que je sacrifie mes États, mes forces, mon argent, pour le *service d'une cour qui se trouve embourbée par-dessus les oreilles*, sans en retirer le moindre avantage et sans faire valoir en même temps les droits incontestables de ma Maison.

Il est certain que dans l'Empire je peux faire pencher la balance où je veux, mais il est certain aussi qu'en le faisant, je m'expose au ressentiment de la France et de tous ses alliés, tant dans l'Empire même que dans le Nord, et si on croit qu'on veut se servir de moi comme des pattes du chat pour tirer les marrons du feu, on se trompe furieusement. Ainsi il me faut de toute nécessité la convenance que je propose dans une lettre ample que j'ai écrite là-dessus au roi d'Angleterre[1] et que vous recevrez peut-être avant l'arrivée de celle-ci.

Je m'y suis référé dans la réponse que j'ai donnée de bouche au sieur Guy Dickens[2] sur les discours qu'il m'a tenus l'autre jour et j'espère qu'on y fera une attention sérieuse, d'autant plus qu'elle décidera du parti que je prendrai et du salut de l'Allemagne et principalement de la maison d'Autriche.

FÉDÉRIC.

C. P. 187. — *Au conseiller privé des Finances de Borcke, à Vienne.*

Berlin, 6 décembre 1740.

Je suis fort content du détail que vous me faites par vos relation et *Post-Scriptum* du 26 du mois passé, de la continuation de l'assiette où l'on se trouve présentement à la cour de Vienne et qui est peut-être plus disgracieuse et mauvaise qu'on ne se l'imagine.

La Saxe commence à faire sentir de plus en plus ses desseins formés sur la dignité impériale et même sur la succession de la maison d'Autriche.

Le résident de la cour de Dresde a insinué ici que le roi de Pologne ne saurait regarder d'un œil indifférent que la reine de Hongrie et de Bohême prît le duc de Lorraine *in consortium regni;* que c'est une brèche à la Sanction Pragmatique et un préjudice trop considérable pour les droits des filles de feu l'empereur Joseph pour pouvoir souffrir cela. On s'est informé en même temps de ce que je pensais là-dessus. Vous en ferez part dans la plus grande confidence au duc de Lorraine, pour qu'il sache ce qu'il doit attendre des belles promesses de la Saxe.

D'un autre côté, la France m'a fait entendre sous main quelles sont ses vues par rapport à l'électeur de Bavière et qu'elle compte de lui

---

[1] Cf. *ibidem*, 183. — *Lettre au roi d'Angleterre*, Berlin, 4 décembre 1740.
[2] Melchior-Guy Dickens, capitaine anglais, chargé d'affaires britannique à Berlin.

gagner la pluralité des suffrages dans le collège électoral; que les trois électeurs, unis depuis longtemps, comme celui de Cologne, de Bavière et le Palatin, tireraient la même corde, sans se laisser séparer; que la France compte d'y faire accéder, de gré ou de force, les électeurs de Mayence et de Trèves, et qu'ainsi la plus grande partie des voix tombant sur l'électeur de Bavière, la France soutiendrait cette élection de toutes ses forces sous prétexte de maintenir la liberté de suffrage et la tranquillité du Corps Germanique, en qualité de garante de la paix de Westphalie.

On me fait entrevoir, si j'y veux entrer, les plus grands avantages du monde.

Il ne faut pas manquer d'informer de bouche le duc de Lorraine, vous-même, de tout ce détail, mais sous le sceau du secret le plus absolu, et il verra par là combien l'on compte sans son hôte à Vienne, si on croit que les choses iront si fort à plein pied que l'on s'imagine.

Je suis curieux d'apprendre ce qu'il vous aura répondu là-dessus et il y a de l'apparence que le marquis de Mirepoix ne va à Ratisbonne que pour sonder et préparer les esprits en faveur de l'électeur de Bavière.

FÉDÉRIC.

C. P. 189. — *Au conseiller privé d'État baron de Mardefeld, à Saint-Pétersbourg.*

Berlin, 6 décembre 1840.

Après lui avoir fait part de l'invasion imminente de la Silésie, des motifs de cette entreprise et des offres qu'il avait faites à Vienne, le roi s'exprime en ces termes : « Vous détaillerez donc soigneusement tout ce qui est dessus à la Princesse Régente [1], au duc de Brunswick [2], au feld-maréchal comte de Münnich, au comte d'Ostermann, aussi bien qu'aux autres ministres du cabinet en leur exposant les motifs qui m'ont fait agir et le but salutaire que je me propose. Je me

---

[1] Élisabeth-Catherine-Christine, fille de Charles-Léopold, duc de Mecklembourg, et de Catherine Ivanowna, élevée en Russie où la tsarine Anne lui fit prendre son nom, mariée en 1738 avec Antoine-Ulrich de Brunswick. Régente pendant la minorité de son fils Ivan VI, monté sur le trône le 27 octobre 1740, déposé le 6 décembre.

[2] Antoine-Ulrich, deuxième fils du duc Ferdinand-Albert de Brunswick, beau-frère de Frédéric II.

promets surtout de la pénétration et de l'amitié de la Princesse Régente aussi bien que des liens du sang, qu'elle voudra bien entrer dans ces vues pour l'intérêt réciproque de nos deux États et qu'elle employera son crédit et son autorité à la cour de Vienne pour y consentir également.

Il faut que vous employiez tout votre savoir-faire à mettre le feld-maréchal comte de Münnich dans mes intérêts dans cette importante affaire et vous n'épargnerez ni protestations, ni reconnaissance, ni caresses pour me le rendre favorable. Vous pouvez l'assurer que, si par son autorité et son crédit il m'assiste dans les conjonctures présentes et qu'il porte la Régente à se porter à mes vues, qui dans le fond ne tendent qu'aux véritables intérêts de la maison d'Autriche aussi bien que de la Russie, je disposerai non seulement en faveur du susdit feld-maréchal et de toute sa postérité mâle et femelle du bailliage de Biegen, que j'ai déja donné ordre de confisquer[1] et qui rapporte plus de 5 000 écus, mais que j'en ferai autant du comté de Wartenberg en Silésie pour le transporter sur le feld-maréchal de Münnich et à sa postérité à perpétuité.

Vous tâcherez aussi de faire goûter au comte d'Ostermann et aux autres ministres du cabinet tout ce que je viens de vous dire ci-dessus en les portant à faire agir efficacement leur ministre à la cour de Vienne pour la porter à conclure sans délai avec moi sur le plan proposé.

Les arguments pour faire voir à ces ministres le solide intérêt que la Russie trouvera dans ce plan ne vous manqueront pas, et en effet quelle alliance pourrait être plus avantageuse et plus formidable pour la Russie que celle que je viens de proposer entre elle et moi conjointement avec la cour de Vienne et les Puissances maritimes, puisque cela nous mettrait en état les uns et les autres de ne plus craindre personne, mais de donner la loi à tout le reste de l'Europe.

Vous pouvez leur laisser entrevoir également à quels terribles inconvénients on s'exposerait si l'on me voulait pousser à bout et me forcer à me ranger dans l'autre côté et à prêter l'oreille à des propositions les plus flatteuses qu'on m'a déjà faites, mais que je refuserai constamment, tant que je verrai encore un brin d'espérance solide de faire agréer mes idées.

Il faudra surtout faire valoir au duc de Brunswick quel service il rendrait à toute sa maison en Allemagne et même à celle d'Autriche si, par ses bons offices et par le crédit de la Régente à la cour de

[1] Le bailliage de Biegen appartenait au duc de Courlande. (Cf. *ibid.*, 182. Berlin, 3 décembre 1740.)

Vienne, il pouvait faire goûter mon plan, l'unique peut-être dans son espèce pour conserver le système de l'Empire et empêcher un bouleversement général qui ne laisserait pas d'entraîner la ruine totale de tous les petits princes trop faibles pour se défendre seuls.

Frédéric [1].

C. P. 191. — *Au conseiller privé des Finances de Borcke, à Vienne.*

Berlin, 7 décembre 1740.

Votre dépêche du 29 du mois passé m'a été fidèlement remise et j'ai vu ce que vous nous dites sur le contenu des ordres secrets que je vous ai donnés le 25 du mois passé [2]. Mais je vous avoue que je m'étais attendu à une réponse bien plus détaillée de votre part, sur une affaire de cette importance, que celle que vous venez de me faire fort en raccourci.

Vous dites, entre autres, que si je ne suspends pas l'entreprise que je médite jusqu'à ce que la Bavière ait commencé son attaque, toutes les troupes de la Moravie se jetteront en Silésie pour la défendre tant qu'elles pourront [3].

Mais vous auriez dû ajouter au moins combien de troupes la cour de Vienne a donc dans ces cantons-là pour pouvoir les jeter dans la Silésie sans dégarnir ses frontières contre la Bavière et vous paraissez vous contredire vous-même, quand dans l'une de vos dernières relations vous assurez qu'on a à peine assez de troupes pour s'opposer aux Bavarois et que vous soutenez à présent qu'on pourrait jeter en Silésie toutes les troupes qu'on a en Moravie, tout comme si l'électeur de Bavière n'existait plus ou qu'il n'eût témoigné jamais la moindre mauvaise volonté.

Ainsi, quand d'un côté vous m'avez dépeint la cour de Vienne dans

---

[1] Le même jour, Frédéric adressait à Raesfeld, à la Haye, une dépêche conçue dans le même sens, qu'il l'autorisait à lire « au Pensionnaire, au Greffier et à *quelques autres matadors de la République*, mais en lui défendant de la façon la plus formelle et sous peine de disgrâce, d'en donner ou d'en laisser prendre copie ».

[2] Cf. *ibid.*, 160.

[3] « Quant aux régiments qu'on avait cantonnés en Moravie, ils se trouvaient dans un tel état de détresse et de dénuement, qu'il était presque impossible de songer à les faire entrer en campagne avant de les avoir pourvus du nécessaire et de leur avoir payé une partie au moins de leur arriéré. » (Major Z..., *op. cit.*, 4.)

un si grand abattement de forces et dénuée de tout, pour pouvoir à peine résister dans le centre de ses États contre les moindres entreprises, vous la croyez tout d'un coup assez formidable pour commencer d'abord par chasser le ministre d'une puissance, chargé de lui faire des propositions et d'entrer dans des éclaircissements des motifs qui obligent à de certaines démarches.

Vous conviendrez aisément que c'est tout ce que la maison d'Autriche pourrait faire dans sa plus haute prospérité que de refuser d'écouter au moins ce qu'en pleine guerre on veut bien entendre et recevoir d'un héraut ou d'un trompette ou d'un tambour. Ainsi, il me semble que vous avez tort de croire qu'on y irait avec tant de précipitation que de vous chasser sans vouloir vous laisser le temps de vous expliquer sur les ordres que vous avez.

On pourrait se repentir furieusement d'une démarche si précipitée, et qui me mettrait dans la dure nécessité de les traiter à mon tour en ennemis et de m'associer à tous ceux qui m'invitent sans cesse de faire cause commune avec eux pour tomber sur le corps à la maison d'Autriche.

Mais pour vous rassurer et pour remédier à cet inconvénient, si tant il y a qu'il est effectivement à craindre, je veux bien que, dès que vous aurez reçu celle-ci, vous preniez sans perte de temps audience du duc de Lorraine pour l'informer exactement du contenu des ordres dont je vous ai chargé par ma susdite dépêche du 15 du mois passé. Et comme mes troupes n'entreront guère en Silésie avant le 17 ou le 18 du mois au plus tôt, vous recevrez celle-ci à temps pour pouvoir faire usage de vos instructions avant qu'on ait, à Vienne, la nouvelle que j'ai franchi le pas.

Mais si dans la suite, contre toutes apparences raisonnables, on voulait se laisser aller à l'extrémité de vous défendre la cour, vous resterez en ville jusqu'à nouvel ordre en continuant à me mander tout ce que l'on fait, et si l'on passe outre et qu'on veuille vous obliger de sortir de Vienne et des États de la cour où vous êtes, vous viendrez me trouver en Silésie pour me rendre un rapport juste et exact de la véritable situation des affaires de là-bas.

Mais avant que de le faire, vous devez tâcher de faire encore un dernier effort pour parler au duc de Lorraine ou à son secrétaire, le sieur Toussaint, et même au chancelier comte de Sinzendorff pour leur faire comprendre les suites que pourrait avoir une pareille conduite et à quoi on doit naturellement s'attendre si l'on me pousse à bout dans les conjonctures présentes.

J'espère que vous vous donnerez toutes les peines et tous les soins imaginables pour mettre dans mes intérêts le grand chancelier de la cour, comte de Sinzendorff, et le secrétaire d'État du grand-duc de Toscane, le sieur Toussaint. Et comme rien n'est à l'épreuve auprès de gens accoutumés de longue main à prendre de bonnes aubaines, je me flatte que vous n'épargnerez aucun de tous les ressorts qu'il est possible de faire jouer pour les gagner et vous pouvez leur offrir, vous-même ou par d'autres avec lesquels vous ne risquez rien, jusqu'à 200 000 écus pour le comte de Sinzendorff et 100 000 au secrétaire Toussaint, s'ils veulent se charger de porter la cour de Vienne à accepter le plan que je lui propose et *me faire avoir la Silésie.*

Vous me manderez au plus vite et de la manière la plus détaillée tout ce que l'on vous aura répondu sur vos propositions, les mesures qu'on prend et les efforts qu'on est en état de faire.

Au reste, vous n'avez que faire d'être embarrassé de vos dettes. Je les payerai toutes pourvu que vous preniez de bons biais pour faire réussir l'affaire en question.

FÉDÉRIC.

C. P. 192. — *Instruction pour le comte de Gotter, grand-maréchal de la cour allant à la cour de Vienne en qualité de ministre plénipotentiaire*[1].

Berlin, 8 décembre 1740.

1° Le comte de Gotter partira incessamment d'ici pour Vienne, dès qu'il aura reçu celle-ci avec les lettres de créances ci-jointes pour la reine de Hongrie et de Bohême et pour le grand-duc de Toscane, dans lesquelles il est qualifié de ministre plénipotentiaire.

2° La copie ci-jointe *sub lit. A* des amples instructions que le Roi a données à son ministre à Vienne, le sieur de Borcke en date du 15 du mois passé et celles cotées *sub lit. B* qui ont été envoyées à ce ministre le 7 de ce mois, mettront le comte de Gotter entièrement au fait des propositions dont le sieur de Borcke a été chargé auprès de la cour de Vienne. Et comme

3° Sa Majesté, par une confiance entière qu'Elle a dans la capacité, la droiture et le savoir-faire du comte de Gotter, aussi bien que dans son crédit, ses connaissances et ses lumières pour tout ce qui regarde la cour de Vienne, l'a choisi pour appuyer la négociation importante

---

[1] Malgré la longueur de ces instructions, en raison de leur importance capitale, j'ai cru utile de les reproduire *in extenso*, tout comme je le ferai un peu plus loin pour celles données à Klinggraeffen, Truchsess et à Finckenstein.

dont le ministre ordinaire du Roi est déjà chargé et dont probablement il aura déjà fait ouverture, selon ses derniers ordres du 7 de ce mois, avant l'arrivée du comte de Gotter, au duc de Lorraine et au ministre de la cour de Vienne, si ce prince le trouve à propos.

4° En attendant, dès que le comte de Gotter sera arrivé à Vienne, il descendra chez l'envoyé de Borcke et s'informera soigneusement de la situation dans laquelle se trouve la négociation en question. Cela étant fait, il se fera annoncer par le sieur de Borcke auprès du duc de Lorraine avant que de prendre son audience chez la reine de Hongrie. Il remettra d'abord à ce prince la lettre de créance dont il est chargé pour lui et il lui dira de bouche que je l'ai choisi pour assurer ce prince de ma plus parfaite estime et considération et que je suis disposé de tout faire pour lui et pour la Reine, son épouse, s'il veut la porter à se prêter au plan que je lui ai fait proposer par l'envoyé de Borcke; que mes intentions sont bonnes et sincères, qu'elles tendent à sauver la maison d'Autriche de la ruine totale dont elle était menacée, à écarter tous les rivaux qui paraissent aspirer à la couronne impériale et à la faire tomber en partage au duc de Lorraine en lui garantissant en même temps la possession tranquille de tous les États de la reine, son épouse, en Allemagne. Mais, comme cela ne se peut faire sans que je m'expose, moi, mes États et mes forces à de très grands hasards et à des risques qui pourraient me coûter cher, surtout la France paraissant déterminée de favoriser non seulement les prétentions de la maison de Bavière sur la succession de feu l'empereur, quelque grimace qu'elle fasse à présent de ses idées pacifiques, mais que cette couronne s'est ouverte assez confidemment envers moi déjà de vouloir aider de toutes ses forces et de tout son crédit à faire élire l'électeur de Bavière empereur, qu'elle se fait fort d'intimider tellement les électeurs de Mayence et de Trèves qu'ils seraient obligés de donner aussi leurs voix à l'électeur de Bavière; que d'un autre côté la Saxe témoigne aussi secrètement d'avoir envie d'en vouloir non seulement à la dignité impériale, mais même à la Bohême; qu'on m'a déjà fait sonder là-dessus et qu'il ne tient qu'à moi d'entrer dans un plan qui ne va pas à moins qu'à dépouiller la maison d'Autriche de ses plus belles provinces en Allemagne et de la frustrer pour jamais de la dignité impériale.

Que je suis prêt d'employer toutes mes forces et tout mon crédit pour faire avoir la dernière au duc de Lorraine et garantir les États de la maison d'Autriche en Allemagne *contra quoscunque;* mais qu'il me faut une récompense proportionnée pour le grand service que je rendrais par là à la cour de Vienne et surtout au duc de Lorraine;

que je courrais par là grand risque de m'attirer tellement la colère de la France que cela me coûterait la succession de Juliers et de Bergue dont sans cela, par l'assistance de cette couronne, je suis en quelque sorte assuré.

Qu'il serait impardonnable à moi de hasarder une si belle succession pour l'amour d'autrui sans savoir où et comment m'en dédommager.

Que cela ne saurait être que par la Silésie, sur la plus grande partie de laquelle ma maison a eu de tout temps des prétentions bien fondées, ainsi que je le ferai voir par des déductions qui paraîtront bientôt ; que les rois, mes prédécesseurs, n'ont pu renoncer au préjudice de leur postérité à des droits si bien acquis, les lois fondamentales de ma maison défendant à l'infini toute aliénation de pareils droits.

Que défunt l'Empereur avait par un traité garanti Bergue ou son équivalent ; que j'avais rempli mon traité ; mais qu'ils m'ont été contraires et qu'ainsi en entrant en Silésie ce me peut être comme un équivalent.

N. B. — Il faut donner copie de ce traité et de ce qui regarde la Pragmatique à Gotter[1].

Que dans les conjectures présentes j'ai été obligé de commencer par me saisir d'un pays sur lequel j'ai de si justes prétentions, de crainte qu'un autre ne s'en emparât.

Mais que si la reine de Hongrie peut se résoudre de m'en faire la cession, je remplirai fidèlement toutes les conditions et engagements que j'ai fait proposer par le sieur de Borcke. Que c'est maintenant au duc de Lorraine à s'examiner si l'on trouverait mieux son compte à s'accommoder là-dessus de bonne grâce avec moi en s'attachant un ami et allié en état et à portée, comme je le suis, Dieu merci, de faire tout pour eux, de les sauver et de leur procurer avec la possession tranquille du reste de leurs États la couronne impériale.

Mais que, si l'on prend malheureusement un autre parti, je me verrais réduit à la dure nécessité de faire valoir mes droits sur la Silésie malgré eux et de profiter des offres considérables que l'on me fait d'un autre côté en poussant une pointe contre eux de toutes mes forces aussi loin que je pourrais.

Que je laisse à examiner au duc de Lorraine si cela ne pourrait pas entraîner le démembrement et la ruine totale de toute la succession

---

[1] Addition de la main même de Frédéric.

de la maison d'Autriche, au lieu qu'on la préviendrait à coup sûr en parvenant même au comble de ses vœux, par le sacrifice de la Silésie.

Mais que le temps presse et qu'il faut se déclarer incessamment pour que je puisse savoir où j'en suis.

5° Vous pouvez dire au duc de Lorraine que vous vous laisseriez entièrement guider par ses conseils et qu'il dépendrait de lui de vous indiquer les ministres auxquels vous devriez vous adresser pour cela, mais que je n'ai aucune confiance dans le baron de Bartenstein, qui de tout temps s'était montré ennemi de ma maison.

6° Dès que vous vous serez ouvert de cette façon au duc de Lorraine, il faudra demander audience à la reine de Hongrie, lui présenter vos lettres de créances et vous renfermer dans des compliments généraux sur son avènement à la couronne en vous rapportant pour le reste à ce que vous avez dit et proposé de ma part au Duc son époux. Mais si le prince devait trouver à propos que vous fissiez à la reine les mêmes ouvertures que vous lui ferez, il faut s'y conformer et y ajouter toutes les protestations d'amitié imaginables.

7° Le comte de Gotter reçoit ci-joint un plein pouvoir pour entrer en négociation et conférence avec ceux qui pourraient être autorisés pour cela de la reine de Hongrie, mais il ne donnera absolument rien par écrit, ne conclura rien, avant que de m'en avoir averti et après en avoir reçu mes ordres ultérieurs.

8° Si par des libéralités on peut mettre dans mes intérêts le ministère de Vienne, il verra par les ordres que j'ai donnés au sieur de Borcke en date du 7 de ce mois que je l'ai autorisé d'offrir jusqu'à 200 000 écus au grand chancelier comte de Sinzendorff et 100 000 au secrétaire d'État du duc de Lorraine, le sieur Toussaint, et s'il en fallait gagner encore d'autres, le comte de Gotter n'a qu'à me le mander et attendre mes ordres là-dessus.

9° On lui parlera sans doute de la garantie que feu mon père a donnée par le traité secret de 1728 et sa voix à la diète de l'Empire, de la Sanction Pragmatique. Mais il y répondra qu'on a fort mauvaise grâce de réclamer l'exécution des engagements d'un traité et de ce qui en a été la suite, qu'on a violé de la plus mauvaise foi du monde de la part de la cour de Vienne. Qu'on doit se souvenir que par ce traité on avait promis à feu mon père la garantie de la succession du duché de Bergue et que l'on a fait, il y a deux ans, d'une manière diamétralement opposée à la lettre de cet engagement solennel, une convention secrète avec la France par laquelle on garantissait la succession provisionnelle de Juliers et de Bergue au prince de Sulzbach; que si l'on me poussait à bout, j'exposerais aux yeux de tout l'univers combien on a abusé indignement de la confiance de feu mon père et de quelle ingratitude on a payé toute ma maison depuis 1679 et la paix de Nimègue jusqu'ici. Mais qu'il faut tirer un rideau sur le passé et qu'il ne tient qu'à la Cour de Vienne de m'avoir désormais pour son appui le plus ferme et le plus solide.

10° Si contre toute attente on refusait d'admettre le comte de Gotter à l'audience de la reine [1], il doit faire tout au monde pour parler au moins au duc de Lorraine, et j'espère qu'on ne lui refusera pas une chose qu'on accorde en pleine guerre à un trompette ou à un simple porteur de lettres.

11° Le comte de Gotter se servira du chiffre du sieur de Borcke pour les choses secrètes et il m'enverra des courriers et des estafettes, toutes les fois qu'il le jugera nécessaire.

Au reste en me référant aux instructions que je pourrais donner encore immédiatement, soit de bouche ou par écrit, au comte de Gotter, je me repose entièrement sur la droiture et sur le zèle qu'il a témoignés jusqu'ici pour mon service et dont je me tiens assuré surtout pour l'importante négociation que je lui confie maintenant et dont le succès lui servira d'un mérite auprès de moi que je ne manquerai pas de récompenser d'une manière proportionnée au grand service qu'il me rendra dans cette occasion.

Fédéric.

C. P. 193. — *Au ministre d'Etat de Podewils.*

Berlin, 8 décembre 1740.

Il faut encore une instruction ostensible pour Gotter, qu'il puisse montrer aux ministres de là-bas où il faut un peu brailler et insister sur le traité de Prague [2] indignement et totalement rompu. Podewils s'abouchera avec Gotter pour dresser cette instruction que je peux signer en même temps que celle-ci.

---

[1] Après l'entretien assez orageux qu'il eut avec le grand-duc, Gotter crut plus sage de renoncer à demander audience à Marie-Thérèse.

[2] Il s'agit là du traité de Berlin du 23 décembre 1728. La rencontre à Prague de Charles VI et de Frédéric-Guillaume Ier, en août 1732, avait été la conséquence de l'accord intervenu entre les deux souverains à la suite du traité de Berlin.

C. P. 196. — *Au conseiller de légation d'Ammon, à Dresde.*

Berlin, 11 décembre 1740.

Le sieur de Bülow, ministre de Saxe, est arrivé, mais à en juger par son premier début il n'est chargé que de propositions générales pour une bonne union entre moi et le roi de Pologne et pour agir de concert en ce qui pourrait avoir rapport à l'élection future d'un Empereur, à la capitulation prochaine et aux autres affaires qui regardent l'Empire.

On lui a serré le bouton pour voir s'il ne cachait rien au fond du sac par rapport aux vues que vous avez dit que l'on avait en Saxe sur la succession de la Maison d'Autriche et nommément sur la Bohême.

Mais il a protesté fortement, jusqu'ici, qu'il n'est chargé d'aucune proposition sur tout cela et que sa cour veut savoir comment on pense là-dessus ici.

Vous devez donc dire au comte de Brühl que les assurances d'amitié que le susdit ministre m'a données de la part du Roi, son maître, me sont infiniment agréables et que je ne demande pas mieux que d'entrer dans la plus étroite union avec lui pour les intérêts réciproques de nos deux maisons. Mais comme je suis sur le point de faire valoir mes droits sur la Silésie et même d'y entrer avec un corps de troupes, ce que je veux bien lui confier, j'espère qu'il voudra sonder le Roi, son maître, et vous faire savoir ce qu'il pense là-dessus, et quel parti il est intentionné de prendre en pareil cas, si ce sera celui de neutralité, ou bien s'il veut se concerter avec moi pour les convenances qu'il pourrait souhaiter qu'on lui fît et si en ce cas-là il ne serait pas porté à faire quelque démarche vigoureuse, ne fût-ce que pour faire entrer un ou deux régiments en Bohême sous prétexte qu'on a fait une brèche à la Sanction Pragmatique à Vienne au préjudice des droits de la reine de Pologne, en associant le duc de Lorraine à la possession et au gouvernement des États de la Maison d'Autriche.

Vous pouvez insinuer au comte de Brühl que s'il voulait faire donner des instructions secrètes au sieur de Bülow pour traiter là-dessus, on serait en état, en tirant la même corde, de faire nos affaires réciproquement et d'obtenir de la Maison d'Autriche une juste satisfaction pour nos droits respectifs; qu'en tout cas il faut savoir où j'en suis avec la Saxe et ce que j'en dois craindre ou espérer pour prendre mes mesures là-dessus. Il faudra tourner le comte de Brühl de toute sorte de façon pour savoir quels sont les véritables sentiments de la Cour de Dresde sur la démarche que je vais faire; mais gardez-vous bien de donner la moindre chose par écrit et répondez-moi au plus vite de la façon la plus détaillée.

Fédéric.

C. P. 199. — *Au grand-maréchal de la Cour, comte de Gotter, et au conseiller privé de Borcke, à Vienne.*

Berlin, 12 décembre 1740.

Vous savez maintenant de quoi il s'agit par rapport à la marche de mes troupes, et comme je ne doute pas que vous n'ayez fait incessamment usage de mes ordres et instructions là-dessus, on verra à présent assez clairement que mon intention n'a jamais été de faire la guerre à la reine de Hongrie et de Bohême, mais que je suis prêt plutôt de la secourir et de l'assister de toutes mes forces en cas de besoin, et de faire même parvenir le duc de Lorraine au comble de ses vœux, si l'on veut se prêter de la part de la Maison d'Autriche à mes idées et m'accorder ce que je crois être fondé par plus d'une raison à lui demander.

Il ne tiendra donc pas à moi, mais uniquement à la Cour de Vienne, de profiter des bonnes dispositions dans lesquelles je me trouve pour elle[1]; mais si malheureusement elle devait prendre un autre parti, le mien sera bientôt pris aussi et exécuté avec autant de promptitude que l'on a de lenteur à Vienne à se résoudre.

C'est même cette lenteur et l'embarras de la Cour de Vienne, causé par la crainte qu'elle a de la France, comme vous dites, de s'allier avec moi et les Puissances maritimes, qui m'ont déterminé de prendre un parti vigoureux pour l'obliger bon gré, mal gré, d'ouvrir les yeux sur la situation dangereuse où son incertitude et sa sécurité la jettent.

Et comme elle ne saurait jamais sortir de tous ses embarras sans

---

[1] Frédéric tenait un langage sensiblement différent lorsque trente-cinq ans plus tard il publiait *l'Histoire de mon temps.* « Comme il était à supposer que ces offres seraient rejetées, le comte de Gotter était autorisé à déclarer la guerre à la reine de Hongrie. L'armée fut plus diligente que cette ambassade : elle entra en Silésie, comme on le verra dans la suite, deux jours avant l'arrivée du comte de Gotter à Vienne. »

Le 13 décembre le grand-duc eut dans la matinée avec Borcke une conférence, dont ce dernier rendit immédiatement compte au roi en insistant sur l'anxiété et la consternation qui régnaient à Vienne (Cf. *Oesterreichischer Erbfolge Krieg*, II, 1049-1058).

faire quelques sacrifices soit en faveur de la Bavière, soit en celle de la France, que balancera-t-elle de conclure vite avec moi sur le pied que je lui ai proposé?

En attendant vous pouvez informer confidemment le sieur Robinson de tout et lui dire que je me suis expliqué d'une telle façon envers le Roi, son maître, que s'il n'accepte pas mes offres, ce serait le plus grand malheur qui pourrait arriver à la Maison d'Autriche et à toute l'Allemagne, puisqu'on peut compter que je ne démordrai point de mon entreprise et que je trouverai des ressources ailleurs, plus que l'on ne pense.

Je pars demain pour me mettre à la tête de 30 000 hommes destinés pour l'expédition et le maintien de la possession de la Silésie, et j'aurai dans quatre semaines aux environs de ma capitale une autre armée de 40 000 hommes prête pour soutenir cette entreprise contre tous ceux qui m'y voudraient traverser, ce que vous ne devez point dissimuler.

Frédéric.

C. P. 200. — *Instructions pour le conseiller privé de guerre de Klinggraeffen, allant à la Cour de Bavière en qualité de ministre plénipotentiaire.*

Berlin, 12 décembre 1740.

Article 6. — Le principal but que je me propose, en envoyant le conseiller privé de Klinggræffen à Munich, *étant d'animer sous main, et sans m'exposer en vue, la cour de Bavière à pousser avec vigueur ses prétentions à la succession de la Maison d'Autriche et à commencer la levée de boucliers,* la conjoncture y paraissant aussi favorable que la Cour de Bavière pourrait le souhaiter, il n'épargnera rien de tout ce qui lui paraîtra propre à remplir mon intention. Mais il faut qu'en tout ceci il manœuvre bien finement et avec tant de circonspection qu'*il ne paraisse point que j'aie dessein d'épouser ouvertement le parti de la Cour de Bavière contre celle de Vienne;* précaution d'autant plus nécessaire que celle-ci paraît avoir plusieurs partisans secrets à la Cour de Bavière et parmi les ministres mêmes.

Article 7. — Ainsi, quand on lui demandera si Son Altesse Électorale pourrait se promettre de ma part une assistance réelle, en cas qu'elle jugeât à propos de poursuivre ses desseins, soit par rapport à la dignité impériale ou à la succession d'Autriche, il tâchera d'éluder cette sorte de questions par des réponses ambiguës, se contentant de faire des protestations générales d'amitié et cherchant toutes sortes de biais et de détours pour ne promettre rien de positif sans ôter néanmoins aux Bavarois toute l'espérance, mais aussi sans s'engager sur ce sujet dans une négociation formelle qu'il évitera aussi longtemps qu'il peut et jusqu'à ce qu'il ait reçu des instructions ultérieures là-dessus.

Article 9. — Pour mieux cacher son jeu, il fera semblant que le principal objet de sa commission soit de concerter avec les ministres de Bavière ce qu'il y aura à observer à la prochaine élection par rapport à la capitulation qu'on proposera au nouvel Empereur. Il sondera effectivement ces ministres sur les articles qu'il faudra insérer de nouveau dans cette capitulation et il tâchera d'en obtenir les sentiments par écrit.

Article 10. — Il fera toute sorte de politesse au ministre de France et ne sera pas moins attentif à pénétrer le sujet de ses négociations, et de quelle manière il y réussit, qu'à gagner son amitié et sa confiance, en lui faisant les protestations les plus fortes de la sincérité de son attachement aux intérêts de la France. Mais il lui cachera avec tout le soin imaginable le vrai sujet de sa commission et il tâchera de le persuader que l'unique but en est de renouveler et de resserrer par de nouveaux nœuds l'ancienne amitié et harmonie qui a régné de tout temps entre ma maison et celle de Bavière et de communiquer avec Son Altesse Électorale sur divers points qui regardent l'élection prochaine de l'Empereur et d'autres matières du ressort du collège électoral.

Article 12. — Il fréquentera de même librement, supposé que d'autres considérations ne l'empêchent, le ministre de la Cour de Vienne, s'il en trouve un à Munich, sans pourtant s'empresser pour lui. Je serais même bien aise qu'il lui insinuât, si l'occasion s'en présente, que je me trouve dans des dispositions aussi favorables pour la Maison d'Autriche qu'elle pourrait le souhaiter, qu'il ne dépend que de celle-ci de me mettre entièrement dans ses intérêts, en me satisfaisant sur les justes prétentions que j'ai au duché de Silésie, et que, si elle acceptait le plan que j'ai fait tenir au duc de Lorraine sur ce sujet, elle ne tarderait guère à sentir l'effet de nos bonnes intentions à son égard. Mais ces sortes d'insinuations ne doivent se faire qu'avec un ménagement infini pour ne pas donner lieu aux ministres de Vienne d'en faire un mauvais usage à la Cour de Bavière et de lui inspirer de la méfiance envers moi. Ainsi le conseiller de Klinggraeffen aura besoin dans ces rencontres de toute sa prévoyance et circonspection et mesurera avec tant d'exactitude toutes les expressions qu'il soit impossible de leur donner un sens opposé à mes intérêts.

Fédéric.

C. P. 201. — *Instruction pour le major-général comte de Truchsess de Waldburg, allant à la Cour de la Grande-Bretagne, en qualité de ministre plénipotentiaire.*

Berlin, 12 décembre 1740.

Article 3. — Le comte de Truchsess doit demander qu'il plaise au roi de la Grande-Bretagne de faire dresser un plan d'une alliance... et de le communiquer en confidence à Sa Majesté.

Article 4. — Le comte de Truchsess peut insinuer au roi d'Angleterre et à son ministre allemand, quoique dans le plus grand secret, que si ce prince me veut faire avoir la paisible possession de la Silésie, je veux bien donner les mains pour qu'il garde, en toute propriété, les bailliages considérables qu'il tient maintenant en hypothèques dans le pays de Mecklembourg, et que l'évêché d'Osnabrück, après la mort de l'évêque de Cologne d'aujourd'hui, soit sécularisé et donné, en titre de principauté, pour toujours à la maison de Hanovre.

Article 6. — Comme l'on ne manquera pas d'objecter d'abord au comte de Truchsess que feu le Roi a garanti la Sanction Pragmatique de la maison d'Autriche, non seulement par un traité, mais aussi en donnant sa voix à la garantie de l'Empire à cette succession, et que par conséquent, le Roi est dans l'obligation de remplir ses engagements à cet égard : le comte de Truchsess peut répondre que Sa Majesté se souvient fort bien à quoi feu le Roi son père s'était engagé sur cet article, mais qu'il est à souhaiter pour le propre honneur de la cour de Vienne de n'insister jamais sur cette garantie, que sans cela le roi se trouverait obligé de se justifier là-dessus et d'exposer, aux yeux de tout l'univers, la manière indigne et la plus mauvaise foi du monde, dont la cour de Vienne a agi dans cette affaire envers le feu Roi.

Et pour cela, il est nécessaire que le comte de Truchsess sache que l'Empereur défunt Charles VI fit un traité secret, l'an 1728, avec feu le Roi, par lequel il lui garantit la possession actuelle du duché de Bergue, aussitôt que l'Électeur palatin et ses frères d'alors viendraient à manquer sans laisser de postérité mâle; en revanche le feu Roi promit de garantir à l'Empereur la Sanction Pragmatique et la garantie que feu Sa Majesté en donna à la diète de Ratisbonne n'en fut qu'une suite et faite dans le même sens que celle du traité secret, ainsi qu'on peut le prouver.

Or la cour de Vienne, en concluant contre ses engagements solennels, prit, avec le feu Roi, sur le duché de Bergue, une convention avec la France, l'an 1739, par laquelle l'Empereur garantissait au prince de Sulzbach la possession provisionnelle du duché de Bergue après la mort de l'Électeur palatin, le Roi laisse à juger à tout le monde impartial, si une duplicité de cette nature et une mauvaise foi si manifestement marquées ne le dégagent pas à son tour des engagements qui, après une pareille infraction de la garantie promise à sa maison, ne sauraient plus subsister, ce que du vivant de feu l'Empereur, il a fait déclarer plusieurs fois déjà par ses ministres à Vienne.

Fédéric.

C. P. 202. — *Instruction pour le colonel et aide de camp général du Roi, comte de Finckenstein, allant à la Cour de Dresde en qualité de ministre plénipotentiaire.*

Berlin, 13 décembre 1740.

Article 1er. — Dès qu'il sera arrivé à Dresde, il fera demander par le comte de Brühl une audience au Roi pour lequel il trouve la ci-jointe lettre de créance, qu'il présentera à ce prince en l'accompagnant de toutes les protestations imaginables de ma parfaite considération et estime pour lui et en l'assurant de l'envie extrême que j'ai de cultiver son amitié et d'entrer même dans une union étroite avec Sa Majesté Polonaise dans les conjonctures présentes pour l'avancement de nos intérêts réciproques et pour concerter ensemble les convenances que nous pourrions nous faire de part et d'autre ; que mes intentions sont droites et sincères et que je ne doute nullement que celles du roi de Pologne n'y répondent de même. Mais comme ce prince aurait sans doute appris déjà par son ministre à ma Cour, le sieur de Bülow, de quelle façon je me suis confidemment ouvert et expliqué envers lui, j'attends de l'amitié de Sa Majesté Polonaise qu'elle veuille bien à son tour s'ouvrir envers moi sur ce qu'elle est intentionnée de faire et sur le parti qu'elle croit devoir prendre dans la situation présente des affaires, surtout par rapport à l'entrée de mes troupes en Silésie. Si c'est celui d'un commun concert pour agir ensemble selon nos intérêts et nos convenances, ou pour rester neutre et ne s'en mêler du tout ni pour ni contre ; que l'occasion est favorable et qu'elle ne reviendrait pas sitôt ; que mon intention n'est pas d'opprimer la maison d'Autriche, mais seulement de me faire rendre justice sur mes justes prétentions et que si le roi de Pologne en avait de son côté, je serais charmé de lui aider à les faire valoir et à nous accommoder ensuite de concert ensemble avec la maison d'Autriche pour prendre en sa faveur telles mesures que l'exigence du cas et les conjonctures d'alors le demanderaient. Mais que le temps presse et que je serais bien aise d'être instruit sans délai là-dessus des véritables sentiments de Sa Majesté Polonaise.

Article 2. — Le comte de Finckenstein s'expliquera de la même façon envers le comte de Brühl et le pressera tant qu'il est possible sur une réponse positive... Que je connais les bons sentiments du comte de Brühl pour une étroite union entre nos deux États, que ce serait un ouvrage digne d'un ministre tel que lui, qui s'est attiré l'approbation et l'estime de toutes les puissances, qu'il peut compter sur la mienne et sur la reconnaissance parfaite que je lui marquerai pour les services qu'il rendrait là-dedans à moi non seulement, mais à son propre maître en même temps.

Article 3. — Il faut tâcher de pénétrer, autant qu'il est possible, si la cour de Dresde est déjà gagnée par celle de Vienne, si elle penche de ce côté ou si elle a encore les mains entièrement libres.

Article 4. — Le père Guarini, confesseur du roi et de la reine de Pologne, est tout-puissant à cette cour, comme le comte de Finckenstein l'apprendra par mon résident Ammon, fort au fait des intrigues de la cour de Dresde. S'il était possible de mettre cet homme-là dans mes intérêts, soit par des présents ou par des cajoleries et des promesses de favoriser en tout la religion catholique sur le pied qu'elle est établie en Silésie, le comte de Finckenstein n'épargnera ni soin ni peine pour le gagner et pour me le rendre favorable.

Article 8. — Le comte de Finckenstein doit tâcher d'approfondir autant qu'il est humainement possible quelles sont les véritables vues de la cour de Dresde, si l'ambition de la reine de Pologne, comme on le prétend, vise au trône impérial pour le Roi son époux, ou si l'on veut seulement faire peur à la cour de Vienne pour escamoter quelque morceau soit de la Bohême ou de la Silésie.

Article 9. — Il est vrai que le roi de Pologne a envoyé le comte de Poniatowski[1] avec un certain conseiller privé de guerre Fritsch[2], homme fort intrigant et fort entendu à Paris, et que l'on prétend qu'ils sont chargés l'un et l'autre d'une négociation secrète pour attirer la France dans les intérêts de la Saxe en la flattant d'une abdication du roi de Pologne de son royaume en faveur du roi Stanislas, moyennant quoi la France tâcherait de leur procurer par ses amis en Allemagne

---

[1] Poniatowski (Stanislas, comte), voïvode de Mazovie.
[2] Fritsch (Thomas de), conseiller de guerre de la Saxe électorale.

la couronne impériale. Mais ce plan paraît trop chimérique et d'une trop difficile exécution, surtout du côté de la Pologne, où la Russie ne souffrirait jamais le retour de Stanislas. Cependant, si le comte de Finckenstein devrait remarquer par les discours du comte de Brühl que telle est véritablement l'intention du Roi son maître, il ne lui doit pas tout à fait ôter l'espérance de mon consentement et de mon assistance pour entretenir la bonne volonté de ces gens-là et les faire entrer dans nos vues quoique la chose en elle-même ne m'accommode nullement; mais elle rencontrerait toujours tant de difficultés qu'elle tomberait bientôt d'elle-même.

FÉDÉRIC.

C. P. 203. — *Au conseiller baron Le Chambrier, à Paris.*

Berlin, 13 décembre 1740.

Vous verrez par la déclaration ci-jointe que j'ai fait faire aux ministres étrangers qui sont ici et que vous pouvez communiquer au ministère de la cour où vous êtes les motifs en gros qui m'ont déterminé de faire entrer mes troupes en Silésie. Vous y ajouterez de bouche à M. le Cardinal et au sieur Amelot en disant ce qui suit.

Dans la fermentation présente des affaires depuis la mort de l'Empereur, mes soins sont allés constamment à conserver le repos de l'Allemagne, le système de l'Empire et le véritable lien du Corps Germanique. Personne ne saurait être intéressé plus que je le suis à des vues si conformes à la tranquillité publique.

La situation de mes États et le rang que je tiens dans l'Empire m'en doivent rendre les intérêts plus chers qu'à qui que ce soit. Mais voyant l'orage qui menace les pays héréditaires de la maison d'Autriche par les prétentions que différents princes font ouvertement ou en secret sur la succession de feu l'Empereur, et la Silésie se trouvant plus exposée et plus désarmée que tout le reste, ma propre sécurité et la prudence ont exigé indispensablement de moi de ne point souffrir qu'on s'établît dans une province limitrophe de mes États comme la Silésie, sur laquelle, par des anciens pactes de famille entre mes ancêtres et les princes de la Silésie, que je ne manquerai pas de produire en son temps, ma maison a eu des droits incontestables.

Je n'ai donc fait par cette démarche que prévenir les autres dont les arrangements et mesures ne se bornent pas à armer puissamment sur les frontières, mais qui attendent aussi un corps auxiliaire de

12 000 hommes de troupes étrangères[1], dont les quartiers sont déjà assignés, afin de s'en servir dans l'exécution de leurs projets, dont la saisie de la Silésie aurait été un des premiers et des plus préjudiciables pour moi et mes droits.

Ainsi, je me flatte de l'amitié de S. M. Très Chrétienne et de l'équité de M. le Cardinal qu'ils ne désapprouveront point une démarche, hardie et prompte à la vérité, mais dont l'exécution ne souffrait point de délai, étant devenue nécessaire et indispensable pour ma propre sûreté et celle de mes États.

Mon intention n'est point d'envahir la succession de la maison d'Autriche et encore moins de troubler la tranquillité de l'Europe et le repos du Corps Germanique. Mais j'espère que l'on fera attention à mes droits et qu'on ne trouvera pas injuste si je me suis pressé à prévenir un troisième dans la possession de ce qui m'appartient préférablement à tout autre.

Vous pouvez en même temps insinuer adroitement à M. le Cardinal que la France, ne perdant rien dans cette affaire qui peut plutôt convenir à ses véritables intérêts, dans les conjonctures présentes, mieux que quoi que ce puisse être, j'ai tout lieu d'espérer de l'affection de S. M. Très Chrétienne pour moi et pour ma maison, aussi bien que des marques que M. le Cardinal m'a voulu donner jusqu'ici de son amitié, qu'on ne voudra point me contrarier dans la poursuite de mes prétentions légitimes. Je me flatte même que la cour de Vienne se rendra flexible et traitable là-dessus et qu'elle ne se plaindra point d'une démarche à laquelle j'ai été prié et qui au bout du compte ne lui fait pas plus de mal que ce qu'un autre à ma place était prêt de faire sans avoir les mêmes droits de son côté que j'en ai.

Vous vous servirez de toutes les protestations les plus flatteuses de mon attachement pour le roi de France et pour le Cardinal ministre, afin d'empêcher qu'on ne se précipite à prendre des résolutions désavantageuses à mon égard et à vouloir me susciter des embarras, ou même à agir ouvertement contre moi en faveur de la maison d'Autriche, ce qui serait diamétralement contraire à la politique et aux véritables intérêts de la France, sur quoi il faut appuyer autant que vous le trouverez nécessaire, et avoir, en attendant, l'œil au guet sur le parti que la France pourrait prendre contre moi et les mesures qu'elle voudra concerter avec d'autres puissances pour me barrer ou me faire des diversions. Quoique j'aie de la peine à m'imaginer qu'on

---

[1] Allusion au bruit qu'on avait répandu de la mise en marche de 12 000 Russes sur la Saxe.

veuille renoncer en France au vieux système et laisser perdre une si belle occasion pour affaiblir une maison qui a été depuis tant de siècles la rivale la plus formidable de celle de Bourbon. Vous ne manquerez pas de glisser toutes ces réflexions dans les entretiens que vous aurez là-dessus avec le Cardinal, en tâchant de pénétrer comment il pense sur ce sujet et ce que je pourrais avoir en tout cas à espérer ou à craindre de la France dans l'affaire que j'ai entamée.

J'attends, comme vous pouvez croire, avec beaucoup d'impatience, votre rapport fidèle et circonstancié là-dessus.

P. S. — En cas que le cardinal vous dût parler des engagements qui obligent la France de garantir la Sanction Pragmatique, vous devez lui répondre que, comme le Roi Très Chrétien a déclaré en différentes occasions, et surtout à l'égard des prétentions de la maison de Bavière sur la succession de feu l'Empereur, que la France avait promis cette garantie *sauf les droits d'autrui* [1], j'espère qu'elle l'entendra sur le même pied par rapport à mes droits sur la Silésie, et que ce qui est juste pour l'électeur de Bavière le sera aussi pour moi; ce que je me promets indubitablement de l'amitié de S. M. Très Chrétienne et de l'équité de M. le Cardinal, de sorte que si la cour de Vienne devait réclamer la garantie de la France dans le cas dont il s'agit présentement, elle aurait toujours une raison suffisante pour s'en défendre, et elle ne saurait se dispenser d'avoir égard à mes droits sur la Silésie, puisqu'elle n'a promis sa garantie que sous la restriction qu'elle ne doit pas déroger aux droits d'autrui, ce que vous ne manquerez pas de faire valoir [2].

Frédéric.

C. P. 206. — *Au chevalier de Raesfeld, à la Haye.*

Crossen, 16 décembre 1740.

Monsieur de Raesfeld,

J'ai bien reçu vos dernières relations sur les affaires générales et sur votre entretien avec Fénelon au sujet de l'ombrage qu'il a conçu du conseil que j'ai fait insinuer aux premiers membres de la République touchant la nécessité d'augmenter leurs forces. Comme je m'aperçois que les Hollandais commencent à s'éveiller et m'imaginant combien

---

[1] Le 29 octobre, Fleury avait dit à Camas : « Nous y avons accédé, mais avec cette clause : sauf les droits d'autrui. »

[2] Cf. *Mémoires de Valory*, II, 225.

grande sera leur surprise à cause de ma marche en Silésie et de mon plan qui m'y a déterminé, vous devez employer tout votre savoir-faire pour persuader ces Messieurs de la solidité de mes motifs et de la pureté de mes intentions qui n'ont aucun autre but que d'employer les moyens les plus efficaces pour conserver la maison d'Autriche exposée à une ruine totale et pour travailler aux intérêts et à l'élection du duc de Lorraine pour lequel je suis plus porté que pour aucun de ses concurrents.

Au reste vous aurez l'œil sur les menées du marquis de Fénelon qui ne manquera pas de chercher à brouiller le jeu et à donner de sinistres impressions sur mon entreprise. Je suis, etc.

Fédéric.

C. P. 207. — *Au ministre d'État de Podewils, à Berlin.*

Crossen, 16 décembre 1740.

Monsieur de Podewils,

Comme je vous ai adresssé hier les relations du de Raesfeld, je vous envoie la copie de ma réponse touchant certains points. Cela ne doit pas vous empêcher d'y répondre plus amplement suivant mes intentions dont vous êtes informé. Au reste voyant par la vôtre du 13 de ce mois que les ministres étrangers ont reçu ma déclaration touchant les motifs de mon expédition, nous verrons bientôt les effets qui en résulteront. J'ai répondu au comte de Seckendorff par des compliments et des sincérations vagues. Je suis, etc.

Fédéric.

Il faut presser Bülow de conclure avec nous. Ils ont envie de se battre et d'avoir la Bohême. Tant mieux.

Adieu, mon cher, dans deux heures je passerai le Rubicon. A 6 heures du matin.

C. P. 208. — *Au ministre d'État de Podewils à Berlin.*

Schweinitz, 16 décembre 1740.

Mon cher Podewils,

J'ai passé le Rubicon enseignes déployées et tambours battant; mes troupes sont pleines de bonne volonté, les officiers d'ambition et nos généraux affamés de gloire. Tout ira selon nos souhaits et j'ai lieu de présumer tout le bien possible de cette entreprise.

Envoyez-moi Bülow, caressez-le beaucoup et faites-lui voir le propre intérêt de son maître; enfin usons de la connaissance du cœur humain, faisons agir en notre faveur l'intérêt, l'ambition, l'amour, la gloire et tous les ressorts qui peuvent émouvoir l'âme. Ou je veux périr ou je veux avoir l'honneur de cette entreprise.

Mon cœur me présage tout le bien du monde; enfin un certain instinct, dont la cause nous est inconnue, me prédit du bonheur et de la fortune et je ne paraîtrai pas à Berlin sans m'être rendu digne du sang dont je suis issu et des braves soldats que j'ai l'honneur de commander. Adieu, je vous recommande à la garde de Dieu.

FÉDÉRIC.

C. P. 209. — *Au ministre d'État de Podewils, à Berlin.*

Schweinitz, 16 décembre 1740.

Dans son rapport du 15 décembre Podewils rend compte des entretiens qu'il a eus d'abord avec le ministre de Saxe, Bülow, puis avec Valory. Ce dernier en lui serrant la main lui dit : « Mon cher maître, vous ne le savez peut-être pas, mais je suis informé que le Roi, votre maître, est dans une correspondance secrète avec le duc de Lorraine et qu'ils s'entendent. »

ART. 1er. — L'espérance est belle. Il faut voir si on pourrait s'y fier. Si Bülow veut se rendre auprès de moi, il sera le bienvenu.

ART. 2. — Parfait. Cajolez-le le mieux possible. Faites-lui espérer que je chercherai toujours à lier mes intérêts avec ceux de la France et d'agir de concert avec cette Cour.

C. P. 210. — *Au conseiller de légation d'Ammon, à Dresde.*

Schweinitz, 16 décembre 1740.

MONSIEUR AMMON,

J'ai bien reçu votre relation du 14 de ce mois qui contient la réponse que le comte de Brühl[1] vous a faite sur ce que vous lui avez

---

[1] Le roi de Saxe, comme Brühl le faisait remarquer, lié par un traité avec la Russie, ne pouvait contracter une autre alliance à l'insu de la Russie.

demandé. Je suis bien aise d'apprendre que le roi de Pologne souhaite d'entrer avec moi dans une étroite union et d'agir de concert pour nos droits respectifs sur la Cour de Vienne. Comme je suis fort bien avec la Cour de Russie, je suis assuré que celle-ci ne s'opposera pas à nos liaisons; ainsi je ne saurais désapprouver qu'on ait cru communiquer l'affaire avec cette Cour. Cependant je serai bien aise de parler au ministre de Bülow, à qui j'ai fait savoir qu'il pourra se rendre ici et qu'il sera le bien venu. Il pourrait donc être instruit pour me faire connaître le plan et les conditions d'un traité à faire. Quant à moi, j'y apporterai toutes les facilités et de bonne foi, et je me flatte que de leur côté on y agira de même. Vous devez déclarer tout cela au comte de Brühl en l'assurant de mon estime très distinguée et de ma reconnaissance royale, s'il veut cimenter une véritable et sincère union avec le roi de Pologne, son maître.

FÉDÉRIC.

Faites tous vos efforts pour mettre Brühl dans mes intérêts et vous pouvez l'assurer d'ailleurs que nous sommes parfaitement amis et alliés avec la Russie.

Ainsi donc, moins de deux mois après la mort de Charles VI, Frédéric II n'avait pas hésité à fouler aux pieds les traités signés par ses prédécesseurs, à considérer comme nuls et non avenus ces *chiffons de papier*, qui auraient pu gêner sa politique sans scrupules et contrarier son ambition sans borne. Sur son ordre, le gros du 1ᵉʳ corps prussien a franchi le 16 décembre, sans préavis, sans déclaration de guerre, la frontière de Silésie. Plus que jamais il va continuer la politique à face multiple qui lui a si bien réussi, prodiguer à tous les souverains de l'Europe ses protestations d'amitié sincère et d'attachement inviolable, pratiquer plus cyniquement que jamais le marchandage dont il se promet, et dont il tirera malheureusement, de si grands profits et surtout le jeu de bascule entre la France et l'Angleterre, entre ces puissances « qui, comme il l'écrira six jours plus tard à Podewils, seraient bonnes à manger toutes les deux, mais en cas que faire ne se peut, il faudrait choisir la moins jalouse de notre agrandissement ». Tout en proclamant à tout instant, à tout propos, sa sincérité, sa loyauté, sa modération, en affectant un égal désir d'entrer dans une union étroite et d'agir de concert avec les différentes puissances, il ne prend en réalité conseil que de ses intérêts. « Je crois, écrira-t-il encore à Podewils, qu'il faudra se tourner vers la France. Parlez à Valory. Sondez et tâtez-les tous *afin de voir où nous trouverons le mieux nos convenances.* » Il avait, pour nous servir des termes mêmes de la dépêche qu'aussitôt après avoir « passé le Rubicon » il adresse à Podewils, — si bien « usé de la connaissance du cœur humain », si bien « fait agir en sa faveur l'intérêt, l'ambition, l'amour, la gloire » que, comme il l'écrira plus tard dans l'*Histoire de mon temps*, « la plupart des souverains étaient encore dans l'incertitude. Ils ne pouvaient débrouiller le dénouement qui se préparait. La mission du comte de Gotter à Vienne d'une part, et de l'autre l'entrée des Prussiens en Silésie les mettaient en présence d'une énigme et ils s'efforçaient à deviner si la Prusse était l'alliée ou l'ennemie de la reine de Hongrie[1] ».

C. P. 212. — *Au conseiller privé des Finances de Borcke, à Vienne.*

Berlin, 17 décembre 1740.

J'ai bien reçu votre dépêche du 7 de ce mois et j'approuve entièrement la conduite que vous me dites dans votre quatrième *Post-Scriptum* d'avoir tenue envers les ministres de France et d'Angleterre. Vous continuerez d'entretenir le dernier dans les sentiments qu'il vous a fait paraître jusqu'ici en l'assurant de la manière la plus forte, en conformité de vos dernières instructions[2], de mon désir sincère et ardent d'affermir par de nouveaux nœuds la bonne intelligence où j'ai le plaisir de vivre avec Sa Majesté le roi de la Grande-Bretagne et de m'unir avec Elle de la manière la plus étroite. Vous lui insinuerez en même temps que, pour y parvenir, le moyen le plus efficace serait que la cour d'Angleterre tâchât d'engager celle de Vienne à accepter, sans délai ni perte, le plan avantageux que je lui avait fait proposer ; faute de quoi il est aisé de concevoir que je me verrais forcé de prendre une route opposée et de profiter des offres favorables que

---

[1] *Histoire de mon temps*, chap. II, p. 90. Édition Boutaric et Campardon.
[2] Cf. *ibidem*, pièce 199.

m'ont faites plusieurs puissances qui me pressent de les accepter. Vous observerez avec attention de quelle façon il reçoit ces sortes d'insinuations et comment il y répond pour m'en rendre un compte exact.

P.-S. — Durant le règne de feu l'Empereur on m'a donné à Vienne tant de protestations semblables à celles que, suivant votre deuxième *Post-Scriptum* du 7 de ce mois, les ministres du Conseil des Pays-Bas vous ont faites touchant l'affaire des rentes sur la Meuse [1], et toutes également sans effet, que je ne sais que trop quel fond faire là-dessus.

L'unique moyen de tirer raison de cette Cour est de se la faire soi-même et j'espère que les conjonctures présentes me donneront occasion de terminer avantageusement, d'une ou d'autre façon, cette affaire aussi bien que les autres sur lesquelles la cour de Vienne m'a refusé jusqu'ici constamment justice.

En attendant vous ne négligerez pas de vous informer si l'on a effectivement envoyé aux Pays-Bas les ordres que l'on vous a fait espérer.

FÉDÉRIC.

C. P. 213. — *Au général marquis Botta d'Adorno, envoyé extraordinaire de la Reine de Hongrie et de Bohême, à Berlin.*

Milkau, 20 décembre 1740.

MONSIEUR,

J'ai appris par votre lettre du 18 de ce mois que vous avez reçu des ordres précis de vous rendre à Pétersbourg. Quoique j'eusse souhaité de profiter plus longtemps de votre séjour de Berlin, vos raisons sont trop valables pour n'y pas acquiescer [2]. Cependant je vous souhaite un heureux voyage accompagné d'une parfaite santé, étant avec une estime très distinguée, Monsieur, votre très affectionné

FÉDÉRIC.

---

[1] Cf. *ibidem*, pièce 74. Rente de 20 000 florins par an sur la Meuse. Dette reconnue par le traité de barrière.

[2] Dans sa lettre au Roi en date du 18, Botta allègue comme motif de son départ l'ordre qu'il vient de recevoir de se rendre à Saint-Pétersbourg pour complimenter le nouvel Empereur et la régente. En réalité, il n'avait plus rien à faire à Berlin après l'entretien assez orageux qu'il avait eu avec Frédéric.

Je suis bien fâché que vous soyez venu à ma Cour dans un temps où il paraît que la Reine votre maîtresse ne soit pas intentionnée de se prêter à mes idées et d'*accéder à mes bonnes intentions*. Cela ne diminuera cependant en rien de l'estime et de la considération que j'ai et que j'aurai toujours pour votre personne.

P. C. 214. — *Au ministre d'État de Podewils, à Berlin.*

Quartier général, Milkau, 20 décembre 1740.

Monsieur de Podewils,

J'ai bien reçu vos deux mémoires du 18 de ce mois, touchant le voyage précipité que le marquis de Botta médite, et la course que le ministre saxon fera pour me parler. Quant au premier, on aurait fort mauvaise grâce de l'empêcher et il faudra le laisser partir. C'est pourquoi je vous adresse ma réponse à sa lettre.

Pour ce qui regarde la nouvelle que la reine de Pologne sera escortée par 2 500 chevaux, je la crois vraisemblable, parce que la Saxe en pourra tirer plus de services dans le pays qu'en Pologne. Au reste, nous pénétrerons bientôt si ces Messieurs veulent aller rondement dans l'affaire dont il s'agit. Je suis, etc.

Fédéric.

C. P. 215. — *Au ministre d'État de Podewils, à Berlin.*

Quartier général, Milkau, 20 décembre 1740.

Monsieur de Podewils,

Pour répondre à votre représentation du 18 de ce mois, je vous dirai que vous devez communiquer au prince d'Anhalt toutes les nouvelles que vous pourriez réunir des mouvements des troupes saxonnes. Je suis, etc.

Fédéric.

J'ai reçu vos deux dépêches et je me flatte que pour la Russie et la Saxe nous réussirons[1]. Les premières nouvelles de Londres nous sont également favorables.

[1] Podewils mande le 16 au Roi : « Brackel lui (à Botta) a répondu, à ce qu'il m'a assuré, que la Russie avait plus besoin de l'amitié de Votre

C. P. 216. — *Au conseiller privé des Finances de Borcke, à Vienne.*

Quartier général, Milkau, 20 décembre 1740.

Monsieur de Borcke,

J'ai reçu votre dépêche du 14 de ce mois par laquelle vous me rendez compte de la première audience que le duc de Toscane vous a voulu accorder au sujet de ma marche en Silésie.

J'ai prévu quelles en seraient les premières impressions et que ce prince et la cour où vous êtes en seraient peu édifiés au commencement. Mais comme vous avez jugé de mes intérêts de remettre à une seconde audience la déclaration de mes motifs et la proposition de mon plan, accompagnées des offres raisonnables que je vous ai ordonné de faire, j'en attends la réponse avec impatience pour prendre làdessus mes mesures.

Vous devez donc faire tout au monde pour écarter dans l'esprit du susdit prince et du ministère toutes sinistres couleurs qu'on voudra peut-être donner à mon plan et pour les persuader *de son utilité et de la pureté de mes intentions qui n'ont pour objet que leur véritable bonheur et conservation.*

Mes précédentes vous ont fourni des arguments assez solides qui vous ont mis en état de travailler utilement pour les intérêts réciproques et j'espère que vous ne négligerez rien de ce qu'il faut employer pour mener cette négociation à une heureuse fin. Au reste, vous auriez pu retenir encore un ou deux jours votre courrier pour qu'il m'ait apporté la réponse du Duc. Je suis, etc.

Frédéric.

C. P. 217. — *Au conseiller de légation d'Ammon, à Dresde.*

Milkau, 21 décembre 1740.

Votre dépêche du 17 de ce mois m'a été rendue et j'y ferai répondre plus amplement. En attendant, il me semble qu'il y a une espèce de

Majesté que de celle de la cour de Vienne, trop éloignée pour aider la Russie et trop affaiblie pour lui être d'un grand secours en cas de nécessité. Qu'on est toujours imbu de l'erreur ancienne à Vienne, que tout le monde doit se battre pour elle et voler à son secours, tandis qu'elle veut rester les bras croisés. Bülow m'a protesté toujours que sa Cour a pour le moins autant d'appétit que nous pour avoir sa part du gâteau, mais il dit qu'on n'a pas les reins aussi forts que nous. »

contradiction dans vos récits. D'un côté, vous soutenez que l'intention du roi de Pologne est de se joindre avec moi, pour participer à la succession de la maison d'Autriche, en tombant sur la Bohême. De l'autre côté, ce que vous me marquez du départ du comte Poniatowski pour la France, où il travaillera à une alliance, lequel voyage, selon vos précédentes relations, avait été rompu, me fait connaître qu'on ne saurait se fier aux sincérations de cette cour ; et si l'on réfléchit sur la reconnaissance de la reine de Hongrie et la déclaration effective de vouloir maintenir la Sanction Pragmatique, il résulte de tout cela qu'on peut supposer avec fondement que les prétendus sentiments favorables pour mes intérêts, dont la cour de Pologne vous a voulu éblouir, sont fort sujets à caution.

Ce que vous aurez donc à faire, c'est de travailler à pénétrer les véritables vues du Roi et le plan de ses desseins et de m'en informer avec fondement, sans donner aucunement dans le panneau. C'est pourquoi il faudra y apporter beaucoup de jugement et de prévoyance, avant que d'assurer une chose dont il m'importe de savoir au juste la réalité. Je suis, etc.

Fédéric.

Ne vous trompez pas. Brühl vous dupe. *Incrédule, incrédule,* que ce soit votre devise.

C. P. 218. — *Au ministre d'État de Podewils, à Berlin.*

Herrndorf, 22 décembre 1742.

Mon cher Podewils,

J'ai bien reçu vos relations, et autant que j'en puis juger d'ici, vous êtes très bien au fait des sentiments exceptionnels des cours étrangères. *Il faudra voir (ce qui s'éclaircira dans peu) lequel nous aura, et en ce cas il faut choisir celui d'eux qui nous est le plus favorable et le moins suspect.* La France et l'Angleterre seraient bonnes à ménager toutes deux ; mais en cas que faire ne se peut, il faudrait choisir la moins jalouse de notre agrandissement. Favoriser Bavière dans son agrandissement et dans la dignité Impériale et sacrifier Bergue, c'est gagner France. Lâcher la Frise et quelques bailliages de Mecklembourg, ce serait pour avoir les suffrages de l'Angleterre. Laisser agir Russie sur Courlande, ce serait peut-être aussi la gagner. Laisser agir Saxe en Bohême ne manquerait pas de nous les concilier. Enfin que les intérêts de nos voisins marchent de pair avec les nôtres, et ne craignons pas de rater.

Adieu, mon cher ami, je suis las et demain je vous reconnaîtrai la place de Glogau [1]. *Vale.*

Frédéric.

C. P. 220. — *Au Conseiller baron Le Chambrier, à Paris.*

Quartier général d'Herrndorf, 23 décembre 1740.

Monsieur de Chambrier,

Je vous ai déjà mis au fait touchant les motifs que j'ai cru d'entrer en Silésie avec une partie de mes troupes et je m'assure que vous n'aurez rien négligé pour les faire goûter au Cardinal. Cependant, comme je suppose que vous y aurez trouvé des difficultés, vous continuerez à lui représenter d'une manière convenable combien la France gagnera par mon entreprise, soit par rapport à ses propres intérêts, soit à l'égard de ceux de l'électeur de Bavière. Car celui-ci trouvera, à l'heure qu'il est, une occasion du monde la plus favorable de se faire avoir raison de ses prétentions sur l'héritage de feu l'Empereur, dont il ne pourrait manquer d'acquérir une bonne portion, si l'on se prête à mes desseins. D'ailleurs cette crise lui frayera le chemin de parvenir avec plus de facilité à la couronne impériale, ce dont celle de France me devrait savoir bon gré et me favoriser de toute manière. Outre cela, je sais par expérience ce que le Cardinal pense de la succession de Juliers et de Bergue. C'est pourquoi il serait facile de me porter à une ultérieure complaisance dans cette affaire, en me prêtant aux vues de la France, si elle voudra entrer dans les miennes, par rapport à mon agrandissement du côté de la Silésie. Mais vous ménagerez ce dernier article avec toute la prudence imaginable pour ne rien risquer sans être bien assuré de son fait. Je suis, etc.

Frédéric.

[1] Comme il l'écrit lui-même dans l'*Histoire de mon temps*, Frédéric II, en allant investir Glogau, savait parfaitement à quoi s'en tenir sur le genre de résistance qu'il allait y rencontrer. « Wenzel Wallis, qui en était gouverneur, avait des ordres précis de ne point commettre les premières hostilités. Il ne crut point qu'un blocus en fût une et il se laissa paisiblement enfermer dans ses remparts. »

Il s'agit là d'un ordre de Marie-Thérèse en date du 15 décembre qui parvint au feld-maréchal lieutenant comte Wallis, à Glogau, le 21, la veille de l'investissement.

Tout avait été si bien préparé en Silésie et toutes les mesures avaient été tellement bien prises que le semblant d'opérations militaires y put progresser sans le moindre accroc, sans l'ombre d'une difficulté. Au moment même où le feld-maréchal lieutenant comte Browne, commandant en chef par intérim des troupes autrichiennes en Silésie, croyait avoir amené les autorités de Breslau à renoncer à leur privilège et à consentir à recevoir dans leur ville une garnison autrichienne, l'intervention d'un agent de Frédéric avait tout changé. Le 14 décembre, au matin, les jeunes, sous la conduite d'un cordonnier brandebourgeois, Jean-Christian Döblin, avaient envahi la salle de délibérations des *anciens* de Breslau. Intimidés par les déclamations de Döblin, par les acclamations de la foule dont cet obscur savetier est en quelques instants devenu le chef [1], les anciens étaient revenus sur leur décision de la veille et, le 18 décembre, Browne, voyant qu'il était impossible de faire entendre aux autorités la voix du droit et de la raison, s'était résigné à abandonner Breslau à son sort et à se rendre à Brieg pour essayer de défendre avec ses faibles troupes la partie de la Silésie qu'il espérait encore parvenir à conserver à sa souveraine.

Les choses n'avaient pas aussi bien marché pour Frédéric à Vienne. La mission confiée au comte de Gotter n'avait pas été couronnée de succès et Frédéric ne pouvait se dissimuler, en présence des nouvelles qu'il venait de recevoir, que l'équivoque ne pouvait plus guère se prolonger de ce côté et que la rupture avec Marie-Thérèse qu'il cherchait encore, sinon à éviter, du moins à retarder, n'était vraisemblablement plus qu'une question de jours.

---

[1] Cf. Major Z..., *op. cit.*, 5. « Le cordonnier Döblin n'avait à Breslau qu'une infime échoppe. Il était presque sans ressources et ne frayait qu'avec les plus basses classes de la population. Un passage d'une lettre, que Frédéric adresse en juillet 1741 au feld-maréchal comte Schwerin, ne laisse aucun doute sur le rôle de Döblin et sur les sacrifices pécuniaires faits par le Roi pour arriver à couper à Breslau l'herbe sous le pied aux Autrichiens. « Vous savez mieux que personne ce qu'il nous a coûté de peines pour empêcher l'entrée d'une garnison autrichienne à Breslau. » (*Correspondance politique*, I, n° 444, au feld-maréchal comte Schwerin à Breslau, sans date mais presque certainement du 31 juillet ou du 1er août.)

C. P. 227. — *Au grand-maréchal de la Cour comte de Gotter, à Vienne.*

Herrndorf, 26 décembre 1740.

J'ai appris par votre relation du 20 de ce mois, que Kircheysen[1] vient de m'apporter, de quelle façon vous avez été reçu du duc de Lorraine et dans quels termes il a jugé à propos de répondre à vos propositions.

Quoique cette réponse, pleine de marques d'aigreur et de duretés, semble couper tout chemin aux voies d'accommodement, vous devez pourtant faire tout au monde pour porter le susdit prince à envisager d'un œil moins prévenu mon plan et mes vues qui tendent assurément au bien et à la conservation du Duc et de la maison d'Autriche, que j'assisterai de toutes mes forces, si l'on me veut faire avoir raison par rapport à mes justes prétentions sur la Silésie. Vous pouvez même insinuer au Duc qu'encore que j'aie demandé l'entière cession de cette province, je saurais apporter de la modération et me contenter d'une bonne partie de ce pays, pourvu qu'il plaise à la reine de Hongrie d'entrer avec moi dans un accommodement raisonnable et sincère et de faire des liaisons étroites et convenables à nos intérêts réciproques.

Comme j'attends là-dessus votre réponse claire que vous me ferez tenir par Kircheysen, vous vous efforcerez en attendant de me conserver une voie libre à la négociation pour pouvoir la reprendre après votre départ et celui du de Borcke, et quand il ne sera plus permis d'y avoir un ministre. C'est pourquoi vous chercherez quelqu'un parmi les autres ministres, par exemple celui de Mayence ou qui que ce soit, par le canal duquel on pourrait travailler à une sincère union.

Outre cela, vous songerez à me faire avoir sous main un correspondant sûr et secret, qui m'informera, pendant que je n'y aurai aucun ministre, de tout ce qui s'y passe et des mesures qu'on prendra contre moi. Vous me manderez là-dessus vos idées de ce qu'il faudra dépenser.

Quant aux Saxons et leurs menées à Vienne, il faut que vous y apportiez une attention très sérieuse en éclaircissant au fond les mouvements qu'ils se donnent, les moyens qu'ils mettent en œuvre et les propositions qu'ils y feront peut-être à cette Cour pour couvrir leurs desseins.

[1] Kircheysen (Charles-David), conseiller prussien de guerre.

Mais je suis surpris de ce que vous ne me dites rien touchant le comte de Sinzendorff et Toussaint, auxquels je vous ai ordonné de parler sur notre affaire, ce qui me fait croire que vous n'avez pas encore éprouvé ces canaux et ce qu'il y en a à espérer.

Au reste, j'approuve que vous n'ayez point cherché d'obtenir une audience de la Reine, le Duc ayant été de l'opinion qu'elle ne ferait pas un bon effet.

Pour ce qui regarde l'armement et les préparatifs qu'on fait contre moi et la situation et le détail de leurs régiments, vous en informerez exactement Kircheysen pour pouvoir m'en rendre compte à son retour auprès de moi. Je suis, etc.

Fédéric.

Si le Duc veut se perdre malgré mes bonnes intentions, qu'il se perde.

C. P. 228. — *Au ministre d'État de Podewils, à Berlin.*

Herrndorf, 26 décembre 1740.

Monsieur de Podewils,

En vous communiquant la dépêche intéressante que le comte de Gotter m'a envoyée, et celle du de Borcke, j'ai cru nécessaire de joindre aussi les copies de mes réponses pour vous mettre en état de travailler dans cette affaire conformément à mes idées. Le contenu de la réponse du duc de Lorraine me fait croire que le marquis de Botta sera déjà parti. Mais il faut voir si la hauteur, qu'on semble affecter, ne sera pas démentie ensuite, et en attendant je continuerai à suivre mon plan.

L'on est revêche à Vienne. Il faudra voir si c'est du commencement et comment les choses changeront. Ils se flattent beaucoup et il sera difficile de savoir, avant que nous n'ayons des nouvelles des cours étrangères, s'ils ont lieu de se flatter ou non.

Je vous envoie ici une minute que j'ai faite de nos droits qu'il serait bon de communiquer à Chambrier. *Je crois qu'il faudra se tourner vers la France.* Parlez à Valory. Sondez et tâtez-les tous afin de voir où nous trouverons le mieux nos convenances.

Fédéric.

C. P. 229. — *Raisons qui ont porté le Roi à faire entrer ses troupes en Silésie.*

26 décembre 1740.

Les droits du Roi sur la plupart des duchés et principautés de la Silésie sont incontestables. Les possesseurs de ce duché en sont même si bien convenus qu'ils ont fait un traité avec l'électeur Frédéric-Guillaume par lequel cet électeur renoncerait, en faveur du cercle de Schwiebus, à ses droits sur les autres principautés et duchés de la Silésie; cette renonciation serait valable, si par la plus noire perfidie l'empereur Léopold n'avait arraché le cercle de Schwiebus à Frédéric Ier.

L'équivalent qui constituait la renonciation étant donc rendu, nos droits reviennent en entier et tout l'acte fait avec l'électeur Frédéric-Guillaume devient nul. C'est donc en vertu de ces droits et d'une prétention de quelques millions d'écus que le Roi est entré en Silésie pour maintenir son bien et pour étayer ses droits. Il n'aurait point été convenable de faire une pareille démarche du vivant de l'Empereur, car l'empereur étant chef de l'Empire, c'est agir contre les constitutions de l'Empire si un de ses membres voulait l'attaquer.

De plus, cette démarche n'est point contraire à la Pragmatique Sanction, puisque le Roi ne prétend point hériter, mais soutenir ses droits particuliers et l'Empereur n'ayant lui-même aucun droit sur ces duchés en Silésie qu'on lui conteste, de quelle justice sa fille en peut-elle donc prétendre? D'autant plus qu'on ne saurait hériter de ce qui n'appartient pas à ses parents.

Mais supposons, pour mettre les choses au pire, qu'on regardât l'action du Roi contraire à la Pragmatique Sanction, il est bon de dire que par le traité de 1732[1], le Roi garantit la Pragmatique Sanction à l'Empereur à condition de la garantie du duché de Bergue; or, la maison d'Autriche a manqué à son traité en garantissant l'année 1738 ou 1739[2] à la maison de Sulzbach la possession provisionnelle des duchés de Juliers et de Bergue, de sorte que le Roi rentre par là dans la plénitude de ses droits et d'autant plus qu'on lui avait promis un équivalent des propres biens de l'Empereur[3].

Toutes ces raisons prises ensemble ont occasionné l'entreprise du Roi. Il ne demande pas mieux que de s'accommoder avec la maison d'Autriche pourvu que l'on veuille avoir quelque considération pour la justice de ses droits.

N.-B. — J'ai oublié d'ajouter que la Silésie ayant toujours été un fief masculin[4], elle n'est devenue féminin que par la Pragmatique Sanc-

---

[1] Il s'agit en réalité du traité de Berlin du 23 décembre 1728.
[2] 13 janvier 1739.
[3] Cf. *ibidem*, pièce n° 192. Instructions pour le comte de Gotter.
[4] Cf. *ibidem*, pièce 138, à Podewils, Rheinsberg, 6 novembre 1740. « Il m'importe de savoir si la Silésie est un fief masculin ou si les deux sexes y peuvent succéder suivant le droit public... »

tion : or, comme ma garantie en est nulle, je rentre à présent dans l'entier de mes droits, puisqu'il n'y a plus de descendants mâles de la famille impériale. C'est ce qu'on peut ajouter aux autres raisons ci-dessus mentionnées.

F_R.

C. P. 233. — *Au conseiller baron Le Chambrier, à Paris.*

Herrndorf, 27 décembre 1748.

Vous avez vu par mes précédentes ce que je vous ai ordonné de représenter au ministère au sujet de mon entrée en Silésie, et j'en attends impatiemment la réponse. En attendant, n'oubliez pas de parler au ministre bavarois, le prince de Grimberghen, sur cet événement et faites-lui connaître le plus clairement de quelle conséquence cette entreprise est pour les intérêts de son maître, auquel je fraye le chemin de faire valoir et de pousser hardiment ses prétentions contre l'Autriche ; que j'espère que l'Électeur, pour lequel j'ai une considération très distinguée, ne laissera pas échapper cette favorable occasion pour venir à bout de ses desseins ; que j'ai un grand empressement de m'unir avec lui et la France par les engagements les plus étroits pour faire cause commune dans ces conjonctures et que je lui donnerai ma voix pour son élection et élévation à l'Empire ; que j'attendrai là-dessus des ouvertures sérieuses auxquelles je répondrai avec toute la sincérité.

Au reste, je me rapporte au contenu de ma lettre du 23 de ce mois et vous pouvez vous expliquer sur l'article de la succession de Juliers et de Bergue qu'en cas que la France voulût entrer dans mon système touchant la Silésie en m'y garantissant la possession, je laisserais à sa disposition les duchés susmentionnés par une cession légale.

Fédéric.

C. P. 234. — *Au ministre d'État de Podewils, à Berlin.*

Quartier général d'Herrndorf, 27 décembre 1748.

Monsieur de Podewils,

Pour ne vous laisser rien ignorer de ce que j'ordonne à mes ministres, je vous communique ci-joint les lettres que j'ai écrites au sieur de Chambrier sur ce qu'il doit insinuer au Cardinal et au ministre bavarois. *Il convient à mes intérêts de les gagner par toute sorte d'appas.* Je suis, etc.

FÉDÉRIC.

C'est par le prince de Grimberghen que nous pourrons gagner Versailles.

C. P. 235. — *Au grand-maréchal de la Cour, comte de Gotter, et au conseiller privé des Finances de Borcke, à Vienne.*

Berlin, 30 décembre 1740.

Les dépêches et relations du 17 et du 19 de ce mois, que vous m'avez envoyées l'un et l'autre par Kircheysen, m'ont été fidèlement rendues. Vous aurez reçu depuis la réponse préalable que je vous ai faite là-dessus en date du 26 de ce mois par le même courrier et je ne doute pas que vous n'y ayez agi conformément.

J'avoue que je ne me serais point attendu qu'on aurait répondu aux propositions avantageuses, dont je vous ai chargé l'un et l'autre, avec autant d'animosité, d'aigreur et d'acharnement comme on l'a fait, en refusant à plat toute voie de négociation et même des conférences avec les ministres de la reine de Hongrie, tandis que les parties belligérantes au plus fort de la guerre ne refusent point d'entrer en pourparlers pour trouver des tempéraments et des expédients à concilier les différents intérêts et qu'il me semble que la chose vaut assez la peine pour la maison d'Autriche qu'on écoute et qu'on digère mûrement et sans vivacité et prévention une affaire qui en quelque façon doit décider de son salut ou de sa perte, selon qu'elle s'y prendra. Sauf au duc de Lorraine et à la reine de Hongrie de faire ce qui bon leur semblerait, après avoir écouté au moins les sentiments de leurs ministres, avec lesquels les personnes chargées d'une négociation peuvent s'expliquer plus librement et même tâcher à se prêter de part et d'autre à des idées réciproques pour moyenner un accommodement, que quand on est obligé de traiter avec le souverain même qui souvent, faute de connaissances suffisantes ou par trop de vivacité, se laisse aller à des emportements qui ne valent rien dans des choses aussi sérieuses que celles-ci.

Si on avait donc jugé à propos de vous écouter l'un et l'autre avec un sang plus rassis et avec moins de prévention, on aurait trouvé qu'il s'agit de deux objets différents, mais également importants.

Le premier est la juste poursuite de nos droits sur une grande partie de la Silésie.

Je ne veux pas entrer à présent dans un grand détail des fondements de nos prétentions. J'en instruirai le public par une ample déduction[1] qui paraîtra incessamment et dont je vous enverrai des exemplaires, si vous restez encore assez longtemps à Vienne pour les y recevoir.

Je me souviens fort bien de la teneur du traité de 1686, par lequel on a voulu traiter sur ces droits. Il est certain que j'aurais été fort embarrassé de les réclamer à l'heure qu'il est, avec autant de force et d'évidence que je le puis faire à présent, si la Cour de Vienne avait agi alors avec la probité et la bonne foi requises entre les puissances qui veulent, tant soit peu, en sauver au moins les apparences.

Mais la manière indigne dont on s'y est pris alors fait assez voir que tout ce traité n'a été, pour ainsi dire, qu'un contrat simulé puisque, par une supercherie inouïe jusqu'alors entre de grands princes, on extorqua secrètement au fils ce qu'on avait cédé en public au père.

On sentait, dès ce temps-là, qu'il fallait nécessairement donner un équivalent à ma maison pour ses prétentions en Silésie, et on lui en donna un qui, à la vérité, portait avec lui une lésion des plus énormes; c'est-à-dire qu'on stipula à feu l'électeur Frédéric-Guillaume pour la renonciation à plusieurs duchés et principautés en Silésie un seul cercle, qui était celui de Schwiebus; mais non content de cela, pour en frustrer sa postérité, on extorqua en même temps de son fils, feu le Roi mon grand-père, alors prince électoral, un revers de rendre tout, jusqu'à ce mince équivalent, dès que son auguste père aurait fermé les yeux.

Je laisse à considérer à toute l'Europe, si une manière aussi indigne ne révolte pas tout homme de probité et de bon sens contre un pareil procédé et si, un équivalent rendu en faveur duquel on a fait une renonciation, la dernière ne peut jamais subsister en droit et en justice.

Le reste de cette trame d'iniquité se trouve détaillé, d'une manière assez claire, dans la rédaction susmentionnée à laquelle je vous renvoie.

Mais il s'agit maintenant de voir comment j'aurais pu m'y prendre autrement pour faire rendre justice à ma maison des prétentions et des droits dont elle a été si longtemps frustrée.

Il suffit qu'elle ait attendu avec patience pendant tout le temps que la postérité mâle de la maison d'Autriche a subsisté; cette complaisance aurait été poussée trop loin, si on l'avait voulu étendre jusqu'aux

---

[1] *Rechtsgegründetes Eigenthum*, etc. Cf. *Preussische Staatsschriften*, I, 95 et suiv.

descendants de la race femelle de cette maison, qui par là même ne sauraient succéder dans les principautés de la Silésie, puisque la maison d'Autriche, à l'extinction des derniers mâles des princes de Silésie, a prétendu que leurs pays ne sauraient tomber en quenouille, et par cet argument s'en est saisie.

A qui aurais-je dû m'adresser pour obtenir une justice qu'on a refusée si longtemps à ma maison? Le chef de l'Empire ne subsistait plus. La Cour de Vienne n'a pu être juge et partie, et je n'en aurais jamais tiré raison par la voie de négociation puisque, de son propre aveu et déclaration qu'elle nous a faits, elle n'est pas d'humeur de céder un pouce de terre de toute la succession de feu l'Empereur à qui que ce soit, et encore nommément moins à moi qu'à d'autres.

Si j'avais donc attendu plus longtemps à prendre le parti auquel j'ai été obligé d'avoir recours, il serait arrivé de deux choses l'une : ou la négociation avec la Cour de Vienne aurait été, ainsi que l'événement l'a fait voir, entièrement infructueuse, ou d'autres, qui forment des prétentions sur la totalité de cette succession, se seraient emparés d'une province si fort à leur bienséance.

Il fallait pour cela nécessairement que dans la situation présente des affaires j'eusse recours à un remède prompt et efficace, pour ne point tomber dans l'inconvénient de mes prédécesseurs, qui n'ont jamais pu obtenir quelque chose de bonne grâce de la Maison d'Autriche, sans compter que j'ai quelques millions de florins à demander à la charge de cette maison, tant pour des arrérages de subsides qui me sont dus encore depuis la dernière guerre de la succession d'Espagne, que des rentes sur la Meuse, du supplément des revenus de Turnhout, etc., et d'autres prétentions sur lesquelles il n'y a jamais eu moyen d'avoir satisfaction de la Cour de Vienne.

Mais toutes ces justes prétentions à part, il faut considérer le second objet qui m'a fait agir, plus considérable encore que le premier.

Ce sont les conditions avantageuses que j'ai fait offrir à la Maison d'Autriche, comme vous le savez, et dont, si j'ose le dire, elle ne saurait se passer, si elle ne veut manquer la couronne impériale et être exposée tôt ou tard à se voir entamée de tout côté.

On me reproche que l'on ne demande pas mon assistance, et que je dois avoir patience jusque-là.

Je réponds que les choses, par rapport à la future élection d'un Empereur, sont allées trop loin pour que je me trouve obligé de choisir entre les deux partis et de me déclarer ou pour la Maison d'Autriche ou pour ses rivaux.

Si je fais le dernier, je dois espérer moins que jamais que cette Maison me rende justice sur mes droits en Silésie.

Mais si je me déclare pour elle, qu'y a-t-il de plus juste et de plus raisonnable, encore bien que de plus avantageux pour la Cour de Vienne, que de faire d'une pierre deux coups, l'un de me satisfaire sur mes droits, et l'autre de pouvoir être assuré de mon assistance et de toutes mes forces pour parvenir à son but.

Si la justice demande le premier, la prudence conseille le second.

Mais quand, par un juste retour de reconnaissance, il s'agit de faire des convenances pour moi qui soient proportionnées à mes prétentions et aux conditions avantageuses que j'offre, il ne faut pas me renvoyer à des perspectives ou me vouloir avantager d'un brin dont on ne saurait disposer et s'opiniâtrer à ne jamais rien céder du sien.

Je range avec raison au nombre des premiers qu'on nous a insinué qu'on pourrait faire ma convenance dans l'affaire de Juliers et de Bergue.

Je m'étonne qu'après la trahison qu'on a faite à feu le Roi, mon père, de contracter contre la foi d'un traité solennellement ratifié[1] un engagement diamétralement opposé à conclure sur ce sujet[2], on veuille encore prétendre que ma Maison soit pour la seconde fois la dupe du ministère de Vienne.

Mais ce qui met le comble à ma surprise, et qui me doit faire rejeter avec indignation une proposition si extraordinaire, c'est qu'on a eu le front de nous assurer que le traité, fait l'an 1739 avec la France en dépit du nôtre et en faveur de la possession provisionnelle de la maison de Sulzbach des pays de Juliers et de Bergue, expirera le mois de janvier qui vient[3].

Peut-on imposer si grossièrement, quand on sait la teneur de l'article 2 de ce même traité? Le voici mot pour mot :

Quod prædictus terminus duorum annorum censendus sit initium capere a die mortis præsentis electoris palatini, si eumdem, quod Deus avertat, antequam partes inter se conveniant, supremum diem obire contingeret.

Ne voit-on pas assez clairement par là que le terme de deux ans n'expire qu'à compter du jour de la mort de l'Électeur Palatin, en cas que les parties intéressées ne soient pas convenues ensemble entre elles, ce qui est précisément la situation où je me trouve à cet égard avec la maison de Sulzbach.

---

[1] Le traité de Berlin du 23 décembre 1728.

[2] La Convention de Versailles du 13 janvier 1739.

[3] Assurance donnée par le grand-duc de Toscane à Borcke dans son audience du 17 et à Gotter dans celle qu'il lui accorda le 18 décembre.

Comment prétend-on donc avoir les mains libres à Vienne, après un pareil engagement, pour faire quelque chose pour moi en cette affaire, l'Électeur palatin venant à mourir? A moins qu'on ne veuille par une double perfidie manquer au traité fait avec la France, comme on a manqué à celui qu'on a conclu avec feu le Roi, mon père, sur cette matière.

C'est ici que je pourrais m'écrier à mon tour : Où est la bonne foi? Où est la sûreté qu'on me promet? Où sont les convenances qu'on veut me faire? Pourra-t-on après cela trouver à redire que je refuse d'entrer en négociation avec une Cour qui veut m'en imposer d'une manière qui n'est pas permise, à moins que je ne prenne préalablement des sûretés et des garanties réelles, tant pour ce qui m'est dû sur mes droits que pour ce qu'on me promet pour les conditions que j'offre.

Je fais juges les puissances désintéressées si on peut blâmer ma conduite dans ces circonstances, et les justes précautions que la prudence exige de prendre.

Mais que puis-je attendre sur l'un et l'autre après un refus si formel qu'on ne peut ni ne veut du grand jamais céder un pouce de terre des États de la Maison d'Autriche? A quoi aboutirait une négociation avec de pareils principes, si je voulais me dessaisir des avantages que j'ai en mains?

Quand on allègue la Sanction Pragmatique et la défense qu'elle contient de ne rien aliéner, c'est une pure défaite et un dessein marqué de ne vouloir jamais me rendre justice sur mes droits, ni faire mes convenances pour ce que je dois et ce que j'offre de faire pour la Maison d'Autriche.

On sait que la nécessité n'a jamais de loi, et, si la Sanction Pragmatique a permis à feu l'Empereur de céder et d'aliéner des royaumes entiers, comme les Deux-Siciles et une partie du Milanais, et à la reine de Hongrie d'aujourd'hui d'offrir le marquisat de Burgau à la Maison de Bavière, ainsi que tout le monde le sait, cette convention de famille, dis-je, ne doit ni ne peut jamais empêcher cette princesse d'entrer avec moi en négociation et accommodement pour une partie de la Silésie pour me satisfaire de mes droits et de me payer des services que je suis prêt de rendre, d'autant plus que les derniers, étant bien évalués, valent infiniment davantage que ce que je demande.

Si après toutes ces réflexions, que vous devez faire valoir autant qu'il sera permis et humainement possible, on refuse encore opiniâtrement d'entrer en négociation avec moi et qu'on continue de dire qu'on voudra plutôt sacrifier tout et à la France et à la Bavière et à la

— 127 —

Saxe que de me céder un pouce de terre en Silésie, en me menaçant au reste de me tomber sur le corps avec toutes les puissances qu'on pourra révolter contre moi, il faut que je prenne mon parti et que j'attende de la Providence et de la justice de ma cause les ressources qui pourraient se présenter ailleurs pour me tirer d'affaire le mieux et le plus honorablement que je pourrais. Car, comme le duc de Lorraine a reconnu lui-même que le point d'honneur ne me permettait plus de reculer ni de sortir de la Silésie, il serait aussi injuste à la Cour de Vienne d'insister sur une condition si dure, qu'indigne à moi de l'accepter. Je n'ai commis aucune hostilité. Je ne demande pas mieux non plus que d'entrer en négociation et en accommodement, pourvu que cela soit d'une manière raisonnable et compatible avec mes intérêts, mon honneur et ma gloire.

J'espère qu'en cas que celle-ci vous trouve encore à Vienne, vous ferez un dernier effort d'employer toutes ces raisons et d'autres que votre prudence pourrait vous suggérer, pour porter la reine de Hongrie et le duc de Lorraine à un accommodement raisonnable et également avantageux aux deux parties.

FÉDÉRIC.

C. P. 236. — *Au ministre d'État de Podewils à Berlin.*

Ce 31 (décembre) sur le point de marcher.

MON CHER CHARLATAN,

Vous faites votre métier à merveille, et je crois qu'une couple de conversations avec Guy Dickens de la nature de celles que vous avez eues avec Ginkel[1] ne feront point tort à nos affaires. J'avance ici et je compte d'être demain 1ᵉʳ de janvier à Breslau[2] et d'être en quinze jours maître de tout le cours de la Neisse.

[1] Podewils montra au ministre de Hollande l'original du traité de 1728 entre la Prusse et la Cour de Vienne dont Ginkel contestait l'existence, en prétendant que ce traité aurait dû, en 1738, empêcher la Cour de Vienne de s'associer à l'action exercée par les grandes Puissances contre la Prusse dans les affaires de Juliers et de Bergue. Après avoir pris connaissance de ce document, Ginkel s'écria : « Cela est fort, je n'aurais jamais cru la Cour de Vienne capable d'une pareille conduite. » (Rapport de Podewils du 27 décembre.)

[2] Craignant toujours un revirement de l'opinion à Breslau, sachant que le 2ᵉ corps prussien allait paraître devant Glogau le 29 décembre, le roi s'était, dès le 28, porté à la tête de quelques troupes sur Breslau et après avoir rallié en route une partie du corps de Schwerin, il était arrivé en vue

Nos affaires vont très bien ici et si votre galbanum se débite bien d'un autre côté, vous pouvez compter que l'affaire est faite. — Adieu, mon cher charlatan, soyez le plus habile charlatan du monde et moi le plus heureux enfant de la fortune, et nos noms ne seront jamais mis en oubli.

Frédéric.

C. P. 241. — *Au ministre d'État de Podewils, à Berlin.*

Mon cher Podewils,
Breslau, 2 janvier 1741.

Breslau est à moi depuis aujourd'hui [1], les troupes sont joyeuses et en bon état. Nous allons à présent nous emparer de la Neisse, de cette ville et de Glatz.

de cette ville le 31. Cette ville qui, à l'instigation du cordonnier Döblin, venait de déclarer pompeusement qu'elle saurait assurer sa défense par ses propres moyens, donna alors un spectacle heureusement à peu près unique dans l'histoire. Dès que les troupes prussiennes eurent pris position en vue des remparts, on s'empressa de leur apporter, de Breslau même, de la bière, du vin, du poisson, du gibier, de la viande et toutes sortes de victuailles. (Cf. Major Z..., *op. cit.*, 5, 6.)

[1] Ce ne fut que le lendemain, 3, aussitôt après la signature du traité qui consacrait la neutralité de Breslau, mais n'était en réalité autre chose qu'une capitulation, que Frédéric fit son entrée dans la ville, escorté seulement de trente à quarante gens d'armes. Parmi les personnes auxquelles il donna audience se trouvait naturellement le fameux Döblin. Le roi s'entretint quelque temps avec lui et lui accorda en témoignage de satisfaction et à titre de récompense « pour le courage dont il avait fait preuve le 14 décembre » une gratification de 2 000 thalers en or.

On me pardonnera, je l'espère, si je me permets une légère digression qui me paraît intéressante et surtout bien apte à mettre en pleine lumière les procédés auxquels le roi de Prusse recourt pour absorber complètement et rapidement la Silésie. Non content de violer le soi-disant traité de neutralité, en faisant enrôler ouvertement à Breslau 800 soldats qui vinrent en moins de quinze jours grossir l'effectif de ses régiments, Frédéric s'empressa d'y envoyer douze pasteurs évangéliques et de leur indiquer lui-même le texte qui devait servir de sujet à leur premier prêche et que le roi avait tiré du quinzième chapitre des *Machabées* : « *Le pays que nous avons conquis fait partie de l'héritage de nos pères et n'appartient à nul autre qu'à nous. Nos ennemis ont dû à la force et à l'injustice d'en rester maîtres pendant quelque temps. C'est pour cela que nous avons fait rentrer en notre possession ce qui nous appartenait et nous n'avons par conséquent rien pris à personne.* »

Comme on le voit, ce n'est pas de nos jours seulement que les rois de Prusse et les empereurs allemands ont mis le mysticisme, la religion et leur Dieu au service de leur politique et de leurs visées ambitieuses et criminelles. (Cf. Major Z..., *op. cit.*, 6-8.)

J'ai écrit à Gotter de présenter le dernier mémoire et de se retirer en cas de froide réception, de même que Borcke. Cela ôtera tout soupçon et dès que nous aurons réponse de Londres, je prendrai mon parti.

Je penche beaucoup pour la France. En cas qu'elle veuille de moi, ce parti est le plus sûr.

Gotter revenu, nous rompons toute cause de soupçon et rendons en même temps les autres négociations plus aisées. Il faut que vous expédiiez votre émissaire de Würtemberg [1]. S'il venait ici, tout serait découvert.

Parlez aux ministres du traité de Wusterhausen, pour qu'on sache la façon infâme dont Vienne nous a trompés.

Adieu, cher Podewils, il fait tard. J'ai pris aujourd'hui le dôme d'emblée et je suis fatigué. Ne m'oubliez pas.

Féderic.

Nouvelle année. Mille bénédictions et prospérités.

Grâce à l'influence pernicieuse qu'exerçaient encore sur la jeune reine de Hongrie des conseillers timorés, grâce à la faiblesse des autorités locales, grâce au parti qu'il sut tirer des croyances religieuses d'une portion de la population de la Silésie, grâce aux menées subversives de Döblin et à l'attitude de la populace surexcitée par ses déclamations, Frédéric avait réussi à s'emparer sans coup férir de Breslau, à se rendre moralement maître de la Silésie, à réaliser en peu de jours, par un acte dont l'histoire a fait justice depuis longtemps, le programme et les aspirations de ses ancêtres.

La chute de Breslau avait porté un coup terrible, presque irréparable même, à la cause de l'Autriche, en lui enlevant toute chance d'appui réel de la part des puissances étrangères. On

---

[1] Keller (Christophe Dietrich von), conseiller privé de Wurtemberg. Cf. *ibid.*, 237, à Podewils. Quartier général auprès de Breslau, 2 janvier 1741.

« ... Quant à l'idée qui vous est venue d'envoyer secrètement le sieur de Keller à Vienne pour sonder le terrain, je l'approuve et vous pouvez me l'envoyer ici en me demandant la somme d'argent qu'il nous faudra employer à cette fin.

Féderic.

Après avoir mûrement réfléchi sur cet expédient, je trouve convenable qu'il ne vienne pas ici, mais que vous le dépêchiez à Berlin d'où il se rendra en droiture à Vienne. »

peut donc dire qu'à partir de ce jour, la partie ou tout au moins la première manche de la partie, qui venait à peine de s'engager entre Marie-Thérèse et Frédéric, était perdue pour la jeune souveraine.

Frédéric II le sentait et le savait. Mais aussi prudent que rusé, il est plus que jamais décidé à ne rien négliger, à ne se relâcher en rien de sa vigilance, à multiplier ses intrigues et ses démarches, à manœuvrer de façon à être en tout état de cause prêt à parer à toutes les éventualités. Et c'est ainsi que, tout en penchant vers la France avec laquelle il est sur le point de conclure, il ne perd pas de vue la Russie, qui le cas échéant pourra lui servir de contrepoids contre la Saxe dont il se défie, et se garde bien de briser avec l'Angleterre, quoiqu'il sache pertinemment que pour le moment il n'a rien encore à en espérer.

C. P. 242. — *Au ministre d'État de Podewils, à Berlin.*

Quartier général, Breslau, 4 janvier 1741.

Monsieur de Podewils,

Je viens d'apprendre par les relations du de Mardefeld que la Cour de Russie ne paraît pas encore favorable à mes desseins touchant l'acquisition de la Silésie et qu'elle reste éblouie par l'intérêt prétendu qu'on suppose de trouver dans l'alliance perpétuelle de la Maison d'Autriche. Il faut donc que Mardefeld[1] travaille efficacement pour en désabuser le ministère prévenu, auquel il donnera les assurances du monde les plus fortes que la Russie ne doit rien perdre par mon entreprise et qu'elle y gagnera plutôt parce que je m'engagerai de procurer à cet empire les mêmes et plus de secours et d'assistance qu'il a pu attendre de la Cour de Vienne trop affaiblie pour pouvoir être utile à ses alliés. Je suis, etc.

FÉDÉRIC.

J'ai Breslau. Demain j'irai à l'ennemi et j'espère de l'avoir ruiné en partis *(sic)* avant l'approche du printemps qui vient.

[1] Cf. *ibidem*, 246, au conseiller privé d'État baron de Mardefeld, à Saint-Pétersbourg, Breslau, 6 janvier 1741.

C. P. 243. — *Au marquis de Valory, envoyé de France à Berlin.*

Breslau, 5 janvier 1741.

Monsieur le Marquis,

J'ai bien reçu la vôtre et je vous suis très obligé des avis sincères que vous m'avez donnés. Comme je désapprouve entièrement la conduite que Raesfeld[1] a tenue, vous pouvez compter que j'effectuerai ce que je vous ai déclaré à Berlin et que je le ferai rappeler.

Quant à ce que vous m'avez voulu mander du contenu de la lettre de M. le Cardinal, vous me ferez le plaisir de l'assurer fortement de la sincérité de mes sentiments que je tiendrai tout ce que j'ai fait proposer en dernier lieu par Chambrier, par rapport aux convenances que j'offre à la France et à la Bavière. C'est pourquoi il conviendra de s'en ouvrir confidemment et de se concerter sur le plan de l'affaire. Je ne demande pas mieux que de *m'unir étroitement avec Sa Majesté Très Chrétienne*, dont les intérêts me seront toujours chers, et je me flatte qu'Elle n'aura pas moins d'égards pour les miens. Je suis, etc.

Frédéric.

Touchant Raesfeld, vous pourrez compter qu'on vous donnera satisfaction entière. Il dépend de vous de venir ici ou non, mais je compte d'avoir bientôt les mains libres ici et de pouvoir par conséquent faire un tour à Berlin pour quinze jours.

C. P. 244. — *Au ministre d'État de Podewils, à Berlin.*

Breslau, 5 janvier 1741.

Mon cher Podewils,

J'ai reçu toutes vos lettres. Vous raisonnez très juste sur les idées du Cardinal et de la Russie. J'écrirai au Cardinal que je m'en rapporte entièrement à ce que Chambrier a ordre de lui dire, mais que, si l'électeur de Bavière désire ma voix et que la France la souhaite, je la leur accorderai, à condition que la Bavière agisse de concert avec vous et que la Suède tienne le Russe en respect et que le Danemark entre avec nous. *Nous n'avons rien à espérer de l'Angleterre et je suis*

---

[1] Cf. *ibidem*, 147, à Raesfeld, de Crossen, 16 décembre 1740. On rappela si peu Raesfeld qu'il était encore à La Haye à la fin de 1741.

sur le point de conclure avec le Cardinal, mais que j'aie préalablement réponse sur les points sus-mentionnés.

Dès que nous aurons reçu des lettres d'Angleterre, je crois que nous pourrons prendre un parti positif et nous y tenir. Parlez beaucoup de la Russie, augmentez sa force et sa puissance et tournez les choses de façon qu'on nous dise quelque chose de positif pour nous rassurer. Enfin faites tout ce que vous pourrez pour tirer quelque chose d'avantageux de leur côté. Adieu, cher Podewils. Donnez l'incluse à Valory.

FÉDÉRIC.

C. P. 245. — *Au cardinal de Fleury, à Issy.*

Breslau, 5 janvier 1741.

Mon cher Cardinal,

Je n'ai pu vous répondre plus tôt à la lettre, que vous m'avez fait le plaisir de m'écrire par Camas, qu'à présent; le mauvais chemin et le nouvel éloignement de distance y ont le plus contribué. Cependant je puis vous dire que je suis pénétré de toutes les assurances d'amitié que vous me faites. J'y répondrai toujours avec la même sincérité. Je crois que M. de Chambrier vous doit avoir fait part, de même que M. de Valory, des dispositions dans lesquelles je me trouve à l'égard des intérêts du Roi, votre maître. Il ne dépendra que de vous de rendre éternels les liens qui nous uniront en favorisant, selon que Chambrier vous en instruira, la justice de mes prétentions vers la Silésie. Si je ne vous ai pas d'abord fait part de mes desseins, c'était plutôt par oubli que par toute autre raison. Tout le monde n'a pas l'esprit aussi libre dans le travail que vous l'avez, et il n'est guère permis qu'au cardinal de Fleury de penser et de pourvoir à tout.

Comme Chambrier est instruit de tout ce qui me regarde, et qu'il sait et a ordre de vous faire connaître le penchant que j'ai d'entrer dans vos vues, j'y attends votre réponse dont la mienne ne sera que la suite.

Je suis, etc.

FÉDÉRIC.

C. P. 246. — *Au conseiller privé d'État baron de Mardefeld, à Saint-Pétersbourg.*

Breslau, 6 janvier 1741.

Vous savez combien il m'importe d'avoir à Pétersbourg quelques-uns des plus huppés des ministres à ma disposition et dans mes intérêts pour pouvoir me concilier la faveur de la cour dans la crise présente.

Comme j'ai lieu de présumer que nous trouverons sur notre chemin une faction contraire infatuée d'une prédilection aveugle pour la maison d'Autriche, je vous enjoins d'employer toutes sortes d'efforts et le vert et le sec, pour gagner autant de personnes de poids qu'il me sera possible pour en former un parti capable de soutenir notre système et assez fort pour contre-balancer le crédit et les voix du parti contraire. Ainsi vous jetterez adroitement parmi les ministres la pomme de la discorde afin de jouer bon jeu et de mener les affaires à notre but principal, et je vous laisse la liberté d'employer, outre les cajoleries et les promesses, autant d'argent que vous le jugerez à propos, le major de Winterfeld[1] pouvant disposer du comptoir de la compagnie. J'espère que vous ne travaillerez pas en vain[2] pourvu que vous vous y preniez comme il faut en offrant toujours plus que le marquis Botta ne voudra promettre.

Je suis, etc.

FÉDÉRIC.

C. P. 248. — *Au ministre d'État de Podewils, à Berlin.*

Quartier auprès d'Ohlau, 7 janvier 1741.

MON CHER PODEWILS,

Tout ce que prouvent les nouvelles de Russie, c'est qu'Ostermann[3] n'est pas de nos amis. Voyons premièrement ce que dira Münnich et quel effet fera l'explication de l'énigme chez ces messieurs. Il faudra voir ce qu'ils feront ; mais je ne saurais présumer qu'ils voudront rompre avec nous pour si peu de chose.

Le *parti qu'il nous faudra prendre sera de nous accommoder avec la France et d'ajuster nos flûtes avec les siennes, car l'Angleterre ne voudra jamais nous aider, ni même nous paraître favorable.*

Mes affaires vont très bien ici ; je vais prendre tout à la fois Ohlau, Neisse, Glatz et Namslau, quatre forteresses dont Ohlau est la meil-

---

[1] Winterfeld (Hans-Karl von), major prussien, gendre de Münnich, envoyé à Pétersbourg pour féliciter la Régente.

[2] Dans sa dépêche (*ibidem*, 247) à Podewils de Rothsürben, 7 janvier 1741, Frédéric, en lui envoyant les réponses pour Mardefeld, ajoutait : « Je suis de votre sentiment pour le peu d'apparence qu'il y a que la Russie puisse goûter notre système. »

[3] Ostermann (Henri-Jean-Frédéric-André, comte), grand amiral russe.

leure[1]. Glogau est aux abois[2] et je l'aurai dans quinze jours, car ils n'ont presque plus à vivre.

Ne vous embarrassez pas de nous, mais raffinez sur les moyens de *faire semer la dissension dans les conseillers en Russie, entre les ministres de Vienne et parmi les cours qui ne nous sont pas favorables.*

Adieu, je pars pour accomplir l'acte que j'ai commencé et pour faire voir aux autres cours que nos projets, loin d'être chimériques, seront exécutés le plus glorieusement du monde.

Ne m'oubliez pas.

FÉDÉRIC.

C. P. 249. — *Au ministre d'État de Podewils, à Berlin.*

9 janvier 1741.

Instruction que Podewils demande (de Berlin le 4 janvier) à cause du départ prochain pour Vienne[3] de Keller, ministre de Wurtemberg :

1° Jusqu'où Votre Majesté voudra se relâcher et de quelle por- | Pas moins que leur lâcher la Haute Silésie et garder la Basse.

---

[1] Ohlau capitula le lendemain 8 janvier, comme Frédéric le mandait le 9 janvier au prince d'Anhalt en lui envoyant copie d'une convention entre les cours de Dresde et de Vienne (qui ne fut signée que le 11 avril) que Gotter et Borcke avaient jointe à leur rapport de Vienne en date du 5 (Cf. *ibid.*, 251, au feld-maréchal général, prince d'Anhalt-Dessau, à Dessau, du quartier général de Klein-OEls, 9 janvier 1741).

Si l'on veut du reste se faire une idée de l'inexplicable aveuglement de la cour de Vienne, de la confusion qui y régnait dans les conseils, il suffira de remarquer que Frédéric reçut le 9 janvier, donc bien après l'ouverture des hostilités, un courrier qui, muni d'un passeport autrichien, arriva à son quartier général en traversant les lignes de Browne. Bien plus, lorsque Gotter et Borcke quittèrent Vienne dans la deuxième quinzaine de janvier, au lieu de les obliger à prendre la route de Dresde, on les laissa se rendre auprès de Frédéric par Olmütz et passer ainsi par les points de concentration et les lignes de marche de l'armée autrichienne. (Cf. Major Z..., *op. cit.*, 8-9.)

[2] Glogau résista plus longtemps et le prince Léopold d'Anhalt ne l'enleva que dans la nuit du 8 au 9 mars.

[3] Je vous renvoie votre mémoire du 4 de ce mois touchant la commission que le sieur Keller veut prendre sur lui. Comme j'y ai mis à côté mon ultimatum sur les articles d'un accommodement à faire, je veux que la caisse d'ambassade lui paye 1 500 écus pour le prix de son voyage. Mais je suis persuadé qu'il travaillera en vain et que les peines et les dépenses seront perdues. (*Ibid.*, 250, à Podewils, Marschwitz, 9 janvier 1741.)

tion de la Silésie elle se contentera?

2° S'il doit proposer quelque somme d'argent capable de tenter la cour de Vienne si elle veut céder une portion de la Silésie ?

2 000 000 de florins ou 3 000 000 tout au plus.

3° S'il doit se référer en gros pour le reste à toutes les autres propositions que les sieurs de Gotter et de Borcke ont déjà faites?

Oui.

4° Quelle récompense il doit offrir aux ministres les plus accrédités, quand même ils ne pourraient faire avoir à Votre Majesté qu'une portion de la Silésie [1]?

300 000 écus.

C. P. 252. — *Au colonel comte de Finckenstein, à Dresde.*

Quartier général de Klein-OEls, 10 janvier 1741.

MONSIEUR DE FINCKENSTEIN,

Ayant reçu des avis intéressants touchant certaines menées, je n'ai pu m'empêcher de vous les communiquer. Vous ne manquerez pas d'en faire un bon usage et de me dire votre sentiment là-dessus.

Je suis, etc.

FÉDÉRIC.

La Saxe joue le rôle de fourbe. Prenez-y bien garde et s'il se peut, mandez-moi quelque chose de certain sur ce sujet [2].

[1] Cf. *ibid.*, 191, à de Borcke, Berlin, 7 décembre 1740.
[2] Le même jour Frédéric ajoutait ce qui suit à une dépêche ministérielle qu'on présentait à sa signature avant de l'envoyer à Dresde à Finckenstein et à Ammon. « Je soupçonne beaucoup la Saxe de duplicité. Mes lettres de Vienne m'y confirment. Ils promettent secours à la reine et veulent entrer en alliance avec moi. Examinez, sondez et mandez-moi ce que vous jugez, mais approfondissez la chose. »
La Saxe le préoccupait si fort qu'il revient encore sur ce sujet avant de viser une seconde dépêche qui va le même jour aux mêmes agents : « *Ventus flat*, écrit-il. La Saxe joue à trompeur et demi. Dupons-les plutôt que d'être leur dupe. Examinez bien. »
Enfin, en annonçant la veille au prince d'Anhalt la capitulation d'Ohlau

C. P. 256. — *Au ministre d'État de Podewils, à Berlin.*

Grottkau, 19 janvier 1741.

Monsieur de Podewils !

La nouvelle de la liaison que la cour de Dresde vient de faire avec celle de Vienne dans le temps que celles-là recherchent mon alliance, me paraît trop intéressante pour ne pas en faire part à de Mardefeld[1] par une lettre dont voici la copie. Vous en informerez aussi Truchsess et Chambrier pour qu'ils puissent être en état d'en faire un bon usage en représentant au plus vif les suites de ces démarches. Je suis, etc.

Nous avons reçu l'alliance de Russie[2]. Je la contresignerai dès que vous aurez fait expédier les grands écrits.

La Saxe, dit-on, se mêle de faire la méchante. Je m'en f..., et j'ai sur l'instant pris des mesures là-dessus. L'expédition va si bien qu'avant-hier j'ai fait partir la garnison d'Ohlau et Schwerin a pris Ottmachau avec 500 grenadiers qu'il a fait prisonniers de guerre.

Bravo, Podewils !

Fédéric.

C. P. 257. — *Au conseiller privé d'État baron de Mardefeld, à Saint-Pétersbourg.*

Nowag, 11 janvier 1741.

Monsieur de Mardefeld.

J'ai été bien aise de recevoir vos relations en date du 20, 24, 27 et 28 accompagnées des lettres très agréables de Sa Majesté Impériale et du premier ministre, ainsi que du traité d'alliance signé. Vous en témoignerez à la Cour et au ministère ma grande satisfaction et la sin-

---

et sa marche sur Neisse, il lui faisait part des soupçons que lui inspirait l'attitude de la Saxe et l'invitait à lui proposer un plan de rassemblement d'un corps de 24 000 hommes destiné à entrer éventuellement en Saxe et à prévenir et à paralyser l'action de cette cour (*ibid.*, 251, Klein-OEls, 9 janvier).

[1] *Ibid.*, 255, au conseiller privé baron de Mardefeld, Grottkau, 10 janvier 1741.

[2] Traité signé à Saint-Pétersbourg, le 27 décembre 1740. (Cf. *ibid.*, 104, à Mardefeld, Berlin, 16 octobre 1740.)

cère envie que j'ai d'accomplir religieusement ces engagements, lesquels je ratifierai sans délai.

Quoique je voie avec regret que la Grande-Duchesse régnante, le prince Antoine-Ulric et les deux ministres ont paru surpris et embarrassés de mon entreprise et entrée en Silésie, j'espère pourtant que vous leur en ferez avoir des idées plus justes et plus conformes à l'amitié et aux idées réciproques des deux Cours. C'est pourquoi vous représenterez au général-feld-maréchal et au comte d'Ostermann les raisons qui m'ont porté à cette expédition et le *but salutaire* que je me suis proposé, de soutenir non seulement mes prétentions sur la plus grande partie de cette province, mais surtout de maintenir la Maison d'Autriche, et le système et la liberté d'Allemagne, comme aussi d'assister le duc de Lorraine dans l'affaire de l'élection; que de si grands services méritent quelque reconnaissance solide; que je me flatte que la Cour de Russie, au lieu de s'y opposer, voudra employer ses bons offices auprès de la Cour de Vienne et la disposer à un accommodement raisonnable, moyennant la cession d'une partie de la Silésie contre un juste équivalent; que, comme j'en aurais à cet empire des obligations infinies, je ne balancerai point d'entrer dans ses vues par rapport à la Courlande, qu'elle destine au prince Louis de Brunswick, auquel je ferai épouser une princesse de mon sang. Je donnerai même les mains, en considération de la Grande-Duchesse, au rétablissement du duc de Mecklembourg, son père. Au reste, vous ferez tous vos efforts pour gagner entièrement le feld-maréchal et les autres personnes de poids et Winterfeld pourra disposer au comptoir connu de la somme de 100 000 écus[1]. Je suis, etc.

FÉDÉRIC.

C. P. 259. — *Au Grand-Duc de Toscane, à Vienne.*

Woitz, 12 janvier 1741.

MONSIEUR MON COUSIN,

J'ai vu avec un véritable chagrin que Votre Altesse royale avait pris si mal les contestations d'amitié que je lui ai faites et que, malgré la justice de mes droits, la Reine votre épouse ne voulait avoir aucun égard à l'évidence de mes prétentions sur la Silésie. J'avoue que je

---

[1] Cf. *ibid.*, 258, à Podewils (Nowag, 11 janvier 1741), auquel il envoie copie de cette lettre, en ajoutant : « Car m'étant aperçu que le ministère pourrait se prêter à mes idées quant à une partie de la Silésie, *il faudra forger le fer pendant qu'il est chaud...* »

suis au désespoir d'être dans la nécessité d'agir en ennemi envers un prince, dont je me faisais gloire d'être le plus ferme appui. Je veux être innocent de tout ce qui pourra s'en suivre. Mais puisque vous interprétez si mal mes intentions, il ne sera plus à moi de garder des mesures et, ce qui me fait le plus de peine est de voir que je serai obligé de faire, malgré moi, du mal à un prince que j'aime et que j'estime, et pour lequel mon cœur sera toujours porté, quand même mon bras sera obligé d'agir contre lui.

Je suis avec une très parfaite estime, Monsieur mon Cousin, de Votre Altesse Royale le très affectionné ami et cousin.

Frédéric.

III

DU TRAITÉ DE NEUTRALITÉ DE BRESLAU AU LENDEMAIN DE LA BATAILLE DE MOLLWITZ (AVRIL 1741)

« Le signal de la guerre fut donc donné à l'Europe », écrira plus tard Frédéric II lui-même en terminant le chapitre II de l'*Histoire de mon temps*. Partout on se tâtait, on négociait, on intriguait pour s'arranger et se former des alliances ; mais les troupes d'aucune puissance n'étaient mobiles : aucune n'avait eu le temps d'assurer des magasins et le roi profita de cette crise pour exécuter ses grands projets. » Telle était bien en effet la situation de l'Europe en janvier 1741, et telle était aussi la raison qui avait décidé Frédéric à envoyer à « *son très affectionné ami et cousin* » un véritable ultimatum conçu, il est vrai, en des termes peu ordinaires. Tout portait donc à croire, surtout après les instructions qu'il venait d'adresser quelques jours auparavant à Podewils, qu'il avait pris un parti définitif.

Tout paraissait indiquer qu'édifié désormais sur les vues et les dispositions de l'Angleterre, déçu dans ses espérances, délivré momentanément des préoccupations que devait donner à un débutant la conduite des opérations militaires, il n'allait plus avoir, aussitôt après avoir fait entrer ses troupes dans leurs quartiers d'hiver, qu'une seule pensée, celle de « s'accommoder avec la France ». Mais il lui semble que l'heure des grandes résolutions n'a pas encore sonné. Il croit inutile, ou tout au moins prématuré, de se lier les mains. Tout en n'abandonnant pas la pensée de se concilier la France, il ne voit pas pourquoi il ne chercherait pas à se procurer la médiation de l'Angleterre et de la Russie. Toujours prudent, toujours prêt à se ménager le moyen de se dérober aussitôt que son intérêt le lui commandera, le jeune roi de Prusse, auquel le plus consommé, le plus retors des diplomates n'a d'ores et déjà plus rien à apprendre, et qui avoue du reste qu'il « a toujours regardé une liaison avec la France et ses « alliés comme un *pis aller*, » fixe en peu de mots, dans sa dépêche du 22 janvier à Podewils, la ligne de conduite qu'il va suivre depuis le milieu de janvier jusqu'aux premiers jours de mars, et même, si l'on en excepte quelques rares éclats, quelques bien courts moments d'impatience, jusqu'au lendemain de la bataille de Mollwitz : « Vous vous pressez trop et vous « prenez peur au moindre discours qu'on vous fait. Agissez plus « hardiment et ne vous jetez pas à la tête des autres. Voyons-les « venir, et en attendant tirons d'eux ce que nous pourrons. »

Et il applique si bien cette théorie et les principes qu'il vient de recommander à son ministre, qu'après avoir déclaré le 30 janvier à George II qu'il le regarde comme étant déjà son allié, il ne craindra pas quelques jours plus tard, le 6 février, d'écrire à Fleury qu'il « désire passionnément de s'unir avec le Roi et de « coopérer à ses intérêts. »

C. P. 260. — *Au ministre d'État de Podewils, à Berlin.*

Quartier général Ottmachau, 14 janvier 1741.

Monsieur de Podewils,

Votre mémoire du 8 de ce mois m'a été rendu et j'y ai trouvé vos réflexions sur la situation présente de mes affaires et sur les expédients qu'il nous faudra employer pour en tirer des avantages solides.

Quoique j'aie cru *nécessaire de nous concilier la faveur de la France et de ses alliés* par la perspective de leurs intérêts, *j'ai toujours regardé une liaison avec ces puissances comme un pis aller s'il n'y avait pas de meilleurs moyens de venir à notre but.* Ainsi il faut mettre tout en œuvre pour nous procurer par la médiation de la Russie et de l'Angleterre une bonne partie de la Silésie contre un équivalent raisonnable en argent et autrement. Et pour les y mener, employons les amorces de l'Ostfrise, des bailliages de Mecklembourg, de la Courlande et du rétablissement du duc de Mecklembourg. Mais en cas que ces deux cours, au lieu de s'y prêter, voulussent s'aviser de prendre hautement le parti de Vienne et de m'attaquer sous le prétexte de la Sanction Pragmatique, il n'y aura pas d'autre ressource que *de se jeter dans les bras de la France et de forcer, pour ainsi dire, son destin.* Je suis, etc.

Fédéric.

C. P. 261. — *Au ministre d'État de Podewils, à Berlin.*

Quartier général Ottmachau, 14 janvier 1741.

Monsieur de Podewils,

Vous aurez compris par ma lettre d'aujourd'hui combien j'entre dans vos idées touchant les expédients de finir glorieusement l'entreprise sur la Silésie. Comme j'espère de l'activer dans peu de jours par la prise de Neisse [1], vous devez travailler le plus fortement du monde à porter la Russie à la médiation et à y joindre, s'il est possible, l'Angleterre, ces deux puissances étant en état de faire entendre raison à la Cour de Vienne et de la mener à un accommodement raisonnable et utile aux deux parties. Vous savez que je ne m'obstine pas de demander l'entière Silésie, et pour vous mettre pleinement au fond de mes vues, je vous dirai en confiance que je me contenterai de la Basse-Silésie et dans tout cas d'un peu moins. Si nous pouvions acquérir la ville de Breslau, j'en serais fort satisfait, encore que cette possession me dût coûter quelque dépense extraordinaire. Mais en cas qu'il y eût de l'impossibilité de l'obtenir, il faudrait chercher un tempérament convenable pour sauver cette bonne ville de la fureur catholique. Faites donc tout ce qui sera humainement possible pour

---

[1] Neisse n'ouvrit ses portes à Frédéric que le 30 octobre 1741, après la signature de l'acte de Klein-Schnellendorf et après un siége *pro forma* et une défense simulée sur lesquels nous aurons lieu de revenir plus loin.

accélérer cette médiation nécessaire, mais ménagez cet ultimatum jusqu'à ce qu'il soit convenable de s'en servir. Il faut absolument mettre dans nos intérêts le feld-maréchal et son frère [1], et Mardefeld ne doit rien épargner pour me les rendre favorables aussi bien que les autres ministres de conséquence. Je suis, etc.

FÉDÉRIC.

C. P. 262. — *Au ministre d'État de Podewils, à Berlin.*

Dans son rapport du 10 janvier Podewils rappelle au Roi l'exemple du Grand-Electeur « qui après avoir fait la conquête de toute la Poméranie suédoise n'en garda rien pour avoir voulu conserver tout. »	« Je ne veux point insister sur la totalité, comme vous aurez vu par mes résolutions. »

Après avoir, dans une dépêche précédente (n° 263), fait voir, documents en main, à Podewils qu'on est assez loin d'approuver à Saint-Pétersbourg son entrée en Silésie et ajouté que : « Peut-être en jugera-t-on plus sainement après avoir vu ma déclaration modérée ; et si l'on veut accepter la médiation conjointement avec l'Angleterre, qui me paraît plus équitable et plus modérée, j'espère que tout ira bien, » il revient sur l'ensemble de la situation et lui trace la conduite qu'il aura à suivre.

C. P. 264. — *Au ministre d'État de Podewils, à Berlin.*

Quartier général Ottmachau, 17 janvier 1741.

MONSIEUR DE PODEWILS,

Comme je viens de vous adresser les dernières dépêches de Chambrier, de Finckenstein et d'Andrié, vous travaillerez à y faire expédier des réponses convenables et conformes à mes intentions.

Pour ce qui est des manœuvres de la France et surtout de la Saxe, vous les payerez de la même monnaie, surtout la dernière qui me paraît trop suspecte pour s'y fier.

---

[1] Münnich (Christian-Guillaume, baron), conseiller privé russe, frère du maréchal.

Quant à l'Angleterre, il sera nécessaire de répondre avec la plus grande obligeance à la manière honnête dont le Roi semble prendre à cœur notre entreprise, en lui inspirant des sentiments convenables et l'envie de se charger de la médiation conjointement avec la Russie. Vous y employerez des raisons les plus fortes, tirées des motifs de gloire, et de l'intérêt commun, de la religion, de l'amitié et du salut de l'Allemagne, en lui faisant envisager les heureuses suites d'un accommodement à faire. Il faudra y ajouter qu'encore que mes instructions en entrant en Silésie n'eussent eu pour but que la conservation de la maison d'Autriche et du duc de Lorraine, outre celle de mes justes droits et prétentions, la fierté et l'aigreur insupportable, avec laquelle on s'est avisé à Vienne de rejeter mes offres, m'ont mis dans la nécessité de pousser vivement ma pointe. Mais s'il plaisait au roi de la Grande-Bretagne de rectifier par ses offices cette cour et de la porter à la cession pacifique d'une partie proportionnée de ce duché, je donnerais des preuves réelles de ma modération et de ma haute considération pour le roi et de mon amour de la paix et de l'union, et j'entrerais dans toutes les mesures nécessaires au bien commun. Je suis, etc.

FÉDÉRIC.

C. P. 265. — *Au ministre d'État de Podewils, à Berlin.*

Quartier général Ottmachau, 20 janvier 1841.

MONSIEUR DE PODEWILS,

En vous envoyant la dépêche de Chambrier je vous dirai qu'il ne nous conviendrait, pas à l'heure qu'il est et vu les négociations avec la Russie et l'Angleterre, de pousser celles avec la France. Vous chercherez donc de la tenir en suspens et de l'amuser, autant qu'il sera possible, jusqu'à ce que nous voyions un peu clair, s'il y aura moyen de venir à notre but par l'assistance de la médiation des deux premières puissances, avec lesquelles il faudrait faire dans ce cas des liaisons solides, si même on devrait sacrifier à la maison d'Autriche la succession de Juliers et de Bergue, qui ne vaut point le quart de la Silésie. Mais vous comprendrez bien avec quelle circonspection il nous faut agir, dans ces circonstances délicates, pour ne pas donner à gauche ni de l'un, ni de l'autre côté. J'attends vos réflexions là-dessus et je suis, etc.

FÉDÉRIC.

Tout va merveilleusement en Russie. Winterfeld a très bien réussi.

Revenant sur le même sujet dans sa dépêche du lendemain (n° 266), à propos des instructions que Valory a reçues de sa cour, il complète ses ordres et sa pensée : « Comme son voyage — (la venue de Valory au quartier général) — m'embarrasserait, vous lui direz, en le flattant par des grands compliments, que je compte être de retour à Berlin le 6 ou le 8 de février [1] et qu'ainsi je lui donnerai vers ce temps-là audience, où il pourrait s'expliquer ouvertement sur les matières en question. »

C. P. 267. — *Au ministre d'État de Podewils, à Berlin.*

Ottmachau, 21 janvier 1741.

Mon cher Podewils,

Il faut insinuer à Demeradt [2] de sortir de Berlin. Veillez avec toute la vigilance possible pour apprendre qui peuvent être les nouvellistes qui écrivent à Vienne.

Vous avez vu que nos affaires vont en merveille en Russie et en Angleterre ; remettons à présent la médiation entre leurs mains et laissez-moi agir jusqu'au mois d'avril et vous verrez que la Silésie sera expédiée.

La Basse-Silésie fait mon objet. Si nous pouvons la gagner, c'est un coup de partie et nous pouvons nous en contenter.

A Vienne, on est piqué contre nous à outrance. Don Carlos entame l'Italie ; il est en marche avec 12000 hommes. Les Bavarois, je pense, ne tarderont guère de leur côté. Ainsi nous n'aurons rien à appréhender.

Adieu, cher Podewils, je compte de vous joindre en peu, mais pas pour longtemps.

Frédéric.

C. P. 268. — *Au ministre d'État de Podewils, à Berlin.*

Quartier général, Ottmachau, 29 janvier 1741.

Monsieur de Podewils,

J'ai bien reçu votre mémoire du 19 de ce mois et les dépêches projetées pour mes ministres aux cours de Londres et de Pétersbourg par

---

[1] Frédéric rentra à Berlin bien avant cette date, le 29 janvier.
[2] Demeradt (François-Joseph von), résident impérial, puis d'Autriche, à Berlin.

rapport à la base de l'accommodement à faire avec la cour de Vienne. Mais quoique je vous eusse fait connaître les termes de mon ultimatum, il ne faudra pas si tôt manifester que je me contenterais de la Basse-Silésie inclusivement la ville de Breslau, moyennant un équivalent raisonnable en argent. Ce sont des articles secrets qu'il convient de réserver pour la négociation, quand elle sera commencée et quand on nous disputera le terrain. Et ce sera alors le temps propre de relâcher peu à peu quelque chose de nos prétentions et d'offrir un équivalent. Mais à l'heure qu'il est, où nous ne savons pas même si l'on acceptera la médiation, il me paraît nécessaire d'insister simplement sur la cession de la Silésie, en faisant valoir ma bonne intention pour la paix et la conservation de la maison d'Autriche et le bien du duc de Lorraine, s'ils voulaient se prêter à cette condition pour me contenter sur mes justes prétentions. Vous ferez donc changer les susmentionnées dépêches suivant ces idées, et comme les *duplicata* sont déjà partis, il faudra défendre à mes ministres d'en faire usage et leur enjoindre d'attendre les nouveaux ordres, sans en rien faire connaître avant qu'ils les eussent reçus.

Quant à la France, je suis de votre avis qu'il faudra lui cacher cette affaire quelque temps et l'excuser après par des raisons spécieuses sans faire paraître trop de crainte. Il suffira de témoigner combien je suis charmé des offres de cette couronne, dont l'amitié me sera toujours d'un grand prix; mais qu'elle ferait réflexion sur le peu de forces de la Bavière et sur le risque qu'il y aurait de s'engager avec celle-ci, si la France ne l'assistait vigoureusement avec de l'argent et des troupes et la porterait à des entreprises convenables aux conjonctures présentes; que dès que je verrai l'Electeur sur ce pied, je ne manquerai pas d'entrer dans un engagement étroit avec la France sur ses intérêts, ce que je ne saurais faire autrement sans m'exposer mal à propos et à l'aventure, vu les circonstances du temps et les forces de la Russie et de ses alliées. Pour ce qui est du nouveau traité d'alliance avec la Russie, comme ce n'est qu'un renouvellement de l'ancienne, les excuses ne nous ne manqueront point. Je suis, etc.

FÉDÉRIC.

Vous ferez bien aussi de rectifier l'instruction du de Keller par rapport à l'ultimatum.

Vous vous pressez trop et vous prenez peur au moindre discours qu'on vous fait. Agissez plus hardiment et ne vous jetez pas à la tête des autres. Voyons-les venir, et en attendant, tirons d'eux ce que nous pourrons.

FR.

C. P. 271. — *Au ministre d'État de Podewils, à Berlin.*

Langenbielau, 26 janvier 1741.

Monsieur de Podewils,

Les dépêches du de Mardefeld vous marqueront la bonne disposition où se trouvent la Cour et les principaux ministres à mon égard. Voyant entre autre qu'on y pense assez juste sur la manière de me contenter sur mes prétentions connues, Mardefeld pourra y faire connaître que si la Russie me veut procurer effectivement toute la Basse-Silésie avec la ville de Breslau, j'en voudrais me contenter et entrer dans une parfaite union avec la maison d'Autriche, le duc de Lorraine et ses alliés, en faisant cause commune avec eux. Ainsi vous en instruirez le de Mardefeld, en lui ordonnant de se servir de beaucoup de prudence et de n'exposer aucunement mon ultimatum, s'il ne voit clair d'obtenir certainement ce que je souhaite. Je suis, etc.

Fédéric.

C. P. 272. — *Au colonel comte de Finckenstein, à Dresde.*

Neustädtel, 28 janvier 1741.

Monsieur de Finckenstein,

J'ai reçu votre lettre du 20 de ce mois. Le contenu en est intéressant, et je vois de plus en plus la manière dont on pense là où vous êtes[1]. Quoi qu'il en soit, vous veillerez sur tous les mouvements qu'on fera et surtout sur les magasins qu'on voudra établir et les lieux où on pourra les placer. Je suis, etc.

Fédéric.

C. P. 273. — *Au roi de la Grande-Bretagne, à Londres.*

Berlin, 30 janvier 1741.

Monsieur mon Frère,

Je suis charmé de voir par la lettre que Votre Majesté vient de m'écrire que je ne me suis (pas) trompé dans la confiance que j'ai

---

[1] Extrait des rapports de Finckenstein et d'Ammon : « Les comtes de Wratislaw et de Khevenhüller se sont principalement attachés aux prêtres et surtout au père Guarini. Ceux-ci ont remué la conscience de la Reine et lui ont représenté les renonciations qu'elle a jurées et les dangers auxquels la religion catholique se trouve exposée en Silésie. »

mise en elle, sur la façon favorable dont Elle s'explique au sujet de mon entreprise sur la Silésie, N'ayant eu alliance avec personne, je n'ai pu m'en ouvrir avec personne; mais voyant les bonnes intentions de Votre Majesté, *je La regarde comme étant déjà mon allié, et comme devant à l'avenir n'avoir rien de caché ni de secret pour Elle.* — Je dois donc l'informer que je me suis emparé de toute la Silésie (excepté deux mauvaises bicoques où les officiers de la reine de Hongrie ont jeté du monde très imprudemment et qui ne sauraient tenir), que j'ai chassé M. de Browne de Moravie et que, si j'avais eu le moindre dessein d'abattre la maison d'Autriche, il n'aurait tenu qu'à moi de pénétrer jusqu'à Vienne, mais que, n'ayant des droits que sur une partie de la Silésie, je me suis arrêté où finissent ses frontières [1].

Bien loin de vouloir troubler l'Europe, je ne prétends rien, sinon que l'on ait égard à la justesse de mes droits incontestables et que justice me soit faite. Sans quoi je me verrais obligé de pousser les choses jusqu'à l'extrémité et de ne garder désormais aucuns ménagements avec la cour de Vienne.

Je fais un fond infini sur l'amitié de Votre Majesté et sur les intérêts communs des princes protestants qui demandent qu'on soutienne ceux qui sont opprimés pour la religion. Le gouvernement tyrannique sous lequel les Silésiens ont gémi est affreux, et la barbarie des catholiques envers eux, inexprimable. Si ces protestants me perdent, il n'y a plus de ressource pour eux.

Je crois que les raisons que je viens d'alléguer à Votre Majesté sont suffisantes; mais je crois en voir de plus fortes encore dans les intérêts de Votre Majesté. Car si jamais Elle veut s'attacher un allié fidèle et d'une fermeté inviolable, c'en est le moment. Nos intérêts, notre religion, notre sang est le même, et il serait triste de nous voir agir d'une façon contraire les uns aux autres, de quoi d'autres voisins jaloux ne manqueraient pas de profiter. Il *serait encore plus fâcheux de m'obliger à concourir aux grands desseins de la France, ce que je n'ai aucune intention de faire que si l'on me force,* au lieu qu'à présent Votre Majesté me trouve dans les dispositions les plus avanta-

---

[1] Il n'en était pas tout à fait ainsi, et voici quelle était la situation militaire à la fin de janvier. « Les événements militaires du mois de janvier, tels que les petits combats livrés autour d'Ottmachau, la capitulation de ce château, l'attaque tentée sur Neisse que les Prussiens bombardèrent pendant trois jours, l'occupation de Troppau par Schwerin, l'escarmouche de Grätz, la retraite de Browne sur Leipnick présentent d'autant moins d'intérêt que l'armée prussienne ne tarda pas à prendre ses quartiers d'hiver sous Glogau et devant Neisse d'une part, aux environs de Troppau et de Jaegerndorf, de l'autre. » (Major Z..., *op. cit.*, 9.)

geuses, pour Ses intérêts, et prêt à entrer dans Ses vues et agir en tout de concert avec Elle.

Je suis avec la plus parfaite estime, Monsiéur mon Frère, le très bon et très fidèle frère et ami.

Fédéric.

J'ai oublié de L'informer que j'ai conclu une alliance défensive avec la Russie.

C. P. 274. — *Au feld-maréchal comte de Münnich, à Saint-Pétersbourg.*

Berlin, 30 janvier 1741.

Monsieur,

J'ai regardé toujours M. de Münnich comme un héros et je l'ai estimé comme tel; mais à présent je suis pénétré de joie de voir que cet homme que j'estimais si fort est mon ami intime.

Je mets toute ma confiance en vous, Monsieur, et je suis persuadé de vous trouver toujours aussi fidèle ami que vous me trouverez indissolublement attaché aux intérêts de l'Empereur et aux vôtres.

Autrefois, j'étais sans alliance, et j'ai agi sans m'ouvrir à personne. A présent, j'ai des alliés et je veux les informer de tous mes desseins pour agir de concert avec eux [1]. Vous savez donc, Monsieur, que je me suis mis en possession de toute la Silésie et que depuis mes Etats jusqu'à la Jabluncka, il n'y a plus de troupes de la reine de Hongrie que celles qui se trouvent dans deux misérables bicoques où leurs généraux les ont jetées imprudemment.

Je reviens aujourd'hui des frontières de Moravie où j'ai forcé M. de Browne d'entrer. Son corps ne consistait qu'en 3 000 hommes, et il n'y a eu que ma modération qui m'a empêché de le poursuivre en Moravie et le pousser, si j'avais voulu, jusqu'à Vienne; mais je ne prétends point détruire la maison d'Autriche, et je ne veux simplement que soutenir mes droits incontestables sur une partie de la Silésie. J'espère que, si la cour de Vienne veut avoir égard aux conseils et à la médiation dont vous voudriez bien vous charger, ils auront égard à mes droits et qu'ils me mettront par là en état d'employer pour leur service les mêmes armes qu'ils m'obligeront, s'ils ne font attention à mes droits, de tourner, malgré que j'en aie, contre eux.

---

[1] Moins de trois mois plus tard, dès les premiers jours d'avril, le vent avait complètement tourné en Russie et Münnich était en pleine disgrâce. Cf. *ibidem*, 365, à Le Chambrier, Breslau, 6 mai 1741, et *Histoire de mon temps*, chapitre IV, le paragraphe relatif à la révolution en Russie.

L'on verra par toute ma conduite que je ne prétends rien d'irraisonnable, mais que, si l'on me pousse à bout à Vienne, je serai forcé de défendre mes droits avec vigueur et de ne plus garder de ménagements avec eux.

Vous voyez que je vous ouvre mon cœur avec toute la sincérité possible. C'est sur ce pied que j'en agirai toujours envers vous et que vous et votre maître me trouveront dans toutes les occasions. Je suis avec la plus parfaite estime et considération, mon cher maréchal, Votre très fidèle ami.

Fédéric.

C. P. 280. — *Au cardinal de Fleury, à Issy.*

Rheinsberg, 6 février 1741.

Monsieur mon Cousin,

J'ai vu avec bien du plaisir les dispositions favorables dans lesquelles se trouve le Roi, votre maître, à mon égard. Je désire passionnément de m'unir plus étroitement avec lui et de coopérer à ses intérêts; mais j'ai prié préalalablement le marquis de Valory de me faire avoir quelques éclaircissements sur des points que je crois indispensablement nécessaires avant que d'entrer en alliance.

Je suis d'opinion qu'il faut bien examiner et poser les raisons avant que d'entrer en alliance; mais lorsqu'on a tant fait que d'y entrer, il ne s'agit alors que de satisfaire efficacement à tous ces engagements. Vous verrez par ma conduite que je ne démentirai jamais les sentiments que je fais paraître, etc.

Fédéric.

C. P. 281. — *Au marquis de Valory, envoyé de France à Berlin.*

Ruppin, 7 février 1741.

Monsieur,

Je viens de recevoir votre lettre du 5 de ce mois, accompagnée de celle que M. le Cardinal m'a bien voulu écrire. Comme j'en ai été charmé, je n'ai pas voulu différer d'y répondre, et je vous prie de lui faire tenir l'incluse en l'assurant de mon amitié et de la haute estime que j'ai pour sa personne.

Quant à ce que vous m'avez voulu dire touchant le projet du traité à faire avec la France, vous connaissez trop mes véritables inclinations pour cette couronne et le cas infini que je fais de l'amitié de Sa

Majesté Très Chrétienne pour douter en aucune manière de la droiture de mes sentiments et de la sincère envie que j'ai d'unir nos intérêts réciproques. Mais comme j'ai déjà instruit mon ministre d'État de Podewils de ce que je pense là-dessus, je vous prie de vouloir conférer avec lui et d'ajouter foi à ce qu'il vous dira de ma part. Vous me rendrez aussi la justice de croire que je suis, etc.

Fédéric.

C. P. 282. — *Au ministre d'État de Podewils, à Berlin.*

Ruppin, 7 février 1741.

Monsieur de Podewils,

J'ai reçu votre représentation du 5 de ce mois par laquelle vous me faites part de la conversation que vous avez eue avec le marquis de Valory. J'approuve la manière dont vous avez répondu à ses attaques, et je vois par vos réflexions sur la façon de traiter que vous êtes au fait des manières et de l'intention de sa Cour, contre laquelle nous avons sujet de nous mettre en garde. Au reste ce ministre m'ayant écrit sur le même ton, je vous envoie sa lettre et ma réponse[1] avec la copie, qui vous ouvrira le champ de lui détailler les raisons que j'ai de n'aller pas si vite dans l'affaire en question. Je me fie à votre savoir-faire et conduite, et je suis, etc.

Fédéric.

P.-S. — Vous éviterez soigneusement de donner de l'ombrage au marquis de Valory, parce qu'il *convient à mes intérêts de conserver la France, en cas que les Maritimes et la Russie voulussent faire les méchantes.* C'est pourquoi vous devez fortifier l'espérance du susdit ministre que je suis véritablement porté pour une alliance avec le Roi, son maître, en lui faisant comprendre que les éclaircissements demandés sur les points en question étant fondés sur la raison et tendant au même but, on aurait tort de s'en alarmer; que, quoique je me trouve de l'inclination pour une liaison avec l'électeur de Bavière, auquel je souhaite de donner ma voix, il me faudrait pourtant quelques lumières sur la nature de l'assistance que la France prêtera à ce prince pour le mettre en état de poursuivre avec vigueur ses desseins; que je me souviens que dans la négociation sur l'affaire de Juliers et de Bergue la France s'est toujours excusée de pouvoir rendre notre portion plus grande, parce qu'elle n'oserait pas désobliger la maison de Bavière, ancienne-

---

[1] Cf. pièce 281.

ment liée à cette couronne. Ainsi on doit en conclure avec fondement qu'elle s'efforcerait à la soutenir fortement, quand il s'agira d'appuyer ses intérêts les plus solides et les plus chéris ; que cette conduite me ferait juger, par ce qu'on fera pour le nouveau allié, de ce que moi, comme le nouvel allié, s'en pourrait promettre.

Quant à ce qui regarde la cour de Dresde, vous pouvez lui dire que mes intérêts ne souffriraient guère de lui donner ma voix pour la couronne impériale ; que ses menées m'étant connues, il est juste de me démontrer comment on s'y prendrait pour l'empêcher de m'être contraire dans l'affaire de Silésie et porter ce prince à s'unir avec la France et avec moi. Vous assaisonnerez toutes ces raisons le mieux qu'il vous sera possible. Je suis, etc.

Fédéric.

C. P. 284. — *Au conseiller baron Le Chambrier, à Paris.*

Berlin, 12 février 1741.

Monsieur Le Chambrier,

Je vous ai déjà instruit de mes sentiments sur le projet d'un traité d'alliance que le Marquis de Valory m'a insinué. Comme j'ai eu l'occasion de l'en entretenir hier, je lui ai fait connaître mes véritables intentions et que je ne suis aucunement éloigné d'entrer dans cet engagement, attendant seulement que les points qui doivent faire les articles secrets soient éclairés et minutés [1]. Vous en assurerez le Cardinal en lui faisant des protestations les plus fortes de ma sincérité et de mon attachement inviolable.

Fédéric.

C. P. 285. — *Au ministre d'État de Podewils, à Berlin.*

Berlin, 12 février 1741.

Monsieur de Podewils,

J'ai voulu vous communiquer la lettre que j'ai écrite au de Chambrier au sujet du traité que Valory presse si vivement. *Il me semble*

---

[1] Par un ordre de cabinet en date du 11 février le roi avait autorisé Podewils à se rendre au désir exprimé par Valory et à lui remettre un exposé écrit, mais sans date et sans signature, des demandes de la Prusse. Cette pièce avait été établie d'après les instructions contenues dans la pièce n° 282.

fort convenable à mes intérêts de ne pas rebuter la France, dont nous aurons apparemment besoin. Je suis, etc.

FÉDÉRIC.

C. P. 286. — *Au ministre d'État de Podewils, à Berlin.*

Potsdam, 18 février 1744.

MONSIEUR DE PODEWILS,

Quand vous ferez réponse à Klinggraeffen sur ses différentes dépêches, vous lui ferez connaître qu'il doit faire espérer au comte de Törring[1] que la négociation sur le traité d'alliance avec le Roi Très-Chrétien va en avançant et que nous espérons de l'achever bientôt[2] n'y ayant que quelques points qui demandent quelques éclaircissements. Je suis, etc.

FÉDÉRIC.

C. P. 289. — *Au ministre d'État de Podewils, à Berlin.*

Rauschwitz, 22 février 1744.

Comme il m'importe de pénétrer la véritable intention de la Cour de Saxe par rapport à moi et aux desseins qu'elle couve, je crois nécessaire d'ordonner par rescrit au comte de Finckenstein de demander en mon nom une prompte et catégorique déclaration si le roi de Pologne veut s'unir sincèrement avec moi pour la poursuite de mes prétentions, ou s'il trouve mieux d'embrasser le parti de la reine de Hongrie. En cas qu'il se déclare pour moi, Finckenstein prodiguera les assurances les plus fortes de mon amitié et de l'attachement inviolable que j'aurai pour lui et pour ses intérêts, en lui offrant que non seulement je lui laisserai gagner le royaume de Bohême, mais que je

---

[1] Tout comme Valory, le comte de Törring insistait sur la conclusion, dans le délai le plus bref possible, d'une alliance entre la Prusse et la Bavière.

[2] Cf. pour être édifié sur la sincérité et la loyauté du roi de Prusse, pièce 282.

Il aurait été curieux de reproduire ici les instructions secrètes que Frédéric fit tenir le 18 février à son grand écuyer Schwerin et au conseiller privé d'État Broich chargés de le représenter à Francfort-sur-le-Mein et de donner sa voix au candidat pour l'élection impériale. S'il rejette la candidature du duc de Lorraine, il se garde bien de se prononcer en faveur de l'électeur de Bavière et prescrit à ses envoyés de s'abstenir soigneusement de toute manifestation qui pourrait le compromettre. Il leur recommande en revanche de façon formelle de s'opposer, lors des séances préliminaires de la Diète, à toute délibération ayant trait à la question de la Silésie.

lui procurerai la possession de Sagan et même ce qu'il jugera de sa convenance par rapport à la Haute-Silésie. Mais si ce prince fait mine de préférer l'alliance et les intérêts de l'Autriche aux miens, ou s'il s'avise de répondre par des ambiguïtés et de vagues compliments, le susdit ministre doit demander, le lendemain de sa proposition, son audience de congé, en prétextant la nécessité de son départ à cause de son emploi à l'armée[1]. Vous l'instruirez donc convenablement de ce qu'il aura à faire en le munissant des expéditions dont il aura besoin au dernier cas. Je suis, etc.

FÉDÉRIC.

C. P. 290. — *Au ministre d'État de Podewils, à Berlin.*

Schweidnitz, 24 février 1741.

Podewils rend compte de Berlin, 20 février, que : « La réponse faite par le roi d'Angleterre à Truchsess n'est pas fort satisfaisante jusqu'ici, et on se retranche toujours sur l'obligation où l'on est en Angleterre de remplir ses engagements pour le soutien de la Pragmatique. En attendant, comme on offre toujours *les bons offices* en Angleterre, en soutenant que la cour de Vienne ne saurait les refuser, quoiqu'elle n'accepte point *une médiation dans les formes*, nous croyons qu'il sera indifférent à Votre Majesté si la cour de Londres veut travailler à un accommodement sous le nom de *bons offices* ou sous celui d'une *médiation*, pourvu qu'elle ne prenne pas ouvertement le parti de la maison d'Autriche. »

Endormons-les et tâchons de leur faire accroire qu'on se prêterait à tout. Qu'on parle d'Ostfrise; peut-être que cela réussira; et réfutez donc une fois bien comme il faut l'erreur dans laquelle on est de mêler mon affaire avec la garantie de la Pragmatique, vu que ce sont des choses de nature toute différente.

FÉDÉRIC.

---

[1] Conformément aux ordres contenus dans un rescrit de Berlin, 28 février, Finckenstein eut le 12 mars un long entretien avec Brühl, qui lui donna le 13 une réponse évasive, et le 14 il demanda son audience de congé. Cf. *ibidem*, 291, du 24 février, instructions contenues dans ce rescrit.

C. P. 291. — *Au ministre d'État de Podewils, à Berlin.*

Schweidnitz, 24 février 1741.

Monsieur de Podewils,

Vous devez publier partout, soit par mes ministres, résidants aux cours étrangères, soit par les gazettes, que mon intention n'a jamais été, dans l'expédition en Silésie, de déroger à la Sanction Pragmatique, la regardant comme une disposition qui ne me regarde ni en blanc ni en noir; mais que je n'ai d'autre but que de poursuivre par des voies légitimes et usitées entre les princes mes justes droits sur cette province, et qu'ainsi je ne fais que me procurer mon bien, dont on a privé si longtemps ma maison contre toutes les règles de la justice [1]. Vous instruirez aussi le résident Hoffmann [2] de la manière dont il doit s'y prendre pour insinuer aux Polonais que le bruit, qu'on cherche à semer en Pologne, d'une prétendue oppression des catholiques en Silésie et de leurs droits [3], est un mensonge des plus grossiers; que je soutiendrai cette religion dans la pleine jouissance de ses possessions et privilèges et que j'ai trop de considération et d'égards pour la République de Pologne et pour sa liberté et conservation de son système pour ne pas la soutenir efficacement dans toutes les circonstances qui se présenteront. Je suis, etc.

Frédéric.

[1] Cf. rescrit circulaire du 28 février.
[2] Hoffmann (Charles Gottfried), conseiller de justice et résident de Prusse à Varsovie.
[3] Frédéric II chargea à ce moment Döblin de continuer à travailler pour lui à Breslau et à le renseigner sur l'état des esprits. C'est ainsi que, lorsqu'au mois de février 1741 on put constater à Breslau quelques symptômes d'hostilité contre les Prussiens, Döblin se rendit immédiatement en poste auprès du roi à Berlin en compagnie de son ami le perruquier Nehrkorn et n'en revint que le 4 mars chargé par le roi de remettre son portrait au colonel von Rampusch, commandant de Breslau.
Döblin resta longtemps en faveur auprès du roi, auquel il demanda en janvier 1742 de vouloir bien servir de parrain au fils qui venait de lui naître. En mars 1748 il obtint le titre de : Cordonnier privilégié de la cour royale de Prusse. Pendant cette même année, il sollicita à Breslau l'autorisation d'établir à Breslau une fabrique et un dépôt de cuirs et les avances dont il avait besoin à cet effet. Mais Frédéric, qui ne déliait jamais les cordons de sa bourse qu'à bon escient, fit la sourde oreille. Du reste, malgré les subsides qu'il réussit à obtenir de temps en temps, le cordonnier tribun n'en mourut pas moins dans la misère à Breslau en 1752. (Cf. Grünhagen, *Zwei Demagogen im Dienste Friedrich des Grossen.*)

C. P. 292. — *Au Département des Affaires Étrangères.*

Schweidnitz, 24 février 1741.

Klinggraeffen mande de Munich 11 février « qu'il continue à pousser aux armements, mais sans faire des promesses formelles. Il craint que l'Électeur de Bavière et son ministre le comte de Törring ne commencent à prendre de la défiance ».

« Toute l'affaire consiste en ce que la France prenne réellement la chose au sérieux, et alors le concert s'établira facilement entre nous. Il faut donc presser énergiquement cette couronne. »

C. P. 293. — *Au Département des Affaires Étrangères.*

Schweidnitz, 25 février 1741.

Klinggraeffen mande de Munich, le 12 février, que « l'Électeur lui a dit ce matin que la France souhaitait que Votre Majesté fût liée avec l'Électeur et qu'elle était du sentiment qu'il fallait penser bientôt à l'élection, parce que, quand le duc de Lorraine ne pourrait plus se flatter d'être empereur, Votre Majesté, étroitement liée avec l'Électeur, pourrait plus aisément soutenir leurs droits. »

L'Électeur lui a encore dit que « le roi pourrait gagner l'Électeur de Cologne en lui promettant de ménager en Silésie les biens des Ordres allemands. »

Qu'ils s'arrangent de façon à ce que la France se lie avec eux rapidement et intimement, et alors l'accord se fera sans l'ombre d'une difficulté. Je fais déjà maintenant tout ce qui peut favoriser leurs affaires et l'accommodement.

Bon, autant qu'il sera possible.

C. P. 295. — *Au ministre d'État de Podewils, à Berlin.*

Schweidnitz, 25 février 1741.

Monsieur de Podewils,

Vous aurez déjà vu par la relation du de Chambrier en date du 3 de ce mois ce qu'il me mande de la situation où l'on est à mon égard.

Il doit dire au Cardinal que, mes sentiments n'étant pas moins sincères, je n'attends que les éclaircissements demandés sur le fond de l'affaire pour mettre la dernière main à la conclusion du traité en question. Je suis, etc.

Fédéric.

C. P. 297. — *A l'Électeur de Bavière, à Munich* [1].

Monsieur mon Cousin,

Le comte Törring m'a remis la lettre de Votre Altesse Électorale qui m'a fait grand plaisir par rapport aux sentiments d'amitié qu'Elle me témoigne. Elle me trouvera toujours prêt à y répondre et entièrement disposé à lui donner des marques réelles de ces sentiments. La seule chose, qui manque pour rendre ces sentiments plus efficaces, est de rendre le roi de France le lien de cette union.

Votre Altesse Électorale a vu par les démarches que j'ai faites, que je suis son allié le plus naturel qu'Elle puisse trouver dans les conjonctures présentes. Il ne dépend plus d'Elle de profiter de l'occasion la plus favorable, autant qu'il me paraît, pour faire valoir Ses droits et Ses justes prétentions sur les États d'Autriche, Bohême, etc. Ce sont de ces moments qui, lorsqu'on les manque, ne se retrouvent plus de vie d'homme. Mon sentiment serait d'en profiter, et ce serait le moyen le plus sûr pour vous frayer le chemin à la dignité impériale; car l'Empire veut avoir un prince puissant pour soutenir avec dignité le caractère du chef de la chrétienneté. De plus, si Votre Altesse Électorale attend à être élue empereur pour agir, Elle peut compter que le duc de Lorraine gagnera la pluralité des voix; après quoi il Lui sera impossible d'obtenir à jamais la dignité Impériale dans sa maison, ni de trouver des combinaisons aussi heureusement favorables que les présentes pour en profiter. Je suppose même, pour un moment, que Votre Altesse Électorale pût être élue empereur malgré toutes les objections que je viens de Lui faire, en ce cas Elle ne pourrait pas se mettre d'abord en possession des États d'Autriche, et l'Empire prendrait ce commencement de règne comme un effet dangereux de l'exercice de son autorité suprême.

Mon avis donc se réduirait à s'unir étroitement avec la France, à se mettre en possession des pays sur lesquels vous avez des droits et

---

[1] Sans date, mais expédiée le 2 mars par le secrétaire du cabinet à Podewils pour être envoyée au destinataire.

à demander ensuite, avec l'assistance de vos fidèles alliés, la couronne impériale qui me paraîtrait alors immanquable.

Si Votre Altesse Électorale veut faire réflexion à ce que je Lui écris ici en véritable ami, Elle trouvera que je n'ai pas tort et qu'il est temps à présent, ou qu'il ne le sera jamais, d'agir vigoureusement et en ce cas Elle peut entièrement compter sur moi. Je suis avec toute l'estime possible, Monsieur mon cousin, de Votre Altesse Électorale le très fidèle ami et cousin.

Fédéric.

C. P. 298. — *Au grand-amiral comte d'Ostermann, à Saint-Pétersbourg.*

Schweidnitz, 4 mars 1741.

Monsieur,

Les peines, que vous vous êtes données pour terminer le traité d'alliance que je viens de conclure avec l'Empereur votre maître, me sont trop connues pour que je manque de vous en témoigner ma parfaite reconnaissance. Les intérêts de nos cours sont si communs que je ne doute nullement que vous ne contribuiez toujours à en cimenter à jamais les liens.

Vous me trouverez toujours porté à concourir en tout et partout à ce qui peut être de l'intérêt de l'Empereur, et en particulier, je ne négligerai aucune occasion de vous témoigner les sentiments d'estime et de confiance avec lesquels je suis, Monsieur, votre parfait ami.

Fédéric.

Une fois de plus, Frédéric II vient de changer subitement de ton. Il est vrai que sa merveilleuse souplesse lui permettait de s'adapter sans transition, sans hésitation, à toutes les circonstances. Nul mieux que lui ne sait « ajuster ses flûtes » avec celles des puissances qui peuvent lui être le plus utiles dans les conjonctures du moment. D'un coup d'œil, il s'est rendu compte de la tournure défavorable qu'ont prise ses affaires dans la dernière semaine de février. L'Angleterre se réserve et fait mine d'avoir des scrupules. En Russie tout va être à refaire. L'édifice si péniblement échafaudé et machiné vient de s'écrouler. L'horizon est si noir que le moment lui paraît venu de changer l'orientation de sa politique. Il s'agit de faire bonne mine à mauvais jeu et, puisqu'il le faut, il va se rejeter vers la France. La chose lui paraît si nécessaire, si urgente, qu'à peine arrivé à Breslau, il n'aura rien de plus pressé que d'inviter Valory, auquel il avait dans les derniers temps presque consigné sa porte, à le venir voir à son quartier général de Schweidnitz. Son énergie et sa confiance ne l'abandonnent pas un seul instant. Sa bonne étoile l'a du reste protégé, et c'est par une chance inouïe qu'il a échappé à un coup de main qui, s'il avait réussi, aurait eu des conséquences incalculables [1]. A peine en sûreté, on ne saurait s'empêcher de le reconnaître, parlant en roi et en soldat dans un langage d'autant plus remarquable et d'autant plus impressionnant que ses instructions, absolument confidentielles, ne doivent être connues que du seul Podewils, Frédéric, envisageant avec un admirable sang-froid les événements qui pourraient se produire dans le cas où il viendrait à être enlevé, ne lui disait que deux mots de la situation politique, mais lui traçait en termes frappants la ligne de conduite qu'il aurait à suivre.

C. P. 299. — *Au ministre d'État de Podewils, à Berlin* [2].

PODEWILS,

Truchsess avance, Mardefeld va son chemin, Chambrier fait à merveille, Klinggraeffen est adoré.

Ainsi, *cara anima mia non disperar*.

Ræsfeld va à pieds de tortue. Finck danois se gratte les c......., Finck saxon est de contrebande.

Mais vainquons ces difficultés et nous triompherons. Il n'y a point de lauriers pour les paresseux. La gloire les donne aux plus laborieux et aux plus intrépides.

Par parenthèse, j'ai échappé deux fois aux desseins des hussards d'Autriche. Si malheur m'arrivait d'être pris vif, je vous ordonne absolument, et vous m'en répondrez de votre tête, qu'en mon absence vous ne respecterez point mes ordres, que vous servirez de conseil à mon frère et que l'État ne fera aucune action indigne pour ma liberté.

---

[1] Un parti de hussards l'avait manqué d'un quart d'heure à Briesnitz, le 28 février.

[2] Tout entier de la main de Frédéric.

Au contraire, en ce cas, je veux et j'ordonne qu'on agisse plus vivement que jamais. *Je ne suis roi que lorsque je suis libre.*

Si l'on me tue, je veux qu'on brûle mon corps à la romaine et qu'on m'enterre de même dans une urne à Rheinsberg. Knobelsdorff[1] doit en ce cas me faire un monument comme celui d'Horace à Tusculum.

Je vous enverrai un ample écrit de mes idées sur les conjonctures présentes et sur ce que je juge de mieux à faire dans le cas présent et à l'avenir. Ce sera le successeur qui pourra ensuite, selon qu'il l'entend ou que les choses changent, faire ce que bon lui semblera.

Peut-être ce sera un ouvrage inutile que je ferai. Mais toujours est-il bon de prendre des précautions superflues et de ne pas commettre au hasard ce que la prévoyance ne saurait pénétrer.

FÉDÉRIC[2].

C. P. 301. — *Au ministre d'État de Podewils, à Berlin.*

Ohlau, 6 mars 1741.

MONSIEUR DE PODEWILS,

Je n'ai encore rien reçu du marquis de Valory, touchant sa dépêche dont vous m'avez informé, et il faudra voir ce qu'il aura à dire. Cependant je trouve nécessaire que M. Le Chambrier fasse connaître au Cardinal que je ne demande que cette unique marque d'amitié, que la France veuille faire agir l'Espagne, comme il faut, sans perte de temps, et mettre la Bavière en état d'agir de même avec vigueur; qu'en ce cas, j'entrerais avec plaisir dans les liaisons les plus étroites et telles qu'on pourrait souhaiter. Mais si l'on y trouvait à redire, que je

---

[1] Knobelsdorff (Jean-Georges-Wenzel, baron de), capitaine en retraite, surintendant des châteaux royaux.

[2] Dans une lettre en français qu'il adresse à Jordan, le 3 mars, d'un village dont il ne sait pas le nom, Frédéric lui dit : « Je viens de l'échapper belle d'un gros parti de hussards qui a pensé nous envelopper et nous prendre. Sans vanité, ma petite habileté m'a tiré d'affaire. Je n'ai pas perdu un chat de mon monde, mais le malheur en a voulu à un escadron de Schulenbourg sur lequel quatre cents de ces hussards sont tombés et leur ont tué quarante maîtres. » (FRÉDÉRIC II, *Œuvres*, XVII, 90.) Plus tard, en écrivant l'*Histoire de mon temps*, sans plus parler cette fois de sa « petite habileté », le roi écrivait sur cette affaire de Baumgarten : « C'était, dit-il, une étourderie de la part d'un souverain de s'aventurer si mal accompagné. Si le roi avait été fait prisonnier dans cette occasion, la guerre était terminée, les Autrichiens auraient triomphé sans coup férir, la bonne infanterie prussienne serait devenue inutile ainsi que tous les projets d'agrandissement que le roi se proposait d'exécuter. »

me flatte que le Cardinal jugera lui-même de ma situation, qu'elle demanderait beaucoup de ménagement vu qu'une telle alliance sans de bonnes enseignes répondrait peu à mes intérêts. Vous l'instruirez donc là-dessus et je suis, etc.

FÉDÉRIC.

C. P. 302. — *Au conseiller privé d'État baron de Mardefeld à Saint-Pétersbourg.*

Schweidnitz, 9 mars 1741.

J'ai de bonne main l'avis que les ministres russiens, résidants à Londres et à la Haye, s'efforcent d'animer contre moi les Maritimes en protestant d'avoir reçu des ordres d'appuyer à toute occasion les intérêts de la reine de Hongrie, et d'assurer que la Russie ne demande pas mieux que de remplir, conjointement avec ses alliés, ses engagements de la garantie de la Pragmatique Sanction. Quoique j'aie de la peine à y ajouter foi, vu les assurances réitérées de la cour et du ministère de Russie d'être à mon égard dans la disposition la plus favorable, vous mettrez pourtant tout en œuvre pour pénétrer cette affaire et vous parlerez même, avec une modération convenable, au premier ministre, et, s'il est besoin, au comte d'Ostermann, en lui faisant connaître combien peu cette conduite me paraîtrait compatible avec les susdites assurances et avec notre alliance contractée. Vous ne manquerez point de me rendre compte de ce qu'on vous répondra là-dessus.

FÉDÉRIC.

C. P. 303. — *Au marquis de Valory, envoyé de France à Breslau.*

Schweidnitz, 11 mars 1741.

J'ai appris par votre lettre du 10 de ce mois que, suivant vos ordres, vous êtes venu à Breslau pour me parler. Comme mes affaires m'ont empêché de m'y rendre, il dépendra de vous, quand il vous plaira, de venir ici où vous serez le bien venu. Au reste votre compliment sur la conquête du Glogau [1] est trop obligeant pour ne pas vous marquer ma sensibilité. Je suis, etc.

FÉDÉRIC.

[1] Glogau avait été enlevé par surprise dans la nuit du 8 au 9 mars par le prince Léopold d'Anhalt-Dessau, qui laissa piller la ville par ses soldats.

C. P. 310. — *Au ministre d'État de Podewils, à Berlin.*

Schweidnitz, 16 mars 1741.

Monsieur de Podewils,

Votre lettre et la dépêche du de Mardefeld, envoyée par courrier à Memel, me sont bien parvenues. Comme je n'en sais pas encore le contenu, le faisant déchiffrer, je vous en dirai demain mon sentiment. Au reste, j'entre dans le vôtre, par rapport à la nécessité qu'il y a d'avoir un *habile et intrigant ministre* à la cour de Dresde, qui pourrait avoir l'œil au guet. Ainsi vous n'avez qu'à me proposer un sujet qui possède les qualités nécessaires et propres pour l'affaire dont il s'agit. Je suis, etc.

Fédéric.

Je suis fort surpris de la nouvelle de Russie [1]. J'avoue que c'est un coup de traître ; mais il faudra voir si les choses en resteront là ou s'il n'y a pas moyen de faire revirer la girouette. Sinon la Saxe payera les pots cassés.

Ce 17 mars.

C. P. 311. — *Au ministre d'État de Podewils, à Berlin.*

Schweidnitz, 17 mars 1741;

Mon cher Podewils,

La trahison de la Russie est épouvantable. La malice et l'envie des Saxons l'ont couvée, et la faiblesse du prince Antoine [2] l'a fait éclore. Si les nouvelles ultérieures répondent à celles que je viens de recevoir, il faudra *conclure au plus vite avec la France, et ce ne sera plus moi, mais la Russie et l'Angleterre qui bouleverseront l'Europe.*

Il faut s'armer de fermeté, combattre en héros, vaincre avec prudence et habileté et soutenir l'adversité avec des yeux stoïques. *J'ai fait ce que j'ai pu pour la tranquillité publique, et c'est mes envieux qui la troublent. Mais quoi qu'il en arrive, j'aurais au moins la satisfaction de bouleverser la maison d'Autriche et d'ensevelir la Saxe.* Peut-être que les

---

[1] Le 2 mars, Mardefeld mandait de Saint-Pétersbourg que les ministres d'Autriche, d'Angleterre et de Saxe avaient soumis à la cour de Russie un projet de partage de la Prusse.

[2] Cf. *ibidem*, pièce 322, au feld-maréchal prince d'Anhalt-Dessau à Berlin. Même sujet. Frédéric, après avoir résumé la situation, communique et soumet au prince un plan d'opérations.

conjonctures se changeront, mais je regarde le concert de mes ennemis comme une chose sûre et certaine. Ce feu s'est couvé sous les cendres et à présent nous en apercevons les premières étincelles.

Adieu, cher ami, défendez-moi de la plume comme je vous défendrai de l'épée et tout ira bien en dépit de nos envieux.

Fédéric.

C. P. 313. — *Au ministre d'État de Podewils, à Berlin.*

Schweidnitz, 18 mars 1741.

J'attends votre sentiment sur cette diablerie. Mardefeld emploiera le vert et le sec pour rectifier la Cour et le Prince.

C. P. 314. — *Au ministre d'État de Podewils, à Berlin.*

Sehweidnitz, 18 mars 1741.

Monsieur de Podewils,

Je vous adresse les incluses, dont celle à la Reine la portera d'écrire une lettre touchante à son frère le prince Antoine-Ulrich, pour le détourner du complot en question. Dès que vous aurez cette lettre, vous l'enverrez par une estafette au de Mardefeld avec ordre *ad mandatum* de s'en servir, s'il y a quelque espérance de fléchir le prince.

Dans celle au comte de Truchsess, je lui ordonne de parler au Roi de ce détestable concert et de sonder si son ministre agit par ordre ou non. Vous la lui ferez tenir le plus sûrement qu'il sera possible, et nous verrons bientôt la vérité nue. Je suis, etc.

Fédéric.

Je n'ai rien détaillé à mon épouse de l'affaire dont il n'est pas besoin de l'informer.

C. P. 315. — *Au ministre d'État de Podewils, à Berlin.*

Schweidnitz, 18 mars 1741.

Monsieur de Podewils,

Le marquis de Valory vient de partir après m'avoir entretenu tout au au long des offres de sa cour et montré le projet ci-joint d'un traité secret.

Dans la situation où je me trouve, il me paraît nécessaire d'entrer dans cet engagement, d'autant plus que Valory m'a promis qu'il serait tenu secret. Vous devez donc conférer là-dessus avec lui et ajuster le tout de manière que tous les passages et expressions qui regardent mes intérêts y soient mis dans une clarté évidente par des termes propres et clairs. Outre cela, je souhaite un article séparé par lequel la France s'engage formellement qu'en cas que je serais attaqué par la Russie, elle voudra obliger la Suède d'épouser ma cause et de faire la guerre à cet empire. Je suis, etc.

FÉDÉRIC.

C. P. 318. — *Au Département des Affaires Étrangères.*

Bärsdorf, 22 mars 1741.

Rapport des ministres de Berlin, 16 mars :

« Votre Majesté aura vu par la relation de Raesfeld, de la Haye, du 10 de ce mois, que « le pensionnaire de Rotterdam, van Neck non seulement, mais l'ambassadeur de Russie à la Haye et le sieur Trevor, ministre d'Angleterre, lui auraient proposé comme une idée qui leur était venue en particulier, mais qui, à ce qu'il nous paraît, pourrait bien être le génie (*sic*) du plan d'accommodement qu'on voudra proposer aux deux parties :

« Que Votre Majesté garderait une bonne partie de la Silésie en guise d'hypothèque et qu'Elle fournirait une bonne somme d'argent à la reine de Hongrie, qui en a grand besoin, en faisant un traité secret, sous la garantie des puissances amies, que le capital ne serait jamais rendu et que Votre Majesté resterait le maître de la partie hypothéquée. »

Bon. Il faut entretenir la République dans ces idées qui ne répugnent pas à mes intérêts.

C. P. 319. — *Au ministre d'État de Podewils, à Berlin.*

Quartier général, Nimptsch, 24 mars 1741.

Monsieur de Podewils,

Dans la situation présente, il me paraît conforme à mes intérêts de m'unir avec la Bavière. Il faudra donc entretenir l'espérance que l'Electeur en a conçue et lui insinuer que je ne donnerai ma voix dans l'élection d'un empereur qu'à lui, mais que je me flatte qu'il voudra consentir à mon acquisition d'une grande partie de la Silésie et me la garantir étant devenu empereur. Secondement, j'espère qu'il ne me refusera pas, dans ce cas, la permission de lever des recrues dans ses provinces.

Je souhaite aussi de faire avec lui un cartel, de sorte que je lui renverrais les déserteurs qui viendront ici et qu'il ferait la même chose par rapport à mes déserteurs qui s'engageraient ou qu'on attraperait dans ses troupes. Vous munirez là-dessus le de Klinggraeffen des instructions nécessaires, et je suis, etc.

Fédéric.

C. P. 320. — *Au ministre d'État de Podewils, à Berlin.*

Quartier général, Nimptsch, 24 mars 1741.

Monsieur de Podewils,

Vous déclarerez aux ministres étrangers que ceux, qui ont envie de me suivre, n'auront qu'à se rendre à Breslau, où je leur ferai savoir le temps et le lieu de me parler. Il s'entend que vous viendrez aussi.

Cependant les Hanovriens méritent notre attention dans la crise présente pour les détacher de la faction russienne. Il faut les cajôler et éblouir autant qu'il sera possible, en leur promettant, en cas d'une véritable complaisance dans l'affaire de Silésie, que je me ferai fort d'appuyer l'acquisition de l'évêché d'Osnabrück et que je céderai au roi d'Angleterre mes droits sur l'Ostfrise; mais il faudrait me procurer la possession de la Basse-Silésie, avec Breslau, s'il est possible d'obtenir ce dernier article. Vous y travaillerez de toutes vos forces afin d'inspirer à ce prince de bons sentiments qui pourraient rectifier ceux de la Russie et de Vienne. Je suis, etc.

Fédéric.

Voici en quels termes j'écris là-dessus au général de Truchsess.

C. P. 321. — *Au major général comte de Truchsess, à Londres.*

Nimptsch, 24 mars 1741.

Monsieur de Truchsess,

Ma précédente vous aura mis au fil d'une affaire fort intéressante, et j'espère que vous exécuterez mes ordres. Vous travaillerez donc de toutes vos forces pour détacher le roi de la Grande-Bretagne de la cabale en question et pour l'attacher véritablement à mes intérêts qui ne sauraient être contraires aux siens. Si les offres d'une étroite alliance et de ce que j'ai promis ne suffisent pas, faites-lui une belle perspective de l'acquisition prochaine de l'évêché d'Osnabrück, à laquelle je travaillerai conjointement avec lui. Vous pouvez aussi lui donner assurance d'une cession de mes droits sur l'Ostfrise, s'il veut agir efficacement pour me faire avoir ma satisfaction ici par la cession de la Silésie inférieure, inclusivement la ville de Breslau. *Vous pouvez protester que jusqu'ici j'ai encore les mains libres n'ayant conclu aucune alliance avec la France,* nonobstant les avantages qu'elle m'offre; ainsi qu'il dépend du Roi de s'unir avec moi pour notre bien réciproque et pour celui de l'Allemagne et de la religion protestante.

J'attends une réponse claire et décisive pour en régler mes mesures, et je suis, etc.

Frédéric.

Que penser de la sincérité, de la loyauté du prince qui, non seulement vient de recevoir Valory, de garder, pour mieux l'étudier, le projet de traité secret que lui a apporté le représentant de la Cour de Versailles, de prescrire à son ministre d'État « d'ajuster le tout » avec lui, mais qui le même jour a résolu de s'unir avec la Bavière et promis de donner sa voix à l'Électeur et qui, quelques instants plus tard, se rejette vers l'Angleterre, se déclare prêt à s'entendre avec elle et ose affirmer qu'il a « encore les mains libres ».

Frédéric II se trouvait à ce moment militairement et politiquement dans une situation qui, pour être difficile et grave, n'était cependant pas désespérée. Avant de se montrer, comme il venait de le faire, disposé à s'adjuger au plus offrant et dernier enchérisseur, rien ne l'empêchait d'attendre le résultat des conférences que Podewils suivait à Berlin avec Valory et une réponse qui ne pouvait pas mettre bien longtemps à lui venir de Munich, — rien, si ce n'est son antipathie, son aversion instinctive pour la France.

C. P. 323. — *Au ministre d'État de Podewils, à Berlin.*

Strehlen, 25 mars 1741.

Podewils mande de Berlin, le 20 mars, que la reine de Hongrie vient d'accoucher d'un archiduc [1], événement qui peut être très avantageux pour l'Autriche.

« Cet événement ne me paraît pas d'une si grande conséquence. Car ceux qui s'opposent au duc de Lorraine travailleront d'autant plus pour l'éloigner de l'Empire. »

C. P. 324. — *Au Département des Affaires Étrangères.*

Strehlen, 25 mars 1741.

Rapports de Podewils et de Borcke (Berlin, 21 mars), à propos des mesures à prendre en raison des nouvelles envoyées par Mardefeld :

« Faire à Pétersbourg des représentations sérieuses et pressantes en s'appuyant, pour ne pas découvrir Münnich, sur les renseignements qui seraient venus de Dresde. Appeler confidentiellement l'attention à la Haye et à Londres sur les conséquences dangereuses du projet d'alliance contre la Prusse ; tenir au ministre de Saxe à Berlin un langage qui lui fera voir qu'on est au courant de tout. Insister sur la possibilité de s'unir, s'il le faut, avec la France, la Suède et la Bavière.

« Cela est très sensé, et je l'approuve. Quant à la France, il faut faire une alliance secrète avec elle ; céder nos prétentions sur la Frise à l'Angleterre, et les contenter tous. »

[1] Le futur empereur Joseph II.

C. P. 325. — *Au ministre d'État de Podewils, à Berlin.*

Strehlen, 26 mars 1741.

Rapport de Podewils de Berlin, 21 mars :

« Il paraît qu'on balance encore à Pétersbourg, qu'on craint, qu'on espère, qu'on a honte tour à tour et qu'on souhaite d'intimider Votre Majesté, mais qu'on ne L'osera entamer si facilement. Peut-être qu'une ferme contenance et la découverte du pot aux roses les désorienteront. Enfin le pire est qu'on ne saurait compter sur les gens du jour au lendemain. »

« Je suis fort de votre sentiment. Il faut faire flèche de tout et se soutenir avec fermeté. »

C. P. 326. — *Au ministre d'État de Podewils, à Berlin.*

Strehlen, 26 mars 1741.

Monsieur de Podewils,

Vos deux lettres du 20 et du 21 me sont bien parvenues. Vous avez bien fait de tâter le pouls au de Schwicheldt[1] par l'amorce de l'évêché d'Osnabrück et de la cession de l'expectance de l'Ostfrise. Il faut enivrer ces Messieurs, le mieux qu'il sera possible, pour les détacher de la bande, s'il y a encore moyen de le faire.

En attendant, vous continuerez à veiller partout et à informer mes ministres aux cours étrangères des trames pernicieuses de la cour de Dresde afin d'en faire usage en cas que je sois obligé d'en prendre revanche.

Quant à votre voyage de Breslau, j'entre en vos idées, et vous pourrez le retarder d'une quinzaine de jours en amusant ceux des ministres étrangers qui voudront venir en même temps. Au reste, le de Linde[2] doit se comporter avec toute la prudence requise pendant le vacarme qu'il y a à Stockholm et il poussera sous main la négocia-

---

[1] Schwicheldt (Auguste-Guillaume de), conseiller privé de guerre hanovrien, ministre de Hanovre à Berlin.

[2] Linde (Detlof Gustave von der), conseiller de guerre et ministre de Prusse en Suède.

tion touchant les 16 000 hommes à recevoir dans mon service comme troupes auxiliaires moyennant des subsides. Mais il prendra garde de ne point m'exposer mal à propos. Je suis, etc.

Fédéric.

Pendant les quelques jours qui viennent de s'écouler, les sympathies anglaises, ou pour mieux dire les préférences anglaises, ont une fois de plus repris le dessus dans l'esprit de Frédéric. Le 1er avril, il ne s'agit plus pour lui, comme il le disait à Podewils le 26 mars, de « les contenter tous », la France aussi bien que l'Angleterre. Il n'a plus qu'une idée, qu'un désir, voir le nouvel envoyé de George II et s'aboucher avec lui.

C. P. 329. — Au ministre d'État de Podewils, à Berlin.

Neustädtel, 1er avril 1741.

Mon cher ministre d'état de Podewils,

Dès que le ministre d'Angleterre, Mylord Hyndford, sera arrivé à Berlin, priez-le de venir sans perdre une minute me rejoindre en Silésie. Je suis, etc.

Friderich.

Si l'on veut se faire une idée de l'importance que Frédéric attachait à la venue de lord Hyndford, de l'impatience avec laquelle il l'attendait, il suffira de constater que la correspondance est presque entièrement muette pendant bien près d'une quinzaine et que, si l'on en excepte les deux dépêches en date du 6 avril, adressées à Truchsess et à Podewils, le billet qu'on vient de lire est, jusqu'au surlendemain de la bataille de Mollwitz, la seule pièce que le roi de Prusse ait jugé à propos d'écrire ou de dicter. Tout entier à ses devoirs de chef d'armée, il ne songe guère à la politique, aux négociations, aux intrigues qu'il a préparées et qu'il reprendra plus tard. Toute son attention se concentre sur la situation militaire, dont il ne se dissimule pas la gravité et qui, d'un moment à l'autre, peut même devenir critique.

L'armée autrichienne, sans être remarquée, a réussi à défiler entre les deux groupes formés par l'armée prussienne et est sur le point d'atteindre Neisse. La position du roi est même d'autant plus dangereuse qu'il est seul, sans allié, livré à lui-même, puisqu'il n'a pu se décider à se lier avec la France et qu'un courant favorable à l'Autriche paraissait devoir l'emporter à Pétersbourg. Aussi, bien que les offres d'accommodement de l'Angleterre ne puissent guère lui servir à se tirer des difficultés de l'heure présente, c'est du côté de la Grande-Bretagne qu'il se rejette en désespoir de cause le 6 avril, sans tenir le moindre compte des pourparlers engagés avec la Bavière, des négociations qui suivent leur cours avec la France.

C. P. 330. — *Au major-général comte de Truchsess, à Londres.*

Quartier général, Friedland, 6 avril 1741.

Monsieur de Truchsess,

Quelques jours après ma dernière lettre, au sujet de mes offres pour la convenance de Sa Majesté le roi de la Grande-Bretagne, votre courrier m'a apporté bien à propos votre relation n° 16 du 17 de mars par laquelle vous me faites part de la favorable résolution que le ministre d'État de Steinberg [1] vous a donnée, de la part de ce prince, sur mes propositions faites au ministère de Hanovre par le de Plotho [2], par rapport à l'alliance à faire entre moi et le roi d'Angleterre pour nos intérêts communs. Comme je m'aperçois avec plaisir que cette réponse dictée et l'explication que vous y ajoutez dans votre dépêche sont conformes au plan que j'ai fait insinuer au Roi et à son ministère par vous et par le de Plotho, je vous ordonne de déclarer, avec le même secret qu'on vous demande, à ce prince et au ministre d'État de Steinberg :

1° Qu'ayant les mains entièrement libres d'entrer dans des engagements étroits sur ces matières, j'accepte, avec un sensible plaisir, l'offre de sa médiation ou de ses bons offices pour l'affaire de Silésie moyennant lesquels le roi de la Grande-Bretagne veut bien porter la

---

[1] Steinberg (Ernest von), ministre de Hanovre.
[2] Plotho (Henri Christophe von), conseiller au tribunal suprême d'appel, ministre plénipotentiaire de Prusse à Hanovre.

reine de Hongrie à consentir que je garde la Basse-Silésie, la ville de Breslau y comprise, sur le pied d'une hypothèque pour la sûreté de mes droits et prétentions à la charge de la maison d'Autriche; et qu'elle s'engagerait en même temps, par un acte obligatoire et secret, de me céder en toute propriété cette province, la ville de Breslau y comprise; mais que j'espère aussi que le roi d'Angleterre voudra employer ses soins obligeants auprès de la cour de Russie pour la disposer efficacement d'entrer dans les mêmes vues pacifiques et d'accélérer par ses bons offices cet accommodement salutaire, en s'abstenant des voies de fait contre moi, ce que je reconnaîtrais éternellement;

2° Que de cette manière, j'épouserais les intérêts de la maison d'Autriche, en prenant avec le roi d'Angleterre de justes mesures, et en concertant les arrangements nécessaires pour la conservation de cette maison et pour les avantages du prince de Lorraine;

3° Que pour ce qui regarde ceux du roi de la Grande-Bretagne, j'apporterais tous mes soins pour lui faire garder et obtenir la propriété des huit bailliages qu'il possède sous le titre d'hypothèque en Mecklembourg, pourvu que mon droit de succession éventuelle sur le reste soit reconnu;

4° Que je concourrais sincèrement aux moyens de faire avoir à ce prince l'évêché d'Osnabrück après la mort de l'évêque présent;

5° Que je me conformerais de bon cœur aux idées du roi touchant la convenance que le roi de Pologne pourra souhaiter; mais que j'attends de ce Prince des explications claires sur ce point;

6° Qu'au reste, je cultiverais de tout mon cœur une amitié très sincère avec le roi de la Grande-Bretagne, étant prêt de faire avec lui une alliance des plus étroites et conforme à la situation présente des affaires, par laquelle ce prince voudra garantir toutes mes provinces, inclusivement la Prusse, et je lui garantirais toutes celles qu'il possède en Allemagne.

Vous ne manquerez pas de vous en acquitter avec toute la dextérité imaginable, en proposant le tout de bouche; et je vous autorise, en attendant un nouveau plein-pouvoir, d'entrer là-dessus en négociation avec le ministère, auquel vous pourrez assurer que le mylord Hyndford sera le bienvenu ici.

Je vous recommande surtout un grand secret et un soin extrême pour pénétrer si l'on agit avec une véritable candeur. Car sans cette conviction, il faudrait aller bride en main. Je suis, etc.

FÉDÉRIC.

C. P. 331. — *Au ministre d'État de Podewils, à Berlin.*

Friedland, 6 avril 1741.

Monsieur de Podewils,

En vous adressant la dépêche du major-général comte de Truchsess, contenant la réponse du roi d'Angleterre sur mes propositions, j'ai trouvé *nécessaire d'accepter,* sous la répétition expresse de mes *postulats, les offres de ce prince* et de lui faire déclarer préalablement ma résolution, comme vous le verrez par la copie ci-jointe. Vous travaillerez donc sur ce plan pour voir s'il sera possible de venir à notre but, et vous munirez le comte de Truchsess d'un nouveau plein-pouvoir, conformément à ces idées.

Cependant il sera nécessaire de ménager cette négociation d'un secret impénétrable, et il est besoin de traîner un peu celle avec la France et la Bavière, sans que Valory puisse se douter de quelque chose. Au reste, vous instruirez le de Plotho de cajoler extrêmement le de Münchhausen [1] en lui faisant espérer l'Aigle Noir et toutes les marques imaginables de ma générosité. Je suis, etc.

Frédéric.

Le roi de Prusse n'a pas changé d'idées au lendemain de Mollwitz, de cette bataille gagnée sans lui, de cette victoire, dont il venait de recevoir la nouvelle dans la petite ville où, croyant tout perdu, il avait passé une nuit pleine d'inquiétude et d'angoisse [2]. Plus que jamais au contraire il persiste dans les résolu-

---

[1] Münchhausen (Gerlach, Adolphe, baron de), président du Conseil privé de Hanovre.

[2] Vers 3 heures 1/2 Schwerin, inquiet de la tournure que prenaient les affaires et des dangers que le roi venait de courir, le forçait de quitter le champ de bataille et de se rendre à Oppeln. Le roi croyait, lui aussi, à ce moment, que la bataille était perdue. Rien ne le prouve mieux que la communication verbale dont il chargea un de ses officiers qu'il envoya au prince Léopold d'Anhalt au camp de Göttin, près de Brandenburg. Cet officier avait ordre d'annoncer au prince « que tout était perdu et que le roi l'invitait à prendre ses mesures en conséquence ».

La correspondance de Frédéric avec Voltaire reflète du reste la trace manifeste de l'état d'esprit et des craintes du roi, puisque à la date du 16, six jours après la bataille, il se bornait, dans une lettre datée d'Ohlau, à s'exprimer en termes plus que réservés : « *On dit les Autrichiens battus et je crois que c'est vrai.* »

Frédéric II avait une fois encore été favorisé par la fortune et avait une

tions que six jours auparavant il a, on vient de le voir, communiquées à Podewils.

C. P. 334. — *Au ministre d'État de Podewils, à Breslau.*

Quartier général, Ohlau, 12 avril 1741.

Monsieur de Podewils,

J'ai bien reçu vos dernières représentations au sujet de la dépêche du général comte de Truchsess n° 16, contenant la réponse du ministre

fois de plus failli être enlevé par les Autrichiens. La route, qu'il lui fallait suivre, était battue par les hussards autrichiens qui s'étaient jetés sur les bagages des Prussiens et sur des partis appartenant à la cavalerie de Römer. Le roi avait, pour cette raison, emmené avec lui une assez grosse escorte qui l'accompagna jusqu'à Löwen, où il passa la Neisse pour se diriger de là, avec quelques cavaliers et les officiers attachés à sa personne, sur Oppeln (23 kilomètres de Löwen). Il ignorait que les hussards de Czaky, formant l'avant-garde du petit corps du général Baranyay, venant de Moravie, avaient occupé Oppeln le jour même. Arrivé pendant la nuit devant les portes fermées de la ville, le roi de Prusse, qui s'était fait reconnaître, y fut accueilli à coups de fusil. Forcé de reprendre le chemin de Löwen, il fut assez chaudement poursuivi par un détachement de hussards sous les ordres du lieutenant Werner. Il réussit cependant à leur échapper et arriva le 11 au matin à Löwen, où il se retrouva avec le major de Bülow, qui lui apportait la nouvelle de la victoire de Mollwitz.

Voici en quels termes Baranyay rend compte de cet épisode : « Rex ipse fuit ad Oppolium, sed se salvavit ; alter, si totum meum commando ibi potuisset esse, ex omnibus mihi jam notis circumstantiis Rex ad manus nostras venisset. » Il suffit d'ailleurs de jeter un coup d'œil sur la liste des personnages de la suite de Frédéric enlevés par les hussards de Czaky dans la nuit du 10 au 11 avril pour voir que le général Baranyay n'exagérait guère. Les hussards s'emparèrent en effet du lieutenant-colonel von Baumgarten, aide de camp du roi, du mathématicien français de Maupertuis, du commissaire supérieur des guerres von Reinhard, du secrétaire du roi Colbert, de l'auditeur André, de deux lieutenants et du valet de chambre du Roi.

Quant au lieutenant Werner, qui commandait le peloton qui donna la chasse au roi, on raconte que Frédéric, se sentant serré de près par lui, lui aurait crié : « Laisse-moi, hussard, je saurai t'en récompenser », et que Werner lui aurait répondu : « Tope-là, et au revoir après la guerre. » Ce qu'il y a de certain, c'est que Werner, né à Raab en 1707 et fils d'un officier des hussards de Czaky, entré au service en 1722, quitta l'armée autrichienne en 1750. Il était alors capitaine de hussards. Passé au service de Frédéric, il figure avec le grade de lieutenant-colonel sur les états militaires prussiens en 1751. Promu colonel en 1757 et nommé général en 1761, il mourut en 1785, à l'âge de 78 ans, dans sa terre de Pitschin (Haute-Silésie). (Cf. Major Z..., *op. cit.*, 16 à 18.)

— 172 —

de Steinberg à nos propositions comme aussi touchant la vivacité dont le marquis de Valory presse la conclusion du traité. Comme j'ai déjà répondu au susdit général par son courrier [1], en acceptant la proposition du roi d'Angleterre concernant la forme d'un accommodement à faire entre moi et la maison d'Autriche, et la convenance du susdit roi et de celui de Pologne, qui s'expliquera pourtant sur ce qu'il aura à demander, je m'y réfère, et vous travaillerez sur ce plan en faisant avoir au comte de Truchsess de nouveaux pleins-pouvoirs. Peut-être que la victoire signalée, remportée avant-hier par la grâce de Dieu et la bravoure de mon infanterie contre l'armée autrichienne, et dont vous saurez bientôt le détail, donnera du poids à cette négociation. *Quant à ce qui regarde celle avec la France* [2], *j'approuve vos idées, et il faudra la traîner sans affectation en cajolant plus que jamais le de Valory.* Je suis, etc.

Fédéric.

C. P. 335. — *Au ministre d'État de Podewils.*

Ohlau, 12 avril 1741.

Rapport (sans date) de Podewils :

« Comme il faut chasser le diable avec de l'eau bénite, je crois que Mardefeld doit employer toute son étude à gagner le comte d'Ostermann, parce que c'est lui maintenant qui est le maître-ressort de toute cette machine et que le duc Antoine-Ulric n'agit que par ses inspirations.

« Fort bien. Il faut employer tout ce qui sera possible pour le rendre traitable.

« Votre Majesté a écrit déjà une lettre de sa main au comte d'Ostermann [3], qui aura flatté sa vanité, et comme ce ministre a souhaité,

« Bon. Je l'approuve. Vous le devez faire faire au plus tôt.

---

[1] Cf. *ibidem*, 330.

[2] En annonçant la victoire de Mollwitz au feld-maréchal prince d'Anhalt (*ibidem*, 333), il ajoutait en post-scriptum : « Bien que je n'aie absolument pas confiance en la Saxe, je ne précipiterai rien et je dissimulerai encore pour le moment et mes intentions et la connaissance que j'ai des intrigues de cette cour. »

[3] *Ibidem*, 298, de Schweidnitz, 4 mars 1741.

à la place du présent de 8000 écus en argent, un portrait de Votre Majesté garni de diamants, je crois qu'on pourra fort bien retirer cette somme et l'employer pour faire faire un portrait, pour le moins aussi magnifique que celui que Münnich a eu, et même plus beau.

« Il faudra aussi gagner les parents de ce ministre qui sont en Westphalie et leur prodiguer des patentes de baron, de noblesse et des titres qui ne coûtent rien et qui ne laisseront pas que de flatter la vanité de ce Richelieu russien.

« Bon. »

C. P. 336. — *Au ministre d'État de Podewils.*

Ohlau, 12 avril 1741.

Rapport de Podewils, de Berlin, 27 mars :

« *Le parti du roi d'Angleterre et celui de la France et de la Bavière sont incompatibles ensemble comme l'eau et le feu.* La cour d'Angleterre, en travaillant à un accommodement entre celle de Vienne et Votre Majesté pour l'affaire de Silésie, veut qu'Elle concoure à faire élire le duc de Lorraine empereur et à conserver le reste des États de la maison d'Autriche dans leur entier.

« ... Si l'on donne des assurances trop positives à l'Electeur de vouloir lui donner la voix de Votre Majesté et si l'on tombe en attendant d'accord avec l'Angleterre, ainsi que cela paraît être l'intention de Votre Majesté, on aura de la peine à reculer...

« ... La conclusion en est, selon moi, qu'il faudra continuer de ménager tout le monde tant qu'il est possible, mais de se garder de s'engager trop en avant pour pouvoir reculer dans la suite. »

« Bon ! pourvu que l'Angleterre agisse de bonne foi. »

C. P. 337. — *Au ministre d'État de Podewils.*

Ohlau, 12 avril 1741.

Podewils écrit de Berlin, le 31 mars :

« Je travaille de mon mieux pour détacher le roi d'Angleterre du concert dans lequel la Russie et la Saxe voudraient le retenir contre Votre Majesté..... Il faut garder... les mains libres avec la France, tant qu'il est possible. Dès que Votre Majesté est liée avec cette couronne, il n'y a plus rien à faire avec l'Angleterre. »

« Bon. *Mais si l'Angleterre veut nous jouer, il faudra se jeter dans les bras de la France.* »

C. P. 338. — *Au ministre d'État de Podewils.*

Ohlau, 12 avril 1741.

Podewils mande de Berlin, le 6 avril :

« ... Je commence à croire qu'on médite à Pétersbourg et à Dresde, et peut-être aussi à Londres, de proposer une médiation armée à Votre Majesté, de Lui offrir certaines conditions d'accommodement et d'agir de concert contre Elle, en attaquant ses Etats, si Elle refuse de les accepter. »

« Je suis de votre avis. On doit attendre leurs propositions. Bon, si l'Angleterre offre sérieusement ses *Officia*. Si non, *il faut conclure avec la France pour ne pas se trouver assis par terre* entre deux chaises. »

C. P. 339. — *Au ministre d'État de Podewils.*

Ohlau, 12 avril 1741.

Rapports de Podewils et de Borcke de Berlin, 6 avril :

« Ils ont parlé au ministre de Saxe du partage de la Prusse projeté à Pétersbourg. Bülow a nié, mais a paru très troublé. »

« Bon, mais dès que nous verrons que l'on veut nous amuser, il faudra en finir avec la France. »

C. P. 340. — *Au ministre d'Etat de Podewils.*

Ohlau, 12 avril 1741.

Rapports de Borcke et de Podewils de Berlin le 8 avril :

« D'après les dires du prince d'Anhalt-Dessau, ils sont tous deux portés à croire que le roi a résolu d'attaquer la Saxe. »

« Il faut encore temporiser jusqu'à ce que nous voyions plus clairement l'intention de l'Angleterre. Vous en écrirez au prince d'Anhalt. »

IV

DE LA BATAILLE DE MOLLWITZ AU TRAITÉ AVEC LA FRANCE

(5 juin 1741)

Si la bataille de Mollwitz n'eut pas de conséquence au point de vue militaire, elle exerça au contraire une action considérable sur le groupement des puissances européennes et modifia sensiblement l'attitude des cabinets. Breslau et le camp du roi de Prusse devinrent, à proprement parler, le siège d'un Congrès, auquel les diplomates et les ambassadeurs se hâtèrent d'accourir pour faire leur cour à l'heureux vainqueur.

A partir de ce moment, la campagne de 1741 est, pour ainsi dire, terminée. Tout se borne à des opérations secondaires, à des entreprises sans importance et Frédéric va désormais consacrer tous ses soins à la direction des affaires politiques. Nul n'était mieux que lui préparé à ce rôle, nul n'avait mieux compris et la situation de l'Europe et le parti qu'il pouvait en tirer. Dès le 6 novembre 1740, il avait, on s'en souvient, nettement formulé ses idées sur les « *projets politiques à former au sujet de la mort de l'Empereur* » et reconnu l'avantage qu'il trouverait à entretenir l'hostilité, tout au moins la rivalité et l'antagonisme, entre la France et l'Angleterre.

A l'égard de l'Angleterre, la position de Frédéric était d'autant plus délicate que le roi George II, en sa qualité d'électeur de Hanovre, avait dès le premier moment aperçu le danger que les accroissements de la Prusse et l'ambition de son jeune roi pouvaient faire courir à ses possessions continentales et s'était empressé de reconnaître les droits de Marie-Thérèse. Mais les ministres anglais, désireux de s'assurer l'alliance autrichienne qu'ils considéraient comme nécessaire dans le cas probable d'un conflit avec la France, avaient cherché d'abord à écarter la possibilité d'une lutte qui mettrait l'Autriche aux prises avec la Prusse, maintenant à mettre fin à la guerre qu'ils n'avaient pas réussi à empêcher. En exerçant une pression diplomatique à Vienne et à Berlin, ils se berçaient encore de l'espoir de pouvoir conclure avec ces deux Cours un traité d'alliance défensive et défensive contre la France.

Frédéric avait d'un coup d'œil envisagé les avantages qu'il pouvait tirer de ces divergences de vues entre le roi d'Angleterre et ses ministres. Pendant que le cabinet de Saint-James travaillait à faire partager ses idées aux Etats-Généraux de Hollande et à la Russie. le roi de Prusse, dont les caisses étaient pleines, dont l'armée était pourvue de tout, se hâtait d'agir et de poursuivre par tous les moyens en son pouvoir la réalisation du programme qui devait transformer son petit royaume et lui faire prendre en peu de temps une place prédominante dans le concert européen. Admirablement secondé par des agents actifs et intelligents il n'avait pas un seul instant perdu de vue les démarches des ministres d'Autriche, d'Angleterre et de France et était parvenu à se créer, partout où le besoin pouvait s'en faire sentir, des intelligences et des partisans gagnés à sa cause à l'aide de promesses et de libéralités.

Les efforts diplomatiques de Frédéric dont, surtout à partir du 1ᵉʳ avril, toute la politique gravitait de nouveau autour de l'Angleterre, allaient, par une singulière coïncidence, être couronnés de succès le jour même où Schwerin remportait la victoire de Mollwitz et obligeait l'armée autrichienne, arrivée à quelques kilomètres de Breslau, à évacuer définitivement la Silésie presque tout entière.

Le 10 avril, en effet, vers la fin d'une conférence tenue à Dresde, l'envoyé anglais Villiers déclarait, inopinément et confidentiellement, que, « cédant aux pressantes instances du roi de Prusse, son souverain avait consenti à interposer ses bons offices par manière d'intercession à Vienne pour tâcher de porter la reine de Hongrie et de Bohême à un accommodement convenable avec le roi de Prusse dans la vue d'attirer ce prince au grand concert en faveur de la bonne cause commune et de prévenir par là les desseins pernicieux de la France d'allumer insensiblement une guerre intestine dans l'Empire en soutenant l'électeur de Bavière et en s'attachant le roi de Prusse ». Villiers avait ajouté, il est vrai, « que la cour de Vienne ne paraissait pas bien disposée à cet accommodement, et que son souverain, voulant dans ce cas agir vigoureusement en faveur de Marie-Thérèse, il fallait délibérer sans délai, mais en secret, sur un double plan : l'un, si l'accommodement avec le roi de Prusse et son accession au grand concert pouvaient encore avoir lieu, et l'autre, s'il fallait absolument en venir à agir de concert par les armes combinées contre ce prince ».

Il fallait donc gagner du temps, louvoyer, biaiser, ruser, redoubler de prudence, de finesse et d'habileté en attendant la réponse de la cour de Vienne aux propositions qu'on venait de lui transmettre dans le plus grand secret. Ce délai forcé était d'autant mieux fait pour déplaire à Frédéric, pour contrarier son action, qu'un nouvel acteur allait entrer en scène. Le maréchal de

Belle-Isle était sur le point d'arriver à Dresde, sa dernière étape avant de continuer sur Breslau ou plutôt sur le camp du roi.

C. P. 341. — *Au Département des Affaires Étrangères.*

Quartier général, Ohlau, 12 avril 1741.

MESSIEURS DE PODEWILS ET DE BORCKE,

J'ai bien reçu votre représentation du 25 de mars touchant la lettre de l'Empereur des Russies sur l'affaire de la Silésie [1] que je vous renvoie en original. Elle me paraît, comme à vous, fort significative, et les expressions polies ne m'empêchent point d'en pénétrer le véritable sens. Cependant, il y faut répondre avec toute la sincérité imaginable sans faire connaître la moindre aigreur, et vous devez employer tout votre savoir-faire pour insinuer à cette Cour que, loin de la soupçonner d'aucune mauvaise volonté, je me repose entièrement sur la solidité et la sincérité de son amitié et alliance, qui a subsisté depuis longtemps entre nous à l'avantage commun et qui heureusement vient d'être renouvelée; que — l'affaire de la Silésie ne regardant pas la succession de feu l'Empereur en général, mais plutôt mes prétentions sur ce pays, sur lesquelles j'ai si souvent offert un accommodement raisonnable, ayant sincèrement à cœur la conservation de la maison d'Autriche et le bien du duc de Lorraine, qui pourrait arriver avec plus de facilité à son but, s'il lui plaisait d'entrer dans ces idées, — je n'espère pas moins de la bonté de l'Empereur que de vouloir, par ses bons offices plutôt que par des voies de fait, procurer la réunion et la paix entre moi et la reine de Hongrie, ce qui serait le moyen le plus propre à remplir les engagements contractés avec cette cour pour sa prospérité et conservation, parce que je serais prêt à tout faire pour cette fin, moyennant une satisfaction juste et compatible avec ma gloire; que sachant la bonne volonté du roi de la Grande-Bretagne pour cet accommodement si salutaire aux parties et à toute l'Europe, je me flatte que la cour de Russie y donnerait les mains, avant que de venir à des menaces et aux extrémités, qui ne sauraient qu'avoir des suites funestes à la susdite maison d'Autriche; qu'ainsi je ne doute nullement que l'Empereur des Russies et son ministre n'embrassent avec plaisir cette occasion de marquer une égale affection pour les deux parties, en procurant à chacune sa convenance par les moyens pacifiques et

---

[1] Cf. *ibidem*, 257.

conformes à nos intérêts réciproques et à ceux de l'Europe, où la Russie a une si grande part. Enfin vous y ajouterez les arguments les plus persuasifs et les plus propres à venir à notre but. Au reste, il faut que Mardefeld travaille avec force pour gagner le comte d'Ostermann, auquel il peut promettre tout ce qu'il jugera convenable, soit pour lui, soit pour ses parents. Je suis, etc.

Fédéric.

C. P. 343. — *Au grand maréchal de la Cour comte de Gotter, à Berlin.*

Ohlau, 13 avril 1741.

J'ai été bien aise de voir, par votre lettre du 4 de ce mois et par les expressions obligeantes dont celle de Münchhausen est remplie, que ce ministre travaille sans discontinuer pour concilier nos intérêts réciproques et pour cimenter l'union tant désirée. Mais comme je ne suis pas encore bien instruit de la véritable intention de cette Cour et du plan qu'elle pourra former, il m'en faut attendre le développement avant que de pouvoir prendre une résolution fixe et stable, sachant combien ces sortes d'affaires et d'insinuations sont sujettes à caution *dans un siècle où la sincérité est si rare.* Cependant vous assurerez le susdit ministre de ma tendre et parfaite amitié pour le Roi son maître, et de l'estime particulière que j'ai pour le de Münchhausen, qui ne manquera pas de s'ouvrir à moi ou au département des affaires étrangères sur les points qui lui paraîtront nécessaires à éplucher.

Fédéric.

S'il était permis de conserver l'ombre d'un doute sur « la sincérité et la loyauté » du grand roi de Prusse, il suffirait, je pense, de lire les deux dépêches ci-dessous, écrites, pour ainsi dire, au même moment, pour être à tout jamais fixé sur le cynisme sans borne de leur auteur.

C. P. 344. — *Au marquis de Valory, Envoyé de France, à Breslau.*

Quartier général, Ohlau, 13 avril 1741.

Monsieur le Marquis,

Ce n'est qu'hier que j'ai eu le plaisir de recevoir votre lettre du 7 de ce mois, qui a été arrêtée ici à cause de ma marche et de la bataille gagnée par la grâce de l'Eternel le 10 de ce mois. Cependant je vous sais tout le gré imaginable de votre obligeante impatience de terminer avec mon ministre l'affaire du traité en question et de vous rendre pour cette fin à Breslau, et je me flatte que ce qui demande encore quelque changement sera bientôt ajusté. J'ai surtout été charmé d'apprendre la prochaine arrivée du maréchal de Belle-Isle, espérant que sa présence en facilitera la conclusion. Au reste, rien ne me saurait être plus agréable que de vous convaincre de la sincérité de mon amitié et attachement pour Sa Majesté Très Chrétienne et de l'estime distinguée avec laquelle je suis, etc.

FÉDÉRIC.

C. P. 345. — *Au ministre d'État de Podewils.*

Quartier général, Ohlau, 13 avril 1741.

MONSIEUR DE PODEWILS,

Ayant reçu une lettre très pressante de M. de Valory au sujet de la conclusion du traité en question, je vous adresse la réponse et la copie espérant que vous vous trouverez ensemble à Breslau.

Vous savez déjà mes intentions, et combien il m'importe de traîner l'affaire et de ménager soigneusement la France jusqu'à l'arrivée de milord Hyndford.

En attendant, vous continuerez de négocier secrètement avec l'Angleterre et la Russie, afin de pouvoir prendre le parti le plus convenable selon les circonstances présentes. Au reste, le comte de Gotter vient de me communiquer une lettre que le de Münchhausen lui a écrite touchant notre affaire secrète [1]. Gotter me parle aussi des vues sur Hildesheim [2], ce qui me surprend, vu qu'il ne me paraît pas convenable à mes intérêts que cette délicate affaire soit exposée à être sue par personnes qui n'en sont pas chargées. C'est pourquoi j'ai jugé à propos de répondre au comte de Gotter par des généralités vagues et peu signifiantes, et vous ferez bien de détourner le ministre hanovrien de se servir d'un autre canal que du vôtre. Je suis, etc.

FÉDÉRIC.

Malgré l'assurance qu'il affecte, Frédéric ne se dissimulait pas les dificultés, croissantes de jour en jour, qui rendaient bien pro-

[1] Cf. C. P. n° 343.
[2] Cf. C. P. n° 342, communication résultant d'une conversation avec le ministre de Hanovre von Schwicheldt.

blématique la continuation du double jeu, auquel il lui importait de ne renoncer qu'à la dernière extrémité. Pendant qu'on endormait les soupçons de Valory, il fallait presser la marche des négociations avec l'Angleterre. Il le fallait d'autant plus, qu'au moment où il prescrivait à Podewils de se rendre à Breslau et de transmettre ses ordres à Truchsess, il savait que Belle-Isle, arrivé à Dresde, allait avoir, sur l'heure même, avec Auguste III, Brühl et le Père Guarini, des conférences, auxquelles il attache tellement d'importance que, comme il l'écrira trois jours plus tard à Podewils : « La Saxe doit nous déterminer. »

C. P. 346. — *Au ministre d'État de Podewils, à Breslau.*

Ohlau, 15 avril 1741.

Monsieur de Podewils,

Vous ayant fait espérer une relation exacte de la bataille gagnée le 10 de ce mois, j'ai bien voulu vous l'adresser pour en faire un bon usage. A présent, il faudra voir quelle impression cet événement fera à Vienne et partout ailleurs, et s'il contribuera à faciliter l'accommodement ou à le retarder. Pour ce qui est des autres ennemis, je ne m'en mettrai point en peine, pourvu que j'en puisse détacher la Russie. C'est pourquoi que vous ferez tous vos efforts en instruisant le de Mardefeld sur ce qu'il aura à faire. Comme je vous crois sur le point d'arriver à Breslau, j'en attends de vos nouvelles. Je suis, etc.

Fédéric.

C. P. 347. — *Au ministre d'État de Podewils, à Breslau.*

Camp d'Ohlau, 16 avril 1741.

Monsieur de Podewils,

J'espère que celle-ci vous trouvera déjà à Breslau et que vous aurez reçu toutes les expéditions de mes lettres. Comme je crains que celle pour le comte de Truchsess ne puisse être perdue, aussi bien que le courrier qui s'est éclipsé après le 8, vous ne manquerez point d'envoyer *cito* des ordres au susdit ministre d'entrer en négociation avec ceux d'Angleterre.

Vous savez mes résolutions, et il faut se prêter à la demande qu'on a faite de l'évêché de Hildesheim, si l'affaire ne s'accroche qu'à cet article [1].

Pour Valory et Rudenschöld [2], il faut les cajoler sans nous lier encore. Au reste, Fredersdorf [3] vous payera les 99 écus 22 gros pour les frais de votre correspondance. Je suis, etc.

FÉDÉRIC.

C. P. 349. — *Au ministre d'État de Podewils, à Breslau.*

Ohlau, 17 avril 1741.

Rapport de Podewils, de Breslau, 16 avril : « Valory insiste sur la conclusion du traité. Il sera fort difficile, pour ne pas dire impossible, de traîner cette négociation sans affectation. Je me retrancherai d'abord sur la nécessité de trouver des moyens pour tenir le dos libre à Votre Majesté contre la Russie et qu'il faut absolument faire agir la Suède, le Danemark et même la Porte Ottomane pour tenir la Russie en échec. Ç'a toujours été mon cheval de bataille dans les conversations.... Autant que j'ai compris de ses discours, le maréchal de Belle-Isle aura de la répugnance de se rendre auprès de Votre Majesté, s'il n'est pas moralement persuadé que le traité en question sera signé avant son arrivée ou pendant son séjour. »

« La Saxe doit nous déterminer. Car si elle rompt avec nous, concluez qu'elle n'est pas seule; si elle se tient en repos, ne nous hâtons pas avec la France. C'est à quoi se réduit mon avis. »

FR.

---

[1] Répondant (*ibidem*, 342) à Podewils qui lui mande le 31 mars : « J'ai appris que le véritable objet que l'on couche en joue à Hanovre, c'est l'évêché de Hildesheim plutôt que celui d'Osnabrück et le bailliage de Mecklembourg », Frédéric lui avait écrit d'Ohlau le 13 avril : « S'il n'y a pas de moyens de le détourner, il faut y donner les mains. Mais il nous conviendrait mieux de leur faire espérer Osnabrück. »

[2] Rudenschöld (Charles von), conseiller aulique suédois, ministre de Suède à Berlin.

[3] Fredersdorf (Michel-Gabriel), chambellan privé du roi.

C. P. 350. — *Au ministre d'État de Podewils, à Breslau.*

Ohlau, 17 avril 1741.

Rapport de Podewils, Breslau, 16 avril, au sujet des craintes qu'inspire au roi de Pologne la présence près de la frontière saxonne de troupes prussiennes qui pourraient sans le vouloir violer la frontière. Il propose au roi de donner au prince d'Anhalt [1] des ordres à cet effet.

Bon. On ne commencera pas la guerre.

Fr.

C. P. 352. — *Au conseiller de Légation d'Ammon, à Dresde.*

Ohlau, 18 avril 1741.

Monsieur Ammon,

J'ai appris par votre relation n° 7 du 15 de ce mois le sujet de la conférence que vous avez eue avec le comte de Brühl, touchant la manière dont on envisage la bataille du 10 de ce mois, et ce que ce ministre vous a déclaré, par ordre, des offres de la médiation du Roi, son maître, pour moyenner un juste accommodement sur l'affaire de Silésie. C'est sur quoi vous aurez bientôt des instructions suffisantes.

N'étant aucunement surpris des fausses idées que mes ennemis répandent du succès de ce combat, il suffit que le public sache à cette heure la déroute totale de l'armée ennemie et sa fuite précipitée.

Cependant vous remercierez en mon nom le susdit ministre de la confiance que Sa Majesté Polonaise et lui-même m'ont voulu marquer par ces ouvertures, et vous lui répéterez les protestations les plus fortes de mon amitié pour ce prince, et de l'envie que j'ai témoignée si souvent de m'unir inséparablement avec lui; que rien ne me serait plus agréable que d'obtenir par sa médiation un accommodement raisonnable et conforme à ma gloire et à mes prétentions, et que, la médiation du roi de la Grande-Bretagne me paraissant aussi utile et nécessaire pour faciliter l'ouvrage de la paix, je me flatte que le roi

---

[1] Cf. *ibidem*, 351, au feld-maréchal prince d'Anhalt-Dessau à Göttin, Ohlau, 17 avril.

de Pologne y voudra combiner ses bons offices afin de travailler conjointement pour effectuer amiablement un but si salutaire; qu'ayant déjà fait connaître mes prétentions et la portion que je demandais de la Silésie, j'espère que les deux rois médiateurs s'efforceront d'inspirer à la reine de Hongrie les mêmes sentiments pacifiques et la volonté de s'y prêter, ce qui me mettrait en état d'effectuer mes offres et de travailler de concert avec les susdits rois à sa conservation et prospérité et à celle de sa maison comme aussi au bonheur de l'Empire; que, chérissant surtout les intérêts de Sa Majesté Polonaise et sa convenance, je ferais tout ce qui dépendrait de moi pour l'en convaincre, dès qu'Elle voudra s'ouvrir confidemment là-dessus; que, jugeant pour cette fin nécessaire d'avoir par écrit la déclaration et les offres des demandes de ce prince, j'espère que le comte de Brühl voudra vous en munir le plus tôt qu'il sera possible et que je lui promettrais un secret inviolable.

Voilà la réponse préliminaire que vous donnerez le plus poliment au susdit ministre, en attendant une instruction plus détaillée que vous aurez au premier jour. J'attends la suite de cette affaire, étant, etc.

FÉDÉRIC.

Malgré toute son activité et sa clairvoyance, Frédéric avait cette fois été devancé. La mission de Belle-Isle, facilitée par les résultats de la journée de Mollwitz, avait réussi à détacher la Saxe de l'alliance autrichienne et rendu impossible l'action combinée, le travail en commun si vivement désiré par le roi de Prusse, et l'accord qu'il aurait souhaité voir s'établir entre l'Angleterre et Auguste III désormais acquis à la politique de la France.

C. P. 353. — *Au ministre d'État de Podewils, à Breslau.*

Ohlau, 18 avril 1741.

MONSIEUR DE PODEWILS,

La dépêche ci-jointe du résident Ammon m'a paru intéressante, de sorte que je n'ai pas voulu différer à lui faire connaître en abrégé mes sentiments sur la proposition qu'on vient de lui faire, comme vous le verrez par la copie de ma lettre, que vous lui dépêcherez par une estafette. Vous pourriez y joindre *ad manus* une ultérieure instruction conforme à mes idées, dont vous êtes informé à fond. *Ce serait un coup de parti si nous savions amuser les Saxons* jusqu'à l'arrivée de milord Hyndford, dont les propositions nous mettront au fait de toute cette intrigue. C'est pourquoi j'ai évité de déclarer les offres de la médiation du roi d'Angleterre, en ayant seulement indiqué l'utilité pour faciliter l'accommodement en question. Enfin, vous savez de quoi il s'agit, et vous agirez conformément à mes intérêts. Je suis, etc.

FÉDÉRIC.

C. P. 354. — *Au ministre d'État de Podewils, à Breslau.*

Ohlau, 19 avril 1741.
MONSIEUR DE PODEWILS,

J'ai bien reçu votre lettre du 18 de ce mois et la relation de même date, touchant les instances du marquis de Valory, et ce que vous lui avez dit pour arrêter son impatience. J'en suis *fort satisfait, et nous continuerons sur ce pied jusqu'à ce qu'il faille prendre la dernière résolution.* Quant au baron de Schwicheldt, je vous ferai savoir quand j'aurai le loisir de lui donner audience.

Nous attendrons la réponse du résident Ammon qui nous fera voir un peu plus clair. Je suis, etc.

FÉDÉRIC.

Comme je marche de ce pas au camp, il dépendra du de Schwicheldt de s'y rendre demain pour me parler.

Ne sachant en réalité encore de quel côté il convenait pour lui de pencher, ne se souciant pas de prendre une résolution avant d'être complètement au fait des multiples intrigues que pour la plupart il avait nouées, Frédéric II n'avait à ce moment qu'une pensée, celle d'amuser, de duper, de cajoler aussi bien Valory que les Saxons. Sachant que Belle-Isle n'avait pas encore terminé les négociations qu'il avait entamées à Dresde[1], il espérait pouvoir gagner le temps dont il avait besoin, lorsqu'à son

---

[1] La Saxe refusa absolument d'adhérer au projet de traité proposé par Villiers et que Marie-Thérèse avait, quoique à grand regret, fini par accepter le 24 avril. Ce résultat était dû, d'une part aux efforts de la diplomatie française, de l'autre à l'effet produit par la nouvelle de la défaite des Autrichiens et enfin à l'attitude singulière de l'Angleterre.

grand désappointement il apprit que le maréchal, alarmé par les rapports de Valory et pressé d'en finir, courait la poste sur la route de Breslau. C'était là, plus qu'un fâcheux contretemps, une réelle et sérieuse complication. Il fallait se préparer à subir ce qui était désormais inévitable et tout disposer en vue d'une entrevue qui pouvait aisément avoir de graves conséquences. Puisque Belle-Isle a jugé à propos de venir, sans s'être annoncé à l'avance, à l'heure qui lui convenait le mieux, on trouvera moyen de lui prouver qu'il a compté sans son hôte et qu'il n'est pas aussi aisé qu'il a pu se l'imaginer de prendre le roi au dépourvu. Quelques instants ont suffi à Frédéric pour dresser son plan. Il comblera le maréchal de flatteries, d'éloges, de compliments et, quand il le quittera, il n'emportera que de vagues assurances, d'inutiles protestations d'amitié et quelques belles paroles qui n'engageront le roi en rien et ne révéleront aucune de ses pensées.

C. P. 356. — *Au ministre d'Etot de Podewils, à Berlin.*

Camp de Mollwitz, 23 avril 1741.

Monsieur de Podewils,

J'ai bien appris, par la vôtre du 22 de ce mois, l'arrivée du maréchal de Belle-Isle et l'impatience qu'il marque de me voir. Vous lui ferez en mon nom un grand compliment sur son heureux voyage et sur l'envie que j'ai de lui parler. Mais pour l'arrêter encore deux ou trois jours à Breslau, vous prendrez le prétexte que les chemins ne sont pas encore très sûrs et qu'il faudrait envoyer une bonne escorte, à laquelle je ne manquerais pas de songer. Mais il faudra agir finement, pour qu'il ne puisse s'apercevoir de rien.

Quant à la sûreté qu'il faut pour l'envoi des papiers, il ne faut pas les risquer, mais les envoyer quand les convois et escortes partent. On pourrait aussi voir si les chemins de l'autre côté de l'Oder ne sont pas plus assurés jusqu'à Ohlau. Je suis, etc.

Fédéric.

Vous devrez venir ici, quand le de Belle-Isle s'y rendra. Vous le cajolerez à merveille.

C. P. 358. — *Au ministre d'État de Podewils.*

Camp de Mollwitz, 24 avril 1741.

MON CHER DE PODEWILS,

De la façon que disent vos nouvelles que s'est conduit le maréchal de Belle-Isle à Cologne, Mayence et Trèves, je le crois impérieux et absolu dans ses sentiments.

Il voudra à toute force conclure, et moi, je voudrais attendre l'arrivée du charlatan anglais pour me déterminer ; mais en tout cas, il faudra voir comment, en flattant M. de Belle-Isle au suprême degré et lui faisant entrevoir toute l'envie du monde de conclure, on pourra différer cet acte jusqu'au moment qu'on ait arrangé ses flûtes avec les Anglais.

Enfin, il n'y a pas d'autre moyen que d'insister sur le secours de la Suède, sur l'alliance du Danemark et de faire les peureux pour la Russie.

Si Belle-Isle veut venir après-demain, il faut m'en avertir pour que les escortes et que tout soit prêt. Adieu, cher Podewils, vous connaissez mes sentiments, etc.

FÉDÉRIC.

C. P. 359. — *Au ministre d'État de Podewils, à Breslau.*

Rapport de Podewils, de Breslau, le 24 avril :

« Bülow m'a prié de le mettre aux pieds de Votre Majesté et de L'assurer que le Roi, son maître, ne demandait pas mieux que de s'assurer l'amitié de Votre Majesté. »

« Il faut le cajoler en arrêtant son impatience jusqu'à l'arrivée de mylord Hyndford. »

C. P. 360. — *Au ministre d'État de Podewils, à Breslau.*

Camp de Mollwitz, 2 mai 1741.

MONSIEUR DE PODEWILS,

Je vous adresse, parmi quelques autres relations, celles de M. le comte de Truchsess que j'ai reçues par son estafette. Quoique tout ce qu'il me mande, et surtout le contenu de la harangue du roi d'Angleterre¹, me semble fournir de justes sujets de soupçon qu'on n'agit pas avec la droiture et sincérité promises, nous verrons pourtant par les propositions de Schwicheldt et de Hyndford ce que nous en aurons à attendre.

Quant à ma résolution, vous en êtes déjà informé, et comme je suis prêt à entrer pleinement dans les vues du roi de la Grande-Bretagne, par rapport à la convenance du Mecklembourg et d'Osnabrück, pour prix d'un accommodement raisonnable, ce prince jugera bien lui-même que, pour y parvenir, il faudrait s'abstenir de donner des secours à la reine de Hongrie pendant la négociation, ce qui en rendrait le succès absolument impossible. Ainsi vous ferez de votre mieux d'inspirer à la cour de Hanovre des sentiments pacifiques et des moyens convenables au grand but et vous instruirez le comte de Truchsess sur ce qu'il aura à faire.

Frédéric.

P. S. — Il faut avertir le comte de Truchsess qu'il doit ménager de converser trop familièrement avec le comte d'Ostein², qui en abusera sans faute.

Tout ce qui avait trait aux doubles et délicates négociations entamées avec la Grande-Bretagne et le Hanovre tenait à ce moment une si grande place dans l'esprit de Frédéric, que, non content de charger Podewils d'envoyer des instructions à Truchsess, il juge utile de lui faire connaître lui-même sa manière de voir, tout comme il ne cessera de multiplier ses recommandations et ses ordres pendant les quarante-huit heures qui vont s'écouler avant son premier entretien avec Hyndford et Schwicheldt³.

¹ Le discours du trône du 19 avril. George II avait déclaré à son Parlement qu'il était décidé à fournir à Marie-Thérèse les 12 000 hommes qu'il s'était engagé par traité de mettre à sa disposition. Mais ses ministres, tenant par-dessus tout, surtout après la victoire de Mollwitz, à empêcher le roi de Prusse de s'allier avec la France, n'en décidèrent pas moins leur souverain à envoyer auprès de Frédéric lord Hyndford, qui arriva à Breslau le 2 mai.

² Ostein (Henri-Charles comte d'), ministre d'Autriche à Londres.

³ Ces deux négociateurs, lit-on au chapitre III de l'*Histoire de mon temps*, étaient, quoique au service du même maître, chargés d'instructions toutes différentes. Ces ministres étaient dans le camp du Roi et il paraissait singulier que lord Hyndford donnât plus d'ombrage au sieur Schwicheldt que le maréchal de Belle-Isle...

C. P. 361. — *Au major général comte de Truchsess, à Londres.*

Camp de Mollwitz, 3 mai 1741

J'ai bien reçu vos dépêches du 18 et du 21 d'avril, par lesquelles vous me rendez compte des entretiens que vous avez eus avec le ministère au sujet de notre affaire en question, et ce sera avec la première poste que je vous ferai connaître ce que je pense là-dessus.

En attendant, j'ai été charmé d'apprendre les protestations réitérées qu'on vous a faites de la bonne et favorable disposition où le roi de la Grande-Bretagne se trouve à mon égard; et, quoique certaines expressions de sa harangue n'y paraissent pas tout à fait conformes, je me fie trop à l'assurance et à la droiture de ce prince, dont l'amitié m'est si chère, pour en douter aucunement. C'est ce qui me confirme dans la bonne opinion que j'ai qu'il travaille efficacement pour terminer amiablement l'affaire de Silésie sans plus de délai. Car, comme je veux me conformer à ses vues par rapport à sa convenance, je me flatte qu'il ne voudra pas rendre inflexible la cour de Vienne par l'espoir d'un secours qui rendrait l'accommodement tout à fait impossible. Au reste, voyant que vous parlez quelquefois avec le comte d'Ostein, je vous conseille de vous ménager tellement qu'il n'en puisse abuser.

FÉDÉRIC.

C. P. 362. — *Au ministre d'État de Podewils, à Breslau.*

Camp de Mollwitz, 3 mai 1741.

MONSIEUR DE PODEWILS,

Vous avez reçu hier les dépêches du comte de Truchsess parmi les autres relations, et ma lettre, que je vous ai envoyée après-midi, vous a fait connaître ce que je pense sur la conduite équivoque de la cour de Londres.

Je vous adresse maintenant une petite réponse que vous joindrez aux instructions plus détaillées que vous lui ferez avoir. Voici aussi une lettre du de Münchhausen au comte de Gotter. Les paroles en sont très belles; mais vous saurez bientôt par les propositions des deux ministres ce que nous en devons croire. Je suis, etc.

FÉDÉRIC.

C. P. 363. — *Au ministre d'État de Podewils, à Breslau.*

Camp de Mollwitz, 4 mai 1741.

Podewils rend compte de Breslau, le 3 mai, que Schwicheldt lui a présenté son projet de traité secret entre la Prusse et la Bavière.

« On promet beaucoup, mais on ne demande pas moins[1]. Si l'on veut rabattre quelque chose de la Basse Silésie, il faudra aussi qu'on se contentât de moins à Hanovre. Par rapport à Hildesheim, il faudra se ménager une libre communication avec les Etats de Votre Majesté au-delà du Weser. Les bailliages, qu'on demande du comté de Hohenstein, ne sont qu'en cas que Votre Majesté entre dans la possession d'Ostfrise.

« Je dois encore répéter à Votre Majesté, sur la demande réitérée de M. de Schwicheldt, qu'on ne dise mot à milord Hyndford des demandes et des convenances du roi d'Angleterre comme électeur d'Hanovre, puisqu'on craint extrêmement que la nation ne reproche à ce prince d'avoir plus à cœur ses intérêts particuliers que ceux du public.

« Il dépendra de Votre Majesté jusqu'où Elle veut s'ouvrir envers Hyndford ; car si l'on veut insister sur la totalité de la Basse-Silésie, je crois remarquer, par

« Bon, j'accorderai tout à condition que par l'intervention de l'Angleterre on me donne la Basse-Silésie avec Breslau.

« L'affaire me paraît délicate et je vous en parlerai demain.

« Très bien. Venez demain avec Hyndford et Schwicheldt et arrangez tout pour cela. Mais j'ai besoin de vous parler avant de les voir, parce que cette double

[1] La Basse-Silésie avec Breslau à la Prusse par la médiation anglaise, Hildesheim, les bailliages hypothéqués de Mecklembourg et deux bailliages dans le comté de Hohenstein, au Hanovre.

les discours de milord Hyndford, qu'il n'y aura rien à espérer pour un accommodement, ce qui revient à ce que le comte de Truchsess en a mandé. » négociation me surprend fort, puisqu'Hyndford ne doit pas être mis dans la confidence. »

C. P. 364. — *Au ministre d'État de Podewils, à Breslau.*

Camp devant Brieg, 4 avril 1741.

Monsieur de Podewils,

« Je vous ai fait connaître ma résolution sur vos représentations du 3 de ce mois, au sujet des ministres Hyndford et Schwicheldt, en vous ordonnant de les faire venir ici demain et de les accompagner. Je vous parlerai avant que de leur donner audience, ne pouvant pas comprendre cette double façon de négocier. Voici ma résolution dictée touchant le présent pour le maréchal de Belle-Isle et l'ordre au ministre d'Etat de Marschall de vous l'envoyer. J'y joins aussi la relation du résident Ammon et la réponse que j'ai donnée au feld-maréchal de Schmettau que vous adresserez sûrement au susdit Ammon. Je suis, etc.

Frédéric.

P. S. — Je suis fâché de ne pas pouvoir accorder à ces Messieurs une escorte particulière, à cause de l'armée ennemie qui se trouve à Grottkau. D'ailleurs, je crois les chemins entre Breslau et ici sûrs, M. de Rudenschöld l'ayant éprouvé hier. En tous cas ils pourraient sortir, en même temps que l'escorte que Münchow envoie à Ohlau avec des chariots. Au reste, le quartier de ces messieurs sera à Hermsdorf, où le général de Kleist a logé, puisqu'on a trouvé nécessaire d'établir à Hühnern, dans la maison où vous avez séjourné, le lazaret de l'armée. Vous leur indiquerez tout cela d'une manière convenable. J'ai fait mettre la lettre pour Schmettau sous l'adresse d'un banquier de Leipzig, suivant son propre avis.

Toujours prudent et, par-dessus tout, désireux de ne pas s'aliéner la France, Frédéric n'avait pas manqué d'adresser, le jour même où il conférait avec les envoyés de George II, une longue dépêche à Le Chambrier. La prudence la plus élémentaire ne commandait-elle pas au roi d'aller au-devant des reproches ou même de simples observations et de chercher à étouffer les soupçons que l'accueil fait à lord Hyndford pouvait éveiller à Versailles.

C. P. 365. — *Au conseiller baron Le Chambrier, à Paris.*

Breslau, 6 mai 1741.

J'ai reçu votre dépêche du 21 du mois passé, et j'espère que le maréchal de Belle-Isle aura rendu à sa Cour un compte fidèle et exact de mes sentiments pour Sa Majesté Très Chrétienne et de mon attachement zélé pour ses intérêts, aussi bien que des motifs qui m'ont empêché jusqu'ici, *à mon grand regret*, de mettre la dernière main au traité qui était sur le tapis entre moi et le roi son maître.

J'ai communiqué audit maréchal la relation que je venais justement de recevoir de mon ministre à Pétersbourg[1] dans le temps qu'il était auprès de moi au camp, et par laquelle il a vu lui-même l'orage qui est prêt à fondre sur moi, si je refuse d'accepter un accommodement avec la maison d'Autriche, et le concert dans lequel les cours de Russie, d'Angleterre et de Saxe sont entrées pour me tomber de tous les côtés sur le corps, dès que je ne voudrais pas accepter la médiation de ces puissances et me contenter de certains avantages modiques qu'on veut m'offrir. En vertu de ce concert, la Russie assemble actuellement son contingent auxiliaire de 30 000 hommes en Livonie pour s'emparer de mon royaume de Prusse, qui aurait été riflé dans quatre semaines, puisqu'il est tout à fait dégarni de troupes, n'ayant, outre les deux petites forteresses de Pillau et de Memel, aucune place tenable dans le pays.

D'un autre côté, la Saxe forme un camp de 20 000 hommes sur les frontières de mes Etats; la Cour de Hanovre est sur le point d'en faire autant et de le renforcer même de 6 000 Danois et autant de troupes de Hesse à la solde de la Grande-Bretagne, sans compter qu'on croit être sûr que le roi du Danemark agira encore avec plus de troupes contre moi.

Tout cela ensemble est prêt d'envahir et d'entamer mes Etats, et je puis être écrasé en Prusse et dans le cœur de mes provinces d'Allemagne, avant que la France soit assez à portée pour me secourir et me sauver et avant que la Suède soit en état de faire une puissante diversion en ma faveur; puisque, dans le temps que la Russie m'aurait attaqué, elle avait fait des dispositions pour faire agir une armée de

---

[1] Dépêche du 10 avril après le renvoi et la chute de Münnich.

40 000 hommes contre la Suède, tandis que l'Angleterre s'est engagée d'envoyer une flotte dans la mer Baltique et d'y embarquer même des troupes pour le secours de la Russie, et qu'on est actuellement en négociation avec le Danemark pour le porter à faire une diversion en Scanie en cas que la Suède rompe avec la Russie.

Voilà le tableau fidèle de ma situation et des embarras où je me trouve, tel que je l'ai expliqué au maréchal de Belle-Isle. La signature de mon traité avec la France n'aurait fait que hâter l'exécution du susdit concert, qui reste suspendu en quelque façon, tant qu'on a l'espérance de me réduire à un accommodement, mais qu'on précipiterait dès qu'on me croirait lié avec la France.

Je laisse à juger aux grandes lumières du cardinal de Fleury et au sieur Amelot si, dans les circonstances embarrassantes et dangereuses où je me trouve, je puis faire autrement que céder pour un temps au torrent qui menace de m'accabler, quoique jusqu'ici il n'y ait rien d'arrêté entre moi et la cour de Vienne et que *j'aie encore les mains entièrement libres, ce dont vous pouvez assurer le Cardinal sur ma parole et lui insinuer en même temps que, ces conjonctures fâcheuses venant à changer, je pourrais fort bien encore revenir à notre grand ouvrage, ce que je ferais de cœur et d'âme, dès que je le pourrais sans courir le risque d'un bouleversement général dans mes affaires.*

Mais qu'on se mette à ma place et qu'on entre dans ma situation un moment, et on verra que, si jamais un prince a été obligé d'aller bride en main, c'est moi, si je ne veux jouer le tout pour le tout. Au reste, vous donnerez au Cardinal les plus fortes assurances de mon amitié et de mon attachement pour le Roi son maître, et vous ferez tous les efforts imaginables pour calmer son esprit, guérir ses soupçons et l'empêcher, autant qu'il est humainement possible, qu'il ne prenne un parti qui pourrait être contraire à mes intérêts dans les conjonctures présentes.

Vous direz aussi à ce ministre que j'ai été charmé et content, au-delà de l'imagination, du maréchal de Belle-Isle, dont le caractère, l'esprit et le mérite distingué lui ont tellement attaché mon amitié que j'aurais fort souhaité de conserver ce grand homme plus longtemps chez moi.

Je me figure au reste, que vous aurez de rudes assauts et des reproches amers à essuyer de la part du ministère de France, de ce que j'aie balancé à signer le traité en question; mais je me flatte que votre savoir-faire et votre zèle pour mes intérêts sauront adoucir tellement les esprits qu'on ne me voudra point du mal *de la triste et malheureuse nécessité qui arrête toute ma bonne volonté et mon inclina-*

tion de me lier aussi étroitement que je l'aurais souhaité avec la France.

Vous leur insinuerez que tout n'est pas rompu encore et que, le marquis de Valory ayant ses pleins-pouvoirs, on pourrait toujours reprendre la négociation, dès que l'orage se dissipera tant soit peu et que la Russie serait entamée vigoureusement par la Suède, et la maison d'Autriche par l'Espagne, la Sardaigne et le roi des Deux-Siciles.

Fédéric.

L'entretien que Frédéric avait eu avec lord Hyndford, entretien dans lequel il ne s'était pas gêné pour reprocher au cabinet de Saint-James une attitude qui assurément ne concordait guère avec les protestations d'amitié de George II, ni avec le désir d'accommodement de ses ministres, mais qui était cependant bien moins équivoque, bien moins louche que celle qu'il n'avait cessé d'avoir lui-même depuis près de six mois, depuis le moment de son entrée en Silésie, était évidemment loin d'avoir satisfait aucun des deux interlocuteurs. Il suffira d'un rapide coup d'œil jeté sur les deux dépêches en date du 7 mai pour constater qu'on n'avait pu arriver à se mettre d'accord et même qu'en prévision d'une rupture, à laquelle il était sage de se préparer, Frédéric commençait de nouveau à se rapprocher de la France et comptait sur son concours et sa coopération pour obtenir de la Saxe une réponse catégorique. D'autre part, il avait refusé de rien rabattre de ses exigences et de ses prétentions, que lord Hyndford avait dû se résigner à transmettre à la Cour de Vienne, sans y rien changer, mais aussi sans s'illusionner sur l'accueil qu'on leur ferait.

C. P. 366. — *Au ministre d'État de Podewils, à Mollwitz.*

Camp de Mollwitz, 7 mai 1741.

Monsieur de Podewils,

Ne sachant pas dans quels termes je suis avec la Cour de Saxe, il me paraît nécessaire d'ordonner au résident Ammon de presser, conjointement avec le ministre de la France, le comte de Brühl sur cette situation équivoque et de demander une déclaration catégorique, *s'ils veulent la paix ou la guerre*. Il fera connaître en même temps que je suis fort bien informé de ce qu'on trame contre moi, et qu'on fait actuellement lever en Pologne quatre régiments pour un certain dessein; mais que, quoi qu'il puisse en arriver, je déclare par avance que, si ces troupes faisaient quelque invasion dans mon pays, je la ressentirais comme si celles de la Saxe l'avaient fait. Vous dresserez donc les ordres nécessaires d'une manière convenable, et je suis, etc.

FÉDÉRIC.

C. P. 367. — *Précis de l'audience que milord Hyndford a eue du Roi et de son entretien avec Sa Majesté.*

Camp de Mollwitz, 7 mai 1741.

Milord Hyndford, en remettant ses lettres de créance au Roi, lui fit les compliments convenables et les protestations d'amitié les plus fortes de la part du roi d'Angleterre.

Le Roi lui répliqua qu'il était bien sensible aux marques d'amitié et aux assurances que Sa Majesté Britannique venait de lui donner de son intention sincère de procurer un accommodement avantageux au roi dans l'affaire de Silésie, mais qu'il ne pouvait pas concilier ces belles promesses et protestations avec la harangue que le roi d'Angleterre a tenue à son Parlement, avec la lettre déhortatoire qu'il veut écrire à Sa Majesté et avec la conduite que les ministres d'Angleterre tiennent à la Haye, à Dresde et à Pétersbourg, où ils ne cessent pas d'animer ces différentes puissances d'entrer dans un concert contre Sa Majesté et de se déclarer ouvertement pour la reine de Hongrie.

Sa Majesté ajouta qu'Elle voulait voir clair dans les véritables intentions du roi d'Angleterre; qu'on se trouvait dans une crise où il fallait prendre son parti; que le Roi ne se laisserait pas intimider par quoi que ce soit, ni détourner de la juste poursuite de ses droits, et qu'il trouverait des amis et de l'assistance ailleurs; qu'il serait raisonnable de son côté, si on voulait l'être à Vienne et que le duc de Lorraine et la maison d'Autriche devraient se féliciter de trouver tant de modération dans l'esprit du Roi et de ce qu'il ne profitait point des avantages qu'il avait en mains pour pousser ses conquêtes. Que si l'on voulait faire quelque chose pour un bon accommodement et pour la conservation de l'équilibre de l'Europe, il en était temps; que sans cela on ne devrait pas reprocher le renversement au Roi.

Milord Hyndford répondit à tout cela, que le Roi son maître était sincèrement intentionné et porté de travailler tout de bon à un accommodement de l'affaire de Silésie ; qu'il ignorait absolument que le Roi son maître écrivait une lettre déhortatoire au Roi, ni que ses ministres aux autres Cours, comme le sieur Trevor à la Haye, le sieur Villiers à Dresde et le sieur Finch à Pétersbourg, tinssent un autre langage, ou qu'ils animassent les susdites Cours contre le Roi dans l'affaire de Silésie, soit pour entrer dans un concert contre le Roi, soit pour agir autrement ; que la harangue du Roi son maître au Parlement s'était faite depuis son départ, mais qu'il écrirait sur tout cela à sa Cour et qu'il était persuadé de la sincérité avec laquelle le Roi, son maître, travaillerait à un accommodement ; qu'il enverrait même un courrier au sieur Robinson, à Vienne, pour presser cette Cour à s'expliquer et pour mander au plus vite où l'on en était ; mais qu'il espérait que Sa Majesté voudrait s'expliquer sur son dernier ultimatum.

Le Roi répondit qu'il s'était expliqué tant de fois déjà là-dessus, et qu'il y restait ferme ; que c'était la Basse-Silésie qu'il lui fallait avec la ville de Breslau.

Sur quoi Milord répliqua qu'il espérait que ce serait sur les conditions que le comte de Gotter avait été chargé d'offrir à la Cour de Vienne au commencement de l'affaire de Silésie, demandant quelle somme d'argent le Roi voulait y mettre.

Sa Majesté répliqua qu'Elle avait fait offrir jusqu'à trois millions de florins, mais qu'en tout cela le plus ou le moins ne rencontrerait pas de difficulté, qu'on s'entendrait facilement là-dessus et qu'il agréait les conditions offertes ci-devant, suivant ses ordres, par le comte de Gotter à la Cour de Vienne.

Milord Hyndford sonda le Roi sur un armistice, et Sa Majesté répondit qu'il n'en pouvait pas admettre d'autre que de six mois.

Sur quoi milord Hyndford promit d'envoyer sans perte de temps un messager d'État, qu'il avait avec lui, au Sieur Robinson, à Vienne, pour proposer à cette Cour de se déclarer nettement sur l'ultimatum du Roi, et si elle voulait céder la Basse-Silésie aux conditions que Sa Majesté avait fait offrir ci-devant par le comte de Gotter. Il promit aussi de sonder comme de lui-même, et sans commettre le Roi, la Cour de Vienne sur un armistice de six mois, et de donner à connaître qu'il espérait qu'il y porterait Sa Majesté.

Le Roi fit mention aussi des sommes hypothéquées sur la Silésie, et Sa Majesté dit qu'Elle se souvenait qu'Elle avait promis de pourvoir à la sûreté du capital et de l'intérêt, mais qu'il était raisonnable que, quand on ferait un accommodement, on rabattît sur la partie de la Silésie, qui resterait à la maison d'Autriche, la portion qui, selon une juste répartition, lui tomberait à charge, ce que milord Hyndford trouve équitable [1].

Les conférences journalières, qu'à la suite de l'audience royale lord Hyndford eut avec Podewils, n'amenèrent, et ne pouvaient amener, du reste, aucun changement dans la situation. Tout dépendait de la réponse de Vienne, de la réponse que Marie-Thérèse allait faire aux conditions de Frédéric que Robinson avait la désagréable mission de lui soumettre. Leur acceptation semblait si improbable, même au roi de Prusse, que, sans prendre encore un parti, il se ménageait d'ores et déjà une sortie et préparait son évolution. La lettre, qu'il écrit à Hyndford, est polie, mais froide ; et non content de rappeler Truchsess, il envoie quarante-huit heures après à Podewils une note sarcastique qui ne laisse plus guère de doute sur ses intentions, sur une résolution qui est bien près d'être arrêtée dans son esprit.

C. P. 369. — *Au comte de Hyndford, ministre de la Grande-Bretagne, à Breslau.*

Camp de Mollwitz, 10 mai 1741.

Monsieur,

Je viens de recevoir votre lettre du 9 de ce mois, par laquelle j'ai vu avec plaisir les marques des bonnes intentions de Sa Majesté le Roi, votre maître, pour accélérer l'accommodement de l'affaire de Silésie. Je vous prie de lui témoigner mes remerciements, en l'assurant de mon sincère désir de faciliter un ouvrage si salutaire ; mais, comme ce n'était pas à moi de faire plus d'avances que je n'ai fait, sans être assuré des sentiments de la Cour de Vienne, j'attendrai ici tranquillement ce qu'elle y voudra répondre. Je suis avec beaucoup d'estime, Monsieur, votre très affectionné

FÉDÉRIC.

---

[1] Cf. *ibidem*, 368, un procès-verbal de l'audience que le Roi accorda le même jour à Schwicheldt après son entretien avec Hyndford. Mêmes défiances de Frédéric, mêmes explications de Schwicheldt, demandes du Roi tendant à obtenir une libre communication sur les terres du comté de Hildesheim et promesse de Schwicheldt d'en référer immédiatement à Hanovre.

C. P. 370. — *Au ministre d'État de Podewils, à Breslau.*

Camp de Mollwitz, 10 mai 1741.

Monsieur de Podewils,

Le comte de Truchsess m'ayant supplié avec instance de le faire venir ici, j'ai pris la résolution de lui accorder son rappel, que vous ne manquerez pas de faire expédier d'une manière convenable. La Cour de la Grande-Bretagne n'en saurait être surprise, si elle veut réfléchir que j'ai besoin ici d'un officier de sa capacité, après en avoir perdu beaucoup dans la dernière bataille. Je suis, etc.

Frédéric.

Voici ma réponse à la lettre de Hyndford et celle que j'ai écrite au comte de Truchsess sur son rappel.

C. P. 372. — *Au ministre d'État de Podewils, à Breslau.*

Camp de Mollwitz, 12 mai 1741.

Je vous envoie en très mauvais français la lettre d'un très bon Allemand[1]. Il y a du raisonnement d'un patriote outré, mais je crois que ce sera une pièce capable de faire impression sur un plénipotentiaire[2]. Enfin, nous avons affaire d'un côté aux gens les plus têtus de l'Europe, et de l'autre aux plus ambitieux. *Conserver le rôle d'honnête homme avec des fourbes est chose bien périlleuse ; être fin avec des trompeurs est un parti désespéré, dont la réussite est fort équivoque. Que faire, donc ? La guerre et la négociation :* Voilà justement ce que fait votre très humble serviteur et son ministre. S'IL Y A A GAGNER A ÊTRE HONNÊTE HOMME, NOUS LE SERONS, ET S'IL FAUT DUPER, SOYONS DONC FOURBES. Je suis avec bien d'estime, mon cher Podewils, votre très fidèle ami,

Frédéric.

Quand il écrivait cette lettre, Frédéric ne se doutait guère du sort qu'elle allait avoir.

L'estafette, qui en était porteur, et auquel on avait également

---

[1] Mémoire de Schmettau sur la situation de l'Europe.
[2] Lord Hyndford.

confié le mémoire de Schmettau, fut enlevé par un parti de hussards autrichiens près de Grottkau, le 18 mai.

Quelques jours auparavant, ce coup de filet aurait singulièrement gêné les agissements du roi de Prusse. Mais à ce moment, presque aussitôt après l'audience qu'il avait accordée le 7 à lord Hyndford, le vent avait tourné complètement. Il ne veut pas être la dupe de Londres et de Vienne. A quoi bon attendre une réponse « qui sera remplie d'un verbiage obscur », alors que, comme il en convient lui-même, comme il veut en faire convenir Podewils, « le seul bon parti à prendre est celui de la France ».

C. P. 374. — *Au ministre d'État de Podewils, à Breslau.*

Camp de Mollwitz, 18 mai 1741.

Valory[1] a raison. Hé bien, mon ami, hé bien, combien *attendrons-nous encore pour être les dupes de Vienne et de Londres?*

C. P. 375. — *Au ministre d'État de Podewils, à Breslau.*

Camp de Mollwitz, 21 mai 1741.

J'ai vu par votre lettre que vous demandez mes sentiments touchant l'Angleterre[2]. J'ai à vous dire que ces gens nous trompent à coup sûr, que la réponse de Robinson à milord Hyndford sera remplie d'un verbiage obscur et qui ne contiendra aucune substance et qu'*alors vous serez obligé de convenir avec moi que le seul parti à prendre est celui de la France.*

Vous souhaitez un accommodement et vous croyez ce que vous souhaitez. Voilà le cas. Mais si d'un autre côté vous examinez de sang-froid la conduite du *Capten*, vous trouverez qu'il nous croit abuser en Westphalien, s'entend avec toute la grossièreté possible. Pour moi qui aurais honte d'être la dupe d'un Italien, je me renierais moi-même, si je devenais le jouet d'un homme d'Hanovre.

[1] Valory était depuis le 10 mai au quartier général du Roi, qui l'y avait appelé.
[2] Podewils avait reçu Hyndford et conféré avec lui après l'audience que Frédéric lui avait donnée le 7 mai.

A présent, mitonnez tout ceci et vous en conclurez que les sentiments que vous attribuez au roi d'Angleterre sont métaphysiques et que ses actions, dont je vous parle, sont vraies. Vous verrez que les intérêts de la France et les nôtres sont les mêmes et que ceux du parti anglican y sont tout à fait opposés, et vous pourrez conclure de là ce qu'il nous convient de faire.

Si tout ce que vous supposez de la négociation anglaise était vrai, je me rangerais de votre parti ; mais si cela n'est qu'opinion et chose problématique et fausse, le parti français nous doit incontestablement mieux convenir. Adieu.

Fédéric.

C. P. 376. — *Au ministre d'État de Podewils, à Breslau.*

Mollwitz, 24 mai 1741.

Rapport de Podewils, Breslau, 22 mai : « Le courrier d'hier m'a fidèlement remis ce que Votre Majesté a bien voulu daigner m'écrire de sa propre main, du 21 de ce mois, au sujet de la préférence qu'Elle donne au parti à prendre avec la France, dans les conjonctures présentes, sur celui de l'Angleterre.

Je souscris avec un profond respect aux sentiments de Votre Majesté sur le peu de bonne foi que la Cour de Vienne a fait voir jusqu'ici dans la négociation d'un accommodement.

Je crois de même, comme Votre Majesté, que la réponse que nous attendons avec le courrier de milord Hyndford de Vienne ne sera pas satisfaisante. Mais je me suis imaginé toujours que Votre Majesté, pour n'avoir point à se reprocher d'avoir rejeté un accommodement et prolongé une guerre

Ce courrier sera semblable à celui de Saxe, en Russie, qui resta trois mois en chemin. Conte borgne.

dont l'issue nous pourra devenir funeste, aurait bien voulu :

1° Attendre le peu de jours qu'il faudra encore pour savoir la réponse de Vienne ;

1° Pour faire plaisir à M. de Podewils.

2° S'expliquer sur Son dernier ultimatum, que les Cours de Londres et de Pétersbourg Lui demandent avec tant d'instance, faute de quoi, on s'imagine que Votre Majesté ne veut pas d'accommodement sincèrement ;

2° *C'est au vaincu à parler ; le vainqueur accorde.*

3° Lier les mains au roi d'Angleterre, par la convention dont j'ai remis par ordre de Votre Majesté le projet à Schwicheldt, de ne rien entreprendre en faveur de la maison d'Autriche pendant tout le temps que durera la négociation puisqu'on a ordonné à Plotho d'insister là-dessus comme sur une condition *sine qua non* ; et si on l'obtenait, ni la Russie, ni la Saxe n'oseraient grouiller sans la connivence de l'Angleterre.

3° On vous joue en petit garçon. Vous croyez ce que vous souhaitez ; mais vous n'examinez pas ce qui est vrai et vous voulez vous persuader qu'une maîtresse putain vous est fidèle ; moi je suis témoin de sa coquetterie et je vois de mes yeux comme elle fabrique des cornes.

Je me suis méfié toujours de la Cour de Londres après la harangue au Parlement, et si Votre Majesté avait jeté les yeux sur les dernières instructions qu'on a données à Truchsess, Elle aurait vu avec combien de force et de vivacité on s'est expliqué là-dessus. Je crois de même que ce n'est pas pour l'amour de nos beaux yeux que l'on voudra procurer à Hanovre un accommodement raisonnable. Mais ce qui m'a fait juger jusqu'ici qu'on y était obligé de le faire, sont :

1° Les convenances que la mai-

1° On veut nous amuser, comme

son de Hanovre y trouve par rapport à ses intérêts domestiques et auxquelles elle ne saurait jamais parvenir malgré Votre Majesté, quelque traité secret qu'elle pût avoir fait là-dessus avec la Cour de Vienne.

2° Que la Cour de Vienne risque beaucoup pour ses États d'Allemagne en cas de la continuation d'une guerre.

3° Que l'Angleterre craint de s'exposer à une guerre générale qui, sans le secours de Votre Majesté, lui deviendrait extrêmement onéreuse.

4° Qu'on sait bien qu'en poussant Votre Majesté à bout, on La force de se jeter dans les bras de la France, ce qui ne saurait jamais convenir aux intérêts du roi d'Angleterre, ni comme tel, ni comme électeur de Hanovre.

Pour ce qui est des inconvénients, que j'ai prévus dans le parti de la France, ils sont :

1° Qu'il nous lie absolument les mains d'en venir à un accommodement, puisqu'ayant fait le traité que la France nous a proposé, Votre Majesté est obligée de passer par où elle voudra, sans pouvoir désormais s'accommoder sans le consentement de la France.

2° Que ce parti nous plonge dans une guerre dont on ne verra pas la fin dans bien des années et dont les pertes et les risques sont toujours pour le plus faible, qui est Votre Majesté en comparaison de la France, et les profits

on a fait jusqu'à présent pour nous empêcher de nous lier avec la France et pour faire de nous ensuite tout ce que l'on voudra. Si nous avons des alliés, on nous respectera. Si nous n'en avons point, chacun nous bafouera.

2° Hanovre ne risque rien, si nous sommes ses alliés.

3° L'Angleterre évite une guerre générale si elle nous amuse; mais je pense qu'elle croit la guerre inévitable; mais le *Capten* veut donner des lois.

4° Lorsqu'on me poussera à bout, la France ne sera plus en état d'agir; ainsi, il faut prévenir leurs desseins et nous faire des alliés.

1° Notre parti est alors le fort et par conséquent le meilleur.

2° Une guerre avec un fort parti ne saurait être longue; raisonnement faux s'il en fut jamais. A partie égale la guerre dure, mais non lorsqu'on est supérieur.

et les avantages pour la dernière, comme le plus fort.

3° Que ni la France, ni la Bavière, ainsi que le maréchal de Belle-Isle nous l'a dit par rapport à la première, et Klinggraeffen dans ses relations, quant à la seconde, ne seront sitôt prêtes d'agir, de sorte que tout le fardeau de la guerre et toutes les forces des alliés de la maison d'Autriche tomberont, en attendant, sur Votre Majesté et pourront lui porter des coups décisifs, avant que la France soit à portée de La secourir.

4° Que la plus grande partie des États de Votre Majesté serviront probablement de nappe à l'ami et à l'ennemi, et qu'Elle verra le théâtre de la guerre établi en Prusse, dans les provinces de Westphalie, et peut-être aussi dans le Magdebourg, tandis que la France, faisant la guerre aux dépens d'autrui, n'y risque rien, éloignée comme elle est de ses États, et nous, tout ce qui s'appelle jouer à un jeu fort inégal.

5° Ou la guerre ira bien, ou elle sera malheureuse. Au premier cas, la France en tirera le gros lot et pour l'attraper, elle sera la première à nous forcer à un accommodement tel qu'il puisse être. Mais au second, nous y jouerons de tout notre reste, et quand nos provinces seront ruinées et notre trésor épuisé, la France nous regardera comme un allié qui lui devient à charge

3° Bavière peut agir dans trois semaines avec les deniers français, et si Louis campe, on sera bien obligé d'assembler un corps tudesque vers les frontières; alors je serai débarrassé de toutes mes canailles d'ennemis.

4° Six semaines, mais nous gagnerons au centuple ce que nous perdons.

Si la France ne risque rien, c'est un signe que son parti est le plus fort.

5° La France en tirera le premier lot, Bavière, le second, et nous, le troisième; pourquoi envier aux autres leurs avantages, s'ils ne nous envient les nôtres?

Agir sans allié, c'est se perdre; mais trouver un très fort parti qui vous secoure, c'est, ça me semble, se conserver.

FÉDÉRIC. »

et ne voudra pas se perdre elle-même pour l'amour de nous.

Je pourrais alléguer quantité d'autres motifs de cette force, qui devraient nous faire balancer de nous jeter entre les bras de la France. Mais comme je vois que le parti de Votre Majesté est tout pris et qu'Elle a une aversion marquée et un éloignement extrême de se lier avec l'Angleterre, il ne me reste que de demander Ses ordres positifs, si je dois entrer avec Valory en négociation, et, en ce cas-là, j'enverrai nécessairement le projet du traité avec la France à l'approbation de Votre Majesté. »

C. P. 377. — *Au ministre d'État de Podewils, à Breslau.*

Camp de Mollwitz, 24 mai 1741.

Monsieur de Podewils,

Je veux que vous pressiez vivement milord Hyndford au sujet du courrier qu'il a envoyé à Vienne, que vous sachiez s'il espère, oui ou non, le recevoir. Dans le premier cas, insinuez-lui qu'il lui faut faire tout au monde pour qu'il revienne au plus vite.

Vous pouvez dire à Valory que j'espère pouvoir conclure bientôt avec lui. Car je ne vous cache pas qu'aussitôt le courrier revenu, je n'attendrai pas une heure pour prendre mon parti. Je suis, etc.

Friderich.

C. P. 378. — *Au ministre d'État de Podewils, à Breslau.*

Camp de Mollwitz, 25 mai 1741.

Monsieur de Podewils,

Sur la représentation du 24 de ce mois[1] que je viens de recevoir de votre part au sujet de l'incluse[2], je vous dirai que tout est bien, et

[1] Cf. *ibidem*, 376.
[2] Projet du traité avec la France.

vous pouvez expédier les pleins-pouvoirs nécessaires à cette affaire. En attendant *vous ne conclurez pas avant le retour du courrier de Vienne.* Je suis, etc.

Fédéric.

C. P. 379. — *Au ministre d'État de Podewils, à Breslau.*

Camp de Grottkau, 30 mai 1741.

Rapport de Podewils, de Breslau, 25 mai.

« Le courrier de Hyndford n'est pas encore revenu de Vienne. J'ai dit à milord Hyndford que Votre Majesté n'était pas d'humeur à se laisser amuser plus longtemps, et qu'il fallait parler bientôt et clair et net, sans quoi Votre Majesté serait obligée de prendre son parti. »

Bon. Il faut attendre le dénouement.

D'où vient que le courrier étant de retour[1], je n'aie encore rien entendu de la réponse qu'il doit avoir apportée?

C. P. 380. — *Au ministre d'État de Podewils, à Breslau.*

Camp de Grottkau, 30 mai 1741.

Monsieur de Podewils,

J'ai bien reçu votre représentation du 25 de ce mois. Pour y répondre, je vous dirai en général que vous devez *chipoter avec Valory, jusqu'à ce que le courrier de Vienne nous ait apporté* une réponse, qui manquant d'être favorable, vous pouvez alors conclure avec la France, et je vous munirai de mes résolutions sur chaque point qui en aura besoin. En attendant, quant aux deux projets du troisième article, il n'importe pas qu'on adopte celui du marquis de Valory[2], et je ne ferai pas le difficile là-dessus. Le terme de la durée de l'alliance peut être de 10 ou de 20 ans, ce qui ne fait rien à l'affaire, et pour ce qui regarde la possession provisionnelle à prendre dans le duché de Bergue[3], vous ne devez pas insister là-dessus. Je suis, etc.

Fédéric.

[1] Le courrier revenant de Vienne était en effet arrivé le 28 à Breslau.
[2] On accepta le projet français de l'article 3.
[3] Dans le cas où l'électeur palatin serait décédé avant la conclusion de

Quelques heures plus tard tout est changé. Le Roi vient de recevoir la réponse que la Cour de Vienne a faite aux conditions transmises par Hyndford. Entrevoyant, reconnaissant même le danger auquel il s'expose en continuant sa politique de bascule, il renonce à « chipoter avec Valory » et ordonne à Podewils, peu habitué à une pareille précipitation de la part de son maître, de conclure dans le plus bref délai, mais toujours dans le plus grand secret, avec le représentant de la France.

C. P. 381. — *Au ministre d'État de Podewils, à Breslau.*

Camp de Grottkau, 30 mai 1741.
Mon cher de Podewils,

J'ai bien reçu vos dernières dépêches[1], et je vous fais savoir que vous devez conclure avec Valory. Mais il faut que cela se fasse dans le plus grand secret ; que ledit Valory ne vienne pas ici et que vous lui parliez en secret en un autre lieu, afin que personne ne puisse avoir le moindre soupçon de tout cela. Afin que le secret soit mieux gardé et que personne n'arrive à rien voir du traité, il me paraît indispensable que vous le rédigiez vous-même et le mettiez au net de votre propre main, et vous me répondrez sur votre tête que personne ne sache, ne voie ou n'apprenne quoi que ce soit.

Quant à ce qui est du courrier que Valory expédiera à ce propos, il faudra prendre toutes sortes de précautions afin qu'on ne puisse se douter de rien et que personne ne puisse rien apprendre. En un mot, il faut à tout prix que l'on garde le secret le plus absolu, et vous m'en répondez sur votre vie, votre honneur et votre réputation.

En attendant, vous amuserez milord Hyndford et les autres ministres que cette affaire intéresse et vous leur ferez croire que je serai disposé à me contenter de quelques duchés, tels que Schweidnitz, Liegnitze et Jauer. Je vous laisse le choix des moyens et de la manière de biaiser pour le mieux avec eux. Vous traiterez mylord Hyndford et le de Gin-

---

la paix avec la Cour de Vienne, la Prusse aurait dû être autorisée à se mettre en possession provisionnelle de la partie du duché de Berg qui lui était reconnue par le traité du 5 avril 1739. « Belle-Isle et Valory soutiennent que la France ne l'accordera jamais et que Votre Majesté s'en était déjà désistée Elle-même. » (Rapport de Podewils du 25 mai.)

[1] Rapport de Podewils sur la réponse défavorable de la Cour de Vienne et les propositions de Hyndford. (Réponse en date de Vienne, le 24 mai.)

kel de la manière la plus gracieuse, et vous leur indiquerez à tous deux le moyen de venir ici.

Valory pourra envoyer l'incluse[1] par un courrier au maréchal de Belle-Isle, lui dire que tout est arrangé, mais l'inviter en même temps à tenir tout secret et de n'en rien dire à personne.

Je m'en remets pour tout cela sur votre fidélité et votre savoir-faire, et je suis, etc.

FÉDÉRIC.

Entièrement tranquillisé par les recommandations qu'il vient de faire, par les ordres formels qui assureront à l'instrument qu'il a prescrit à Podewils de dresser le mystère dont il se plaît d'entourer tous ses actes, l'habile homme qu'est le roi de Prusse ne voit plus d'inconvénient à donner libre cours à une satisfaction, à un enthousiasme qu'en réalité il n'a jamais eus. Il veut achever de faire la conquête de Fleury et de Belle-Isle. Il espère que l'empressement qu'il met à leur annoncer lui-même la grande résolution qu'il vient de prendre, les éloges, les louanges dont il a soin de les combler lui vaudront la confiance du cardinal et effaceront l'impression que sa dissimulation a dû laisser dans l'esprit du maréchal.

C. P. 382. — *Au cardinal de Fleury, à Issy.*

Camp de Grottkau, 30 mai 1741.

MONSIEUR MON COUSIN,

Je viens de signer l'alliance avec le Roi, votre maître. Ma fidélité à cet engagement vous fera oublier mes délais, et je vous réponds que jamais de votre côté vous n'aurez de plainte à me faire, ni lieu de vous repentir de cette alliance. *Je vous dispute à présent, M. le Cardinal, d'être meilleur Français que je le suis.*

Je vous prie d'assurer au Roi, votre maître, que jamais personne l'a plus estimé que je le fais et que je lui en donnerai des preuves dans toutes les occasions.

Soyez sûr d'ailleurs de l'estime et de la considération infinie avec laquelle je suis, Monsieur mon Cousin, votre fidèle ami.

FÉDÉRIC.

[1] Cf. C. P. 383.

C. P. 383. — *Au maréchal de France, comte de Belle-Isle, à Munich.*

Camp de Grottkau, 30 mai 1741.

Monsieur,

C'est sur la foi de vos promesses, sur les choses que vous avez eu ordre de me dire au nom du Roi, votre maître, et sur l'estime infinie que je fais de votre habileté dans le métier de la guerre, que je viens de signer l'alliance dans laquelle vous m'avez invité. Me voilà désormais meilleur Français que le maréchal de Belle-Isle et aussi fidèle à la France qu'aucun de ses alliés ne l'a jamais été.

Je compte que, de ce jour en deux mois, je verrai vos drapeaux déployés sur les rives citérieures du Rhin ; je me réjouis d'avance d'admirer les manœuvres que vous ferez et des opérations qui, devenant des leçons pour tout homme de guerre, me serviront de secours et d'appui. Votre nom m'engage, autant que les forces du Roi votre maître, à m'allier avec un prince qui ne peut qu'être bien secondé par vos services.

Bavière aura ma voix. Comptez en tout sur la Prusse comme sur la France. Qu'on ne les distingue plus, et que le roi de France soit persuadé que, si j'ai demandé du temps pour me déterminer, ce délai ne servira qu'à rendre ma fidélité plus inviolable.

Adieu, cher ami, que je brûle d'impatience de voir victorieux devant les portes de Vienne et d'embrasser à la tête de ses troupes, comme je l'ai embrassé à la tête des miennes. Ne doutez jamais des sentiments de la plus parfaite estime et de l'amitié la plus sincère avec laquelle je suis, mon cher Maréchal, votre très fidèle et inviolable ami.

Frédéric.

Cette fois encore, comme toujours, ou du moins comme dans la plupart de ses actes, Frédéric redoute le grand jour. Tenant par-dessus tout à garder son entière liberté d'action, à se ménager une porte de sortie que son absence de préjugés et de scrupules ne l'empêchera jamais d'ouvrir, il confirme avec autant de cynisme que d'ironie les instructions qu'il a fait tenir la veille à Podewils et le charge d'apprendre à Valory le rôle qu'il désire, qu'il veut lui voir jouer.

C. P. 384. — *Au ministre d'État de Podewils, à Breslau.*

Camp de Grottkau, 31 mai 1741.

Mon cher Podewils,

Hé bien, vous voyez qui de nous deux s'est trompé, et si je n'ai pas eu raison de vous dire que les Anglais étaient des fourbes? Il ne s'agit pas à présent de le faire paraître, mais de le dissimuler. Dites à Valory que je lui recommande le secret plus que toute autre chose.

Faites accroire à votre milord J... f..... que je n'étais nullement fâché de la réponse de Vienne ; endormez-le sur l'armée d'observation et dites-lui que je la ferais cantonner pour éviter par là la jalousie qu'il paraissait qu'elle donnait contre moi. Enfin remuez le vert et le sec pour tromper et duper l'Anglais. Je lui ferai très bon accueil et j'espère de le duper.

Gagnons du temps, car de trois semaines de mystère dépend notre salut. Je ne veux pas que Schumacher[1] soit informé de quoi que ce puisse être, et je vous défends sous peine de la vie d'en parler avec d'autre qu'avec Valory.

Adieu, j'attends avec impatience la signature du traité.

Frédéric.

Que Valory fasse le mécontent; qu'il affecte d'être intrigué sur la paix qu'il croit faite avec le Lorrain et moi, qu'enfin il paraisse tout différent de ce qu'il est. Parlez-lui pour mettre la dernière main à l'affaire de la Suède.

Pendant qu'on mettait la dernière main à la rédaction et à la signature du traité avec la France, on n'avait pas pour cela perdu de vue et négligé les correspondances avec les autres cours, et l'importance de l'action diplomatique allait au contraire grandir de jour en jour au cours de l'été de 1741.

---

[1] Schumacher (Elias), conseiller privé de guerre prussien et l'un des secrétaires du cabinet du roi.

C. P. 387. — *Au ministre d'État de Podewils, à Breslau.*

Camp de Grottkau, 1ᵉʳ juin 1741.

Rapport de Truchsess, de Londres, 16 mai :

« Milord Harrington m'a confirmé tout ce dont il m'avait déjà assuré précédemment et dont j'ai fait mon rapport, du zèle avec lequel Sa Majesté Britannique et son ministère travaillent par ses bons offices pour porter la Cour de Vienne à un accommodement raisonnable, etc., etc. »

Qu'il déclare à nouveau que j'ai été très heureux de la confirmation des bons sentiments et dispositions du Roi et que j'espère qu'il continuera loyalement à travailler à l'accommodement pour la Silésie et au maintien de l'harmonie.

Après la Grande-Bretagne, ce sera d'abord à la Russie, puis au Hanovre qu'on dorera la pilule, et auxquels on cherchera habilement à donner le change sur l'état réel des affaires.

C. P. 388. — *Au conseiller privé d'État baron de Mardefeld, à Saint-Pétersbourg.*

Camp de Grottkau, 1ᵉʳ juin 1741.

Votre relation du 13 du mois passé m'est bien parvenue. Comme j'y vois que le comte d'Ostermann continue d'insister à vouloir savoir mon ultimatum sur ce que je prétends de la Silésie, vous devez lui déclarer qu'outre le cercle de Schwiebus, je me contenterai des duchés de Glogau, Liegnitz, Schweidnitz et Jauer. Quant à la ville de Breslau et son territoire, je veux bien y renoncer, à condition néanmoins que cette ville ne rentre jamais sous la domination de la maison d'Autriche, mais qu'elle soit déclarée ville libre du Saint-Empire ou ville franche. Voilà de quelle manière vous devez vous expliquer sur mon ultimatum tant au comte d'Ostermann qu'autre part où vous le trouverez nécessaire. Je suis, etc.

FÉDÉRIC.

C. P. 389. — *Au ministre d'État de Podewils, à Breslau.*

Camp de Grottkau, 1ᵉʳ juin 1741.

Rapport de Podewils, Breslau, 31 mai :

Schwicheldt, d'après des instructions reçues de Hanovre, m'a déclaré que, comme tel, le roi d'Angleterre ne peut passer de traité sur les convenances de ses États d'Allemagne sans l'avis de son ministère anglais. Schwicheldt demande s'il suffirait d'une déclaration secrète du Roi, par laquelle il s'engagerait à ne pas soutenir la reine de Hongrie, si celle-ci refusait sa médiation. « Il m'a dit expressément qu'il me faisait cette insinuation comme de lui-même, quoique j'aie remarqué assez que c'est par ordre qu'il l'a faite. »

« Il m'a dit de plus en confidence que milord Hyndford a envoyé un courrier à Hanovre pour demander les ordres de sa Cour, s'il doit encore avec le général Ginkel tenir à Votre Majesté le langage dont la résolution de l'État du 24 avril[1] parle et, à en juger par le discours qu'il m'a tenu, je crois qu'on y pensera plus d'une fois, si l'on ne laisse pas tomber tout à fait la proposition de retirer les troupes de Votre Majesté de Silésie, ce qui montre assez qu'on commence d'avoir peur ou

Trompez les trompeurs.

[1] Cf. *ibidem*, 398.

que l'on ne voudra pas tromper moins la reine de Hongrie qu'on a fait dans le commencement Votre Majesté. »

C. P. 390. — *Au ministre d'État de Podewils, à Breslau.*

Rapport de Podewils, Breslau, 31 mai 1741.

« Si Votre Majesté veut ôter jusqu'aux soupçons la connaissance de son traité futur avec la France, il faut de toute nécessité qu'Elle tienne encore son ministre à Hanovre pendant le séjour que le roi d'Angleterre y fait. Truchsess étant rappelé, si Plotho revient aussi, comment pourra-t-on ôter au public l'idée que Votre Majesté veut rompre tout commerce avec le roi d'Angleterre par ce double rappel, tandis que ce prince a deux ministres ici ? »

Camp de Grottkau, 2 juin 1741.

Soit. Qu'on alloue encore au de Plotho 600 Reichsthaler de la caisse des Légations.

C. P. 391. — *Au ministre d'État de Podewils, à Breslau.*

Rapport de Podewils, de Breslau, 1ᵉʳ juin.

« ... Il est certain que, si quelque chose peut tromper les Argus, ce sera de faire cantonner l'armée d'observation du prince d'Anhalt, puisqu'alors on croira que nous serons pacifiques comme des agneaux. »

Camp de Grottkau, 3 juin 1741.

Bien. L'ordre est déjà donné de cantonner la cavalerie.

C. P. 392. — *Au ministre d'État de Podewils, à Breslau.*

Camp de Grottkau, 3 juin 1741.

Rapport de Podewils. Breslau, 1er juin.

« Valory demande qu'on change encore quelques points dans le traité... »

L'un roule sur la conservation de la religion catholique romaine dans la Basse-Silésie.

Très bien.

L'autre regarde la garantie réciproque que Votre Majesté doit donner à la Maison de Sulzbach de la cession de ses droits sur Juliers et Bergue contre celle que la Maison Palatine doit donner à Votre Majesté de la Basse-Silésie. ... Le prétendant le plus formidable à la succession de Juliers et de Bergue est la Maison de Saxe [1]; mais si Votre Majesté se charge conjointement avec la France de cette question, Elle ne courra pas grand risque.

Bon, sous la garantie de la France, l'Espagne, la Suède et la Bavière.

Par rapport à la durée de ce traité, Valory a prié que le terme en soit de 14 ans.

Bon.

FR.

Loin de se calmer pendant ces quelques jours, l'impatience de Frédéric, de plus en plus pressé d'avoir en main un instrument signé par les deux parties, n'avait fait au contraire que croître. S'il ne songe assurément pas encore à se dérober aux engagements qu'il vient d'accepter, il a hâte de les voir définitivement

---

[1] *Ibidem*, 394. Au feld-maréchal prince d'Anhalt-Dessau, à Gottin, 4 juin. « .... Il est évident qu'on ne saurait guère avoir confiance dans ce voisin (la Saxe). On ne tardera pas à y voir plus clair en raison de la présence du roi d'Angleterre à Hanovre. . »

fixés, ne serait-ce que, comme il le fera dès le lendemain de la signature, pour insister sur certains points de ce traité, tels que l'entrée en ligne, dans le plus bref délai possible, des Bavarois d'une part, de deux corps français de l'autre, ou encore sur certaines promesses faites par Belle-Isle, telles par exemple que l'alliance de la Suède. Il est si pressé que, pour accélérer l'établissement des instruments et, tout en lui répétant qu'il ne cessera pas pour cela de lui répondre sur sa tête du secret qu'il faut garder à tout prix, il va jusqu'à autoriser Podewils à confier à une personne investie de sa confiance le soin de recopier l'acte qu'il l'a chargé de rédiger [1]. Les jours lui semblent des siècles. Le 5 juin, il n'y tient plus. Il revient à la charge, et son fidèle Eichel, son secrétaire de cabinet, envoie au malheureux Podewils, qui n'en peut mais, une mise en demeure, inutile du reste, puisque le traité d'alliance défensive, quoique portant la date du 5 juin, avait été signé le 4 au soir, à Breslau, par Podewils et Valory.

C. P. 395. — *Au ministre d'État de Podewils, à Breslau.*

Camp de Grottkau, 5 juin 1741.

Le roi désire qu'on en finisse au plus vite avec le traité, tout délai étant désormais inutile.

EICHEL.

La lune de miel ne devait pas durer longtemps, et malgré les éloges et les flatteries de Frédéric, malgré les marques d'attention et d'amitié (envoi d'une bague enrichie de son portrait, etc.), dont il comblait le maréchal, Belle-Isle lui-même n'allait pas tarder à revenir bientôt de son enthousiasme et à reconnaître que les doutes, les appréhensions du cardinal pourraient bien reposer sur des bases sérieuses et non pas sur de simples suppositions. Tout en pressant la ratification du traité avec la France, Frédéric ne perd pas une minute pour rappeler à Valory et surtout

---

[1] *Ibidem*, 393. A Podewils, à Breslau. Camp de Grottkau, 3 juin.

à Belle-Isle les engagements que l'alliance impose à la France et la nécessité pour elle de se mettre en mesure d'y satisfaire ou plutôt de le satisfaire au plus tôt.

C. P. 396. — *Au marquis de Valory, envoyé de France à Breslau.*

Camp de Grottkau, 6 juin 1741.

Vous n'ignorez pas qu'un des premiers articles de l'alliance est que le roi de France mettra incessamment l'électeur de Bavière en état d'agir, qu'il agira lui-même et que, *par des puissantes diversions, il me débarrassera d'une partie de mes ennemis.*

J'ai donné ordre à Podewils de m'envoyer le traité et je compte qu'au plus tard dans quatre jours on vous le donnera[1]. Ecrivez donc, je vous prie, pour hâter les opérations de l'électeur de Bavière ; mais que rien ne transpire de notre alliance que lorsque le maréchal de Belle-Isle sera au Rhin à la tête de 60 000 Français. Soyez persuadé de la parfaite estime que j'ai pour vous, etc.

FÉDÉRIC.

C. P. 397. — *Au maréchal de France comte de Belle-Isle, à Munich.*

Camp de Grottkau, 6 juin 1741.

Souvenez-vous, je vous prie, que c'est sur votre bonne foi et sur votre candeur que j'entre en alliance avec le Roi votre maître. N'oubliez pas quelles sont les promesses que vous m'avez faites. J'en attends l'accomplissement avec toute l'ardeur et toute l'impatience imaginables, tant par rapport à la Bavière que par rapport aux deux corps de Français qui doivent agir, l'un en Bohême et l'autre en ma faveur.

N'oubliez pas l'alliance de la Suède, la parole que je tiens de la rendre mobile et au moins de la faire agir en Finlande et en Courlande.

Ce sont tous ces points différents dont je vous demande la confirmation, et pour lesquels j'ai reçu votre garantie. Vos assurances me tiendront lieu de plus grandes sûretés, tant est grande la confiance et l'estime que j'ai pour vous.

[1] Avec la ratification de Frédéric.

Je suis ici à Grottkau dans un camp inattaquable, mais le pis est que le poste de l'ennemi est presque plus fort encore que le mien.

J'attends ce que vous ferez et j'espère qu'en trois semaines la Bavière sera mobile. Ne privez plus l'Europe du fruit de vos études militaires et ouvrez au plus tôt une campagne qui doit être, par rapport aux conjonctures et à votre expérience et habileté, une des plus belles qui se soit jamais faite au monde. Je suis, etc.

Fédéric.

C. P. 398. — *Au ministre d'État de Podewils, à Breslau.*

Camp de Grottkau, 8 juin 1741.

Mon cher ministre d'État de Podewils,

Ci-contre les deux ridicules représentations que le Hyndford et Ginkel ont remises lors de leur dernière apparition au camp [1].

Entretenez-les dans l'idée d'un accommodement, négociez avec eux, mais sans vous presser et surtout sans rien conclure et résoudre avant d'avoir pris mes ordres.

P. S. — *Chipotez avec le Hyndford,* et cherchez par-dessus tout à gagner du temps en l'entretenant dans l'idée d'une bonne paix.

C. P. 399. — *Au ministre d'État de Podewils, à Breslau.*

Camp de Grottkau, 8 juin.

Rapport de Podewils. Breslau, 5 juin :

« J'ai écrit de ma propre main, d'un bout à l'autre, l'exemplaire du traité et des articles séparés et secrets que j'ai échangé avec celui de Valory, écrit par son secrétaire. Votre Majesté peut être persuadée que j'en garderai religieusement le secret.

« Je souhaite que la France en

Fort bien. Soyez sûr du secret de ma part.

---

[1] Cf. *ibidem*, 389.

fasse autant; mais j'en doute, et alors toutes nos précautions seraient inutiles. Je suppose aussi que Votre Majesté n'en aura parlé au camp à âme qui vive. »

C. P. 400. — *Au ministre d'État de Podewils, à Breslau.*

Rapport de Podewils, de Breslau, 8 juin :

« Schwicheldt m'a remis le contre-projet de la convention secrète à signer avec le Hanovre. Cette pièce est dans les choses les plus essentielles fort différente de la nôtre. On y demande beaucoup et on y promet fort peu. »

Négociez comme vous le voudrez, *mais je veux signer dans trois jours au plus tard avec la France. Mais amusez Hanovre, la Saxe et l'Angleterre.*

C. P. 401. — *Au ministre d'État de Podewils, à Breslau.*

Camp de Hermsdorf, 14 juin 1741.

Rapport de Podewils, de Breslau, 12 juin :

« Hyndford me paraît fort content de son début et de la façon dont Votre Majesté l'a reçu, ajoutant que par ordre de sa cour il Lui avait offert le duché de Glogau, Schwiebus et Grüneberg y compris, mais que Votre Majesté lui avait dit qu'il Lui fallait pour le moins quatre duchés, mais qu'il ne se souvenait pas précisément du nom de ces duchés, et qu'il conjurait encore une fois Votre Majesté de lui confier son dernier ultimatum pour qu'il puisse le mander à sa cour et à Robinson. Il dépendra de Votre Majesté si,

Bon. Vous les amuserez autant qu'il est possible, sans pourtant conclure quoi que ce soit sans mon ordre positif.

pour amuser le tapis, on lui doit dire ce qu'Elle a écrit en dernier lieu à Mardefield[1]. »

C. P. 402. — *Au ministre d'État de Podewils, à Breslau.*

Camp de Hermsdorf, 14 juin 1741.

Rapport de Podewils, Breslau, 12 juin :

« Un certain ministre étranger[2], que Votre Majesté connaît bien, m'a demandé à différentes reprises si je n'avais pas de réponse de Votre Majesté sur la nouvelle que le traité secret était signé. Et comme je n'ai rien pu lui dire là-dessus, Votre Majesté ne m'ayant pas répondu sur cet article, il paraît fort inquiet, le bruit de la paix s'augmentant de plus en plus, et ce ministre, sachant bien que, tant qu'un traité n'est pas ratifié de part et d'autre par les parties contractantes, il n'est point parvenu à son degré de solidité et de perfection nécessaire. »

Vous devez rassurer ce ministre et préparer les pièces nécessaires afin d'avoir tout prêt au retour du courrier[3].

C. P. 404. — *Au ministre d'État de Podewils, à Breslau.*

Camp de Hermsdorf, 15 juin 1741.

(Par le secrétaire de cabinet.)

Podewils doit faire immédiatement le nécessaire pour qu'on envoie à Sa Majesté le traité en question, afin que le roi l'ait, au plus tard demain soir, avant que l'armée parte d'ici et que Sa Majesté puisse le signer.

EICHEL.

[1] Cf. *ibidem*, 388.
[2] Le général-major Prætorius, ministre de Danemark à Berlin. Cf. *ibidem*, 386 et 407.
[3] Le courrier envoyé par Valory pour rapporter la ratification de Louis XV. Cf. *ibidem*, 406 et 407.

C. P. 405. — *Au ministre d'État de Podewils, à Breslau.*

Camp d'Hermsdorf, 16 juin 1741.

Mon cher ministre d'Etat de Podewils,

Il m'a été extrêmement désagréable de voir, par la relation du de Linden [1], que vous avez fait part au susdit de Linden de la négociation, qui devait être conduite discrètement entre nous et le Rudenschöld, d'autant plus que vous ne vous êtes pas assuré de la discrétion du Linden, et que c'est là précisément le moyen de faire échouer une négociation secrète. Vous allez immédiatement réparer cette grosse faute de votre mieux, faire accroire à Linden que je ne me souciais nullement de cette affaire, qu'il s'agissait d'un simple projet afin de connaître les sentiments de ce ministre, qu'il faut par conséquent qu'il garde le plus absolu secret s'il tient à son honneur et à sa vie. Quant à la négociation même, elle ne doit être connue et suivie que par Rudenschöld et vous. Vous informerez ce dernier que, n'étant pas suffisamment sûr de la discrétion du de Linden dans une affaire qui exige le plus grand secret, je désire qu'elle ne passe pas par son canal. Quant à la relation déchiffrée, vous pouvez la montrer en confidence au marquis de Valory et voir ce qu'il en dira. Je suis, etc.

F.

Si vous manquez dans la moindre chose à exécuter ponctuellement mes ordres, vous êtes un homme perdu pour jamais.

C. P. 406. — *Au ministre d'État de Podewils, à Breslau.*

Hermsdorf, 16 juin 1741.

Vous m'inspirerez à la fin des soupçons, et je vous croirai gagné par l'Angleterre, si vous n'exécutez pas mes ordres et si vous ne concluez pas avec Valory. C'est très mal et très vilainement agi de vous que vous n'ayez pas détrompé Valory des bruits ridicules et faux d'accommo-

---

[1] Ministre de Prusse à Stockholm. Frédéric donna le 18 juin (Cf. *ibidem*, 408) l'ordre de rappeler Linden, qui resta cependant à son poste jusqu'à la fin de 1741. Il prescrivait en même temps d'informer Mardefeld de cette mesure et de le charger de dire à Ostermann que cet agent avait été rappelé à cause du mécontentement causé par ses agissements à Stockholm.

ment qu'on a publiés. Je vous avertis, ne vous jouez pas de moi et exécutez au pied de la lettre ce que je vous ordonne, ou votre tête sautera sans façon. Allez d'abord chez Valory et rassurez-le en plein. Raccommodez la chose. J'ai lieu d'être très mal satisfait de vous et si vous ne réparez pas vos fautes grossières, sachez qu'il y a suffisamment de forteresses dans ce pays pour y mettre des ministres qui agissent contre la volonté de leur maître [1].

Frédéric.

V

DU TRAITÉ D'ALLIANCE AVEC LA FRANCE ET DES PREMIÈRES DIFFICULTÉS RELATIVES A SON EXÉCUTION A L'ACTE DE KLEIN-SCHNELLENDORF (JUIN-OCTOBRE 1741).

Malgré toute son habileté et la minutie de toutes ses précautions, il faut croire que le roi de Prusse avait quelque peu laissé passer le bout de l'oreille et entrevoir le fond de sa pensée, ou du moins que « le gros Valory » avait réussi à voir clair dans son jeu, puisqu'en parlant dans ses *Mémoires* des conférences qui précédèrent et accompagnèrent la signature du traité du 5 juin, il ne

---

[1] Podewils répondit immédiatement dès le lendemain 17 juin :

« Ma pauvreté et ma réputation parlent également pour moi, Dieu merci, et me mettent à l'abri de tout soupçon. Les menaces de Votre Majesté n'effrayent pas un homme qui préfère l'honneur à la vie et qui peut marcher avec le front levé, avec la bonne conscience qu'il a, etc. » Reprenant ensuite l'exposé de sa conduite il continue en annonçant qu'il a fait part au ministre von der Linde de l'intention du roi de traiter avec la Suède en se conformant en cela à des instructions verbales que le roi lui avait données le 29 avril. « Je suis à plaindre, ajoutait-il, que Votre Majesté ne se souvienne pas des ordres qu'Elle me donne sur ces sortes de sujets. »

Le lendemain 18 juin, l'orage était passé, et le roi lui faisait savoir par une résolution verbale que : « Tout est très bien et je suis content de vous. »

La grande colère du roi n'avait guère duré que quelques heures, puisque le jour même, le 16 juin (*ibidem*, 407), Eichel, écrivant à Podewils au nom de Frédéric, lui disait : « Le roi est calmé. Rassurez le général Prætorius et Valory. Dites à Rudenschöld de venir le 18 au camp de Strehlen, et pour que sa venue ne donne d'ombrage à personne, qu'il simule du mécontentement contre le roi. »

se gêne pas pour dire que « le plan de Frédéric consiste à lancer contre la reine de Hongrie l'Électeur de Bavière soutenu par la France, à paralyser l'Électeur de Hanovre (le roi George II), à se dégager entièrement et à s'assurer par suite la possibilité de se tourner du côté qui paraîtra lui convenir le mieux. »

Toujours est-il que, dès que le traité est signé, Frédéric jette le masque. Il se montre alors à Valory tel qu'il est en réalité, impatient, despote, ambitieux, cassant, autoritaire, décidé à poursuivre coûte que coûte, sans trêve, sans relâche, le but auquel il tend. Moins de quinze jours après la conférence décisive du 4 juin au soir, il lui adresse à brûle-pourpoint une sommation d'une telle violence, qu'elle ressemble presque à un ultimatum. Une semaine ne s'est pas écoulée depuis cette inqualifiable sortie qu'il revient à la charge et lui déclare, dans une audience qu'il lui donne le 24 juin, que son intérêt lui commande d'anéantir la maison d'Autriche, qu'avant six mois il veut en avoir fini avec elle et que du reste une longue guerre ne peut lui convenir. Enfin, dès que les ratifications sont entre ses mains, il trouve absolument inutile de garder l'ombre d'un ménagement. Il ne se contente plus de la violence, de la brutalité; il va maintenant jusqu'à la grossièreté, et oubliant les éloges, les flatteries qu'il a prodiguées à Fleury, les cris d'admiration que lui a arrachés peu de temps auparavant le talent, le génie du cardinal, il charge Podewils, auquel une pareille commission n'était pas faite pour déplaire, de déclarer à Valory qu'il ne se laissera pas leurrer par un ecclésiastique, que si le Cardinal ne se décide pas à faire la guerre il n'aura qu'à se désister de son alliance, « en un mot qu'il faut qu'il passe par là ou par la fenêtre ».

Étrange, mais surtout triste début de cette union qu'une des parties semblait vouloir rompre à peine après l'avoir contractée.

L'éphémère lune de miel avait en tout cas déjà fait place à une lune rousse, pleine d'orages et de bourrasques rarement interrompus par quelques fugitives éclaircies.

C. P. 409. — *Au marquis de Valory, envoyé de France, à Breslau.*

Camp de Strehlen, 18 juin 1741.

J'ai été extrêmement surpris de voir par le mémoire de M. de Rudenschöld la résolution des Etats de Suède si différente de ce à quoi je devais m'attendre[1]. M. de Belle-Isle ne saurait disconvenir de m'avoir promis que la Suède agirait en Finlande, dès que j'aurais signé le traité. A présent que je suis sur le point de le faire, la Suède me manque. Je vous déclare donc ici d'avance que tout votre traité est nul, si la Suède n'agit par la France, et si l'Electeur de Bavière n'agit, et si Belle-Isle n'entre en Allemagne pour agir encore cet automne en Bohême et en Autriche. Ne croyez pas que je sois allié du Roi votre maître à d'autres conditions et ne comptez pas plus sur moi que vous ne remplissiez vos engagements, comme je suis résolu de remplir religieusement les miens.

Mandez ceci au Cardinal et à M. de Belle-Isle, car si l'on s'imagine en France de m'abuser, l'on se trompe.

J'espère que vous ferez bon usage de tout ceci, vous assurant que je suis avec bien de l'estime, monsieur, votre très affectionné

Fédéric.

S'il n'ose être aussi violent, aussi brutal, en écrivant à Belle-Isle et au Cardinal, il ne les met pas moins en demeure d'exécuter le traité; mais il est vrai qu'il aura soin d'intercaler entre ces deux dépêches une lettre dans laquelle il assurera l'Electeur de Bavière d' « une amitié qui ne se démentira jamais ».

C. P. 410. — *Au maréchal de France comte de Belle-Isle, à Francfort-sur-le-Main.*

Camp de Strehlen, 21 juin 1741.

Je serai charmé de vous voir agir le plus vivement du monde à la tête des armées du Roi votre maître; mais je souhaiterais beaucoup que la Bavière voulût commencer le branle et que la Suède, selon vos

[1] Le Reichstag avait décidé que la Suède n'entrerait en action qu'après la signature d'un traité avec la Prusse.

promesses, se mît bientôt en état d'agir. Vous savez que ce sont les points sur lesquels roule notre alliance et que vous en êtes le garant.

Faites mille assurances, s'il vous plaît, de ma plus parfaite estime à l'électeur de Bavière. Je désire beaucoup de le voir devant ses troupes, et cela pour bonne raison.

Ne m'oubliez pas, mon cher Maréchal, et donnez-moi un rendez-vous avec votre grande suite, le plus promptement qu'il vous sera possible. Je suis, etc.

Fédéric.

C. P. 411. — *A l'Electeur de Bavière, à Nymphenbourg.*

Camp de Strehlen, 22 juin 1741.

Monsieur mon Cousin,

Je suis bien aise que Votre Altesse Electorale ait vu avec satisfaction la façon dont je pense à Son égard. Je puis l'assurer que l'inclination m'attache à ses intérêts autant et plus que la politique et je puis Lui protester qu'Elle aura en moi un ami inviolable. Ce ne sont pas de ces liens qu'un matin voit éclore et qu'un soir voit flétrir, mais des engagements qui n'auront pour borne que le terme de ma vie, terme le moins limité que les hommes puissent prescrire.

Je vous prie en un mot d'être persuadé que vous avez en moi un ami à toute épreuve et qui ne se démentira pas, et qui se fait un point d'honneur de vous secourir de toutes ses forces.

Ce sont les sentiments avec lesquels je serai toujours, Monsieur mon Cousin, de Votre Altesse Electorale le très bon et très affectueux cousin

Fédéric.

C. P. 412. — *Au cardinal de Fleury, à Issy.*

Camp de Strehlen, 24 juin 1741 [1].

Monsieur mon Cousin,

Je me crois obligé de vous faire souvenir que les points principaux, sur lesquels se fonde l'alliance que je viens de conclure avec le

---

[1] Voici en quels termes Valory rend compte de l'audience que le roi de Prusse lui accorda le 24 juin : « Le roi de Prusse m'appela et je le suivis dans la tente où il couche. Il commença par me dire avec assez de véhé-

Roi votre Maître, sont les assurances que vous m'avez fait faire par le maréchal de Belle-Isle d'engager la Suède d'agir avec force contre la Russie, de faire mettre à l'électeur de Bavière incessamment un corps de troupes de 20 000 hommes en état d'opérer, et d'agir vous-même, avec un corps plus considérable encore, en Allemagne.

J'espère, Monsieur, que vous n'oublierez aucun de ces points qui sont essentiels au traité que nous venons de faire et que vous concevrez, mieux que je ne pourrais vous le dire, la nécessité dans laquelle se trouve le roi de France de jouer dans le monde un rôle convenable à sa grandeur et à ses engagements. Ne pensez pas qu'il soit temps d'agir par ses alliés et d'attendre tranquillement les extrémités. Il y a des moments dans la politique qui, s'ils nous échappent, ne se retrouvent jamais. Saisissez donc celui-ci, qui est des plus heureux, pour immortaliser votre ministère et pour rendre la gloire et la puissance de la France respectables à jamais. Mettez la dernière main à l'abaissement de la maison d'Autriche et secondez avec vigueur et de toutes vos forces deux de vos fidèles et meilleurs alliés. Vous concevez, Monsieur, que les délais ou les lenteurs ne sont pas de saison dans ces occasions, et que la façon prompte de remplir ses engagements en rehausse infiniment le prix. Je serai inviolable dans mes engagements, autant que vous remplirez les vôtres et je vous serai d'autant plus attaché que l'inclination me lie particulièrement au Roi votre Maître et à la nation française. Mon estime et mon amitié ne cesseront pour vous qu'avec la vie, étant à jamais, Monsieur mon Cousin, votre très fidèle ami.

Frédéric.

mence qu'il avait différé de prendre des engagements avec le Roi pour en être d'autant plus religieux observateur; mais qu'il m'avertissait que si la Suède n'agissait pas incessamment contre la Russie, que l'Electeur de Bavière ne fît pas très promptement une diversion et ne fût pas mis en état, de la part du Roi, d'agir avec supériorité, et que les troupes françaises ne fussent pas dans le mois prochain en état d'entrer en Allemagne et le suivant dans le cœur du pays, on ne devait pas plus compter sur lui que sur les feuilles de novembre; qu'il ne voulait se perdre et prolonger une guerre qui par ses suites ne pourrait tendre qu'à sa ruine et à celle de l'Allemagne. Il n'est plus question de porter des coups à la sourdine. Le véritable intérêt du Roi est d'accabler tout d'un coup cette maison d'Autriche et de lui porter en six mois de temps des coups qu'elle ne pourra point parer et dont elle ne pourra aussi jamais se relever. Si vous laissez le temps aux ligues de se former, ce sera une guerre qui par sa longueur nous consommera plus d'hommes et plus d'argent sans comparaison que celui que vous dépenseriez à présent. C'est à ce prix-là que le Roi votre Maître peut compter sur un allié inébranlable. *Une longue guerre ne peut me convenir.* »

C. P. 413. — *Au ministre d'Etat de Podewils, à Berlin.*

Camp de Strehlen, 25 juin 1741.

Rapport de Podewils, Breslau, 23 juin :

Il a formulé pour le traité, projeté entre la Suède et la Prusse, un article secret qui ne tend qu'à une *inaction* de la part de Votre Majesté dans la guerre entre la Suède et la Russie. C'est tout au plus à quoi il faudra se borner, et j'avoue franchement que si l'on n'était pas bien sûr que la Suède voulût rompre, tout ceci n'aboutirait à rien qu'à fournir peut-être un jour à la Suède le moyen de nous brouiller avec la Russie. Le seul fruit, qu'on en peut tirer à présent, serait d'ôter à la France le prétexte de renvoyer la ruption *(sic)* de la Suède, puisque Votre Majesté ne l'a pas rassurée encore selon le traité avec la France.

Fort bien. Je ne vois pas à quoi cela pourrait nous servir et je partage tout à fait votre sentiment [1].

C. P. 414. — *A l'Electeur de Bavière, à Nymphenburg.*

Camp de Strehlen, 30 juin 1741.

Monsieur mon Cousin,

Je prends la liberté d'envoyer à Votre Altesse Electorale quelques réflexions que j'ai faites sur la situation où Elle se trouve par rapport aux conjonctures du temps.

J'espère qu'Elle voudra les interpréter comme une marque de la sincère amitié que j'ai pour Sa personne et de la véritable part que je prends à Ses intérêts.

J'attends avec bien de l'impatience d'apprendre d'agréables nou-

---

[1] La Prusse ne signa pas de traité avec la Suède.

velles des heureux succès qu'auront les entreprises de Votre Altesse. Vous pouvez être persuadé que je serai le premier à m'en réjouir, étant avec l'estime et l'amitié la plus parfaite, Monsieur mon Cousin, de Votre Altesse Electorale le très affectionné ami et Cousin.

Fédéric.

Raisons qui doivent engager l'Electeur de Bavière d'agir le plus tôt possible en Autriche.

L'alliance du roi de Prusse débarrasse l'Electeur de Bavière d'une grande partie des forces autrichiennes ; il ne peut donc jamais agir d'une façon qui lui soit plus avantageuse qu'en attaquant ses ennemis lorsqu'ils sont faibles. Pour faire donc un grand coup, il faudrait qu'il prît Passau, Linz et que, côtoyant le Danube, il marchât droit à Vienne. S'il trouve les ennemis en son chemin, il lui sera facile de les défaire, et en marchant à la capitale, il coupe la racine à l'arbre autrichien, dont la chute par conséquent doit s'ensuivre. De plus, il sépare la Bohême d'avec l'Autriche, ce qui leur ôte leur dernière ressource et les met hors d'état d'agir l'année qui vient, au lieu que, si l'Electeur différait encore longtemps les opérations, les Autrichiens détacheraient un corps puissant vers les frontières, ce qui lui rendrait la guerre bien plus difficile et le succès incertain, et ce qui pourrait changer le théâtre de la guerre qui, au lieu de devoir être en Autriche, pourrait se transporter malheureusement en Bavière.

Mon avis serait donc d'entamer cette grande et glorieuse entreprise le plus tôt possible et de profiter du bénéfice du temps.

Il faudrait aussi faire une alliance avec le roi de Prusse et se garantir réciproquement ses conquêtes *avec une clause de ne jamais faire, arrive ce qui pourra, une paix séparée.*

C. P. 415. — *Au cardinal de Fleury, à Issy.*

Camp de Strehlen, 30 juin 1741

Monsieur mon Cousin,

J'ai été bien charmé de la lettre que vous venez de m'écrire et flatté au possible de l'amitié du Roi votre maître, dont vous me donnez des assurances aussi fortes que positives.

Le secret, que vous demandez, ne s'éventera par ici, ni par ma faute. M. Valory, qui est un très digne sujet et qui sert son maître en fort honnête homme, joue son rôle, on ne saurait mieux au monde, et exécute très religieusement les commissions dont il est chargé.

Je profite de cette occasion pour vous envoyer, Monsieur, les réflexions que j'ai faites sur l'état présent de l'Europe. C'est un tableau vrai des opérations qui me paraissent être les plus convenables pour les intérêts de la France et de ses alliés.

Vous pouvez à présent compter sur moi pour toute ma vie, comme étant le plus fidèle ami que le Roi votre maître puisse jamais avoir. Je vous prie d'être persuadé en votre particulier de la parfaite estime et de l'affection particulière avec laquelle je suis à jamais, etc.

FÉDÉRIC.

Précis des raisons qui obligent le roi de France d'agir incontinent avec une partie de ses armées en Allemagne.

1° Le dessein du roi de France est d'abaisser la maison d'Autriche et de seconder pour cette fin le roi de Prusse et l'Electeur de Bavière, qui se sont déclarés ennemis de la Reine de Hongrie.

Voici le tableau du temps :

Le roi de Prusse est vivement pressé par les Anglais pour qu'il s'accommode avec la Reine, et l'on ajoute la menace aux sollicitations. L'alliance nouvellement faite, que le roi de Prusse regarde comme sacrée, l'empêche d'entrer dans aucun accommodement au préjudice de ses alliés ; mais pour éviter les effets et la mauvaise intention de ses voisins, il les amuse et leur fait naître des espérances, pour donner le temps à l'Electeur de Bavière d'entrer dans l'Autriche et à l'armée française d'entrer en Allemagne. Si l'Electeur de Bavière diffère plus d'un mois ses opérations, il met le roi de Prusse dans le cas de se voir attaqué par les Saxons et les Hanovriens.

2° Si donc la France n'entre pas à présent en Allemagne, elle doit s'attendre à voir entamé le roi de Prusse, son allié, ou l'Electeur de Bavière, ce qui lui fera manquer son dessein sur les maisons d'Autriche et d'Angleterre.

3° Si la France entre au mois d'août avec 40 000 hommes en Souabe, elle empêche premièrement que les princes d'Allemagne et les cinq cercles confédérés ne puissent lui opposer des troupes l'année qui vient; en second lieu, elle prend ses quartiers d'hiver en pays ennemi ; en troisième lieu, elle peut finir cette année l'affaire de la maison d'Autriche, puisqu'il ne s'agit plus que du gain d'une bataille par l'Electeur de Bavière, pour que cette maison soit aux abois, principalement si les Bavarois marchent droit à Vienne. De plus, si 40 000 Français entrent ou en Autriche ou en Bohême et qu'une autre armée française prenne Philippsbourg, il est évident que les maisons de Saxe et de Hanovre avec leurs Hessois et Danois ne pourront jamais s'opposer à si forte partie.

Mon avis est donc de faire dès à présent un puissant effort et de terminer en un coup ce qui peut être terminé aisément, au lieu qu'en ne faisant que des efforts successifs, l'on remet au hasard des événements qui dépendent, à présent, de la France, si elle prend une bonne et vigoureuse résolution sans différer.

Qu'on se ressouvienne de l'apologue de la queue de cheval, que l'on n'arrache pas entière, mais dont on vient à bout si on en tire crin par crin. C'est pourquoi il faut agir avec toute sa force, tandis que les alliés en font de même, et alors la France a tout lieu de s'attendre à une heureuse réussite de ses desseins, et c'est l'unique moyen d'abaisser la maison d'Autriche et de rabattre l'arrogance et la fierté des Anglais.

C. P. 416. — *Au ministre d'État de Podewils, à Breslau.*

Camp de Strehlen, 1ᵉʳ juillet 1741.

Mon cher ministre d'Etat de Podewils,

Puisque je sais maintenant que la ratification est arrivée à Breslau, je désire que vous m'envoyiez la mienne pour la signer et qu'ainsi tout soit bien fini. Mais il faut que vous en arrangiez l'expédition de façon à ce qu'elle se fasse sans le moindre éclat, et qu'en cela comme en tout le reste le secret soit religieusement gardé et que rien ne puisse éveiller les soupçons.

Avec milord Hyndford, vous jouerez au plus fin. Vous aurez soin d'entretenir ses espérances d'un accommodement et de la paix. Vous vous conduirez de la même façon avec ceux des ministres, avec lesquels vous croirez sage d'avoir des entretiens.

Vous poursuivrez la négociation avec le Hyndford, mais en la traînant le plus possible en longueur. Vous pourrez aussi lui dire que, s'il a envie de venir chez moi, il me sera fort agréable de le voir. Pour ce qui est des explications qu'il vous a demandées, vous n'aurez qu'à répondre qu'il faut avant tout la réponse de la Cour de Vienne à mes propositions qui lui ont été remises par Robinson.

Vous direz au marquis de Valory que je lui serais fort obligé d'écrire au maréchal de Belle-Isle et de l'inviter, lorsque l'armée française entrera dans l'Empire ou se portera sur la Bohême, à ménager les terres et les habitants des deux margraviats de Baireuth et d'Ansbach.

Venez le plus tôt possible, car j'ai besoin de vous parler.

Parmi les papiers que vous m'avez envoyés hier, se trouvait une feuille du 20 juin, dont le contenu a piqué ma curiosité. Je voudrais savoir comment cette feuille vous est parvenue et quel est l'auteur de cet article. J'attends des explications sur ce point. Je suis, etc.

FRIDERICH.

Le gazetier de cette pièce est à Breslau. *Magari*.

P.-S. — Comme j'aimerais fort vous parler le plus tôt possible, vous pourrez prendre vos dispositions pour partir de Breslau demain matin de façon à être ici dans l'après-midi. Vous m'apporterez la ratification et tout ce qui pourrait vous paraître utile. Si vous pouvez m'amener avec vous mylord Hyndford, cela me conviendra parfaitement. Ne vous préoccupez pas de la sûreté en route. J'ai envoyé un détachement à Grossburg afin d'assurer les communications entre l'armée et Breslau.

Toujours soucieux de ne rien compromettre, mais n'en poursuivant pas moins ses desseins, voulant à tout prix éviter une querelle ou un éclat, craignant peut-être d'avoir été trop loin, d'avoir cédé à un accès de dépit et de mauvaise humeur, alors qu'il chargeait le 18 juin Valory de transmettre ses sommations au Cardinal et à Belle-Isle, Frédéric, sans cesser pour cela d'insister à nouveau sur la nécessité d'une action immédiate des armées françaises en Allemagne, avait saisi au vol l'occasion d'exposer au maréchal et la situation des armées et les opérations qu'il méditait d'entreprendre. Il lui semble que rien ne saurait mieux que cette marque de confiance dissiper la fâcheuse impression qu'a pu faire sur un homme, qu'il tient absolument à ménager, une sortie un peu trop violente, un accès intempestif et maladroit de vivacité et de mauvaise humeur.

C. P. 417. — *Au maréchal de France comte de Belle-Isle, à Versailles.*

Camp de Strehlen, 4 juillet 1741.

MONSIEUR,

J'ai eu le plaisir de recevoir deux de vos lettres à la fois[1], et je répondrai à tout ce que vous m'y mandez, de même qu'à la lettre de Valory. J'ai premièrement jugé nécessaire d'informer Valory que les discours du sieur de Rudenschöld étaient bien différents de ce que vous m'avez dit, et sans accuser la France de manquer de parole, l'on peut cependant dire qu'un chacun doit remplir réciproquement ses engagements. Ce n'est point un trait de vivacité, comme il paraît qu'il vous le semble, mais une maxime que dicte la justice, que, lorsqu'on fait une alliance, les engagements doivent être respectivement observés par les parties contractantes. *Mais il ne s'agit pas à présent de faire les avocats, il s'agit de faire les capitaines.* Je dois donc, préalablement à tout, vous mettre au fait de nos opérations.

Les Autrichiens, avec tout leur renfort, composent 10 000 hommes d'infanterie, 11 000 de cavalerie, 8 000 hussards et 3 000 milices hongroises. C'est là toute leur force. — Mon armée, à présent complétée, depuis votre départ, et renforcée de quelques régiments, est composée de 28 900 hommes d'infanterie, faisant 33 bataillons, de 12 008 hommes de cavalerie et de 3 000 hussards, outre 4 bataillons qui servent à garder les magasins; ce qui fait en tout 46 252 hommes, outre 600 canonniers et une compagnie franche de 200 hommes et une compagnie de chasseurs de 100. Les Autrichiens campent sous le canon de la ville de Neisse, et moi, je suis à Strehlen dans un camp où ma cavalerie s'est totalement remise et complétée et où je tire ma subsistance avec beaucoup de facilité.

Lorsque la Bavière, qui n'a devant elle que deux régiments de cavalerie, savoir Savoie et Khevenhüller, aura commencé ses opérations, de trois choses, il en arrivera une. Ou les Autrichiens détacheront une partie de leurs troupes vers l'Autriche, ou ils abandonneront la Silésie pour courir à leurs pénates, ou le désespoir leur inspirera le dessein d'une bataille.

Dans le premier cas, j'attendrai quinze jours qu'ils aient détaché, et je passerai la Neisse près d'Ottmachau, pour me camper entre eux

---

[1] Cf. Belle-Isle à Valory, Francfort, 24 juin 1741 (*Affaires Etrangères*, correspondance de Prusse).

e leurs magasins, qui sont en Moravie et en Bohême, et la nécessité les obligera alors ou de venir à moi ou de quitter leur camp, et je les battrai. — S'ils quittent totalement la Silésie, je fais le siège de Neisse, ce qui est l'affaire de quinze jours, et je fais celui de Glatz, qui pourra nous procurer la communication par la Bohême et assurer, moyennant une légère chaîne, la liberté de la correspondance. — S'ils viennent à moi, j'en ferai bon marché, et en ce cas l'électeur de Bavière peut aller, sans trouver nulle opposition, à Vienne, et vous feriez bien alors de vous tourner vers la Bohême pour vous opposer aux troupes que la ligue de Hanovre ne manquera pas de vouloir faire marcher, ou du côté de la Bavière par l'Empire, ou dans mes Etats. Par votre entrée en Bohême, vous couvrirez alors l'électeur de Bavière qui, ne trouvant pas d'ennemis, n'aurait besoin d'aucun secours. Vous déterminerez peut-être la Saxe de s'unir à nous, et vous approcheriez si fort des Etats d'Hanovre que vos troupes d'un côté, d'un autre celles du prince d'Anhalt, et du troisième, les palatines, pourraient les accabler au premier coup de sifflet [1].

Je serais cependant d'avis que vous vous joigniez à l'électeur de Bavière, dès que les Autrichiens détachent de ce côté ici pour l'Autriche.

Voilà en gros mon plan sur les opérations. Il y aurait encore toutes sortes d'idées qui me sont venues à y ajouter, dont peut-être vous pourrez faire usage.

Premièrement, celui de la correspondance par la Bohême me semble absolument nécessaire, et doit s'exécuter ainsi que, si les Autrichiens viennent à moi, les Français prendront Glatz, et s'ils vont aux Bavarois, ce sera moi qui le prendrai.

L'électeur de Bavière pourrait peut-être, en payant quelques sommes, prendre des troupes de Baireuth et Ansbach. Il faut penser à prendre toutes les troupes pour des subsides, comme celles de Wurtemberg et de Darmstadt, c'est-à-dire savoir si la France en veut ou la Bavière. Sinon, j'en prendrai volontiers, car c'est nous renforcer et affaiblir nos ennemis de ce secours. C'est à vous à voir qui pourra les prendre. Il sera bon d'intimider les petits princes d'Allemagne,

---

[1] C'était, on le voit, le résumé d'un plan de campagne qui laissait, dans les trois cas examinés par le roi, tout le poids de la guerre aux Français et aux Bavarois, mais qui présente en outre un point intéressant. Frédéric s'offre uniquement à faire le siège de Glatz et de Neisse, dont la possession lui est nécessaire pour s'assurer la Silésie, et dès ce moment il prévoit que le siège de Neisse ne lui prendra pas plus de quinze jours. On verra plus loin, à propos de la convention de Klein-Schnellendorf, les singuliers moyens employés par le roi pour se faire ouvrir les portes de cette place.

lorsque les troupes du roi de France y entreront, pour empêcher ces petits princes, Bamberg principalement, de s'unir aux Hanovriens; Darmstadt de même. Peut-être pourrait-on porter la terreur jusqu'à Cassel.

Je ne vous donne ceci que pour des idées ou *concetti*. Vous en prendrez ce que vous trouverez bon et praticable. Je vous prie cependant d'une chose, qui est de ménager, vous et les Bavarois, les petits Etats de Baireuth et d'Ansbach avec vos armées, car je répondrai toujours de leur conduite.

Je serai bien aise de savoir vos sentiments sur tout ce que je viens de vous écrire, afin de pouvoir prendre des mesures convenables ensuite. Je suis, etc.

FÉDÉRIC.

C. P. 418. — *Au ministre d'Etat de Podewils, à Breslau.*

Camp de Strehlen, 6 juillet 1741.

Rapport de Podewils, Breslau, 5 juillet :

« L'échange des ratifications s'est fait ce matin à dix heures. Il sera cependant plus nécessaire que jamais d'en garder le secret, aussi longtemps qu'il sera humainement possible.

«... On m'a voulu assurer aujourd'hui que les troupes de Hanovre, de Danemarck et de Cassel s'assembleraient incessamment, et que le roi d'Angleterre enverrait le major-général d'Ilten en Saxe, pour concerter avec la Cour de Dresde la jonction du contingent de Saxe, afin de former de tout cela une armée d'observation[1]. »

Très bien. C'est absolument nécessaire.

Plotho écrit à Harburg. Il faut donc lui écrire *cito* et lui dire qu'il ait l'œil ouvert. En parler à Valory et voir ce qu'il en dit. D'après les rapports de Plotho, il ne me semble pas que ce rassemblement doive me viser.

---

[1] Cf. *ibidem* et 419. Ordre au feld-maréchal prince d'Anhalt-Dessau de se renseigner et de surveiller ce rassemblement.

C. P. 421. — *Au ministre d'Etat de Podewils, à Breslau.*

Camp de Strehlen, 7 juillet 1741.

Mon cher ministre d'Etat de Podewils,

Le soupçon, dont vous me parlez dans votre lettre du 7 à propos de la lettre que vous avez reçue du de Keller[1], m'est confirmé par le rapport ci-joint de Plotho. Vous devrez donc parler de cette affaire à Valory. Vous lui en direz tout ce que vous jugerez utile et noterez les explications qu'il vous donnera. Il faudra aussi que le susdit Valory informe immédiatement le Maréchal de Belle-Isle et l'électeur de Bavière, qu'il sache pourquoi après les assurances données ils n'ont pas encore agi et qu'il leur marque qu'il faut que cela ait lieu au plus vite. Mais, comme dans l'état actuel des choses il est hors de doute qu'on observe chaque pas fait par Valory, vous l'inviterez à n'expédier de semblables lettres de Breslau que dans le plus grand secret et en les confiant à un homme sûr, affublé à cet effet d'un déguisement, et auquel il ordonnera de ne prendre des chevaux de poste qu'à quelques milles d'ici et de brûler ensuite le pavé pour remettre ses dépêches au plus vite. Je suis, etc.

Fédéric.

P.-S. — Pour ce qui est de la lettre du de Keller, répondez-lui en termes généraux que je ne sais absolument rien d'une alliance avec qui que ce soit, et que je ne refuserai jamais un honnête accommodement, à condition toutefois qu'on me l'offre loyalement. Que quoiqu'une certaine cour m'ait offert tout ce que je pouvais désirer, j'ai, jusqu'à ce jour, tout refusé dans l'espoir d'un accommodement prochain. Mais que, si d'un côté on m'offre tout, si d'un autre non seulement on ne

[1] Plotho mande dans son rapport de Hanovre, 2 juillet, que le ministre de Wurtemberg Keller lui a dit qu'on croyait savoir de manière positive que la Prusse avait signé un traité avec la France.

Le secret, recommandé par Frédéric et demandé d'autre part par Fleury, avait été cependant si bien gardé, que ce fut le 30 juin seulement que la Cour de Vienne reçut les premières indications un peu sérieuses, relatives à l'alliance de la Prusse et de la France, au traité conclu entre la Bavière et l'Espagne et aux conventions spéciales entre la France et la Bavière signées en mai au château de Nymphenburg. La Saxe seule continuait encore à négocier avec la France dans l'espoir de se faire attribuer pour prix de son concours une partie de la Silésie, toute la Moravie et les deux tiers de la Bohême avec Prague.

m'offre rien, mais même on agit dans un sens tout à fait opposé, et si la Cour de Vienne persiste dans son caprice de faire la sourde oreille à mes justes réclamations, si on agit de façon à me donner forcément de l'ombrage, on ne devra pas s'étonner si au bout du compte je me décide à accepter les offres qu'on me fait. Vous saurez du reste tourner la réponse de telle manière qu'elle ne contienne rien qui puisse m'être préjudiciable tout en rendant cependant bien ma pensée.

C. P. 422. — *Au ministre d'Etat de Podewils, à Breslau.*

Camp de Strehlen, 9 juillet 1741.

Vous montrerez incontinent la lettre ci-jointe à Valory. Vous lui presserez le bouton et lui direz en même temps qu'Ilten est allé en Saxe pour demander 6 000 auxiliaires.

C'est à présent qu'il faut voir si la France veut agir ou non. Adieu[1], qu'il envoie des estafettes, etc., etc.[2].

C. P. 424. — *Au ministre d'Etat de Podewils, à Breslau.*

Camp de Strehlen, 10 juillet 1741.

Mon cher ministre d'Etat de Podewils,

J'ai bien reçu, en même temps que votre lettre du 8, le paquet envoyé par le marquis de Valory, qui ne m'a pas donné la satisfaction que j'espérais y trouver. Vous vous en convaincrez en lisant les pièces originales ci-jointes. Pour moi je ne peux arriver à concilier ce que m'écrit le maréchal de Belle-Isle avec ce que me mande Valory. L'un me parle d'opérations, tandis que l'autre les subordonne à l'élection impériale. Vous comprendrez aisément combien de pareils retards compromettent ma situation d'une part, et aussi ce que j'aurais à redouter si la France réussissait son coup de l'élection.

(Suit tout un passage relatif aux lettres qu'il charge Podewils de transmettre au Cardinal et à Belle-Isle[3] et aux instructions qu'il faudra donner à Broich au sujet de l'élection impériale.)

Continuez en attendant à négocier et à chipoter avec Mylord Hyndford; cherchez, par une attitude dénuée de toute affectation, à dissiper

[1] Valory écrivit immédiatement à l'électeur de Bavière.
[2] *Sic.*
[3] Cf. *ibidem*, 425, 426 et 427.

ses soupçons, à le convaincre de mon inclination vers un accommodement; ajoutez qu'il ne doit tenir aucun compte des bruits qu'on fait courir. Donnez dans ce sens des instructions au de Plotho et répondez dans cet esprit au de Keller.

Ma lettre doit rester absolument secrète. Vous seul devez en faire usage pour le mieux de mon service et en vous conformant à mes intentions qui vous sont connues ainsi qu'aux instructions que je vous ai données. Je suis, etc.

Friderich.

P. S. — J'approuve ce que vous avez dit au marquis de Valory au sujet des soupçons que ferait naître sa venue ici. Je ne vois pas, du reste, ce qu'il y viendrait faire, s'il n'a pas d'autres nouvelles à m'apporter. Vous le lui ferez comprendre de la meilleure manière possible.

Non content de devenir de plus en plus pressant et agressif dans les lettres qu'il adresse le 10 juillet à Fleury et à Belle-Isle, Frédéric va plus loin encore, jusqu'à la menace, lorsque, le 12 juillet, il charge son fidèle ministre de transmettre ses paroles, ses volontés, d'exprimer son mécontentement à Valory.

C. P. 425. — *Au cardinal de Fleury, à Issy.*

Camp de Strehlen, 10 juillet 1741.

Monsieur mon Cousin,

J'ai vu par une longue lettre du maréchal de Belle-Isle qu'il me presse beaucoup pour accélérer l'élection Impériale et qu'il traîne en longueur les opérations de la guerre. Vous devez savoir, Monsieur, que ce n'est pas ainsi que je l'attends, et que je ne prétends donner ma voix à l'électeur de Bavière que du moment où il agira et que vos troupes entreront en Allemagne. Ne vous attendez à rien de moi avant que d'avoir agi, et soyez persuadé que, pour que je concoure à l'élection de l'électeur de Bavière, il faut que je sache de science certaine qu'il a commencé ses opérations et que vos troupes volent à son secours en Allemagne. Voilà sur quoi vous pourrez prendre vos mesures. Je vous avertis en même temps que la Suède n'agit point et que jusqu'à présent vous n'avez pas satisfait au moindre point de l'alliance. Je suis, etc.

Fédéric.

C. P. 426. — *Au maréchal de France comte de Belle-Isle,
à Versailles.*

Camp de Strehlen, 10 juillet 1741.

Monsieur,

Je m'attendais à trouver dans votre lettre quelque plan d'opération de guerre, mais j'ai été fort surpris de n'y trouver que des négociations. Je vous déclare donc ici, une fois comme toujours, que vous ne devez vous attendre à rien du tout de ma part, avant que l'électeur de Bavière, ainsi que le roi de France, n'entrent en action et que vous devez être persuadé qu'il n'y a rien à faire chez moi qu'en agissant. Dès que les Français auront passé le Rhin, dès que l'électeur de Bavière aura commencé ses opérations, je donnerai ma voix de mon côté, mais pas autrement, et ne vous donnez aucune peine de me faire changer d'avis, ce serait inutile. J'espère donc, Monsieur, que vous penserez à remplir vos engagements. Après quoi vous serez convaincu que je sais satisfaire aux miens. Je suis, etc.

Fédéric.

C. P. 427. — *Au ministre d'État de Podewils, à Breslau.*

Camp de Strehlen, 12 juillet 1741.

Mon cher ministre de Podewils,

Vous verrez ci-joint ce que le marquis de Valory m'a écrit au sujet de l'exécution du traité. Vous lui direz en mon nom, en y mettant les formes, mais pourtant bien sec, que, si je suis fermement décidé à tenir religieusement mes engagements, j'exige d'autre part qu'il en soit de même de leur côté et qu'on tienne de la même façon ce qui m'a été promis, ce qui est la base même du traité et qu'on l'exécute à l'époque même qui a été fixée. Dites-lui que dans le cas contraire, je *considérerai le traité comme nul et non avenu*, et que rien ne pourrait me décider à m'engager. Dites-lui que je ne donnerai pas ma voix à l'électeur de Bavière, avant qu'on n'ait réellement et vigoureusement exécuté le traité, ainsi qu'on me l'a promis.

Pour ce qui est des Suédois, je n'ai entendu fournir des subsides que s'ils agissaient en Courlande avec un contingent respectable de troupes. Si une pareille opération ne peut se faire cette année, je n'ai aucun subside à fournir, et si la Suède n'agit qu'en Finlande, c'est alors affaire qui ne concerne que la cour de France. Mais si la Suède agit l'année prochaine en Courlande, je payerai alors les subsides que j'ai promis. Je suis, etc.

FÉDÉRIC.

Dites à Valory que je ne *me laisserai pas leurrer par un ecclésiastique et que, si le Cardinal n'a pas envie de faire la guerre, il doit se désister de mon alliance. En un mot, il faut qu'il passe par là ou par la fenêtre* [1].

C. P. 428. — *Au ministre d'État de Podewils, à Breslau.*

Camp de Strehlen, 12 juillet 1741.

Rapport de Podewils. Breslau, 11 juillet :

« Mylord Hyndford m'a dit qu'il avait appris par un bruit de ville que Votre Majesté avait donné ordre au prince d'Anhalt de marcher avec son armée d'observation et d'exécuter certains ordres secrets »

Vous lui direz que je suis surpris que mylord Hyndford, que j'ai toujours tenu pour un homme sensé, s'inquiète de pareils bruits, et je ne peux guère comprendre qu'il ajoute foi à un journal aussi déconsidéré. Si j'avais les intentions qu'il me prête, ce ne serait certainement pas le marché au poisson de Breslau qui en serait informé le premier, et il y aurait beau temps que pareille entreprise serait déjà faite. Je serais presque porté à en conclure qu'on se propose de concentrer des troupes hanovriennes, et qu'on craint que, si je venais à m'en apercevoir, je ne prenne les devants. On ne cherche pas derrière la porte les gens qu'on y a cachés. Qu'on agisse loyalement, comme j'ai l'intention de le faire, et personne n'aura rien à craindre. *Dieu et mon droit.* Dites-lui cela.

---

[1] Ce dernier paragraphe est de la main de Frédéric.

C. P. 429. — *Au ministre d'Etat de Podewils, à Breslau.*

Camp de Strehlen, 13 juillet 1741.

Rapport de Plotho. Hanovre, 7 juillet :

« Harrington m'a déclaré que Robinson à Vienne va demander un ultimatum à la reine de Hongrie et qu'il l'apporterait ensuite personnellement au quartier-général prussien. Münchhausen lui a communiqué le désir exprimé par George II d'avoir connaissance de l'ultimatum prussien. »

Je ne comprends pas ce qu'on veut dire par l'ultimatum qu'on me demande, d'autant plus que je n'ai aucune idée de ce qui sortira de Vienne. Je réclamais toute la basse Silésie, y compris Breslau. Par amour pour un accommodement, j'ai rédigé un ultimatum qui a été refusé par la cour de Vienne. Je dois m'en tenir absolument aux prétentions que j'ai formulées. On veut toujours que j'en rabatte, et on voudrait même me faire offrir la paix aux Autrichiens, qui cependant font bien comprendre au monde qu'ils mettraient le feu aux quatre coins de l'Europe plus tôt que de donner à mes légitimes prétentions la juste satisfaction à laquelle j'ai droit.

De plus en plus préoccupé des agissements de l'Angleterre, en proie à une inquiétude qu'augmentait encore la menace de la coalition que George II se croyait sur le point de former, Frédéric redoublait ses instances auprès du Cardinal et de Belle-Isle, mais en se gardant bien d'user cette fois du langage cassant, violent, autoritaire, grossier dont il s'était servi six jours auparavant.

C. P. 432. — *Au cardinal de Fleury, à Issy.*

Camp de Strehlen, 16 juillet 1741.

Monsieur mon Cousin,

Rien ne pourrait être plus agréable que la lettre, que vous me faites le plaisir de m'écrire. Sensible à l'amitié du roi de France comme je le suis, les marques qu'il m'en donne par l'accomplissement de l'alliance, est tout ce qui pourrait m'arriver de plus flatteur.

Depuis ma dernière lettre, le roi d'Angleterre travaille à rassembler un corps considérable de troupes sur les confins de ses États. Il a eu vent par la Saxe, et celle-ci par la Bavière, de nos engagements, de façon qu'il est temps, Monsieur, que vous songiez sérieusement à moi. Je n'ai rien tant à cœur que de remplir religieusement tous les engagements que j'ai pris avec le Roi, votre maître, et tant que je vivrai, vous ne pourrez me reprocher la moindre tergiversation ; mais vous vous souviendrez de tout ce que j'ai dit au maréchal de Belle-Isle et de ce que je vous ai fait envisager, des suites qu'aurait l'alliance que je viens de signer. Faites donc, je vous prie, que vos ennemis et les miens ne deviennent pas les plus puissants par votre inaction. Profitez du bénéfice du temps et faites cette année les grandes choses que vous n'achèverez pas en dix, si vous ne profitez pas de vos avantages présents. Pour moi, je *me fais une religion de mes engagements et une gloire de servir et de concourir à la grandeur et puissance du Roi, votre maître, le seul allié que j'aurai de ma vie, pourvu qu'il ne m'abandonne point.* Il serait superflu de vous dire, Monsieur, tout ce que je pense sur votre sujet; mon cœur est plein d'estime et d'admiration ; ce seront les sentiments avec lesquels je serai à jamais, Monsieur mon Cousin, votre très fidèle ami et Cousin.

FÉDÉRIC.

C. P. 433. — *Au maréchal de France comte de Belle-Isle, à Versailles.*

Camp de Strehlen, 16 juillet 1741.

MONSIEUR,

Nous sommes à la veille de voir éclore une grande partie des événements que je vous avais annoncés à Mollwitz, comme étant une suite de l'alliance que je ferais avec le roi de France. L'indiscrétion de la Bavière a trahi notre secret de quelques mois trop tôt, ce qui a fait résoudre le roi d'Angleterre, par l'instigation de la Saxe, de former un camp sur Eichsfeld, composé d'Hanovriens, de Hessois, Danois et Saxons, le tout composant un corps de 36 000 hommes [1].

Ce campement peut avoir trois objets en vue : ou de m'attaquer au cas que je refuse d'entrer dans leur alliance et d'accepter les conditions

---

[1] Cf. *ibidem*, 435. Au feld-maréchal prince d'Anhalt-Dessau. Strehlen, 23 juillet. Renseignements sur les 6 000 Hessois, qui ne marcheront pas contre la Prusse, sur les Danois qui n'ont pas bougé, sur les Saxons, qu'on ne paraît pas disposé à envoyer aux Hanovriens.

d'accommodement qu'ils me proposent, ce que je ne crains guère, si la France veut, en remplissant ses engagements, agir en ma faveur au Rhin conjointement avec les Palatins et ceux de Cologne.

Son second objet peut être d'attaquer l'électeur de Bavière ou de faire passer ce corps au secours des Autrichiens par la Saxe et la Bohême, ce qui n'est pas à craindre, puisque, dans ce cas, je pourrais entrer dans leur pays et leur prendre jusqu'à leurs trésors d'Hanovre.

Leur troisième dessein pourrait être d'opposer une armée aux Français du côté de la Moselle, ce qui, je pense, ne vous arrêtera pas. De ces trois desseins, celui de m'attaquer me paraît le plus raisonnable.

Vous concevrez donc, sans que j'appuie davantage là-dessus, la nécessité qu'il y a de vous hâter de remplir vos engagements. Il ne s'agit pas ici de voir tranquillement battre une flotte espagnole ou anglaise [1], mais il s'agit de secourir les fidèles alliés ou de n'en avoir jamais. La France peut frapper à présent le plus grand coup qu'elle ait donné de sa vie. Au lieu de ramper à sa puissance, elle y arrivera à pas d'Homère, et vous avez devant vous la plus belle moisson de lauriers que jamais général en France ait pu faire. Les événements ont assez bien justifié mes conjectures. Vous verrez par la suite que je ne me trompe non plus à présent. Peut-être me trouverez-vous importun, si c'est l'être que de vous presser de faire ce que jamais la France a pu imaginer de plus grand et de plus glorieux. Je suis, etc.

FÉDÉRIC.

C. P. 434. — *Au ministre d'Etat de Podewils, à Breslau.*

Camp de Strehlen, 18 juillet 1741.

MON CHER MINISTRE DE PODEWILS,

En réponse à ce que vous me mandiez en date d'hier, je vous fais connaître qu'il me serait très agréable de voir mylord Hyndford, ainsi que le von Schwicheldt, venir ici après-demain. Je leur parlerai ici au camp [2]. Venez aussi et si cela ne doit pas donner d'ombrage, je voudrais m'entretenir avec vous avant de les voir.

Dans les conjonctures épineuses où je me trouve actuellement, on ne saurait rejeter de prime abord les propositions du de Schwicheldt. Il faut

[1] Allusion à l'affaire de Carthagène et à l'échec subi par les Anglais.
[2] L'audience eut lieu le 21 juillet, et Hyndford en rendait compte à sa cour dans un rapport en date du 24.

au contraire entrer en négociations, mais de façon ou à se garder une porte ouverte afin d'en sortir et de s'en tirer *avec bonne grâce,* ou bien, dans le cas où la France promettrait plus qu'elle ne peut ou ne veut tenir, de manière à pouvoir se lier avec le Hanovre, de sorte que celui qui se disposait à me duper, sera en fin de compte le dupé.

Vous devez informer le marquis de Valory de la venue ici du Hyndford et du de Schwicheldt, le rassurer sans affectation, mais ne rien lui dire ou lui laisser deviner de la *convenance* que le Hanovre voudrait faire avec moi. Le de Schwicheldt devra, lui aussi, rester très fermé. Il reconnaîtra, tout comme nous, l'importance qu'il y a à ce que sa négociation reste un secret impénétrable. Je suis, etc.

Friderich.

On se perdrait si facilement dans le dédale d'intrigues si magistralement préparées, combinées et conduites par le *Janus du dix-huitième siècle,* qui sans sourciller, esquissant tout au plus un sourire sardonique, tendait à chacun de ses bons frères et cousins, aujourd'hui la main dans laquelle il leur offrait la négociation « à sa convenance », demain celle qui leur apportait la guerre, qu'avant d'aller plus loin dans le dépouillement de la *Correspondance politique,* il sera peut-être utile de jeter un rapide coup d'œil, tant sur les événements militaires que sur l'ensemble de la situation politique pendant les mois de juillet et d'août.

A partir de la signature du traité d'alliance avec la France, Frédéric, décidé à éviter à n'importe quel prix tout engagement sérieux avec les Autrichiens, avait donné à son armée l'ordre de s'établir au camp de Strehlen, couverte sur son front par le cours de l'Ohlau, appuyant sa droite à la ville de Strehlen et protégée sur ses derrières par des retranchements qui la mettaient à l'abri des coups de main de la cavalerie autrichienne.

Frédéric avait du reste de bonnes raisons pour tenir par-dessus tout à ne rien compromettre. Les désertions et les maladies éclaircissaient de jour en jour les rangs de ses troupes. Le mouvement du roi sur Strehlen était d'autant plus rationnel et sage que Neipperg disposait en face de lui de 25 000 hommes parfaitement en état de rentrer en campagne et que le général en chef autrichien, dont l'extrême prudence ne peut être mise en doute, venait, à la date du 23 juin, de demander au grand-duc l'autorisation de reprendre l'offensive et d'obliger l'armée prussienne à accepter la bataille, qu'il croyait pouvoir lui livrer dans des conditions avantageuses.

Neipperg, il est vrai, n'envisageait la question qu'au point de vue spécial et particulier des opérations en Silésie; mais la question s'était élargie et aggravée depuis la signature du traité d'alliance entre la Prusse et la France, depuis l'entrée de la Bavière et de l'Espagne dans la coalition formée contre Marie-Thérèse. Il ne s'agissait plus d'une lutte circonscrite à la Prusse et à l'Autriche, d'une lutte dont la Silésie était l'enjeu. La querelle avait pris des proportions bien autrement vastes et considérables. Il n'y avait plus moyen de se faire d'illusions. La coalition avait uniquement pour objet de trancher la question de la Succession d'Autriche.

C'était pour Frédéric une raison de plus de continuer à l'égard de l'Angleterre et de lord Hyndford la partie qu'il avait si habilement engagée et dont il se proposait de tirer un si bon parti. Mais entre temps, malgré les précautions les plus minutieuses, malgré le soin qu'on avait apporté d'un côté à « amuser le plus longtemps possible » Hyndford, Schwicheldt et Ginckel, on avait eu de l'autre, on vient de le voir, connaissance des engagements que le roi de Prusse avait pris envers la France, et Marie-Thérèse, dont ce nouveau coup n'avait pu abattre l'indomptable énergie, avait réussi à jeter, dans les premiers jours de juillet, les bases d'une convention avec l'Angleterre. Elle espérait ainsi, grâce à l'appui de la Grande-Bretagne, d'une part, obliger Frédéric à affaiblir son armée de Silésie en le contraignant à opposer un gros détachement aux troupes auxiliaires que George II avait promis d'envoyer contre lui, de l'autre, s'assurer la possibilité de porter le gros de ses forces à l'ouest de la monarchie pour arrêter les Bavarois et les Français.

Les espérances de la jeune reine ne devaient pas tarder à être déçues. L'Angleterre allait cette fois encore trouver le moyen de tirer son épingle du jeu, bien que Marie-Thérèse, confiante dans la parole et la signature de George II, eût annoncé, dès le 3 juillet, à Neipperg que le 22 juillet au plus tard les troupes auxiliaires seraient en mesure d'entrer en ligne de leur côté et que, à la nouvelle du refus opposé par Frédéric aux propositions qui lui avaient été faites par Hyndford, le roi George eût cependant donné de Hanovre, le 27 juin, l'ordre à ses troupes de se tenir prêtes à marcher au premier signal.

La Saxe, tout en continuant de négocier secrètement avec Frédéric, avait, elle aussi, fait savoir à Vienne qu'elle n'attendait pour entrer en ligne que la conclusion d'une convention militaire et d'un accord avec le Hanovre.

Seule, la Russie avait déclaré catégoriquement à l'ambassadeur anglais Finch et aux envoyés de Marie-Thérèse qu'elle était fermement décidée à sauvegarder et à garantir l'intégrité des possessions héréditaires de la maison d'Autriche.

Les choses en étaient à ce point, lorsque le feld-maréchal lieutenant comte Browne reçut, le 18 juillet, à Neisse l'ordre de Marie-Thérèse de se rendre, de suite et en secret, à Dresde pour y arrêter un plan d'opération avec les généraux saxons et le général hanovrien von Ilten, envoyé par le roi George II.

Mais Frédéric était si bien servi et si bien renseigné que, huit jours après l'arrivée de Browne à Dresde, il avait connaissance, non seulement de la présence du général, mais du but de son voyage et de la nature de sa mission. Il savait de plus qu'Auguste III, bien que ne pouvant s'empêcher de reconnaître que ses troupes étaient prêtes à marcher, n'en subordonnait pas moins leur mise en route à l'approbation préalable du plan d'opération envoyé au roi George II à Hanovre. Mais les événements qui venaient de se produire dans l'Amérique du Sud, l'échec éprouvé par l'amiral Vernon devant Carthagène, les mauvaises nouvelles reçues de France, l'annonce des mouvements des armées française et bavaroise jointe à la présence à Gottin de l'armée d'observation du prince d'Anhalt, n'avaient pas manqué de refroidir les sentiments que le roi d'Angleterre, Électeur de Hanovre, avait affichés à l'égard de Marie-Thérèse, de le rendre plus hésitant et plus réservé. A partir de ce moment, le cabinet de Saint-James va s'obstiner à poursuivre sans relâche ses tentatives de médiation et travailler de tout son pouvoir à établir entre Frédéric et Marie-Thérèse une entente dont la durée et la solidité lui importent d'ailleurs fort peu.

L'Angleterre, on doit le reconnaître, avait tout intérêt à reconstituer la flotte qu'elle venait de perdre et à chercher les moyens de continuer la guerre avec l'Espagne. Elle était momentanément hors d'état de fournir à la Russie l'appui maritime qu'elle lui avait promis et, le 25 juillet, l'envoyé autrichien à Hanovre, le comte Ostein, se voyait contraint d'annoncer à Neipperg qu'il fallait désormais renoncer à compter sur le concours des troupes hanovriennes.

Browne s'était du reste rendu un compte exact de la situation et, quand il rejoignit Neipperg le 6 août, il lui déclara que la Saxe était, elle aussi, décidée à ne rien faire en faveur de la reine, bien qu'on ne voulût point en convenir à Dresde et qu'on y affectât d'être toujours résolu à se conformer à la ligne de conduite de l'Électeur de Hanovre. Browne ne s'était pas trompé. Auguste III avait pris son parti, et c'était maintenant à la France qu'il allait s'adresser pour essayer d'obtenir les territoires qu'il convoitait.

Rien d'ailleurs ne servait mieux les intérêts et les desseins de Frédéric que la politique hésitante et incolore de la Saxe et du Hanovre, que le projet de médiation de l'Angleterre. Il était trop avisé et trop fin pour ne pas avoir profité des conférences tenues entre le général autrichien Lentulus et le prince Didier d'Anhalt relatives à des échanges de prisonniers. Ces conférences lui avaient permis de sonder le terrain, de lancer un ballon d'essai, de faire montre des sentiments qu'il affectait de professer à l'égard de Marie-Thérèse, de laisser entrevoir qu'il devait être possible d'arriver à une entente entre les deux souverains et de placer ainsi les premiers jalons des négociations plus sérieuses qui allaient s'engager deux mois plus tard [1].

---

[1] Cf. **Major Z...**, *op. cit.*, 24-29.

C. P. 436. — *A l'Électeur de Bavière, à Nymphenbourg.*

Camp de Strehlen, 26 juillet 1741.

Monsieur mon Cousin,

J'ai vu avec bien de la satisfaction, par la lettre que Votre Altesse Électorale m'a fait le plaisir de m'écrire, qu'Elle se dispose de plus en plus à se faire rendre raison de Ses prétentions sur l'héritage de feu l'Empereur. Personne au monde ne verra Ses succès avec plus de plaisir que moi et j'y contribuerai volontiers de mon côté.

Je Lui envoie incessamment mon maréchal de Schmettau qui est au fait des affaires autrichiennes plus que qui que ce soit et qui Lui démontrera combien sont vaines les appréhensions que pourrait Lui causer le fantôme d'une armée autrichienne ; je l'appelle de ce nom, puisque, de toutes ces troupes spécifiées sur la liste, il ne se peut assembler en Bohême qu'un corps de tout au plus 6 000 hommes ; le reste est si éloigné que tout au plus cela pourrait arriver au rendez-vous dans deux mois ; ainsi il faut que Votre Altesse Électorale presse la France et qu'Elle se hâte Elle-même d'agir pour prévenir les autres.

Je vous conjure, par tout ce qui vous est le plus au cœur, pour l'amour de vos intérêts et de la cause commune, écoutez toutes mes raisons que le maréchal de Schmettau[1] a ordre de vous dire, et au lieu de marcher en Bohême, portez toutes vos forces à Vienne. C'est le moyen de finir la guerre par un, au lieu que vous la traîniez en longueur en entrant en Bohême et que vous ne faites que blesser la cour de Vienne au lieu de lui porter le coup mortel. Je vous conjure encore une fois d'y penser mûrement.

Je suis avec toute l'estime et tout l'attachement imaginable, Monsieur mon Cousin, de Votre Altesse Électorale le très fidèle ami et cousin

Fédéric.

P.-S. — Je vous prie de ne point ajouter foi aux faux bruits que l'on fait courir à Vienne sur mon sujet.

Si le comte Törring était muni de pleins-pouvoirs, le jour qu'Elle commencera ses opérations sera celui de notre alliance.

[1] Cf. *ibidem*, 437. Instruction au grand-maître de l'artillerie baron de Schmettau à l'occasion de son envoi à Munich. « Développement des arguments exposés dans la lettre à l'Electeur. Ordre de garder le secret le plus absolu, de renseigner le roi sur l'état de l'armée bavaroise et de ses magasins, enfin de surveiller les démarches des Autrichiens. »

C. P. 438. — *Au ministre d'État de Podewils, à Breslau.*

Strehlen, 28 juillet 1741.

Rapport d'Ammon, de Dresde, le 19 juillet :
« Le comte Brühl lui a communiqué sous le sceau du secret de nouvelles propositions de médiation entre la Prusse et l'Autriche : « Contre la cession d'une partie de la Gueldre (ou de Glogau avec Grüneberg), le payement de deux millions et la garantie de la succession de Juliers-Bergue, la Prusse s'engagerait à donner au duc de Lorraine sa voix pour l'élection impériale et à envoyer un corps de secours à la maison d'Autriche. » Aujourd'hui, lorsqu'afin d'éviter toute cause de malentendu, Ammon lui a lu le rapport qu'il faisait de ses propositions, Bruhl a ajouté toutes sortes de clauses. »

« Il ne doit s'engager en rien sous ce rapport avec les ministres ; écouter ce qu'ils disent et en rendre compte, mais ne rien répondre et si l'on demandait une réponse, dire qu'il n'a encore reçu, ni réponse, ni résolution, ou encore que la poste ne lui est pas arrivée, ou des défaites du même genre, mais ne se laisser engager en aucune façon. »

C. P. 439. — *Au ministre d'État de Podewils, à Breslau.*

Camp de Strehlen, 29 juillet 1741.

Rapport de Podewils, Breslau, 29 juillet.
Le marquis de Valory insiste par ordre de sa Cour pour qu'il plaise à Votre Majesté de donner à Son ministre à la diète d'élection des ordres positifs et minutés de se conformer en tout aux démarches du maréchal de Belle-

« Fort bien. Il faut agir prudemment pour qu'on ne nous impose pas. La voix pour l'élection impériale est précisément ce qui nous sert pour la défense et la protection de nos affaires. Sans cela, on nous plantera là et nous

Isle conjointement aux ministres de Bavière, Palatin et autres qui peuvent avoir les mêmes intérêts à ménager la France que Votre Majesté.

Podewils propose au contraire : « Votre Majesté ayant ci-devant déclaré qu'Elle ne ferait faire aucune démarche en faveur de l'Électeur de Bavière, à moins que ce prince, de concert avec la France, n'ait commencé les opérations, on pourra, à ce qu'il me semble, ordonner au sieur Broich en termes généraux d'aller en tout de concert avec le maréchal de Belle-Isle... mais que, dans des cas d'importance, il prie le susdit maréchal de vouloir bien de bonne heure lui communiquer ses idées sur ce qu'il y aura à faire, pour que, quand les affaires sont de trop de conséquence, il en puisse faire part à Votre Majesté. » risquerions de nous trouver le derrière entre deux selles. »

La tournure prise précisément à ce moment par les affaires des grandes puissances, la répercussion que les événements devaient forcément avoir sur l'orientation et l'allure de leur politique permettaient à Frédéric de faire taire pendant quelques instants ses soupçons, de cajoler Valory, de prodiguer au Cardinal et à Belle-Isle les protestations, à l'un de sa reconnaissance et de son attachement, à l'autre de l'admiration qu'il avait pour ses talents militaires, de la confiance que lui donnait le fait de le savoir à la tête des armées du Roi en Allemagne.

C. P. 441. — *Au marquis de Valory, envoyé de France.*

Camp de Strehlen, 30 juillet 1741.

MONSIEUR,

Charmé de vos dépêches que je viens de recevoir, j'ai d'abord donné ordre que mon ministre à Francfort se conforme à ce que le maréchal de Belle-Isle jugera à propos de faire ; mais j'espère aussi qu'en bon allié on voudra bien me communiquer de quoi il s'agit et le plan qu'on s'est formé pour l'élection impériale.

Quant à la Saxe, il faut que vous sachiez que ses intérêts sont pour le présent étroitement liés avec l'Hanovre, et qu'ils ne veulent que vous tirer les vers du nez pour en faire des ouvertures à leurs alliés, ce qui accélérerait simplement les préparatifs de guerre de leur côté. Ainsi je crois que le meilleur serait d'attendre l'entrée des troupes de France en Allemagne, pour lui en parler alors sur un ton positif.

FÉDÉRIC.

C. P. 442. — *Au cardinal de Fleury, à Issy.*

Camp de Strehlen, 30 juillet 1741.

MONSIEUR MON COUSIN,

Vous pouvez être persuadé que ma satisfaction est pleine, de voir, par les lettres que vous m'avez fait le plaisir de m'écrire, combien le Roi a la bonté de penser à moi et d'agir en ma faveur. Vous pouvez l'assurer, Monsieur, que *ma reconnaissance sera éternelle, et que je remplirai toujours à la rigueur tous les engagements d'un fidèle allié.* J'ai donné des ordres à mes ministres à Francfort et à mes généraux d'agir en tout en conséquence de ce que M. de Belle-Isle pourra désirer d'eux, et vous pouvez vous reposer sur moi dans toutes les occasions, où vous verrez avec quelle vivacité je me porterai à tout ce qui peut faire plaisir et être avantageux au roi de France. Ce sont des sentiments inaltérables en moi, et qui vont de pair avec la parfaite estime et la haute considération avec laquelle je suis à jamais, etc.

FÉDÉRIC.

C. P. 443. — *Au maréchal de France, comte de Belle-Isle* [1].

Camp de Strehlen, 30 juillet 1741.

MON CHER AMI,

J'ai reçu avec toute la satisfaction imaginable les deux lettres que vous me faites le plaisir de m'écrire. Ce qui me charme le plus est de voir les bonnes dispositions que le roi de France vient de faire pour la gloire de son règne et pour le secours de ses alliés. Il n'y a, je crois, rien à ajouter aux mesures qu'on a prises, et je suis dans la persuasion que rien au monde ne pourra mettre d'obstacle à la sagacité de ces arrangements. Je vous ai mille obligations, en particulier, des peines et des soins que vous avez pris dans cette affaire qui ne pourra que vous faire une réputation immortelle.

J'ai donné ordre à mon ministre à Francfort de se conformer en tout à vos volontés et de coopérer, autant qu'il est en lui, à toutes les fins que vous me proposez. J'ai donné des ordres au lieutenant-général Dossow, gouverneur de Wesel, de ne vendre de mes magasins à qui que ce soit qu'au Roi votre maître. Quant aux munitions de guerre, cela ne souffre aucune difficulté et vous pouvez être pleinement persuadé que vos troupes trouveront, passant par mes Etats, tout le secours qu'il sera en mon pouvoir de leur administrer et qu'elles y seront reçues comme elles le pourraient être en France.

En un mot, je suis inébranlable dans la résolution de remplir en tout et partout mes engagements à la rigueur et de ne manquer jamais aux devoirs d'un bon et fidèle allié du Roi votre maître.

Il n'y a rien à désirer au plan que vous vous êtes proposé, touchant les opérations de la campagne, sinon que j'ai des scrupules non mal fondés sur l'accession que vous espérez de la Saxe. Vous pouvez leur révéler notre mystère, dès que vos troupes auront franchi les barrières du Rhin ; mais, en cas que vous les trouviez irrésolus, ne serait-il pas nécessaire que les 50 bataillons et les 10 000 chevaux vinssent tous en Bohême ? C'est ce qu'il faut laisser à votre prudence à considérer, pour que vos troupes de la tête ne se trouvent pas trop faibles, au cas que le Roi, électeur de Saxe, ne se joignît point à nous, mais à nos ennemis.

Je vous embrasse mille fois, mon cher Maréchal, et je vous prie

---

[1] D'après un rapport de Chambrier, Paris, 31 juillet, Belle-Isle en était parti le 25 se rendant à Francfort.

d'être persuadé que personne n'est avec plus d'estime et de considération que je le suis, etc.

Fédéric.

Je félicite le roi de France de ce qu'il a déclaré le maréchal de Belle-Isle généralissime de ses armées en Allemagne.

Le marquis de Valory vous remettra, Monsieur, le chiffre dont vous pourrez vous servir, s'il vous plaît. Notre correspondance, en attendant ne peut aller que par la Saxe, et moyennant le ministère de vos courriers.

C. P. 447. — *Au ministre d'État de Podewils, à Breslau.*

Camp de Strehlen, 3 août 1741.

Mon cher ministre d'État de Podewils,

Demandez au capitaine, qui est arrivé chez l'envoyé de Bavière, le comte Törring, s'il n'a pas apporté des pleins-pouvoirs [1]. Je suis, etc.

Fédéric.

C. P. 448. — *Au ministre d'État de Podewils, à Breslau.*

Camp de Strehlen, 3 août 1741.

Mon cher ministre de Podewils,

C'est non sans chagrin que j'ai vu par votre lettre du 2 que l'estafette, porteur de la dépêche chiffrée au de Broich [2], a été enlevée par un parti ennemi. J'espère cependant que tout était si bien chiffré que l'ennemi n'aura pu en faire usage. J'aimerais également à savoir que ce courrier n'emportait pas non plus d'autres pièces d'importance. Sur tout cela, je veux savoir la vérité. Je prendrai des mesures pour assurer la sûreté des correspondances. Suspendez pendant quelques jours les expéditions. Le temps non seulement de chasser le parti

---

[1] Les pleins pouvoirs dont on avait tant besoin pour signer le traité d'alliance entre la Bavière et la Prusse.

[2] Cette dépêche portait à Broich les instructions relatives à l'élection impériale.

ennemi, mais de mettre en action les moyens auxquels je vais recourir.

Comme d'après votre lettre d'hier je *veux préparer la scène* que je vais avoir avec Robinson, dont Hyndford m'annonce l'arrivée, j'ai envoyé ce matin le passeport demandé au général-major prince Didier [1] à Grottkau pour qu'il le fasse tenir au général-major Lentulus. Je suis, etc.

FÉDÉRIC.

C. P. 449. — *Au ministre d'État de Podewils, à Breslau.*

Camp de Strehlen, 4 août 1741.

MON CHER MINISTRE DE PODEWILS,

Le ministre anglais Robinson devant être arrivé à Breslau, je désire fort que vous veniez avec lui. Je suis, etc.

Vous direz à Valory qu'il peut compter que je n'entrerai en aucune négociation sérieuse avec Robinson et que *je me moquerai de lui après l'avoir amusé*. A présent, il est temps de faire alliance avec Bavière. Et dites à Valory que les passe-ports qu'il me demande n'auront aucune difficulté.

FÉDÉRIC.

Que Valory envoie un exprès de l'autre côté de l'Oder avec les dépêches de Broich.

C. P. 451. — *Au ministre d'État de Podewils, à Breslau.*

Camp de Strehlen, 5 août 1741.

Podewils dira à Valory d'envoyer un courrier à l'électeur de Bavière et de lui écrire pour l'inviter à envoyer des pleins-pouvoirs à Törring. Valory devra le rassurer sur les conséquences de l'arrivée de Robinson qui ne changera rien à mes sentiments. Que Valory expédie de suite ce courrier *en cachet (sic)* de l'autre côté de l'Oder.

[1] Prince Didier d'Anhalt-Dessau.

C. P. 453. — *Au maréchal de France, comte de Belle-Isle.*

Camp de Strehlen, 6 août 1741.

Monsieur,

J'ai reçu votre lettre avec toute la satisfaction possible ; je suis ravi de voir les bonnes dispositions dans lesquelles se trouve le Roi votre maître. Je ferai de mon côté tout ce qui convient à un fidèle et bon allié ; mes sentiments sont intarissables et invariables sur ce sujet, et dans cette occasion présente, et dans toutes celles qui pourraient la suivre, le roi de France me trouvera toujours dans les mêmes dispositions pour coopérer à tout ce qui lui peut être agréable.

J'ai donné des ordres relatifs à ce que vous me demandez à mon ministre à la Diète, mais j'espère aussi que vous voudrez me communiquer vos desseins, comme c'est l'usage parmi les bons alliés.

Vous aurez actuellement reçu le chiffre que vous me demandez, et vous pouvez être persuadé que de mon côté je ne négligerai rien de ce que je croirai nécessaire à l'accomplissement de nos desseins.

Pour vous mettre au fait de ma situation, vous saurez que *l'on m'affuble de M. de Robinson, lequel j'amuserai jusqu'au moment que vous aurez passé le Rhin, après quoi je l'enverrai promener.* J'ai cependant trouvé à propos de m'emparer de Breslau, comme m'étant de trop grande importance du moment que je veux aller en avant. Je compte de passer la Neisse entre Brieg et la ville de Neisse, le 12 ou le 15 du mois, et d'attaquer ensuite l'ennemi, qui est sorti de son camp à cause des eaux, où je le trouverai, puis de faire le siège de Neisse, ensuite de quoi je me tournerai vers Glatz. C'est là à peu près le plan de l'opération que je me propose. Je compte d'être le 10 maître de Breslau, et le reste comme je viens de vous marquer plus haut.

Ne serait-il pas bon de faire un cartel entre les deux armées pour les déserteurs, ce qui nous fera un bien infini aux uns et aux autres.

Ne vous fiez pas à la Saxe ; elle me donne de grands soupçons. Je crains qu'elle ne donne des secours à la reine de Bohême contre la Bavière. Il sera bon d'avoir l'œil bien attentif à ses démarches.

Aimez-moi toujours, mon cher Maréchal, et soyez sûr de l'estime entière et de la considération avec laquelle je suis à jamais, etc.

Fédéric.

C. P. 454. — *Précis des propositions du sieur Robinson, ministre plénipotentiaire du roi de la Grande-Bretagne à la Cour de Vienne, faites au Roi dans l'audience qu'il eut de Sa Majesté au camp de Strehlen le 7 d'août 1741 et de la réponse que le roi lui fit.*

Le sieur Robinson en remettant au Roi une lettre du Roi, son maître, datée du 21 de juin, lui expliqua en général le sujet de sa commission, et que le roi d'Angleterre, ayant travaillé sans relâche à porter la reine de Hongrie de s'accommoder au plus tôt à l'amiable avec Sa Majesté le roi de Prusse, l'avait chargé d'être lui-même le porteur de l'ultimatum de la cour de Vienne qui consistait dans les propositions suivantes :

1° La reine de Hongrie demande que le roi de Prusse fasse sortir toutes ses troupes de la Silésie, au plus tôt.

2° Cette princesse se désiste de toutes ses prétentions de dédommagement des pertes qu'elle prétend avoir souffertes en Silésie par l'entrée de l'armée du Roi dans ce pays-là, et elle offre

3° De payer deux millions d'écus au Roi pour évacuer au plus tôt la Silésie.

4° La Reine veut céder en équivalent au roi de Prusse, pour les prétentions qu'il fait sur une partie de la Silésie, la partie du duché de Gueldre, que la maison d'Autriche possède, avec le duché de Limbourg

A quoi milord Hyndford ajouta que, quoique la cour de Vienne eût témoigné une répugnance invincible de ne rien céder du tout de la Silésie, Sa Majesté Britannique se flattait pourtant de pouvoir la porter d'ajouter aux offres spécifiées ci-dessus le duché de Glogau, quoiqu'on aurait bien de la peine d'y faire consentir la reine de Hongrie

Le Roi répondit au sieur Robinson qu'il était bien obligé au roi d'Angleterre de toutes les peines qu'il s'était données pour porter la cour de Vienne à un accommodement raisonnable, mais qu'il était fâché de lui dire qu'il ne trouvait pas les conditions qu'on lui offrait telles qu'il pourrait les accepter sans blesser sa gloire et ses intérêts les plus considérables. Que

1° L'offre d'évacuer la Silésie contre deux millions d'écus lui paraissait insuffisante; qu'il n'était pas d'humeur de vendre ni sa gloire, ni les intérêts de sa maison ; qu'on pouvait bien faire de pareilles offres à un petit prince, comme au duc de Gotha qui avait besoin d'argent, mais que pour lui, plus sensible à la gloire et aux droits de sa maison, il aimait mieux en donner, s'il fallait, qu'a en prendre aux dépenses de l'une et des autres de qui que ce soit, et qu'on se trompait beaucoup si l'on croyait le pouvoir faire sortir de la Silésie à force d'argent ; qu'une cour aussi dérangée dans ses finances que celle de Vienne pouvait à peine trouver de quoi fournir à ses besoins les plus pressants, et qu'on voyait bien que cet esprit de hauteur n'abandonnait point la maison d'Autriche, qui avait eu l'effronterie de dire dans le premier écrit que milord Hyndford avait lu, il y a quinze jours, au Roi, que la cour de Vienne, en considération du roi d'Angleterre, *voulait bien pardonner au Roi le passé*, expression que Sa Majesté releva extrêmement.

Pour ce qui regarde

2° Les offres d'un équivalent dans le duché de Gueldre et par la cession de celui de Limbourg, le Roi répondit qu'il n'y avait point de proportion entre ces petits objets et ses prétentions, et que d'ailleurs il ne prendrait point le change, n'ayant rien à prétendre dans les Pays-Bas, mais bien en Silésie ; qu'il rougirait de honte devant ses ancêtres et sa postérité d'abandonner si lâchement ses droits sur la Silésie, après avoir commencé à les faire valoir avec tant de vigueur et qu'il serait blâmé de tout l'univers, s'il abandonnait un pays protestant qui l'avait reçu à bras ouverts, pour ainsi dire, à la fureur d'une domination catholique, qui se vengerait le plus cruellement du monde envers les pauvres peuples protestants de Silésie des bonnes dispositions qu'ils avaient témoignées pour le Roi ; que sa réputation souffrirait pour le reste de ses jours et de son règne s'il devait passer pour avoir trop légèrement commencé une affaire, en jeune homme, sans la soutenir.

Que d'ailleurs le traité de barrière, liant absolument les mains à la maison d'Autriche pour disposer de la moindre partie des Pays-Bas, en faveur de qui que ce puisse être et sous quelque prétexte que cela soit, on commettrait par de pareilles cessions le Roi avec les Hollandais et avec la France, que Sa Majesté voulait ménager les uns et l'autre, puisque la République avait de tout temps témoigné de l'amitié et de l'attachement pour la maison de Brandebourg ; qu'il ne voulait non plus se commettre avec la France pour cela, à qui, outre cela, on fournirait, en enfreignant une fois le traité de barrière, un prétexte de demander aussi des cessions et des sacrifices dans les Pays-Bas ; qu'on voyait bien que la cour de Vienne voulait éluder les prétentions du Roi sur la Silésie, le détourner de cet objet et lui faire prendre le change aux dépens d'autrui, en excitant la jalousie de ses voisins contre lui.

Sa Majesté ajouta qu'elle s'était assez relâchée jusqu'ici, qu'elle avait, depuis le commencement de l'affaire de la Silésie jusqu'à présent, fait les offres les plus avantageuses à la cour de Vienne, et que, pour prouver sa modération, elle avait déclaré en dernier lieu à milord Hyndford de quelle portion de la Basse-Silésie elle voudrait se contenter. Mais comme la cour de Vienne avait rejeté entièrement cet ultimatum, le Roi dit qu'il n'y était tenu non plus et qu'il revenait à sa première demande, qui était la cession de la Basse-Silésie avec la ville de Breslau, qu'il n'en démordrait plus désormais, au prix de tout ce qui en pourrait arriver; qu'il avait pris une fois son parti là-dessus, et qu'il se laisserait écraser avec toute son armée, et qu'il périrait en Silésie plutôt — ce qui étaient les propres termes de Sa Majesté — que de se désister de cette demande, et qu'il ne saurait jamais s'accommoder sur un autre pied que celui-là avec la reine de Hongrie.

Le sieur Robinson répondit que la cour de Vienne n'y donnerait jamais les mains et qu'on aurait assez de peine de la porter à la cession du seul duché de Glogau; qu'il espérait que le Roi ferait des réflexions sur le danger où toute l'Europe se trouvait, par la perte de la maison d'Autriche, les Français étant sur le point de passer le Rhin et les Bavarois d'entrer en Bohême; que le salut de l'Empire et la balance de l'Europe étaient entre les mains du Roi, et que le roi d'Angleterre se flattait que Sa Majesté n'abandonnerait ni l'un, ni l'autre.

Le Roi répondit que, si le danger pour la maison d'Autriche était aussi grand que le sieur Robinson le disait, il était incompréhensible que la cour de Vienne fît tant la difficile de lui accorder ce qu'il demandait en Silésie, pour sauver le reste; que c'était au caprice et à l'opiniâtreté de cette cour même qu'il fallait s'en prendre, si la balance de l'Europe et le salut de l'Empire en souffraient; qu'on ne saurait jamais exiger du Roi qu'il dût sauver l'une et l'autre par des sacrifices et aux dépens de ses intérêts; que c'était à la reine de Hongrie en tout cas de conjurer l'orage et de faire des sacrifices; que le Roi avait plusieurs devoirs à remplir; que ce qu'il devait comme roi de Prusse à sa maison et à sa postérité et aux droits de ses ancêtres était le premier soin qui devait naturellement l'occuper; que les autres considérations ne faisaient que suivre; que, comme roi de Prusse et électeur de l'Empire, il concourrait également à tout ce qui pouvait servir au maintien du repos de l'Europe et à la conservation de l'Empire, mais qu'il ne pouvait faire l'un et l'autre aux dépens de ses intérêts; qu'il ne connaissait point de puissance dans et hors de l'Empire qui le voulût faire à ce prix-là.

Le sieur Robinson insista qu'on fît dresser une espèce de préliminaire, et que le Roi déclarât qu'il voulait en tout cas, et s'il y avait moyen d'obtenir de la reine de Hongrie la cession de Glogau, s'en contenter avec les autres offres que le sieur Robinson avait faites au nom de cette princesse.

Mais le Roi répondit qu'il ne pouvait se départir de sa demande de la cession totale et absolue de toute la Basse-Silésie, la ville de Breslau y comprise, et que c'était une illusion que de se flatter qu'il manquerait de fermeté pour soutenir cette demande.

Le sieur Robinson répondit qu'il ne lui restait qu'à faire rapport au Roi, son maître, et à la reine de Hongrie du succès de sa commission et de la réponse qu'on lui avait donnée, et qu'il était à craindre qu'elle ne portât la cour de Vienne au désespoir et qu'elle ne se mît entre les bras de la France.

Le Roi répliqua qu'il n'y saurait que faire et qu'il faudrait voir alors comment se tirer d'affaire ; que la Providence et les conjonctures lui fourniraient toujours des ressources ; que c'était à la cour de Vienne de bien considérer ses véritables intérêts et de faire des propositions plus acceptables; qu'il en avait assez fait de son côté et que le cœur lui soulevait comme à une femme grosse, quand on lui parlait toujours de nouveaux ultimatum ; qu'il en avait tant donné déjà, sans que cela ait produit autre chose que de rendre son ennemi plus fier et plus opiniâtre et qu'au bout de compte, c'était au vainqueur de donner la loi et point au vaincu ; qu'il avait gagné une bataille et pris deux villes; qu'étant dans l'avantage, il serait honteux à lui d'abandonner ses droits et un peuple protestant; que si le zèle pour la religion pouvait animer les puissances protestantes, cela devrait être dans cette occasion-ci, à concourir plutôt à conserver un pauvre pays protestant, opprimé par le clergé catholique, sous la domination d'un prince protestant, que de le replonger dans ses premiers malheurs, qui deviendraient beaucoup plus grands ; qu'il se flattait que Sa Majesté Britannique, comme prince protestant, lui conseillerait et l'aiderait plutôt à conserver la Silésie qu'à l'abandonner.

Ce que Frédéric n'avait pas dit à Robinson et à Hyndford, ce qu'il avait même caché à son confident habituel Podewils [1], c'était

[1] La longueur du document m'empêche seule de reproduire ici les *Instructions relatives à l'occupation de Breslau* que le roi de Prusse avait fait tenir dans le plus grand secret au feld-maréchal général comte de Schwerin. Cette pièce, dans laquelle Frédéric entrait dans les plus grands détails, ne porte pas de date, mais elle est sans aucun doute du 31 juillet ou du 1er août au plus tard, puisque Schwerin en accusa réception le 2. (Cf. *ibidem*, 444.)

que, pour mieux montrer qu'il était absolument décidé à ne rien rabattre de ses exigences ou de ses prétentions, pour empêcher en même temps Neipperg de profiter des intelligences qu'il entretenait avec un certain nombre de catholiques de Breslau afin de s'en faire ouvrir les portes, il avait, depuis quelques jours déjà, résolu d'y faire entrer ses troupes dans la matinée du 10. Ce coup de main, fort habilement préparé et lestement exécuté, réussit à merveille et sans bruit[1]. A l'exception de lord Hyndford, de Robinson et de Schwicheldt, qu'il tenait, au contraire et pour cause, à faire assister à l'opération, Frédéric avait eu le soin d'inviter tous les autres ministres étrangers à se rendre ce jour-là auprès de lui.

C. P. 455. — *A l'Électeur de Bavière à Nymphenbourg.*

Camp de Strehlen, 11 août 1741.

MONSIEUR MON COUSIN,

J'ai été dans la joie de mon cœur d'apprendre par la lettre de Votre Altesse Electorale l'heureux succès de Ses armes dans l'entreprise de Passau. Elle peut être persuadée que j'y prends la part la plus sincère et que Son bonheur est inséparable de mon contentement. Je La regarde dès ce jour comme un allié auquel tout me lie, et surtout le penchant et l'inclination. Les pleins pouvoirs du comte de Törring arrivés, rien ne m'arrêtera plus.

Pour garantir Votre Altesse Électorale des diversions qu'Elle appréhende du comte de Neipperg, je me suis emparé hier de la ville de Breslau, ce qui me facilite à présent le moyen de me porter en avant

---

[1] Au lieu de traverser la ville, comme on l'avait annoncé au magistrat, les troupes prussiennes s'y arrêtèrent, occupèrent les portes, désarmèrent si bien et si vite les postes qui les gardaient que le major de la place, qui, avec un détachement de la milice bourgeoise avait pris, selon l'habitude, la tête de la colonne prussienne pour la conduire jusqu'à la sortie de la ville, ne s'aperçut de rien. Quant il revint de son erreur et remarqua le piège dans lequel il était tombé, tout était fini. Le feld-maréchal Schwerin avait notifié au Conseil les volontés de Frédéric et obligé les membres de ce Conseil à prêter entre ses mains le serment d'obéissance et de fidélité au roi de Prusse. Enfin, pour mieux affirmer son intention bien arrêtée de garder et d'annexer la Basse-Silésie, le roi obligea au même moment les fonctionnaires, le clergé et les notables d'Ohlau, de Liegnitz et de Schweidnitz à le reconnaître pour souverain. (Major Z..., *op. cit.*, 29).

et de diriger mes opérations tant à l'égard de la prise de Neisse que de celle de Glatz. Pour cet effet, je me porterai dans peu de jours vers la rivière de la Neisse et je ferai mes derniers efforts pour vous délivrer de nos ennemis communs.

Votre Altesse Électorale peut être persuadée que mon attachement pour sa personne ne finira qu'avec ma vie et que directement ou indirectement je me ferai un véritable devoir de coopérer à tout ce qu'Elle peut désirer. Je La prie en attendant, pour Ses propres intérêts, de ne pas négliger la ville de Linz et de pousser Sa pointe autant qu'Elle pourra, avant que les ennemis soient en force et en état de s'opposer à ses desseins. Son pays d'ailleurs me paraît suffisamment couvert par les nombreuses milices dont il est pourvu.

Si je vous parais importun, je vous prie de vous persuader que c'est l'amitié que j'ai pour Votre Altesse Électorale qui me rend tel et que vous n'aurez jamais d'ami au monde qui soit plus fidèlement et avec plus de considération et d'estime que je suis, Monsieur mon Cousin, de Votre Altesse Électorale, le très fidèle et inviolable ami et Cousin.

FÉDÉRIC.

C. P. 456. — *Au roi de la Grande-Bretagne à Hanovre.*

Camp de Strehlen, 12 août 1741.

MONSIEUR MON FRÈRE,

Le sieur Robinson, ministre plénipotentiaire de Votre Majesté à la Cour de Vienne, m'a remis la lettre qu'Elle m'a fait le plaisir de m'écrire du 21 de juin.

Rien ne m'est plus précieux que les assurances et les marques d'amitié que Votre Majesté a daigné me donner et je La remercie très sincèrement des soins qu'Elle a pris pour ménager mon accommodement avec la Reine de Hongrie.

Quelque inclination que j'aie pour la paix, il m'a été impossible d'entrer sur les propositions de la Cour de Vienne en aucune négociation, la nature de ces propositions étant directement contraire au traité de barrière et me voyant obligé, en les acceptant, de me commettre avec des voisins dont l'amitié m'est plus précieuse que toutes les acquisitions que je pourrais faire.

D'ailleurs, les avances, que j'ai faites à la reine de Hongrie, ont été plus que suffisantes pour la porter à la paix, si son intention avait été sincère, de sorte qu'on ne peut m'imputer en aucune façon l'obstination extrême avec laquelle cette princesse en a éloigné jusqu'à présent la conclusion.

La liberté de l'Europe et le bien de l'Allemagne doivent être tout aussi précieux à la reine de Hongrie qu'à tous les princes de l'Empire, et je ne conçois point ce que mes droits sur la Silésie peuvent avoir de commun avec la cause de la religion protestante et du bien public. Ce que je dois à la Prusse, ce que je dois à mes ancêtres et à ma maison, ce que je dois à mes nouveaux sujets silésiens, en un mot, mon honneur m'oblige de ne jamais entrer dans des propositions qui y sont incompatibles, et je me repose sur l'équité de Votre Majesté qu'Elle m'approuvera d'autant plus qu'en suivant les sentiments de l'honneur je ne fais qu'imiter Son exemple. J'espère au reste que M. Robinson Lui aura fait un fidèle rapport des sentiments invariables, etc.

Fédéric.

C. P. 458. — *Au ministre d'État de Podewils, à Breslau.*

Camp de Strehlen, 14 août 1741.

Rapport de Podewils, Breslau, 13 août.

« Schwicheldt a remis un nouveau mémoire. Dois-je, pour l'amuser, continuer les négociations, ou lui déclarer qu'on ne peut séparer les négociations avec le Hanovre de celles avec la Cour de Vienne? »

Fort bien. Envoyez-moi de suite ce mémoire. Si cela peut être utile à mon service, continuez de chipoter avec le de Schwicheldt. Voyez aussi si on ne pourrait pas demander un corps auxiliaire de 6 000 hommes, ou inviter le Hanovre à agir auprès de la Russie pour qu'elle me garantisse la Basse-Silésie. Entre temps, vous ferez part à Valory du *discours* que j'ai eu avec Robinson et Hyndford. et vous lui direz que je n'ai pas voulu amuser les deux Anglais, mais que je leur ai exposé ma manière de voir clairement et carrément afin de ne donner ni ombrage ni méfiance à la France et à la Bavière. J'espère en revanche que ces deux Cours agiront à mon égard avec la même candeur et me feront part de ce qui arrivera de leur côté. »

C. P. 459. — *Au ministre d'État de Podewils, à Breslau.*

Camp de Strehlen, 14 août 1741.

Rapport de Chambrier de Paris, 31 juillet 1741, sur l'attitude douteuse de Fleury et sa brouille avec la maîtresse de Louis XV. « Aussi dit-on, quoiqu'il eût avant tout ceci beaucoup d'inclination pour le maréchal de Belle-Isle, cela est un peu diminué depuis les engagements qu'il lui a fait prendre, et que si le Cardinal peut vivre encore quelque temps, on n'évite nullement qu'il ne profite de la première ouverture qu'il pourra suivre pour sortir des embarras dans lesquels on l'a fait entrer malgré lui. »

Écrire à Chambrier pour savoir : si la Mailly se mêle des affaires et a tant d'ascendant qu'en la gagnant on puisse tenir le Cardinal en échec, afin que celui-ci ne puisse pas, comme Chambrier le craint, faire une paix secrète et abandonner les alliés de la France.

C. P. 460. — *Au ministre d'État de Podewils, à Breslau.*

Camp de Strehlen, 14 août.

Rapport de Podewils, Breslau, 13 août. Il a dit à Hyndford : « Qu'il était naturel qu'on fût toujours des amis des ennemis de nos ennemis, sans avoir besoin de traité pour cela, mais qu'il pouvait compter que Votre Majesté n'avait contracté aucun engagement pour attaquer le roi d'Angleterre et qu'on n'y songeait

« Très bien. »

point, quoiqu'on fût bien informé que ce prince avait passé une nouvelle convention pendant le mois de juin avec la Cour de Vienne[1], ce qui ne saurait avoir été qu'à notre préjudice. »

C. P. 462. — *Au ministre de Suède de Rudenschöld, à Breslau.*

Camp de Strehlen, 18 août 1741.

Monsieur,

C'est avec une satisfaction extrême que j'ai vu par la vôtre du 16 la résolution que votre Cour vient de prendre[2]. Les intérêts du Roi votre maître et de la nation me sont trop chers pour que je n'y dusse prendre beaucoup de part, et si le succès de cette affaire répond à nos vœux, comme je le suis persuadé, la satisfaction que votre Cour en tirera sera parfaite. En attendant, vous pourrez compter que le secret[3] sera bien ménagé de ma part et je suis, etc.

Fédéric.

C. P. 466. — *Au général feld-maréchal prince d'Anhalt-Dessau, au camp de Göttin.*

Camp de Reichenbach, 24 août 1741.

... Comme je tiens à vous éclairer sur la situation actuelle et à vous mettre à même de prendre des mesures en conséquence, je crois le moment venu de vous confier un secret que je n'ai permis de communiquer à personne, sûr que je suis que vous le garderez pour vous seul et n'en parlerez à personne au monde.

L'incompréhensible opiniâtreté de la Cour de Vienne, jointe à son intolérable hauteur et à son incroyable impertinence, a été poussée si loin qu'obligé de devenir l'ami des ennemis de mes ennemis j'ai dû en fin de compte prendre avec la France et l'électeur de Bavière des

---

[1] Le 24 juin.
[2] Résolution de déclarer la guerre à la Prusse.
[3] Rapport de Podewils du 16 août : « Comme on veut frapper en même temps le coup et empêcher qu'on n'en soit averti avant le temps, tous les ports de Suède sont fermés et les postes arrêtées. »

mesures secrètes afin de mettre à la raison notre orgueilleux ennemi commun. Malgré son inclination pour la Maison d'Autriche, la Saxe électorale ne pourra plus tarder beaucoup à prendre de concert avec nous des mesures de même nature, dont jusqu'à ce jour je n'ai pas jugé à propos de l'informer.

(Le reste de la dépêche est presque tout entier consacré aux recommandations que Frédéric fait au prince, auquel il prescrit d'éviter par-dessus tout d'inquiéter la Saxe par des mouvements de troupes qui pourraient donner de l'ombrage.

C. P. 468. — *A l'Électeur de Bavière, à Nymphenbourg.*

Camp de Reichenbach, 24 août 1741.

Monsieur mon Cousin,

Je remercie de tout mon cœur Votre Altesse Électorale de la lettre cordiale et remplie d'amitié qu'Elle vient de m'écrire. Elle peut être persuadée qu'Elle n'a pas dans le monde d'ami plus fidèle et plus attaché que je le serai toute ma vie, et que toutes les marques que vous me donnez de votre amitié ne sont pas semées en terre ingrate.

J'attends que le comte de Törring ait reçu ses pleins-pouvoirs pour conclure avec Votre Altesse Électorale l'alliance la plus naturelle, la plus stable et où l'inclination a le plus de part qu'il y ait dans l'univers[1]. Vous pouvez compter, non seulement à présent, mais toujours sur moi, et Votre Altesse Électorale verra que je ne m'intéresse pas médiocrement à Ses intérêts. Je Lui donnerai dans toutes les occasions des marques de ces mêmes sentiments, et même je suis actuellement occupé à porter le coup mortel à Ses ennemis. Nous ne sommes campés qu'à une mille et demie les uns des autres; j'ai reconnu moi-même ce matin le camp des Autrichiens et je l'ai jugé très attaquable, et M. de Neipperg très susceptible d'être battu. J'attends encore à

---

[1] Le même jour en effet Frédéric, croyant que Törring ne pouvait manquer de recevoir, et avait peut-être même déjà reçu, ses pleins-pouvoirs, avait indiqué (Cf. *ibidem* 467) à grands traits à Podewils les principaux points sur lesquels devaient porter les négociations avec la Bavière : 1° traité d'alliance offensive et défensive d'une durée de vingt ans ; 2° garantie réciproque des possessions des deux alliés; 3° article secret garantissant à Frédéric ses droits de succession sur la Frise Orientale ; 4° article secret relatif à ses droits sur la succession de Mecklembourg. Ordre de préparer un projet de traité afin de gagner du temps. En parler à Valory.

prendre quelques arrangements préliminaires; après quoi il faudra les attaquer, et nous les battrons avec l'aide de Dieu[1].

J'espère d'apprendre bientôt de bonnes nouvelles de la Bohême et de l'Autriche soumises à votre domination. Je ne puis me résoudre à aimer ces peuples que du moment qu'ils soient devenus vos sujets, ni de soutenir le trône impérial que lorsque vous le posséderez.

Je vous embrasse mille fois, mon cher Électeur. Je vous prie d'excuser cette familiarité d'un inconnu en faveur des sentiments d'estime, de considération et de l'amitié inviolable avec laquelle je suis jusqu'au tombeau, Monsieur mon Cousin, de Votre Altesse Électorale le très fidèlement affectionné ami et cousin.

FÉDÉRIC.

C. P. 469. — *Au cardinal de Fleury, à Issy.*

Camp de Reichenbach, 24 août 1741.

MONSIEUR MON COUSIN,

J'ai reçu avec bien du plaisir la lettre que vous venez de m'écrire, et je vous réitère encore par celle-ci les assurances de la fidélité la plus inviolable à nos engagements. Il est bon de demander quelquefois des éclaircissements, et je ne crois pas que l'amitié en souffre.

Vous apprendrez, Monsieur, par tous les détails que vous aura faits M. de Valory, la façon vive et fervente dont j'embrasse les intérêts du Roi de France. J'ai donné des ordres à mes ministres à Francfort d'agir en tout de concert avec le Maréchal de Belle-Isle et de suivre au pied de la lettre ses directions. J'ai refusé nettement toute la négociation du sieur Robinson, ne trouvant plus convenable de continuer à la longue un jeu qui ne pouvait être susceptible que d'interprétations malignes auprès de mes alliés et auprès de mes ennemis. Il ne dépendra donc plus que de vous de faire éventer le mystère de notre alliance et *je me verrai flatté bien agréablement de pouvoir me dire*

---

[1] Le roi avait en effet songé sérieusement à attaquer Neipperg. Il avait même prescrit à Schwerin de lui soumettre un plan d'opération. C'est même probablement une lettre de Fleury qui le décida à modifier ses projets. Le cardinal lui fit observer qu'il lui paraissait plus sage de ne pas risquer une bataille en ce moment. Frédéric conçut alors le dessein de chercher, par un mouvement débordant, à s'établir entre la place de Neisse et l'armée de Neipperg. Le feld-maréchal devina les intentions du roi et prit position le 11 septembre à Grünau sur la rive droite de la Neisse. Frédéric, se voyant prévenu, replia ses ponts et vint camper au nord de Woitz.

désormais à la face de toute la terre l'allié du Roi de France. C'est un titre qui me tiendra toujours à cœur et que je ne troquerai contre aucun avantage du monde.

Quant aux opérations de guerre, je vous dirai que je viens de me rendre maître de la ville de Breslau, où les Autrichiens avaient force intelligences. Assuré de mes derrières par ce poste si avantageux, je me suis avancé sur M. de Neipperg, tant pour l'observer que pour lui porter le coup mortel. Vous verrez par mes opérations que je ne suis pas médiocrement ami et que j'agirai avec toute la vigueur possible pour favoriser notre cher Électeur.

Pour ce qui regarde le roi de Pologne, je suis de l'avis qu'on peut en quelque façon le considérer dans ces circonstances comme les acteurs muets de la comédie. Dès que nous serons tous en mouvement, ce prince se trouvera trop heureux de ce que la générosité du roi de France voudra lui distribuer des États de Bohême, Silésie ou Moravie. Ainsi que je crois hors d'œuvre de s'embarrasser beaucoup de lui, je suis même du sentiment que, moins on s'empresse pour l'avoir, plus tôt il viendra s'offrir lui-même.

Je vous prie d'assurer le Roi, votre maître, de la sincérité de mes sentiments et de la haute estime que j'ai pour sa personne. Vous me trouverez toujours invariable et dans la ferme résolution de témoigner à la France et à son sage Mentor l'amitié et tous les sentiments avec lesquels je suis, etc.

FÉDÉRIC.

C. P. 470. — *Au ministre d'Etat de Podewils, à Breslau.*

Camp de Reichenbach, 27 août 1741.

Rapport de Podewils, Breslau, 25 août : Question posée par Schwicheldt : « Dans le cas où la France attaquerait le Hanovre, la Prusse exécutera-t-elle les engagements prévus par le traité d'alliance éternelle de 1693. » Podewils lui a dit que, tant que le roi d'Angleterre n'attaquera pas les amis de la France, tout indique que la France ne bougera pas et que dans le cas contraire

« Très, très bien. On ne pouvait faire une réponse plus raisonnable et valant mieux. Je l'approuve donc complètement. »

on ne saurait faire jouer le traité de 1693 qui n'est pour la Prusse qu'un traité d'alliance défensive. Il soumet au Roi une réponse officielle conçue dans ce sens.

Hyndford a des nouvelles de Robinson qui espère apporter avant peu de Vienne des propositions plus avantageuses. Podewils lui a dit : « Que Votre Majesté ne l'avait (Robinson) pas fort goûté ; que selon moi il ferait mieux de rester où il était et que, si l'on avait des propositions à faire, on pourrait les faire passer par lui, mylord Hyndford, dont Votre Majesté était fort contente. » Hyndford, très flatté, a protesté de son dévouement aux intérêts de la Prusse et affirme qu'il a écrit à son gouvernement : « Est-il possible, que pour le caprice d'une femme, on veuille mettre toute l'Europe en feu et en flammes. »

« Tout cela est parfait[1]. Il faut écrire à Plotho à Hanovre pour que Robinson ne vienne pas et que tout passe par Hyndford. »

C. P. 475. — *Au cardinal de Fleury, à Issy.*

Camp de Reichenbach, 29 août 1741.

Monsieur mon Cousin,

Je vois que notre alliance sera éternelle et je suis au comble de la joie d'avoir contracté ces engagements. Rien ne me reste à désirer que la continuation de l'amitié du roi de France, dont je fais un cas infini.

Je vous fais l'arbitre, Monsieur, du secret de notre alliance pourvu qu'elle puisse être utile et agréable au roi de France. C'est tout ce que je désire. Je me suis expliqué tout au long à M. Valory, touchant les Saxons. Vous pouvez être sûr de moi que j'entrerai toujours dans les

---

[1] Cf. *ibidem*, 478.

vues du Roi et que, bien loin de m'oppposer à ce qu'il peut désirer, je m'y prêterai volontiers. La seule chose que je vous prie, c'est de partager mieux l'électeur de Bavière que celui de Saxe, et j'ose dire que vous le devez par la fidélité et l'attachement que sa maison a toujours témoignés pour la France.

Je fais des vœux ardents et sincères pour la conservation de vos jours précieux. On ne saurait être d'ailleurs avec plus d'estime, d'amitié et de considération que je suis, Monsieur mon Cousin, votre inviolable ami et cousin.

Fédéric.

C. P. 476. — *Au marquis de Valory, envoyé de France, à Breslau.*

Camp de Reichenbach, 29 août 1741.

Monsieur,

Je vous suis bien obligé de la lettre du maréchal de Belle-Isle que vous venez de me communiquer. Vous aurez vu par les ordres que j'ai donnés à mon ministre à Francfort que tout y est spécifié de la façon que désire le maréchal de Belle-Isle.

Quant aux armées françaises qui vont en Bavière, ne pourriez-vous pas disposer les choses de façon que la tête de ces troupes, jointe aux Bavarois, commençât d'abord ses opérations, immédiatement après son arrivée, sans attendre le dernier ? Car vous devez marquer au maréchal de Belle-Isle que mon armée, ayant tenu la campagne depuis le mois de novembre de l'année passée, ne pourra camper que jusqu'à la fin d'octobre et que, passé ce mois, il lui faut de nécessité des quartiers d'hiver ; ainsi en commençant vers le 10 de septembre je pourrais faire la clôture de la campagne par les sièges de Neisse et de Glatz, faire entrer une partie de mon armée par Glatz en quartiers dans la Bohême, et par Neisse dans la Haute-Silésie et Moravie.

Quant aux Saxons, je me conforme entièrement aux désirs du Cardinal, et, bien loin de m'opposer à ses vues, je m'y conformerai toujours. Que le Cardinal fasse tel usage de mon alliance qu'il le trouve utile à la France, je serai content ; mais quant au partage de la Saxe, il me semble qu'en lui donnant une partie de la Bohême avec la Haute-Silésie jusqu'à la ville de Neisse, pourrait lui suffire ; qu'on laisse à mon cher Électeur la Bohême de l'autre côté de l'Elbe et N. B. la Moravie, si on me laisse Glatz pour me couvrir des Saxons et Neisse pour me garantir contre leurs mauvais desseins, je passerai par tout ce que vous jugerez à propos. Notez que Glatz et Neisse ont toujours appartenu à la Basse-Silésie. Cette affaire pourrait même aplanir les difficultés touchant Ravenstein, à qui je m'engage de renoncer si vous arrangez les choses de cette façon.

Adieu, cher Valory, les doigts me démangent furieusement, mais j'attendrai encore quelques jours. Après quoi il faudra pourtant en venir au dénouement de la pièce. Je suis votre fidèle ami.

FÉDÉRIC.

C. P. 477. — *Au ministre d'État de Podewils, à Breslau.*

Camp de Reichenbach, 29 août 1741.

MON CHER MINISTRE DE PODEWILS,

J'ai lu mot pour mot le projet ci-joint de traité d'alliance avec l'électeur de Bavière ainsi que les articles secrets et séparés. Je n'y ai rien trouvé à reprendre. Tout, au contraire, est absolument conforme à mes intentions.

Vous avez particulièrement bien fait d'y nommer bien nettement la ville et le territoire de Neisse, et il sera bon de ne pas perdre de vue non plus la ville et le château de Glatz. Vous veillerez du reste encore par la suite sur tout ce qui peut être utile à mon service et à mes intérêts.

Pour ce qui est des points relatifs à l'élection impériale, j'approuve tout, sauf ce qui figure aux paragraphes 7 et 11 qui, sans me servir en rien, pourraient inquiéter et aigrir le parti catholique. Il vaudrait donc mieux laisser cela *in statu quo*. Je suis, etc.

F.

P.-S. — Comme vous trouverez ci-joint une lettre pour le Cardinal et une pour Valory, je vous adresse également les copies de ces deux pièces qui peuvent servir à vous guider. La lettre originale du Cardinal est également jointe à cette expédition.

C. P. 478. — *Au ministre d'État de Podewils, à Breslau.*

Camp de Reichenbach, 29 août 1741.

MON CHER MINISTRE DE PODEWILS,

Je vous envoie les propositions que le roi d'Angleterre et le ministère hanovrien ont adressées à Plotho et que celui-ci m'a fait tenir par courrier spécial. Comme il va s'agir d'y répondre, je désire que vous le fassiez en termes *polis, modestes et reconnaissants* et que vous m'envoyiez la pièce pour la signer.

Il va de soi que j'ai été très agréablement impressionné par l'assurance que le roi me donne de son amitié et les termes affectueux dont il s'est servi, que j'apprécie hautement et ne manquerai pas de cultiver de toutes les manières possibles ces sentiments et ne perdrai jamais de vue les nombreux liens de parenté qui existent entre nous, et aussi que je suis très reconnaissant au roi d'Angleterre de la promesse de me garantir de la façon la plus formelle la tranquille possession de la Basse-Silésie tout entière, y compris Breslau.

Quant aux propositions en elles-mêmes, si Sa Majesté le roi d'Angleterre avait daigné examiner plus à fond ma situation présente, il aurait avec sa pénétration reconnu lui-même que, dans la position dans laquelle je me trouve placé par l'incompréhensible fierté et l'opiniâtreté des Autrichiens, il m'est absolument impossible de conclure avec lui une alliance défensive, puisqu'en raison des conjonctures, telles qu'elles sont par la faute de la Cour de Vienne, j'ai un tel besoin de mes troupes contre la reine de Bohême que je ne saurais rien en détacher, et qu'il me faudra peut-être même en tirer de l'armée sous les ordres du prince d'Anhalt. La prudence m'empêche donc de faire marcher le corps du prince d'Anhalt, que le roi d'Angleterre me demandait, parce que : 1° ce corps couvre mes États contre l'électeur de Saxe; 2° qu'il me faut dépenser dans mes États l'argent que me coûte l'entretien de ces troupes; 3° que, tant que je ne ferai aucun mouvement avec ce corps, je serai à l'abri de toute attaque de l'ennemi, mais que si je faisais les mouvements demandés pour le Roi, j'attirerais sur moi la haine et les représailles des Français qui, profitant de leur supériorité numérique, ruineraient et dévasteraient mes possessions de Clèves et de Westphalie.

Sa Majesté se convaincra par ce qui précède qu'une alliance défensive avec moi ne saurait être d'aucune utilité. Je suis sûr que Sa Majesté n'aurait nullement besoin de mon concours, si Elle était résolue à ne pas se mêler des agissements des princes qui se disputent à propos de la succession d'Autriche, ou qui veulent intervenir dans le débat, et à ne soutenir la maison d'Autriche ni avec l'argent anglais, ni avec des troupes allemandes. Dans le cas contraire, Sa Majesté reconnaîtra que je ne saurais défendre ceux qui par leur assistance encouragent et soutiennent l'opiniâtreté de mes ennemis.

Sa Majesté, dans l'intérêt de sa propre tranquillité et de la sécurité de ses États, aurait avantage à laisser l'Empire romain dans la situation qu'il a eue jusqu'ici et à ne pas contraindre par ses armes les princes de l'Empire à donner, lors de l'élection Impériale, leurs voix à un autre candidat qu'à celui vers lequel ils sont portés par leur inclination et leur confiance. Si le Roi renonçait à se mêler de ces questions, sa circonspection lui serait bien plus profitable que toutes les alliances imaginables. Je peux d'ailleurs déclarer au Roi que je ne nourris aucun projet hostile contre les États héréditaires de Sa Majesté; que je n'ai jamais songé à l'attaquer, qu'au contraire je suis tout prêt à prêter la main aux convenances du Roi, autant que la situation et les conjonctures actuelles me le permettront. Le Roi peut compter sur toute mon amitié et quant à moi, je voudrais pouvoir conserver la sienne à laquelle j'attache un haut prix.

Vous mettrez tout cela en français dans la forme la plus gracieuse et vous le rédigerez de telle façon que le Roi ne puisse avoir aucune raison d'être aigri contre moi, mais qu'au contraire vous me laissiez la porte ouverte et que je puisse renouer avec lui, lorsque l'occasion s'en présentera.

Vous verrez aussi s'il ne serait pas bon et utile de communiquer confidentiellement au Cardinal ce qui, tant dans les propositions anglaises que dans notre réponse, sera de nature à lui prouver d'une part notre franchise et notre loyauté, de l'autre le prix qu'on attache à former avec nous des liaisons qui ne nous manqueraient pas dans le cas, auquel je ne veux pas croire, où il songerait à nous faire faux bond. Je suis, etc.

« Il faut bien faire valoir à Valory la façon cordiale dont nous en agissons avec la France. Il faut encore mettre dans le traité de Bavière la ville de Glatz. Dès que les cartels seront faits, envoyez-les-moi. Dites aux Français les transes mortelles des Hanovriens et mandez-moi comment vous trouvez ma réponse au monarque des trois Royaumes. Vous avez répondu comme un ange à Hyndford sur le sujet de Robinson. »

FÉDÉRIC.

C. P. 479. — *Au ministre d'État de Podewils, à Breslau.*

Camp de Reichenbach, 29 août 1741.

Rapport de Podewils, Breslau, 28 août :

« La Cour de Dresde paraît aussi se vouloir ranger, à la fin, du côté de Votre Majesté. » Bülow demande une audience.

« S'il veut me voir, qu'il vienne au camp. »

Son roi désire s'allier à la Prusse.
Podewils croit que la Saxe agit
d'accord avec le Hanovre. ».

Ce fut à ce moment, en effet, que Robinson arriva à Breslau porteur de nouvelles propositions et de quelques concessions péniblement arrachées à Marie-Thérèse, grâce à l'intervention et aux instances de ses ministres épouvantés par les dangers que l'approche des troupes franco-bavaroises faisait courir à la monarchie. Le vieux diplomate anglais devait encore une fois faire ce long voyage pour rien. Il ne put même pas, comme on le verra, parvenir jusqu'à Frédéric, qui chargea Podewils de l'inviter... à retourner à Presbourg.

Le roi de Prusse avait d'ailleurs de bonnes raisons pour refuser de recevoir Robinson et éviter d'avoir à se prononcer sur les offres qu'il était chargé de lui faire. Ses affaires allaient à merveille. Les Bavarois avaient commencé leur mouvement vers les frontières de l'Autriche, et les Français, après avoir passé le Rhin à Fort-Louis et à Rheinzabern, étaient en marche sur Donauwörth, où ils arrivèrent du 5 au 12 septembre. Il était en somme maître de la situation. Il ne lui fallait plus qu'un peu de patience et d'habileté pour se faire céder les territoires qu'il convoitait.

C. P. 480. — *Au ministre d'État de Podewils, à Breslau.*

Camp de Reichenbach, 31 août 1741.

Mon cher Ministre de Podewils,

D'après ce qui découle pour moi de votre lettre du 29 quant à l'arrivée de Robinson et aux propositions qu'il apporte, répondez-lui de suite et bien sec que : Je regrette fort qu'il consente à se charger de pareilles propositions ; que depuis longtemps on connaît mon ultimatum. Que je ne prêterai jamais l'oreille à d'autres propositions. Ajoutez que, comme je vois que la Cour de Vienne cherche uniquement à m'amuser, je suis bien décidé à n'entrer avec elle dans aucune négociation.

Quant à lui, Robinson, le mieux qu'il a à faire, c'est de s'en retourner au plus vite et de ne pas rester plus longtemps ici, parce que je n'ai pas le temps de lui parler et que de plus je suis sur le point de marcher avec mon armée. Que votre réponse soit brève et sèche, j'aimerais fort à ce que le marquis de Valory fût là quand vous parlerez à Robinson. Je suis, etc.

Faites partir ce coquin d'Anglais et dites-lui pour toute réponse que je croyais qu'il se moquait de moi, qu'il savait ce que je lui avais dit en partant, et qu'en un mot, je ne lui parlerais pas et que je vous avais défendu de négocier avec lui. Dites-lui tout cela d'un air piqué des propositions impertinentes qu'il me fait et qu'il parte dans *vingt-quatre heures de Breslau*.

Frédéric.

C. P. 482. — *Au ministre d'État de Podewils, à Breslau.*

Sans date, mais du 31 août, puisque Frédéric accuse en effet réception à Podewils de sa lettre du 30, contenant, entre autres, le *Projet que la cour de Vienne a remis au sieur Robinson pour servir à un traité à faire avec elle et le roi de Prusse à Presbourg le 24 août 1741.*

Le roi commence cette dépêche à Podewils par un exposé des arguments que celui-ci doit développer dans la réponse qu'il qu'il fera à Robinson, arguments déjà connus et qu'il paraît inutile de reproduire une fois de plus. Frédéric rejette, en somme, après examen « ce projet qui ne peut, écrit-il, servir qu'à donner naissance à toutes sortes de conflits, qu'à me compromettre en me faisant perdre les amis et alliés que j'ai et à permettre à mes ennemis de me tomber dessus... »

Éloignez donc Robinson en lui montrant l'impossibilité d'entrer en conversation dans de pareilles conditions. Insistez sur l'absence des pleins-pouvoirs dont il devrait être muni, sur l'impossibilité où je me trouve, en raison de ma situation, de le recevoir. Arrangez tout de façon à ce qu'il reparte au plus vite pour Vienne. Je ne serai tranquille que lorsqu'il aura quitté Breslau.

Vous direz alors à Valory que la Cour de Vienne m'a offert la Basse-Silésie avec Breslau pour me détacher de la France, que j'ai été intraitable, et que rien au monde ne saurait me détourner de mon alliance avec la France. Que je leur communiquerai toujours les ouvertures qu'on pourrait me faire, espérant fermement que de leur côté ils auront en moi la même confiance inébranlable. Ne dites rien à Valory de la ligne tracée sur la carte; donnez-lui seulement un extrait du projet, afin que la Cour de France puisse se convaincre de ces vues et des liaisons encore existantes de la Cour de Saxe avec celles de Vienne et de Hanovre. J'attends votre réponse et suis, etc.

Faites-moi partir ce coquin de négociateur que je ne puis souffrir. Il serait infâme à moi d'entrer en négociation avec l'Autriche et l'Angleterre, et je risquerais même beaucoup et, après tout, la guerre que nous faisons est une partie bien forte, au lieu que l'autre serait guerre également, avec une partie faible, avec mes ennemis, sans sûreté pour moi, sans honneur et avec le risque de toutes mes provinces de Westphalie. Chassez-moi ce coquin de Robinson, et comptez que s'il reste plus de vingt-quatre heures à Breslau, je prends l'apoplexie. Envoyez-moi un courrier quand vous l'aurez chassé; que je le sache dehors. Si je le rencontre ou si je le trouve sur mon chemin, je le dévisagerai; et sa..... reine de Hongrie et son fol roi d'Angleterre n'ont qu'à être la dupe, l'une de son orgueil, l'autre de sa sottise. Adieu, sans plus de délai, exécutez mes ordres, et s'il vous demandait encore une audience, refusez la lui tout plat.

FÉDÉRIC.

P.-S. — Que Valory mande cela de suite au Cardinal; écrivez-lui de votre côté pour lui démontrer que nous faisons tout pour renforcer l'amitié et la confiance de la France, mais que nous espérons trouver chez eux la même sincérité et droiture.

C. P. 484. — *Au ministre d'État de Podewils, à Breslau.*

Camp de Reichenbach, 1er septembre 1741.

MON CHER MINISTRE DE PODEWILS,

J'ai bien reçu votre rapport du 31 du mois passé, ainsi que la lettre du marquis de Valory relative au de Bülow.

Vous direz au premier que je suis complètement satisfait de la proposition qu'il me fait de continuer à ne rien dire au susdit de Bülow et de se contenter de lui promettre mes bons offices. J'espère par contre qu'on voudra bien me confier confidentiellement tout ce qui pourra se faire à Francfort-sur-le-Main par rapport à l'accession de la

Saxe, et aussi qu'on n'acceptera cette accession qu'à condition que le roi de Pologne-Saxe me garantisse la Basse-Silésie tout entière et Breslau, ainsi que Glatz, Münsterberg et Neisse avec tout son district, ainsi que je vous l'ai marqué de ma main sur la carte que je vous ai retournée hier, et qu'ainsi on ait fait ma convenance. Pour ce qui est de mes sentiments sur le partage entre la Bavière et la Saxe, vous les aurez vus dans la copie de mes dernières lettres adressées au Cardinal et au marquis de Valory. Je suis, etc.

Priez Valory de faire que leur ministre à Stuttgart insinue qu'il serait agréable à la France qu'on me cédât le régiment de dragons; dont le marché est presque conclu.

Rassurez les Français, fortifiez les Bavarois, intimidez les Saxons, donnez de l'encens aux Danois, jouez-vous des Hanovriens et f...-vous des Autrichiens.

FÉDÉRIC.

C. P. 485. — *A l'Électeur de Bavière, à Munich.*

Camp de Reichenbach, 2 septembre 1741.

Monsieur mon Cousin,

Rien ne peut m'être plus flatteur que de découvrir dans les sentiments de Votre Altesse Électorale à mon égard le réciproque des miens pour Elle. Je L'assure que je ne Lui manquerai jamais et que toutes les ruses, dont on voudra se servir pour nous désunir, ne seront inventées qu'à la confusion de ceux qui les veulent mettre en œuvre.

Témoin de ce que j'avance, c'est que la Cour de Vienne, peu rebutée du renvoi de Robinson, vient de m'affubler de nouveau de ce négociateur infatigable. Mais je n'ai pas seulement voulu le voir, et j'ai donné des ordres très précis de le retirer de Breslau dans les vingt-quatre heures, quoique les propositions, dont il était chargé, ne laissassent pas d'être avantageuses; mais je ne veux ni d'autre ami, ni d'autre empereur que mon cher électeur de Bavière et, tant que je vivrai, mes intérêts seront inséparables des siens.

L'affaire de la Saxe, dont vous avez la bonté de m'écrire, ne m'intrigue pas moins que Votre Altesse Électorale. Je L'assure que je fais tout ce que je puis chez les Français pour contrecarrer ces méchants voisins et faux amis, mais je ne sais quelle fantaisie les Français ont prise de les rechercher, car nous pouvons très bien nous en passer.

Ce qui m'embarrasse le plus dans cette négociation est la prédilection des Français, pour lesquels il nous faut cependant garder des ménagements infinis.

Bülow vient aujourd'hui au camp me témoigner l'envie de son maître de s'unir avec nous. Je lui répondrai simplement que j'en suis bien aise, et que je ne serai point contraire aux convenances que le roi de France et Votre Altesse Électorale voudraient lui faire, sans entrer dans un plus ample détail, mais lui faisant sentir en même temps qu'ils s'avisaient bien tard de prendre un parti raisonnable.

Je n'ai pas douté que Votre Altesse Électorale ne fût contente de Schmettau. Je ne le Lui aurais pas envoyé, si je n'avais pas été persuadé que, par la grande connaissance du pays d'Autriche et de Bohême qu'il a, jointe à l'expérience de guerre qu'il possède, il pourrait Lui être d'une grande utilité. Quant à mes opérations, je projette un coup qui fera périr ou enfuir l'armée de Neipperg et qui me rendra le dos encore plus libre [1] : il dépend de l'exécution et du secret.

Je suis avec toute la tendresse, toute l'estime et toute la considération imaginables, Monsieur mon Cousin, de Votre Altesse Électorale, le très fidèle cousin, ami et allié.

FÉDÉRIC.

C. P. 488. — *Au comte de Törring, ministre de Bavière, à Breslau.*

Camp de Reichenbach, 2 septembre 1741.

MONSIEUR,

J'ai été charmé de voir par la vôtre du 31 du passé que vous venez de recevoir le projet du traité à faire entre Son Altesse Électorale, votre maître et moi. Mon ministre d'État Podewils étant autorisé de vous communiquer le contre-projet de ma part [2], j'espère, Monsieur, que vous le ferez partir au plus tôt et que vous contribuerez de votre possible pour accélérer un ouvrage si salutaire qui me comblera de joie pour me lier d'autant plus près avec un prince auquel j'ai voué

---

[1] Il s'agit ici de l'expédition par laquelle Frédéric espérait prévenir Neipperg sur la Neisse, mais dont celui-ci s'aperçut à temps. A l'arrivée de son avant-garde à Woitz, le 11 septembre, Frédéric trouva les Autrichiens prêts à accepter la bataille et renonça à son entreprise.

[2] Cf. *ibidem*, 493, à Podewils, camp de Reichenbach, 4 septembre. « Je prévois déjà, écrit Podewils, que bien des articles de notre projet rencontreront de grandes difficultés. » Et le roi de répondre : « Rien de mieux. »

toute mon estime et mon amitié. Quant à vous, Monsieur, je vous prie d'être persuadé que je suis avec la considération la plus parfaite, etc.

Fédéric.

C. P. 492. — *Au ministre d'État de Podewils, à Breslau.*

Camp de Reichenbach, 3 septembre 1741.

Mon cher Podewils,

Je suis bien aise que votre négociateur importun soit parti. Ce n'en vaudra que mieux ; car l'unique dessein de la cour de Vienne est de semer la méfiance parmi mes alliés et de profiter de cet ombrage mutuel.

Faisons ce que nous pourrons pour rendre petite la portion que l'on destine à la Saxe ; ce sont de méchantes gens qu'il faut tenir aussi bas qu'il est possible. J'ai dit à Eichel de vous mander tout le discours que j'ai tenu à Bülow. Vous pouvez en rendre compte à Valory, autant qu'il lui convient. Montrez-lui aussi la relation que nous avons reçue aujourd'hui d'Ammon et dites à Bülow que la cour de Saxe devrait avoir honte de faire tant la difficile sur le cartel, qui n'est qu'une bagatelle, et qu'il se présenterait peut-être des occasions plus importantes que celle-là, où je pourrais faire le revêche et le rétif à mon tour.

Il faut surtout faire comprendre à Valory et aux Saxons que jamais je ne consentirai à les voir accéder à moins de la portion de la Silésie que je vous ai marquée.

Adieu, cher Podewils, nous ferons bientôt une marche qui pourrait bien causer quelque interruption à notre correspondance. Mais je vous en avertirai à temps. Le jour que je décampe, entre nous *secretissime,* est le 8 de ce mois. Je suis tout à vous.

Fédéric.

C. P. 495. — *Au marquis de Valory, envoyé de France, à Breslau.*

Camp de Reichenbach, 4 septembre 1741.

Monsieur,

Je viens de recevoir la vôtre du 2 du courant, sur laquelle je n'ai voulu manquer de vous dire que, pour être en état d'aider d'autant plus efficacement l'Électeur, il m'importe extrêmement de m'affranchir le dos et que par cette raison il m'est d'une nécessité absolue d'avoir la ville de Neisse, sans quoi l'ennemi me fatiguerait sans cesse et m'empêcherait d'établir des dépôts de magasins pour la subsistance de mon armée. Ainsi je me vois obligé d'entreprendre avant tout le siège de Neisse et, comme cela ne durera tout au plus que quinze jours, j'entamerai alors Glatz, place qui ne pourra tenir longtemps et dont la prise me mettra en état d'assister l'Électeur tant de mon artillerie que de mes forces, là où les circonstances le demanderont. Ce petit délai ne pourra guère empêcher l'Électeur d'agir vigoureusement contre notre ennemi commun, et comme, selon mes dernières lettres de Munich, Son Altesse Électorale de Bavière, après des concerts pris avec MM. de Beauveau et de Mortagne, a pris la résolution de pousser vers l'Autriche, dont on a averti en même temps M. le maréchal de Belle-Isle, il est encore incertain si Neipperg se remuera, ce qu'il ne saurait faire sans craindre que je ne sois à ses trousses, pourvu que je sois maître de Neisse. J'attends, au reste, avec bien d'impatience votre arrivée[1] pour vous dire le reste, étant avec bien d'estime votre très affectionné.

Fédéric.

Quoi que je veuille faire, la situation de mes magasins, de mon artillerie pesante et du pays m'obligent à commencer par Neisse pour prendre Glatz. Si j'avais le plaisir de vous voir, je pourrais vous faire une démonstration sur ce sujet-là.

C. P. 496. — *Au ministre d'État de Podewils, à Breslau.*

Camp de Reichenbach, 5 septembre 1741.

Mon cher Podewils,

Je ne puis voir Schwicheldt ici. Il faut lui dire pour excuse que nous décampions et qu'il n'y aurait aucune sûreté pour lui, mais qu'il pourrait vous remettre ses dépêches et vous communiquer ses ordres. Cela gagne du temps et nous n'avons pas lieu de nous presser.

---

[1] « Valory, arrivé au camp de Reichenbach, le 6 septembre à 5 heures après-midi, fut immédiatement reçu en audience par le roi, qui parut fort satisfait de son entretien avec lui. Valory aurait reconnu le bien-fondé des prétentions du roi sur Neisse et Glatz et déclaré que la France était disposée à signer un traité de neutralité avec le Hanovre. » (*Ibidem*, 497, Eichel à Podewils, camp de Reichenbach, 6 septembre 1741.)

Il m'est venu une idée. Comme la Cour d'Hanovre montre des transes si furieuses et des appréhensions mortelles pour la guerre, ne pourrions-nous lui faire acheter par un bon sacrifice notre neutralité? Tâtez le pouls à Schwicheldt et faites-lui simplement naître cette idée, pour qu'en suite de cela leur ministère me fasse des propositions pour me tenir tranquille.

Les Bavarois doivent déjà être entrés en Autriche, selon mes supputations, et je crois qu'actuellement l'alarme doit être bien chaudement donnée à Vienne. Je marche après-demain pour les inquiéter d'un autre côté et pour leur causer tout le mal que je pourrai. La Saxe, que je compte rangée de notre parti, ne laissera pas d'un autre côté d'abattre l'orgueil de la maison d'Autriche.

Cela ne peut durer, et selon ce que la pénétration la plus forte fait envisager, cette maison si fière et si hautaine est au période de sa destruction. Je crois que les premières nouvelles de Vienne, que nous recevrons, contiendront bien des lamentations de Jérémie. Il est seulement triste que l'on ne soit pas plus informé de ce qui se passe dans leur cabinet.

J'approuve beaucoup l'idée des Français touchant les Saxons. Ils auront un autre mérite d'ailleurs, qui sera que leur possession de la Haute-Silésie sera comme un boulevard qui me couvrira contre la maison d'Autriche, ce qui fait que j'ai un voisin de moins.

Adieu, cher Podewils, soyez circonspect avec les premières dépêches que vous m'enverrez, car je ne sais point si les chemins pourront être trop assurés au commencement, et je vous prie de prendre toutes les précautions imaginables pour éviter quelques pertes de papiers d'importance. Mandez aussi, s'il vous plaît, à la Reine-mère que l'armée marche et qu'elle n'ait point à s'inquiéter, si elle ne recevait pas de mes lettres ; que la communication mal assurée en est la cause. Je suis avec bien de l'estime, etc.

Fédéric.

C. P. 499. — *Au ministre d'État de Podewils, à Breslau.*

Camp de Reichenbach, 7 septembre 1741.

Mon cher Podewils,

Valory m'a parlé d'un ton à me faire juger qu'on accepterait à Paris la neutralité d'Hanovre, si je m'intéressais pour eux. Cela m'a fait venir l'idée que, ne fût-ce qu'un million de livres sterling, nous les pouvions tirer des Anglais, ce qui ne laisserait pas d'être bon; car ils ont si peur qu'ils donneront tout à présent pour qu'on les épargne. Pensez-y; car quelque petit avantage qu'il nous en revienne, cela ne laisse pas que d'être bon.

Je crois que nous aurons une bataille en deux ou trois jours. N'en dites rien, car cela ferait du bruit et peut-être cela causerait-il de la terreur panique à Berlin. Vous ne serez pas longtemps dans l'incertitude, et j'espère que dans peu je pourrai vous apprendre de bonnes nouvelles. Adieu.

Fédéric.

C. P. 500. — *Au ministre d'État de Podewils, à Breslau.*

Camp de Reichenbach (9 septembre?).

Rapport de Podewils, de Breslau, 8 septembre, sur la question de la neutralité du Hanovre et sur les négociations secrètes entre Hanovre et France. Un homme de confiance du gouvernement hanovrien (Hardenberg) s'est rendu à Paris.	« Faisons-nous un mérite auprès du Roi d'Angleterre de la neutralité qu'on lui procurera, de même qu'il faut nous faire un mérite chez les Français de la voix d'Hanovre que nous gagnerons pour Bavière. »

Bien que, comme je l'ai fait remarquer, Neipperg eût, grâce à la rapidité de sa marche, réussi à contrecarrer les projets du roi de Prusse, la situation de Marie-Thérèse n'en était pas moins des plus graves et des plus critiques. L'insuccès de la deuxième mission de Robinson et des tentatives faites pour arriver à un accommodement avec la France et la Bavière, la marche en avant de l'armée française, dont la jonction avec les Bavarois n'était plus qu'une question de jours, l'annonce de l'apparition prochaine d'une autre des armées de Louis XV sur le cours inférieur du Rhin, l'impossibilité de compter sur l'appui de la Russie, dont l'action se trouvait paralysée par la déclaration de guerre de la Suède, l'immobilité des troupes hanovriennes retenues dans l'Électorat par la crainte d'une invasion française, la certitude qu'Auguste III n'allait plus tarder à mettre ses Saxons en mouvement avaient considérablement augmenté la détresse de Marie-Thérèse. Et cependant celle qui, au dire de Frédéric, n'était qu'une jeune princesse sans expérience, était la seule de toute sa Cour que les revers n'avaient pas abattue. Confiante malgré tout dans le triomphe de ses droits et la justice de sa cause, c'était elle, elle seule qui avait voulu, et qui voulait encore, défendre à tout prix ses États héréditaires, que les différents princes allemands avaient décidé de se partager. Mais les conseillers de la jeune reine étaient loin d'être doués d'autant d'énergie et de courage. Leurs doléances, leurs gémissements, leurs craintes avaient fini par venir à bout de la résistance de Marie-Thérèse et l'avaient amenée, lors de la conférence tenue le 7 septembre à Presbourg, à consentir, à son corps défendant, aux exigences de Frédéric II, à la cession de la Silésie, y compris Breslau, mais à l'exclusion de Neisse et de Glatz.

Cette fois encore, on allait avoir recours à la médiation anglaise. Lord Hyndford, auquel Robinson avait fait tenir les propositions qu'on avait eu tant de peine à arracher à Marie-Thérèse, avait aussitôt, mais vainement, essayé d'obtenir une audience du roi. Devant les réponses évasives de Podewils, il dut se résigner à envoyer à Frédéric un courrier pour lui annoncer qu'il avait reçu plein pouvoir du gouvernement autrichien et qu'il était autorisé à traiter avec lui sur les bases qu'il lui exposait dans sa dépêche.

C. P. 502. — *Au ministre d'État de Podewils, à Breslau.*

Camp de Reimersheide, 14 septembre 1741.

Le courrier, envoyé par lord Hyndford à Sa Majesté le Roi, est arrivé ici juste au moment où l'armée se disposait à quitter son camp de Woitz pour venir s'établir ici. Il a remis ses dépêches au Roi en présence de M. Valory, de sorte que Sa Majesté n'a pu éviter d'en donner communication à ce dernier. Je dois encore dire à Votre Excellence qu'encore hier matin, alors que toute l'armée était en mouvement, est arrivé de Neisse un trompette autrichien, porteur d'une lettre autographe de l'impératrice douairière au prince Ferdinand de Brunswick[1]. J'ai lu cette lettre et j'ai pu constater qu'elle contient, à côté de beaucoup d'amertumes, encore beaucoup plus d'angoisses. Elle tend, en somme, à prier le Prince d'agir auprès du Roi et de lui représenter, qu'ayant été le premier à attirer le mal sur la maison d'Autriche, il devrait aussi être le premier à faire sa paix avec elle et à la soutenir contre ses redoutables ennemis. Le Roi va lui-même rédiger la réponse à cette lettre.

EICHEL.

C. P. 503. — *Au comte de Hyndford, ministre de la Grande-Bretagne, à Breslau.*

Camp auprès de la Neisse, 14 septembre 1741.

MILORD,

J'ai reçu le nouveau projet d'alliance que l'infatigable Robinson vous envoie. Je le trouve aussi chimérique que le premier, et vous n'avez qu'à répondre à la cour de Vienne que l'Électeur de Bavière sera empereur et que mes engagements avec le Roi Très-Chrétien et l'Électeur de Bavière sont si solennels, si indissolubles et si inviolables que je ne quitterai pas ces fidèles alliés pour entrer en liaison avec une Cour qui ne peut être et ne sera jamais qu'irréconciliable envers moi; qu'il n'est plus temps de les secourir et qu'ils doivent se résoudre à subir toute la rigueur de leur destinée. Ces gens sont-ils fols, Milord, de s'imaginer que je commette la trahison de tourner en leur faveur mes armes contre mes amis et ne voyez-vous pas vous-même combien est grossière l'amorce qu'ils me tendent?

Je vous prie de ne plus me fatiguer avec de pareilles propositions et de me croire assez honnête homme pour ne point violer mes engagements.

FÉDÉRIC.

De Vienne, le 11 septembre. Cf. *Histoire de mon temps*, chap. III.

C. P. 504. — *A l'Électeur de Bavière (à Linz).*

Camp de la Neisse, 15 septembre 1741.

Monsieur mon Cousin,

Votre Altesse Électorale verra par les incluses[1] que je lui envoie combien les artifices de nos ennemis sont inutiles et jusqu'à quel point je Lui suis fidèle. Elle me trouvera le même dans toutes les occasions, rien ne pouvant ralentir le désir que j'ai de Lui prouver les sentiments de la haute estime et de l'amitié avec laquelle je suis à jamais, Monsieur mon Cousin, de Votre Altesse Électorale, le très fidèle ami, cousin et allié.

Fédéric.

C. P. 505. — *Au ministre d'État de Podewils.*

Camp de la Neisse, 16 septembre 1741.

Rapport de Podevils, Breslau, 11 septembre :

Bülow a à s'acquitter auprès du Roi d'une série de commissions de la Cour de Dresde. La Saxe veut, entre autres, en raison de l'approche du maréchal de Maillebois, s'employer pour la neutralité du Hanovre. « Il me semble qu'on pourra lui dire en général que Votre Majesté consultera là-dessus Ses autres alliés et tâchera d'employer Ses bons offices auprès de la France, autant que la situation présente des affaires et les conjonctures où l'on se trouvait le veulent permettre. »

Fort bien. Très bien répondu.

Nous devons profiter de cette occasion pour nous faire un mérite autant du côté de la Bavière que du Hanovre; du côté de la première, à cause du vœu déjà exprimé par le Hanovre, et du côté des autres, en raison de la neutralité qu'on tâchera de leur procurer.

Le susdit de Bülow peut venir ici.

[1] La lettre ci-dessus du roi à Hyndford et un « Extrait de la lettre du lord Hyndford du 11 septembre ».

C. P. 507. — *Au ministre d'État de Podewils, à Breslau.*

Camp de la Neisse, 16 septembre 1741.

Rapport de Podewils, Breslau, 14 septembre :

Schwicheldt a présenté un projet de traité de neutralité entre la Prusse et le Hanovre. « Il contient que le roi d'Angleterre et le roi de Pologne s'obligent de n'assister ni directement, ni indirectement la reine de Hongrie contre Votre Majesté, ni de faire une démarche qui pourrait tendre au préjudice de Votre Majesté et en faveur et à l'avantage de la Cour de Vienne. »

On demande en échange : « Que Votre Majesté doit S'obliger de ne les point inquiéter ou faire du tort à leurs pays, Etats et sujets, et qu'en cas qu'ils fussent attaqués, Votre Majesté Se devrait tenir entièrement neutre. »

On peut leur assurer que, moyennant les conditions qu'ils ne se mêlent de rien, je leur promets de les laisser en repos et tranquilles, et assaisonner cela des paroles les plus flatteuses et les plus obligeantes.

J'ai déjà sondé Valory. Il dit qu'on est prêt d'accorder la neutralité à Hanovre, et de plus par mon canal. Ainsi je vais écrire une lettre fort obligeante au roi d'Angleterre, par laquelle je le rassurerai, et nous verrons ensuite si nous en pourrons tirer ou pied ou aile.

Fr.

Pour peu qu'on considère avec quelque attention les événements qui suivirent de bien près, ainsi que certains agissements qui précédèrent même ces manifestations si formelles et si catégoriques, si l'on veut bien remarquer que pendant ce temps Prussiens et Autrichiens s'amusèrent à faire des simulacres d'opérations sur les deux rives de la Neisse, on pourra, non sans raison, se permettre de douter de la sincérité du roi, croire au contraire que les belles déclarations, qu'il faisait à Valory, ne tendaient qu'à endormir ses soupçons et ne voir dans la réponse sèche et cassante, qu'on vient de le voir adresser à lord Hyndford, qu'une manœuvre politique aussi habile que peu scrupuleuse.

Frédéric II était en effet trop bien renseigné pour n'avoir pas eu connaissance des menées et des agissements de lord Hyndford à Breslau. Il est impossible d'admettre que, dans la ville même où résidait le ministre d'État du Roi, Podewils, surtout dans une ville que l'on venait d'occuper dans des circonstances et des conditions toutes particulières et dans laquelle la surveillance devait être extrêmement active, lord Hyndford ait pu réussir à s'aboucher et à conférer à l'insu de tout le monde, avec un personnage qui jouissait de toute la confiance du roi. Ce personnage, qui n'était autre que le général von der Marwitz, gouverneur de Breslau, avait d'autant moins de raisons d'agir sans ordres et mystérieusement, de risquer un désaveu certain, une disgrâce retentissante, qu'il avait de plus l'habitude de s'entendre sur toutes choses avec un de ses intimes amis, aussi, et peut-être même encore plus avant que lui, dans la faveur et la confiance de son souverain, le colonel baron von der Goltz, aide de camp de Frédéric II.

D'autre part, il est impossible d'admettre qu'il se fût trouvé, en septembre 1741, un général ou un haut fonctionnaire prussien qui, sans y être autorisé, tout au moins tacitement, par son roi, eût osé tenir à lord Hyndford un langage semblable à celui qui, d'après Carlyle, a servi de thème à la première conférence. Aucun d'entre eux ne se serait permis de laisser entrevoir au ministre d'Angleterre que, si on lui abandonnait la Basse-Silésie, Frédéric consentirait peut-être à cesser les hostilités contre Marie-Thérèse, et l'on aurait cherché en vain à rencontrer le personnage qui se serait aventuré à transmettre de pareilles propositions à l'homme de confiance qui se trouvait au camp avec le Roi.

Une deuxième entrevue, encore plus significative que la première, eut lieu le 9 septembre [1]. Lord Hyndford, convoqué à nouveau par le personnage en question, est invité à garder sur

---

[1] Lord Hyndford à Robinson, Breslau 9 septembre 1741 *(Haus, Hof und Staats Archiv)* et Hyndford à Harrington (CARLYLE, *Frédéric II*, livre XIII, chap. IV).

tout ce qui se passe entre eux le secret le plus absolu. On ne se gêne pas pour lui signifier que : « En cas d'indiscrétion, le Roi et son interlocuteur déclareraient solennellement qu'ils ne savent ce qu'on veut dire, qu'ils ignorent absolument les faits qu'on prétend leur reprocher et que, du reste, si cette négociation doit aboutir, il importe qu'elle se fasse à l'insu de tout le monde et dans les délais indiqués dans la note [1] » qui ne contient rien moins que les conditions posées par le roi de Prusse et transmises immédiatement par lord Hyndford à Robinson.

Il est, on ne saurait le contester, d'autant plus inutile d'insister sur la portée de cette conférence, sur le caractère même de ces conditions qu'il est aisé de découvrir les mobiles qui présidèrent à la rédaction de cet instrument. Nul mieux que Frédéric ne connaissait les dangers qui menaçaient Marie-Thérèse d'un autre côté. Il devait donc en conclure que, malgré toute l'énergie dont la jeune reine avait donné tant de preuves depuis le jour où les troupes prussiennes avaient envahi la Silésie, le moment était on ne peut mieux choisi pour obtenir de la Cour de Vienne des concessions qui permettraient à l'Autriche de disposer de la seule armée capable de sauver la Bohême.

Frédéric, d'autre part, avait besoin de se rendre maître d'abord de Neisse, puis de Glatz. Mais il savait aussi que, pour s'emparer de la première de ces deux places, il lui faudrait avant tout, tant que Neipperg resterait sur ses positions, lui livrer une bataille, dont l'issue était incertaine et dont la perte pouvait lui coûter la Silésie. La saison commençait à s'avancer, son armée tenait la campagne depuis longtemps et les rapports du feld-maréchal de Schmettau avaient permis à Frédéric de se rendre un compte exact des opérations et des intentions de ses alliés. Enfin le roi de Prusse, en chargeant les diplomates anglais de transmettre les conditions léonines qu'il posait, savait bien que le cabinet de Saint-James, désireux avant tout de rompre son

---

[1] Cf. plus loin, pièce 508 et note de Goltz à lord Hyndford.

alliance avec la France, s'employerait activement en sa faveur auprès de la Cour de Vienne.

Il avait d'ailleurs encore d'autres motifs pour vouloir en finir au plus vite et sans bruit. Ses alliés élevaient tous les jours de nouvelles prétentions en prévision du partage des États de Marie-Thérèse [1].

Les choses — la *Correspondance politique* va nous en fournir les preuves — avaient singulièrement changé d'aspect en quelques semaines.

C. P. 508. — *Au ministre d'État de Podewils, à Breslau.*

Camp de la Neisse, 16 septembre 1741.

Par ordre de Sa Majesté, je dois charger Votre Excellence de dire à mylord Hyndford au nom du Roi que, s'il pouvait venir ici après-demain, sa visite serait non seulement agréable au Roi, mais lui causerait un plaisir tout particulier [2].

Comme votre Excellence pourra le voir par les Résolutions d'aujourd'hui, on n'aura heureusement pas de difficultés à propos de la neutralité du Hanovre. J'ajoute que Sa Majesté trouve pour le moment partout les meilleures dispositions. Dieu veuille qu'il continue d'en être ainsi et que grâce à sa protection nous sortions heureusement des circonstances très épineuses du moment.

EICHEL.

[1] Cf. Major Z..., *op. cit.*, 34-38.
[2] Le 9 septembre le colonel de Goltz, aide de camp du Roi, avait, à Breslau, dicté à Hyndford les conditions, que le ministre anglais devait poser à la Cour de Vienne : *Toute la Basse-Silésie. La rivière de Neisse pour limite. La ville de Neisse aussi bien que Glatz. De l'autre coté de l'Oder, les anciennes limites entre les duchés de Brieg et d'Oppeln. Namslau à nous. Les affaires de religion in statu quo. Point de dépendance de la Bohême. Cession éternelle. En échange, nous n'irons pas plus loin. Nous assiégerons Neisse* pro forma. *Le commandant se rendra et sortira. Nous prendrons les quartiers tranquillement, et ils pourront mener leur armée où ils voudront. Que tout cela soit fini en douze jours.* »

C. P. 509. — *Au grand maître de l'artillerie baron de Schmettau*
(à *Linz*).

Camp de la Neisse, 16 septembre 1741.

Le mouvement, que je viens de faire avec mon armée du camp de Reichenbach jusqu'ici auprès de la Neisse, a été cause que je n'ai pu recevoir qu'hier la vôtre en date du 27 du passé. J'y ai vu avec une satisfaction extrême ce que Son Altesse Électorale a bien voulu vous assurer de nouveau sur mon sujet et j'espère que, quand vous recevrez la présente, Elle sera déjà informée de ce que je viens de faire sur de nouvelles tentatives que la cour de Vienne a faites par le canal de lord Hyndford pour me séparer des intérêts de l'Électeur, ce qui le convaincra sans doute de mon amitié constante et inébranlable envers lui et que ni offres, ni intrigues ne me feront jamais départir de lui. Je suis charmé d'apprendre qu'on ait suivi vos bons conseils touchant les opérations à faire et je ne doute pas qu'à l'heure qu'il est, on n'ait déjà commencé à agir avec vigueur, selon votre plan, comme l'unique bonne chose pour rendre raisonnable la cour de Vienne. C'est dont j'attends de bonnes nouvelles avec impatience pour régler mes mesures là-dessus.

Quant au voyage prétendu que le maréchal de Belle-Isle doit faire à Vienne, vous ferez tout votre possible pour en approfondir le vrai ou le faux. Je ne saurais m'imaginer que ce bruit soit fondé, mais nonobstant cela, la chose mérite trop mon attention pour que vous ne dussiez faire de votre mieux pour approfondir ce qui en est et pour m'en faire part au plus tôt possible. Comme j'ai déjà tout réglé touchant les trois doubles courriers, selon que vous me l'avez proposé, j'espère qu'à l'heure qu'il est, toutes mes lettres et dépêches vous seront parvenues, et je trouve absolument nécessaire que vous accompagniez l'Électeur dans tous ses voyages afin que je sois exactement informé de tout ce qu'on fait.

Au reste, j'approuve fort ce que vous venez de faire par rapport aux deux émissaires dont vous faites mention et je vous tiendrai compte des dépenses que vous faites pour cela. J'attends le plus souvent de vos nouvelles et je suis, etc.

Vous faites des merveilles; poussez, poussez votre pointe en avant.

J'ai voulu gagner le vieux camp de la Neisse où était Neipperg avant-hier. Kalkstein a eu l'avant-garde, mais sa lenteur a fait man-

-quer le coup et le b..... autrichien m'a prévenu. Je veux à présent passer la Neisse et chasser ces gueux d'Autrichiens jusqu'en Hongrie. Dieu nous en fasse la grâce. C'est ainsi que finissent les sermons français.

F<small>R</small>.

C. P. 510. — *Au maréchal de France, comte de Belle-Isle,
à Francfort-sur-le-Main.*

Camp de la Neisse, 16 septembre 1741.

M<small>ON CHER</small> M<small>ARÉCHAL</small>,

M. de Valory m'a parlé beaucoup des soins que vous vous donniez pour attirer la Saxe dans nos intérêts. Je vous loue infiniment de vos bonnes et salutaires intentions. Je trouve que vous avez grande raison de gagner le roi de Pologne, mais je dois vous dire, avec ma franchise ordinaire, que vous leur offrez trop d'un autre côté.

L'électeur de Bavière a des prétentions solennelles sur toute la Bohême. Vous voulez la démembrer en faveur du roi de Pologne. Vous voulez plus. Vous lui destinez encore la Haute-Silésie et la Moravie.

J'ai renoncé à mes droits sur Juliers et Bergue ; j'ai soutenu, moi seul, tout le fardeau de la guerre toute cette année ; je me suis déclaré dès le commencement pour le roi de France. J'agis dans toutes les occasions, pour soutenir et favoriser ses desseins de tout mon pouvoir et vous faites tomber sur la tête du roi de Pologne, qui nous a témoigné tout l'éloignement et la mauvaise volonté possibles, et qui ne vous sacrifie aucune de ses prétentions, une portion plus considérable qu'à l'électeur de Bavière et à moi des débris de la maison d'Autriche. Faut-il donc être l'ennemi des Français pour en être le plus favorisé ? Faut-il vous être contraire pour acheter, par ce moyen, des provinces entières sans tirer l'épée ?

J'ai cru, en faisant la guerre, travailler pour le roi de France, pour l'électeur de Bavière et pour moi ; mais tout au contraire, le fruit de mes travaux va grossir la puissance de notre ennemi commun. D'ailleurs, en cédant la Moravie au roi de Pologne, vous rendez la portion de l'électeur de Bavière très mince et très petite, et il me semble que, dans le plan d'abaisser la Russie, vous n'avez peut-être pas réfléchi que vous la releviez dans la personne de l'électeur de Saxe et lui donniez par son agrandissement le moyen de pénétrer en Allemagne, toutes les fois et quand il en aura envie et de me séparer par conséquent entièrement de l'électeur de Bavière. Ce n'est pas que je forme de nouvelles prétentions ; je me contente des bords de la Neisse, cette ville et Glatz y comprises ; mais j'écris principalement pour l'électeur de Bavière, et je suis du sentiment que la Moravie doit du moins le dédommager de la cession qu'il doit faire à la Saxe d'une partie de la Bohême et de la Haute-Silésie. Je suis persuadé que, lorsque vous aurez bien réfléchi sur ce que je viens de vous écrire, vous conviendrez avec moi qu'il n'est pas nécessaire de rendre la portion du roi de Pologne la plus grande des trois [1].

Quant à nos opérations militaires, M. de Valory pourra vous en faire rapport. Je me contente de vous dire en gros que j'ai marché à M. de Neipperg vers Frankenstein, que de là j'ai fait une marche forcée pour gagner son camp de Neisse avant lui, mais qu'il m'a prévenu d'une demi-heure ; qu'à présent il fait mine de me disputer le passage de la Neisse, mais que je la passerai malgré lui ; après quoi je le crois hors de portée d'éviter la bataille.

J'espère que tous mes soins seront pour l'électeur de Bavière et que vous ne me mortifierez pas au point d'enrichir mon plus cruel ennemi d'un bien acquis au prix de mon sang. Je suis, mon cher Maréchal, avec l'estime la plus parfaite, votre très fidèlement affectionné ami.

FÉDÉRIC.

C. P. 511. — *Au roi de la Grande-Bretagne, à Hanovre.*

Camp de la Neisse, 16 septembre 1741.

MONSIEUR MON FRÈRE ET COUSIN,

Le sieur Schwicheldt m'a fait l'ouverture du traité de neutralité, dont Votre Majesté a tracé le plan. Je L'assure que je ferai mon possible pour faire accepter ce plan par le roi de France, et Elle verra que je suis plus de Ses amis qu'Elle ne le pense et que ce que je Lui écris s'accordera parfaitement avec ma façon d'agir. Je ne chercherai jamais que la continuation de la bonne intelligence dans laquelle nous avons été jusqu'ici, et Votre Majesté ne me trouvera de Sa vie dans des sentiments contraires ; mais j'espère aussi qu'en revanche Elle voudra

[1] De son côté Belle-Isle avait écrit à Valory en le chargeant de faire des observations à Frédéric au sujet de Neisse et de Glatz, dont il n'avait pas été question dans le traité du 5 juin.

ne point oublier la manière cordiale et aimable dont j'en agis envers Elle et me rendre la pareille avec la même sincérité, si l'occasion s'en présente. Je suis avec bien de l'estime, Monsieur mon Frère, de Votre Majesté le bon Frère.

FÉDÉRIC.

C. P. 512. — *Au ministre d'État de Podewils, à Breslau.*

Camp de la Neisse, 17 septembre 1741.

Chambrier rend compte dans son rapport de Paris, 1ᵉʳ septembre, que : « Le Cardinal Fleury lui a dit que l'envoyé d'Autriche, Wasner, lui a fait part des intentions de la Bavière qui traite secrètement avec la cour de Vienne [1]. »

Il faut écrire cela à Klinggraeffen pour qu'il en parle à l'occasion à l'Électeur et lui prouve une fois de plus la duplicité de la cour de Vienne. Chambrier doit, de son côté, suivre de très près, mais sans se découvrir, les menées de Stainville et de Wasner. Il faut aussi en faire part à grands traits à Mardefeld, pour qu'il puisse convaincre la cour de Russie du double jeu de la cour de Vienne et de l'impossibilité, par suite, de faire état de ses offres et de négocier avec elle.

C. P. 513. — *Au ministre d'État de Podewils, à Breslau.*

Camp de la Neisse, 18 septembre 1741.

Rapport d'Andrié, de Londres 29 août :

« ... Depuis hier au matin, que les dernières postes de France et de Flandre sont arrivées, le ministre du Grand-Duc, le secrétaire d'am-

« Il doit tout rejeter sur la hauteur et l'inflexibilité de la cour de Vienne.

FR. »

---

[1] Les négociations entre les cours de Vienne et de Munich, qui se firent pendant les mois de juin et de juillet par l'intermédiaire du nonce pontifical Doria et du banquier Wertheimber, furent entamées par la cour de Vienne. Il en fut de même pour la correspondance entre l'impératrice douairière Amélie et l'électeur et l'électrice de Bavière.

bassade de la reine de Hongrie, avec le chargé des affaires de l'archiduchesse de Bruxelles, et en général tous les partisans de la cour de Vienne, publient partout pour certain que Votre Majesté a conclu une alliance avec la France et que le traité a déjà été signé le 17 de juin. »

C. P. 516. — *Au ministre d'État de Podewils, à Breslau.*

Au Camp, 19 septembre 1741.

Sa Majesté m'a donné l'ordre de mander à Votre Excellence, et pour qu'elle n'en ignore, en quoi consistaient les dépêches apportées à lord Hyndford par le courrier qui a passé ici venant de Vienne[1]. Ledit courrier ayant raconté ici, que les troupes bavaroises ne s'étaient pas seulement emparées de Linz, mais qu'elles avaient pénétré plus avant en Autriche et n'étaient plus qu'à 4 jours de marche de Vienne, ce qui avait plongé dans la consternation la Cour qui s'était retirée à Ofen avec tout ce qui était de distinction, Sa Majesté pense que ces événements pourraient bien amener la cour de Vienne à des sentiments plus modérés.

Cette rose a malheureusement une grosse épine par suite de l'échec éprouvé par la Suède[2], dont Mardefeld rend compte dans les relations qu'on vient de recevoir et que le maître de poste de la cour Jordan a pour cela envoyées ici. Sa Majesté désire savoir ce que vous en pensez, quel effet cet échec va produire sur les esprits en Suède, et si les Suédois seront encore en état de pousser la guerre contre la Russie. Sa Majesté désire savoir aussi si les Russes ne vont pas maintenant pouvoir se mêler plus activement des affaires de la cour de Vienne et quelle impression en ressentira la cour de Saxe.

Sa Majesté s'attend à voir arriver aujourd'hui le von Schwicheldt

[1] Le courrier apportait la réponse de la reine de Hongrie aux conditions que Goltz avait dictées à Hyndford, et Neipperg envoyait le 18, de Neunz, cette réponse à Schwerin, à Breslau, en lui disant que « si lord Hyndford était gravement malade ou même s'il était mort, il devait y avoir auprès de lui un secrétaire de légation qui aurait qualité pour ouvrir ses dépêches et assurer l'exécution des instructions qu'elles contiennent ».

[2] La bataille de Willmanstrand (23 août 1741).

et le von Bülow et regrette infiniment que milord Hyndford ait dû s'aliter.

EICHEL.

Dans l'intérêt même de la clarté du récit, et afin de rendre moins pénible et moins confuse la lecture des dépêches de la *Correspondance politique*, avant d'enregistrer les épisodes les plus saillants, les moments les plus intéressants, les péripéties et les phases successives de négociations aussi curieuses que mystérieuses, il importe, si je ne me trompe, de mettre en relief la brusque volte-face, la duplicité, la mauvaise foi de Frédéric. Quarante-huit heures après avoir rejeté sèchement les propositions de la cour de Vienne, le roi de Prusse, qui jusque-là avait refusé de recevoir lord Hyndford, change brusquement d'avis et, dès le 16 septembre, le fait inviter à venir lui rendre visite au camp le surlendemain [1]. Mais, comme on vient de le voir, lord Hyndford avait eu la maladresse de tomber malade, précisément au moment où le roi de Prusse aurait eu le plus pressant besoin de s'entretenir avec lui. Ce contretemps imprévu contrariait les projets de Frédéric [2]. Il désirait tellement hâter la marche des négociations qu'il chargea le général-major prince Didier d'Anhalt-Dessau d'écrire au général baron Lentulus et de lui demander pour le jour même, près de Neisse, une entrevue, dans laquelle il pourrait lui transmettre une communication dont il

---

[1] Frédéric ne s'était pas contenté de l'invitation contenue dans la dépêche à Podewils du 16 septembre. Le même jour, à 9 heures du soir, Goltz adressait du camp de Neuendorf le billet suivant à Hyndford : « Mylord, vous savez que je suis porté pour la bonne cause. Sur ce pied, je prends la liberté de vous conseiller en ami et serviteur de venir ici incessamment et de pousser votre voyage de sorte que vous puissiez paraître publiquement lundi (18) vers midi. Vous trouverez six chevaux de poste à Ohlau et Grottkau, tout prêts. Hâtez-vous, mylord, tout ce que vous pourrez au monde. » (CARLYLE, III, chap. IV, p. 396.)

[2] Goltz à lord Hyndford, le 18 septembre, à 3 heures après-midi : « Je suis au désespoir, mylord, de votre maladie. Voici le courrier que vous attendiez. Venez le plus tôt que vous pourrez. Sinon dites au général Marwitz de quoi il s'agit, afin qu'il puisse le faire savoir. Le courrier serait arrivé quatre heures plus tôt, si nous ne l'avions renvoyé au comte Neipperg à cause de votre maladie. » (CARLYLE, III, chap. IV, p. 396.)

était chargé par son souverain. Autorisé par Neipperg, le général Lentulus se rendit à l'endroit désigné et le prince Didier, après lui avoir présenté le colonel von der Goltz, se retira aussitôt. Peu de temps après, Lentulus envoyait au feld-maréchal son aide de camp, Lutsch, qui eut le soin de consigner ces faits dans son *Journal*. Neipperg ne tarda pas à les rejoindre dans le jardin du couvent des Capucins et conféra pendant plus d'une heure avec l'aide de camp du roi de Prusse.

C'était la première fois depuis le début de la campagne que des officiers prussiens et autrichiens se rencontraient pour discuter les conditions d'une entente éventuelle, et ce fut la seule fois, du reste, que pareille conférence eut lieu hors de la présence du médiateur anglais.

Bien qu'il soit impossible de déterminer si Goltz a su bien présenter et bien rendre les idées de son souverain, il n'en ressort pas moins du rapport que Neipperg adressa à la reine, au sortir de cette conférence, que Frédéric maintenait intégralement ses prétentions sur Neisse et sur Glatz ; que, tout en refusant de prêter, même dans ce cas, son concours à Marie-Thérèse, il lui promettait sa neutralité et s'engageait à s'opposer à ce que la France et la Bavière fissent à la reine tout le mal que Louis XV et l'Electeur projetaient de lui causer ; enfin que, dans le cas où l'on arriverait à s'entendre, il conseillait à l'Autriche de ramener de suite l'armée du feld-maréchal sur Vienne, qu'il fallait à tout prix couvrir et sauver [1].

Comme toujours, le roi de Prusse avait insisté sur la nécessité de garder le secret le plus absolu sur cette entrevue, qui ne devait être connue de nul autre que de la reine et du Grand-Duc,

---

[1] Il est assez curieux de comparer les conseils que Frédéric faisait donner à Marie-Thérèse, le 18 au soir, avec les vers qu'il avait adressés à Jordan trois jours auparavant. (*OEuvres*, XVII, p. 133.)

> Neipperg avec nos ennemis
> Ont prévenu l'instant d'être surpris.
> Malgré ce contretemps funeste,
> Je poursuis mes premiers desseins.
> Vienne dans peu doit jouer de son reste ;
> J'en ai mêlé les cartes de mes mains.

ainsi que des trois officiers qui y avaient pris part et s'engagèrent à n'en rien répéter. Et cependant, en dépit des déclarations de Goltz à Neipperg, Frédéric ne paraissait nullement disposé à se séparer, du moins pour le moment, de la France et de la Bavière. Les instructions qu'il adressait le jour même à Schmettau et à Klinggraeffen, les *résolutions* qu'il fit remettre le lendemain 21 à Valory, enfin la lettre qu'il écrivit le 22 septembre à l'électeur de Bavière ne répondaient guère au langage que Goltz venait de tenir en son nom au couvent des Capucins.

Un moment, en effet, pendant les journées des 19 et 20 septembre, tout semblait indiquer que Frédéric renonçait à continuer ces négociations [1].

C. P. 517. — *Au ministre d'État de Podewils, à Breslau.*

Camp de la Neisse, 20 septembre 1741.

J'ai parlé aujourd'hui à Valory, qui m'a communiqué les ordres de sa Cour dont Eichel vous remettra une copie [2].

J'ai parlé à Bülow qui a pris chaudement le parti d'Hanovre. Je lui ai dit que le roi de France me pressait l'épée aux reins de les forcer à se déclarer en notre faveur et qu'il était las des retardements qu'ils apportaient à la conclusion de leur traité. Il m'a répondu qu'il tâcherait de porter sa Cour à accepter les bonnes conditions qu'on voulait bien lui faire. *De cette façon les Français se trouvent seuls chargés de tout ce que cette affaire a d'odieux, et je suis disculpé.*

J'ai ensuite parlé à Schwicheldt qui m'a donc beaucoup prié de lui promettre au moins ma neutralité, si je ne pouvais lui procurer celle de la France. Je lui ai premièrement dit que j'avais très bien senti la mauvaise foi avec laquelle sa Cour avait jusqu'ici agi envers moi : 1° la réception de Truchsess à Londres; 2° la harangue au Parlement;

---

[1] Neipperg ne reçut aucune nouvelle du camp prussien à la suite de son entrevue avec Goltz. Les avant-postes des deux armées échangèrent quelques coups de fusil. Frédéric lui-même, en faisant une reconnaissance des positions autrichiennes, essuya le feu des Croates embusqués sur les bords de la Neisse. Le margrave Charles, qui l'accompagnait, fut blessé à la main et le margrave Guillaume eut son habit percé pur une balle... (Major Z..., *op. cit.*, 40.)

[2] Cf. *ibidem*, 521.

3° la déclaration des Hollandais provoqués par Trevor; 4° la conduite de Finch en Russie; 5° la somme de 1 500 000 écus payés à la reine de Hongrie; *mais qu'indépendamment de toute cette mauvaise foi, je resterais neutre et porterais, s'il était possible, les Français à l'être, s'ils voulaient me procurer par les Russiens la garantie de mes conquetes, et faire d'ailleurs mes convenances.* Je n'ai pas voulu m'expliquer sur mes convenances; mais de l'argent et quelques bailliages en Mecklembourg pourraient m'accommoder.

Voilà les termes où nous en sommes. C'est à vous à sonder l'Hanovrien plus profondément et à voir ce que nous en pourrons tirer, de même que des secondes intentions des Saxons.

Quant aux quartiers d'hiver des Français dans le pays d'Hanovre, c'est un cas assez embarrassant, et j'avoue que je ne sais pas trop comment leur accorder ce point, ni comment l'éluder. Mandez-moi *cito* vos idées. Adieu. J'attends votre réponse avec les nouvelles que le courrier de Hyndford lui a apportées. Je suis votre fidèle ami.

FÉDÉRIC.

C. P. 518. — *Au grand maitre de l'artillerie baron de Schmettau (à Linz).*

Camp de la Neisse, 20 septembre 1741.

Je viens de recevoir la vôtre du 27 du passé, du contenu de laquelle j'ai tout lieu d'être satisfait. Ma dernière, où je vous ai ordonné de rester auprès de la personne de Son Altesse Électorale, vous sera parvenue, et j'attends avec impatience de vos nouvelles pour être informé du progrès qu'on a fait dans les opérations de l'Électeur. Si un courrier, qui passa il y a trois jours par notre camp, a accusé juste, elles doivent être considérables. C'est pour cela que vos nouvelles me tardent à venir.

Mon intention est que vous continuiez à pousser à la roue, afin qu'on batte le fer pendant qu'il est chaud, comme le seul moyen de mettre la cour de Vienne à la raison.

Vous pouvez assurer à l'Électeur que je fais tout mon possible pour que la part, que la Saxe désire avoir au gâteau, lui soit assignée sans préjudice de l'Électeur, les intérêts d'un si digne prince m'étant aussi chers que les miens propres. Jusqu'à présent, il n'y a point de changement ici, et l'on ne sait pas encore avec certitude si et quand l'armée de l'ennemi pourra détacher vers l'Autriche ou vers la Bohême. Je suis, etc.

FÉDÉRIC.

C. P. 519. — *Au conseiller privé de guerre de Klinggraeffen (à Linz).*

Breslau, 20 septembre 1741.

Comme il est nécessaire de vous mettre au fait de la situation où je me trouve maintenant avec la cour de Bavière, je suis bien aise de vous dire qu'ayant résolu d'entrer dans une alliance étroite avec l'Électeur, sur les pressantes instances que ce prince, aussi bien que la France, m'ont faites là-dessus, le comte de Törring, son ministre à ma Cour, m'a présenté un projet de traité d'alliance offensive et défensive; mais comme je l'ai trouvé trop vague, je lui ai fait remettre un contre-projet plus étendu et plus détaillé qu'il a envoyé à sa Cour, il y a plus de quinze jours. Les intérêts de l'Électeur y sont tellement ménagés que je me flatte que ce prince ne balancera pas un moment de m'accorder à son tour les avantages et les conditions que je lui ai demandées, d'autant plus qu'il n'y met rien du sien et qu'elles ne lui coûteront rien. Le principal objet, auquel je me suis attaché, est la garantie de toute la Basse-Silésie avec la ville de Breslau, la principauté et ville de Neisse, avec toutes ses dépendances et appartenances, et le château et la ville de Glatz avec sa banlieue. J'en ai demandé la possession indépendante de la couronne de Bohême, et même de l'Empire, en plein titre de souveraineté de tout ce pays-là, comme, avant son incorporation à la Bohême, il a été entièrement indépendant sous ses propres princes et souverains.

J'ai insisté, de plus, dans un article séparé sur la garantie de la succession de Mecklembourg, qui ne m'est contestée par personne, et sur celle d'Ostfrise. Voilà ce que j'ai demandé à l'Électeur comme tel. On a remis outre cela de ma part au comte de Törring une pièce allemande, qui contient les avantages et petites faveurs que j'ai demandés à l'Électeur comme Empereur, et qu'à l'exemple des autres Empereurs, ses prédécesseurs, il peut m'accorder sans que cela ne lui coûte rien ; moyennant quoi je lui promets non seulement mes bons offices et ma voix pour l'élection future, mais aussi mon assistance pour la soutenir *contra quoscunque* avec une garantie efficace de toutes les conquêtes que l'Électeur fera sur la maison d'Autriche.

Vous voilà maintenant au fait et informé des liaisons que je suis sur le point de contracter avec l'Électeur de Bavière. Il faut donc que vous pressiez ce prince et son premier ministre de renvoyer au plus vite mon susdit contre-projet, avec les instructions et ordres nécessaires au comte de Törring de mettre la dernière main à l'œuvre, avec celui que j'autoriserai pour cet effet-là.

Comme l'Électeur, ainsi qu'il en est convenu lui-même, me doit tout, si j'ose le dire, et que sans mon assistance et concurrence il n'aurait jamais pu aspirer à la dignité impériale et à la poursuite de ses droits sur la succession de la maison d'Autriche, j'attends à juste titre, pour marque d'une reconnaissance dont il vous a donné tant de fois les assurances les plus fortes, qu'il acceptera purement et simplement le plan tel que je lui ai offert dans le contre-projet remis à son ministre, d'autant plus qu'il ne renferme rien qui puisse préjudicier aux intérêts particuliers de ce prince et de sa maison, et surtout quand il considère que, pour l'amour de lui et peut-être par un attachement à ses intérêts et une amitié sans exemple, j'ai refusé en dernier lieu la proposition avantageuse que la Cour de Vienne m'a fait faire par milord Hyndford de me céder en toute propriété toute la Basse-Silésie avec la ville de Breslau, ainsi que je l'ai mandé moi-même à l'Électeur, sacrifice qui mérite bien un juste retour de reconnaissance et qu'on ne saurait jamais payer assez chèrement.

L'Électeur n'ignore apparemment pas qu'on doit uniquement à ma fermeté et à la déclaration que j'ai fait faire par mon ministre à la diète d'élection de Francfort, que l'électeur de Mayence a changé de parti en sa faveur et qu'il est prêt d'accéder à celui que j'ai pris pour mettre la couronne impériale sur la tête de ce prince.

Je ne travaille pas moins sans relâche à la cour d'Hanovre pour rendre le roi d'Angleterre, comme électeur, favorable à l'élection de Son Altesse Électorale de Bavière, et j'ai bonne espérance d'y réussir.

Vous ne manquerez pas de faire valoir tout cela, le mieux que vous pourrez, auprès de l'Électeur et de ses ministres qui sont du secret, pour les porter à donner incessamment les mains au traité, tel que je l'ai fait proposer. Vous y pouvez ajouter que j'ai écrit de ma propre main, il y a deux jours, au maréchal de Belle-Isle pour le conjurer de faire en sorte que, dans les convenances qu'on voudra accorder à la cour de Dresde pour la faire entrer dans notre commun concert, on ait préférablement égard aux intérêts de l'électeur de Bavière d'une manière qu'il puisse avoir lieu d'être entièrement satisfait et content.

FÉDÉRIC.

Les manœuvres, auxquelles Frédéric se livra à partir de la deuxième quinzaine de septembre jusqu'à la signature de l'acte de Klein-Schnellendorf, sont si nombreuses et si compliquées, que la *Correspondance politique* seule ne saurait les mettre complètement en lumière. Il m'a donc paru nécessaire d'essayer d'en mieux faire sentir toute la portée en résumant au fur et à mesure les événements les plus importants qui se produisirent au cours de ces étranges négociations.

Dès le 21 septembre, tout a pris une autre tournure. Un courrier, porteur des dépêches envoyées par lord Hyndford à Robinson, remettait, en passant, à Neipperg une lettre par laquelle il annonçait au feld-maréchal qu'il se rendait le jour même « au camp prussien où il attendrait avec impatience le retour de ce même courrier ». Hyndford ajoutait qu'il « se flattait que Neipperg recevrait, au premier jour, de sa cour, de nouvelles instructions touchant une autre espèce d'accommodement, et qu'il s'estimerait fort heureux et très honoré s'il peut être de quelque utilité à la reine de Hongrie ».

Il convient toutefois de remarquer que, « pour ne pas donner d'ombrage à Valory », Frédéric refusa d'accorder ce jour-là une audience à Hyndford. Mais ce n'était là qu'un stratagème, et dès le lendemain, grâce à la connivence de Goltz, qui n'avait évidemment agi que sur l'ordre de son souverain, Hyndford se trouva sur le passage du roi, au moment où celui-ci revenait de la parade, et réussit à conférer avec lui.

Après le dîner, auquel Hyndford avait été convié, Frédéric ne manqua pas de se plaindre à Valory de l'insistance et de l'entêtement du roi d'Angleterre, de lui dire qu'on l'importunait sans cesse avec les instances et les démarches qu'on tentait afin de l'amener à une entente avec la Reine, et d'ajouter qu'il lui avait pourtant bien fait connaître dans ses lettres sa manière de voir à ce sujet [1].

[1] Il n'y avait cependant rien dans ces lettres qui fût de nature à satisfaire ou rassurer la France. On a pu en juger ci-dessus par la pièce n° 511. Je crois inutile de reproduire plus loin la pièce 523 dans laquelle, après avoir pris note de l'intention manifestée par George II de rester neutre, Frédéric ajoute seulement « qu'il s'employera près de la couronne de France pour dissiper les craintes que causent à l'Électeur de Hanovre les mouvements des troupes françaises, et pour que rien ne soit changé à l'état de choses existant dans les cercles de Westphalie et de la basse Saxe ».

Le lendemain 23, Hyndford arrivait au camp de Neipperg. Si le feld-maréchal n'était qu'un général assez médiocre, très inférieur en tout cas au grand capitaine auquel on l'avait opposé, il était, en revanche, un excellent diplomate. L'entretien qu'il eut avec le ministre de la Grande-Bretagne lui avait suffi pour se rendre bien nettement compte de la situation. Frédéric introduisait un nouvel élément dans ses prétentions; il réclamait des quartiers d'hiver pour 10 000 hommes, soit dans la Haute-Silésie, soit en Bohême ou en Moravie; mais le langage de l'envoyé anglais avait permis à Neipperg de conclure à l'existence, encore latente il est vrai, de difficultés entre le roi de Prusse et ses alliés de France et de Bavière et de constater qu'il n'était plus, qu'à peu près incidemment, question de la cession de Glatz.

C. P. 520. — *Au ministre d'État de Podewils, à Breslau.*

Au Camp, 24 septembre 1741.

Mon cher Podewils,

Il faudrait porter les Hanovriens à me céder leurs hypothèques sur le Mecklembourg, en faveur et considération de ma neutralité, et pour me tranquilliser sur la somme de 1 500 000 écus qu'ils ont payés à la reine de Hongrie, moyennant quoi je travaillerai à leur procurer la neutralité de la France.

Le voyage de Hyndford sera infructueux, selon toutes les apparences, et ne tendra qu'à un chipotage inutile.

Je détourne la France de son invasion en Hanovre sur trois considérations :

1° Que cela ruinerait mon pays en le constituant le théâtre de la guerre ;

2° Qu'il fallait, avant que de rien faire, être sûr de la neutralité de la Hollande ;

3° Qu'on devait aussi préalablement terminer l'alliance de la Saxe et

4° Que, si l'on tirait du roi d'Angleterre toute satisfaction désirable, on aurait lieu d'être content.

Quant à l'article de la Russie, quelque fâcheux qu'il me paraisse à présent, je crois que ce sera plutôt le printemps prochain qu'il causera des effets que pour le présent.

Neipperg est encore ici, mais il sera pourtant obligé de voler au secours de Vienne, et alors je ferai tranquillement les sièges de Neisse et de Glatz.

Il faut qu'à Hanovre on ait la peur tout du long. Assurez Bülow que malgré l'envie qu'ont les Français de me brouiller avec les Saxons, ils n'y réussiront pas, mais qu'il faut de nécessité que les Saxons prennent parti. Adieu, je suis tout à vous.

Fédéric.

C. P. 521. — *Résolutions pour le marquis de Valory*.

Camp de la Neisse, 21 septembre 1741.

Pro memoria du marquis de Valory : le maréchal de Belle-Isle s'est assuré par un traité formel[1] la voix de l'électeur de Mayence pour l'élection de l'électeur de Bavière. Trèves aussi a promis sa voix, mais veut que l'on garde le secret.

Le roi d'Angleterre a fait savoir par son ministre à la Diète d'élection von Hugo : Que la France ne doit pas s'inquiéter de l'ordre de mouvement donné aux Hessois et Danois à la solde de l'Angleterre ; que si la France déclarait que l'armée du maréchal de Maillebois ne dépassera pas Düsseldorf, l'Angleterre n'enverrait pas un seul homme au secours de la reine de Hongrie et se prononcerait en faveur de la Bavière.

« Le Maréchal a répondu en termes généraux en disant que, comme roi d'Angleterre, le Roi avait beaucoup de griefs contre ce prince et que c'était à Versailles

J'ai répondu de même à Schwicheldt sans lui dire oui ni non.

[1] Traité de Mayence du 4 septembre 1741.

— 300 —

qu'il fallait que le Roi son maître s'adressât. »

« Poniatowski a fait entendre que si l'on voulait accorder quelque petit avantage au Roi, son maître, il était disposé à donner sa voix à l'Électeur de Bavière. Le Maréchal demande qu'il plaise à Sa Majesté Prussienne que le dernier ordre qu'Elle a donné à M. de Broich devienne commun avec M. de Schwerin, sans quoi il se trouverait à l'arrivée du premier ambassadeur dans le même embarras où il a été lorsque mon dit sieur de Broich n'était pas pleinement autorisé.

Cela est déjà fait et Schwerin, au plus tard, part dans dix jours.

« Mon dit sieur Maréchal est chargé de savoir de Sa Majesté Prussienne :

« 1° Si Elle ne consent pas que l'armée de M. de Maillebois qui, pour avancer dans la Westphalie, sera obligée de passer et de camper dans des lieux du comté de la Marche qui Lui appartient, savoir, dit-il, si Sa Majesté ne l'approuve pas ? »

. . . .
. . . .
. . . .

1° Considération : Cela ferait mon comté de la Marche et Minden théâtre de la guerre ;

2° Un préalable nécessaire avant que de faire pareille chose est d'avoir en main le traité de neutralité des Hollandais.

3° Il faut auparavant être sûr de l'alliance de la Saxe, car je ne m'y fierais pas d'ailleurs.

4• Il faut pourtant que l'Hanovre rende raison aux Français ; la terreur de leur approche suffira peut-être.

. . . .
. . . .

« Monsieur le Maréchal n'est point du tout instruit des résolutions du Roi sur ce qui regarde l'entrée de ses troupes dans le pays d'Hanovre ; mais il est sûr

Il faut que le roi de France tire vengeance des torts qu'on lui fait. Cela est juste. Mais si je fais entrer mes troupes dans l'Hanovre, je me tire indubitablement

qu'il ne veut rien faire que de concert avec Sa Majesté Prussienne. C'est dans le cas qu'Elle approuverait que le Roi mon maître tirât vengeance des affronts répétés que les Anglais nous ont faits sur mer depuis deux ans, qu'il demande si Sa Majesté ne jugerait pas à propos de donner des ordres au prince d'Anhalt de s'avancer avec son armée sur les frontières d'Hanovre pour faciliter par cette diversion le passage du Weser à l'armée française et lui procurer des quartiers d'hiver d'un côté, pendant que celle du roi de Prusse en prendrait de l'autre. Il paraît que ce serait le moyen de mettre le roi d'Angleterre à la raison et de le forcer à faire la paix en Amérique avec l'Espagne. »

« Il est encore une autre réflexion de la cour de France qui pouvait bien fortifier la nécessité de prendre ce parti, c'est que, si le roi d'Angleterre pouvait compter sur la tranquillité de ses États en Allemagne, et que cette tranquillité lui vînt de la part de Sa Majesté Prussienne, le système actuel en serait ébranlé, et le courage abattu des partisans de la cour de Vienne relevé et les conséquences n'en seraient pas moins funestes pour les affaires du Nord et pour l'entreprise que la Suède a soumise. Le succès n'en peut être assuré qu'autant que cette puissance ne sera pas troublée par les amis de l'Angleterre et de la Russie à dos. Grande considération et qui redouble après la bataille qu'ils ont gagnée sur les Suédois.

Tout cela est beau pour l'Espagne et la Suède, mais très peu pour le roi de Prusse qui aurait la Russie à dos. Si alors les Russiens demandaient le passage par la Prusse pour seconder l'Hanovre, les Prussiens seraient entre l'enclume et le marteau, le pays désolé et le succès incertain.

la Russie affaiblis et divisés. C'est sur quoi j'ai ordre de consulter le Roi et de lui dire qu'on voudrait savoir ce qu'il pense.

« Poniatowski a été envoyé à Francfort avec pleins pouvoirs pour traiter avec le Maréchal ; que dans la vue de tirer quelque chose de plus du Cardinal, il était allé à Paris où il ne resterait que trois jours. »

« On a offert à Francfort la Haute-Silésie et la Moravie. L'Électeur préfère de céder cela à démembrer davantage le royaume de Bohême.

« Condition mise de la part du Maréchal, condition principale et *sine qua non* : Que le roi de Pologne agirait offensivement contre la reine de Hongrie avec un corps de 16 000 Saxons. Les ministres Saxons en sont convenus. »

« Il a été déclaré aux susdits Saxons que le Roi et l'Électeur n'admettraient pas de neutralité. La même chose à dire de la part de Sa Majesté Prussienne à M. de Bülow. »

« Savoir l'intention du roi de Prusse sur les quartiers d'hiver en Haute-Silésie et Moravie, en cas que 16 000 Saxons, après le traité fait, entrent pour en prendre possession. »

Je regarde dans les conjonctures présentes l'accession de la Saxe comme le coup de parti qui détermine tout. Il faut les flatter, les intimider et les corrompre, mais il ne faut absolument pas se rebuter et les avoir à quel prix que ce soit.

Dans la conjoncture présente il faut leur donner tout ce qu'on ne saurait leur refuser de bonne grâce.

Avec 16 000 hommes. Qu'ils soient aux prises le plus tôt possible avec le prince Lobkowitz et qu'ils se battent, s'il se peut, dans trois semaines avec les Autrichiens.

C'est ce que j'ai dit à Bülow. Le propos des quartiers d'hiver était un argument *ad hominem,* qui a fait impression. Ensuite de cela, patte de velours. Faites hurler le diable dans l'enfer et chanter les séraphins au ciel et présentez-leur l'alternative.

J'ai agi toute une année de suite avec mes troupes selon l'allure des choses. Elles doivent entrer en quartier d'hiver après les sièges de Neisse et de Glatz, et j'espère bien qu'on laissera à ces troupes, qui ont porté jusqu'ici le fardeau tout seules, les quartiers d'hiver qu'elles ont pris et à celui

« Demander au Roi qu'il lui plaise de renouveler sa renonciation sur Bergue et Juliers dans son traité avec l'Électeur de Bavière. »

qui les commande les contributions déjà faites.
Bon. Cela se fera et même Ravensberg en faveur de Neisse et de Glatz avec leur territoire.

Fr. »

C. P. 522. — *A l'Électeur de Bavière, à Linz.*

Camp de la Neisse, 22 septembre 1741.

Monsieur mon Cousin,

J'ai reçu avec une très grande satisfaction la lettre que Votre Altesse Électorale vient de m'écrire. Je prends toute la part imaginable à la moisson de gloire qu'Elle va faire, et je suis sûr que ses armes prospéreront au gré de ses désirs.

J'ai voulu marcher droit à M. de Neipperg, alors campé à Frankenstein, mais sa prudence m'a prévenu, car il s'est retiré derrière la Neisse. Pour lors, j'ai fait des marches forcées pour le couper de la ville de Neisse, mais il m'a prévenu d'une demi-heure. Son armée cependant commence à manquer de tout. Je passerai la Neisse en peu de jours, et si M. de Neipperg ne me cède le terrain, je serai obligé de l'y forcer.

Valory vient de recevoir un courrier du maréchal de Belle-Isle, qui lui envoie les préliminaires du traité avec la Saxe, dont les conditions sont l'acquisition de la Moravie et de la Haute-Silésie avec le titre de roi. Je crois que cet accord est conforme aux intérêts et aux idées de Votre Altesse Électorale, l'accession de la Saxe étant pour nous un coup de parti depuis la malheureuse bataille que les Suédois ont perdue contre les Russes.

Je prie d'ailleurs Votre Altesse Électorale d'être persuadé que mon cœur est inséparable du Sien, que je n'aurai jamais d'ami qui soit plus de mon choix — si j'ose m'exprimer ainsi — qu'Elle. En un mot, je regarde nos liaisons comme indissolubles et éternelles. J'attends avec une grande impatience le moment de la signature du traité. Votre Altesse Électorale n'a qu'à stipuler de Son côté ce qu'Elle jugera à propos, rien ne rencontrera de difficulté chez moi.

Les Autrichiens ne se rebutent point de négocier ici, mais Votre Altesse Électorale peut être sûre qu'ils n'avanceront pas plus qu'ils n'ont fait jusqu'à présent, Neipperg a grande envie de copier en Silésie ses négociations de Hongrie. Il s'en est avisé trop tard et *mes engagements sont trop sacrés pour que je les rompe de ma vie.*

Je suis avec les sentiments de la plus parfaite estime et de la plus vive tendresse, Monsieur mon Cousin, de Votre Altesse Électorale, le très fidèle ami, allié, cousin et frère

FÉDÉRIC.

C. P. 524. — *Au ministre d'État de Podewils, à Breslau.*

Camp de la Neisse, 23 septembre 1741.

Il s'est produit un incident assez curieux lors de l'arrivée de la dépêche que M. de Valory reçut du maréchal de Belle-Isle. Aussitôt après le déchiffrement de ses lettres, M. de Valory alla parler au roi de l'alliance en question[1] et lui remit le projet des articles préliminaires. Mais il se trompa, et lui passa la lettre déchiffrée du maréchal que le roi me confia aussitôt sans l'avoir lue.

Valory s'est fait peu après rendre la lettre par Eichel qui rend compte à Podewils[2] de ce qu'il se rappelle y avoir lu : « En terminant, Belle-Isle mande que l'électeur de Bavière lui a communiqué le projet de traité avec la Prusse et lui a déclaré par écrit qu'il se conformerait en tous points aux désirs du roi de Prusse, mais que, comme le royaume de Bohême devait lui échoir en entier, il lui en coûterait fort de lui céder la ville de Glatz, ce qu'il ferait cependant, s'il le fallait en fin de compte afin de témoigner ainsi sa reconnaissance à Sa Majesté. Le maréchal engage en conséquence M. de Valory à voir si on ne pourrait pas amener le Roi à céder sur ce point, mais dans le cas où le Roi se cabrerait, il ne faudrait pas insister et on lui abandonnerait la ville de Glatz. »

Sa Majesté m'a fait connaître à ce propos que, dans le cas où on attribuerait à la Saxe une partie de la Bohême, il exigerait la cession de Glatz afin de couvrir ses derrières du côté de la Saxe, mais que si, au contraire, la Bavière doit avoir la Bohême tout entière, il renoncerait à cette ville et prendrait en échange la lisière de la Neisse.

EICHEL.

[1] Le traité entre la Saxe et la Bavière qui fut signé à Francfort-sur-le-Main le 19 septembre.
[2] Cf. la version toute différente que Frédéric donna plus tard de cet incident dans l'*Histoire de mon temps*, chap. III.

C. P. 525. — *Au grand maître de l'artillerie baron de Schmettau, à Linz.*

Camp de la Neisse, 23 septembre 1741.

Mon cher Schmettau,

Vous avez fait des merveilles jusqu'ici, et il n'y a plus rien à désirer. Mais marquez-moi, à présent, pourquoi l'Électeur ne se détermine pas plutôt en faveur de l'expédition de Vienne que pour celle de Prague? Il me semble qu'en prenant Vienne, la guerre serait terminée tout d'un coup, au lieu qu'à présent vous prendrez Prague et aurez, le printemps qui vient, sûrement les troupes d'Italie et les Hongrois à combattre.

Neipperg reste toujours tranquillement dans son camp, tandis que sa Cour me fait les offres les plus avantageuses pour ma neutralité, mais à quoi leur servirait-elle? Le grand article serait à présent de disposer l'Électeur, puisqu'il veut entrer en Bohême, qu'il dirige ses marches de façon qu'il recogne avec moi Neipperg. Je crois même qu'on pourrait le bloquer et le réduire, lui et son armée, à se rendre prisonniers de guerre.

Adieu, cher Schmettau, faites dans toutes les occasions mille assurances d'amitié et d'estime à l'Électeur.

Je suis votre fidèle ami

Fédéric.

C. P. 527. — *Au maréchal comte de Belle-Isle, à Francfort-sur-le-Main.*

Camp de la Neisse, 23 septembre 1741.

Mon cher Maréchal,

Vous recevrez, cette ordinaire présente, tout le détail par le marquis de Valory, tant des négociations infructueuses des Anglais que de mes réponses sur les points que vous m'avez marqués et mes ordres en conséquence à M. zum Broich[1], à mes officiers et présidents des provinces de Westphalie, pour assister en tout les troupes françaises. Je crois même que M. Valory vous aura instruit de mes

[1] Cf. *ibidem*, 526. Au ministre von Broich, 23 septembre 1741. Broich avait ordre d'annoncer à Belle-Isle que le roi renonçait entièrement à Glatz.

opérations et de la façon honteuse dont les Autrichiens perdent leur temps dans leur camp de Neisse.

Je n'ai qu'à vous dire encore deux mots, l'un sur la nécessité d'accélérer à présent l'élection d'un empereur, et l'autre touchant la neutralité des Hollandais. Le premier point est à présent de si grande conséquence que je regarde comme le plus grand service que vous puissiez rendre au Corps Germanique, de pousser l'élection de façon qu'elle soit faite immanquablement avant l'hiver.

Quant à la neutralité des Hollandais, cet objet vous doit intéresser d'autant plus que votre armée en Westphalie n'y peut être à son aise, à moins que l'on ne soit sûr que les Anglais ne transportent aucunes troupes sur le continent pour se joindre aux Hollandais. Une pareille démarche pourrait déterminer le Danemark à se joindre à ce nouveau parti, dont la première lueur de supériorité relèverait entièrement le cœur des partisans de Vienne et ne manquerait pas d'attirer les Russiens en Allemagne.

Il ne me reste plus qu'à vous parler des Saxons, dont je crois qu'il sera bon de faire marcher avec promptitude les auxiliaires et de les mettre encore cet automne aux mains avec les Autrichiens, un pareil acte étant le seul moyen par lequel on pourra s'assurer de la fidélité des Saxons. Vous qui aurez approfondi le caractère de cette cour, par les négociations qui nous ont passé par les mains, vous aurez remarqué sans doute qu'on ne saurait prendre assez de précautions pour s'assurer de leur bonne foi.

Je vous envoie en même temps une pièce, par laquelle vous verrez, Monsieur, que je ne demande pas trop aux Saxons, et que c'est même moi qui leur cède quelques langues de terre de la Basse-Silésie qui s'étendent assez loin au delà des rives de la Neisse.

Je vous prie de me croire avec tous les sentiments de la plus parfaite estime et avec beaucoup d'impatience de vous embrasser, etc.

Fédéric.

A peine ébauchée et encore hésitante jusqu'ici, la grande intrigue machinée par le roi de Prusse prend corps et se dessine nettement à partir du 25 septembre.

Pendant que lord Hyndford allait s'installer à Neisse, Neipperg recevait, le 24 septembre, de nouvelles instructions envoyées de Presbourg, dans lesquelles on consentait en somme, s'il le fallait, à céder Neisse à condition toutefois que l'armée de Neipperg pût partir dans le plus bref délai possible et venir couvrir Vienne¹.

Neipperg communiqua en personne ses dépêches à lord Hyndford, et afin de ne pas perdre une minute, on résolut de prescrire au général Lentulus d'écrire le lendemain matin au prince d'Anhalt au sujet d'un échange de prisonniers. Lord Hyndford devait profiter de ce prétexte pour mettre Goltz au courant de la situation et lui demander une nouvelle entrevue au couvent des Capucins. Ce fut Frédéric lui-même qui ouvrit la lettre et fixa au 25 septembre, à 5 heures, l'entrevue à laquelle Neipperg et lord Hyndford ne manquèrent pas d'assister, entrevue qui dura une demi-heure, et au cours de laquelle Hyndford remit à Goltz le projet d'une *convention secrète* entre S. M. le roi de la Grande-Bretagne, S. M. la reine de Hongrie et de Bohême et S. M. le roi de Prusse. Marie-Thérèse, « sans demander autre chose de S. M. le roi de Prusse que son amitié, une paix et une réconciliation solide avec lui », offrait de lui céder tous ses droits sur la Basse-Silésie. La place de Neisse devait être rasée. Quant à la Prusse, elle s'engageait à ne pas aller plus loin et « à observer une exacte neutralité à l'égard de la Reine ² ».

Neipperg avait immédiatement rendu compte au Grand-Duc de la conférence du 25, et lui avait surtout fait connaître que, d'après les paroles échappées tant à Hyndford qu'à Goltz, l'élection de l'Électeur de Bavière lui paraissait chose certaine³.

---

¹ Dans cette dépêche, tout entière de la main du grand-duc, on voit clairement apparaître les sentiments si dignes et si élevés de Marie-Thérèse. Parlant au nom de la Reine, François de Lorraine écrit à Neipperg : « Qu'il faut en finir à tout prix et qu'on se flatte encore de croire que *le roi de Prusse se lassera d'être un malhonnête homme.* » Et dans le *post-scriptum* il ajoute : « Sa conduite est si extraordinaire que je ne sais plus que penser de lui. Il faut cependant s'entendre avec lui. » Il termine enfin sa dépêche par cette phrase : « Avant tout n'oubliez pas qu'il vous donne quelque chose de signé, même s'il ne s'agit que de sa neutralité; car il faut prendre ses précautions avec lui et être sûr qu'il ne fera pas quelque algarade. » *(Archives des comtes de Neipperg.)*

² *Haus, Hof and Staats Archiv*, fasc. 23.

³ Le même soir Neipperg adressait au grand-duc la dépêche suivante : « Monseigneur, en ce cas, et comme on pourrait nonobstant dire à Vienne avoir outrepassé mes instructions dans ce projet et me rendre responsable,

Dans la nuit du 25 au 26 une réponse, sans date et sans signature, expédiée du quartier général prussien, parvenait à Hyndford qui s'empressait de la faire tenir à Neipperg. Le feld-maréchal avait vu clair et deviné juste. Frédéric, comme il l'avait pensé, n'était pas homme à accepter, dans de pareilles circonstances, la moindre restriction aux prétentions qu'il avait élevées.

C. P. 528. — *Au comte de Hyndford, ministre de la Grande-Bretagne, à Neisse*
(du colonel de Goltz).

(25 septembre 1741.)

« Je suis bien fâché, Mylord, de vous dire qu'il n'y a rien à faire. Pour Glatz, je crois qu'on n'en parlera plus, mais la ville de Neisse nous tient à cœur. Je puis vous assurer que, si le Roi jouait seul, nous aurions bientôt fait, puisqu'il ne demandera jamais que ce que vous offrez, excepté la ville. Mais *nos alliés méritent des égards.* Tout ce que nous pourrions faire pour le bien de la Reine, qui ne nous est nullement indifférent, c'est de laisser aller son armée d'ici, sans faire aucun traité, de nous amuser ici en Silésie et de n'agir autre part contre qui que ce soit au monde. Si cela vous convient, M. le maréchal Neipperg peut partir demain s'il veut, ma tête lui sera garante de ce que j'ai l'honneur de vous dire. J'ai celui de vous assurer de mes respects et d'être parfaitement votre très humble et très obéissant serviteur. »

A lundi au soir.

quoique Dieu sait qu'il n'a été couché que dans une bonne intention pour faire sortir la Reine au moins plus tôt d'un embarras, s'il est possible, envoyez quelqu'un, et des plus habiles que vous avez à Vienne, pour *conclure une paix avec le Roi qui hésite tantôt pour la Reine et vous, tantôt pour la France, et veut pourtant toujours gagner au milieu de ces embarras qui me surpassent comme bien d'autres choses.* » (*K. H. Kriegs Archiv*, Silésie, fasc. IX, 52 et ad 52.)

C. P. 529. — *Au comte de Hyndford, ministre de la Grande-Bretagne,
à Neisse
(du colonel de Goltz).*

Camp de Kalteck, 28 septembre 1741.

« Vous voyez, Milord, que les affaires ont un peu changé de face [1].
Malgré cela, le Roi voudrait pouvoir donner des marques de sa bonne
volonté à S. M. la reine de Hongrie. Mais vous comprendrez vous-
même sans peine que les circonstances présentes, nos engagements,
l'honneur et l'intérêt du Roi ne lui permettent pas de faire une paix
particulière avec la cour de Vienne. L'armée française, qui est en
Westphalie, aurait raison de nous en faire repentir, ce qui éloignerait
la paix générale au lieu de l'approcher et, par conséquent, nous ferait
manquer notre but commun.

J'ai ordre de vous dire que, si vous pouvez faire traîner la négociation jusqu'à l'hiver, on trouvera moyen d'ajuster les choses.

En attendant, il faut nous laisser prendre la ville de Neisse sans
délai, et aller avec votre armée où vous voudrez. Si cela vous convient, nos prétentions se borneront à ce que vous savez, c'est-à-dire
à la Basse-Silésie avec la ville de Neisse. Nous ne demanderons jamais
plus, et nous ne ferons point de mal ni à la Reine ni à ses alliés. Vous
me demanderez, milord, quelles assurances vous aurez de tout cela,
puisque le Roi ne veut pas faire de traité. Tout ce qu'on peut faire
pour accélérer la paix générale, c'est que le *Roi vous donnerait cette
assurance par écrit, à vous, sous la condition d'un secret inviolable*. Si cela
vous accommode, j'attends votre réponse. Sinon Dieu pourvoira. Ce
qu'il y a de plus sûr, c'est qu'on ne peut vous honorer et estimer plus
que je ne fais. »

C. P. 531. — *Au ministre d'État de Podewils, à Breslau.*

Camp de Lummsdorf, 30 septembre 1741.

Podewils, de Breslau, 28 septembre, transmet les propositions apportées de Hanovre à Schwicheldt.

Tout ce projet de traité est la
plus belle chose du monde ; mais
c'est un édifice sans fondement,

[1] Cf. *ibid.*, 535, à Belle-Isle. Camp de Kalteck, 2 octobre 1741, sur la
retraite forcée de Neipperg et sur les opérations de guerre dans la Haute-
Silésie.

Projet de traité de neutralité avec les alliés de la Prusse. Alliance défensive avec la Prusse. Conditions : Garantie à la Prusse de la Basse-Silésie avec Breslau et renonciation à l'Ostfrise en permutation avec Hildesheim. La Prusse ne contestera pas Osnabrück au Hanovre, qui maintient ses droits sur les bailliages de Mecklembourg. Podewils croit qu'on devrait céder sur ce point à cause des avantages résultant pour la Prusse de la neutralité du Hanovre, neutralité que ce pays pourrait peut-être obtenir en dehors de l'action de la Prusse, par l'intervention de la Bavière, par exemple, et qu'ainsi un autre emportera le mérite et la reconnaissance. »

car je ne saurais rien faire sans la France.

D'ailleurs je ne serais pas fâché qu'on forçât le roi d'Angleterre à perdre entièrement ses vues d'acquisition et quant au Mecklembourg, je ne saurais souffrir de ma vie qu'ils restent en possession des bailliages qu'ils ont en Mecklembourg. Ainsi payez Schwicheldt de belles paroles ; mais n'affirmez rien et repliez toujours sur les soins que je me donnerais pour leur procurer la neutralité de la France.

J'ai le Mecklembourg extrêmement en vue et, si le cas d'Ostfrise devait exister, dites-moi si, par une permutation, on ne pourrait pas transporter les ducs de Mecklembourg en Frise et me mettre en revanche en possession de Strelitz, Rostock, la ville de Schwerin y comprise, laissant le reste du pays à ses ducs et au roi d'Angleterre.

Le roi de Prusse était trop habile pour ne pas tirer pleinement parti des atouts qu'il avait dans son jeu et, comme on a pu le voir, il avait employé une bonne partie de son temps à préparer et à faire accepter l'évolution à laquelle il était bien décidé. Ce qu'il voulait, ce qu'il lui fallait, c'était pouvoir, comme il l'avait écrit à Podewils, *assiéger tranquillement Neisse et Glatz*. C'est en grande partie pour amener le départ de l'armée de Neipperg, pour s'assurer ainsi une entière liberté d'action qu'il a entamé et qu'il poursuit ces négociations.

Elles ont déjà eu un résultat favorable pour lui. Le 26, son armée a passé sans encombre sur la rive droite de la Neisse, alors que rien n'eût été plus facile pour les Autrichiens que de contrarier cette opération et peut-être même d'obliger Frédéric à renoncer à son entreprise en culbutant l'avant-garde conduite par le prince Léopold d'Anhalt-Dessau. L'attitude passive de Neipperg est la conséquence, on ne saurait en douter, de l'ensemble de la situation politique et de la conférence qu'il eut dans la nuit du 25 au 26 septembre avec lord Hyndford. Dans cette conférence, à laquelle assista le général Browne, on résolut de laisser momentanément les négociations dans le *statu quo* et de rester provisoirement sur la défensive la plus absolue, au moins jusqu'au moment où il serait possible de voir clair dans les intentions du Roi. En attendant, Hyndford se proposait de quitter Neisse le 28[1] pour retourner à Breslau, et le général Browne, mis au courant de tout par le feld-maréchal, allait partir pour Presbourg.

Neipperg n'avait d'ailleurs pas attendu le résultat de son entrevue nocturne avec Hyndford pour renseigner Marie-Thérèse et lui montrer une fois de plus l'inutilité des propositions qu'il avait été chargé de transmettre[2]. Il ne se trompait pas. Le mouve-

[1] Lord Hyndford renonça à ce projet et resta à Neisse jusqu'à la signature de la convention de Klein-Schnellendorf.

[2] La lettre que Neipperg adresse au Grand-Duc (*Kriegs Archiv*, Silésie, fasc. IX, 53 et 54) est malheureusement trop longue pour être reproduite *in extenso*. Je me bornerai donc à en extraire les passages les plus caractéristiques et les plus intéressants : « Monseigneur, écrit-il, je ne sais plus où j'en suis avec le roi de Prusse qui en veut à la ville de Neisse et qui ne s'en contentera pas, même si je la lui offre. Il veut la prendre par la force pour assurer la France et ses alliés qu'il tient bon avec eux et veut avancer dans la Haute-Silésie pour en jouir, et sous espèce d'hostilité pour mieux confirmer la chose, et s'en emparer ensuite en cas que les affaires de la Reine tournassent plus mal.... Il n'attend que mon départ et s'en flatte que j'y serai obligé pour aller au secours de Vienne...

... Monseigneur, croyez-moi, il faut un autre homme que je suis pour tenir tête à ce Roi dans ce labyrinthe de traités, et envoyez-le de grâce de chez vous, si la Reine doit être servie dignement et à proportion des difficultés chicaneuses qui augmentent de la part prussienne d'un instant à l'autre. Un militaire, tel qu'il soit de nous autres ici, n'en viendra certainement pas à bout, entêté comme le roi l'est, fourbe comme il veut l'être, ou trop lié avec ses alliés qu'il veut ménager pour faire bonne mine.

... La réponse de Goltz que je connais, et sa façon de s'annoncer n'est pas de lui, mais bien du Roi, de qui je connais la méthode d'écrire par plusieurs écrits qui ont été interceptés et couchés de sa main propre... »

ment que Frédéric venait de faire exécuter à son armée répondait à des considérations politiques et militaires. Depuis le 23 septembre, il caressait l'idée de couper la retraite aux Autrichiens [1] et de plus, en menaçant leurs derrières, il espérait amener Neipperg à céder plus facilement à ses exigences. Mais le général autrichien avait deviné les intentions du Roi. Après avoir fait décamper son armée le 28 au matin, il l'avait établie à Oppersdorf. Il restait de la sorte encore à portée de Neisse et se trouvait de plus sur la route de Jägerndorf et de Troppau qu'il lui fallait suivre dans le cas où, par suite des circonstances ou d'une entente, il se verrait dans l'obligation, ou recevrait l'ordre, d'évacuer la Silésie.

C. P. 533. — *Au comte de Hyndford, ministre de la Grande-Bretagne, à Neisse*
(du colonel de Goltz).

Ce 30 septembre, à 6 heures du soir.

MILORD,

J'espère que vous serez content de nous. Le Roi veut bien avoir patience jusqu'au retour de vos courriers [2] pour vous convaincre d'autant mieux qu'il agit de bonne foi et qu'il fera tout ce qui dépendra de lui. Aussitôt que vous me donnerez bonne nouvelle, je vous apporterai l'écrit en question contenant trois points :

1° Que nous ne demanderons jamais que la Basse-Silésie jusqu'à la rivière de Neisse, la ville inclusivement ;

2° Que nous n'agirons plus contre la Reine, ni contre aucun de ses alliés et

3° Que nous ne tirerons pas de contributions des États de la Reine.

En échange le maréchal comte de Neipperg et vous, Milord, me donnerez un écrit que la Reine nous cède ledit pays pour jamais, de quelque manière que les choses puissent tourner.

Nous voilà donc d'accord. Car je ne crois pas qu'à Presbourg on connaisse assez peu ses véritables intérêts pour vouloir disputer sur la ville de Neisse. Mais, Milord, il faut que vous ne m'ayez pas bien

---

[1] Cf. *ibidem*, 525, à Schmettau. Camp de la Neisse, 23 septembre 1741.
[2] Le courrier, envoyé par Hyndford à Presbourg, revint le 4 octobre.

compris, puisque vous ne voulez pas que nous prenions des quartiers d'hiver dans la Haute-Silésie. Nous ne pouvons faire autrement quand même nous voudrions. *J'ai eu l'honneur de vous dire que nous voulons bien cesser de faire la guerre, mais que nous ne voulons pas paraître d'avoir cessé de la faire.* Or, ne point prendre de quartiers dans la Haute-Silésie, ne serait-ce pas déclarer à tout le monde que nous en sommes convenus ou que nous sommes des imbéciles? Vous comprenez vous-même que nous ne pouvons faire autrement, quand même nous pourrions loger notre armée autre part, ce qui ne se peut absolument pas. Qu'importera-t-il à la Reine qu'une partie de notre armée ait le couvert et les fourrages ici, puisque nous promettons de ne point demander de contributions? Et au bout du compte, on ne saurait nous empêcher de prendre quartiers et contributions, à moins de nous battre deux ou trois fois, ce qui n'arrivera sûrement point. C'est un article sur lequel nous ne pouvons nous relâcher pour couvrir nos bonnes intentions, et, par conséquent, pour le propre bien de la Reine. Je vous dirai bien plus : *c'est que, quand nous serons tous d'accord, il ne faut pas pour cela cesser de tirer de temps en temps quelques coups de pistolet.* Nous serons tout tranquilles sans faire un seul pas en avant; mais de votre côté, il faut que vos hussards viennent quelquefois nous inquiéter, enlever quelques chariots et faire de petites hostilités pareilles. — Bref, pourvu que la ville de Neisse soit accordée de la manière que vous savez, tout sera fait ; car pour ces misérables quartiers j'espère que vous ne m'en parlerez plus. *Nous ferons quelques mouvements; mais que cela n'inquiète M. le Maréchal. Il verra bien lui-même que ce n'est rien.* Suffit que je vous dise que nous attendrons le retour de vos courriers. J'ai l'honneur d'être plus que personne au monde votre très humble et très obéissant serviteur.

Goltz.

C. P. 535. — *Au maréchal de France comte de Belle-Isle, à Francfort-sur-le-Main.*

Monsieur, Camp de Kalteck, 2 octobre 1741.

Je viens de recevoir une lettre du Cardinal qui paraît désirer beaucoup que je tienne mes troupes en campagne le plus longtemps possible. J'ai agi jusqu'à présent avec toute la vigueur imaginable; mes troupes sont en campagne le dixième mois, indépendamment de quoi j'agirai encore volontiers avec la même force; mais pour vous ouvrir mon cœur naturellement, il y a quelques points qui me refroidiraient beaucoup, si je n'y voyais pas de changement.

L'un c'est la lenteur des opérations bavaroises qui, me laissant porter tout le fardeau de la guerre, ne profitent point de l'absence de l'ennemi pour agir.

L'autre est que, croyant l'Électeur de Bavière susceptible de reconnaissance, je me suis vu trompé dans mon attente par les difficultés qu'il fait de me céder la seigneurie de Glatz. Vous savez que la France n'aurait pas agi sans moi et que, par conséquent, la conquête du royaume de Bohême, de la Haute-Silésie et du pays de Souabe et du Tyrol n'auraient pas été aussi faciles qu'elles le sont actuellement à l'Électeur. Vous savez que les voix de Mayence, de Saxe et d'Hanovre lui ont été gagnées par mon assistance. Dans le temps que je devais présumer que la gratitude de ce prince serait la plus vive, je vois qu'il me conteste une misérable seigneurie, à moi qui lui gagne des royaumes et qui en faveur de sa maison renonce à nos droits sur Juliers et Bergue. Si vous envisagez les choses impartialement, vous trouverez que la conduite qu'on tient envers moi est bien dure et je vous laisse à juger de ce qui conviendrait à l'Électeur de faire.

Un article que je ne dois pas oublier regarde les quartiers d'hiver. Il m'est de toute impossibilité de les prendre autrement qu'en Moravie, et il me semble que mes troupes les ont bien autant mérités que les Saxons, vu nos longues et pénibles opérations.

Quant aux opérations présentes, je dois vous informer que j'ai passé la Neisse malgré M. de Neipperg, que j'ai rejeté la guerre en Haute-Silésie et que je ferai tout ce que je pourrai pour la pousser en Moravie, et de là plus outre.

J'attends sur tous les points ci-dessus mentionnés votre réponse, étant persuadé que vous ne pouvez trouver que très simples, justes et naturelles les choses que je désire.

Adieu, mon cher Maréchal, je brûle d'envie de vous voir à la tête de ces Français que vous mènerez en maître, au lieu qu'on les conduit maintenant en écolier. L'estime, l'amitié et la considération que j'ai pour vous sont immortelles. Je suis, mon cher Maréchal votre très fidèle ami.

FÉDÉRIC.

Valory, qui est ici et qui voit tout, vous écrira tout.

C. P. 536. — *Au cardinal de Fleury, à Issy.*

Camp de Friedland, 2 octobre 1741.

Monsieur mon Cousin,

J'ai reçu, par les deux courriers qui viennent d'arriver, les lettres, Monsieur, que vous me faites le plaisir de m'écrire. Il ne me reste rien à désirer sur la confiance que le Roi, votre maître, me témoigne. Il peut compter que je n'en ferai jamais mauvais usage et que j'en agis avec lui avec toute la sincérité et fidélité possible.

J'ai également communiqué à M. Valory toutes les pièces originales des propositions qu'on m'a faites et qu'on ne se lasse pas de me faire. Milord Hyndford même est encore actuellement à Neisse pour y négocier au nom du roi d'Angleterre. Il m'a offert, au nom de la Reine de Hongrie, toute la Basse-Silésie, avec une lisière d'une mille de ce côté ici de la Neisse, et la principauté de Glatz, pour obtenir ma neutralité.

J'ai refusé constamment d'entrer dans de pareils engagements et j'en agirai toujours de même, me flattant que les Électeurs de Saxe et de Bavière ne feront pas les difficiles sur les choses que la Reine même m'accorde. D'ailleurs j'ai pu remarquer, par les offres de lord Hyndford et de la Cour de Vienne, que vous avez lieu de vous méfier de la sincérité du roi d'Angleterre. Il cède à la conjoncture; mais il n'en conserve pas moins la vengeance au fond de son cœur.

Les retardements de l'Électeur de Mayence pour l'élection impériale m'ont semblé de même être couverts d'un si frivole prétexte qu'on a lieu de soupçonner qu'il a dessein de gagner du temps.

La façon déterminée, dont je me suis expliqué au ministre de Saxe touchant l'incertitude de son maître, l'a enfin fait résoudre à conclure avec le roi de France. Je regarde, ainsi que vous, Monsieur, son accession dans la conjoncture présente comme donnant du poids à l'accomplissement des desseins du Roi. Le principal effet de cette alliance sera qu'elle achèvera de tenir la Russie dans l'inaction, vu les intimes liaisons de ces deux cours respectives.

Quant au sujet des opérations, il serait fort à désirer que l'Électeur de Bavière y apportât moins de lenteur et qu'il ne perdît point un temps précieux à des hommages qui pourraient lui être rendus en des saisons moins propres à la guerre.

J'ai porté jusqu'ici tout le fardeau sur moi; les autres en retirent les fruits et, non contents de ces avantages, ils paraissent désirer que je fasse tout seul la guerre pour eux. C'est ce qui me semble injuste, et je vous prie, Monsieur, de faire que l'Electeur agisse avec plus de vigueur, dans un temps où il le peut, et où il ne rencontre aucune opposition devant lui.

J'ai dérobé à M. de Neipperg le passage de la Neisse et je l'ai rejeté dans la Haute-Silésie, où je le resserre journellement. Si les Bavarois avançaient par derrière, cette armée, se trouvant environnée de tous côtés et manquant de subsistance, périrait immanquablement en peu de semaines. En un mot, il y a cent bonnes choses à faire, qu'on néglige toutes pour perdre le temps d'une façon impitoyable, et, quelque bonne volonté que j'aie, je ne ruinerai point mon armée, campée dans le dixième mois, pour que les autres mangent en attendant des noisettes. Vous ne trouverez rien d'injuste en ce que je vous écris, et par ma façon d'agir envers l'Électeur, je pense de mériter le réciproque.

Quant au roi de France, je ne souhaite autre chose sinon que son amitié ne se ralentisse jamais pour moi. Il me trouvera toujours le même, j'entends, prêt à contribuer en tout ce qui peut lui être agréable et d'une sincérité et fidélité à toute épreuve [1].

Je me flatte, Monsieur, que vous êtes persuadé que rien n'égale la haute estime et la considération avec laquelle je suis à jamais, Monsieur mon Cousin, votre très fidèle ami.

FÉDÉRIC.

Je vous envoie ci-joint une copie de la lettre que le roi d'Angleterre m'a écrite [2].

Valory a vu en original la plus grande partie des pièces qu'on m'a envoyées de Hanovre et de Vienne.

C. P. 537. — *Au roi de la Grande-Bretagne, à Hanovre.*

Camp de Kalteck, 2 octobre 1741.

MONSIEUR MON FRÈRE,

J'espère que Votre Majesté sera contente de la façon dont je L'ai servie, et que la neutralité, que Lui accorda la France, ne laissera pas que de Lui être agréable. Je ne vanterai pas les soins que je me suis

---

[1] Pour se convaincre de la sincérité et de la fidélité du roi de Prusse, il suffira de jeter un coup d'œil sur les deux pièces suivantes 537 et 538.
[2] De Linsburg le 22 septembre.

donnés, ni les peines que j'ai eues à faire consentir le Cardinal à cette neutralité. Suffit que Votre Majesté en jouisse.

J'espère que vous n'oublierez pas le service que je viens de vous rendre, qu'il augmentera les égards mutuels et le bon voisinage, et que Votre Majesté me rendra la pareille, si un cas semblable me mettait un jour dans une situation de cette nature. Pour lui ôter tout sujet d'inquiétude, j'ai donné des ordres [1] pour faire séparer l'armée sous les ordres du prince d'Anhalt et je La prie de me croire autant qu'on peut l'être, Monsieur mon Frère, de Votre Majesté le bon frère.

FÉDÉRIC.

C. P. 538. — *Au ministre d'État de Podewils.*

Camp de Kalteck, 2 octobre 1741.

Podewils, Breslau, 1er octobre, fait remarquer à propos du traité de neutralité entre la France et le Hanovre qu' « il avait prévu [2] que pareille chose arriverait et que l'Angleterre obtiendrait la neutralité malgré nous. »	« Je m'en ferai un mérite tant bien que mal. Mais pour attraper la France d'un autre côté, je sépare l'armée du prince d'Anhalt. »

C. P. 539. — *Au ministre d'État de Podewils, à Breslau.*

Camp de Kalteck, 2 octobre 1741.

Rapport de Podewils, de Breslau, 1er octobre. « Le comte de Törring a reçu l'autorisation de signer le traité entre la Prusse et la Bavière d'après le projet prussien à condition que : 1° Le Roi renonce à la cession de Glatz ;	Ou Glatz ou un équivalent de la même force.

---

[1] Le même jour, 2 octobre.
[2] Cf. C. P. 500.

2° On mentionnera dans le traité les parties de la succession d'Autriche qui, aux termes du traité de partage du 19 septembre entre la Saxe et la Bavière, doivent être attribuées à la Bavière ;

Bon, selon le traité de partage.

3° Le Roi renouvelle sa renonciation à la succession de Juliers-Bergue dans les termes employés dans son traité avec la France.

Bon, à condition de Glatz pour Ravenstein.

Podewils fait remarquer, à propos de la seigneurie de Ravenstein, qu'elle ne saurait être comprise dans la renonciation « parce qu'elle n'a rien de commun avec les États de Juliers et de Bergue et qu'en vertu de la convention de l'an 1670 elle doit revenir à la maison de Brandebourg après l'extinction des mâles de la maison de Neubourg. Ceci est d'autant plus juste que Votre Majesté avait demandé pour Ravenstein la ville de Glatz avec son district pour équivalent. » Il faut aussi demander à la maison de Sulzbach de renoncer aux parties de la succession de Clèves possédées actuellement par la Prusse (Clèves, Mark, Ravensberg).

Bon.

Cela est d'autant plus indispensablement que la maison de Sulzbach n'a jamais voulu reconnaître le traité de partage de 1666.

Bon.

FÉDÉRIC.

C. P. 542. — *Au ministre d'État de Podewils, à Breslau.*

Camp de Friedland, 6 octobre 1741.

Rapport de Podewils, Breslau, 3 octobre :

Bülow affirme : « qu'on souhaite toujours, indépendamment de l'affaire de l'accession de Votre Majesté, de faire une alliance défensive avec Elle pour la garantie réciproque de l'une et de l'autre partie. »

Fort bien, mais qu'ils commencent par marcher et agir. J'entrerai alors volontiers dans l'alliance défensive qu'on me demande et que je promets. Qu'ils agissent, et alors on peut compter sur moi. »

C. P. 543. — *Au ministre d'État de Podewils, à Breslau.*

Rapport de Podewils, Breslau, 5 octobre.

« Schwicheldt insiste sur la conclusion du traité de neutralité entre la Prusse et le Hanovre. Pour ce qui est des hypothèques du Hanovre sur les baillages du Mecklembourg, « il faudra, écrit Podewils, aller à la sape et ne point agir trop ouvertement sur une chose qui tient si fort à cœur au roi d'Angleterre, qu'il risquera la guerre plutôt que de se laisser chasser de ses possessions de Mecklembourg. » Le montant total des hypothèques qui grèvent ces baillages s'élève à près de deux millions de thalers. « Il faut espérer que dans la suite du temps il se présentera des occasions pour faire accepter de gré ou de force ce remboursement au roi d'Angleterre. »

« Je sais bien que ce n'est pas une chose à faire aujourd'hui ou demain, mais *colla sputta*.

Fr.

C. P. 546. — *Au conseiller privé de légation comte de Finckenstein à Copenhague.*

Breslau[1], 7 octobre 1741.

Je me suis bien attendu que le ministre d'Angleterre à la Cour de Danemark se donnerait tous les mouvements imaginables, ainsi que je le vois par votre dépêche du 26 septembre dernier, non seulement pour renouveler avec cette couronne le traité de subsides qui va expirer dans peu de mois, mais encore d'obtenir une augmentation considérable du corps de troupes qu'elle doit fournir en vertu dudit traité au Roi son maître. Il est très sûr que Sa Majesté Britannique se voit avec regret déchu de cette espèce de dictature qu'elle prétendait exercer ci-devant dans les affaires d'Europe, et qu'elle prend de loin des mesures pour remonter sur sa bête et pour recouvrer son ancienne supériorité. Vous jugerez aisément qu'il m'est d'une grande importance que ce dessein ne réussisse point, et qu'il est de mon intérêt de voir traverser les négociations que la Cour Britannique entame de tous côtés pour se faire des alliés à la tête desquels elle puisse rétablir son autorité de jadis et se rendre derechef arbitre de l'Europe. Ainsi vous employerez tout votre savoir-faire et vous n'épargnez rien de tout ce qui dépend de vous, pour contrecarrer de bonne grâce, par le ministre de France, l'abbé Le Maire, la négociation du sieur Titley et faire rejeter par la cour de Danemark les nouvelles propositions anglaises.

Cependant, comme je suis encore en termes amiables avec Sa Majesté Britannique, et qu'elle affecte même de rechercher mon amitié, vous mesurerez vos démarches avec tant de circonspection que je n'y sois pas mêlé directement et que vous ne paraissiez point travailler contre les intérêts de la cour d'Angleterre, surtout si le sieur Le Maire devait échouer dans sa négociation, afin que le sieur Titley ne trouve point de juste sujet de se plaindre de vous à sa Cour et de lui rendre par là suspectes mes démarches.

FÉDÉRIC.

H. DE PODEWILS. »

---

[1] Cette dépêche, signée par Frédéric et par Podewils, fut envoyée au camp au roi pour y être signée par lui et datée de Breslau, où Frédéric ne se trouvait pas.

Pendant que Frédéric modifiait peu à peu son attitude vis-à-vis de Valory, Neipperg avait reçu, le 4 octobre, les instructions de sa souveraine et l'autorisation de céder Neisse[1]. Il était, il est vrai, encore question de restrictions et de conditions, qu'on avait jugé inutile de faire connaître à Goltz, dont la réponse ne parvint à lord Hyndford que deux jours après, le 6 au matin. Quelques heures à peine après l'arrivée de cette réponse, le feld-maréchal recevait de Browne l'avis « qu'on consentait aux propositions du roi de Prusse, aussi pour les quartiers dans la Basse-Silésie ; aussi qu'on espère cette affaire finie et que l'armée pourra ensuite se mettre en marche pour la Bohême, Moravie ou Autriche, où les conjonctures exigeraient ».

Cette fois Goltz répondit de suite, et le 8 octobre au matin, Neipperg et lord Hyndford se rencontraient avec lui au château de Klein-Schnellendorf, situé au nord de la petite ville de Steinau, et choisi par Goltz.

Plus que jamais il importait de donner le change à Valory, que le Roi avait déjà malmené quelques jours auparavant, au cours de la reconnaissance du 4, à propos de certaines observations que l'ambassadeur de France s'était permis de lui faire. Aussi le 7 au soir, après le dîner, aussitôt après avoir pris connaissance des nouvelles transmises par lord Hyndford, Frédéric jugea que le moment était venu de se plaindre amèrement des lenteurs de l'électeur de Bavière[2]. Il chargea à brûle-pourpoint Valory de faire part à Belle-Isle de son intention bien arrêtée de faire prendre dans dix jours, de l'autre côté de l'Oder, des quartiers d'hiver à ses troupes, dans le cas où Belle-Isle ne se déciderait pas à quitter Francfort pour rejoindre au plus vite

---

[1] Marie-Thérèse avait ajouté de sa main un *post-scriptum* dont je me borne à reproduire ici la dernière phrase : « ..... Je souhaiterais bien que vous aurez ça signée du Roi, sans que nous signions quelque chose de notre part. Car ça je voudrais l'éviter tant que je pourrais, de lui céder la Basse-Silésie. Cela me fait trop mal au cœur. Mais l'armée passe devant tout. » (*Haus, Hof und Staats Archiv*, fasc. 23).

[2] Dans la lettre qu'il avait écrite ce jour-là à l'Électeur (*ibidem*, 545, 7 octobre), Frédéric s'était contenté de lui conseiller de marcher plutôt sur **Vienne que sur Prague**

— 322 —

l'armée bavaroise. Il déclara du reste qu'il avait résolu de se tirer d'affaire pour son compte, au mieux de ses intérêts, et qu'il avait pris pour règle de conduire ses affaires comme il l'entendait.

Comme Valory protestait et s'efforçait de lui faire entendre raison, Frédéric s'emporta. Il lui répondit même fort sèchement, lorsque l'infortuné ambassadeur essaya de lui présenter, à propos de Glatz, quelques timides observations. Enfin, lorsque Valory, s'enhardissant un peu, risqua quelques remarques au sujet du séjour anormal et par trop prolongé à Neisse de lord Hyndford, qui était cependant accrédité par son gouvernement auprès du Roi, Frédéric mit fin à l'entretien en s'écriant « qu'il était au-dessus de pareilles irrégularités et que du reste tout cela n'avait aucune signification, aucune importance [1] ».

La première séance de la conférence de Klein-Schnellendorf n'avait pu donner aucun résultat, bien que Neipperg fût muni des pleins pouvoirs les plus illimités, mais parce qu'en présence de la résistance de Frédéric, qui se refusait à signer un traité, on n'avait pu arriver à s'entendre sur la forme même de la convention. On proposa par suite au Roi, soit d'assister en personne à la séance du lendemain, soit de s'y faire représenter par un plénipotentiaire spécial.

Le 9 octobre, à 3 heures de l'après-midi, Frédéric, accompagné du colonel de Goltz, rejoignit au château de Klein-Schnellendorf lord Hyndford et Neipperg, qui avait amené avec lui le général Lentulus.

C. P. 548. — *Au comte de Hyndford, ministre de la Grande-Bretagne, à Neisse*
(du colonel de Goltz).

Ce 8 octobre 1741.

MILORD,

Je serai demain dimanche vers midi à Klein-Schnellendorf, château appartenant au comte de Sternberg, à la vue du camp de M. le

[1] Valory à Belle-Isle, camp de Friedland (*Archives des Affaires étrangères. Prusse*).

maréchal de Neipperg. Son Excellence n'aura pas besoin de passeport; mais en tout cas, en voici un. J'ai l'honneur d'être avec toute la considération possible, Milord, Votre, etc.

GOLTZ.

C. P. 549. — *Au comte de Hyndford, ministre de la Grande-Bretagne, à Neisse*
(*du colonel de Goltz*).

Ce 8 octobre 1741.

Tout est bien. On vous laisse Troppau. Nous ne pourrons nous voir avant midi. *On n'y sera qu'à trois heures après midi.* Vous y arriverez donc à trois heures. *Personne ne se montrera, ni dans la maison, ni dans la cour, suivant que nous sommes convenus.* Adieu jusqu'à demain.

GOLTZ.

C. P. 550. — *Protocole du ministre de la Grande-Bretagne lord Hyndford de la convention de Klein-Schnellendorf, le 9 octobre 1741*[1].

Je, le soussigné, comte de Hyndford, ministre plénipotentiaire de Sa Majesté le Roi de la Grande-Bretagne, ayant été témoin de ce que Sa Majesté le roi de Prusse a eu la bonté de déclarer de sa propre bouche et sur sa parole royale au maréchal comte de Neipperg, en présence du major-général de Lentulus, et de ce que ledit maréchal comte de Neipperg a déclaré au nom de Sa Majesté la reine de Hongrie et de Bohême, atteste par ces présentes, sur la foi publique et les devoirs de mon ministère, que de part et d'autre on est convenu :

1° Qu'il est libre au roi de Prusse de prendre la ville de Neisse par manière de siège;

2° Que le commandant de la ville de Neisse aura ordre de soutenir un siège de quinze jours et de remettre alors ladite place aux troupes de Sa Majesté Prussienne;

3° Que la garnison de Neisse et tout ce qui lui appartient sortira avec tous les honneurs militaires; qu'on lui fournira les charrois nécessaires jusqu'aux frontières de la Moravie; qu'on ne persua-

---

[1] Le document, conservé au *Haus, Hof und Staats Archiv*, porte la suscription suivante : *L'acte de Klein-Schnellendorf, soussigné par milord Hyndford sur la parole du roi de Prusse, le 9 octobre 1741.*

dera, ni forcera personne de la garnison à prendre service dans les troupes de Sa Majesté Prussienne et qu'il sera permis aux personnes civiles qui voudront se retirer de suivre ladite garnison dans toute sûreté;

4° L'artillerie de fonte, qui se trouve dans la ville de Neisse et sur les remparts restera à Sa Majesté la reine de Hongrie et de Bohême et lui sera fidèlement rendue au traité ou à la paix future;

5° Qu'après la prise de la ville de Neisse, Sa Majesté le roi de Prusse n'agira plus offensivement ni contre Sa Majesté la reine de Hongrie et de Bohême, ni contre le roi d'Angleterre comme Électeur de Hanovre, ni contre aucun des alliés de la reine jusqu'à la paix générale;

6° Que le roi de Prusse ne demandera jamais plus de Sa Majesté Hongroise que la Basse-Silésie avec la ville de Neisse;

7° Qu'on tâchera de faire un traité définitif vers la fin du mois de décembre qui vient;

8° Le maréchal comte de Neipperg a déclaré, au nom de Sa Majesté la reine de Hongrie et de Bohême, que Sa Majesté Hongroise cédera sans aucune difficulté à Sa Majesté le roi de Prusse, par le traité à faire vers la fin du mois de décembre prochain, toute la Basse-Silésie jusqu'à la rivière de Neisse, la ville de Neisse inclusivement, et de l'autre côté de l'Oder jusqu'aux limites ordinaires du duché d'Oppeln, avec toute souveraineté et indépendance de qui que ce soit;

9° Que le 16 de ce mois courant, ledit maréchal comte de Neipperg se retirera avec toute son armée vers la Moravie, et de là où il voudra;

10° Que le château d'Ottmachau sera vidé en même temps que l'armée de la Reine se retirera;

11° Qu'il sera permis au maréchal de Neipperg de retirer en Moravie ou ailleurs les magasins qu'il a établis au pied des montagnes jusqu'au 26 du mois d'octobre courant;

12° Qu'une partie de l'armée du roi de Prusse prendra les quartiers d'hiver dans la Haute-Silésie jusqu'à la fin du mois d'avril 1742;

13° Que la principauté de Teschen, la ville de Troppau et ce qui est au delà de la rivière d'Oppau, ni les hautes montagnes ailleurs dans la Haute-Silésie, aussi bien que la seigneurerie de Hennersdorf ne seront comprises dans ces quartiers. Et que le maréchal comte de Neipperg laissera un bataillon et quelques hussards pour garnison dans ladite ville de Troppau;

14° Que les troupes de Sa Majesté Prussienne ne demanderont des habitants du pays que le couvert et les fourrages;

15° Que les troupes du roi de Prusse ne tireront point de contributions ni argent d'aucun des États de la reine de Hongrie ;

16° Qu'on n'enrôlera personne contre son gré, sous quelque prétexte que ce soit;

17° Que de part et d'autre on fera sortir quelques petits partis pour continuer les hostilités *pro formâ*, et qu'on conviendra pendant l'hiver de quelle manière s'y prendre le printemps futur, en cas que le traité ou la paix générale n'ait pu se faire avant ce temps-là ;

18° Que les présents articles, dont on est convenu, seront gardés comme un secret inviolable que je, le soussigné comte de Hyndford, le maréchal comte de Neipperg et le général-major de Lentulus, avons promis sur notre parole d'honneur au roi de Prusse, sur la demande de Sa Majesté.

En foi de quoi, j'ai signé ces présents dix-huit articles, et j'y ai apposé le cachet de mes armes, à la réquisition de Sa Majesté le roi de Prusse et dudit maréchal comte de Neipperg. Au château de Klein-Schnellendorf, ce neuvième d'octobre 1741.

(L. S.) HYNDFORD.

Pour la complète édification du lecteur et en raison même du caractère étrange et anormal de cet instrument, peut-être unique dans l'histoire, j'avais été un moment tenté de me départir de la règle que je me suis imposée et d'essayer, avant d'aller plus avant, de reconstituer jusque dans ses moindres détails, à l'aide des *Souvenirs du feld-maréchal comte de Neipperg*, conservés aux *Archives Impériales et Royales de la guerre à Vienne*, l'entretien si curieux et si intéressant que le roi de Prusse eut avec le général autrichien, cet entretien que faute de place il est malheureusement impossible de reproduire ici. Rien en effet ne servirait mieux à mettre en relief le caractère et l'incomparable habileté du roi de Prusse que cette conversation de quelques heures.

Sans céder sur aucun point, le roi de Prusse sut, on s'en convaincra d'ailleurs par ce simple résumé, se donner l'apparence de la générosité en indiquant à Neipperg la part que lui réservaient ses alliés dans le partage projeté des États de la maison d'Autriche.

Tout en se reconnaissant l'allié de la Bavière et de la France, il avait eu le talent d'insinuer qu'il n'attendait qu'une occasion favorable pour se dégager. Il avait eu le soin d'insister sur ses sentiments personnels à l'égard de Marie-Thérèse et du Grand-Duc, et de faire savoir à Neipperg que pour sa part il n'avait pas encore adhéré au traité d'alliance conclu entre la Bavière et la Saxe. Il se garda bien, il est vrai, de faire allusion aux véritables motifs pour lesquels il avait cru utile et avantageux pour lui de traîner les choses en longueur. Enfin, après avoir confié à Neipperg qu'il avait fait établir par Goltz un texte définitif, au lieu et place du projet qu'on lui avait soumis, il lui déclara nettement qu'il ne signerait rien ; que le protocole serait signé uniquement par lord Hyndford ; qu'il exigeait le secret le plus absolu ; que, dans le cas contraire, il considérerait tout comme nul et non avenu et qu'il importait de persuader au monde entier qu'il continuait, comme par le passé, à être en guerre avec l'Autriche.

Ce fut encore le Roi lui-même qui désigna les personnages de confiance, le lieutenant-colonel marquis de Varenne pour la Prusse et le lieutenant-colonel de Levrier pour l'Autriche, auxquels devaient être adressées par la suite la correspondance des deux cours ainsi que les dépêches des deux ambassadeurs d'Angleterre.

Puis, après avoir réglé de concert avec Neipperg le programme des marches de l'armée autrichienne et des mouvements de sa propre armée[1], après avoir donné à Neipperg son avis sur la

---

[1] Note de la main du feld-maréchal comte de Neipperg, écrite d'abord au crayon, puis repassée à l'encre :

13. Vers Strelitz, l'armée prussienne.
14. Je marche à Neustadt.
15. Le Roi fera reconnaître mon camp et préparer des chemins.
16. Je marche à Jägerndorf.
17. Il paraîtra un corps de dix escadrons, quelques bataillons, canons et hussards.
17. L'avant-garde prussienne marche de son camp pour investir Neisse.
Et arrivera le 18 à Neisse.
Le Roi la suit le 18 avec l'armée.
Et arrivera le 19 à Neisse.
Les lettres par enveloppe au marquis de Varenne, lieutenant-colonel de

manière la plus avantageuse de s'opposer aux opérations des Français, des Bavarois et des Saxons, il appela lord Hyndford auprès de lui : « Je veux, lui dit-il, que vous sachiez tout, et que vous disiez à Sa Majesté Britannique que je n'ai jamais eu d'intentions hostiles à son égard, que j'ai uniquement veillé à mes intérêts et que j'ai donné ordre à mon armée de Brandebourg de se cantonner. »

« Réunissez-vous à Lobkowitz et aux troupes qu'il a en Bohême, ajouta-t-il en s'adressant à Neipperg, tombez sur vos adversaires avant qu'ils aient pu opérer leur jonction. *Si la Reine remporte quelque succès, peut-être me rapprocherai-je d'elle. Si ses armées sont battues, dans ce cas chacun pour soi.* »

Avant de terminer l'entretien, il chargea, en présence de Neipperg, lord Hyndford d'inviter la cour de Vienne à lui soumettre un traité définitif qui devait être signé avant le 24 décembre. Puis, insistant par-dessus tout sur la nécessité de garder le secret et de tromper Valory, il prescrivit à lord Hyndford de lui adresser une lettre dans laquelle le diplomate anglais lui annoncerait *l'insuccès définitif de ses tentatives de rapprochement et de médiation*. Cette lettre devait être apportée au camp par un trompette à l'heure du dîner du Roi, qui s'arrangerait de façon à avoir Valory à sa table et lui communiquerait aussitôt le billet de lord Hyndford.

A cinq heures du soir, après une conférence de deux heures, Frédéric II retournait à son camp [1], où grâce à ses précautions son absence n'avait pas été remarquée. Pour mettre le comble à sa perfidie et à sa duplicité, pour mieux donner le change à ses alliés, soit avant de se rendre à Klein-Schnellendorf, soit aussitôt après son retour, en tout cas le même jour, le prince, qui se proposait, ou qui venait même, de faire rédiger l'acte de Klein-Schnellendorf, ne rougissait pas d'adresser à Belle-Isle la dépêche qu'on va lire :

Truchess à Jägerndorf adressées à Hyndford ou ailleurs pour la cour de Vienne, ou pour moi, ou pour Lentulus.
(*K. und K. Kriegs Archiv* et *Archives des comtes de Neipperg. Neipperg's Erinnerungen.*)

[1] Cf. Major Z..., *op. cit.*, 50-53.

C. P. 552. — *Au maréchal de France, comte de Belle-Isle,
à Francfort-sur-le-Main.*

Camp de Friedland, 9 octobre 1741.

Monsieur mon cher Maréchal,

J'ai vu, par la lettre que vous venez de m'écrire, que vous souhaitez beaucoup mes pleins-pouvoirs pour conclure avec la Saxe. Je les ai tous expédiés. Vous devez savoir que M. de Valory m'a déclaré plus d'une fois que l'on ne donnerait à la Saxe que ce que je ne voudrais pas de la Haute-Silésie. Je ne demande qu'une petite lisière d'une lieue d'Allemagne du côté de la Haute-Silésie, et cela pour éviter toutes les chicanes que feraient naître entre la Saxe et moi les fréquentes inondations de la Neisse et le changement de ses cours. Ces conditions sont si modérées que je ne vois pas comment je pourrais m'en désister, et sous quel prétexte la Saxe pourrait me le refuser. D'ailleurs, le territoire de la Basse-Silésie, la seigneurie de Grottkau, Brieg et Münsterberg débordent de beaucoup les rives de la Neisse. Quant à l'Électeur de Bavière, il y aurait plutôt moyen de m'accommoder, et c'est à lui de décider la question de la seigneurie de Ravenstein.

D'ailleurs, j'ai le plaisir d'admirer ici le grand rôle que joue le roi de France, de soutenir l'Électeur, de confondre les mauvais desseins du roi d'Angleterre, de désunir les Hollandais et de porter la guerre jusqu'aux portes de Pétersbourg. Il était réservé à Louis XV d'être l'arbitre des rois et à M. de Belle-Isle d'être l'organe de sa puissance et de sa sagesse. Je suis avec toute l'estime et l'amitié imaginables, mon cher maréchal, votre très fidèle ami

Fédéric.

M. de Valory vous informera de mes opérations. J'ai toujours l'ennemi devant moi et 6 000 hussards par derrière.

Du 9 au 12 octobre la *Correspondance politique* est muette, et cependant les événements se pressent et l'intrigue, consacrée par la convention de Klein-Schnellendorf, est néanmoins bien loin d'être finie.

Le 10 octobre, en effet, Hyndford, en envoyant au quartier général du Roi le protocole de cet acte singulier, à peu près unique dans son genre, avait fait demander à Frédéric s'il pouvait retourner à Breslau, ou si l'on avait encore besoin de ses services. Un billet du colonel de Goltz lui fit connaître qu'on était d'accord sur tout, sauf sur une bagatelle, et qu'on le priait de se retrouver, le jour même, avec Neipperg, le lendemain 11 octobre, à trois heures de l'après-midi, au château de Klein-Schnellendorf. Le colonel se bornait à lui mander qu'on avait « quelque chose à leur dire sur la manière d'agir ».

Il est malheureusement impossible de savoir ce qui se passa lors de cette nouvelle conférence, dont il n'est fait mention, ni dans les *Souvenirs* de Neipperg, ni dans ses rapports, ni dans les dépêches adressées par Hyndford à son gouvernement. Il est toutefois certain qu'elle eut lieu; et il résulte d'un billet de Goltz à Neipperg qu'on y régla les détails de la petite guerre simulée, qui devait donner le change à la France et aux autres alliés de Frédéric [1].

---

[1] Voici le texte exact de ce billet conservé aux *Archives particulières des comtes de Neipperg* :

« *Le colonel de Goltz au F.-M. comte Neipperg.*

« Le 12 octobre 1741.

« J'ai oublié de vous dire que l'officier, qui reconnaîtra, le 15, le camp de Votre Excellence, détachera un capitaine et 50 hussards chargés de refouler vos postes avancés.

« Je prie Votre Excellence de donner ses ordres pour que, de son côté, on détache un nombre égal d'hommes, afin que ces deux petites troupes puissent se cogner aussi longtemps que cela leur plaira. On ne devra les renforcer, ni de votre côté, ni du nôtre, afin que l'affaire ne devienne pas sérieuse.

« *P.-S.* — On me charge à l'instant de compliments pour Votre Excellence, et l'on vous invite à donner les ordres nécessaires pour que le baron de Reisewitz et le baron de Frankenberg soient mis en liberté de suite, ou bien qu'ils nous soient rendus par le commandant de Neisse lors de la capitulation. »

C. P. 553. — *Au ministre d'État de Podewils, à Breslau.*

Camp de Friedland, 12 octobre 1741.

Rapport de Podewils. Breslau, 9 octobre : « Bülow m'a dit que sa Cour, voyant qu'il n'y a rien de solide avec le roi d'Angleterre, se détachera entièrement et se veut jeter à corps perdu entre les bras de Votre Majesté, avec Laquelle elle est prête d'entrer en tout ce qu'Elle trouvera à propos, de sorte que, s'il plaît à Dieu, on regardera désormais Votre Majesté comme la seule grande puissance en Allemagne, et qu'on préférera d'être bien avec Elle à toute autre liaison. »

Bülow fait encore des difficultés au sujet de la lisière que Votre Majesté demande au sud de la Neisse et au sujet de Glatz.

« Fort bien. Je suis très heureux de cela.

Très bien ce que vous avez fait à propos de la lisière et de Glatz. Insistez, et faites comprendre à Bülow que cette lisière ne comprend aucun domaine, mais rien que quelques villages, les uns appartenant à des nobles, les autres habités exclusivement par des paysans.

J'espère bien que ces bagatelles ne retarderont pas la marche des Saxons. »

Le 13 au matin, Lentulus, porteur du texte même de l'acte de Klein-Schnellendorf, de documents de toute espèce et d'une lettre adressée par Neipperg au Grand-Duc, quittait le quartier général autrichien pour se rendre à Presbourg. De part et d'autre, on continuait à exécuter les mouvements combinés à l'avance et à donner les représentations dont on était convenu.

Jouant à merveille un rôle qui servait si bien ses projets, Frédéric, tout comme il l'avait fait cinq jours auparavant avec Belle-Isle, n'avait pas manqué d'écrire le 14 à Charles-Albert une lettre, dont les deux derniers paragraphes sont un véritable chef-d'œuvre de machiavélisme [1].

---

[1] Le même jour, Neipperg recevait à Neustadt deux rescrits de la Reine qui, s'ils lui étaient parvenus avant le 9 octobre, auraient probablement remis en question l'arrangement avec la Prusse et assurément exercé une

C. P. 557. — *A l'Électeur de Bavière.*

Camp de Lauchnitz[1] auprès de Zülz, 14 octobre 1741.

.... « Votre Altesse Électorale voit par toutes ces raisons[2] que mes opérations sont subordonnées au parti que prendra l'ennemi, que la nature du pays gêne mes desseins, que l'article des vivres m'arrête très souvent. et qu'après tout une campagne de onze mois doit être suffisante pour une armée qui, sortie de la mollesse et de l'inaction d'une longue paix, débute par là.

J'espère de pouvoir féliciter bientôt Votre Altesse Électorale sur les prises de Vienne et de Prague, sur l'heureux succès de Ses armes, auxquelles je prendrai toujours la plus grande part, et sur l'élection

influence considérable sur les conditions mêmes de cet accord et dans lesquels il n'est pas difficile de retrouver la trace de l'effet produit par les renseignements apportés à Presbourg par le feld-maréchal lieutenant comte Browne. Se méfiant à bon droit de la sincérité des intentions amicales et pacifiques de Frédéric, Marie-Thérèse prescrivait à Neipperg, en tout état de cause et tout en continuant de négocier avec Goltz, de ramener son armée sur Olmütz, d'y effectuer sa jonction avec le corps de Lobkowitz, soit pour opérer en Bohême, soit pour revenir ensuite sur Vienne.

Marie-Thérèse avait ajouté à ce rescrit les phrases prophétiques suivantes : « Comme la situation violente où je me trouve n'a point d'autres ressources que dans les armes, et que le seul corps que vous avez est capable de décider de mon sort et ça même encore ce mois, ainsi je vous recommande avant tout de presser votre départ et marche, mais de laisser autant pour amuser l'ennemi, *car ses intentions ne sont que tromperies et lenteurs exprès pour nous amuser*. Je souhaiterais même qu'avec la meilleure grâce du monde et dehors de confiance vous pouviez partir sans rien conclure, et le traîner, sans faire remarquer que c'est l'intention, au contraire montrant du regret de ne l'avoir pu faire ; mais je crains que tout sera déjà fini. Je ne sais que vous répéter toujours de ne vous point arrêter, car de la promptitude tout dépend. Et je me flatte qu'en trois semaines vous serez où le besoin le demandera. Browne est assez informé de tout, vous dira le reste, et je suis toujours la même, me confiant toute en vous. *(Archives particulières des comtes de Neipperg.)*

Il n'y avait malheureusement plus rien à faire pour Neipperg, qui arriva, le 24, à Olmütz avec son armée, après avoir laissé le lieutenant-colonel de Levrier à Troppau, et quelques petits détachements sur la frontière de Moravie. (Major Z..., *op. cit.*, 55-56.)

[1] *Sic.* Peut-être Loncznik.

[2] Toute la première partie de la lettre est pleine de doléances à propos de la lenteur de la marche des Bavarois et de considérations tendancieuses sur ses propres projets et sur les dangers que peuvent lui faire courir les opérations des Autrichiens.

unanime du plus digne Empereur qu'ait eu notre patrie depuis Charlemagne.

Je suis avec les sentiments de la plus haute considération et de la plus parfaite estime, Monsieur mon Cousin, de Votre Altesse Électorale, le très fidèle ami et cousin.

FÉDÉRIC.

C. P. 558. — *Au ministre d'État de Podewils, à Breslau.*

Camp près de Lauchnitz, 14 octobre 1741.

Rapport de Klinggräffen, d'Enns, 28 septembre : « Un confident de l'Électeur de Bavière m'a donné à entendre qu'il désirerait savoir si le roi de Prusse ferait à l'Électeur une avance de 5 à 600 000 florins sur des bijoux en valant 900 000. Si, au lieu des bijoux, Votre Majesté aimait mieux des terres à hypothèque, j'ai assez pu comprendre par le discours de ce confident que l'Électeur lui en hypothéquerait en Bohême telles que Votre Majesté trouverait le plus à sa convenance. »

« Je consentirai à ce prêt, si on me donne une hypothèque en Bohême. Mais pour pouvoir m'y donner une hypothèque, il faut d'abord que l'Électeur soit en possession de la Bohême. Car on ne peut pas hypothéquer ce qu'on n'a pas. »

C. P. 559. — *Au ministre d'État de Podewils, à Breslau.*

Camp près Lauchnitz, 14 octobre 1741.

Rapport de Klinggräffen. Linz, 4 octobre. « Le confident de l'Électeur est revenu à la charge sur l'affaire du prêt. Là-dessus m'est venu aujourd'hui une idée — ayant appris par l'Électeur que Votre Majesté lui avait cédé Glatz, et cet endroit étant si bien situé pour bien fermer la Silésie — que je prends la liberté de faire par-

« Je ne cède encore en rien sur Glatz de ce que j'ai demandé dans l'acte d'accession. Quand l'Électeur se sera emparé de Glatz et me l'aura cédé, je ne demande pas mieux que de me mettre d'accord avec lui *à part* pour une somme peu élevée. »

venir à Votre Majesté : C'est que, si Elle se trouve disposée à donner la susdite somme à titre d'hypothèque sur des terres, Elle pourrait Se faire assurer Glatz ; de cette façon Elle aurait Son hypothèque en main. »

VI

L'ÉVOLUTION DE FRÉDÉRIC PENDANT LES MOIS DE NOVEMBRE ET DE DÉCEMBRE 1741. — LA RUPTURE DE L'ACTE DE KLEIN-SCHNELLENDORF.

L'acte de Klein-Schnellendorf n'avait en réalité satisfait, et n'était, en effet, pas de nature à satisfaire aucune des deux parties. Marie-Thérèse n'y avait donné son adhésion qu'à contrecœur, après avoir vainement essayé de résister aux supplications et à la pression des vieux conseillers de la Couronne. Mais elle n'était pas femme à violer la parole donnée et, quelque grands et légitimes que fussent ses regrets, elle s'empressa, non seulement d'assurer l'exécution complète de la convention, mais de rompre les négociations qu'elle venait d'entamer avec la France et la Bavière et de charger le général Lentulus (qui devait quitter Presbourg le 24 ou le 25 octobre) de se rendre à Troppau et de discuter avec Goltz les conditions du traité de paix définitif.

Mais dès ce moment, celui que Joseph de Maistre a si justement appelé le *Grand Prussien*, cherche déjà le moyen de se dégager. Quinze jours à peine se sont écoulés depuis la conférence et la rédaction de l'acte de Klein-Schnellendorf, et ce court laps de temps a suffi pour amener un revirement complet dans l'esprit de Frédéric, pour ouvrir des horizons nouveaux à son ambition froide et calculatrice. Les avantages qu'il a obtenus par cette convention lui semblent déjà trop maigres, et c'est à cette époque que commence une ère nouvelle de chicanes. La lettre du 21 octobre de Goltz à lord Hyndford marque le point de départ d'une interminable série de difficultés préméditées, de réclamations perfides et d'inadmissibles prétentions.

On recommençait à jouer au plus fin à la cour de Prusse.

C. P. 563. — *Au ministre d'Etat de Podewils, à Breslau.*

Quartier général de Neunz, 21 octobre 1741.

Rapport de Podewils de Breslau, 18 octobre : « Comme l'envie jette son venin sur les objets qui peuvent l'exciter, il y en a qui prétendent savoir de source et de science certaines que la retraite du maréchal de Neipperg est une affaire concertée par la négociation de milord Hyndford, malgré les discours que le dernier a tenus d'avoir échoué entièrement, et qu'on est convenu de laisser faire tranquillement à Votre Majesté la conquête de Neisse, à condition qu'Elle S'est engagée de ne rien entreprendre contre la Moravie et la Bohême, et de faire rentrer ses troupes en quartiers d'hiver après la prise de Neisse »

« On verra bientôt le contraire. Patience. »

C. P. 564. — *Au comte de Hyndford, ministre de la Grande-Bretagne, à Breslau*
(du colonel de Goltz).

21 octobre 1741 [1].

Milord,

Nous avons été bien aise que les choses soient venues au point que vous savez. Mais voici le diable qui est aux champs. Le comte de

[1] En même temps Goltz envoyait à Neipperg un billet dans lequel on relève la phrase suivante : « M. R[obinson] est dans le même cas que le

Khevenhüller a quitté Dresde, et en passant par Prague il a envoyé une estafette au comte Wratislaw avec la nouvelle que la paix était conclue entre le Roi et la Reine de Hongrie. Le comte Wratislaw n'a pas manqué de le publier à Dresde. Jugez si nous avons raison d'être contents de la discrétion qu'on nous a promise.

Le Roi est dans une colère terrible, et Sa Majesté m'a ordonné de vous marquer que, si la cour de Presbourg ne redresse pas la chose et si le secret n'est pas mieux gardé à l'avenir, Elle ne veut être tenue à rien, d'autant plus qu'on nous a stipulé expressément que le secret serait inviolablement gardé aussi longtemps que nous le jugerions nécessaire.

Sa Majesté souhaite que vous écriviez au maréchal de Neipperg et à sa Cour, pour faire ordonner au comte de Khevenhüller de révoquer sa nouvelle, pour faire déclarer le contraire par tous les ministres de la Reine aux cours étrangères et pour faire témoigner partout beaucoup d'aigreur contre nous. Voilà ce que j'ai ordre de vous dire.

Mais, Milord, en ami et sur la confiance que j'ai en votre discrétion, je veux bien vous dire quelque chose de plus. Il me semble que l'heure du berger pour la Reine de Hongrie est venue. *Aut nunc aut nunquam*. N'attendez pas le 25 décembre pour faire la paix dans les formes. Tâchez de la faire au plus vite, quand ce serait demain, avant que le diable s'en mêle.

Je vous dis vrai, vous connaissez mes sentiments. Le Roi est terriblement piqué de l'indiscrétion des Autrichiens. Ses alliés le pressent plus que jamais et lui offrent tous les jours de nouveaux avantages. Jugez s'il pourra y résister longtemps. Je voudrais que vous puissiez avoir le plein-pouvoir de la Reine pour conclure entièrement avec nous, et je voudrais que vous l'eussiez vers le 2 ou le 3 novembre au plus tard, puisqu'alors le Roi sera à Breslau. Il n'y a rien qui nous presse; au contraire, le bénéfice du temps nous doit être favorable; mais il me semble que la Reine n'a pas de moment à perdre. Avec cela, il faut absolument que le conseil de Vienne ne sache rien, que chez vous il n'y ait que le Roi, votre maître, et milord Harrington qui soient au fait et qu'on n'employe de secrétaire nulle part.

Vous voyez, Milord, à quoi je m'expose pour l'amour de la bonne cause. J'espère que vous ne ferez pas mauvais usage de la confiance que je vous témoigne et je vous prie de me faire un mot de réponse

comte K[hevenhüller], puisqu'il a mandé la même chose à M. Villers (ministre d'Angleterre à Dresde) qui n'en a pas fait de mystère. Jugez si nous pouvons être de bonne humeur. » *(K. u. K. Kriegs-Archiv*, Silésie, fasc. X, ad. 83, et *Archives particulières des comtes de Neipperg.)*

au plus tôt. *Vous pouvez la donner à M. de Podewils, en disant que je vous ai prié de me faire venir une montre d'Angleterre.*

J'ai l'honneur d'être, etc.

GOLTZ.

Il ne faut rien dire à M. de Marwitz.

Si Goltz s'était bien gardé de dire à lord Hyndford que, comme le prouve un billet adressé par Sinzendorf à Bartenstein [1], le Roi s'était empressé d'adresser à tous ses représentants à l'étranger une circulaire, dans laquelle il déclarait « qu'il n'était intervenu aucun arrangement entre la Reine et lui », Frédéric, de son côté, avait jugé, le lendemain 22 octobre, qu'il n'était pas encore nécessaire d'avouer à l'Électeur de Bavière l'existence de l'acte de Klein-Schenellendorf. Il trouvait plus simple et plus utile d'insister à nouveau sur la nécessité, de plus en plus urgente pour lui, de s'assurer des quartiers d'hiver.

C. P. 565. — *A l'Électeur de Bavière (à Saint-Poelten).*

Camp de la Neisse, 22 octobre 1741.

MONSIEUR MON COUSIN,

Je me rapporte à la dernière lettre que j'ai eu le plaisir de Lui écrire, où je Lui ai détaillé toutes les *opérations de guerre que je pouvais exécuter cet automne et toutes les raisons qui m'empêchaient de faire davantage.* Je dois avertir à présent Votre Altesse Électorale que M. de Neipperg, ayant été trompé par mes démonstrations de pénétrer en Moravie, a pris le parti de couvrir cette province, ce qui m'a déterminé très promptement à commencer le siège de Neisse. J'ai envoyé en même temps 22 escadrons de cavalerie aux trousses de M. de Neipperg, ce qui a si fort favorisé la désertion que nous avons eu, en moins de trois jours, plus de 90 transfuges de son armée.

Tandis que je suis occupé de ce siège, plus difficile que je me l'étais figuré à cause des inondations, je fais pénétrer un corps de 10 bataillons et de 30 escadrons en Bohême pour resserrer Glatz et pour établir une liaison avec les Français qui arriveront à Prague, laissant à

---

[1] *Haus, Hof und Staats Archiv. Friedens Acten*, fasc. 23.

Messieurs les Saxons le soin de me couvrir et de me procurer des quartiers d'hiver paisibles, dont mon armée, après une aussi rude campagne que celle que nous finissons, a un besoin indispensable.

Mon ministre à Francfort a des ordres conditionnels, moyennant certaines conditions concernant la banlieue de la Neisse, de signer le traité avec la Saxe, comme Votre Altesse Électorale paraît le désirer.

Je crois que le siège de cette place pourra me donner quelques semaines d'occupation. Je ferai en attendant des vœux pour les heureux progrès des armes de Votre Altesse Électorale, auxquels je prendrai toujours une part sincère, La priant de me croire avec toute l'estime et toute la considération imaginables, Monsieur mon Cousin, de Votre Altesse Électorale le très fidèle et inviolable ami et cousin.

Frédéric.

Bien qu'il eût le jour même violé, sans l'ombre d'un scrupule et d'une hésitation, l'engagement qu'il avait solennellement promis de respecter, en donnant indûment au prince héritier d'Anhalt-Dessau l'ordre d'entrer en Bohême, Frédéric ne songeait pas encore à justifier aux yeux de ses alliés la convention, assurément avantageuse pour lui, mais qui devait d'autant plus inquiéter les Bavarois, les Français et les Saxons qu'elle donnait à Marie-Thérèse la possibilité d'employer contre eux les forces opposées jusque-là aux troupes prussiennes de Silésie. Pas plus qu'à l'Électeur de Bavière, il ne soufflera encore mot du parti qu'il a pris, lorsqu'il écrira à Belle-Isle et à Valory, auquel cependant, malgré toute son habileté, malgré le talent particulier qu'il possédait pour transfigurer les faits, il n'avait pas réussi cette fois à donner complètement le change[1], et dont il n'est pas parvenu à dissiper les soupçons. Vingt-quatre heures plus tard, il se décide cependant à charger Schmettau de faire comprendre à l'Électeur de Bavière les motifs qui lui ont dicté sa conduite, et de s'arranger surtout de façon à ce qu'on le laissât en paix pour le reste de l'année. Mais l'exposé qu'il lui fait est un mélange d'autant plus curieux de faits réels et de données exagérées, pour ne

[1] Cf. dans la dépêche de Valory à Belle-Isle, du 22 octobre, les explications de Frédéric, ou plutôt ses réponses aux questions de l'ambassadeur.

pas dire absolument fictives, que, précisément parce qu'il n'avait pas encore dit toute la vérité à Valory, il ne voulait pas, et ne pouvait du reste pas, sans s'exposer à de graves inconvénients, laisser Schmettau voir tout à fait clair dans son jeu.

C. P. 566. — *Au maréchal de France, comte de Belle-Isle, à Francfort-sur-le-Main.*

Camp de la Neisse, 22 octobre 1741.

Mon cher Maréchal,

Vos deux lettres m'ont été très bien rendues, et je ressens une satisfaction entière de l'heureuse réussite de vos négociations, tant au sujet de l'élection de l'Électeur de Bavière que par rapport au traité de Saxe.

Quant à ce dernier point, je vous prie, Monsieur, d'en rejeter toute la faute sur moi, qui me sens assez d'effronterie pour soutenir ma thèse de la banlieue, dussè-je même risquer l'indignation de Son Excellence de Brühl et les anathèmes du père Guarini. Je suis tout résolu, mon cher Maréchal, de m'exposer à ce risque, et je vous prie de ne me point ménager à Dresde, car je serais au désespoir s'il pouvait vous en revenir le moindre chagrin. Dites aux Saxons que je suis opiniâtre, que je me suis mal expliqué envers vous, et en un mot que d'un mauvais payeur il faut prendre ce que l'on peut, et surtout que, comme je suis actuellement en possession de la totalité de la Silésie, il n'y a que la force majeure ou ma bonne volonté qui puissent mettre les Saxons en possession de ce que je leur voudrais céder de mes conquêtes ; en un mot, les Saxons doivent se trouver trop heureux dès qu'ils obtiendront une portion du démembrement de la maison d'Autriche, et s'ils deviennent nos alliés. Ce n'est point à eux à nous prescrire la loi, mais à recevoir avec reconnaissance ce qu'on veut bien leur accorder.

Qu'ils fassent des conquêtes et qu'un tiers vienne leur en demander une portion, je ne pense pas qu'on les trouve traitables. Je le suis fort, après avoir étouffé tous les justes sujets de ressentiment que j'avais envers eux ; je consens même à leur agrandissement et à leur procurer une portion de l'héritage d'Autriche, du double plus forte que l'acquisition que je viens de faire.

Quant à l'Électeur de Bavière, je le crois embarrassé d'argent, et je serais capable d'entrer en négociation, si l'affaire de Glatz pouvait se terminer par là, outre qu'en ce cas je renoncerai encore à la seigneurie de Ravenstein.

Je vous prie de me dire votre avis sur tous ces points et d'être persuadé que je suis avec une estime inviolable et toute l'amitié dont je suis capable, mon cher Maréchal, votre très fidèle ami

Fédéric.

Monsieur de Neipperg s'est déterminé pour la Moravie. Je saisis la boule au bond, et j'ai volé vers Neisse, tandis que 20 escadrons appesantiront sa marche et qu'un corps de 10 bataillons et 40 escadrons pénètrent en Bohême pour bloquer Glatz et s'étendre jusqu'à l'Elbe. Neisse est plus forte qu'on ne l'a cru, à cause d'une très bonne inondation qui nous coûte des peines infinies de saigner. Actuellement le frais nous a fait quitter les tentes.

C. P. 567. — *Au marquis de Valory, envoyé de France, à Breslau.*

Quartier général de Neunz, 22 octobre 1744.

Monsieur,

Je vous adresse ci-joint la réponse que je viens de faire sur la lettre de M. le maréchal de Belle-Isle, laquelle j'ai reçue avec la vôtre du 21 de ce mois, et j'espère que vous voudrez bien vous charger de la lui faire tenir au plus tôt possible.

La copie ci-jointe vous instruira du contenu de ma réponse et de ce que j'ai écrit en même temps à une lettre de Son Altesse Électorale de Bavière, que je viens de recevoir.

J'ai été extrêmement satisfait de la communication que M. le Maréchal m'a fait faire par vous touchant l'émissaire que la cour de Vienne lui a adressé [1] et j'espère que M. le Maréchal voudra bien con-

---

[1] Ignace von Koch, conseiller privé des guerres, envoyé à Francfort-sur-le-Main, pour s'y aboucher avec Belle-Isle. On lui avait défendu de faire la moindre allusion aux négociations avec la Prusse, comme le prouvera le rescrit suivant, que Marie-Thérèse lui adressa de Presbourg le 14 octobre : « Défense de parler de la paix avec la Prusse, parce que le roi veut la tenir secrète et continuer une guerre simulée. Bien que ce ne soit pas chose facile, il faut veiller soigneusement à ce que rien ne transpire de notre côté. Pendant ce temps, tu devras t'abstenir de rien conclure avec Belle-Isle, et tu t'arrangeras de façon à trouver un prétexte plausible pour rompre les négociations et revenir ici. » (*Haus, Hof und Staats Archiv. Kriegs Acten,* fasc. 134.)

tinuer à me communiquer ce que cet émissaire est devenu, dont je lui aurai des obligations infinies. Je ne me suis nullement douté que ladite Cour ne cesserait point de travailler à désunir les cours alliées par ses machinations ordinaires, ayant essayé plusieurs fois, quoiqu'inutilement, de me faire insinuer que leur affaire était faite avec la France et la Bavière.

Au reste, selon les rapports que j'ai eus de mes troupes qui sont aux trousses de M. de Neipperg, le gros de l'armée ennemie est encore derrière l'Oppau, quoique la tête de cette armée soit déjà entrée en Moravie. Elle a bien souffert pendant sa marche par la désertion, puisqu'il en est arrivé presque une centaine de déserteurs dans un temps de trois jours. Je suis avec beaucoup d'estime, Monsieur,

FÉDÉRIC.

C. P. 568. — *Au grand-maître de l'artillerie baron de Schmettau, à Saint-Poelten.*

Quartier général de Neunz, 23 octobre 1741.

Vos deux dépêches du 10 et du 11 du courant m'ont été rendues hier, et j'y ai vu avec quelque surprise que, nonobstant le peu de temps qui reste dans cette saison pour agir, on a pourtant traîné de faire quelque mouvement en avant et qu'au 10 du courant, on n'était avancé que jusqu'à Ybbs. Les raisons que vous conjecturez de ce tardement sont assez vraisemblables, mais il faudra voir jusqu'où cela ira.

Quant au discours que vous avez eu avec Beauveau, ma situation ici n'est pas tout à fait telle que vous vous êtes imaginé. Il n'a pas été en mon pouvoir de chasser l'ennemi ni d'assiéger Neisse quand je voulais ; mais j'ai dû diriger mes opérations selon les mouvements de l'ennemi. Celui-ci, ayant le dos tout à fait libre, s'est toujours posté tellement que d'un côté il a couvert Neisse, et que de l'autre côté ses camps étaient presque inattaquables, les ayant toujours pris sur des hauteurs, où il était couvert devant lui de bocages, de marais, de défilés et de villages, etc. Cela aurait peut-être duré encore quelque temps encore, si je n'avais pris la résolution de faire un mouvement avec mon armée, comme si je voulais pénétrer en Moravie, et c'est ce qui lui a fait prendre le parti de marcher soudainement pour couvrir cette province. Alors je me suis déterminé à me tourner vers Neisse et de l'assiéger promptement, où je trouve pourtant plus de difficulté que je n'aurais cru, à cause du terrain marécageux et des inondations qu'il faut faire écouler. En même temps, j'ai envoyé 22 escadrons de cavalerie avec quelque infanterie aux trousses de Neipperg qui, selon les rapports que j'ai eus, est encore avec le gros de son armée derrière Troppau, quoique la tête soit déjà en Moravie.

Outre cela, tandis que je suis occupé au siège de Neisse, je fais pénétrer un corps de 10 bataillons et de 30 escadrons en Bohême pour resserrer Glatz et pour établir une communication avec les troupes des alliés qui vont entrer en Bohême. Mais c'est aussi tout ce que je pourrai faire, et les grandes fatigues, que mon armée a soutenues onze mois tout d'une suite, m'obligent absolument de la mettre dans des quartiers d'hiver pour se reposer, étant certain que sans cela je risquerais de la ruiner sans ressource.

Vous comprendrez ainsi aisément que, quand même j'aurais voulu suivre l'ennemi en Moravie et le forcer dans les montagnes et défilés qui séparent la Moravie d'avec la Silésie, je n'en aurais tiré aucun avantage en risquant pourtant le salut de mon armée, puisque l'ennemi m'aurait toujours devancé, aurait ruiné toute subsistance pour mon armée, et mes magasins, étant sur l'Oder et éloignés de plus de 8 à 10 lieues, ne m'auraient été d'aucun secours.

Voilà ma situation, pour laquelle vous concevez vous-même que je ne pourrai continuer à me charger seul de toutes les opérations de guerre, comme j'ai fait jusqu'à présent, les autres étant restés les bras croisés, et qu'il est d'une nécessité indispensable de faire reposer mes troupes d'abord que j'aurai achevé avec Neisse. Vous éviterez ainsi, autant qu'il est possible, de m'engager pour le reste de cette année à quelque opération, et il faut que les autres fassent aussi, de leur côté, quelques efforts pour pousser l'ennemi commun, surtout Messieurs les Saxons, qui pensent que les oiseaux leur doivent venir par les soins et risques des autres. Au reste, vous continuerez de me mander le plus souvent de vos nouvelles et je suis, etc.

FÉDÉRIC.

C. P. 569. — *Au ministre d'État de Podewils, à Breslau.*

Rapport de Podewils, Breslau, 2 octobre :

« Le marquis de Valory m'a dit qu'il prendrait sur soi de faire signer d'abord le comte de Törring le traité d'alliance avec Votre Majesté, tel qu'il l'avait demandé si :

1° Votre Majesté voudrait admettre qu'on ajoutât à la clause de la cession de Glatz qu'elle se ferait moyennant certains arrangements convenables[1], sous lesquels il entend la somme d'argent dont on conviendra.

2° Qu'on n'insistât pas sur Ravenstein.

Si Votre Majesté veut persister dans Ses engagements, il sera bon et nécessaire qu'on finisse cette affaire avant que l'Électeur soit élu empereur. »

« Je renonce à Ravenstein et je ne donnerai que 400 000 écus pour Glatz puisqu'il faut compter les frais que je ferai pour le siège.

Bon, hâtez-vous de conclure à ces conditions. Fr. »

Le 28 octobre, sans que pour cela il eût cru devoir modifier en rien son attitude et faire à ses alliés la moindre confidence, tout en continuant de suivre les négociations secrètes avec l'Autriche, l'affaire était en somme conclue. Quelques heures après avoir répondu à Podewils, il glissait dans la lettre, dans laquelle il donnait à l'Électeur de Bavière des conseils sur les opérations qu'il espérait et désirait lui voir entreprendre, en même temps que des indications plus ou moins exactes sur « ses arrangements », une phrase par laquelle il lui faisait connaître la conclusion immédiate de cet accord. « Je dois aussi remercier Votre Altesse Électorale des facilités qu'elle a voulu porter à l'affaire de Glatz. Elle me rend par cette seigneurie la clef de ma maison qui ne Lui était d'aucun usage et dont je Lui conserverai une éternelle reconnaissance[2]. »

---

[1] Ne négligeant jamais aucune précaution, Frédéric fit écrire encore le jour même par Eichel à Podewils (*ibidem*, 570) pour lui dire de faire supprimer les mots *arrangements convenables,* afin d'éviter plus tard toute demande d'explication.

[2] *Ibidem*, 571, Neunz, 28 octobre 1741.

A Valory, auquel il écrit aussitôt après, il parlera de tout, de l'affaire de Glatz, d'une démarche du roi de Danemark, très succinctement des mouvements de Neipperg qu'il connaît pourtant à fond, mais toujours sans souffler mot de ce qui s'est fait, de ce qui se fait encore avec la cour de Vienne.

C. F. 572. — *Au marquis de Valory, envoyé de France, à Breslau.*

Quartier général de Neunz, 28 octobre 1741.

J'ai lu avec une véritable satisfaction ce que vous venez de me communiquer de la part de M. le Maréchal, et vous me ferez la justice de croire que je répondrai toujours à cette attention de la manière la plus cordiale, et que sa Cour aura certainement lieu d'être contente de moi.

Selon ce que M. le Maréchal m'a mandé, et selon les avis que j'ai eus de la cour de Bavière, l'affaire de Glatz ne souffre plus aucune difficulté. Et comme mon ministre d'État de Podewils est déjà instruit de signer l'acte d'accession du traité fait entre la Bavière et la Saxe, je crois par là les affaires de la Silésie finies. J'espère que vous voudrez bien vous charger d'assurer M. le Maréchal que je suis touché de la plus vive reconnaissance de ce qu'il s'est tant employé à mener cette négociation à une fin heureuse. Après cela, Monsieur, vous serez persuadé que je connais assez les obligations que je vous dois de tous les soins que vous avez eus pour faire réussir tout à ma satisfaction.

La démarche, que le roi de Danemark [1] vient de faire, m'a surpris; cependant, je crois que cela n'aura guère de suites et qu'on n'en a rien à craindre, mon avis étant que tout est tranquille à cette Cour, qu'on y est uniquement occupé de maintenir son système pacifique et que même les ministres de Suède et de Russie y résidants se tiennent pour assurés qu'ils n'ont rien à craindre ni à attendre de cette Cour. Selon moi donc, je crois que, sans aigrir cette Cour par des représen-

---

[1] Belle-Isle à Valory, Francfort, 19 octobre : « Amelot vous charge d'informer le roi de Prusse que le roi de Danemark vient de faire connaître à Sa Majesté qu'il était requis par la Russie de fournir les secours stipulés par l'alliance défensive qui subsiste entre les cours de Pétersbourg et de Copenhague, et que la Suède ayant entrepris la guerre sans sa participation, la France ayant aussi fait avancer une armée sur la Westphalie sans lui communiquer ses vues, il se croyait en liberté de prendre les partis qu'exigeraient ses engagements et ses intérêts. »

tations vives, on pourrait la ramener par la voie de la douceur et en la convainquant que son propre intérêt l'oblige de préférer l'amitié de la France à toute autre. Au reste les avis que j'ai eus d'Hanovre m'ont appris qu'on y est tout coi et que les régiments vont se séparer et aller dans leurs quartiers d'hiver. Je joins ici ma réponse à la dernière lettre du Cardinal [1]. Je suis, etc.

Frédéric.

Avertissez l'Électeur de Bavière que Neipperg marche à Vienne. Je lui écris autant par un courrier. Aujourd'hui, j'ai une batterie de 40 canons et de 12 mortiers en branle.

La réponse de Frédéric à la dernière lettre de Fleury allait apprendre officiellement à Valory, à celui que « surtout il fallait tromper », que les bruits, qui couraient d'une entente entre le roi de Prusse et la reine de Hongrie, n'étaient que trop fondés. Ce que le Roi avait jugé inutile et dangereux de révéler à l'ambassadeur, peut-être parce qu'il ne tenait nullement à répondre aux questions que l'envoyé de Louis XV aurait eu le devoir de lui poser, il croyait plus habile de le laisser entendre à Fleury, dont il connaissait les sentiments, et dont il avait vainement essayé de gagner la confiance par ses éloges et ses flatteries, et de prendre pour prétexte de « son semblant de franchise » les communications que le cabinet de Versailles a eu la loyauté de lui faire.

C. P. 575. — Au Cardinal de Fleury à Issy.

Quartier général de Neunz, 29 octobre 1741.

Monsieur mon Cousin,

On ne saurait être plus reconnaissant que je le suis envers le Roi Tout Chrétien des marques réitérées de sa confiance, qu'il daigne me donner, en me communiquant toutes les propositions que les cours de Vienne et d'Hanovre lui ont fait faire. J'agirais avec peu de bonne foi, si je ne répondais pas à cette sincérité avec une loyale candeur.

[1] Cf. *ibidem*, 575. Quartier général de Neunz, 29 octobre 1741.

Je dois donc vous instruire, Monsieur, que l'artificieuse et perfide cour de Vienne m'a fait proposer de m'allier avec elle et de lui garantir sa conquête de la Bavière et de la Lorraine, moyennant quoi elle me céderait tout ce que je voudrais de la Silésie, pourvu que, préalablement à tout, je disposâsse de ma voix à l'Élection impériale en faveur du duc de Lorraine. Je vous laisse à juger ce qu'il y avait à répondre à une proposition si ridicule, si ce n'est de lui marquer ma surprise de l'esprit de conquête qu'elle manifeste dans un temps où elle perd des provinces et on s'apprête à lui enlever des royaumes.

Non content de cette tentation, milord Hyndford, par ordre du roi d'Angleterre, s'est rendu dans le camp de M. de Neipperg pour y négocier de nouveau. Ils m'ont offert de concert, avec les conditions les plus avantageuses, tout ce que je voudrais de la Silésie, moyennant une neutralité et toujours ma voix pour le duc de Lorraine, jointe à l'expulsion de l'électeur de Bavière de l'Autriche.

Je leur ai répondu que je marcherais droit en Moravie pour empêcher l'expulsion de l'électeur de Bavière. En effet, j'ai dirigé mes opérations vers cette province, ce qui a donné l'alarme si chaude à M. de Neipperg qu'il a marché jour et nuit pour gagner les gorges de Jägerndorf et de Freudenthal.

Je l'ai fait suivre par un corps qui par son infériorité n'a pu lui enlever que quelques bagages. Je n'ai pu le poursuivre, faute de subsistance, et que la plupart des endroits sur le passage ont été ruinés par sa retraite.

Mon premier soin a été de faire le siège de Neisse, qui m'occupe encore actuellement et, le second, de faire pénétrer un gros corps en Bohême pour assiéger ou bloquer Glatz et établir, par ce moyen, ma communication avec les Français qui occuperont dans peu la rive occidentale de l'Elbe.

J'ai rassuré l'électeur de Bavière contre les faux bruits que font courir les artificieux Autrichiens et je lui donnerai toutes les marques, si souvent réitérées et si souvent constatées, de mon attachement inviolable à ses intérêts que j'espère que les ruses usitées des Autrichiens ne l'inquiéteront plus.

Je presse actuellement, l'épée aux reins, les Saxons d'agir et j'espère de vous procurer bientôt la satisfaction de les voir si bien enfournés en Bohême qu'il ne dépendra pas d'eux de ne point agir.

Je vous avoue franchement que la conduite du roi d'Angleterre me devient plus suspecte de jour en jour et je ne saurais trouver étrange que vous preniez des précautions pour vous assurer de sa bonne foi.

Le roi de Danemark ne me paraît pas si dangereux et, selon mes lettres d'aujourd'hui, l'on m'assure qu'il est décidé pour la neutralité quant aux affaires du Nord.

M. de Valory est trop capitaine de grenadiers dans ses négociations. Il veut toujours donner l'assaut et emporter tout d'emblée. Je lui ai dit fran-

chement que, si je suivais ses avis envers la cour de Danemark, bien loin de la rendre modérée, je l'aigrirais. Il me semble que la douceur et la modération dont vous usez, Monsieur, envers tous les princes de l'Europe, leur doit à tous servir d'exemple. Il conviendrait cependant plutôt encore au roi de France de tenir un langage fier et de prendre un ton impératif qu'à moi qui suis le voisin de princes avec lesquels il ne me convient point de m'arroger une supériorité et un air de commandement, toujours odieux d'égal à égal. Tout ce que je puis faire pour complaire au roi de France est de donner des instructions à mon envoyé en Danemark d'agir conformément à ce que l'ambassadeur du Roi Tout Chrétien jugera à propos. L'alliance du Roi votre maître est, selon moi, l'époque la plus flatteuse de ma vie. Il n'y a rien que je ne fasse pour la cultiver soigneusement. Je me ferai gloire de prévenir, en tout ce qui dépendra de moi, les désirs d'un si bon allié; mais je crois fermement que son intérêt véritable exige qu'on lui gagne les cœurs, bien loin de les aliéner, et que je m'employe à lui gagner d'autres alliés par la douceur et par la force des arguments, qui doivent les convaincre que leur propre intérêt bien entendu les oblige à préférer cette alliance à toute autre.

Je fais des vœux bien sincères pour la conservation de vos jours, auxquels tient le destin de l'Europe et de presque tout le monde habité. Il est bien plaisant, me direz-vous, de voir un hérétique qui fait des vœux pour un cardinal. Cet hérétique, mon cher Cardinal, peut l'être en religion, mais il ne l'est, je vous assure, ni en politique, ni en amitié, ni en reconnaissance. Ce sont les sentiments avec lesquels je suis inviolablement, Monsieur mon Cousin, votre très fidèle ami et cousin.

FÉDÉRIC.

Que dire d'un pareil document, que penser de celui qui ne rougissait pas d'apposer sa signature sur un semblable tissu de mensonges et de perfidies! Mais tout commentaire ne saurait qu'affaiblir le dégoût qu'on ne peut manquer d'éprouver à la lecture de ce chef-d'œuvre de machiavélisme.

Bien qu'il ait tout lieu de penser que Valory n'aura pas transmis sa dépêche sans en prendre connaissance, Frédéric, probablement parce qu'un rapport d'Ammon lui a apporté des détails nouveaux sur la portée des indiscrétions de Dresde [1], peut-être

---

[1] Cf. *ibidem*, 576, à Podewils, 29 octobre 1741. Rapport de Pollmann, de Ratisbonne, 19 octobre : « ... Le bruit de la paix conclue entre Votre Majesté et la reine de Hongrie s'est répandu ici si généralement et se débite même par les ministres d'Autriche si positivement que personne n'ose par suite se refuser à y croire. »

aussi parce qu'il tient, et à lui annoncer la chute de Neisse et à lui faire habilement allusion à Glatz et à la signature du traité avec la Bavière, éprouve tout à coup maintenant le besoin de donner directement à l'ambassadeur de France de nouvelles assurances de sa sincérité.

C. P. 577. — *Au marquis de Valory, envoyé de France, à Breslau.*

Quartier général de Neunz, 31 octobre 1741.

Monsieur,

Mon ministre d'État de Podewils vient de m'envoyer l'extrait de différentes lettres que vous lui avez communiquées, sur le contenu duquel je suis obligé de vous dire que, quant à la communication de l'article secret de notre traité par rapport à la Suède, je ne saurais condescendre qu'on le communique à la Suède, étant persuadé que cela n'aurait d'autre effet que d'aigrir la Russie, sans que, dans le fond, ce serait d'aucune utilité solide pour la Suède; et il me semble que, si de la part de la France on rassure la Suède qu'elle n'aura absolument rien à craindre de moi, dans la guerre où elle se trouve engagée contre la Russie, cela pourrait lui suffire.

Sur ce qui concerne les négociations que la cour de Vienne a tâché d'entamer à différentes reprises, vous savez, Monsieur, vous-même le cas que j'en ai fait et que je n'ai fait que les entendre. Aussi ferai-je déclarer par mes ministres aux cours étrangères[1] qu'il n'en est rien et que je n'en veux plus entendre parler.

Mais je ne saurais vous cacher, Monsieur, que plus d'une fois on a tâché de vouloir m'inspirer de la jalousie par rapport aux sieurs de Wasner[2] et de Stainville[3] qui, nonobstant les circonstances où nous sommes, affectent de continuer leurs négociations à la cour de France. Je suis trop persuadé de la droiture et de la sincérité de votre Cour, et j'ai trop lieu de me louer de ses manières ouvertes envers moi; mais si vous désirez que je doive couper court à toutes négociations, vous conviendrez à votre tour qu'il serait à souhaiter pour notre intérêt commun qu'on prenne la résolution de congédier les sieurs

---

[1] Cf. *ibidem*, 578, à Podewills. Ordre d'envoyer cette déclaration qui devint quelques jours plus tard la circulaire datée de Breslau, 4 novembre.

[2] Wasner (Ignace de), ministre d'Autriche à Paris.

[3] Stainville (Joseph, marquis de Choiseul-), envoyé du grand-duc de Toscane à Paris.

Wasner et Stainville, afin d'ôter par là à la cour de Vienne toute espérance de réussir jamais dans ses artifices.

Je suis bien aise d'apprendre que M. le maréchal de Belle-Isle va joindre l'armée, pendant qu'on travaillera à Francfort à la capitulation. Vous m'obligerez cependant, si vous voulez me mander qui signera l'acte d'accession au traité fait entre la Saxe et la Bavière, pendant son absence, et si l'article de Glatz et de la lisière sera réglé avant son départ.

Au reste, je satisferai au désir de M. le Maréchal en donnant des ordres à mes généraux, qui auront le commandement de mes troupes qui sont en Haute-Silésie et en Bohême d'entretenir une correspondance avec lui, lorsqu'il sera à l'armée, tant pour lui mander ce qui se passe de leur côté que pour l'instruire de ce qui se passe chez lui. Je ne doute pourtant pas que cela ne se borne à la correspondance, sans toucher à la subordination.

Je vous prie d'être assuré de la considération distinguée avec laquelle je suis, Monsieur, votre bien affectionné.

FÉDÉRIC.

L'électeur de Bavière me cède Glatz de la meilleure grâce du monde. Il n'y a donc plus de difficulté. Pourquoi ne voulez-vous pas signer ?

Neisse capitule. J'ai, s'il peut *(sic)*, aiguillonné le Saxon[1] qu'il s'en est retourné avec une promptitude extrême pour presser leurs opérations. Je pense que c'est un bon service que je rends à l'électeur de Bavière.

Il ne fallait rien moins que l'extraordinaire audace de Frédéric pour se risquer à faire allusion aux démarches de Wasner et de Stainville, pour se permettre, dans les « circonstances où il était », après avoir cyniquement abusé de la confiance de ses alliés et violé tous ses engagements, de déclarer « qu'il ne couperait court à toutes négociations que sous certaines conditions ». Nul autre que lui n'aurait osé se servir d'une arme aussi dangereuse. Il n'était pas homme à se laisser arrêter par des scrupules que tout autre aurait eus à sa place. Si les avantages immédiats, qu'il avait retirés de l'acte de Klein-Schnellendorf, ne lui paraissaient

---

[1] Le colonel de Neubour. Cf. *ibidem*, 580. Neisse, 1ᵉʳ novembre, au roi de Pologne, à Dresde.

déjà plus suffisants, il ne songeait pas encore à couper court à des négociations, que pour le moment il avait d'autant moins de raisons de rompre, que la cour de Vienne faisait preuve d'une condescendance inouïe et fermait les yeux sur les continuelles infractions à la convention, dont les troupes prussiennes se rendaient presque journellement coupables. En présence de l'annonce de l'arrivée imminente à Troppau du baron de Gillern[1], chargé par Marie-Thérèse de négocier le traité de paix définitif, il importait par-dessus tout à Frédéric de gagner du temps et de retarder l'échange et la transmission des correspondances. Il songeait si peu à couper court aux négociations, que le 29 octobre Goltz écrivait par son ordre à Neipperg pour le prier d'adresser désormais toutes ses dépêches à lord Hyndford, « sans autre enveloppe, lui disait-il, que celle que je lui ai indiquée à Jägerndorf, puisque je ne serai pas présent à la cour pendant l'hiver ». Ce que Goltz se gardait bien de dire dans le billet à Neipperg, c'est qu'il avait été détaché par le Roi auprès du prince Léopold d'Anhalt en marche sur Glatz et la Bohême.

Tandis qu'on continuait encore à croire à Vienne à la possibilité d'une entente définitive avec Frédéric, les graves événements, qui se succédèrent presque sans interruption dans les

---

[1] En faisant choix de Gillern, qu'elle savait être *persona grata* auprès de Frédéric, Marie-Thérèse, désireuse de mettre tout en œuvre pour presser la conclusion d'un traité définitif, disait dans le rescrit qu'elle adressait à Neipperg, le 29 octobre : « Ce ne sera donc pas ma faute si la paix n'est pas conclue d'ici peu de jours. »

Il ne sera pas inutile de rappeler ici la lettre que Neipperg écrivait à Goltz, le 23 octobre : « Il m'arrive de Presbourg un courrier avec un paquet de lettres et un autre par adresse à M. de Levrier, lieutenant-colonel du régiment de François-Lorraine, à Troppau, sans doute de M. Robinson pour mylord Hyndford qui sera chez vous ou à Breslau.

Sa Majesté la Reine ne demande que de se réconcilier véritablement avec Sa Majesté le roi de Prusse pour l'avenir et à perpétuité, je vous le jure.

Le second et le troisième point de l'intérêt tiré de mon paquet, et que je joins pour le communiquer au roi, en doit donner des preuves à Sa Majesté Prussienne, et le paquet que je suppose pour mylord Hyndford, comme il est marqué ci-devant, en dira beaucoup plus et l'en convaincra davantage. On s'explique même touchant le secret qui sera gardé inviolablement de notre part et de ceux qui sont en place pour autant que Sa Majesté le Roi le demande..... » *(Archives particulières des comtes de Neipperg.)*

premiers jours du mois de novembre, en accentuant encore davantage le revirement qui s'était peu à peu produit dans les idées de Frédéric depuis la conférence de Klein-Schnellendorf, fournissent à l'observateur la preuve manifeste du scepticisme politique et de la mobilité calculée des résolutions du Roi. La capitulation de Neisse, qu'il avait obtenue deux jours avant le terme fixé, lui permettait déjà d'user d'un peu moins de ménagements envers l'Autriche. Le 1er novembre, la Prusse adhérait au traité de partage des États autrichiens que la Bavière et la Saxe avaient conclu le 19 septembre à Francfort-sur-le-Main. Le 4 novembre, Frédéric, qui ne s'était engagé qu'à bon escient et qu'après s'être fait donner préalablement des gages et des garanties, signait à Breslau un traité d'alliance avec l'électeur Charles-Albert et lui promettait sa voix. Le même jour, il n'hésitait pas à démentir de la façon la plus catégorique, dans une note circulaire adressée à ses représentants à l'étranger, l'existence d'une convention passée entre l'Autriche et la Prusse. Et cependant, au moment où il faisait rédiger cet instrument, il n'en continuait pas moins à traiter avec l'Autriche et ne songeait encore en aucune façon à rompre les négociations avec la cour de Vienne. Ce qui ne l'empêchait pas d'assurer sur l'honneur à l'électeur de Bavière qu'il n'avait pas fait de paix avec les Autrichiens et qu'il ne la ferait que « lorsque l'Électeur sera satisfait » et au roi de Pologne [1] « qu'il considérait les intérêts de la Saxe et de la Pologne comme inséparables des siens ».

C. P. 581. — *A l'Électeur de Bavière (à Mölk).*

Neisse, 2 novembre 1741.

Monsieur mon Cousin,

Il n'y a rien de plus obligeant ni de plus affectueux que la lettre que Votre Altesse Électorale me fait le plaisir de m'écrire. Elle peut être fermement persuadée que ma vie et mes intérêts sont inséparables

---

[1] Cf. *ibidem*, 580, au roi de Pologne, à Dresde, Neisse, 2 novembre 1741.

des siens. Je Lui conserve une reconnaissance infinie de la manière généreuse et amiable dont Elle m'a cédé le comté de Glatz. Son amitié m'est plus précieuse que tout au monde et je L'assure qu'Elle n'oblige pas un ingrat.

Nous sommes entrés aujourd'hui dans Neisse. Les bombes ont fait à mon grand regret un dégât épouvantable [1]. La garnison était composée de l'excroissance du genre humain et les officiers m'ont paru

[1] Le siège *pro formâ* et la défense simulée de Neisse donnèrent lieu à de tristes incidents qu'il paraît difficile d'attribuer à l'inexpérience, à la maladresse des artilleurs prussiens, à leur ignorance de la portée des pièces qu'ils servaient. Sans tenir le moindre compte des stipulations convenues, dès le 29 octobre au matin, les batteries prussiennes ne s'étaient pas bornées à battre les portes et les remparts de la place. On n'avait pu résister à la tentation de bombarder les églises et les maisons de la ville. Et cependant, le même jour, le général prussien Walrave, chargé de la direction du siège, ne craignait pas de faire demander au lieutenant-colonel baron Krottendorf, commandant la place de Neisse, « de ne pas faire tirer sur les quelques officiers prussiens qu'on apercevait de temps à autre et parmi lesquels se trouvaient souvent le Roi et les princes de Prusse. » Il s'engageait en retour « à épargner les maisons de la ville et à jeter beaucoup moins de bombes ». Malgré les belles promesses de Walrave, l'artillerie prussienne ne modifia pas son tir, et Krottendorf, voyant que « comme si on l'eût fait de propos délibéré, presque toutes les bombes tombaient à l'intérieur de la ville et sur les maisons des rues les plus éloignées des remparts », écrivit à Walrave qu' « il n'y avait plus dans la ville une seule maison, une seule église qui fût à l'abri des bombes. » Il ajoutait qu' « on pouvait comprendre qu'un pareil accident puisse arriver à des maisons situées tout près des remparts, mais que ce n'était pas, même en détruisant une ville de fond en comble, qu'on avait chance de hâter la capitulation d'une place ».

Un peu après deux heures, Frédéric, qui s'était trouvé chez Walrave, au moment de l'arrivée du billet de Krottendorf, faisait savoir à l'officier autrichien qu'il avait immédiatement fait donner l'ordre à la batterie « de ménager la ville autant que possible ». Le feu cessa en effet pendant près d'une heure ; mais lorsque la batterie recommença à tirer, à des intervalles un peu plus espacés, il est vrai, elle n'en continua pas moins à envoyer tous ses projectiles sur les édifices et les maisons de la ville.

Le lendemain 30, le colonel von Borcke, aide de camp du roi, somma la place de se rendre. En présence du refus motivé de Krottendorf, les batteries prussiennes se remirent à tirer de midi à cinq heures et, tout comme la veille, bombardèrent les maisons de la ville. A sept heures du soir, l'artillerie du roi ouvrait encore une fois le feu et criblait de ses projectiles les maisons situées au centre même de la ville. Grâce à ces procédés qu'il nous semble inutile de qualifier, et que les descendants des soldats de Frédéric ont encore perfectionnés, le roi de Prusse réussit à se faire ouvrir les portes de Neisse deux jours avant l'expiration du délai prévu par l'acte de Klein-Schnellendorf. »

(Major Z..., *op. cit.*, 56-58, d'après la relation du siège de Neisse conservée aux *Archives particulières des comtes de Neipperg*.)

d'un très médiocre mérite. Je dois en partie la reddition de cette place aux armes de Votre Altesse Électorale. Je Lui dois tant, et tout cela tout à la fois, que je manque de termes pour Lui exprimer ma sincère gratitude. Je La prie de ne point ajouter foi aux lettres de l'impératrice Amélie [1], aussi peu qu'aux artifices usés de la Cour de Vienne. Je peux L'assurer positivement et sur mon honneur que je n'ai point fait de paix avec les Autrichiens et que je ne la ferai que lorsque Votre Altesse Électorale sera satisfaite.

J'ai poussé les Saxons si vivement que j'en ai tiré promesse qu'ils entreraient aujourd'hui en Bohême. Comme mes troupes y sont en quartier, je les aiguillonnerai de si belle façon que je les ferai bientôt avancer vers la Moravie, où ils pourraient pénétrer d'un côté, moi de l'autre, et rejeter Neipperg — si Votre Altesse Électorale le laisse respirer jusqu'alors — dans l'Autriche.

Mes vœux sont pour mon cher Électeur, que j'embrasse mille fois le plus tendrement du monde. Je pars pour Berlin, où ma présence est très nécessaire à cause des affaires du pays et des quartiers d'hiver des Français en Westphalie. A la fin de février ou au commencement de mars, je compte faire un tour en Bohême et, si les Bavarois sont à Prague, j'irai pour voir du moins des troupes qui appartiennent à Votre Altesse Électorale, trop heureux si je pouvais L'y trouver en personne et L'assurer de vive voix de la haute estime et de la considération infinie avec laquelle je suis jusqu'au dernier soupir de ma vie, Monsieur mon Cousin, de Votre Altesse Électorale le très fidèle ami, cousin et frère.

Fédéric.

C. P. 582. — *Au ministre d'État de Podewils, à Breslau.*

Breslau, 6 novembre 1741.

Rapport de Broich, de Francfort, 28 octobre. « Grâce aux offres du maréchal de Belle-Isle, la Bavière et la Saxe ont accepté le projet [2] prussien de l'acte d'accession et de garantie. »

Il est vrai que pour la consola-

« Je ne relâcherai rien et il (Broich) a eu tort de signer pareil article.

J'espère seulement que cela ne me causera aucun préjudice et ne remettra pas toute l'affaire en

---

[1] Wilhelmine-Amélie, fille de Jean-Frédéric, duc d'Hanovre, veuve de l'empereur Joseph Ier et belle-mère des électeurs de Bavière et de Saxe.

[2] Le traité d'accession fut, on le sait, signé à Francfort, le 1er novembre.

tion des deux cours susnommées, ledit sieur Maréchal a trouvé bon d'ajouter audit traité un article séparé, dans lequel est stipulé que, si Votre Majesté, à la sollicitation de la Saxe et de la Bavière, Se voudrait relâcher d'un ou autre point accordé dans le traité d'accession, ce point ou article serait censé nul. Comme ceci dépend uniquement de la volonté de Votre Majesté, j'ai signé aussi cet article séparé. »

question en faisant naître de nouvelles difficultés. »

Non content des pompeuses manifestations épistolaires du 2 novembre, craignant que la chaleur de sa lettre n'ait pu parvenir à dissiper les soupçons d'Auguste III, Frédéric croit prudent de lui envoyer Podewils à Dresde et d'écrire le même jour à l'Électeur de Mayence pour lui demander de donner sa voix à Charles-Albert.

Quoique plus rassuré du côté de Belle-Isle, dont il connaît à fond le caractère, il n'en pousse pas moins la prudence et l'habileté jusqu'à prendre prétexte de l'intervention du Maréchal dans les négociations qui viennent de se terminer pour le remercier d'abord, lui toucher ensuite deux mots de ses opérations, et enfin, et surtout pour protester à nouveau contre les rumeurs venant de Vienne.

C. P. 584. — *Au roi de Pologne, à Dresde.*

Breslau, 8 novembre 1741.

MONSIEUR MON FRÈRE,

J'ai fait prendre la route de Dresde à mon ministre d'État de Podewils, pour lui procurer l'honneur de rendre ses devoirs à Votre Majesté et de Lui réitérer en mon nom les assurances les plus fortes de ma sincère amitié pour Elle. Je prie Votre Majesté de vouloir lui accorder un accueil favorable et d'ajouter une foi entière à ce qu'il Lui dira de ma part. Cependant, comme on s'obstine à faire courir le faux bruit de ma prétendue réconciliation avec la reine de Hongrie, je me flatte que Votre Majesté sera trop persuadée de la droiture de mes sentiments et des vues malicieuses de ces noires fictions pour ne pas leur refuser toute croyance.

Le temps et l'expérience prouveront clairement que je me ferai toujours un devoir d'observer et d'exécuter religieusement mes engagements. Votre Majesté me rendra la justice d'en être assurée, comme aussi de la parfaite et constante amitié avec laquelle je suis, Monsieur mon Frère, de Votre Majesté le bon frère.

FÉDÉRIC.

C. P. 585. — *Au Maréchal comte de Belle-Isle, à Francfort-sur-le-Main.*

Breslau, 8 novembre 1741.

J'ai été charmé de voir par la vôtre du 2 de ce mois que l'affaire de mon accession au traité d'alliance entre la Bavière et la Saxe vient d'être réglée à mon entière satisfaction. Je vous rends bien des grâces de tous les soins et peines que vous y avez pris, et je vous prie de croire que je vous en conserverai une reconnaissance infinie et que vous n'aurez pas travaillé pour un ingrat.

Sur ce que vous venez, Monsieur, de me proposer que, par mes troupes qui sont entrées en Bohème, je doive former une diversion efficace en faveur de l'Électeur, je vous prie de considérer que, dans la situation où mes troupes sont actuellement, elles sont trop séparées pour qu'elles puissent agir efficacement dans les contrées de la Bohème et, comme je n'y saurai faire de changement, je crois que tout ce que je puis faire est de vous assurer la Moravie, en cas que l'envie prenne à Neipperg d'en sortir avec ses troupes.

Quoique je sois accoutumé aux artifices malicieux de la Cour de Vienne, néanmoins les faussetés, qu'elle tâche de répandre depuis peu sur mon sujet, m'ont extrêmement indigné contre elle, et M. de Valory vous apprendra de quelle façon je m'en suis expliqué. Le temps m'en justifiera, et vous verrez par ma conduite que je sais observer les engagements que j'ai pris avec mes fidèles alliés et amis. Je suis avec la plus haute considération et avec une estime infinie, Monsieur, votre très affectionné

FÉDÉRIC.

Malgré toutes ces belles paroles, Frédéric ne trouvait pourtant pas, on le voit, que le moment fût venu pour lui de jeter le masque et d'entreprendre quoi que ce soit en faveur de ses alliés. Avant de se déclarer, le roi, auquel la Bavière avait cédé le comté de Glatz, mais qui n'était pas encore à la veille d'entrer en possession de cette place toujours occupée par les Autrichiens, tenait plus que jamais à ne rien compromettre par une précipitation inutile et maladroite. « La prudence, comme il le dit dans l'*Histoire de mon temps,* semblait exiger une conduite mitigée par laquelle il établît une espèce d'équilibre entre les maisons d'Autriche et de Bourbon. » Et de plus, en raison même d'une foule de circonstances que le roi avait envisagées sous tous leurs aspects, il lui importait de voir quelle tournure prendraient les opérations en Bohême [1]. Il se demandait à lui-même ce qui arriverait dans le cas où l'armée de Neipperg, après avoir opéré sa jonction avec Lobkowitz, y infligerait un échec sérieux aux alliés et obligerait l'Électeur à faire la paix. Ce qui l'arrête en ce moment, ce qui contribue aussi puissamment à l'empêcher de prendre une résolution, c'est Glatz qu'il veut à tout prix être sûr de voir tomber entre ses mains [2].

Aussi, dès qu'il a su que les Saxons se préparaient à entrer en Bohême et se proposaient de pousser ensuite sur la Moravie, on l'a vu, sans perdre une minute, ordonner dès le 31 octobre au prince d'Anhalt-Dessau de profiter du moment, où les Saxons le masqueront et se trouveront entre lui et l'armée autrichienne, pour tenter un coup de main sur Glatz [3].

Mais s'il veut et s'il désire cette place, dont il a reconnu l'importance capitale, il n'en reste pas moins le calculateur froid et prudent qui prévoit toutes les éventualités, entre autres celle d'une rencontre entre les alliés et les Autrichiens du côté de Prague. Dans ce cas, le prince Léopold restera immobile dans

---

[1] Cf. *ibidem,* 588, au grand maître de l'artillerie baron de Schmettau, 17 novembre; 591, à l'électeur de Bavière, 20 novembre; 592, à Schmettau, 20 novembre; 596, à Belle-Isle, 21 novembre.

[2] Cf. *ibidem,* 588, au grand maître de l'artillerie baron de Schmettau, 17 novembre; 593, au conseiller de guerre Klinggraeffen, 20 novembre; 606, au même, 30 novembre.

[3] Cf. *ibidem,* 579, au prince héritier d'Anhalt-Dessau, 31 octobre.

ses quartiers, même si les alliés éprouvaient un échec sérieux. Il ne se retirera sur la Silésie que si Neipperg se porte contre lui. Enfin si les alliés lui demandent de leur venir en aide, le prince leur répondra d'une manière vague et évasive, mais dans les termes les plus polis [1].

Frédéric est d'autant plus circonspect, son attitude est d'autant plus réservée et expectante que, dans son for intérieur, il n'est pas éloigné de croire à une victoire que les Autrichiens ont de grandes chances de remporter sur les alliés en Bohême. Raison de plus pour lui d'éviter de commettre des actes qui l'auraient empêché de se rejeter en temps utile du côté de l'Autriche et de se faire payer par elle son inaction égoïste et intéressée. Il est d'autant moins permis d'en douter que, vers la fin de décembre 1741, il ne se gênera pas pour dire cyniquement à lord Hyndford qu'il « *ne savait guère ce qu'il aurait fait si les Autrichiens n'avaient pas été assez bêtes pour se laisser enlever Prague sous leur nez.*

Pendant tout ce temps, on s'était entêté à croire à Vienne à la possibilité d'une entente définitive avec Frédéric. On y croyait même d'autant plus que l'on savait que lord Hyndford avait reçu de son gouvernement l'ordre de hâter la signature du traité de paix entre l'Autriche et la Prusse. Il est juste toutefois d'ajouter que, malgré tous ses efforts, lord Hyndford n'avait pu obtenir une réponse catégorique de Frédéric. Le roi avait manœuvré avec tant d'habileté que ce fut seulement le 28 novembre, et à Berlin même, après avoir reçu quelques heures auparavant la nouvelle de l'*escalade* de Prague, qu'il autorisa Hyndford à lui soumettre toutes les pièces, tous les mémoires que le ministre d'Angleterre avait vainement essayé de lui communiquer depuis plus d'un mois [2]. Le Roi s'était du reste hâté de déclarer à Hyndford qu'il ne lui ferait connaître sa manière de voir et ses résolutions que le 25 décembre.

---

[1] Cf. *ibidem*, 594, au prince héritier d'Anhalt-Dessau à Jungbunzlau. Charlottenburg, 20 novembre 1741.

[2] Note de Robinson, Presbourg, 9 décembre 1741 *(Haus, Hof und Staats Archiv)*.

Le vent avait complètement tourné depuis la chute de Prague. Il suffit pour s'en convaincre de jeter un coup d'œil sur le procès-verbal que Frédéric consentit à laisser dresser des déclarations qu'il s'était décidé à faire à Valory.

C. P. 602. — *Au ministre d'État comte de Podewils, à Berlin.*
Précis des discours tenus par le Roi au marquis de Valory.

[Berlin], 30 novembre 1741.

Le lord Hyndford a proposé par écrit à Sa Majesté le roi de Prusse de s'allier avec la reine de Hongrie et la ligue qui se ferait en sa faveur; que cette ligue et la reine de Hongrie lui garantiraient et céderaient tout ce qui lui plairait, à condition que Sa dite Majesté Prussienne donnerait sa voix au Grand-Duc.

Le Roi a dit au sieur de Valory qu'il convenait que le Roi son maître donne des ordres à M. de Bussy à Londres de se concerter avec son ministre à cette cour à l'effet de faire ensemble et conjointement des représentations au roi d'Angleterre à peu près dans ce sens :

Que le Roi et Sa Majesté le roi de Prusse, étant bien résolus de tenir religieusement la convention de neutralité qui a été stipulée et arrêtée à Hanovre, le sont également de prendre un parti convenable à leur gloire et à leurs intérêts, en cas que le roi d'Angleterre de son côté manque à remplir les conditions qui ont servi de base et de motif à cette convention de neutralité.

Lesquelles conditions sont principalement que le roi d'Angleterre n'assistera ni directement, ni indirectement la reine de Hongrie; que les Danois et les Hessois seraient renvoyés chez eux.

Les deux Rois alliés jugent que ces conditions ne sont pas remplies de la part du roi d'Angleterre, en ce que ses Danois et *Hessois* sont encore dans le pays d'Hanovre et que Sa Majesté Britannique négocie actuellement pour doubler le corps des Danois ainsi que celui des Hessois et que, si son intention est d'observer religieusement la convention signée à Hanovre, elle ne peut avoir besoin de ces nouvelles troupes.

Que le langage que tient M. Trevor, ministre britannique à la Haye, de même que les intrigues qu'il fait agir, sont très contraires aux engagements que le roi d'Angleterre a pris; que ces mêmes intrigues sont mises en usage à la cour de Russie, où le sieur Finch sollicite des secours pour la reine de Hongrie.

Que rien n'est aussi plus opposé à ce que Sa Majesté Britannique a promis que les subsides qu'il paye à la Reine. Il paraît très important que ces subsides cessent.

Que Sa Majesté Britannique fasse cesser les menées de M. de Münchhausen à Francfort, *chez l'électeur de Trèves et les princes de la convention d'Offenbach*[1] pour retarder l'élection de l'empereur, comme il fait, et cela contre les engagements que le Roi son maître a pris, non seulement avec la France et ses alliés, mais encore contre les particulières assurances qu'il a données à l'électeur de Bavière.

Les deux ministres de France et de Sa Majesté Prussienne doivent représenter ensemble que, si le roi d'Angleterre ne veut pas donner sur tous ces articles une prompte et juste satisfaction, les Rois leurs maîtres seront forcés de prendre les mesures les plus fortes et les plus justes pour l'y obliger, notamment en faisant entrer leurs troupes dans l'électorat d'Hanovre.

Le sieur de Valory croit n'avoir rien oublié de ce que Sa Majesté lui a fait l'honneur de lui dire, et supplie Son Excellence M. le comte de Podewils de redresser à la marge ce qu'il croira nécessaire, ou ajouter ce qui est omis relativement aux intentions du Roi ; mais il a cru avoir employé là-dessus le sens des paroles de Sa Majesté, au moins autant que sa mémoire a pu lui permettre.

Les affaires avaient du reste pris à partir de la mi-novembre une tournure nettement défavorable pour l'Autriche. L'Électeur de Bavière avait amené le gros de ses forces presque sous Prague et venait d'opérer sa jonction avec les Saxons de Rutowski. « L'Espagne, pour nous servir des termes mêmes employés par Frédéric[2], ne voulut pas demeurer oisive, tandis que tout le monde

---

[1] Les mots en italique sont ceux qui ont été ajoutés par Frédéric II sur la minute.

[2] FRÉDÉRIC II, *Histoire de mon temps*, chap. IV. « La reine d'Espagne, qui était de Parme, forma des prétentions sur cette principauté et sur celle de Plaisance, qu'elle appelait son *cotillon*, pour y établir son second fils, don Philippe. Elle fit passer 20 000 Espagnols sous les ordres de M. de Montemar, par le royaume de Naples, en même temps que don Philippe, avec un autre corps, passait par le Dauphiné et la Savoie pour entrer en Lombardie. Ainsi, un feu, qui dans son origine ne parut qu'une étincelle en Silésie, se communiqua de proche en proche et causa bientôt en Europe un embrasement universel. »

— 359 —

pensait à son agrandissement. 20 000 Espagnols reçurent l'ordre de s'embarquer à Barcelone pour passer en Italie, où 20 000 Napolitains n'attendaient que leur arrivée pour commencer les hostilités. » Malgré ces faits, auxquels il attribua leur réelle importance lorsqu'il fixa ses souvenirs dans l'*Histoire de mon temps*, le roi ne jugea pas encore le moment venu de se rendre aux prières de l'Électeur. Loin de donner au prince Léopold d'Anhalt l'ordre d'aller rejoindre les Franco-Bavarois devant Prague, il se contenta, afin de témoigner son bon vouloir à Belle-Isle, de mettre à la disposition des alliés cinq escadrons des hussards Bronikowski. Et encore eut-il bien soin de munir leur chef d'instructions qui rendaient complètement inutile l'envoi de ce dérisoire renfort de quelques cavaliers [1].

Toutefois, le 28 novembre, dès qu'il a reçu la nouvelle de la prise de Prague (26 novembre), l'avis de la retraite précipitée du Grand-Duc et de l'arrivée d'un corps franco-saxon sur les bords de la Sazawa, il se montre tout d'un coup plus disposé à manifester et à accentuer ses bonnes dispositions à l'égard des alliés. Cédant à la demande de Belle-Isle, il prescrit au prince Léopold d'envoyer non plus *cinq*, mais *vingt-cinq* escadrons « se joindre aux troupes alliées pour marcher en avant aux confins de la Moravie [2] ».

En même temps, d'ailleurs, il s'empresse d'écrire au Cardinal pour renouveler, pour exagérer ses protestations de tendresse et de loyauté, d'amitié et d'admiration, pour protester plus énergiquement que jamais contre l'accusation ridicule portée contre lui.

Pour la première fois aussi depuis l'acte de Klein-Schnellendorf, il a, comme le montre le *Précis du discours qu'il a tenu à Va-*

---

[1] Cf. *ibidem*, 597, au prince héritier d'Anhalt-Dessau, 21 novembre.
[2] Cf. *ibidem*, 604, au prince héritier d'Anhalt-Dessau, 30 novembre ; 605, à Belle-Isle, même date ; 607, à Schmettau, auquel il ajoute ces mots : « à condition que ces escadrons restent toujours à la gauche vers les confins de la Silésie pour n'en pouvoir être coupés, et qu'en cas que l'armée de l'Électeur soit obligée d'aller en arrière, alors mes escadrons puissent se replier sur le corps du prince Léopold. »

lory, changé de ton vis-à-vis de l'Angleterre. Non content de déclarer nuls et non avenus les engagements qu'il avait affecté de respecter jusque-là, non content de menacer le cabinet de Saint-James de faire entrer ses troupes dans le Hanovre, si l'Angleterre continue de prêter son appui politique à Marie-Thérèse ou de lui fournir des subsides, il se refuse catégoriquement à se rendre au désir de Podewils, qui « pour dorer un peu la pilule » lui propose de modifier un peu la rédaction de Valory. Il lui répond au contraire en lui envoyant la « minute de la déclaration que nos envoyés (ceux de France et de Prusse, de Bussy et Andrié) pourront faire [1] ».

C. P. 608. — *Au ministre d'État comte de Podewils, à Berlin.*

Rapport de Podewils, Berlin, 30 novembre :

Valory demande : « S'il doit écrire à sa Cour pour que le sieur de Bussy tienne le langage contenu dans la pièce ci-jointe [2], ou si Votre Majesté trouve à propos d'y adoucir ou changer quelque chose. » — « Pour dorer un peu

« J'ai minuté la réponse à faire. Instruisez Andrié que, dès que Bussy aura reçu ses ordres, il puisse se conduire de concert avec lui et selon la façon que je vous marque ici-bas. »

---

[1] Cf. C. P. 645. — *Au Conseiller Andrié, à Londres.*

« Berlin, 25 décembre 1741.

« Mes ordres, touchant la déclaration que vous devez faire au Roi conjointement avec l'envoyé de la France, M. de Bussy, vous seront apparemment parvenus.

« Comme les expressions de ces ordres sont un peu vives, mon intention est que, malgré ces ordres, vous devez tâcher comme de vous-même de modérer autant que possible les expressions y contenues, de la manière que le roi d'Angleterre n'en soit pas trop aigri, et que la nation britannique ne s'en puisse révolter contre moi à cause de cela. C'est sur votre dextérité et votre savoir-faire que je me repose dans cette affaire. Je suis, etc.

« FÉDÉRIC. »

La déclaration fut remise le 27 décembre par Andrié et de Bussy avant l'arrivée à Londres de cette dépêche.

[2] *Ibidem*, 602, à Podewils, 30 novembre 1741.

la pilule », Podewils pense qu'on pourrait donner une tournure un peu moins nette au passage suivant : « Que si le roi d'Angleterre ne veut pas donner... une prompte et juste satisfaction, les Rois... seraient forcés de prendre les mesures les plus fortes, etc. »

Minute de la déclaration que nos envoyés pourront faire.

Que les deux Rois alliés, également engagés à soutenir le repos et la tranquillité du Saint-Empire, doivent faire pour cet effet les remontrances les plus fortes au roi d'Angleterre pour qu'il change de conduite et se tienne plus religieusement attaché à l'observance du traité de neutralité qu'il a conclu avec la France, sans quoi les suites de l'infidélité du roi d'Angleterre obligeraient les rois de France et de Prusse à recourir à des moyens convenables à leur gloire et aux circonstances pour montrer au roi d'Angleterre à la face de toute l'Europe que l'on ne se joue pas impunément de leur modération et de leur bonne foi.

C. P. 610. — *Au cardinal de Fleury, à Issy.*

Berlin, 3 décembre 1741.

Monsieur mon Cousin,

Vos lettres ne m'importunent jamais ; au contraire, elles me font un très grand plaisir, et je suis ravi de puiser des lumières dans la correspondance d'un grand homme, dont l'expérience et la sagesse sont reconnues de toute la terre et dont l'âge ne diminue en rien la force de l'esprit, du génie et de l'exécution.

J'ai lu avec beaucoup d'attention le Mémoire, Monsieur, que vous avez eu la bonté de m'envoyer, et je dois vous rendre justice que votre conduite à l'égard de l'Espagne et de vos autres alliés a été irréprochable dans la dernière guerre. Vous pouvez aussi être persuadé qu'il ne règne dans mon cœur aucune méfiance contre le Roi votre maître, et que ce ne sera pas moi qui donnerai lieu à l'altération de l'union étroite qui règne entre nos Cours. Pour démentir d'une façon authentique et sans équivoque les bruits que les Autrichiens avaient répandus dans le monde de notre accommodement, j'ai écrit à l'électeur de Mayence une lettre pathétique et pressante pour accélérer l'élection de l'Électeur de Bavière.

J'ai parlé à M. de Valory des mesures que je croyais qu'il serait nécessaire de prendre pour la gloire du roi de France et pour le repos de l'Allemagne contre les mauvais desseins du roi d'Angleterre. J'ai minuté une déclaration, que je crois qu'il sera d'une nécessité absolue de faire faire à ce prince par nos envoyés à sa Cour pour déraciner ce reste de mauvaise volonté impuissante avec laquelle il cabale en Europe et pour lui ôter une bonne fois l'envie et les moyens de s'opposer aux engagements que le roi de France a pris avec ses alliés.

Il y a actuellement quelques-unes de mes troupes sous les ordres de l'Électeur, et je me prépare à ouvrir au printemps prochain la campagne à la tête de 40 000 hommes de mes troupes. Nous ferons, le maréchal de Belle-Isle et moi, tous les arrangements nécessaires pour que nous puissions avoir le plaisir, Monsieur, de vous donner bientôt la nouvelle de la façon dont vos braves Français et vos alliés savent exécuter et mettre à leur perfection les projets des grands événements que vous avez roulés dans la capacité de votre génie et que vous avez arrangés dans le conseil de votre sagesse.

L'artifice, que la Cour de Vienne a employé pour nous désunir, est d'autant plus grossier qu'il est visible et qu'il saute aux yeux des moins politiques, que jamais je ne pourrais faire de démarche plus contraire à ma gloire et à mes intérêts que de faire une paix plâtrée avec mes ennemis, qui conserveront naturellement le levain dans leurs cœurs contre moi, qu'ils regardent comme l'auteur de leurs infortunes.

D'ailleurs, rien ne m'est plus avantageux que de voir, entre les Autrichiens et moi, les Saxons, qui me servent, pour ainsi dire, de digue contre l'envie qui pourrait prendre à la reine de Hongrie de récupérer la Silésie.

Le voisinage de l'Électeur de Bavière, de l'autre côté, me convient beaucoup mieux que celui des Autrichiens, avec lesquels je ne saurais vivre en sûreté et auxquels je puis dire avec Cicéron : « Non, Catilina ! Vous ne vivrez point dans l'endroit où je suis ! Fuyez, Catilina ! Il faut que des murs nous séparent ! »

Mais plus que toutes ces raisons que je viens d'alléguer, les vrais principes de politique de ma maison demandent qu'elle soit étroitement unie avec la France, puisque moyennant cette union le rôle que nous jouons en Europe est infiniment plus beau que celui que nous jouerions à la suite de l'Angleterre et de la Hollande.

De plus, dans les liaisons où je suis maintenant, je puis voir l'agrandissement de la France sans envie, de même que cette couronne peut regarder le mien sans qu'il lui soit préjudiciable, puisque nous n'avons aucun litige ensemble et que le voisinage ne nous commet point. Il y a même des raisons du côté de nos deux Cours également fortes pour cultiver de plus en plus notre union et de la rendre, s'il se peut, éternelle.

C'est tout le contraire avec l'Angleterre et l'Autriche. N'eussé-je pas d'autres raisons de ne point m'allier avec eux que celle de leur pitoyable conduite, celle-là même serait, ce me semble, suffisante.

Mais je ne m'aperçois pas que j'abuse à mon tour du loisir de l'Atlas de l'Europe. Si je vous écris de longues lettres, Monsieur, c'est que j'aime à m'entretenir longtemps avec vous et que l'amitié est bavarde. J'espère que vous ne m'en saurez pas mauvais gré et que vous ne douterez jamais des sentiments de la haute estime et de la considération parfaite avec laquelle je suis, Monsieur mon Cousin, votre inviolable ami et cousin,

FÉDÉRIC.

En même temps qu'il changeait de ton vis-à-vis de l'Angleterre, Frédéric avait pris une attitude de plus en plus réservée et froide, presque menaçante et hostile, à l'égard de l'Autriche, qui avait cependant évité avec un soin jaloux tout acte, toute manifestation, qui aurait pu servir de prétexte à des réclamations, à l'envoi de notes désagréables. L'acte de Klein-Schnellendorf, que Marie-Thérèse s'était efforcée de tenir secret, et dont elle avait assuré l'exécution avec une rigoureuse exactitude, avec le sentiment si élevé, ridicule peut-être en présence et aux yeux d'un adversaire aussi peu scrupuleux, qu'elle avait de la justice de sa cause et de la valeur de ses droits, n'était pas encore dénoncé. Esclave de sa parole, la reine de Hongrie se croit donc à bon droit liée vis-à-vis de Frédéric. Pour elle, l'acte de Klein-Schnellendorf n'est pas un armistice momentané, une simple suspension d'armes. Marie-Thérèse, qui, pour nous servir des termes mêmes employés par le duc de Broglie pour la dépeindre, « ne voulait qu'une chose à la fois, mais ne la perdait jamais de vue », n'avait consenti au sacrifice qu'on avait eu tant de peine à lui arracher que parce qu'en autorisant Neipperg à donner

Neisse et la Silésie en pâture à l'ambition de son adversaire, elle croyait fermement signer les préliminaires d'un traité de paix définitif. La conclusion lui en paraissait d'autant plus certaine qu'elle était pour le moment encore loyalement secondée par l'Angleterre, par George II qui, craignant pour ses possessions continentales du Hanovre, s'employait sérieusement à mettre fin à la lutte sur le point de s'envenimer entre la Prusse et l'Autriche.

Le cabinet de Saint-James n'avait pas encore entrevu la possibilité du renversement des alliances, qui ne germera que quinze ans plus tard dans l'esprit inventif et intéressé de Frédéric et qui aboutira au traité de White-Hall. Puissance protestante, l'Angleterre ne pouvait d'ailleurs témoigner à la Prusse qu'une hostilité apparente, passagère et toute de circonstance, et pour l'instant du moins, elle prêtait à Marie-Thérèse un concours d'autant plus réel qu'elle avait un double intérêt à voir son intervention couronnée de succès. Si sa médiation aboutit, comme Walpole, lord Hyndford et Robinson se flattaient de le croire pendant la deuxième quinzaine d'octobre et tout le mois de novembre 1741, comme Marie-Thérèse, le grand-duc de Toscane, Bartenstein, Sinzendorff et les autres conseillers de la cour d'Autriche l'espèrent et le désirent, l'Angleterre en bénéficiera d'autant plus qu'elle n'aura ni subsides, ni troupes auxiliaires à fournir et qu'elle pourra tourner librement ses efforts et son attention contre la France et l'Espagne.

Frédéric était trop habile et trop fin pour négliger de tirer profit d'une situation aussi avantageuse pour lui. N'osant pas toutefois jeter prématurément le masque, certain d'autre part de voir ses adversaires de la veille et du lendemain faire preuve d'une condescendance et d'une mansuétude dont les conséquences leur paraissent d'autant moins dangereuses qu'ils se croient à la veille d'une entente durable, il encourage, ou tout au moins il tolère, les excès dont ses généraux et ses officiers sont les auteurs ou les complices.

Trois rapports entre autres, adressés au feld-maréchal comte de Neipperg par le lieutenant-colonel de Levrier, qui commande à Troppau, sont là pour en faire foi.

Le premier est du 27 novembre : « Ils (les Prussiens) recrutent considérablement et partout et vont jusque dans le duché de Teschen. Il est vrai que ce n'est pas ouvertement et qu'ils ne paraissent pas y employer la violence. Mais l'argent, l'adresse et les ruses les font parvenir aux mêmes fins. Ils maltraitent leurs hôtes dans leurs quartiers, et c'est sans doute pour obtenir leur nourriture particulière, que je sais qu'ils se font donner dans plusieurs endroits. Ils ne sont pas autorisés à le faire, mais cela paraît leur être bien toléré...

... *Comme ces Messieurs* (les Prussiens) *continuent toujours à parler de l'intelligence qu'il y a entre les Cours,* ils agissent en conséquence. »

Le 10 décembre, Levrier signale des faits encore plus graves. Mais il est vrai que le temps a marché, qu'on approche de plus en plus du moment où le Roi va faire connaître ouvertement les intentions qu'il s'est jusque-là appliqué à cacher. « Les Prussiens, écrit-il, ne gardent plus de mesure dans leur façon de recruter. Ils n'ont égard à rien, pas même au duché de Teschen, qui cependant n'est pas compris dans les contributions de la Haute-Silésie. » Enfin, huit jours plus tard, à la date du 18 décembre, Levrier constate qu'ils en arrivent à la violence et qu'on ne peut plus guère douter de leurs projets ultérieurs. Il mande à Neipperg qu' « ils enlèvent aussi partout de force tous les jeunes gens du pays et en prennent même de douze à treize ans. Ils présument qu'ils vont s'emparer de cet endroit et qu'ils pourraient passer en Moravie [1]. »

C'était là, on doit le reconnaître, une singulière façon de respecter les engagements stipulés à Klein-Schnellendorf et l'on peut, non sans quelque apparence de raison, supposer qu'en agissant de la sorte le roi de Prusse espérait lasser la patience de l'Autriche et amener Marie-Thérèse à un éclat, à une rupture.

---

[1] *Archives particulières des comtes de Neipperg.*

Jusqu'au 3 décembre, jusqu'au jour où il prodiguait à Fleury les protestations les plus emphatiques et les plus brûlantes de son admiration et de son dévouement à la France, il avait si bien réussi à éconduire lord Hyndford, que le diplomate anglais n'avait même pas pu pendant tout ce temps parvenir à l'informer officiellement de la mission confiée à Gillern [1].

Le Roi comprenait bien d'ailleurs qu'un pareil état de choses ne pouvait plus se prolonger. Le 8 décembre, il donne au prince héritier Léopold d'Anhalt l'ordre de faire prendre à son infanterie des quartiers situés plus au sud et de se relier avec le feld-maréchal Schwerin auquel il prescrivait de s'emparer de Troppau [2]. En même temps il répondait d'une façon bien concluante à une question que Podewils venait de lui poser.

C. P. 614. — *Au ministre d'État comte de Podewils, à Berlin.*

Rapport de Podewils, Berlin, 7 décembre :

Il présente le « Mémoire qu'il a rédigé pour presser l'élection d'un empereur et que M. de Valory m'a demandé ensuite d'un entretien qu'il a eu hier au soir avec Votre Majesté sur ce sujet. »

« C'est admirable. Il faut faire partir cette expédition par un courrier afin d'en accélérer l'effet. »

Quarante-huit heures plus tard, il profite de l'arrivée d'un rapport d'Andrié pour revenir cette fois sur la déclaration qu'il a minutée le 30 novembre, pour montrer qu'il persiste plus énergiquement que jamais dans ses résolutions et que la cour d'Autriche aurait bien tort de compter sur des dispositions bienveillantes de sa part.

[1] Lord Hyndford au baron de Gillern, Berlin, 3 décembre. Gillern à la Reine et à Neipperg, Troppau, 18 décembre 1741. *(Archives particulières des comtes de Neipperg.)*
[2] *Correspondance politique*, 615, au prince héritier d'Anhalt-Dessau à Jungbunzlau, Berlin, 8 décembre, et *ibidem*, 620, au feld-maréchal comte de Schwerin, à Neisse. Berlin, 9 décembre 1741.

C. P. 622. — *Au Département des Affaires étrangères.*

Berlin, 10 décembre 1741.

Rapport d'Andrié, de Londres, 28 novembre :

« Depuis une quinzaine de jours, on ne s'entretient ici à la Cour et partout ailleurs que du prétendu traité conclu entre Votre Majesté et la reine de Hongrie. »

« *Cito.* Démentir et contredire hautement ces fables et les journaux afin que ces bruits ne se répandent pas dans le public. Il aura affaire à moi s'il n'agit pas vigoureusement. La déclaration, qu'il a dû faire au Roi, aurait dû lui ouvrir les yeux et lui prouver la fausseté de tous ces bruits. »

Malgré l'attitude de plus en plus cassante de Frédéric, on persistait, en dépit de tout, à croire à Vienne et à Presbourg à la sincérité du roi de Prusse. On ne s'étonnait même pas de voir lord Hyndford avouer qu'il n'osait pas présenter Gillern en qualité de représentant de la Reine, de peur de s'exposer aux reproches du Roi. « Celui-ci, disait-il, ne manquerait pas de protester contre l'entrée en scène d'un nouveau personnage qu'il faudrait mettre au courant d'un secret qui ne devait être connu que de la Reine, du Roi et de moi. »

Malgré la dépêche d'Hyndford à Gillern, de Berlin, le 3 décembre, malgré le rapport que Gillern envoyait, le 10 décembre de Troppau, à la Reine et à Neipperg [1], Marie-Thérèse n'avait pas voulu, même à ce moment, se décider à croire à la mauvaise foi, aux intentions perfides de Frédéric. Rien ne prouve mieux sa confiance que le mémoire dans lequel, à la date même du 13 décembre, tout en laissant entrevoir la possibilité de faire au Roi d'autres concessions, elle se déclarait prête à renoncer à ses droits de souveraineté sur la Nieder-Lausitz (basse-Lusace), à ses droits sur la succession de Juliers et de Berg, sous la réserve toutefois du consentement donné par l'Angleterre sur ce dernier point.

Or ce fut précisément le 13 décembre que Frédéric, on s'en

[1] *Archives particulières des comtes de Neipperg.* (Cf. *Mitteilungen des K. u. K. Kriegs Archiv,* t. VI, p. 359.)

convaincra par la lecture de la note suivante, se décida à démasquer ses batteries.

C. P. 628. — *Au Département des Affaires étrangères.*

Berlin, 13 décembre 1741.

Rapport de Räsfeld, la Haye, 3 décembre :

« Quoique le bruit d'une paix particulière entre Votre Majesté et la reine de Hongrie soit tombé, il y a cependant quelques personnes bien entendues qui croyent qu'il s'en est fait quelque convention d'armistice ou de neutralité. Ce qu'il y a de surprenant, c'est que le baron de Burmannia, ministre de la République à Vienne, en parlant sur cette matière dans sa dernière relation aux États-Généraux, s'exprime à peu près en ces termes. »

« *Mettre dans le Journal officiel que 25 de mes escadrons stationnés en Bohême ont reçu l'ordre de se porter contre l'ennemi avec les troupes françaises, bavaroises et saxonnes.* »

Cinq jours plus tard, Gillern quittait Troppau sur les conseils de Levrier. Arrivé le 20 à Olmütz, où il était encore exposé à être enlevé par les Prussiens, il se rendit presque aussitôt à Brünn. Ce fut de cette ville que le pauvre envoyé de Marie-Thérèse, qui venait de recevoir le courrier que lord Hyndford envoyait à Vienne, fit connaître le 28 décembre à Neipperg l'insuccès définitif des démarches du médiateur anglais, la capitulation d'Olmütz qui la veille avait ouvert ses portes aux Prussiens et la rupture totale des négociations[1].

[1] *Archives particulières des comtes de Neipperg* (cf. *Mittheilungen des K. u. K. Kriegs Archiv*, t. VI), Gillern à Neipperg, 28 décembre 1741 et lord Hyndford au baron de Gillern :

« Berlin, 24 décembre 1741.

« Je me suis donné l'honneur de vous écrire le 15 et le 19 du courant, Dans la première du 15, je ne vous ai donné que fort peu d'espérance de la réussite de notre négociation, et dans la dernière je vous ai dit qu'elle était entièrement rompue, dont je vous ai prié d'avertir M. le comte de Neip-

Le roi de Prusse avait d'ailleurs poussé la prudence, la ruse et l'incorrection jusqu'au bout et, comme Gillern le fait remarquer dans sa lettre, afin d'être plus complètement sûr que les Autrichiens ne seront pas mis officiellement et formellement au courant des opérations de ses troupes, il n'avait pas hésité à faire intercepter les deux lettres que lord Hyndford lui avait adressées à la date des 15 et 19 décembre.

C'était là de la part du Roi une singulière façon de respecter la parole donnée, d'entendre la reconnaissance envers la fille de celui qui l'avait sauvé des fureurs de son père et d'observer la recommandation suprême de Frédéric-Guillaume Ier. Mais tout disparaissait devant les résolutions raisonnées, quoique rapides, de cette ambition froide et calculatrice au service de laquelle il avait su mettre, dès la première année de son règne, les combinaisons subtiles et audacieuses d'une politique sans scrupule, qui, au moins autant que les ressources de son génie militaire, devait assurer la grandeur et le triomphe de celui que Marie-Thérèse appelait, non sans raison, *le méchant homme de Berlin.*

Si l'on recherche, et la chose en vaut assurément la peine, les raisons pour lesquelles Frédéric II se décida à rompre et à déchirer l'acte de Klein-Schnellendorf, on ne manquera pas de reconnaître qu'il serait puéril d'attribuer la cause de ce revirement aux indiscrétions plus ou moins graves, réelles ou supposées, que le roi de Prusse affecte de reprocher aux Autrichiens.

Il suffit, du reste, de laisser la parole à Frédéric lui-même pour voir, comme l'a affirmé avec raison l'historien de Marie-Thérèse, Arneth, qu'il n'avait jamais songé sérieusement à tenir les engagements solennellement pris par lui le 9 octobre. On lit en effet, à la page 240 de l'*Histoire de mon temps* (édition Posner, 1746), cette phrase bien significative : « C'est pourquoi je con-

perg, afin qu'il sût prendre ses mesures là-dessus. Celle-ci vous sera rendue par mon courrier, et je vous prie, Monsieur, d'avoir la bonté de m'informer si les deux autres du 15 et du 19 vous ont trouvé à Troppau. J'envoie la réponse du roi de Prusse à la lettre du comte de Nesselrode par ce courrier à M. Robinson, afin qu'il la rende au comte. Si je vous suis utile en quelque chose ici, j'espère que vous me ferez l'honneur de me commander. »

sentis à cette suspension d'armes, prévoyant d'avance que l'indiscrétion des ministres autrichiens *me fournirait un prétexte légitime pour rompre cette trêve, lorsque je le trouverais à propos.* »

On trouva évidemment que ce cri du cœur échappé à Frédéric dans toute l'ardeur de la jeunesse, dans l'enthousiasme du triomphe, gagnerait à être adouci, et trente ans plus tard on lui substitua, en 1775, la rédaction suivante, qui ne fait du reste qu'atténuer le rôle du Roi sans fournir d'autre explication de sa conduite : « La reine de Hongrie, y lit-on page 199, était au bord du précipice; une trêve lui donnait le moyen de respirer, et *le Roi était sûr de la rompre quand il le jugerait à propos*, parce que la politique de la cour de Vienne la pressait de divulguer ce mystère. »

Cet aveu, aussi sincère que compromettant, prouve bien, si on le compare à la déclaration que Frédéric avait faite à Valory au cours de l'audience qu'il lui accorda le 24 juin 1741[1] : « Une longue guerre ne peut me convenir » que, comme toujours, le roi de Prusse n'agissait pas à la légère et poursuivait, envers et contre tous et par tous les moyens à sa disposition, la réalisation du programme qu'il s'était tracé.

La correspondance de Frédéric est d'ailleurs là pour montrer que nous ne lui prêtons pas des desseins plus noirs que ceux qu'il nourrissait en réalité et pour nous révéler, presque jour par jour, ses idées, ses projets, ses résolutions. C'est ainsi que, dès le 30 août 1741, il écrivait du camp de Reichenbach à Jordan :

> Tout pilote pour faire voile
> Guette les plus heureux moments,
> Que le secours des éléments
> Le seconde en enflant sa toile.

Et pour qu'il ne reste aucun doute à son ami Jordan, il fait suivre ces vers quelque peu sibyllins de ces mots qui expliquent bien toute sa politique : « Ce sont ces moments favorables que nous attendons pour ne point manquer notre coup. *Je tiens nos*

[1] Cf. *ibidem*, 412, au cardinal de Fleury, camp de Strehlen, 24 juin 1741. Note contenant un extrait du rapport de Valory au Roi, de Breslau, 1ᵉʳ juillet, sur son audience du 24 juin.

arrangements presque certains et je présume qu'en jouant à jeu sûr on ne m'en saura pas plus mauvais gré[1].

Dans la lettre que, le 4 septembre, il écrit à Schmettau[2], comme dans celle qu'il envoie le 7 à Jordan, il expose à ses deux correspondants, mais dans des termes naturellement bien différents, le but de ses opérations :

> Ni tous les saints, ni le grand diable
> Ne savent point où nous allons ;
> Mais vous, mon confident aimable,
> Je vous apprends que nous ferons
> Sous peu le siège désirable
> Du fort de Neiss *(sic)* que nous prendrons[3].

Mais déjà à ce moment l'idée de la cessation prochaine des hostilités, cette idée qui le décidera à conclure l'acte de Klein-Schnellendorf, n'en a pas moins commencé à germer dans son cerveau. Pour s'en convaincre, il suffit de lire les dernières lignes de cette lettre : « Comme ce que nous allons faire à présent, écrit le Roi, achève de nous assurer la tranquillité en Silésie et que *cette opération sert de base à nos quartiers d'hiver*, j'en ai la réussite extrêmement à cœur. »

Sans revenir ici, comme on l'aura vu par nos emprunts à la Correspondance, sur les précautions prises par Frédéric pour cacher à l'Électeur de Bavière et à Belle-Isle les négociations qui précédèrent la conclusion de l'acte de Klein-Schnellendorf, nous nous contenterons d'emprunter à la lettre qu'il adressa à Jordan, le 25 octobre, quelques lignes qui montrent bien que, dès cette époque, il était absolument décidé à rejeter, quelque avantageuses qu'elles pussent être, les propositions que Marie-Thérèse aurait pu être amenée à lui faire en vue d'un traité définitif de paix : « *Vous voulez la paix à toute force*, répond-il à Jordan[4], *et par mal-*

---

[1] Frédéric II, *Œuvres posthumes*, t. VI, p. 238. Édition de 1788.
[2] *Correspondance politique*, t. I, 494, au grand maître de l'artillerie baron de Schmettau. Camp de Reichenbach, 4 septembre 1741.
[3] Frédéric II, *Œuvres posthumes*, t. VI, p. 241.
[4] Frédéric II, *Œuvres posthumes*, t. VI, p. 246. Frédéric à Jordan, 25 octobre 1741.

heur vous ne l'aurez pas ; mais, en revanche, je vous promets une prompte fin de campagne. » Tel est le langage bien clair, bien net, que tenait à l'homme, auquel il avait l'habitude de révéler ses pensées les plus intimes, le prince qui venait, quinze jours auparavant, d'assister à la conférence de Klein-Schnellendorf, d'approuver le protocole rédigé en sa présence par lord Hyndford et qui affectait alors d'être si pressé de se réconcilier sincèrement et sérieusement avec l'Autriche.

Après avoir pesé les termes de cette lettre, on ne saurait plus s'étonner des contradictions qu'on relève entre les actes de Frédéric et les engagements qu'il a pris et qu'il a même recherchés. Il n'a trouvé rien à objecter à l'article 6 de l'acte de Klein-Schnellendorf; il y a déclaré que le *roi de Prusse ne demandera jamais plus de Sa Majesté Hongroise que la Basse-Silésie avec la ville de Neisse.* Mais cette stipulation, qui a pu lui paraître suffisante et même avantageuse à un certain moment, n'est pas de nature à le gêner, à l'arrêter dans la voie dans laquelle il s'est engagé dès le mois de décembre 1740, *parce que,* disait-il alors, *il lui fallait la Silésie.* L'appétit, qu'il avait dissimulé dans le principe, et qui paraissait un moment assouvi, lui est revenu bien vite. Il s'est contenté de Neisse ; mais il aurait voulu avoir Glatz, que Marie-Thérèse a eu, à ses yeux, le grand tort, le mauvais goût de lui refuser.

Dans la lettre qu'il a fait adresser par Goltz à lord Hyndford dans la nuit du 25 au 26 septembre, il a bien pu dire : « Pour Glatz, je crois qu'on n'en parlera plus [1]. » Qu'à cela ne tienne ! Le Roi n'en parle plus guère, en effet, aux Autrichiens ; mais il s'entend presque aussitôt avec l'Électeur de Bavière, qui a toujours besoin d'argent, et auquel il rachète ses droits, tout comme avant et après le 9 octobre il négocie avec les Saxons la cession de territoires à l'est de Neisse, territoires qui, de même que Glatz, étaient occupés par les Autrichiens et appartenaient à la Reine. C'est ainsi que Frédéric II respectait la foi jurée.

[1] Cf. *ibidem,* 528, au comte de Hyndford (du colonel de Goltz), 25 septembre 1741.

S'il nous paraît superflu de rappeler ici les différents griefs, tous plus spécieux les uns que les autres, que le roi de Prusse ne cessa de formuler contre l'Autriche, les différents moyens qu'il mit en œuvre pour arriver à se dégager sans avoir l'air de violer la parole donnée, il est toutefois indispensable de bien marquer l'influence que la prise de Prague exerça sur ses résolutions. A partir du 28 novembre, Frédéric n'hésite plus. Il est dès ce moment décidé à intervenir de nouveau, à reprendre les armes, à recommencer les opérations, à tirer parti du piège qu'il a tendu à l'Autriche à Klein-Schnellendorf. Comme il l'écrit le 8 décembre 1741 à sa sœur Wilhelmine, aussitôt après avoir donné à Schwerin l'ordre d'entrer en Moravie : « Il faut pourtant qu'au printemps prochain on ait forcé la Reine de Hongrie et son royal époux à accepter les conditions qu'on leur impose [1]. »

Il ressort du reste de nombreuses lettres de Frédéric que, dès le mois d'août 1744, il avait conçu le projet de s'assurer de bons quartiers d'hiver, afin de pouvoir reprendre plus efficacement la guerre contre Marie-Thérèse et, comme il l'écrira à Belle-Isle le 23 décembre, arriver jusqu'à Vienne [2].

En un mot, ce fut bien moins pour assurer quelque repos à ses troupes que pour se ménager la possibilité de se réserver l'avenir, que Frédéric II conclut l'acte de Klein-Schnellendorf. Plus que jamais, il tenait à pouvoir disposer de toutes ses forces au moment où l'on en viendrait, en fin de compte, à procéder au partage de l'héritage de Charles VI et, comme il le reconnaît lui-même [3], « le plus grand avantage que le Roi retira de cette espèce de trêve fut de rendre ses forces plus formidables. L'acquisition de la Silésie lui procura une augmentation de revenus de 3 600 000 écus. La plus grande partie de cet argent fut employée à l'augmentation de l'armée. Elle était alors [4] de 106 bataillons, de 191 escadrons, dont 60 de hussards. » Le grand coup, le coup

---

[1] Frédéric II, *Œuvres complètes*, chap. XXVII, t. I, p. 103.
[2] *Correspondance politique*, I, n° 643, au maréchal de Belle-Isle. Berlin, 23 décembre 1741.
[3] Frédéric II, *Histoire de mon temps*, fin du chap. IV.
[4] A la fin de 1741.

mortel que Schmettau avait été chargé de préparer et que les Bavarois n'avaient pas su, ou plutôt qu'ils n'avaient pas pu, porter à l'Autriche en 1741, ce coup, il comptait le frapper lui-même dans la campagne qu'il allait entreprendre.

Malgré le dédain dont Frédéric fait intentionnellement étalage toutes les fois qu'il parle de ce qu'il appelle « cette espèce de trêve avec les Autrichiens », malgré le soin qu'afin de se justifier aux yeux de ses alliés et de la postérité il apporte à l'exposé des « motifs les plus secrets » qui ont inspiré sa conduite, il savait fort bien que l'acte de Klein-Schnellendorf ne pouvait avoir pour lui que des avantages. Cette « espèce de trêve » ne hâtait-elle pas la réalisation de ses désirs les plus chers, en même temps qu'elle lui permettait d'attendre les événements avant de prendre un parti.

Ce qu'il ne savait pas à ce moment, c'est qu'il n'avait dû qu'à un hasard heureux la conclusion de cette convention.

Malgré sa jeunesse et son inexpérience, Marie-Thérèse avait mieux jugé la situation que ses vieux conseillers, que les diplomates les plus rompus aux finesses de leur métier. Avec cet instinct particulier aux femmes supérieures, elle n'avait pas eu besoin d'autant de temps que ses ministres pour juger le caractère de Frédéric et pour deviner ses véritables projets.

Elle avait eu l'intuition des événements qui allaient se produire. Dès le premier moment, elle avait été convaincue que ces concessions, auxquelles elle ne s'était résignée qu'après une si longue résistance, n'assureraient à ses sujets ni la paix, ni même la neutralité bienveillante de la Prusse. La lettre qu'elle écrivit à Neipperg, le 11 octobre, *avant d'avoir reçu le protocole de l'acte de Klein-Schnellendorf,* fournit la preuve manifeste et irrécusable des regrets et des pressentiments de la reine de Hongrie. « *Ses intentions,* mande-t-elle à Neipperg, *ne sont que tromperies et lenteurs, exprès pour nous amuser. Je souhaiterais même qu'avec la meilleure grâce du monde et dehors de confiance, vous pouviez partir sans rien conclure* [1]. »

---

[1] *Haus, Hof und Staats Archiv. Friedens Acten,* fasc. 23.

La jeune reine, on le voit, n'avait jamais cru à la sincérité du roi de Prusse. Mais, esclave de sa parole, elle avait tenu à honneur d'exécuter fidèlement et scrupuleusement la convention du 9 octobre. Frédéric, au contraire, n'avait jamais songé sérieusement à tenir ses engagements, et rien ne fait mieux ressortir le scepticisme politique du roi et la clairvoyance de Marie-Thérèse que la phrase significative qu'on peut lire à la page 240 de l'*Histoire de mon temps* (édition de 1746) et que nous avons citée précédemment.

La conclusion et la rupture de l'acte de Klein-Schnellendorf ne sauraient du reste, à aucun point de vue, être considérées comme des faits isolés, exceptionnels, relevés par hasard dans la vie politique si mouvementée, si accidentée de Frédéric II. Les préliminaires de Breslau, suivis de la paix de Berlin (28 juillet 1742), le traité de Dresde (26 décembre 1745), qui n'était, au dire de Frédéric, « qu'un renouvellement pur et simple de la paix de Breslau [1] » ont le même caractère que la convention du du 9 octobre 1741.

Dans ces différentes circonstances, le roi de Prusse ne prend conseil que de son intérêt et ne s'inspire plus, quand il est arrivé au résultat auquel il aspirait, que de la devise : *Chacun pour soi.*

VII

LES PRÉLIMINAIRES DE LA PREMIÈRE GUERRE DE SILÉSIE.
FRÉDÉRIC A DRESDE ET A OLMUTZ. — LA MISSION DE PFÜTSCHNER

Comme il le fit dans toutes les circonstances un peu graves, et surtout toutes les fois qu'il jugea à propos de jeter le masque, Frédéric n'a pas manqué de chercher à expliquer à la postérité les motifs de sa conduite politique, la nécessité des ordres donnés au prince Léopold d'Anhalt-Dessau et à Schwerin.

---

[1] FRÉDÉRIC II, *Histoire de mon temps,* chap. XIV.

« Les partis mitigés, lit-on à ce propos dans l'*Histoire de mon temps*[1], n'étaient plus de saison. Ou il fallait s'en tenir à la *trêve verbale* (?) qui n'assurait de rien et que les Autrichiens avaient si ouvertement enfreinte, ou il fallait détromper les alliés de la Prusse de leurs soupçons par quelque coup d'éclat. L'expédition en Moravie était la seule que les circonstances permissent d'entreprendre, parce qu'*elle rendait le roi plus nécessaire et le mettait en situation d'être également recherché des deux partis*. Le prince s'y détermina, en même temps *bien résolu pourtant de n'y employer que le moins de ses troupes qu'il pourrait et le plus de celles que ses alliés voudraient lui donner.* »

Pleinement satisfait des résultats qu'il venait d'obtenir, Frédéric va remettre en œuvre les procédés qui lui ont si bien réussi, et recourir cette fois encore, comme il le fera du reste pendant presque toute la durée de son règne, à l'action combinée, et souvent même parallèle, des négociations diplomatiques plus ou moins secrètes et des opérations militaires. Bien que ces dernières n'aient eu pendant les dernières semaines de 1741 et les premières de 1742 qu'une importance absolument secondaire, elles sont cependant si étroitement liées aux différentes évolutions politiques du roi qu'avant de reprendre et de continuer le dépouillement de la *Correspondance politique*, on ne saurait se dispenser de jeter un rapide coup d'œil sur la situation militaire et les mouvements des belligérants en Bohême et en Moravie.

Pendant que l'une des colonnes de Schwerin faisait capituler Freudenthal le 20 décembre, le feld-maréchal entrait, le même jour, à la tête de son gros dans les mêmes conditions à Troppau, arrivait avec ses deux colonnes le 25 en vue d'Olmütz[2], qu'il

---

[1] *Histoire de mon temps*, t. I, chap. v.

[2] On relève dans la sommation envoyée par Schwerin au général von Terzy ce membre de phrase pour le moins singulier : « Vu que dans les conjonctures présentes j'ai absolument besoin de la ville d'Olmütz. »
Schwerin avait eu le soin d'éviter depuis son entrée en Moravie tout acte d'un caractère manifestement hostile, et c'est ainsi qu'on lit dans les registres de la ville d'Olmütz la note suivante : « Le 20 décembre, le roi de Prusse a fait entrer à la surprise générale dans le margraviat de Moravie

sommait aussitôt et qui lui ouvrait ses portes le 28. Pendant ce temps Frédéric n'avait pas perdu de vue Glatz, dont il savait les défenses en fort mauvais état et dont la possession lui tenait de plus en plus à cœur, non seulement à cause de la richesse du comté, mais surtout à cause de l'importance stratégique de ce territoire. Investie dans la dernière semaine de décembre, la ville de Glatz était remise le 11 janvier aux troupes du prince Léopold d'Anhalt, à la condition qu'elles s'abstiendraient d'attaquer la citadelle. On se contenta de couper les conduites qui y amenaient l'eau et d'en assurer le blocus.

Malgré la chute de Prague, vers la fin de décembre 1741, la situation des Autrichiens, loin d'être désespérée, était en somme plutôt satisfaisante. En Bohême, on était en mesure d'offrir la bataille dans des conditions qui rendaient un succès extrêmement probable. Khevenhüller se disposait à entrer dans la Haute-Autriche, presque entièrement dégarnie de troupes alliées. Tout paraissait même marcher à souhait pour la reine de Hongrie, l'horizon semblait s'éclaircir, lorsqu'on reçut à Vienne la nouvelle de l'apparition en Moravie des Prussiens, dont comme toujours on exagérait les forces.

Or, non seulement la Moravie était encore plus dégarnie de troupes autrichiennes que la Haute-Autriche de troupes franco-bavaroises, mais le conseil aulique avait refusé de rien faire pour la défense même de Brünn. L'armée de Bohême était occupée du côté de Budweis. La route de Vienne s'ouvrait donc toute grande devant les Prussiens.

---

un corps de troupes commandé par le feld-maréchal comte Schwerin, sous le prétexte qu'ami sincère de la reine il venait la protéger et la secourir contre les Bavarois, Saxons et Français coalisés et que, tenu par le traité qui le liait à la France et à la Bavière, il se voyait obligé de se donner l'air d'être son ennemi jusqu'à la fin du mois de mars 1742. »

Schwerin confirma verbalement cette déclaration au baron Schubitz, *Kreishauptmann* d'Olmütz, délégué auprès de lui à la suite d'une conférence tenue à Brünn le 18 décembre. Sans consentir à s'expliquer, il se borna à affirmer qu'il venait dans l'intention de protéger le pays et qu'il le ménagerait tant qu'on ne ferait pas acte d'hostilité contre ses troupes.

Cf. Major Z..., *Campagne de Silésie* (1741-1742), p. 62.

Cette fois encore, pendant que tout le monde s'affole et se désespère autour d'elle, Marie-Thérèse, inaccessible aux découragements et aux défaillances dont son entourage donne le lamentable spectacle, oppose une admirable énergie au nouveau danger qui menace sa capitale. Elle se garde bien, comme on le lui conseillait, d'arrêter Khevenhüller et de le faire revenir sur ses pas. Elle seule conjure, par son sang-froid et sa clairvoyance, la catastrophe qu'aurait provoquée la pusillanimité de ses ministres.

Pour compléter ce rapide aperçu de la situation du moment, il ne reste plus qu'à faire remarquer que le prince Charles de Lorraine remplaça, le 2 janvier, son frère le grand-duc de Toscane à la tête de l'armée, dont il maintint le gros à Budweis. Vers le 15 janvier, il détacha un petit corps chargé d'assurer l'investissement de Linz sur la rive gauche du Danube, tandis que son aile droite sous Lobkowitz avait dû, en présence de la marche en avant des Français, se replier, dès le 3 janvier, des environs de Deutsch-Brod sur Iglau, où elle s'établit afin de contrarier les mouvements des Prussiens en Moravie et de couvrir les communications de l'armée de Bohême avec Vienne [1].

Pour le moment, c'est surtout la politique qui occupe la première place dans les préoccupations du roi de Prusse. C'est en passant, presque incidemment et parce qu'il y voit la main de l'Angleterre, qu'il tranquillise les Hollandais, avant de se réjouir de la révolution qui vient, quelques jours auparavant (le 6 décembre 1741), de placer l'impératrice Élisabeth sur le trône de Pierre le Grand et qu'il s'est élevé dans les derniers jours de l'année 1741 contre certaines velléités, certains appétits des Saxons.

C. P. 636. — *Au ministre d'État comte de Podewils, à Berlin.*

17 décembre 1741.

Rapport de Podewils, Berlin, 17 décembre, sur les bruits répan-

« Il est bon qu'on parle à Ginkel sur le sujet des insinuations de la

---

[1] Major Z..., *Guerre de la succession d'Autriche.* Campagne de Silésie (1741-1742), p. 60-64, 73-75.

dus en Hollande d'une attaque imminente de la Prusse :

« On voit bien d'où le coup part et que c'est un artifice assez grossier des Anglais pour alarmer les Hollandais et leur donner la peur toute entière des desseins qu'on attribue à Votre Majesté de concert avec la France pour faire rejeter la neutralité et obtenir une augmentation considérable des forces de terre de l'État. »

Podewils propose de mettre le ministre de Hollande Ginkel en garde contre les agissements des Anglais cour de Londres ; mais il serait nécessaire que votre neveu [1] eût des instructions relatives au même sujet. Le principal argument doit être pris, ce me semble, de la conduite passée du roi d'Angleterre envers la République et de la tromperie que lui fit Trevor, lors de la bataille de Mollwitz, qu'il cacha à la République pour lui extorquer la résolution qu'elle prit alors, conjointement avec l'Angleterre, de me présenter la lettre déhortatoire [2]. Ce qu'il y a de sûr, c'est qu'on n'a point à craindre de la Hollande des coups de vivacité, et ces gens ne sont pas assez insensés pour donner légèrement à tête baissée dans les idées du roi d'Angleterre. Un argument très fort qu'on peut leur indiquer pour me laver envers eux, c'est que, bien loin de rassembler des troupes sur leurs frontières, j'en retire de là-bas, et que le régiment de Dohna a reçu ordre de marcher au premier jour pour se rendre ici. Voilà, je crois, des choses qui les persuaderont et qui les doivent tranquilliser, en cas que l'Angleterre ne leur ait pas entièrement fasciné les yeux. »

[1] Podewils (Othon-Christophe, comte de), venait d'être nommé ministre de Prusse à la Haye.
[2] Cf. *ibidem*, 389, à Podewils, camp de Grottkau, 1ᵉʳ juin 1741, à propos de la résolution des États généraux du 24 juin, invitant Frédéric à retirer ses troupes de Silésie. 517 au même, camp de la Neisse, 20 septembre 1741.

C. P. 641. — *Au conseiller privé d'Etat baron de Mardefeld,
à Saint-Pétersbourg.*

Berlin, 23 décembre 1741.

Le même jour qu'arriva votre dépêche du 5 de ce mois, je reçus la nouvelle de la grande révolution qui vient de mettre la princesse Élisabeth sur le trône de la Russie.

Je plains véritablement le triste sort qui, selon toutes les apparences, se prépare pour le duc Antoine-Ulric et pour le prince Louis, son frère, les liens d'amitié qui m'unissent avec la maison ducale de Brunswick ne me permettant pas d'être indifférent à ce qui leur arrive. Mais, à cela près, je ne m'imagine pas que ce changement puisse être nuisible à mes intérêts; quels qu'en aient été les promoteurs, il n'est pas vraisemblable qu'ils pensent à engager dans une guerre contre moi la nation qui ne respire que le repos et qui pourrait bien se mutiner de nouveau, si l'on résistait trop opiniâtrement à son penchant pour la tranquillité. Qu'ils s'y tiennent, c'est tout ce que je leur demande. La seule chose, qui pourrait faire de la peine à ceux qui comptent sur la Russie, est que les gardes russiennes se mettant peu à peu sur le pied des cohortes prétoriennes de l'ancienne Rome et prenant du goût à changer de maître, il n'y aura aucun fond à faire sur l'amitié de la Russie, et qu'il faut à tout moment s'attendre à de nouvelles révolutions.

Quoi qu'il en arrive, aussitôt que la nouvelle Impératrice sera bien affermie sur le trône, de quoi vous serez sans doute suffisamment instruit avant la réception de cette dépêche, vous emploierez toute votre dextérité et tout votre savoir-faire pour vous insinuer dans l'amitié de ceux du parti dominant et pour les attirer dans mes intérêts.

Je ne serai pourtant pas fâché que vous conserviez encore quelques liaisons avec le parti culbuté, afin d'avoir des ressources à tout événement. Mais il faut que vous les conduisiez avec beaucoup de prudence et de ménagement, afin que le parti dominant n'en soit pas choqué, en quoi je me repose entièrement sur votre sagesse et dextérité, étant très satisfait des preuves que vous m'en avez données jusqu'ici.

Vous n'oublierez pas au reste de me faire un récit détaillé de cette révolution : ce qui l'a principalement causée, quels sont les chefs de l'intrigue, de quelle manière et par qui elle a été conduite, qui des ministres, soit du pays, soit étrangers y sont entrés, en particulier si le marquis de la Chétardie y a eu quelque part[1], ou si tout a été opéré par des intrigues domestiques ; quel rôle y ont joué les comtes de Munnich et d'Ostermann, et quel en sera le crédit et le sort, principalement celui du dernier, pour qui je crains que, malgré sa grande habileté, il n'eût bien de la peine de remonter sur sa bête ou même de se garantir d'une triste destinée, ayant mortellement offensé la Princesse par l'exil de ses favoris. A quoi vous ajouterez vos idées sur le sort qu'on destine à la princesse Anne, à ses enfants et à son époux ; si on les laissera partir pour l'Allemagne ou si on leur fera faire le voyage de Sibérie ; si la Cour restera à Pétersbourg, du moins durant la guerre avec la Suède, ou si elle ira d'abord à Moscou, et quelles mesures on prendra par rapport à cette guerre. En un mot, j'attends de vous une relation bien exacte et réfléchie de tout ce qui peut avoir rapport à cette catastrophe et aux causes qui l'ont produite, et vous n'y omettrez rien qui puisse servir à me mettre au fait des affaires de cette Cour et à me faire prendre de justes mesures à son égard.

P. S. — La révolution arrivée en Russie semble enlever à la cour de Vienne aussi bien qu'à celle d'Angleterre la dernière ressource dont elles s'étaient flattées, n'étant pas naturel de croire que la nouvelle Impératrice songe à remplir les engagements de ses prédécesseurs, qu'elle ne peut regarder que comme des usurpateurs. Il faut espérer que cela les rendra plus dociles l'une et l'autre que par le passé et les engagera à ne plus se refuser aux arrangements que la situation générale des affaires rend nécessaires. Mais comme il faut supposer aussi qu'elles ne s'y rendront qu'à la dernière extrémité et qu'elles remueront ciel et terre pour se raccrocher avec la Russie et pour la remettre dans leur parti, soit en gagnant ses ministres, assez accessibles d'ailleurs à l'appât d'argent, ou par des intrigues de courtisan, il faut que vous veilliez avec une attention extrême à ces sortes de menées et que vous fassiez tout au monde pour les contrecarrer et les faire échouer, à quoi je compte que la grande connaissance que vous avez des êtres de la cour de Russie vous suggérera assez de moyens. Il faudra surtout observer un certain chirurgien, Lestocq, homme que l'on me dépeint comme très intrigant et chaude-

---

[1] Cf. *ibidem*, 639, Berlin, 20 décembre 1741, au cardinal de Fleury... « Je vous félicite, Monsieur, de tout mon cœur, du succès de vos armes dans la surprise de Prague, mais surtout du chef-d'œuvre de votre sagacité opéré par le ministère de La Chétardie dans la dernière révolution de l'empire moscovite..... »

ment attaché aux intérêts de la maison d'Hanovre, et que l'on prétend avoir été assez avant dans les bonnes grâces de la nouvelle Impératrice. C'est souvent par des gens de mince étoffe que se frappent de grands coups. Ainsi, s'il est vrai que cet homme ait encore conservé quelque crédit auprès de la Princesse et qu'il n'y ait point moyen de l'attirer dans mon parti, vous aurez une attention particulière d'éclaircir ses démarches pour ne pas être pris au dépourvu.

Vous n'oublierez pas, au surplus, de me faire de poste à l'autre des rapports exacts de la situation où les affaires se trouvent là-bas tant à l'égard de l'intérieur de la cour et de l'Empire qu'à celui des liaisons qu'on songe à former au dehors.

FÉDÉRIC.

C. P. 642. — *Au ministre d'État comte de Podewils, à Berlin.*

Potsdam, 23 décembre 1741.

MON CHER PODEWILS,

Vu la relation de Mardefeld, La Chétardie a eu la part entière à la révolution de Russie. On ne jure que par la France dans ce pays-là, on veut faire sa paix avec la Suède et l'on veut même leur céder Wiborg. Tout ceci donnera grand jeu à la France, et je crains qu'elle ne parle d'un ton trop impérieux après les avantages qu'elle s'est procurés. Pour observer donc de plus près la conduite du Cardinal et pour approfondir les intentions du comte Poniatowski, de même que le sujet de sa mission, je veux envoyer Suhm à Paris sans caractère, et sans que Le Chambrier ni qui que ce soit ne soient avertis de sa présence à Paris. Il aura 3000 écus de gages par an, et on lui payera 1000 écus d'avance pour qu'il puisse partir. Dressez ses instructions vous-même, pour qu'âme qui vive ne soit informée de la chose et que qui que ce soit ne s'en puisse douter. Le rappel du maréchal de Belle-Isle me fait craindre que Broglie ne le remplace que pour mettre le Cardinal plus à son aise de manquer à ses engagements. Peut-être aussi le destine-t-on à l'exécution de quelque plan sur Luxembourg ou Dieu sait quoi.

Tout ce que je vous écris ne sont que des conjectures. Peut-être suis-je trop soupçonneux, mais le saurait-on assez être dans le monde, et y a-t-il des précautions que l'on doive négliger lorsqu'il s'agit des plus grands intérêts de l'Europe? Mettez donc tous vos ressorts en œuvre pour m'éclairer dans mes soupçons et pour me rassurer des sujets d'appréhension que me donnent le rappel du maréchal de Belle-Isle et la grande révolution de Russie.

. . . , ...

Que j'aie demain au matin votre réponse.
Je suis avec bien de l'estime votre affectionné ami.

FÉDÉRIC.

C. P. 644. — *Au ministre d'État comte de Podewils, à Berlin.*

Potsdam, 24 décembre 1741.

Rapport de Podewils, Berlin, 23 décembre :

« Lord Hyndford demande une audience pour le 24; « Autant que j'ai remarqué par ses discours, il est chargé de remettre un Mémoire de la cour de Vienne à Votre Majesté, qui apparemment sera rempli de plaintes bien amères sur ce qui s'est passé à la fin de la campagne, par rapport aux négociations secrètes d'alors. Hyndford prétend « qu'il y a des protocoles signés par des témoins en présence du Roi ».

« Votre Majesté permettra que je fasse une petite digression au sujet du roi d'Angleterre. La déclaration vive qu'on va faire à ce prince, conjointement avec Bussy, nous pourrait, selon toutes les apparences, brouiller vivement avec ce monarque.

« La France sera charmée de nous brouiller sans retour avec le roi d'Angleterre, parce qu'elle croira avoir d'autant meilleur marché de nous. Mais c'est par la même raison qu'il faudra y aller un peu plus bride en main et en

« Rien que ce que Mylord Hyndford a signé.

Mylord Hyndford peut venir chez moi quand il voudra. Entre temps, on peut lui affirmer que je n'entreprendrai rien contre son maître. De son côté, j'étais persuadé qu'il garderait religieusement le secret. Si on en avait fait autant du côté autrichien, et si on ne m'avait pas mis dans la situation la plus épineuse du monde, rien n'aurait manqué de ma part. Si les Autrichiens veulent faire du tapage à ce propos, tant pis pour eux et je les démentirai hautement. En tout cas, il faut instruire de tout cela Chambrier, afin qu'il soit prêt dans le cas où les Autrichiens voudraient mettre leurs desseins à exécution de ce côté. Le mieux serait pourtant si Hyndford pouvait les amener à des idées raisonnables. »

— 384 —

rejeter la haine, s'il est possible, à la France... Il serait bon si Votre Majesté faisait écrire une lettre de Son cabinet au sieur Andrié. »

C. P. 649. — *Au ministre d'État comte de Podewils, à Berlin.*

Rapport de Podewils, Berlin, 28 décembre :

« Il transmet au Roi la minute d'une réponse à deux rapports de Chambrier, de Paris, relatifs aux démarches faites à Paris par la Saxe pour obtenir des acquisitions en Bohême. La question paraît trop grave au Ministre « pour que j'y fasse une réponse sans le consentement et l'approbation de Votre Majesté ».

Berlin, 29 décembre.

Cela est fort bien. Mais à parler franchement, sachez que l'on compte sans son hôte, si l'on s'imagine que je souffrirai jamais d'autre voisin en Bohême que le Bavarois, et ils ne peuvent tenter pareille chose sans mon aveu.

C. P. 652. — *Au Département des Affaires étrangères.*

Charlottenbourg, 2 janvier 1742.

Ammon mande de Dresde, 30 décembre 1741 :

« On pense ici plus que jamais à l'augmentation des troupes et on compte de lever en tout 20 000 hommes. »

« ... Il y a quelques jours que, parlant avec le comte de Desalleurs[1] de choses et d'autres, il me dit que si la reine de Hongrie faisait maintenant la paix, on lui laisserait la ville de Vienne avec

« C'est incroyable. Il doit faire cependant semblant d'y croire, mais en même temps se renseigner bien exactement sous main, sans laisser percer l'ombre d'inquiétude ou d'ombrage et au contraire laisser croire que tout cela m'est agréable.

Chambrier doit se tenir sur ses gardes et sans marquer d'inquiétude, tout mettre en œuvre pour savoir au juste ce que trame Poniatowski. Il lui faudra pour cela se servir du ministre de Bavière.

[1] Ministre de France à Dresde.

la Basse-Autriche, mais que, si elle la refusait, on donnerait encore ce pays à l'électeur de Bavière et qu'en ce cas on augmenterait aussi les portions de Votre Majesté et de la Saxe. Je le sondai pour savoir quel morceau on pourrait encore donner à la Saxe, et il me fit entendre que ce serait une partie de la Bohême pour servir de communication avec la Moravie. »

Dès qu'il saura quelque chose de précis, il m'en informera pour que je prenne mes mesures. Il devra aussi chercher à savoir ce que la France se propose de faire en Russie. »

C. P. 655. — *Au cardinal de Fleury, à Issy.*

Berlin, 4 janvier 1742.

Monsieur mon Cousin,

Vous me prévenez sur toutes les affaires, et cela d'une façon si instructive et satisfaisante que je ne puis assez trouver de termes pour vous en remercier.

Je me flatte que la révolution arrivée en Russie détachera le Danemark de l'Angleterre et que, par conséquent, le roi de la Grande-Bretagne se verra complètement isolé; car l'augmentation de la Hollande est plutôt l'ouvrage de la crainte que de la témérité, et je ne pense pas que cette République voulût exposer ses libertés et sa tranquillité au sort d'une guerre qui ne peut lui être que funeste, vu le parti formidable de la France qui l'accablerait. Et comme l'esprit de conquête est banni du conseil de la Hollande, il est à croire qu'ils se tiendront tranquillement sur la défensive, uniquement occupés de leur propre conservation.

Le roi d'Angleterre, d'un autre côté, plus attaché à son électorat qu'à ses royaumes, ne commettra point ses provinces d'Allemagne, dont la perte serait inévitable, entourées comme elles le sont de Français et de Prussiens, d'autant plus que la déclaration, que nos ministres feront à ce prince, le dégoûtera, à ce que je crois, de l'envie qu'il pourrait avoir de fomenter le parti de la reine de Hongrie ou de lui fournir quelque secours; de façon que la mauvaise volonté du roi d'Angleterre restera sans efficace et se bornera peut-être à quelques subsides dont la mauvaise économie des Autrichiens garantit qu'ils en perdront le fruit.

Il est sûr que la mort de la reine de Suède [1] n'est point arrivée dans une conjoncture favorable. Probablement les États de ce royaume s'assembleront pour régler la succession, et probablement le prince de Deux-Ponts ou le prince de Holstein seront les candidats de la couronne. Le premier, dont le parti est le plus considérable, pourrait bien l'emporter, d'autant plus que le prince de Holstein, ayant des droits incontestables sur la Russie, ferait appréhender qu'il ne réunît sur sa tête la couronne de ces deux grands empires et que la Suède ne perdît par là ses libertés. Je ne parle pas du prince de Hesse, comme du plus faible et qui, je crois, ne primera point, la nation étant dégoûtée des princes de cette maison. Tout ceci ne sont que des conjectures que je soumets à votre jugement et à vos lumières.

Il me semble que dans tout ceci nous ne pouvons rien faire de mieux que de rester inviolablement attachés à nos engagements, *sans y porter d'altération en quoi que ce puisse être*. C'est le moyen le plus sûr de faciliter la paix qui, je crois, ne pourra manquer d'être acceptée par les Autrichiens, si après l'élection les quatre puissances alliées la lui faisaient offrir de concert, selon les conditions stipulées ; au cas de refus, on serait plus autorisé de leur ôter Vienne et toute l'Autriche, si on veut. Mais je me flatte qu'isolés comme ils le sont et destitués de tout secours, ils accepteront les conditions que les alliés leur feront.

Vous pouvez compter sur moi quant aux intérêts de la France. Il n'y a rien de plus juste que ce prince soit indemnisé des frais de la guerre par une acquisition qui soit de votre convenance et, si je puis y contribuer, je le ferai du meilleur de mon cœur.

La guerre d'Italie sera entièrement à votre disposition, si une fois les affaires d'Allemagne sont arrangées, et vous pouvez les conduire comme vous le jugerez à propos, en faisant en ce cas le seul objet de votre attention.

Je suis persuadé que le roi de France doit avoir eu des raisons valables pour retirer le maréchal de Belle-Isle de l'armée ; mais je suis sûr qu'il nous le rendra vers l'ouverture de la campagne, en cas qu'il y en ait une.

Les Saxons se donnent beaucoup de peine pour escamoter quelque morceau de la Bohême au nouveau Roi. Ils ont voulu pressentir mes sentiments sur ce point ; mais je leur ai répondu que je ne connaissais pas les innovations, que je restais attaché à mes engagements, que je n'étais point dictateur de l'Allemagne et que je ne ferais jamais le chagrin au roi de Bohême de souffrir qu'on lui démembre la moindre

---

[1] La reine Ulrike-Éléonore, morte le 5 décembre 1741.

partie de ce que je lui ai garanti et qu'en un mot, si l'un de ces partis commençait à augmenter ses prétentions, tous le feraient, ce qui entraînerait après soi un désordre très préjudiciable aux intérêts de chacun des alliés en particulier et de la grande affaire en général. Je suis charmé, Monsieur, que vous connaissiez le caractère du politique polonais [1], dont la mission avait donné de l'ombrage à la moitié de l'Europe ; l'incertitude, le chipotage et la fausseté forment les lois de la politique saxonne et la fourberie se manifeste dans toutes leurs négociations.

J'ai instruit mon ministre Chambrier des choses qui n'ont plus besoin d'être secrètes à présent et qui ne lui ont été cachées que dans le temps où l'importance du mystère demandait des précautions redoublées. Vous aurez la bonté d'avoir la même confiance en lui que par le passé.

Je vous réitère encore mes remerciements sur ce que vous vous donnez la peine de m'écrire avec tant de précision sur les sujets où j'avais demandé votre avis. Rien ne m'est plus agréable que lorsque je puis profiter de vos lumières et de votre expérience, vous priant d'être persuadé, Monsieur, qu'on ne saurait être attaché à la France plus que je le suis et qu'on ne saurait être avec plus d'estime et de reconnaissance et de considération que je le suis, Monsieur mon Cousin, votre très fidèle ami et cousin.

Frédéric.

J'ai honte de la lettre que je vous écris. Si j'avais eu du temps, elle n'aurait pas été si longue.

Entre temps, le 30 décembre 1741, Khevenhüller avait pris l'offensive, passé l'Enns en trois endroits, conquis la Haute-Autriche, attaqué Linz, où Ségur et Minucci s'étaient enfermés, et menaçait maintenant les États héréditaires de l'électeur de Bavière. Consterné par ces revers inattendus, hors d'état d'augmenter son armée, Charles-Albert, désespéré, implora l'assistance des rois de Prusse et de Saxe qui seuls pouvaient le sauver. L'appel était si pressant, les circonstances étaient si graves, qu'aussitôt après avoir répondu à l'Électeur et à Belle-Isle, écrit au Cardinal et à Klingraeffen, Frédéric n'hésita pas à prendre une résolution qui stupéfia le monde, mais qu'il n'avait adoptée

---

[1] Poniatowski. Voir pour plus de détails, *ibidem*, pièces 651 et 658.

qu'à bon escient, parce que seule elle lui assurait la possibilité d'imposer ses idées et ses volontés à ses alliés.

Une défaite complète des Franco-Bavarois pouvait, en effet, avoir pour lui des conséquences incalculables. La France épuisée d'argent, inquiète de l'attitude menaçante de l'Angleterre, aurait probablement traité avec l'Autriche. La Saxe n'aurait pas hésité à se retourner du côté de Marie-Thérèse qui aurait pu alors, en jetant toutes ses forces contre le Roi, lui arracher les territoires qu'il venait d'acquérir. Enfin, en sauvant l'Électeur de Bavière, Frédéric comptait bien lui faire payer chèrement le service signalé qu'il allait lui rendre. Son intervention, en raison même de la forme qu'il était décidé à lui donner, devait lui permettre de rester maître absolu de la situation, d'empêcher l'écrasement de l'Autriche, à laquelle il tenait à laisser la puissance nécessaire pour contre-balancer l'influence de la Bavière. Il n'était pas, on le sait, homme à tirer les marrons du feu pour les autres. Il avait intérêt pour le moment à soutenir et à sauver l'Électeur à la veille de l'élection impériale, mais il ne se souciait nullement de se dévouer pour faire le jeu de la France et pour risquer, grâce à des avantages par trop significatifs, d'augmenter outre mesure la puissance de la Saxe et de la Bavière. Aussi, au lieu de donner la préférence à des opérations bien combinées, grâce auxquelles on aurait eu chance de prendre les Autrichiens entre deux feux, il se détermina à proposer l'adoption d'un plan d'opération que Belle-Isle lui avait envoyé de Francfort, le 8 janvier, et qui lui convenait d'autant mieux que ces opérations « le rendaient plus nécessaire et le mettaient en situation d'être également recherché des deux partis ». La difficulté de ce plan — Frédéric le reconnaît lui-même dans l'*Histoire de mon temps*, et sa Correspondance va le démontrer d'une façon encore bien plus concluante, — consistait « à décider la cour de Dresde, non seulement à joindre ses troupes avec les prussiennes, mais à les placer sous les ordres du Roi ». Comme il le faisait toujours lorsqu'il poursuivait la réalisation d'un projet, Frédéric n'avait rien négligé de ce qui pouvait en assurer la réussite.

C. P. 661. — *Au conseiller privé de guerre de Klinggraeffen, à Mannheim.*

Potsdam, 15 janvier 1742.

Je viens de trouver dans ce moment votre dépêche du 9 de ce mois, par laquelle j'ai vu le triste état où sont les affaires du roi de Bohême tant en Bavière que dans la Haute-Autriche, chose que le maréchal de Schmettau leur a prédite assez de fois en leur voyant faire de si mauvaises manœuvres. Quoique je n'aie pas trop lieu d'être content des manières dont le Roi a usé envers moi, lorsque le vent lui soufflait en poupe, me faisant d'abord des chicanes sur mes quartiers d'hiver et sur les régiments qui y sont, et que j'aie lieu de craindre que, quand j'aurai tout fait, on ne laisse pas de me payer d'ingratitude, néanmoins, par amour du Roi et de la cause commune, je tâcherai de partir dans une couple de jours, autant qu'il sera possible, et de faire à l'ennemi une puissante diversion, néanmoins à cette condition expresse qu'on me laisse la disposition absolue sur les troupes saxonnes et françaises qui y sont sous Polastron, afin que je puisse agir selon que je trouverai conforme aux intérêts de la cause commune.

Si on veut accorder cela, je tâcherai de faire à l'ennemi une diversion pour l'obliger de rebrousser le chemin de la Bavière; sinon, je suis persuadé que le roi de Bohême trouvera lui-même que je ne pourrais pas servir là en subalterne, et que je ne pourrais pas exposer mes troupes à être ruinées avec des gens qui entendent si mal leur métier et qui font des bévues si inconsidérées qu'on a de la peine à les croire.

Quant à l'article de l'argent, vous pouvez assurer au Roi que je m'acquitterai fidèlement de tout ce que j'ai promis sur l'article de Glatz; mais pour d'autres prêts d'argent, je ne pourrai les faire sans avoir des sûretés entières, quoique cela se puisse faire en secret entre moi et le roi de Bohême, et on trouvera alors assez de moyens pour habiller la possession du cercle de Königgrätz que je demande pour hypothèque[1]. Vous insinuerez tout cela d'une manière convenable au roi de Bohême et j'en attends la réponse au plus tôt. Je suis, etc.

Fédéric.

[1] Le lendemain, Podewils envoya sur l'ordre du roi des instructions détaillées à Klinggraeffen. Il marquera bien « que je ne prétends garder ce district que pour le remboursement de l'argent que j'avance au roi de Bohême, qu'il ne sera ni démembré, ni aliéné pour jamais de ce royaume, mais qu'en tout cas je le posséderai à titre de fief. »

Si on vous demande un prêt d'argent, vous êtes assez instruit que cela ne se fera pas autrement que par une hypothèque sur Königgrätz. Il me semble que le service signalé que je viens de rendre au roi de Bohême, en tâchant de le tirer d'un si grand embarras, mérite quelque reconnaissance. »

C. P. 662. — *Au roi de Bohême, à Mannheim.*

Potsdam, 15 janvier 1742.

Monsieur mon Frère et Cousin,

Je suis entièrement mortifié de la nouvelle que Votre Majesté vient de m'apprendre. Je n'entrerai dans aucun détail des fautes qui l'ont occasionnée, mais simplement des remèdes qu'on peut y porter. Je suis prêt à La servir encore cette fois ici, et je volerai moi-même au secours de la Moravie et de mon allié ; mais vu l'ignorance et la mauvaise conduite des généraux, je demande le commandement des Saxons et du corps de Polastron ; en ce cas, je me fais fort de rendre la diversion complète. Si je trouve de la difficulté à y réussir, je les vaincrai ; mais je ne ferai pas marcher un soldat si je n'ai le commandement de tout ce corps.

Je prie Votre Majesté de ne point oublier le zèle avec lequel je Lui suis attaché et de faire la différence entre les vrais et les faux amis.

Je suis avec toute l'estime possible, Monsieur mon Frère et Cousin, de Votre Majesté le très fidèle frère et allié.

Fédéric.

C. P. 664. — *Au maréchal de France, comte de Belle-Isle, à Francfort-sur-le-Main.*

Potsdam, 15 janvier 1742.

Mon cher Maréchal,

Informé par le roi de Bohême lui-même du danger que court la Bavière, je me mets en chemin pour aller à l'armée et je demande à Monsieur de la Saxe le commandement de ses troupes, de même que celles de M. Polastron, pour déloger avec eux le prince Lobkowitz d'Iglau et pour pousser en avant. Vous voyez par là combien je suis attaché à la cause commune, mais j'avertis d'avance qu'un roi de Prusse ne sert pas en subalterne et qu'il doit commander où il se trouve. C'est pourquoi je dois m'attendre à ce que les Saxons me remettent le commandement de leurs troupes et que M. de Polastron agisse en conséquence.

Adieu, mon cher Maréchal, je suis surchargé d'affaires, mais je vous demande à corps et à cris, car vos troupes françaises qui sont des héros sous vos ordres, ne sont que des c..... sous Broglie.

Je suis avec toute l'estime imaginable votre inviolable ami.

FÉDÉRIC [1].

Trois jours après, il quittait Berlin en route pour Dresde où il s'était fait précéder par Valory « pour qu'il sondât les esprits et les préparât aux propositions qu'on voulait faire ». Frédéric ne se dissimulait pas les difficultés qu'il allait rencontrer, et jamais peut-être il ne donna une preuve plus éclatante de son adresse, de sa ténacité, de ses rares talents de diplomate que pendant les quelques heures qu'il passa dans la capitale d'Auguste III, qu'au cours de la conférence, quelque peu orageuse, qui s'y tint dans l'après-midi du 19 et dont il serait malheureusement trop long de rendre compte ici, même à grands traits. « Le Roi fit en quelque sorte le marchand d'orviétan, écrira-t-il dans l'*Histoire de mon temps*, débitant sa marchandise le mieux qu'il était possible. Il appuyait surtout sur ce que le roi de Pologne n'aurait jamais la Moravie s'il ne se donnait la peine de la prendre. » Et il ajoute ironiquement : « Auguste III répondit oui à tout avec un air de conviction mêlé de quelque chose dans le regard qui dénotait l'ennui. »

Le 20 janvier, à 10 heures du matin, il quittait Dresde. Il avait obtenu tout ce qu'il voulait. Il lui avait fallu, comme il le disait, « brusquer l'aventure, enlever la cour de Saxe, comme on prend une place d'assaut ».

Les Saxons et le corps Polastron étaient placés sous ses ordres, il est vrai, jusqu'à la prise d'Iglau ; mais il avait été entendu qu'ils

---

[1] Frédéric avait encore exposé le même jour les mêmes idées et les mêmes conditions au cardinal. Cf. *ibidem*, 663.

y resteraient de façon à couvrir la droite de son armée pendant sa marche sur la Thaya[1].

En route pour Prague, où il ne s'arrêta que le temps strictement nécessaire pour y conférer avec Léopold d'Anhalt, Gassion et Séchelles et avant de se rendre à Landskron, « où il avait appointé le chevalier de Saxe, le général de Polastron, le général-lieutenant Renard et le feld-maréchal Schwerin pour concerter avec eux les opérations [2] », il avait eu soin d'adresser à Auguste III une lettre de soi-disant remerciements.

C. P. 667. — *Au roi de Pologne, à Dresde.*

A 3 lieues de Dresde, le 18[3] janvier 1742.

Monsieur mon Frère,

Je ne puis m'empêcher de remercier encore une fois Votre Majesté de toutes les attentions et amitiés qu'Elle m'a témoignées pendant mon court séjour de Dresde. J'aurais souhaité de profiter plus longtemps de la compagnie d'un aussi cher allié, et il n'y avait que les propres intérêts de Votre Majesté et ceux du roi de Bohême, de capables de me faire quitter si promptement Sa cour, dont je conserverai toujours l'agréable souvenir.

Je La prie encore de vouloir donner au Chevalier de Saxe des ordres pour agir de concert dans l'expédition d'Iglau, qui, de l'aveu de tous ceux à qui j'en ai détaillé le plan, a été approuvée.

J'espère que dans trois semaines je pourrai La féliciter sur la possession paisible de toute la Moravie. Je prie en même temps Votre Majesté d'avoir en moi cette confiance cordiale qui est le vrai fondement des unions solides, d'autant plus que dans toutes les occasions je me ferai un plaisir de Lui témoigner la sincérité de mes intentions et combien je suis avec estime et considération, Monsieur mon Frère, de Votre Majesté, le très fidèle frère et allié.

Fédéric.

Oserais-je prier Votre Majesté de vouloir encore assurer la Reine de mon parfait attachement !

---

[1] *Correspondance politique*, 668. Schmettau au roi de Bohême. Prague, 22 janvier.
[2] *Histoire de mon temps*, chap. v.
[3] Sic. Lapsus calami du roi. *18* au lieu de *20*.

Après avoir décidé en passant par Landskron le 27 janvier que l'armée alliée tout entière devrait être concentrée le 7 février à Gross-Bitesch et Gross-Meseritsch [1], Frédéric, à peine arrivé à Olmütz le 28, y reçut successivement la nouvelle, de l'élection de l'empereur Charles VII, de la chute de Linz et enfin des efforts que faisait la France pour presser la conclusion de la paix entre la Russie et la Suède. Ces graves événements n'avaient pas été sans troubler le roi de Prusse. La capitulation de Linz pouvait permettre à Marie-Thérèse de renforcer l'armée du prince Charles et obliger par suite Frédéric à augmenter sensiblement l'effectif des troupes qu'il s'était proposé d'engager. De plus, le bruit de la cession de Brême et de Verden à la Suède l'inquiétait d'autant plus que, si la Suède réussissait à reprendre pied en Allemagne, la Prusse risquait de nouveau d'être enserrée entre deux puissances dont il redoutait l'hostilité et qui entraverait ses accroissements ultérieurs.

Comme il a pour principe absolu de ne rien négliger, il commence par écrire au cardinal pour bien faire valoir l'importance du service qu'il vient de rendre à la France et à ses alliés et faire sentir que son dévouement et sa fidélité méritent une récompense. Mais, en réalité, il est préoccupé, inquiet même, et l'embarras, momentané du reste, qu'il éprouve, apparaît bien nettement dans les deux lettres qu'il écrit le même jour, le 30 janvier, à Podewils.

C. P. 675. — *Au cardinal de Fleury, à Issy.*

Olmütz, 29 janvier 1742.

MONSIEUR MON COUSIN,

Je passe légèrement sur les petites misères de l'Ambassadeur d'Espagne et de Portugal à Paris [2] pour vous parler d'objets bien plus grands et d'une autre importance.

---

[1] *Correspondance politique*, 671, au comte de Brühl, Landskron, 27 janvier, 672, au roi de Pologne, et 673, à l'empereur des Romains, Landskron, 28 janvier 1742.

[2] Dans la réponse de Fleury, en date du 13 janvier, à la lettre de

L'invasion des Autrichiens en Bavière m'a engagé à venir moi-même ici, après avoir fait consentir le roi de Pologne à me donner le commandement de ses troupes pour les joindre avec les miennes et faire une diversion convenable dans la situation présente. Je me mettrai le 2 de février à la tête de ces troupes pour obliger l'ennemi à évacuer la Bohême, la Moravie, et peut-être la Bavière. Je ne prétends point me faire valoir, mais je suis persuadé que dans le fond de votre cœur vous sentez toute l'importance du service que je rends à la France et à ses alliés, et j'espère que je n'obligerai pas des ingrats. S'il est vrai que c'est dans l'occasion qu'on connaît ses amis, vous devez bien m'apprendre à connaître à présent.

Je n'ai rien à ajouter à ceci, sinon que les troupes françaises sont d'une faiblesse extrême et que, si vous voulez voir dans peu la fin de la guerre, il faut pour le moins 20 000 hommes de plus en campagne qu'il n'y en a actuellement. Enfin, Monsieur, je fais tout pour la France; je n'ai pas attendu qu'on m'appelle pour secourir mes alliés; j'ai fait plus que ne contient notre traité, de façon que je dois croire que vous ne négligerez pas un allié si plein de bonne volonté, de zèle et de fidélité.

Je suis avec toute l'estime imaginable, Monsieur mon Cousin, votre très fidèle ami et cousin.

FÉDÉRIC

C. P. 676. — *Au ministre d'État comte de Podewils, à Berlin.*

Olmütz, 30 janvier 1742.

MON CHER MINISTRE D'ÉTAT, COMTE DE PODEWILS,

Dans les conjonctures critiques actuelles, et comme il me semble nécessaire d'être un peu sur mes gardes du côté de la France, vous devrez trouver le moyen de faire jouer d'une manière convenable tous les ressorts imaginables, d'agir par d'adroites insinuations sur le Ginkel, et partout où vous le jugerez utile, et d'arriver ainsi à ce que

Frédéric du 1ᵉʳ janvier (*ibidem*, 651), dans laquelle celui-ci demandait « des éclaircissements sur l'étrange mission du comte Poniatowski » et lui conseillait de « se tenir en garde contre ses malignes insinuations », le cardinal mandait à ce propos au Roi : « M. d'Acunha, ambassadeur de Portugal, tient deux fois par semaine un bureau de nouvelles où chacun porte ses réflexions et raisonne à peu près comme on fait dans un café. Il est Autrichien déclaré, aussi bien que les deux tiers des ministres étrangers qui se trouvent à ces assemblées. »

les États généraux procèdent à l'augmentation qu'il ont décidée.

J'ai vu d'autre part par l'une des dernières lettres du Cardinal qu'il n'est plus aussi content de Chambrier, probablement parce que celui-ci l'observe trop exactement. Vous direz donc à Chambrier que, tout en continuant à surveiller de près le Cardinal, il ait soin d'apporter le plus grand tact à cette surveillance. Le Cardinal le soupçonne, à ce qu'il me semble. Il doit donc procéder en tout avec la plus extrême prudence afin de ne pas perdre le crédit dont il jouit auprès du Cardinal, mais en même temps avoir l'œil ouvert et m'aviser soigneusement et exactement de tout.

Trouvez l'occasion de faire insinuer par mylord Hyndford à la cour de Vienne que je ne saurais ni désirer, ni admettre un trop grand abaissement de la maison d'Autriche en Allemagne, que non seulement je m'opposerai à ce qu'on lui prenne en Allemagne autre chose que la Silésie, la Moravie et la Bohême, mais que je tiens qu'elle soit toujours en état de contrebalancer la maison de Bavière, et que, si l'on en arrivait à traiter de la paix, je lui en donnerai des preuves en la soutenant de mon mieux. Tout cela doit être dit avec circonspection et savoir-faire.

Écrivez à Mardefeld qu'il doit, en mon nom, accabler de flatteries l'Impératrice de Russie et lui multiplier les assurances de mon inaltérable amitié. Vous aurez certainement déjà communiqué à Mardefeld tout ce que vous avez déjà fait écrire au sujet d'un *traité d'amitié* à faire éventuellement avec l'Impératrice. J'ajouterai seulement que, s'il trouve le moment opportun, il devra essayer de remettre sur le tapis la question des fournitures de drap pour l'armée russe, dont mes sujets désirent se charger. En tout cela qu'il agisse avec circonspection.

Afin qu'en raison de mon éloignement, on ne perde pas trop de temps et qu'on puisse faire tenir rapidement des instructions à Chambrier comme à Mardefeld, il faudra expédier les dépêches en double, leur en faire tenir de suite une expédition, en attendant qu'ils reçoivent l'autre après que je l'aurai signée et approuvée[1], et surtout avoir soin de bien chiffrer toutes ces dépêches. Je suis, etc.

FRIDERICH.

---

[1] Réponse de Podewils, 6 février. « Tous les ordres en ceci comme en d'autres cas pareils sont expédiés, pendant l'absence de Votre Majesté, en double... »

C. P. 677. — *Au ministre d'État comte de Podewils, à Berlin.*

Olmütz, 30 janvier 1742.

Mon cher Podewils,

Pour vous donner une juste idée des choses, je suis obligé de vous en faire le détail. J'ai trouvé la cour de Dresde d'une prodigieuse timidité ; mais je les ai pourtant déterminés pour qu'ils agissent de concert avec moi. Par ce moyen, je me vois l'arbitre de la guerre, ayant 60 000 hommes sous mes ordres et pouvant, pour ainsi dire, disposer comme il me plaît des Saxons, vu que je suis maître de la plus grande partie de leurs conquêtes et que le corps du prince d'Anhalt les voit en dos. Par ce moyen, la France ne saurait, malgré toute sa puissance, me leurrer, ni faire la paix que de la façon que je le voudrai.

J'ai vu les Français à Prague ; ils sont beaucoup plus faibles qu'on ne se les était imaginés. Le corps de Broglie n'est tout au plus que de 13 000 hommes, et tout ce qu'ils ont en Bohême ne fait pas 20 000 hommes effectifs. Törring a été battu en Bavière, Ségur a fait une capitulation honteuse, et la Bavière est ravagée. Ceci met les Français dans la nécessité de me ménager et l'Électeur dans le besoin d'argent. J'en profite, espérant garder la possession du cercle de Königgrätz moyennant un prêt d'un million. Je pars le 2 pour me joindre aux Saxons et à Polastron, nous tournerons le poste d'Iglau et nous gagnerons la Thaya, ce qui obligera les Autrichiens à abandonner la Bohême et à se replier sur la Basse-Autriche, ce qui favorisera M. de Broglie dans sa marche pour joindre Polastron qui occupera notre droite en Bohême. Je ne saurais vous dire quand ou si je pourrai revenir à Berlin. A vous parler vrai, je ne crois pas que cela sera possible puisque mon grand but est de ne pas laisser les Saxons sortir de mes mains.

Festoyez bien la duchesse de Wurtemberg [1] et faites tout votre possible, pour qu'on ne vous l'escamote pas.

J'ai prodigieusement d'ouvrage ici, mais je me flatte que dans trois semaines le gros des affaires sera arrangé.

Ne serait-il pas bon de faire un traité d'amitié avec la Russie et de donner un gros présent à Lestocq ?

---

[1] Marie-Auguste, régente de Wurtemberg. Il était question d'un mariage entre son fils le duc Louis et la nièce préférée de Frédéric, la margrave de Baireuth. Cf. *ibidem*, 707, à la duchesse douairière de Wurtemberg. Znaym, 22 février 1742.

Adieu. J'ai oublié de vous dire que le Cardinal paraît mécontent de Chambrier; il le trouve *trop furet*.

Je suis tout à vous.

Frédéric.

Se défiant de plus en plus de la Saxe, et surtout de la France, dont la politique lui semblait tendre vers la création en Allemagne d'une foule de petits royaumes *(reguli)* [1], Frédéric en revenait à l'idée de reprendre les négociations avec l'Autriche, sans en faire part à aucun de ses alliés et moins qu'à tout autre au cabinet de Versailles. Le cardinal Fleury n'avait donc pas absolument tort, lorsqu'il disait à ce moment qu' « il voyait dans son miroir magique les actions de tous les princes de l'Europe, qu'il n'y avait que celles du roi de Prusse qu'il ne voyait pas [2] ».

L'intervention de l'Angleterre, que Podewils continue d'être chargé de négocier, ne lui suffit plus, et un agent secret se disposait à se rendre à Vienne, au moment où l'arrivée à Olmütz d'un mandataire autrichien allait rendre inutile une démarche, dont le roi de Prusse n'était pas autrement fâché de pouvoir se dispenser.

Quelques jours auparavant, lord Hyndford, outrepassant peut-être, il est vrai, les intentions de la cour de Vienne, avait cru pouvoir faire au Roi de nouvelles ouvertures : « Je suis autorisé par la reine (*de Hongrie*), lui écrivait-il le 1ᵉʳ février, de faire à Votre Majesté de meilleures propositions que jamais et même plus avantageuses que celles que Votre Majesté m'a fait l'honneur de me dire avoir été offertes par les alliés [3]. »

Un fait nouveau, un événement imprévu, enlevait à la communication de lord Hyndford l'intérêt qu'elle n'aurait pas manqué d'avoir quelques jours plus tôt.

Afin d'établir d'une façon indiscutable la correction de son attitude, Marie-Thérèse avait adressé à lord Hyndford, le 21 jan-

---

[1] Cf. *ibidem*, 665, à Podewils. Potsdam, 16 janvier 1792.

[2] Frédéric II, *Œuvres posthumes*. Jordan à Frédéric II. Berlin, 27 janvier 1792.

[3] Cf. plus loin, 687, Frédéric à lord Hyndford, Jedownitz, 6 février 1742.

vier 1742, un *Mémoire secret* en chiffres, dans lequel, après avoir exposé ses légitimes griefs, elle allait jusqu'à laisser entrevoir la possibilité de cessions territoriales plus considérables, la renonciation à la Haute-Silésie, dans le cas où Frédéric s'engagerait à retarder l'élection de l'Empereur. Enfin, cédant à contre-cœur aux instances du grand-duc, elle l'autorisa même à écrire au roi de Prusse, en ayant le soin de lui recommander de ne pas s'humilier et de prendre pour prétexte de sa communication les avantages remportés par Khevenhüller.

Le grand-duc, rentré à Vienne à la fin de janvier, chargea aussitôt son ancien précepteur, le baron Pfütschner, de se rendre à Olmütz[1]. Il devait demander au Roi de faire la paix avec la Reine, de s'allier avec elle, et chercher enfin à ménager au grand-duc une entrevue avec Frédéric.

Malgré la raideur et le pédantisme du personnage, le choix était en somme assez habile. Pfütschner avait connu Frédéric à l'époque où il avait accompagné le grand-duc à Berlin. De plus, c'était un homme fort instruit en toutes choses, tout dévoué au grand-duc et d'une honnêteté à l'abri de tout soupçon. Frédéric lui accorda audience le 4 février. Rejetant naturellement tous les torts sur la cour de Vienne, refusant toute espèce d'importance aux succès de Khevenhüller, exagérant la gravité de la situation de l'Autriche, il déclara à Pfütschner qu'il ne restait plus à Marie-Thérèse qu'un seul moyen d'échapper à la ruine : il lui fallait « s'accommoder promptement avec ses ennemis ». Il se chargeait, du reste, d'intervenir pour elle, d'obtenir la paix sous la condition de la cession de la Bohême à la Bavière, de la Moravie et de la Haute-Silésie à la Saxe. Quant à lui, il se contenterait du comté de Glatz. Cette générosité, insolite de sa part, l'intérêt qu'il semblait porter à ses alliés, dont en général sa politique égoïste se souciait fort peu, Frédéric se chargea lui-même d'en

---

[1] La lettre de créance, que le grand-duc donna le 1ᵉʳ février à Pfütschner, commençait par ces mots : « L'amitié, que Votre Majesté m'a bien voulu témoigner en plusieurs occasions, me donne la confiance de lui envoyer le baron Pfütschner..... » .

exposer les motifs à Pfütschner. Afin de mieux garantir ses conquêtes, il tenait à n'avoir aucun point de contact avec le territoire autrichien; il lui fallait entre l'Autriche et lui un État ou des États tampons. Il déclara même que, dans ce cas, pourvu qu'il y eût seulement une bande de terrain interposée entre leurs possessions respectives, il s'efforcerait de faire entendre raison à la Saxe et à la Bavière et de conserver à l'Autriche des portions de la Bohême, de la Moravie et de la Haute-Silésie. Cette générosité, s'exerçant aux dépens de ses alliés, lui coûtait d'autant moins qu'il se promettait bien, au moment de la signature de la paix en question, de se faire rétrocéder par la Bavière une partie de la Bohême. Quant à la France, on n'en avait même pas parlé. Frédéric avait jugé bon d'oublier à ce moment les combinaisons que, juste un mois auparavant, il avait exposées au cardinal Fleury[1]. Il est évident que le roi de Prusse, redoutant par-dessus tout la prépondérance de l'influence française en Allemagne, n'aurait pas été fâché de mettre cette puissance en présence d'un fait accompli et de s'attribuer, au moment de la discussion des articles du traité, le rôle qu'il craignait de voir jouer au cabinet de Versailles, rôle qui, à ses yeux, lui revenait de droit.

Pfütschner, auquel il avait naturellement recommandé le secret le plus absolu, et qui devait demander une réponse au grand-duc, que le Roi se refusait à voir pour le moment, repartit le même jour pour Vienne. Sa mission n'eut pas de suites. Marie-Thérèse n'était pas femme à accepter, sans combattre, des conditions tellement dures qu'elle eût hésité à y souscrire, même après une série de défaites. La mission de Pfütschner n'avait pourtant pas été inutile pour le roi de Prusse. Il s'était assuré ce qu'il voulait, le moyen d'entretenir une correspondance secrète[2], tout en poursuivant par les armes la réalisation de ses projets.

[1] Cf. *Correspondance politique*, 655, au cardinal de Fleury, 4 janvier 1742, et Major Z..., *op. cit.*, 80-85 et 96-97.
[2] *Histoire de mon temps*, chap. v : « On convint de part et d'autre d'entretenir une correspondance secrète par le canal d'un certain chanoine Giannini. » Cf. plus loin, *Correspondance politique*, 692.

Fidèle à ses principes, Frédéric, en écrivant le même jour à Auguste III[1] et à Charles VII, s'était bien gardé de souffler mot de la conversation qu'il venait d'avoir. Il avait trouvé plus simple de se plaindre des Saxons. Renouvelant au contraire la tactique qui lui avait si bien réussi lors des pourparlers de Klein-Schnellendorff, mais en apportant quelques légères modifications aux procédés qui lui avaient alors servi à tromper Valory, il ne craignit pas de mander à ce même Valory, qu'il venait de congédier, un émissaire du duc de Lorraine, « un certain baron Pfütschner ».

C. P. 685. — *A l'empereur des Romains, à Francfort-sur-le-Main.*

Olmütz, 4 février 1742.

Monsieur mon Frère et Cousin,

Après avoir tout obtenu à Dresde, l'on me refuse tout en Moravie, et je suis obligé de déclarer à Votre Majesté que le peu de bonne volonté des Saxons va faire manquer mon projet.

Ils ne veulent point avancer ; enfin c'est une misère extrême et une faiblesse de gouvernement inconcevable. Je ferai ce qui dépendra de moi. Votre Majesté peut être persuadée de l'attachement que j'ai pour Elle, mais je n'ai que 15 000 hommes en avant et je ne puis avec ce corps si faible opérer seul contre des troupes supérieures. Enfin j'ai la rage au cœur du mauvais procédé des Saxons[2] ; j'en suis inconsolable. Cependant je ferai ce que je pourrai et s'il y a moyen de les déterminer d'aller en avant, ne fût-ce après tout que quelques marches, je le ferai.

Je félicite Votre Majesté de tout mon cœur de la nouvelle dignité à laquelle tous les vœux de l'Allemagne l'appellent. Il n'est aucun bonheur au-dessus de celui que je Lui souhaite et aucune gloire au-dessus de Son mérite.

Je suis avec la plus tendre amitié, Monsieur mon Frère et Cousin, de Votre Majesté le très fidèle frère et allié

Fédéric.

[1] *Correspondance politique*, 684, au roi de Pologne, Olmütz, 4 février 1742.
[2] Cf. *ibidem*, 684, cette lettre qui se terminait par ces mots : « Mes nouvelles sont que l'ennemi a quitté Iglau. Nous en tirerons bon parti, si le comte de Rutowski se prête à mon idée. Sinon, je me lave les mains et je me retire. »

Je pars demain pour Wischau, et le 6 nous marcherons pour nous joindre aux Saxons.

C. P. 686. — *Au marquis de Valory, envoyé de France, à Prague.*

Olmütz, 4 février 1742.

MONSIEUR,

Je vous adresse ci-joint l'original des deux lettres que je viens de recevoir dans ce moment de la part du comte de Brühl et du comte Rutowski, et que vous aurez la bonté de me renvoyer à la première occasion, par lesquelles vous verrez que Messieurs les Saxons commencent à difficulter de marcher en avant. J'espère qu'ils changeront d'avis après que notre jonction sera faite ; mais en cas qu'ils continuent à difficulter, je crois avoir fait mon devoir et je prendrai alors avec mes troupes les quartiers d'hiver de la manière que je pourrai le faire, n'étant nullement de ma faute si les affaires alors ne prennent un bon train. Selon moi, je ne crois pas qu'il y aura quelque chose à faire avec les Saxons, et je crains qu'ils arrêteront tout notre plan concerté.

Au reste, Monsieur, je dois vous avertir que *contre toute mon attente il est venu aujourd'hui ici un certain baron Pfütschner, qui m'a voulu faire des propositions de la part du duc de Lorraine. Je l'ai congédié en lui disant tout net que, si sa Cour avait des propositions à faire, il fallait qu'elle les fît à tous les alliés en général.* Je suis, etc.

FÉDÉRIC.

Quarante-huit heures plus tard, il accuse réception à Hyndford de sa lettre du 1ᵉʳ, mais sans trouver qu'il y ait lieu de lui parler de la venue de Pfütschner, de cette tentative de négociation que, du côté de Vienne, on n'a pourtant pas pu laisser ignorer au diplomate qui a déjà servi et servira encore d'intermédiaire entre les deux cours.

C. P. 687. — *Au comte de Hyndford, ministre de la Grande-Bretagne, à Berlin.*

Jedownitz, 6 février 1742.

MILORD,

C'est avec beaucoup de satisfaction que j'ai reçu votre lettre, et je ne saurais vous témoigner assez de reconnaissance des ouvertures que vous m'y donnez et de la bonne intention que vous témoignez pour mes intérêts[1]. Vous pouvez assurer que je ne suis point contraire à tout ce qui pourra être convenable à ma gloire et compatible avec mon honneur. Mais, comme il faut des éclaircissements dont vous conviendrez vous-même qu'ils ne se peuvent faire que très difficilement pendant que nous sommes tant éloignés l'un de l'autre et que je crois de pouvoir être bientôt de retour à Berlin, les opérations, dont je suis actuellement occupé pour approcher une paix désirable, se pouvant finir dans quelques jours, j'espère que vous voudrez bien agréer ce petit délai.

Je vous prie au reste d'être assuré de l'estime personnelle que je vous porte et de la sincère et invariable considération avec laquelle je suis, Milord, votre très affectionné

FÉDÉRIC.

Ce qu'il ne disait à personne, c'est que, comptant recevoir une réponse de Vienne, il avait pour cette raison fait venir Podewils à Olmütz. Ne voyant rien venir et sentant l'impossibilité d'attendre plus longtemps, il avait, avant de prendre une résolution, désormais indispensable, essayé de faire jouer un dernier ressort et écrit à Giannini[2].

C. P. 692. — *Au chanoine comte de Giannini[3], à Olmütz.*

Gross-Bitesch, 10 février 1742.

C'est avec quelque empressement que j'ai attendu jusqu'ici de vos nouvelles. Comme j'espère que vous serez instruit de l'affaire à vous connue, et que je souhaite de vous parler, vous viendrez le plus tôt

---

[1] Les propositions qu'il se disait chargé de faire au nom de l'Autriche.

Écrivant quarante-huit heures plus tard (de Gurein, le 8 février, *ibidem*, 689) à Belle-Isle, avant de lui exposer les raisons de son mouvement vers la Thaya, il lui disait : « Je crois qu'il faudrait attendre l'effet de ma diversion pour faire faire les propositions des alliés à la Cour de Vienne..... Il est à croire que la cour de Vienne n'entrera dans aucune proposition de paix avant qu'elle voie l'impossibilité de faire autrement..... »

[2] Giannini avait été chargé par la Cour de Vienne de suivre, ou plutôt de reprendre, les négociations qu'on avait essayé d'engager lors de l'envoi de Pfütschner à Olmütz, le 4 février. Pour plus de détails sur Giannini, cf. *Haus, Hof und Staats Archiv*. GIANNINI, *Relation de mon voyage de Znaym*. Vienne, 7 mars 1742).

[3] N'ayant reçu aucune instruction de Vienne, le chanoine s'abstint naturellement de se rendre à Gross-Bitesch auprès du roi.

possible ici, où je serai jusqu'après-demain, ou là où vous me pourrez trouver. A votre arrivée ici, vous éviterez sans affectation de vous présenter devant moi, mais vous vous adresserez à mon aide de camp général de Borcke, sans lui découvrir la moindre chose de notre secret, et vous ne lui direz rien autre chose, sinon que vous êtes venu pour faire des représentations de la part du chapitre d'Olmütz, touchant les contributions qu'on exige tant de lui que de toute la province. Après cela, vous parlerez ici à mon conseiller privé Eichel, à qui vous pouvez tout expliquer, et vous aurez ma réponse par son entremise. Je vous recommande le secret, et de prendre toutes vos précautions de la manière la plus naturelle, tellement que des surveillants ne puissent s'apercevoir de rien. Je suis, etc.

Fédéric.

VIII

LA REPRISE DES HOSTILITÉS. — LE PROGRAMME DE SELOWITZ ET L'ÉVACUATION DE LA MORAVIE.

« Si je n'ai pas réussi dans la campagne d'hiver de 1742 que je fis pour dégager les pays de l'Électeur de Bavière, ne craindra pas d'affirmer le roi de Prusse, c'est que les Français y agissaient en étourdis et les Saxons en traîtres[1]. » Frédéric se garde bien de parler de la faute capitale, que lui seul avait commise en dédaignant l'adversaire qu'il avait à combattre, en pensant qu'il le frapperait de terreur. Il ne voulait pas reconnaître que les besoins de la politique l'avaient emporté sur les considérations militaires et que l'insuccès final de son plan tint en réalité à deux causes : l'insuffisance des forces mises en mouvement et

---

[1] Frédéric II, *Instruction militaire du roi de Prusse pour ses généraux*, art. XXVIII.

Le départ du petit corps de Polastron aurait cependant dû être jusqu'à un certain point agréable à Frédéric, puisqu'à Landskron il avait demandé (rapport du chancelier de Saxe, Deutsch-Brod, 30 janvier) « à être débarrassé au plus vite de Polastron et de ses insupportables Français ».

« M. de Polastron, lit-on dans l'*Histoire de mon temps*, était un homme confit en dévotion, qui semblait plus né pour dire un chapelet que pour aller à la guerre. »

l'insuffisance des préparatifs. Exaspéré par la lutte qu'il avait eu à soutenir au cours de la conférence qu'il venait d'avoir, le 9 février, à Gross-Bitesch, avec Rutowski soutenu par Maurice de Saxe et surtout par le rappel, qu'on venait de lui annoncer, du petit corps de Polastron, entrevoyant dès ce moment l'insuccès des opérations qu'il allait entreprendre, d'autant plus railleur et sarcastique qu'il était plus irrité et plus mécontent, Frédéric s'était au moins soulagé en annonçant, en termes singulièrement dédaigneux, au maréchal de Broglie, sa bête noire, celui qu'il traitait peu respectueusement de « vieux paralytique », qu'il ne s'opposerait pas au départ du corps auxiliaire français [1].

C. P. 693. — *Au maréchal de France comte de Broglie, à Pisek.*

Gross-Bitesch, 11 février 1742.
Monsieur,

Je vous renverrai dès que faire se pourra le corps de M. de Polastron, selon que vous me dites avoir des ordres du roi de France pour le retour à vous.

Je n'entre point dans la discussion du fait et je ne prétends point

[1] Polastron, quoique laissé libre d'agir à sa guise, ayant décidé de ne se séparer de Frédéric qu'après la prise d'Iglau, Frédéric lui donna connaissance de l'occupation de cette place par le billet suivant dont le *post-scriptum* mérite d'être signalé à l'attention des lecteurs.

C. P. 698. — *Au lieutenant-général comte de Polastron, à Wolein.*

« Oppatau, 15 février 1742.
« Monsieur,

« J'ai la satisfaction de vous mander que l'ennemi a aujourd'hui quitté Iglau à l'approche de nos troupes et que les Saxons y ont actuellement mis garnison. Cette expédition faite, Monsieur, je ne saurais vous empêcher dorénavant de suivre les ordres que vous avez pour retourner les troupes que vous avez sous votre commande et je crois que votre marche sera assez sûre si vous la dirigez sur Polna et après sur la gauche de la Sazawa. Je vous prie, au reste, d'être persuadé de l'estime avec laquelle, je suis, Monsieur, votre bien affectionné.

« Frédéric. »

La saison devient affreuse, les Français me quittent, les Saxons, dégoûtés des cabanes de la Moravie, visent au palais de Prague. Me croyant planté de tous côtés, je vais sérieusement songer aux quartiers d'hiver.

gloser sur la mauvaise grâce qu'il y a de retirer des troupes lorsque les alliés marchent à l'ennemi. Ce fait grossira l'histoire des mauvais procédés et ne manquera pas d'animer merveilleusement mon zèle pour la cause commune. Je ne doute pas que, renforcé du corps de M. de Polastron, nous n'apprenions bientôt les succès brillants qu'auront vos entreprises. Je suis à jamais, Monsieur le Maréchal. votre affectionné

Frédéric.

Bien que n'ayant, en raison de la situation particulière du prince de Galles, que bien peu de valeur, les ouvertures que, au nom de ce prince, Andrié avait été chargé de transmettre à Berlin, n'en avaient pas moins fait une certaine impression sur l'esprit de Frédéric. Il semble du reste que le roi ne tarda pas à se ressaisir, à oublier, en tout cas à dissimuler son mécontentement ; toujours est-il qu'on n'en trouve plus la moindre trace, ni dans les deux dépêches que le 22 et le 23 février il adresse de Znaym à Fleury, ni dans les Réflexions qu'il joint à cette dernière.

C. P. 695. — *Au Département des Affaires étrangères.*

Gross-Bitesch, 11 février 1742.

Rapport d'Andrié. Londres, 26 janvier : « Le prince de Galles lui a parlé d'une offre de réconciliation à lui faite par le roi George et qu'il a rejetée en disant « qu'il ne pourrait jamais, sans « blesser sa conscience, donner « les mains aux expédients qu'on « lui proposait sans qu'au préala- « ble Walpole ne fût hors de sa « place ». Le prince tient à ce que le roi de Prusse connaisse ses idées et ses sentiments, « sur « leurs intérêts réciproques qu'il « envisageait comme insépara-	Répondre au prince de Galles dans les termes les plus aimables, que je me réjouis de le voir animé de sentiments si droits et si patriotiques et que je ne désire rien plus que de le voir y persévérer ; que de mon côté je ne négligerai rien pour cultiver et entretenir en tout temps son amitié et que je suis persuadé que si j'avais eu affaire à lui, les choses auraient pris sur bien des points une tout autre tournure.

« blés et d'autant plus aisés à
« concilier que la nation an-
« glaise en général en reconnais-
« sait la nécessité. »

C. P. 705. — *Au cardinal de Fleury, à Issy.*

Znaym, 22 février 1742.

Monsieur mon Cousin,

La mauvaise situation, dans laquelle se trouvaient les affaires de l'Empereur, m'a fait voler le plus promptement possible à son secours. Je ne vous parlerai point de toutes les contrariétés que j'ai eues à essuyer à Dresde et de la généralité saxonne. Après avoir vaincu mille oppositions, j'ai fait marcher avec moi les troupes saxonnes jusqu'à Iglau, d'où nous avons délogé l'ennemi. Après quoi les Saxons n'ont plus voulu avancer. Cependant après avoir couru le risque de me voir abandonné par eux, j'ai trouvé le moyen de les porter jusqu'à la Taya. Le mouvement a produit tout l'effet que je devais en attendre, savoir que le prince Lobkowitz se replie sur l'Autriche et que M. de Khevenhüller sort de Bavière avec 10 000 hommes pour gagner le pont de Krems et pour se joindre à M. de Lobkowitz. Je sais que leur dessein est de couvrir Vienne et Presbourg, ce qui doit vous donner d'autant plus de tranquillité pour M. de Broglie que je le crois par ce mouvement de l'ennemi en état d'entreprendre sur Tabor.

Les raisons, qui m'ont empêché d'aller à Neuhaus, sont que le pays entre ici et l'ennemi est tout mangé, que les Autrichiens ont des magasins assez considérables à Neuhaus et que le poste de Wittingau est inattaquable. Je me serais vu réduit alors à décamper devant l'ennemi et à me retirer, ce qui aurait fait une très mauvaise manœuvre de guerre. D'ailleurs, Linz et Passau étant pris, nous ne saurions en délogeant l'ennemi de la Bohême regagner la communication de la Bavière. Je crois donc avoir plus effectué par mon opération sur la Taya que par celle de Neuhaus, d'autant plus que mon aile gauche n'est qu'à sept milles d'Allemagne de Vienne.

Je vous envoie ci-jointes mes idées sur la campagne prochaine [1],

---

[1] Frédéric avait, quarante-huit heures plus tôt, exposé à Charles VII ses idées sur la campagne prochaine, idées qu'il me paraît inutile de reproduire ici et qui se terminaient sur cette phrase : « Je suis dans la ferme persuasion, vu le délabrement de l'armée autrichienne, que ce projet exécuté nous donnera la paix au mois de juillet. » Cf., 703, à l'Empereur des Romains, à Francfort-sur-le-Main, Znaym, 20 février 1742.

dont le succès n'est pas douteux, si l'on prend les mesures à temps et que tout soit bien concerté.

La hauteur autrichienne vient de renaître par l'expédition de Bavière, mais, selon toutes les apparences, ce ne sera que le bon jour d'un corps hétique à qui le moindre répit enfle l'espérance, mais qui s'évanouit le jour d'après par les nouveaux ulcères qui se manifestent.

Je suis avec tous les sentiments d'estime et de l'amitié la plus cordiale, Monsieur mon Cousin, votre très affectionné et fidèle ami.

Frédéric.

C. P. 708. — *Au cardinal de Fleury, à Issy.*

Znaym, 23 février 1742.

Monsieur mon Cousin,

Vous pouvez juger par la promptitude de mes réponses du plaisir que j'ai de recevoir de vos lettres ; elles sont toujours pleines d'instructions pour moi et je suis ravi de profiter des lumières d'un aussi grand et habile ministre. Vous trouverez ci-joint mes réflexions sur le tableau de l'Europe que vous m'avez envoyé[1]. Je ne les donne point pour infaillibles, car tout ce que peut l'esprit humain sur l'avenir se borne à de faibles conjectures, que l'ignorance ou les préjugés rendent pour la plupart incertaines et fautives.

Quant à mes opérations, elles font tout l'effet que j'en ai pu espérer. M. de Broglie est hors de tout danger, Prague en sûreté, l'ennemi dans la consternation et le découragement de sorte qu'il se retire en Basse et Haute-Autriche, la Basse-Autriche inondée de nos partis et nos troupes en état de combattre et de vaincre, lorsque l'ennemi aura l'audace de se présenter ou la témérité de nous attendre. Sans cette diversion, M. de Khevenhüller se serait replié sur la Bohême et M. de Broglie aurait couru grand risque, Prague de même, et nos affaires étaient au point d'être perdues. Mais, grâce au ciel, notre supériorité est rétablie et j'ai obligé l'ennemi à suivre l'impulsion que je lui ai donnée en me portant vers l'Autriche et en menaçant Vienne et Presbourg.

Si l'on apprend à connaître les amis dans le danger, je me flatte que mes alliés me trouveront digne de leur confiance et de leur amitié et je vous réponds que vous pouvez être tranquille sur les affaires

---

[1] A cette pièce étaient jointes, comme le roi l'annonçait à Fleury, ses Réflexions sur le tableau de l'Europe, malheureusement trop longues pour être reproduites ici. (Cf. *Correspondance politique*, t. II, p. 46-48.)

d'Allemagne, car je ne me remuerai point d'ici que tout ne soit arrangé selon vos désirs et pour le bien de la cause commune, vous priant d'être persuadé que je suis avec tous les sentiments d'amitié, d'estime et de considération, Monsieur mon Cousin, votre très fidèle et inviolable ami

FÉDÉRIC.

Malgré la belle assurance dont il faisait étalage, les choses étaient loin de marcher au gré de ses désirs. Il se gardait toutefois bien de rien laisser paraître de ses préoccupations dans la lettre de remerciements qu'il adressait à Valory, mais qui avait surtout pour but de montrer qu'il méritait la pleine confiance de ses alliés. En passant, il avait cependant avoué en prenant, il est vrai, un ton badin et plaisant qu'il éprouvait de sérieuses difficultés à faire vivre son armée.

C. P. 717. — *Au marquis de Valory, envoyé de France, à Prague.*

Znaym, 27 février 1742.

MONSIEUR,

Je viens de recevoir votre lettre du 26 de ce mois et je vous suis très obligé des lettres que vous m'avez envoyées avec et qui m'ont été très agréables, quoique celle de M. le maréchal de Belle-Isle soit un peu de vieille date.

Les nouvelles, que vous avez reçues de Vienne, et dont je vous sais gré que vous avez voulu me les communiquer, m'ont été agréables. Je me prépare actuellement pour bien recevoir les Autrichiens, en cas que l'envie leur prenne de venir tomber sur moi ; mais ce que je crois nécessaire, c'est ce que vous représenterez à M. le maréchal de Broglie, que d'abord qu'il aura avis que les Autrichiens marchent en force sur moi, il sera indispensablement nécessaire de faire en même temps un mouvement avec le corps de ses troupes sur Tabor et Budweis pour donner là de l'occupation aux ennemis, pendant que le gros de leurs troupes marche sur moi. Vous concevrez aisément la nécessité de cette manœuvre pour divertir d'autant mieux l'ennemi, ce qui ne saurait que faire un très bon effet pour la cause commune.

Au reste, Monsieur, vous trouverez ci-joint l'ordre que je viens de donner à la chambre de Clèves pour le passage libre des amas de fourrage que M. de Maillebois a acheté dans le pays de Clèves et j'y joins ma réponse à l'Empereur et à M. le Cardinal avec une lettre pour M. de Broglie, que je recommande toutes à vos soins, pour qu'elles arrivent à leur destination. Je suis avec des sentiments d'estime, Monsieur, votre affectionné

FÉDÉRIC.

Je me prépare ici à tout événement. Je me renforce de 10 escadrons et 6 bataillons. *Nous tirons le diable par la queue pour subsister.*

Faites mes compliments aux amis de Prague ; mandez au Cardinal que nos ennemis veulent me détacher de l'alliance, mais en vain, et qu'on verra par toute ma conduite combien ont été faux les bruits qu'on a fait courir de mon accommodement prétendu. Mais si j'étais ministre de la Reine, je ne négligerais rien pour semer la méfiance entre les alliés, est-il donc étonnant qu'ils le fassent ? Ne soyons donc pas assez fols pour nous laisser prendre dans des pièges aussi usés et aussi puérils que ceux-là. Adieu ?

Frédéric, reconnaissant à ce moment la gravité de la faute qu'il avait commise en négligeant Brünn et par suite la difficulté pour lui de se maintenir en Moravie, se faisait si peu d'illusion sur la situation, qu'il terminait par quelques phrases, dans lesquelles il ne prend même pas la peine de dissimuler son inquiétude [1], la lettre qu'il écrit le 27 à Belle-Isle.

C. P. 720. — *Au maréchal de Belle-Isle.*

Znaym, 27 février 1742.

MONSIEUR,

Votre lettre en date du 6 de février ne m'est parvenue qu'aujourd'hui et les marques que j'y trouve de la confiance que Sa Majesté Impériale met en moi, m'ont causé une satisfaction extrême ; aussi n'obligera-t-Elle pas un ingrat.

---

[1] Il m'a paru curieux, afin de mieux montrer l'effort que Frédéric fait sur lui-même pour essayer de prendre un ton badin, à travers lequel on voit pourtant apparaître sa tristesse et ses soucis, d'emprunter les lignes suivantes à la lettre que de Znaym il écrit à Jordan, le 28 février : « Les maisons ont toutes ici des toits plats à l'italienne, les rues sont malpropres, les montagnes âpres, les vignes fréquentes, les hommes sots, les femmes laides et les ânons très communs. C'est la Moravie en épigrammes. »

Les raisons, que vous alléguez pourquoi il sera nécessaire que Sa Majesté Impériale prolonge son séjour à Francfort, sont si solides que je ne pourrais pas y ajouter quelque chose, étant persuadé que dans les circonstances présentes Sadite Majesté ne saurait jamais mieux faire que d'y rester. Aussi mon ministre d'État de Broich a déjà mes ordres pour qu'il doive rester à Francfort et y continuer sa fonction et les négociations sur lesquelles l'Empereur consultera le collège électoral.

Quant aux instances que les ministres hanovriens vous ont faites sur le renouvellement de la convention qui fut faite l'an passé avec le roi d'Angleterre, je suis du sentiment qu'on pourrait la leur accorder, ou, du moins, qu'on pourrait approfondir leur bonne foi en leur proposant de la part de l'Empereur de faire une alliance avec lui et de lui fournir 12 000 hommes de troupes auxiliaires pour des subsides. Cela accordé, je crois qu'on pourrait retirer sûrement les troupes françaises de la Westphalie et qu'on pourrait permettre alors au roi d'Angleterre de fournir quelques subsides en argent à la reine de Hongrie, en même temps que l'électeur de Hanovre donnerait de ses troupes à l'Empereur pour soutenir ses intérêts et ses droits. Je vous prie, Monsieur, d'être persuadé des sentiments d'estime et de la parfaite considération avec lesquels je suis, Monsieur, votre très affectionné et fidèle ami

Frédéric.

J'ai trouvé ici nos affaires plus délabrées que je ne les ai crues, c'est pourquoi je me renforce de 20 escadrons et de 7 bataillons. Si je puis, en attirant les forces de l'ennemi sur moi, conserver le maréchal de Broglie et Prague, je croirai avoir rendu un service signalé aux alliés. Je ne saurais savoir si j'y parviendrai avec ou sans bataille. M. de Lobkowitz marche vers Krems où il attend un renfort de 8000 fantassins, que Khevenhüller amène de Bavière. On dit que le prince Charles y joindra 9 000 ou 6 000 hommes. Si je suis en force vers ce temps-là, je verrai ce que j'aurai de mieux à faire. En attendant, Brünn, muni de 6 000 hommes et de hussards, nous incommode beaucoup touchant notre communication.

Si le roi d'Angleterre nous peut procurer la paix, suivant l'alliance de la reine de Hongrie, cela vaudrait bien la peine de faire alliance avec lui.

Comme il l'écrira quelques jours plus tard le 11 mars de Porlitz à Jordani : « Les choses s'embrouillent de plus en plus. » L'horizon politique n'était guère plus rassurant que la situation militaire. Frédéric avait eu beau faire ; la France se défiait de lui de plus en plus. Son fameux plan d'opération ne devait être approuvé qu'après l'arrivée de Belle-Isle à Versailles, et, comme Valory lui avait parlé de la fourniture d'un équipage de ponts pour passer le Danube, il en avait conclu qu'on allait chercher à l'amener à consentir, ce dont il ne voulait à aucun prix, à la jonction de son armée avec l'armée française en amont de Vienne.

En Angleterre, on était à la veille d'un changement de ministère et il craignait de voir le successeur de Walpole accorder une protection effective à Marie-Thérèse.

En Suède, il fallait s'attendre à ce que l'influence anglaise prît avant peu le dessus.

Frédéric en conclut qu'il n'était que temps de renouer au plus vite les relations qu'il avait rompues avec lord Hyndford.

C. P. 723. — *Au comte de Hyndford, ministre de la Grande-Bretagne, à Berlin.*

Znaym, 1ᵉʳ mars 1742.

MONSIEUR,

J'ai reçu votre lettre du 12 février ; et j'ai été très mortifié d'en apprendre l'insulte qui a été faite par un capitaine de mes hussards à un courrier du Roi votre maître, dont jusqu'à présent rien n'est venu à ma connaissance. Comme je ne saurais que désapprouver l'insolence de ce capitaine, quoique vous ne sauriez indiquer son nom, je ne manquerai pas néanmoins de prendre les informations nécessaires du fait et de le faire punir dûment de son étourderie et de son procédé inexcusable, de manière que vous aurez lieu d'en être satisfait.

Quant aux autres points de votre lettre, je suis bien obligé des nouvelles que vous me mandez et des sentiments de confiance et de cordialité que vous me témoignez. J'espère que vous voudriez bien continuer à me donner des éclaircissements nécessaires pour me mettre entièrement au fait de ce que la partie voudrait prétendre en égard des offres qu'elle fait [1], après quoi je pourrai vous dire mes sentiments.

[1] Hyndford rendait compte que : « La reine de Hongrie est prête à céder toute la Silésie, à l'exception du duché de Teschen, et j'ai lieu de croire

Je suis fâché que je voie mon retour à Berlin retardé par les mouvements que les troupes autrichiennes viennent de faire actuellement pour tomber, à ce qu'on dit, sur la Moravie et qui m'obligent de me mettre en état de défense pour les repousser, en cas que l'envie les prenne de venir sur moi ou sur les troupes saxonnes jointes aux miennes. Je vous prie d'être assuré des sentiments d'amitié et de l'estime particulière avec lesquels je suis, etc.

Frédéric.

La présence de Giannini à Znaym n'avait pas été sans produire un certain effet sur l'esprit et les dispositions de Frédéric et ce fut évidemment sous l'impression des conférences que le chanoine eut avec son factotum, avec son homme de confiance Eichel que Frédéric écrivit une longue lettre, en somme assez aimable, à Belle-Isle. Il ne manqua pas du reste de prendre immédiatement sa revanche et de laisser libre cours à sa mauvaise humeur dans celle que le même jour il adressait à Valory. Il est vrai qu'afin de détourner les soupçons qu'aurait pu faire naître la présence de Giannini à Olmütz, il avait soin de charger son ministre à La Haye de protester contre les assertions contenues dans une lettre que Marie-Thérèse avait fait remettre aux États-Généraux.

C. P. 731. — *Au marquis de Valory, envoyé de France, à Prague.*

Znaym, 4 mars 1742.

Monsieur,

J'ai reçu votre lettre du 28 février et j'ai été extrêmement surpris d'y voir que le nommé baron de Burnet[1] s'est émancipé de dire à Sa Majesté Impériale que j'étais disposé de prêter six millions de florins aux États de Bohême, en cas que Sa Majesté Impériale voulût en être caution.

J'ai lieu d'être étonné de la hardiesse de cet homme, lequel je n'ai jamais vu, ni parlé et dont j'ignore absolument qui il soit. Il est vrai que, du temps que je fus à Glatz, j'ai entendu dire en passant qu'il y

qu'elle se laissera porter aussi, sous de certaines petites conditions, à la cession de Glatz. »

[1] Colonel au service de Baireuth.

avait un homme qui cherchait un emprunt convenable pour les États de Bohême, mais jamais s'est-il présenté devant moi, et quand même il m'aurait pu parler, vous pourriez croire que je n'aurais pas traité sur un négoce de cette importance avec un homme, pour ainsi dire, sans aveu et dont je ne connais ni la figure, ni la condition. Ainsi, c'est un mal-appris qui a fait accroire une chose à laquelle je n'ai jamais pensé.

Quant aux ponts sur haquets dont vous me parlez[1], je ne conçois pas jusqu'à présent à quel usage j'en devrais faire construire, ni comment je les pourrais transporter, mes opérations allant principalement sur Presbourg où je pourrais passer sans avoir des ponts si coûteux. Je suis avec des sentiments d'estime et de considération, etc.

Fédéric.

Je crois que vous me prenez pour le juif de la cour de l'Empereur et que, non content que je ruine mes troupes pour lui, vous prétendez que je lui prodigue les épargnes de l'Etat. Jamais roi, ni juif ne prête sur les physionomies. Le roi de France peut faire à proportion de bien plus grands efforts que moi. Chacun doit se plier à son état et les cordes de mon arc sont à présent tendues selon ma capacité ; on devrait rougir de honte des propositions que l'on me fait.

Dans le traité, je dois payer l'argent pour Glatz lors de la paisible possession, je le hasarde à présent, ainsi je fais déjà ce que l'on ne devrait pas prétendre de moi.

C. P. 732. — *Au ministre d'État, comte de Podewils, à Olmütz.*

Znaym, 4 mars 1742.

Rapport de Podewils. Olmütz, 27 février :	Fort bien. Voyons d'abord où ils veulent en venir.
« L'impératrice Elisabeth paraît avoir accueilli avec joie la proposition d'un traité d'alliance et d'amitié entre la Prusse et la Russie. Ne serait-il pas avantageux	

---

[1] Cf. *ibidem*, 730, au maréchal de Belle-Isle, Znaym, 4 mars : « ... J'ai envoyé au cardinal un plan dans lequel il n'y a point de pont. Si nous voulons changer de plan tous les huit jours, comme l'année passée, nos opérations auront aussi le même sort. »

de laisser la cour de Pétersbourg rédiger le projet de traité afin de mieux pénétrer les intentions de la Russie et de voir aussi la tournure que prendront les événements de guerre dans le Nord. »

C. P. 733. — *Au conseiller privé de Légation comte de Podewils, à la Haye.*

Olmütz, 4 mars 1742.

J'ai reçu votre dépêche du 16 du mois passé, avec la copie de la lettre que la reine de Hongrie a écrite aux Etats-Généraux en date du 27 de janvier sur la situation de ses affaires, remplie de plaintes et d'invectives contre ses ennemis et de contre-vérités et faussetés contre moi.

Triste et faible ressource pour une cour qui, dans l'état malheureux où elle se trouve, devrait plutôt consulter la prudence pour s'en tirer par un prompt et bon accommodement, que la rage et l'esprit de vengeance contre des puissances aussi formidables que celles qui se sont liguées contre elle et qu'un pareil procédé ne peut qu'aigrir et animer davantage pour réduire cette princesse à la dure nécessité d'accepter les conditions qu'on voudra bien lui accorder et qu'une conduite plus sage et plus modérée de sa part pourrait rendre moins onéreuses. Mais, pour en venir au contenu même de cette lettre, je laisse à la France et à mes alliés, aussi bien qu'au collège électoral, de répondre aux calomnies que l'auteur de cette lettre, en se parant et abusant insolemment du nom de la reine de Hongrie, a vomies contre eux et la validité de l'élection de l'Empereur aussi bien que les justes motifs qui ont porté tous les électeurs, sans exception d'ami ou d'ennemi, à laisser la voix de Bohême dans l'inactivité, ce que les circonstances du temps et le défaut d'habileté d'une princesse à prendre voix et séance dans le collège électoral, ont rendu indispensablement nécessaire.

Mais pour ce qui regarde le passage de cette lettre : *Borrusiæ, quoque rege secunda jam vice contra datam fidem in partem operis veniente,* il est également injurieux, faux et obscur.

A le prendre au pied de la lettre, on n'y saurait trouver un autre sens raisonnable, sinon que de supposer par les paroles *secunda vice* que j'ai fait et rompu deux fois un accommodement et une paix particulière avec la reine de Hongrie pendant la guerre présente. Cela étant, pourquoi ne produit-on pas un pareil traité de paix ou d'accommodement pour convaincre l'univers de la vérité de ce qu'on avance avec tant d'effronterie et pour se laver du reproche bien mérité que depuis quelque temps toute la conduite du ministère de Vienne n'a été qu'un tissu de mensonges et de fausseté, qui, en partie, lui ont attiré tous les malheurs dont la reine de Hongrie se voit accablée maintenant.

Mais je défie la cour de Vienne de pouvoir jamais produire de pareils traités, conventions ou autres pièces de cette nature, signées de ma main ou de celle de mes ministres, chargés du département des Affaires étrangères ou munis des pleins pouvoirs nécessaires pour cet effet-là.

Ce serait une nouvelle méthode, inconnue jusqu'ici en Europe et dans le monde entier, de faire la paix ou un accommodement sans en être convenu de part et d'autre par des instruments revêtus de tout ce qui est indispensablement nécessaire pour en constater et prouver l'existence et l'authenticité. Et tout cela n'étant point, de quel front prétend-on en imposer à tout l'univers, en avançant une fausseté aussi manifeste ?

Voilà ce que vous pouvez répondre verbalement aux ministres et aux régents de l'Etat aussi bien aux ministres étrangers qui se trouvent à la Haye, quand l'occasion se présente ou quand ils devraient vous en parler ; puisque la lettre de la reine de Hongrie étant peut-être, à l'heure qu'il est, entre les mains de tout le monde à la Haye, les personnes, qui ne sont pas au fait des affaires et qui prennent pour de l'argent comptant tout ce que la cour de Vienne avance si libéralement et avec tant d'effronterie, pourraient être tentées de croire qu'il y a eu une paix particulière entre moi et cette Princesse et que je l'ai rompue deux fois, selon le sens littéral de la lettre en question.

Le seul but que la cour de Vienne paraît s'être proposé dans le trait envenimé qu'elle a lancé contre moi, ne saurait être que d'inspirer de la défiance contre moi à mes alliés.

Mais c'est un artifice aussi grossier qu'usé, et pratiqué avec si peu de succès par le ministère de la reine de Hongrie à toutes les cours avec lesquelles elle s'est brouillée, qu'il ne porte plus qu'à faux et qu'il ne peut tourner qu'à la honte et à la confusion de cette cour, depuis qu'on voit que les puissances liguées contre elle, connaissent trop leurs véritables intérêts et la nécessité d'une bonne union et étroite harmonie pour vouloir prendre le change.

En attendant, vous ne manquerez pas de m'informer exactement de l'impression que la susdite lettre pourra faire sur les ministres qui se trouvent à la Haye aussi bien que sur le public, qui paraît déjà pencher assez pour se laisser aller à toutes les impulsions que la cour de Vienne voudra lui donner pour rendre la guerre générale et traverser les bonnes intentions de ceux qui souhaitent passionnément de pouvoir vaincre l'opiniâtreté et le caprice de la cour de Vienne pour lui faire ouvrir les yeux sur ses véritables intérêts et sur la nécessité indispensable de donner promptement les mains au rétablissement de la paix, avant que son état n'empire d'une manière qu'elle pourra perdre facilement ce qui lui reste encore de ses possessions en Allemagne.

C'est à quoi aussi le gouvernement de la République devrait travailler selon sa sagesse ordinaire pour prévenir un embrasement général.

FÉDÉRIC.

(D'après la minute [1].)

Deux jours auparavant, le 2 mars, comme nous venons de l'indiquer en passant, le chanoine Giannini était arrivé à Znaym porteur du *Pro memoria* expédié de Vienne et qu'on lui avait envoyé « de curé en curé jusqu'à Olmütz le 26 février ». Jamais encore Frédéric n'avait éprouvé déception pareille à celle qui lui était réservée.

Malgré la lenteur que la cour de Vienne avait mise à lui faire parvenir sa réponse, il croyait si bien à la possibilité, et même à la probabilité, d'un accord que, le 26 février, il avait expédié à Schmettau des instructions détaillées relatives à la mission qu'il devait remplir auprès de l'Empereur, afin de régler avec lui la question du cercle de Königgrätz « que le Roi voulait prendre en gage au prix de 800 000 écus et même d'un million [2] ».

[1] Podewils, en présentant cette minute, Olmütz, 3 mars, fait remarquer au roi : « Comme je pourrais peut-être avoir manqué de m'expliquer dans le sens que Votre Majesté souhaite qu'on le fasse, je La supplie de vouloir bien parcourir elle-même l'incluse. »
Réponse par la résolution de Znaym, 4 mars : « Très bien. »
Le 12 mars, la circulaire fut en conséquence adressée aux ministres de Prusse à Dresde, Francfort-sur-Main, Copenhague, Londres, Paris, Saint-Pétersbourg et Stockholm.

[2] Cf. *ibidem*, 716, au feld-maréchal comte Schmettau. Znaym, 26 février 1743. Instruction donnée à Schmettau pour son voyage à Prague.

Dès son arrivée à Znaym, Giannini avait demandé une audience au Roi, qui lui fit dire qu'il pourrait « traiter avec le conseiller intime Eichel, avec qui je parloi en effect et comme j'étai impossibilité d'approcher le roi, il me fallut indispensablement décrir le *Pro memoria* et le lui donner à ce que Sa Majesté en peut peser le contenu [1] ».

Marie-Thérèse, rejetant purement et simplement les propositions du Roi, avait chargé le grand-duc de rédiger ce *Pro memoria*. La Reine consentait à céder la Basse-Silésie, dont la frontière serait déterminée par une ligne courant au sud de la Neisse, le comté et la ville de Glatz, à condition toutefois de raser les remparts de la ville et du château ; mais en retour, elle exigeait que Frédéric s'engageât à la faire rentrer, s'il le fallait, même par la force des armes, en possession de ses autres États héréditaires [2].

Rien ne prouve mieux l'état d'esprit du roi de Prusse que le fait qu'il ne songea même pas à rejeter, sans autre forme de procès, des propositions en réalité inacceptables et qui paraissaient même passablement ironiques et presque insolentes. Eichel, le porte-parole du Roi, se borna à faire observer à Giannini que : « Ce *Pro memoria* lui paraissait un peu sec... que le roi était content de ses avantages et qu'il falloit songer à en faire à ses alliés, dont il me répéta le jour suivant. On voyoit bien que la cour de Vienne la vouloit détacher, mais qu'il ne le feroit pas en aucune manière. »

Avant d'aller plus loin et de résumer l'entrevue qu'avant de partir pour Vienne Giannini eut encore le lendemain, 4 mars, avec Eichel, il est, sinon indispensable, tout au moins curieux d'extraire de la relation du chanoine certaines indications qu'il avait recueillies de la bouche de personnages de l'entourage du Roi.

Schmettau, à son passage à Olmütz, lui avait dit « qu'en cas qu'il y eût, comme il espéroit, quelque ouverture d'accommodement,

---

[1] GIANNINI, *Relation de mon voyage à Znaym*, Vienne, 7 mars 1742, annexe XXXI. (Texte original en français.)
[2] *Haus, Hof und Staats Archiv. Friedrics Archiv.*

le roy l'enverroit en tout secret au nouvel Élu qui lui tienne bien à cœur et avec qui on conviendroit d'un prix et d'une alliance contre la France ; en conséquence qu'on s'accommoderoit avec la Saxe comme on pourroit ; qu'au reste le roi auroit bien pu s'avancer en Autriche et aller prendre d'emblée Presbourg, ce qu'il n'a pas entrepris pour ne pas empirer les conditions de paix avec la reine [1]... » Un peu plus loin Giannini ajoutait : « Je ne sçai si c'est le sentiment du roy, mais il est bon que je le dise ici : ce que le général de La Mothe m'a conté comme un sentiment commun de tous les Prussiens ; qu'il seroit bien que la Cour de Vienne fisse la paix sur le pié ci-dessus et une alliance contre la France, qu'après on trouveroit la manière de dénicher la Saxe de la Haute-Silésie et de Moravie ; que pour la Bohême ce seroit un patrimoine du nouvel Empereur pour soutenir sa dignité... [2] »

« Quant à Eichel, il vint, dit encore Giannini, me trouver le jour suivant et me dit de bouche une quantité de choses que j'eu soin de noter d'abord après son départ ; mais voulant pourtant aller de pié sure et ne rien rapporter que de vrai, je lui fis voir mes remarques et il trouva que j'avoi expliqué l'intention du roy avec des termes un peu forts. Il me dit donc qu'il prendroit la liberté de me mettre en ordre mon écrit. C'est ce que je vouloi, et l'ayant mis en état à sa mode, il vint sur les 11 heures du matin me l'apportai... Je copiai donc ledit écrit que je nomme *Notanda* de Znaym avec la consolation de sçavoir que le roy l'avoit eu sous les yeux, car M. d'Eichel en venoit... [3] » Puis parlant de son départ pour Vienne, il ajoute : « La raison de ce voyage du côté du roy est affin de sçavoir plus tôt les sentiments de la Cour. On présuppose qu'elle achettera comme il voudra *l'amitié du roy qu'il veut bien lui accorder*, paroles les soussignées propres de M. d'Eichel, quand il m'exposoit les pensées du roy, bien différentes des siennes qu'il me marquoit toujours à part [4]. »

[1-2-3-4] GIANNINI, *Relation de mon voyage à Znaym*. Vienne, 7 mars 1742, annexe XXXI.

C. P. 734. — *Notanda de Znaym*[1].

5 mars 1742.

Rédigé par Eichel et ayant pour titre *Pro memoria* remis à Giannini, qui l'a copié de sa main et l'a lui-même porté à Vienne, les *Notanda* commençaient par ces mots :

« Comme on a trouvé le contenu du *Pro memoria*, dont j'ai été chargé, trop général et peu satisfaisant, on est bien aise que j'aille moi-même à Vienne pour y représenter à la personne connue et à ceux qui sont du secret :

« Qu'on était sensible à la confiance que la cour de Vienne paraissait de marquer dans le *Pro memoria* et qu'on souhaitait sincèrement de sauver la maison d'Autriche du naufrage, dans le danger éminent où elle se trouve, mais qu'il fallait que cela se fît d'une manière digne et faisable selon les circonstances du temps.

« Que, si la cour de Vienne voulait réfléchir sur l'état véritable de ses affaires, elle trouverait qu'après tant d'efforts qu'elle avait faits jusqu'ici, les ressources lui devraient manquer à la fin ; qu'elle n'avait rien ou très peu à espérer de ses alliés, qui témoignaient assez clairement de ne vouloir plus se mêler de ses affaires et que la partie liée contre la maison d'Autriche était trop supérieure pour que celle-ci ne dût succomber à la fin ; que la résolution de le vouloir faire coûter cher aux ennemis si l'on devait être écrasé, n'était aucunement de la saine et bonne politique et ne pouvait qu'aigrir et animer davantage les puissances alliées contre la maison d'Autriche, pour la réduire à la nécessité d'accepter les conditions qu'on voudra lui accorder, et qu'une conduite plus sage et plus modérée de sa part pourrait rendre les conditions moins onéreuses.

« Que les avantages qu'elle avait eus sur la Bavière ne décideraient de rien, vu les d'autant plus grands efforts que la France ferait et faisait actuellement pour remettre les affaires de la Bavière ; que même une ou deux batailles gagnées contre les alliés ne pourraient pas relever les affaires de la maison d'Autriche, mais qu'au contraire une bataille perdue d'elle la mettrait aux abois et qu'il ne serait possible alors de lui conserver les Etats qu'elle conserve encore en Allemagne ; que la France ne pourrait jamais abandonner la Bavière sans ruiner

---

[1] Remis à Giannini pour être communiqué à la cour de Vienne.

tout à fait son crédit et ses intérêts et sans s'exposer à des embarras infinis.

« Qu'il ne fallait point penser à vouloir infirmer ou annuler l'élection de l'Empereur faite à Francfort et à vouloir rétablir la Sanction Pragmatique dans son entier, tous les électeurs étant intéressés de soutenir l'élection faite par eux ; que de conséquence en conséquence, les Etats de l'Empire se verraient obligés de faire ses efforts contre la maison d'Autriche, dont la plupart offraient déjà leurs troupes.

Qu'il était donc de la dernière importance pour la cour de Vienne de penser à ses vrais intérêts et de s'accommoder aux circonstances du temps, avant que les affaires seraient venues à la dernière extrémité.

« Que, si l'on voulait continuer à avoir quelque confiance sur celui qui n'aimera jamais que la maison d'Autriche soit tout à fait écrasée, on n'aurait qu'à lui communiquer, avec les ménagements nécessaires, les conditions sur lesquelles on pensait de faire la paix ; qu'on pourrait alors s'expliquer là-dessus et qu'après les avoir trouvées acceptables, on se chargerait de les communiquer, d'une manière convenable, aux alliés pour régler le reste. Si contre toute attente ces conditions seraient refusées, on aurait alors les mains libres de faire ce qu'on voudra. »

Les *Notanda*, on a pu s'en convaincre en les lisant, n'étaient pas, à proprement parler, de véritables propositions de paix; c'étaient en réalité de simples aperçus dans le genre de ceux que Frédéric avait exposés à Pfütschner lors de sa venue à Olmütz. Mais il n'en était pas moins évident qu'à cause des fautes qu'il avait commises, il était désormais presque impossible, et en tout cas dangereux, pour le Roi de s'entêter à rester, en attendant la réponse de la cour de Vienne, sur sa position de la Thaya où son armée était par trop en l'air. Il lui fallait cependant trouver un prétexte pour expliquer le mouvement rétrograde de son armée. Il se souvint alors de Brünn, déclara que « sans la prise de Brünn, les alliés ne pouvaient même pas se soutenir en Moravie [1] », et donna l'ordre d'investir la place. Pour mieux enlever à ce mouvement son véritable caractère de retraite, Frédéric eut bien soin de parler à Rutowski, qui venait précisément prendre congé de

---
[1] Frédéric II, *Histoire de mon temps*, chap. v.

lui, de son projet de se porter aussitôt après la chute de Brünn sur Presbourg et de là sur Vienne et d'insister cette fois dans ses deux lettres à Auguste III sur les propositions que la cour de Vienne lui avait fait faire infructueusement.

C. P. 735. — *Au roi de Pologne, à Dresde.*

Znaym, 6 mars 1742.

Monsieur mon Frère et Cousin,

Je profite du départ du comte Rutowski pour assurer Votre Majesté de ma parfaite estime et tendresse et Lui rendre compte de la situation des affaires qui, grâce à Dieu, est fort bonne.

L'ennemi va entrer dans ses quartiers d'hiver en Basse-Autriche, les troupes de Votre Majesté vont bloquer Brünn d'un côté, les miennes de l'autre, de façon que nous allons occuper toute la Moravie et même une partie de la Basse-Autriche. Votre Majesté aura bien la bonté de Se déterminer touchant les représentations que Lui en fera le comte Rutowski pour l'artillerie du siège de Brünn. J'ai d'ailleurs détaillé au comte Rutowski tout le plan qu'on pourrait suivre sur la campagne qui vient, sur quoi je serais bien aise d'être éclairé par les lumières de Votre Majesté.

Je dois Lui faire ouverture que la cour de Vienne, ne se lassant point de faire des tentatives pour me détacher de l'alliance, m'a offert carte blanche, que j'ai rejeté toutes leurs propositions quelconques et que je les ai renvoyées à la paix générale. J'ai instruit d'ailleurs le comte Rutowski d'une infinité d'anecdotes qu'il pourra apprendre à Votre Majesté.

Si Elle voulait bien pour la sûreté de ses troupes et pour le grand besoin que nous en aurons, la campagne prochaine, ajouter quelques chevaux-légers ou quelques uhlans à ceux que nous avons ici, je m'en promets un effet merveilleux. Les troupes de Votre Majesté et Ses généraux servent ici avec distinction et je dois leur rendre le témoignage que ce sont de braves et bonnes troupes et leurs officiers sages et éclairés [1].

L'estime, la considération et l'amitié sincère que j'ai pour la per-

---

[1] Cf. Frédéric II, *Histoire de mon temps*, le jugement bien différent porté par le roi de Prusse sur la valeur des troupes saxonnes et de leurs chefs à plusieurs endroits du chapitre v.

sonne de Votre Majesté ne finiront de ma vie, étant, Monsieur mon Frère et Cousin, de Votre Majesté le très bon frère et fidèle allié.

Frédéric.

C. P. 738. — *Au roi de Pologne, à Dresde.*

Znaym, 9 mars 1742.

Monsieur mon Frère et Cousin,

J'ai l'honneur de mander à Votre Majesté de notre situation d'ici que l'ennemi tâche d'assembler un gros corps de troupes de milices hongroises et paysans, soutenu par quatre régiments réguliers, aux confins de la Moravie vers Scalitz, pour tomber sur quelques-uns de mes quartiers de ce côté et m'inquiéter là autant qu'il leur sera possible. Comme ce dessein me pourrait extrêmement embarrasser par rapport à la subsistance qu'on m'ôterait par là, j'ai été obligé d'envoyer un détachement de troupes pour disperser cette cohue qui s'y pourrait trouver. Après cela, j'ai trouvé nécessaire qu'on serre de plus près la ville de Brünn, pour empêcher que l'ennemi n'y puisse jeter quelque renfort, comme il paraît être son dessein. Il sera impossible de faire d'autres opérations encore par le temps rude qu'il fait ici, la saison même n'en voulant pas permettre d'autres. Il est certain, selon tous les avis qui me viennent, que l'ennemi rassemble beaucoup de ses troupes dans l'Autriche entre Krems et Horn. Jusqu'à présent on n'est pas sûr s'il entreprendra quelque chose sur nous ou s'il restera à la défensive; mais en cas qu'il tâchera de tenter quelque chose sur nous, les troupes de Votre Majesté se joindront d'abord aux miennes pour lui faire tête et pour l'attaquer même, selon que nous trouverons les circonstances.

Le comte de Rutowski, à qui j'ai eu la satisfaction de parler avant son départ, aura l'honneur de dire le reste à Votre Majesté et de L'informer des propositions que la cour de Vienne m'a fait faire de nouveau, lesquelles pourtant j'ai refusées absolument.

Je prie Votre Majesté d'être assurée de l'attachement inviolable et de la haute estime avec laquelle je suis à jamais, Monsieur mon Frère, de Votre Majesté, le bon frère et fidèle allié,

Frédéric.

En réalité la prise de Brünn ne tenait pas fort à cœur au Roi. Après avoir négligé cette place, il n'en entreprit peut-être bien le siège que pour employer utilement le temps et attendre ainsi l'arrivée, sur le théâtre de la guerre, des armées alliées avec lesquelles il comptait quelques mois plus tard porter un coup mortel à l'Autriche. Il ne se souciait guère d'entreprendre des opérations qui auraient profité surtout à ses alliés. En bon négociant, il voulait que la guerre lui rapportât de gros intérêts. Il ne se gêne pas du reste pour le dire, précisément à propos de Brünn, puisque dans l'*Histoire de mon temps* il s'écrie : « Après tout, pourquoi s'opiniâtrer à conquérir cette Moravie pour laquelle le roi de Pologne, qui devait l'avoir, témoignait tant d'indifférence?» Frédéric n'avait d'ailleurs cessé d'être d'assez mauvaise humeur depuis le commencement du mois de mars. Les événements n'avaient pas pris, tant s'en fallait, la tournure qu'il désirait et l'avaient « fait réfléchir sur la situation où il se trouvait ». « Les choses s'embrouillent de plus en plus, écrit-il à Jordan, le 11 mars [1], et il n'est aucune prudence humaine qui, dans un état aussi critique, puisse juger solidement des affaires. » Il convient d'observer ici que la réponse peu favorable faite par Marie-Thérèse aux propositions apportées par Giannini n'était pas de nature à le satisfaire. Mais toujours prudent et ne voulant jamais compromettre l'avenir, il s'était bien gardé de refermer la porte entr'ouverte par les missions de Pfütschner et de Giannini. Il avait pu constater que l'Autriche était en mesure de lui opposer une résistance plus énergique qu'il ne l'avait cru dans le principe. Décidé à continuer la guerre jusqu'au moment où il obtiendrait de la Reine des conditions avantageuses, il se rendait compte de la faute qu'il avait commise en entrant en campagne avec trop peu de monde. « Le fardeau de la guerre pesait, écrira-t-il [2], presque uniquement sur les épaules des Prussiens. »

Aussi essaya-t-il une dernière fois, le 15 mars, de décider ses alliés à entreprendre une action combinée tendant à un but nettement déterminé et écrivait-il dans ce sens à Belle-Isle [3], à Fleury et à l'empereur Charles VII.

---

[1] FRÉDÉRIC II, *Œuvres posthumes*. A Jordan, de Porlitz, 11 mars 1742.
[2] *Histoire de mon temps*, chapitre v.
[3] *Correspondance politique*, II, p. 739, au maréchal de Belle-Isle, Selowitz,

— 424 —

C. P. 740. — *Au cardinal de Fleury, à Issy*.

Selowitz, 15 mars 1742.

Monsieur mon Cousin,

Depuis notre expédition de Basse-Autriche, les ennemis ont jeté un secours considérable dans Brünn, de sorte que la garnison composée de hussards, dragons et fantassins, tout compté 6 000 hommes, nous a presque entièrement coupé la communication avec la Haute-Silésie. De plus, un corps de 12 000 Hongrois s'est montré jusqu'à Scalitz vers la Morawa et de plus encore un autre corps hongrois est entré par la Jublunka pour me couper totalement de mes derrières. Toutes ces nouvelles m'ont déterminé à investir Brünn de plus près, à détacher le prince Dietrich avec 8 000 hommes, qui a fait à Göding 300 prisonniers hongrois et qui a chassé le maréchal Palffy de Scalitz. Le prince a ordre de continuer sa route par Ungarisch-Brod à Meseristch, où il y a encore un corps considérable de Hongrois. Les quartiers, que nous occupons présentement, sont entre la Morawa, la Thaya et la Schwarzawa. Les Saxons sont derrière l'Iglawa. Un détachement de 8 000 hommes, venu de l'armée du maréchal Khevenhüller, tout le corps du prince Lobkowitz et quelques régiments de cavalerie du corps du prince Charles de Lorraine sont en Basse-Autriche, entre Horn, Waidhofen et Storkerau, ce qui peut composer 24 000 hommes. Les Saxons, qui en font au plus 13 000, et mon corps de 16 000, qui font 29 000 combattants, seront en état de les attaquer ou de les repousser selon l'occurence.

M. de Broglie se voit par cette position en toute sûreté, et les régiments, que vous avez fait marcher de Strasbourg, étant arrivés le 11 à Donawerth, doivent mettre la situation des Français hors de toute insulte.

Je vous prie instamment, Monsieur, de ne rien changer au projet de campagne que vous m'avez envoyé et dont nous sommes venus d'accord. L'Empereur, trop pressé pour la Bavière, ne pense pas assez à la Bohême, qui cependant dans cette affaire ici fait l'objet principal, car je serais d'avis de rendre le corps de Bohême plus considérable que celui de Bavière, pour que, lorsque nous serons sur le Danube,

---

15 mars 1742. Après avoir insisté sur la nécessité d'envoyer d'urgence des renforts en Bavière et en Bohême, il l'invitait à veiller à ce que « ces troupes ne marchent pas éparpillées ».

les autres opérations soient bien plus faciles. Je vous informerai de plus de toutes les dispositions que j'ai faites pour bien remplir ma tâche le printemps qui vient. Je fais marcher le prince d'Anhalt avec 25 bataillons et 35 escadrons vers Troppau, Ratibor et Fulnek. J'aurai ici auprès de Brünn un corps de 40 bataillons et 100 escadrons, joint aux 20 bataillons saxons et à leurs 36 escadrons, de sorte que je suis sûr du succès de mon côté.

J'espère que vous verrez par ces arrangements que je suis fidèle à mes engagements et que je fais même plus qu'on ne pouvait demander de moi. Mais je crois aussi être sûr, d'un autre côté, de ne point obliger des ingrats et de trouver en mes alliés des princes qui me tiendront compte de mes efforts.

Je vais à présent vous parler sur les affaires politiques de l'Europe. A commencer par la Russie, je suis persuadé que le présent ministère ne se soutiendra pas. Vous verrez encore de fréquentes révolutions dans cet empire et pour le présent je les crois hors de toute influence sur les affaires d'Allemagne.

L'Angleterre est en si grande agitation à présent qu'il est difficile de prévoir quel parti prendra la nation. Il me semble qu'un traité de neutralité avec l'électeur de Hanovre, un traité d'amitié avec l'Empereur et lui, moyennant quoi cet Electeur reconnaîtrait la royauté de Bohême, ferait un très bon effet, et dans ce cas les troupes françaises pourraient toutes se mettre dans le pays de Juliers, Bergue et Liège, ce qui contiendra à coup sûr les Hollandais. L'augmentation n'est point résolue et me paraît même encore fort éloignée. Rien qu'une bataille perdue contre la reine de Hongrie pourrait faire déclarer la Hollande.

C'est donc sur l'Allemagne que doivent se tourner toutes nos attentions. Si vous faites encore un effort, Monsieur, je suis sûr que vous viendrez à bout de vos desseins; mais il ne s'agit pas simplement d'envoyer de bonnes troupes, il faut des têtes pour les conduire. Ainsi envoyez de bons officiers généraux et des troupes complètes, qui tâchent d'en venir aux mains avec l'ennemi, s'il se peut le lendemain de leur arrivée, et je vous garantis que le tableau deviendra bientôt plus riant qu'il ne l'est actuellement. L'on pourrait encore ménager adroitement à Francfort une négociation avec les princes de l'Empire, pour que l'Empire déclare la guerre à la reine de Hongrie et qu'on la mette au ban de l'Empire.

Il n'y a offres et propositions que la reine de Hongrie ne m'ait faites pour me séparer de l'alliance; mais le tout est peine perdue et vous voyez par les efforts que je fais le peu d'effet qu'ont eu toutes ces négociations. Il ne s'agit à présent que d'agir cordialement ensemble et de ne point prêter l'oreille aux méfiances que l'ennemi nous veut inspirer mutuellement. Tout l'orgueil de la reine de Hongrie est fondé à présent sur ses succès d'Autriche et sur une somme de 900 000 florins qu'elle a reçue d'Angleterre par Nuremberg, ce qui fait que nous allons être inondés de Hongrois et de l'engeance la plus maudite que Dieu ait créée.

Je vous prie, Monsieur, de ne point douter de l'estime entière et inviolable avec laquelle je suis à jamais, Monsieur mon Cousin, votre très fidèle et inviolable ami,

FÉDÉRIC.

C. P. 743. — *A l'empereur des Romains, à Francfort-sur-le-Main*[1].

Selowitz, 15 mars 1742.

MONSIEUR MON FRÈRE,

Je suis obligé de mander à Votre Majesté Impériale que, quoique j'aie agi de tout mon possible, dans un temps où j'aurais pu laisser mes troupes dans leurs quartiers et attendre tranquillement le dénouement des affaires, pour garantir alors selon les traités les provinces dont on se serait mis en possession, j'ai le chagrin d'entendre qu'il y a en France des personnes qui se plaignent de moi de ce que je n'ai pas fait l'impossible et qui même tâchent de me faire soupçonner comme si j'y avais entendu finesse.

Je suis trop persuadé des hautes lumières de Votre Majesté Impériale qu'Elle ne me ferait pas justice contre de semblables insinuations...

FÉDÉRIC.

P.-S. — Votre Majesté me demandant mon avis sur le traité d'amitié offert par le roi d'Angleterre, j'ai l'honneur de Lui dire que, selon moi, un tel traité ferait un très bon effet, surtout si par ce traité cet Electeur reconnaîtrait la royauté de Bohême.

---

[1] Frédéric avait le même jour adressé à Charles VII (*ibidem*, 742) une autre lettre dans laquelle il lui disait que « pour l'amour de ses propres intérêts il faut qu'il renforce au plus vite le maréchal de Broglie de 20 000 hommes, outre ce qu'il a, sans quoi la Bohême est perdue au printemps, nos troupes sur la défensive et les Saxons coupés de Dresde. Ceci vaut des réflexions sérieuses... »

Jusqu'à ce moment Frédéric, tout semble du moins l'indiquer, est encore réellement disposé à agir de concert avec ses alliés ; il songe sérieusement à entreprendre contre Marie-Thérèse une campagne décisive qui lui vaudra des accroissements considérables.

Mais dès le lendemain du jour de l'expédition de ces trois lettres, « il arriva dans le ministère anglais un changement[1] » qui n'était guère de nature à favoriser la réalisation de ses projets. « On fouetta le roi d'Angleterre sur le dos de son ministre, comme le dit spirituellement Frédéric ; il fut obligé de chasser Walpole que milord Carteret remplaça[1] ». Le Roi ne se dissimula pas un instant la gravité de cet événement. « Ma foi, l'honneur de faire tourner la grande roue des événements de l'Europe est un travail très rude », écrit-il, le 17 mars, de Selowitz à Jordan, et songeant à sa situation actuelle et la comparant aux années tranquilles d'autrefois, il ajoute : « A présent je vogue en pleine mer ; une vague m'emporte jusqu'aux nues, une autre me rabaisse dans les abîmes et une troisième me fait remonter plus promptement même jusqu'à la plus haute élévation. »

L'événement était en effet d'autant plus grave que Carteret, partisan avéré de l'alliance autrichienne, avait juré une haine implacable à tout ce qui portait le nom français. « Cet Anglais ne démentit pas l'opinion qu'on avait de lui ; il fit payer des subsides à la reine de Hongrie et la prit sous sa protection ; il fit passer des troupes anglaises en Flandre[2]... »

En réfléchissant sur la situation que ce changement de ministère faisait à la France, « sur les pitoyables généraux qui conduisaient les Français, sur la faiblesse de leur armée, sur la faiblesse encore plus grande de celle de l'Empereur[3] », Frédéric reconnut que le moment était venu pour lui « de ne pas s'enfoncer trop avant dans ce labyrinthe, mais d'en chercher l'issue au plus tôt[4] ». La prudence lui conseillait de profiter des avantages momentanés de la situation, de se séparer, si faire se pouvait,

---

[1-2-3-4] Frédéric II, *Histoire de mon temps*, chap. v.

sans bruit et sans éclat de ses alliés. N'était-il pas l'adversaire le plus redoutable de l'Autriche, lui dont les troupes occupaient une partie de la Bohême, de la Haute-Silésie et la Moravie ? La trace du combat, assez court du reste, qui se livra dans son esprit, se retrouve dans deux pièces bien curieuses sans date, mais très probablement rédigées entre le 16 et le 18 mars 1742 et que bien que placées dans la *Correspondance* où elles portent les n°⁺ 768 et 769, à la suite des lettres datées du mois de mars, j'ai cru utile de reproduire ici avant de reprendre le dépouillement chronologique de celles qui les précèdent au tome II de cette publication.

C. P. 768. — *Exposé des raisons que je puis avoir pour rester dans l'alliance de la France.*

Il est mal de violer sa parole sans raison ; jusqu'à présent je n'ai pas lieu de me plaindre de la France, ni de mes alliés. L'on se fait la réputation d'homme changeant et léger, si l'on n'exécute pas un projet que l'on a fait, et que l'on passe souvent d'un parti à l'autre.

Si cette campagne se termine heureusement, les armes prussiennes en auront tout l'honneur ; peut-être qu'une campagne gagnée découragera les Hollandais et les Anglais et nous procurera la paix. Si cela arrivait, les Prussiens seraient les arbitres de la paix et leurs intérêts n'en souffriraient pas. L'Empire s'attacherait alors sûrement au roi de Prusse ; il aurait l'autorité de l'Empereur, et l'électeur de Bavière l'embarras. Les quartiers d'hiver, que l'on peut prendre, après avoir défait l'ennemi, peuvent richement indemniser des frais de la guerre.

En restant dans le parti de la France, l'on ne sera pas obligé de payer aux Hollandais et Anglais les sommes considérables qu'ils ont avancées à l'Empereur défunt.

Les affaires d'Allemagne sont dans une situation si violente que le cardinal ne peut les abandonner sans être perdu de crédit dans l'Europe et sans s'attirer sur les bras une guerre plus funeste que celle qu'il fait.

L'Angleterre ne donnera jamais les mains à ce que la France fasse une paix séparée avec la reine de Hongrie ; il n'y a nulle sûreté à faire la paix avec la reine de Hongrie. Si elle ne perd la Bohême et la Moravie, la paix ne sera que plâtrée.

C. P. 769. — *Exposé des raisons que je pourrais avoir de faire une paix avec la reine de Hongrie.*

Les mauvais arrangements que prennent les Français, qui font augurer qu'ils seront encore battus quelque part en détail.

L'éloignement de la France qui occasionne la lenteur des secours et des apprêts, munitions et recrues nécessaires pour l'armée.

L'effet que pourrait produire sur l'esprit du Cardinal, si l'Angleterre et la Hollande lui déclaraient la guerre en Flandre, ce qui pourrait l'obliger à retirer une bonne partie des troupes françaises d'Allemagne et de me laisser, moi seul, chargé du poids de la guerre.

Le traité, que j'ai fait avec les alliés, ne porte qu'une simple garantie, sans stipuler le nombre des troupes.

Le but de cette campagne, qui est de mettre l'Empereur et le roi de Pologne en possession de grandes et belles provinces ; qu'en travaillant pour la Saxe, il faut penser que c'est un voisin qu'on agrandit et qui paye actuellement d'ingratitude la maison d'Autriche, qui a perdu deux royaumes pour mettre le roi Auguste sur le trône de Pologne.

Que l'heureuse fin de cette guerre rend la France l'arbitre de l'univers.

L'effronterie de l'Empereur et des Français, qui m'ont demandé un emprunt de six millions de florins sans hypothèque.

Les sommes considérables que coûte la guerre.

Les grands secours que la reine de Hongrie est à la veille de tirer de la Hongrie, les revers de fortune qui pourraient me faire perdre tout ce que j'ai gagné jusqu'à présent et la guerre générale qui pourrait peut-être, par le pays d'Hanovre, s'étendre dans mon pays.

Frédéric II n'hésita pas bien longtemps. Tout bien considéré il jugea que le manque de vivres ne tarderait guère à l'obliger à quitter la Moravie et qu'il avait chance d'obtenir de meilleures conditions en entamant des négociations, tant qu'il tenait encore ses troupes dans cette province. Mais au lieu d'avoir recours, comme par le passé, à Giannini, il crut sage de ménager le nouveau ministère anglais [1], de se mettre à l'abri d'un mouvement possible de troupes anglaises partant du Hanovre et de s'adresser à lord Hyndford.

[1] *Correspondance politique*, p. 747, à Podewils. Selowitz, 18 mars 1742.

C. P. 748. — *Au comte de Hyndford, ministre de la Grande-Bretagne, à Berlin.*

Selowitz, 18 mars 1742.

Milord,

Je viens de recevoir votre lettre du 10 de ce mois et vous serez persuadé que le zèle que vous témoignez d'avoir pour moi ne saurait que me plaire infiniment, et en revanche vous pouvez compter sur l'obligation que je vous en ai et sur la vraie estime que je vous porte et porterai toujours.

Comme je vois avec plaisir que vous désirez de m'approcher, il ne dépendra que de vous de venir à Breslau, où les autres ministres résidants à ma Cour pourront venir de même, selon que je leur ai fait annoncer, et cela facilitera d'autant plus les moyens de vous parler, d'abord que les circonstances où je suis actuellement le veulent permettre.

En attendant, comme il vient d'arriver du changement dans le ministère de la Grande-Bretagne et que je souhaiterais bien d'être instruit des sentiments du nouveau ministère par rapport à ce qui m'intéresse, vous m'obligerez, Milord, si vous voulez bien vous ouvrir là-dessus vers moi et me mander ce que j'en puis croire.

Je vous renouvelle les sentiments d'estime avec lesquels je suis, Milord, votre très affectionné

Fédéric.

Appelé au quartier général aussitôt après l'expédition de cette lettre, Podewils y avait, sur l'ordre et presque sous la dictée du Roi, rédigé les conditions connues sous le nom de *Programme de Selowitz.*

C. P. 751. — *Conditions sous lesquelles j'ai ordonné à mon ministre d'État, le comte de Podewils, d'entrer en négociation avec milord Hyndford, ministre plénipotentiaire du roi de la Grande-Bretagne à ma Cour, pour conclure ma paix avec la reine de Hongrie.*

Selowitz, 22 mars 1742.

Je demande comme un ultimatum :

1° Qu'on me fasse une cession formelle en pleine souveraineté et indépendance de la couronne de Bohême et de l'Empire, pour moi et mes successeurs de l'un et de l'autre sexe, à perpétuité, de toute la Basse-Silésie, la ville de Breslau y comprise, et tout le territoire jusqu'à la Neisse avec la ville de Neisse et une lisière d'une bonne lieue d'Allemagne de largeur en deçà de cette rivière le long de son cours et, de l'autre côté de l'Oder, la rivière de Brinnitza, pour limites;

2° Qu'on me cède toute la comté de Glatz avec la ville et château de ce nom, de même que tout le cercle de Königgrätz en Bohême avec la seigneurie de Pardubitz, en pleine souveraineté et indépendance de la Bohême et sur le même pied que la Basse-Silésie;

3° Qu'on stipule dans le traité à faire entre moi et la reine de Hongrie, en termes généraux, que cette princesse s'engage de donner une satisfaction raisonnable à mes alliés, et que :

4° Elle est prête d'accepter, pour parvenir à une paix générale, ma médiation de concert avec celle des Puissances Maritimes;

5° Que je reste jusqu'à la paix générale dans la possession de la Haute-Silésie, à la réserve de la principauté de Teschen.

Moyennant toutes les conditions marquées ci-dessus :

6° J'offre de retirer mes troupes de la Moravie, dès que les préliminaires de la paix à faire entre moi et la reine de Hongrie seront signés et ratifiés de part et d'autre, bien entendu pourtant qu'on permettra aux troupes saxonnes qui sont en Moravie de se retirer en même temps en toute sûreté et sans être attaquées ou molestées dans leur retour.

C'est le plan sur lequel, j'ai autorisé, par celle-ci, mon susdit Ministre d'entrer en négociation avec milord Hyndford, dès que celui-ci veut se charger de travailler, en vertu des ordres qu'il a de sa Cour, à rétablir la paix entre moi et la reine de Hongrie.

(L. S.) Frédéric.

Se bornant, comme on le voit, à faire une allusion plus que discrète à ses alliés, Frédéric, bien décidé à signer la paix pour son propre compte, ne pensait qu'à conclure au plus vite un traité dont il se flattait d'avoir exposé tout au long et dans toutes les règles les conditions dans ce *Programme, de Selowitz*, qui ne ressemblait pourtant en rien à un projet de traité en bonne et due forme[1]. Il croyait fermement que l'expérience de Klein-Schnel-

---

[1] Il ne sera peut-être pas inutile, au point de vue de l'étude du caractère du roi de Prusse, d'emprunter quelques lignes à deux des épîtres qu'il écrivit à ce moment à Jordan. Le 19 mars, le lendemain du jour où il invite

lendorf n'avait laissé aucun germe de méfiance dans l'esprit de Marie-Thérèse. Mais s'il était pressé d'en finir, la Reine était bien décidée à ne plus jamais signer avec lui qu'un instrument, dont la forme et la rédaction seraient inattaquables.

Le 25 mars, le Roi se décide pourtant à faire venir Giannini de Brünn à Selowitz, à lui annoncer l'arrivée immédiate de lord Hyndford à Olmütz, à lui déclarer que la paix devait être signée dans un délai de six semaines. Il s'engageait à ne rien entreprendre pendant ce temps et demandait qu'on n'attachât aucune importance au mouvement que le prince d'Anhalt-Dessau avait ordre d'exécuter. Cette dernière remarque éveilla au contraire les soupçons de Marie-Thérèse. Ne croyant pas à la sincérité de Frédéric, elle en conclut qu'il voulait de cette façon se mettre à l'abri d'une attaque qu'il lui importait à tout prix d'éviter et qui aurait pu gravement le compromettre en se produisant avant l'entrée en ligne de ses renforts.

Malgré la réussite complète de la pointe faite par le prince Thierry d'Anhalt et malgré l'alarme momentanée répandue

Hyndford à le venir voir à Breslau, après avoir annoncé à Jordan qu' « il est bien sûr que nous aurons une bataille », voici ce qu'il lui demande : « Envoyez-moi un Boileau que vous achèterez en ville ; envoyez-moi encore les lettres de Cicéron depuis le tome III jusqu'à la fin de l'ouvrage que vous achèterez de même ; il vous plaira de plus d'y joindre les *Tusculanes*, les *Philippiques* et les *Commentaires* de César. » La suivante, en date de Selowitz, le 23, au lendemain donc de la rédaction du *Programme*, est encore plus étrange : « Nous vivons fort laborieusement et philosophiquement à Selowitz. J'attends bien impatiemment Cicéron, dont la lecture me convient si fort dans les circonstances présentes :

« Le saint et vénérable Empire
« De l'Empereur qu'il vient d'élire
« Croit être l'auteur tout de bon ;
« Ou du Danube ou de la Seine,
« Lequel d'eux le triomphe entraîne,
« Il en payera la façon.

« C'est ce qui paraît d'autant plus que l'on doit s'attendre à voir la reine de Hongrie accablée encore sous l'empire.

« Tel un sanglier belliqueux
« Quand des chiens la troupe ennemie
« L'assaillit, attente à sa vie,
« Les repousse longtemps, mais succombe sous eux... »

en Hongrie par cette incursion, Frédéric ne se dissimulait cependant pas « qu'il se trouvait dans un pas scabreux ». Son impatience est d'autant plus grande qu'à sa grande surprise Hyndford ne semble nullement pressé de se rendre à son invitation. La détresse de son armée augmente, elle n'a guère plus de huit jours de vivres. Les nouvelles que lui apportent les lettres de Valory, de Belle-Isle et de Fleury sont si peu de nature à le rassurer qu'il n'en est que plus désireux, que plus pressé de pouvoir signer la paix pour son compte.

C. P. 756. — *Au ministre d'État comte de Podewils, à Olmütz.*

Selowitz, 25 mars 1742.

Le Cardinal, Belle-Isle et Valory m'ont écrit; tout roule sur les efforts qu'on me presse de faire. Belle-Isle montre de grandes armées sur le papier et des desseins de campagne où il bat partout l'ennemi et où il ne juge jamais ce que l'ennemi peut faire. *L'on ne m'offre aucun avantage. Il faut donc, lorsque Hyndford viendra, lui proposer le projet de pacification*, le troc de la Bohême contre la Bavière, mais surtout...¹... le roi de la Grande-Bretagne sur notre partage, pour qu'il soit bien conditionné.

L'on dit que le duc d'Argyle viendra chez moi. Si l'Angleterre me recherche beaucoup, vous pouvez compter que l'on me fera tout l'avantage que je peux désirer. C'est pourquoi il faut bien sonder Hyndford s'il a soin de nous engager, ou s'il ne prend pas la chose chaudement à cœur. Dans le premier cas, vous en tirerez plus que ne sont nos espérances; dans le deuxième cas, il faudra se contenter de ce qu'on pourra attraper, mais toujours il faut que cette paix ne m'engage pas dans une autre guerre. Je suis, etc.

FÉDÉRIC.

Deux jours plus tard, il revient à la charge.

C. P. 761. — *Au ministre d'État comte de Podewils, à Olmütz.*

Selowitz, 27 mars 1742.

Plus vous pourrez presser l'affaire de Hyndford, mieux cela vaudra. Les Autrichiens veulent envoyer vers Egre des hussards pour...² les

¹ Lacune existant dans le texte par suite d'un déchiffrement incomplet.
² Lacune provenant d'une impossibilité de déchiffrement.

Saxons. Si cela arrive, ils s'enfuiront tous à Dresde de façon que cela détraquera toute l'affaire.

Vous pouvez vous relâcher sur le point de garder des troupes en Haute-Silésie jusqu'à la paix. Tout dépendra de l'ouverture que nous fera Hyndford. S'il paraît qu'ils nous recherchent beaucoup, il faut nous vendre cher. Si vous trouvez que leur empressement diminue, il vaut mieux de l'eau dans notre vin. Mais je ne fais jamais la paix, si l'on veut toucher à la corde du détrônement impérial ou d'une garantie des États de la reine de Hongrie; c'est que je crains beaucoup qu'une pareille idée ne renverse totalement tout notre projet.

Dès que vous aurez parlé à Hyndford, mandez-moi tout ce que nous avons à espérer, et cela par un exprès. Je suis, etc.

Les avis de Saxe sont faux tous ensemble. J'en devine la raison. Faisons toujours semblant de les croire.

FÉDÉRIC.

C. P. 763. — *A l'Empereur des Romains, à Francfort-sur-le-Main.*

Selowitz, 28 mars 1742.

MONSIEUR MON FRÈRE ET COUSIN,

J'ai reçu avec bien de la satisfaction la lettre et les incluses que Votre Majesté Impériale m'a fait le plaisir de m'envoyer.

Rien ne sera plus salutaire pour Ses intérêts que de conclure promptement le traité d'amitié avec Hanovre, mais qu'Elle n'oublie point de se faire reconnaître roi de Bohême par cet Électeur.

Quant aux moyens pour dégager la Bavière, je ne sais si le projet de M. de Belle-Isle ne serait pas aussi propre à l'effectuer. Le grand article est de soutenir la Bohême en même temps, c'est pourquoi il faut fortifier Broglie de tout ce que l'on peut, pour qu'il puisse s'y soutenir. Je regarde le siège d'Egre comme une faute capitale; il faut que les Autrichiens soient bien bons s'ils n'en font repentir M. de Broglie. Il faudrait, selon moi, que les secours français ne s'éparpillassent point, mais qu'ils marchent en corps de troupes, sans quoi ils ne peuvent manquer d'être battus en détail.

Nous manquerons presque de tout en Moravie; nous sommes entourés de hussards qui nous empêchent de faire des magasins; le pays est ruiné par les livraisons qui y a faites l'armée de Neipperg la campagne passée; la Haute-Silésie est mangée, de sorte que l'embarras est inexprimable. J'écrirai bien d'autres choses, mais les chemins ne sont pas sûrs du tout, et l'interception de ce que je pourrais écrire pourrait produire de mauvaises suites.

Je suis, avec tous les sentiments d'estime et de considération, Monsieur mon Frère et Cousin, de Votre Majesté Impériale, le très bon frère et fidèle allié.

Fédéric.

C. P. 764. — *Au roi de Pologne, à Dresde.*

Selowitz, 28 mars 1742.

Monsieur mon Frère et Cousin,

Le sieur de Bülow m'ayant envoyé la lettre du 2 de ce mois avec celle du 17 que Votre Majesté m'a écrite, je ne saurais témoigner assez de reconnaissance à Elle de toutes les marques convaincantes de Sa véritable amitié pour moi.

Je suis surtout très obligé à Votre Majesté des informations qu'Elle me donne des desseins pernicieux que la cour de Vienne tâche de former contre moi[1]. Et quoique je sois persuadé que cette Cour trouvera assez de difficulté pour exécuter son détestable dessein, ayant de la peine à croire que la république de Pologne veuille souffrir que des troupes étrangères si mal disciplinées traversent la Pologne et qu'elle veuille s'attirer par là le théâtre de la guerre dans le royaume, néanmoins je prendrai les précautions nécessaires afin que tout le projet pernicieux de la cour de Vienne n'aboutisse à rien.

Votre Majesté voudra être persuadée qu'outre l'estime personnelle que j'ai pour le sieur de Bülow, il sera toujours favorablement écouté quand il aura quelque chose à m'exposer de la part de Votre Majesté et Elle me fait justice si Elle veut être assurée qu'on ne saurait être avec plus d'amitié et d'attachement que je suis, etc.

Fédéric.

C. P. 765. — *Au roi de Pologne, à Dresde.*

Selowitz, 29 mars 1742.

Monsieur mon Frère et Cousin,

Les marques d'amitié que Votre Majesté me donne sont d'un prix infini. Je Lui ai beaucoup d'obligation des pièces qu'Elle vient me

---

[1] D'après une nouvelle de Varsovie du 9 mars, la cour de Vienne compte

communiquer, où surtout celle qui regarde l'Empereur mérite quelque attention. Je suis informé par des endroits assez sûrs que le prince Guillaume (de Hesse-Cassel) ménage quelque négociation secrète et que l'évêque de Würzbourg, zélé partisan de la maison d'Autriche, ne fait pas pour rien le voyage de Francfort.

Je laisse à la pénétration de Votre Majesté ce que l'on peut augurer pour nous de ces négociations et de ce qu'il en peut résulter, si la France, qui craint la guerre de Brabant, allait y donner les mains. Je La prie de me dire Son sentiment, avec cette ouverture de cœur qui est à présent plus nécessaire que jamais entre nous pour nos intérêts communs, et de me communiquer ce qui viendra à Sa connaissance de cette négociation, de même que je ne manquerai pas de L'aviser de ce qui pourra me parvenir.

Nos affaires iraient ici le mieux du monde, si les vivres étaient aussi abondants qu'on pourrait le désirer. Nous sommes entourés de hussards, qui ne nous font autre mal considérable que de nous empêcher de faire nos amas. La cour de Vienne prend les choses sur un ton plus impérieux que jamais. Enfin, il faut être devin pour pénétrer dans l'avenir, vu que les conjonctures s'embrouillent de jour en jour.

Je prie Votre Majesté d'être persuadée du sentiment de la véritable estime et de la considération avec laquelle je suis, Monsieur mon Frère et Cousin, de Votre Majesté, le très bon frère et fidèle allié.

Fédéric.

Le 31 mars, le lendemain de son entrevue avec le chevalier de Saxe, l'impatience du Roi a encore grandi, et sa correspondance reflète bien l'inquiétude que lui cause « l'embarras où il est ».

C. P. 766. — *Au ministre d'État comte de Podewils, à Olmütz.*
(Du Secrétaire du Cabinet.)

Selowitz, 31 mars 1742.

Le Roi a décidé : qu'il faut traiter l'article de Königgrätz avec beaucoup d'adresse et de précaution et qu'on doit tâcher de disposer milord Hyndford de ne s'en expliquer clairement vers la cour de Vienne, avant qu'on soit assuré que cette Cour veut véritablement

---

sur les mécontents de Pologne pour laisser passer par la Pologne les insurgés hongrois se rendant en Prusse et pense même qu'ils se joindront à eux.

s'accommoder; qu'alors on pourrait proposer le cercle de Königgrätz en échange de la Haute-Silésie que la reine de Hongrie fait offrir. Le Roi veut éviter par là que, si l'accommodement n'a pas lieu, la cour de Vienne ne puisse faire un mauvais usage de la demande de Königgrätz, en divulguant ce qui ferait peut-être perdre au Roi à jamais l'occasion de réussir par rapport à Königgrätz, quand même il resterait dans ses engagements présents.

Votre Excellence verra par l'apostille du Roi qu'on doit disposer M. Bülow d'aller voir le Roi vers le temps que milord Hyndford arrivera à Olmütz.

Eichel.

C. P. 767. — *Au ministre d'État comte de Podewils, à Olmütz.*

Selowitz, 31 mars 1742.

J'ai reçu la vôtre du 29 de ce mois. Si je vous ai mandé qu'il faut nous vendre cher, mon intention n'est point de demander d'autres conditions que celles qui sont contenues dans le plan de pacification dressé à Selowitz; au contraire, je m'y bornerai et serai bien aise, si on en convient promptement. Je suis en tout du sentiment que vous me mandez[1]. *Plus j'y pense, plus je vois qu'il me faut une prompte paix.* L'augmentation des troupes résolue en Hollande, le transport des troupes anglaises qu'on médite de faire dans les Pays-Bas pour remplacer les régiments autrichiens qu'on veut tirer des places de barrière pour les transporter sur la Weser en Allemagne ou s'en servir vers le Bas-Rhin, la grande envie que le Cardinal témoigne pour se tirer des engagements où il est, avec d'autres raisons, sont des motifs assez puissants qui me déterminent pour la paix.

Mais ce qui me presse plus que tout cela, c'est l'embarras où je suis par rapport à la subsistance de l'armée en Moravie, où il n'y a de magasins, tous comptés, qu'environ pour quatre semaines. Si ce temps passe sans que je sois assuré de la paix, les Saxons s'en iront, tant faute de subsistances que crainte de divers accidents qui pourront arriver à leur pays, et alors je serai obligé de me replier avec mes troupes vers Olmütz. C'est ce qui rendrait la cour de Vienne très

[1] « Il vaudra mieux, écrit Podewils, nous borner dans nos désirs, tâcher, s'il est possible, d'obtenir les conditions contenues dans le plan de pacification dressé à Selowitz..... Plus on demandera de notre côté, plus on se croira autorisé de l'autre, d'exiger des nous. Je compte qu'Hyndford pourra être ici le 5 ou le 6 d'avril. »

orgueilleuse et peu traitable. Le temps est donc précieux, si l'on veut finir heureusement et il faut que vous fassiez jouer tous les ressorts pour un prompt acheminement à la paix, sans montrer trop d'empressement.

Les courriers de milord Hyndford pourront passer en sûreté par Austerlitz, Selowitz, Nicolsburg à Vienne. Envoyez-moi un courrier dès que vous aurez parlé. Et faites venir, le jour que l'autre (Hyndford) arrive, Bülow ici. FÉDÉRIC.

Si le Roi était de plus en plus impatient et pressé, lord Hyndford, au contraire, ne songeait guère à précipiter son départ pour Olmütz et Marie-Thérèse ne semblait nullement disposée à accepter les propositions prussiennes. L'invasion de la Moravie avait manqué son effet; on sentait bien à Vienne que de toute façon Frédéric serait avant peu obligé de lever le siège de Brünn.

Le Roi le savait mieux que personne; mais il lui fallait sauvegarder le prestige de ses armes et il n'attendait pour quitter la Moravie qu'un prétexte, qu'une occasion de se tirer d'embarras. L'inaction et la lenteur du prince Charles allaient les lui fournir.

Le 1er avril, il recevait de Valory une dépêche l'informant d'un mouvement que ce prince méditait de faire sur l'armée du maréchal de Broglie qui réclamait le secours des Saxons. Rien ne répondait mieux que cette nouvelle aux secrets désirs du Roi.

Il se garda bien de laisser apercevoir sa joie, affecta d'avoir besoin de la confirmation de ce bruit et prévint de suite le chevalier de Saxe [1]. Mais il n'en saisit pas moins la balle au bond et dès le lendemain il lui déclare que : « pour le bien de la cause commune, pour le service de Sa Majesté le Roi son maître et pour la sûreté de ses États, il est indispensablement nécessaire de faire toute la diligence possible pour marcher au plus tôt vers Prague ». Il l'invitait du reste à commencer sa marche dès le 4, et ajoutait qu'en raison de l'importance de l'affaire il allait se

---

[1] *Correspondance politique*, t. II, 770, au marquis de Valory, 771, au chevalier de Saxe, Selowitz, 1er avril 1742.

diriger avec une partie de ses troupes sur la Bohême vers Königgrätz « pour être à portée de soutenir la ville de Prague [1]. »

Dès que les Saxons furent partis, le Roi, heureux en somme « de se défaire d'alliés suspects », résolut de ne conserver en Moravie, du côté d'Olmütz, qu'un corps d'observation. Ce n'était du reste nullement « pour être à portée de soutenir la ville de Prague » qu'il avait pris le parti de marcher en Bohême. S'il avait eu réellement l'intention de dégager Broglie, il n'aurait jamais consenti à se séparer des Saxons, à affaiblir l'armée placée sous ses ordres. Mais à ce moment, l'idée d'une paix séparée, « d'une prompte paix », hante seule son esprit. Les lettres, qu'il adresse à Jordan le 2 et le 3 avril, en font foi et prouvent bien qu'il se promettait beaucoup de l'effet produit par son évolution [2].

« Nous sommes à la veille de fort grands événements, lui dit-il dans la première de ces lettres. Il est impossible de les pronostiquer; mais il est sûr que nous apprendrons dans peu de ces grandes nouvelles qui changent ou fixent la face de l'Europe. »

Dans la seconde, il se préoccupe davantage de l'opinion publique et de celle de ses alliés et il éprouve le besoin de donner le change sur son mouvement de retraite.

« Je suis à présent à Wischau, d'où je marche en Bohême pour des raisons qui m'ennuient à vous déduire. Je compte être, le 20 de ce mois au plus tard, avec toute l'armée à quelques milles de Prague. Vous comprenez bien que c'est pour défendre cette capitale de la Bohême contre les Autrichiens et pour soutenir la faiblesse des Français qui ne sauraient la défendre. »

Devant Brünn, c'était le peu de fonds qu'il pouvait faire des Saxons qu'il invoquait à tout moment pour expliquer ses insuccès. Maintenant ce sont les Français et surtout le pauvre maréchal de Broglie, qui par leur faiblesse l'obligent à abandonner sa

---

[1] *Correspondance politique*, t. I, p. 774. Au chevalier de Saxe, Selowitz, 2 avril 1742.

[2] Frédéric II, *Œuvres posthumes*. Lettres à Jordan, Selowitz, 2 avril et Wischau, 5 avril 1742.

proie. Frédéric, on le voit, tient à cacher son jeu et à avoir l'air de se sacrifier pour ses alliés, dont aux yeux du monde il affecte d'être la victime [1].

C. P. 775. — *Au conseiller privé de guerre de Klinggraeffen, à Francfort-sur-le-Main.*

Olmütz, 2 avril 1742.

J'apprends [2] que l'évêque de Bamberg et de Würzbourg [3] s'est rendu à Francfort auprès de l'Empereur et qu'on prétend savoir qu'il est chargé de propositions d'accommodement de la part de la reine de Hongrie.

La chose mérite d'autant plus d'attention qu'on connaît l'attachement extrême que ce prélat a témoigné de tout temps à la maison d'Autriche et que, si la Reine a dessein de faire à l'Empereur quelques propositions, personne n'est plus propre que lui à bien ménager ses intérêts, outre qu'il m'est revenu de divers endroits [4], ainsi que je vous l'ai mandé déjà, une négociation de paix entre Sa Majesté Impériale et la cour de Vienne, par entremise de divers princes de l'Empire.

Ces avis vous serviront à éclairer de près les allures et les négociations secrètes de l'Évêque sus-mentionné et vous ne manquerez pas de me faire un rapport fidèle et détaillé de tout ce que vous pourrez découvrir de ses menées aussi bien que de celles de ceux qui pourraient être chargés de pareille commission.

FÉDÉRIC.

C. P. 776. — *Au ministre d'État comte de Podewils, à Olmütz.*

Selowitz, 3 avril 1742.

J'ai bien reçu la vôtre en date du 31 du mois passé et j'agrée avec plaisir, selon la demande de M. de Bülow, que pendant le séjour du maréchal comte de Schwerin à Neisse l'ouverture de la commission touchant les limites de la Haute-Silésie se fasse et j'en ai écrit audit Maréchal pour que lui et le conseiller privé de Nüssler commencent

[1] Cf. Major Z..., *op. cit.*, 150-152.
[2] Par un rapport de Broich, de Francfort-sur-le-Main, 20 mars 1742.
[3] Frédéric-Charles, comte de Schönborn.
[4] D'abord par une lettre d'Auguste III du 15 mars. Cf. *ibidem*, 765.

au plus tôt leurs conférences avec M. de Bülow, dont vous pourrez avertir celui-ci, en lui insinuant que j'aimerais même que cette commission puisse être mise en train avant que le maréchal Schwerin fût nécessité de partir de Neisse pour aller aux bains et qu'après son départ le sieur Nüssler pourrait continuer la commission, à laquelle je substituerai le lieutenant-général de Marwitz pendant l'absence du maréchal de Schwerin. Ce Maréchal est pourtant instruit sous main de cette négociation et de faire naître difficulté sur difficulté pendant son cours.

Quant à Valory, vous savez déjà mon intention par rapport à lui et vous tâcherez, le mieux qu'il sera possible, de l'éloigner de là où vous êtes [1]. Vous vous garderez bien de mettre Giannini au fait de notre négociation, quoique j'aie fait avertir la cour de Vienne par son canal en général que Hyndford vient et qu'on entrera en négociation avec lui [2].

Comme j'ai eu des avis certains, et même par un courrier que Valory m'a envoyé, que le prince Charles de Lorraine, après que son armée a été renforcée par 12000 hommes, qui lui sont venus de la Bavière, a le dessein de combattre le maréchal de Broglie et de tomber sur Prague, j'ai cru ce coup si dangereux pour mon intérêt que j'ai pris dans l'instant la résolution de faire marcher les troupes saxonnes vers Prague, et je suivrai moi-même, quelques jours après, avec la plus grande partie de mes troupes pour aller me poster dans le cercle de Königgrätz et de Bunzlau, où je fais aussi venir le prince d'Anhalt avec les troupes qui sont en marche sous ses ordres, afin que je sois d'autant plus en état de faire échouer le dessein des Autrichiens sur Broglie et sur Prague, qui, s'il leur réussissait, rendrait la cour de Vienne tout à fait orgueilleuse et intraitable et transporterait en même temps le théâtre de la guerre dans la Saxe et dans la Basse-Silésie. Je laisserai ici un corps d'observation sous l'ordre du prince Thierry d'Anhalt, qui s'étendra depuis Olmütz jusque dans la Haute-Silésie. Les Saxons marchent après-demain et je les suivrai quelques jours après. Par cette nouvelle position dans le cercle de Königgrätz, je me rends d'autant plus formidable ; je couvre Prague, la Saxe et mon pays et je puis me joindre aux Saxons et aux Français pour aller en force supérieure combattre les Autrichiens, pour ne pas dire que je puis détacher, en cas de besoin, quelques troupes pour inquiéter les États de Hanovre.

[1] Cf. *ibidem*, 762, à Podewils, à Olmütz, Selowitz, 28 mars 1742, « Valory peut venir ici s'il le veut, mais pas à Olmütz ».

[2] Cf. *ibidem*, 688, 692 et 734.

Je serai le 4 à Wischau, où je resterai jusqu'au 6, et où nous pourrions nous parler. Quand je serai entré en Bohême, vous séjournerez à Schweïdnitz.

Quant à ce que vous me mandez dans l'apostille de la vôtre (lettre du 31 mars), j'approuve fort vos sentiments et si Hyndford vous sonde sur une alliance défensive entre moi et les Puissances maritimes, vous pouvez lui déclarer qu'en cas qu'on puisse parvenir à une paix avec la reine de Hongrie, j'y donnerai des mains.

Je ne suis pas même éloigné de me lier avec la cour de Vienne, quand une fois la paix générale sera faite. Je serai bien aise, si je pourrai procurer la Haute-Silésie à la Saxe de la manière que vous savez, si la cour de Vienne me cède le cercle de Königgrätz avec Pardubitz; mais sans cela il n'en faut pas parler. Si la cour de Vienne tient toute la Silésie autant que perdue, elle n'est peut-être pas du même sentiment par rapport au cercle de Königgrätz et alors il faut qu'on me laisse la Haute-Silésie, quoique j'aime mieux d'avoir Königgrätz. Je crois que la Saxe aimera mieux qu'on lui procure quelque partie du cercle de Leitmeritz ou de Saatz, qu'elle trouvera mieux à sa convenance.

La lettre de Hyndford, que vous trouverez dans le paquet, me fait juger qu'à son arrivée il voudra parler d'un ton haut. Dans ce cas, il faut que vous lui parliez sur le même ton, et lui dire nettement que, si l'on parlait de garanties ou de traités d'alliance offensive avec qui que ce soit, je considérerais cela comme si on voulait rompre toute la négociation; que ce n'était pas moi qui demandais la paix, mais que je m'y prêterais, si l'on m'accordait toutes les conditions que je demande; que c'est mon ultimatum, dont je ne départirai point et qu'on n'a qu'à dire oui ou non. Je suis du sentiment que, si ces gens-là ont besoin de nous, ils se prêteront à tout; sinon, ils ne se soucieront guère de nous faire de bonnes conditions et il ne faut pas qu'ils se persuadent que nous les craignons. Je suis, etc.

Fédéric.

C. P. 779. — *Au ministre d'État comte de Podewils, à Olmütz.*

Wischau, 5 avril 1742.

A mon arrivée ici, j'ai reçu les vôtres du 3 et du 4 de ce mois. Quant au sieur de Bülow, vous pouvez lui dire, en cas qu'il ne soit pas parti pour Neisse, qu'il peut venir auprès de moi; mais en cas qu'il soit déjà parti, vous pouvez lui mander que, quoique j'épouserais toujours avec plaisir les intérêts du Roi, son maître, néanmoins je ne croyais pas que les circonstances critiques, dans lesquelles nous sommes à l'heure qu'il est, voulussent permettre de parler de changements à faire sur des choses arrêtées et conclues et que, selon moi, il faut attendre des conjonctures plus favorables.

Je ne me fie pas aux avis que les Saxons nous donnent et je ne puis pas me persuader que le maréchal de Belle-Isle se soit oublié de la sorte de dire nettement qu'on est obligé de mettre la main à la paix, quelle qu'elle puisse être avec la reine de Hongrie [1]. Je crois plutôt qu'ils aiment à nous donner de l'inquiétude partout.

Néanmoins, vous direz à Bülow dans des termes polis et convenables que je suis bien obligé au Roi, son maître, des avis qu'il me donnait, *que je me doute moi-même qu'il se trame quelque chose avec la cour de Vienne, qu'il faut y avoir toutes les attentions possibles et qu'il faut prendre entre nous, en fidèles alliés, des arrangements convenables, si tels avis devaient continuer.*

Vous tournerez cela d'une manière vague et générale, afin que la cour de Dresde n'en puisse jamais faire un mauvais usage auprès de nos autres alliés. Par la lettre de Hyndford qui vous a été envoyée hier, vous aurez vu qu'il va venir.

Sur ce que vous me mandez des ménagements à garder avec les familles de ce pays, vous ne savez pas assez ce que c'est que la guerre et la dépêche de Pollmann [2] vous instruira que c'est bien autre chose, ce que les Autrichiens font en Bavière. Je suis, etc.

Il y a de la malignité dans l'insinuation des Saxons ; ils ont envie de faire une paix séparée, et ils veulent que je la leur propose, ce qui ne se fera pas. Hyndford arrivera, je crois, la fin de cette semaine ou le commencement de l'autre.

Envoyez Bülow à Neisse, en attendant que vous signiez avec Hyndford. Si nous ne pouvons pas absolument obtenir le cercle de Königgrätz, pour avoir la paix il faudra se contenter de la Haute-Silésie, quoiqu'à regret. Car je regarde la paix comme prudente et nécessaire pour nous; ainsi je l'accepterai à quelque prix que ce soit, pourvu que j'aie des avantages. Répondez encore aujourd'hui [3].

---

[1] Ainsi que Bülow l'affirmait dans un mémoire qu'il remit le 4 avril.

[2] Conseiller privé de justice.

[3] Vingt-quatre heures après l'envoi de ces instructions, Frédéric avait jugé nécessaire de revenir et d'insister sur la lettre qu'il avait écrite à Le Chambrier, le 3 avril (*ibidem*, 778), de lui adresser une deuxième dépêche (*ibidem*, 784. Selowitz, 6 avril) trop longue malheureusement pour être reproduite ici, destinée à être communiquée au cardinal Fleury. Le *Précis des raisons qui ont déterminé le roi de Prusse de marcher avec ses troupes de la Moravie en Bohême*, n'est en somme qu'un long réquisitoire contre les Saxons, réquisi-

La tension croissante des rapports avec les Saxons, la défiance de plus en plus accentuée que ne cessent d'inspirer à Frédéric les agissements de la Cour de Dresde et l'attitude des chefs de l'armée saxonne, jointe à la gravité même de l'ensemble de la situation, ne font à ce moment qu'augmenter son désir de se sortir au plus vite de ce labyrinthe. De plus en plus impatient et nerveux, alarmé par le peu d'empressement que lord Hyndford met à arriver à Breslau, il va jusqu'à songer sérieusement à des démarches risquées, imprudentes, dont Podewils se hâte de lui signaler les dangers. Hanté, obsédé par l'idée de faire la paix, il ne se ressaisit que, huit jours plus tard, à la nouvelle de l'arrivée certaine et imminente du diplomate anglais à Breslau.

C. P. 784. — *Au ministre d'État comte de Podewils, à Olmütz.*
(Du Secrétaire du Cabinet.)

Prostnitz, 8 avril 1742.

Sa Majesté le Roi est assez inquiet du retard et du silence de Mylord Hyndford et ne peut s'expliquer comment il peut se faire que le susdit n'ait jamais répondu à la lettre, par laquelle Votre Excellence lui demandait, si et quand il comptait partir de Berlin. Sa Majesté avait approuvé à ce moment la copie, qui nous a été renvoyée, de la lettre adressée à mylord Hyndford.

Sa Majesté le Roi m'a ordonné de demander à Votre Excellence, s'il ne vous semble pas que dans des conjonctures aussi critiques il ne serait pas bon d'envoyer à Vienne un émissaire pour y négocier et en même temps pour approfondir sur place ce qui s'y passe en réalité. Sa Majesté craint cependant que cela pourrait brouiller la négociation, dans le cas où mylord Hyndford viendrait pourtant ici[1].

EICHEL.

toire dans lequel le roi de Prusse, tout en se gardant bien de parler des fautes qu'il a commises, est néanmoins obligé de faire l'aveu des difficultés de toute sorte qui ont amené l'insuccès final de ses opérations en Moravie.

[1] Podewils répond le 9 avril au roi : « Je crois qu'il faudra toujours regarder l'envoi d'un émissaire à Vienne comme notre dernière ressource, dont on ne doit se servir qu'à toute extrémité... La cour de Vienne serait capable de faire semblant de vouloir négocier avec un tel émissaire et d'en avertir en même temps le ministre de France qui est encore à Vienne. »

C. P. 789. — *Au ministre d'État comte de Podewils.*

Leitomischl, 15 avril 1742.

MON CHER MINISTRE D'ÉTAT COMTE DE PODEWILS,

J'apprends que mylord Hyndford est parti, le 6, de Berlin pour Francfort. J'en conclus que vous le trouverez à Breslau lors de votre arrivée. J'attends avec une certaine impatience de savoir par vous dans quelle disposition vous l'avez trouvé, sur quel ton il a parlé et approximativement ce qu'on peut se promettre de cette négociation.

Vous ferez valoir et sonner bien fort l'alliance définitive que je suis prêt à faire avec les Puissances Maritimes et il vous sera facile de voir s'il y tient. Vous pourrez aussi lui insinuer d'une manière convenable qu'on n'a rien gâté avec l'affaire qu'il connaît bien de l'an dernier et dont ceci ne sera que la continuation[1]; mais pour que je fasse définitivement la paix, il faudra qu'on accepte mes conditions. Il faut avant tout qu'on ne laisse pas passer *le temps qui nous sépare encore* de l'ouverture de la campagne. *Il faut donc que cela se fasse, ou maintenant ou jamais.* Je vais à cet effet appeler à moi toutes les troupes sous les ordres du prince[2], *afin de pouvoir agir avec la plus grande vigueur s'il faut renoncer à l'espoir de faire la paix.* Je veux donc savoir au plus vite où j'en suis. J'attends avant tout votre rapport.

FRÉDERICH.

Comme je suis extrêmement intrigué de voir clair dans les circonstances présentes pour régler mes mesures là-dessus, je vous prie de retourner Hyndford de tous les côtés, pour voir ce que l'on peut se promettre de lui et jusqu'où je pourrai pousser ma bisque. N'épargnez rien en courriers pour m'en informer et faites usage de toute votre éloquence pour le persuader *à nous faire avoir votre morceau, et cela au plus vite, car quinze jours plus tôt ou plus tard font beaucoup dans la situation où je suis, et il faut que je sache à quoi m'en tenir, avant que Belle-Isle arrive*[3].

FÉDÉRIC.

[1] L'acte de Klein-Schnellendorf.
[2] Le prince d'Anhalt-Dessau.
[3] Le 12 avril, il venait cependant d'écrire à Belle-Isle (*ibidem*, 788, de Trübau, 12 avril 1742 : « Monsieur. La lettre du 25 de mars, que je viens de recevoir de votre part, m'a causé le plus sensible plaisir, lorsque j'y ai vu la destination que Sa Majesté le Roi votre maître a fait de votre personne pour prendre le commandement de l'armée de Bohême, étant très persuadé du bon effet que cela opérera à la cause commune..... »

IX

LES NÉGOCIATIONS DE BRESLAU. — LA BATAILLE DE CZASLAU

Malgré tout mon désir de laisser la parole au Grand Prussien, de me borner à présenter purement et simplement au lecteur les dépêches et les instructions du roi de Prusse, il m'a semblé cependant indispensable de faire précéder d'un aperçu de la situation, aussi sommaire que possible, les pièces si curieuses et si importantes, qui se rapportent, à partir du 18 avril, aux différentes péripéties des négociations de Breslau, de résumer (à l'exception toutefois des questions militaires) les principaux événements qui s'étaient produits dans les dernières semaines. Il importe avant tout de remarquer qu'en dépit des difficultés mêmes qui résultaient et des conditions premières posées par la Reine et des prétentions du roi de Prusse, on aurait peut-être pu, parce que Frédéric était à ce moment las de la guerre et parce que depuis son infructueuse campagne d'hiver il désirait réellement la paix, arriver à une solution dans le genre de celle qui intervint quelques semaines plus tard, sans le souvenir encore trop vivace de la conduite qu'il n'avait pas craint de tenir après la convention de Klein-Schnellendorf.

On se défiait partout, et avec juste raison, de Frédéric. On redoutait l'habileté et l'absence de scrupules, dont il venait de donner la mesure en reniant sa parole avec une si étonnante désinvolture. Enfin, le hasard même s'était chargé de raviver la méfiance bien naturelle, bien légitime de la cour de Vienne. Au moment où Giannini annonçait à la Reine que le Roi invitait lord Hyndford à venir à Olmütz afin de conclure la paix dans un délai de six semaines au plus, on avait appris, par des dépêches importantes tombées entre les mains du gouvernement autrichien, qu'il tenait plus que jamais à rester l'allié de la France. Belle-Isle s'était porté garant de la fidélité de Frédéric, et deux lettres du cardinal de Fleury, en date des 29 et 31 mars, prouvaient que l'entente n'avait jamais été plus intime et plus cordiale. Le 11 avril, Podewils avait, de plus, invité Valory à se rendre au quartier général du Roi.

D'autre part, la situation de l'Autriche s'était sensiblement améliorée depuis le moment où, dans les premiers jours du mois de mars, Giannini avait été chargé de faire les premières ouvertures à Marie-Thérèse.

Lord Hyndford lui-même se méfiait du Roi depuis Klein-Schnellendorf. Sa défiance s'était encore accrue depuis lors, lorsqu'au lieu de lui accorder l'entretien qu'il avait demandé à Frédéric, on lui fit savoir qu'il aurait à conférer avec Podewils, avec l'homme d'État qu'il croyait, bien à tort d'ailleurs, tout acquis à l'influence française. Une lettre de Schmettau lui avait d'ailleurs donné à penser que le Roi persisterait à exiger la cession de la Bohême à Charles VII. Aussi, loin de hâter son départ pour Breslau, se borna-t-il à écrire au Roi, le 27 mars, qu'il allait se mettre en route; mais il n'en ajourna pas moins son voyage, et quand Podewils le pria de se rendre au lieu de Breslau à Olmütz il ne prit même pas la peine de lui répondre. Du reste, il ne croyait pas au succès des négociations et, de plus, il tenait avant tout à recevoir des instructions du nouveau ministère anglais. Enfin, en fait de pleins-pouvoirs, il ne possédait que ceux que la cour de Vienne lui avait donnés au moment de Klein-Schnellendorf.

Telle était, à grands traits, la situation lorsque, après avoir fait en route un crochet sur Dresde, lord Hyndford arriva, le 17 avril, à Breslau.

C. P. 790. — *Au ministre d'État comte de Podewils.*
(*Du Secrétaire du Cabinet.*)

Chrudim, 18 avril 1742.

Sa Majesté le Roi a été fort contrarié de l'incident arrivé au courrier de M. de Valory; mais comme il est impossible d'y rien changer, le Roi s'en est consolé *à la hollandaise*, si je puis parler ainsi, à la pensée que, dans les circonstances actuelles, cet accident pourrait avoir pour effet de montrer à la cour de Vienne le prix que la cour de France attache à l'amitié du Roi et que si la cour de Vienne désire un accommodement avec lui, elle comprendra qu'elle doit d'autant moins faire la petite bouche et traîner les choses en longueur que l'arrivée imminente du maréchal de Belle-Isle pourrait bien tout bouleverser. C'est là ce que le temps nous apprendra.

Sa Majesté m'a chargé entre temps de mander à Votre Excellence que, si vous trouviez mylord Hyndford dans de bons sentiments et sur la bonne voie, vous devez lui faire comprendre *de bonne manière* que, les troupes françaises ayant évacué la Westphalie, Sa Majesté a désormais les mains plus libres pour entrer en négociation, par cela même qu'il n'est plus bridé par le séjour des Français dans cette province.

La seule chose que Sa Majesté demande, c'est que la cour de Vienne ne traîne pas et qu'avant l'arrivée du maréchal de Belle-Isle, qui sera ici à la fin de ce mois ou au commencement du prochain, il sache à quoi s'en tenir sur le chapitre des négociations, ce qu'on compte faire d'ici au mois de mai, et que les préliminaires soient signés d'ici là.

Aut tunc, aut nunquam. Sa Majesté pense que, si mylord Hyndford est dans de bons sentiments, il ne manquera pas de faire des représentations pressantes à la cour de Vienne et de lui donner à comprendre que par un bon accommodement elle s'attache un ennemi, qui sans cela serait bien dangereux pour elle et qui, même si les Autrichiens remportaient quelques avantages sur le Danube, pourrait à lui seul tenir toutes leurs forces en échec, que, d'autre part, ils n'auraient plus à compter sur les avantages que donne un accommodement avec les Puissances Maritimes, ni sur l'appui du roi d'Angleterre.

En un mot, Sa Majesté est dans la plus grande attente pour savoir où vous en êtes, et comme Votre Excellence connaît la vivacité du Roi, notre maître et que, quand une affaire est languissante et traîne, il peut adopter avec la même vivacité un plan différent, surtout quand un homme aussi insinuant que Belle-Isle va venir avec ses cajoleries et ses promesses, je désire moi aussi dans mon petit particulier que l'affaire en question soit bientôt réglée.

EICHEL.

L'entretien, que Frédéric eut le lendemain 19 avril à Chrudim avec Valory, et dont il charge Eichel de communiquer les points principaux à Podewils, n'avait, comme on va le voir, en aucune façon satisfait Frédéric. Il avait cru s'apercevoir, d'après quelques mots échappés à l'ambassadeur, que la France songeait, elle aussi, à la paix. On lui avait ouvertement demandé d'envoyer des troupes prussiennes dans le duché de Clèves afin de tenir les Hollandais en échec. On l'avait de plus prié, et c'était là ce qui l'avait impressionné le plus désagréablement, de fournir des subsides à l'Empereur et invité à lui payer les 200 000 écus qu'il lui devait encore du chef de la cession de Glatz, dont la citadelle tenait encore [1].

C. P. 791. — *Au ministre d'État comte de Podewils.*
(*Du Secrétaire du Cabinet.*)

Chrudim, 19 avril 1742.

Le marquis de Valory est arrivé ici aujourd'hui à midi et a parlé à Sa Majesté, aussitôt après le dîner. Voici ce qu'il a exposé au Roi :

1° Il importe de fournir des subsides à l'Empereur, et tout au moins de lui servir les 200 000 écus qu'on lui doit encore pour la cession de Glatz ;

2° Il a donné à entendre que l'évêque de Bamberg a fait des propositions de paix à l'Empereur [2] ; mais Valory croit qu'on les a trouvées inacceptables ;

3° Il a cherché à décider Sa Majesté à envoyer un corps dans les quartiers de Clèves et de la Haute-Gueldre, afin de tenir les Hollandais en échec et de leur montrer les grosses dents. Valory a dit ensuite, comme si cela lui avait échappé, que l'Angleterre et la Hollande n'avaient qu'un seul désir, celui de faire une paix séparée avec la France, mais il a déclaré que la France n'abandonnera jamais ses alliés et restera fidèle à tous ses engagements.

Sur le premier point, Sa Majesté a répondu que, dans les circonstances présentes, il lui était impossible de fournir de l'argent à l'Empereur et que les traités l'obligeaient à verser les sommes stipulées pour la cession de Glatz, mais seulement à partir du moment où il sera en possession de toute cette comté.

---

[1] La capitulation fut signée le 26 avril et les Prussiens en prirent possession le 28.
[2] Cf. *ibidem*, 765 et 775.

La confidence relative aux propositions de l'évêque de Bamberg a été regardée par Sa Majesté comme une *menace implicite,* n'ayant d'autre objet que de le disposer favorablement à l'égard de la troisième proposition.

Sa Majesté a rejeté cette proposition. Il juge impossible de diriger le reste de ses troupes sur le pays de Clèves et de découvrir de cette façon ses derrières, tant que la question de la neutralité de l'Électorat de Hanovre ne sera pas définitivement tranchée. Le Roi pense de plus que, quand il sera nécessaire de montrer les grosses dents aux Hollandais, ce ne doit pas être à lui de s'en charger, mais que c'est là une affaire qui, à tous égards, convient bien mieux à la cour de France.

Toute la suite de l'entretien n'a été qu'un pourparler. Le Roi, en me chargeant de vous communiquer tout ceci par estafette, m'a ordonné de mander à Votre Excellence qu'en raison de toutes ces désagréables conjonctures vous comprendrez combien Sa Majesté tient à s'accommoder le plus vite possible avec la maison d'Autriche. Sa Majesté compte que vous y travaillerez de votre mieux et attend à tout instant votre rapport, lui rendant compte de la première entrevue que vous avez eue avec lord Hyndford sur ce sujet.

EICHEL.

Hyndford n'avait guère été plus satisfait que Podewils lui-même de la première conférence, qui eut lieu le 18 au matin et dans laquelle le ministre prussien lui exposa le programme de Selowitz. Malgré tout le désir de son gouvernement de voir la paix se rétablir entre Berlin et Vienne, Hyndford ne put s'empêcher de constater que le Roi se piquait de trop de générosité aux dépens de l'Autriche et, sans plus tarder, il protesta contre la « satisfaction raisonnable » que Frédéric réclamait en faveur de ses alliés.

C. P. 792. — *Au ministre d'État comte de Podewils, à Breslau.*

Chrudim, 20 avril 1742.

MON CHER PODEWILS,

J'ai lu avec bien de l'attention le rapport que vous me faites de la conférence que vous avez eue avec mylord Hyndford[1]. Je suis fort

---

[1] La conférence que Podewils eut avec Hyndford, le 18 avril, roula sur l'*Ulti-*

fâché de voir qu'il se rencontre tant de difficultés dans cette négociation, d'autant plus qu'une paix particulière me paraît de jour en jour plus nécessaire :

Premièrement, puisque l'Angleterre va se déclarer ouvertement pour la reine de Hongrie ;

En second lieu, puisque la France requiert déjà mon secours pour opposer un corps de troupes dans le pays de Clèves aux Anglais ;

En troisième lieu, que toute paix générale me sera moins avantageuse que la particulière ;

En quatrième lieu, parce que Valory m'a parlé par un ton, comme si la France avait envie de me prévenir ;

Cinquièmement, les dépenses que la guerre entraîne après soi ;

Sixièmement, le risque d'un revers qui peut faire perdre les avantages qu'on s'est déjà acquis ;

Septièmement, le peu de vigueur des alliés et toutes les diversions que l'ennemi avec ses alliés peuvent vous faire.

De tout ceci, je conclus que, pourvu que la reine de Hongrie ne s'opiniâtre point sur mon assistance contre ses ennemis, il faudra conclure et se relâcher de quelques autres avantages ; car je suis de l'opinion qu'il faut toujours préférer le certain à l'incertain, et que nous sortons toujours fort glorieusement d'affaire en acquérant plus que nous n'avons osé espérer, ni que nous n'eussions reçu, il y a six mois.

Vous pouvez encore avertir Hyndford que je faisais encore marcher un flé (sic) de troupes pour me renforcer et qu'assurément je n'en aurais pas le démenti ; mais en même temps il faut penser à leur rassurer l'esprit entièrement que, si je fais ma paix et qu'elle est signée, je ne la romprai sous aucun prétexte que ce soit.

Adieu, faites de tout ceci le meilleur usage que vous pouvez et recommandons-nous à notre bonne fortune qui, j'espère, me tirera de cet embarras, comme elle l'a déjà fait tant de fois.

Frédéric.

matum du roi du 22 mars (cf. *ibidem*, 751), et des difficultés s'élevèrent surtout à propos de l'*article 2*, parce qu'au dire d'Hyndford la reine de Hongrie ne voulait pas entendre parler de la cession de Königgrätz et de Pardubitz, tandis qu'elle était prête à renoncer à la Haute-Silésie, moins Teschen, et de l'*article 3*, dans lequel elle réclamait la suppression de la *satisfaction raisonnable* à « accorder aux alliés de Frédéric et exigeait, au contraire, l'appui du roi contre ses ennemis ». « Il me dit que tout le système de la cour de Vienne pour la paix à faire avec Votre Majesté roule sur son alliance avec la Russie et N. B. sur son assistance. » (Rapport de Podewils, du 18 avril.)

A peine a-t-il expédié cette dépêche qu'il éprouve le besoin de la faire compléter par Eichel.

C. P. 793. — *Au ministre d'État comte de Podewils, à Breslau.*
(Du Secrétaire du Cabinet.)

Chrudim, 20 avril 1742.

Sa Majesté le Roi, tout en étant loin d'être satisfait de la déclaration de lord Hyndford, n'a pas cependant perdu tout espoir. Tout ce que peut en dire ma pauvre petite personne, c'est que j'ai prié Sa Majesté de ne pas laisser voir son empressement d'avoir la paix et de vouloir bien prendre toutes ses mesures en vue d'une campagne vigoureuse pour ne pas être à sec si la négociation n'aboutissait pas. Sa Majesté a daigné me le promettre et m'a ordonné de vous mander qu'on va travailler à ce que rien ne manque pour une campagne des plus énergiques et qu'on ne ménagera pas l'argent pour cela.

EICHEL.

Le lendemain, cependant, le roi de Prusse se montre disposé à aller plus loin dans la voie des concessions. Non seulement, lui qui tient tant à son argent, il charge Podewils de faire sentir à Hyndford, qu'il sait n'être pas très riche, que « s'il vient à bout de cette négociation, 100 000 écus seront sa récompense »; mais il déclare qu'il est prêt à accepter tels expédients qu'il plairait à Hyndford de proposer pour tranquilliser la cour de Vienne et lui prouver qu'il ne rompra point ses engagements. Enfin, pour qu'il ne reste aucun doute sur sa sincérité, il se rendra, s'il le faut, à la demande de l'Anglais, devenu prudent depuis l'expérience de Klein-Schnellendorf, et consentira à consigner les assurances qu'il vient de formuler dans un petit autographe [1].

---

[1] Pour plus de détails, cf. *ibidem*, 795, Chrudim, 21 avril 1742, la longue dépêche à Podewils rédigée par Eichel et contenant article par article les observations et les instructions que le roi envoie à son ministre.

C. P. 794. — *Au ministre d'État comte de Podewils, à Breslau.*

Chrudim, 21 avril 1742.

Mon cher Podewils,

Après avoir bien réfléchi à la relation que vous m'avez faite hier [1], j'ai cru d'y avoir aperçu les deux inconvénients principaux de la paix à faire, savoir le peu de besoin que les Anglais affectent d'avoir de nous; en second lieu, le soupçon dans lequel est la cour de Vienne que nous en userions après la paix comme après le protocole de Schnellendorf.

Pour faire sentir à l'Anglais tout le besoin que leur parti a de nous détacher, il faut premièrement amplifier les desseins immenses de la France, ses liaisons et ses traités secrets avec le Danemark et la Suède, sa grande influence en Russie et auprès de la Porte Ottomane et ajouter à tout cela que nous travaillons moins pour nous à présent que pour le despotisme universel de cette couronne : c'est la principale raison qui a déterminé le Roi à vouloir se détacher de cette alliance et à prendre des liaisons avec les Puissances maritimes, qui pour lors seront pleinement en état de rétablir cet équilibre si nécessaire pour la continuation des libertés de l'Europe et pour le bien commun; que si une fois nous nous entendions avec l'Angleterre, on pourrait leur faire des ouvertures qui ne laisseraient pas de les surprendre, mais qu'indépendamment de toutes ces raisons, nous agirions avec plus de vigueur que jamais, si nous ne pouvions, par l'entremise de l'Angleterre, parvenir à une paix juste et honorable.

Quant au second point, il faut mettre aux Anglais et aux Autrichiens l'esprit en repos sur ce que nous romprions nos engagements, leur faire bien sentir la différence d'un traité et d'un pourparler et leur dire naturellement que nous comprenons bien qu'ils ne veulent notre assistance que pour être certains de nous et que nous ne changerons pas d'avis à la première occasion. Que pour l'article de l'assistance, je le rejette absolument, mais que je ne rejette point tels expédients qu'il plairait à Hyndford de proposer pour tranquilliser la cour de Vienne à ce sujet. Voyez alors ce que Hyndford vous dira, et proposez ensuite de ne laisser qu'une certaine quantité de troupes dans nos nouvelles conquêtes jusqu'à la paix générale ou quelque idée syno-

---

[1] Après sa deuxième conférence avec Hyndford.

nyme, pour mettre les Autrichiens en repos. Je crois que par ce moyen nous pourrons parvenir à notre but.

Ensuite faites voir à Hyndford quel bon effet opérerait sur le Parlement d'Angleterre la paix que le Roi aurait négociée avec nous et la reine de Hongrie, la gloire particulière de Hyndford d'avoir sauvé la maison d'Autriche, et ensuite faites-lui sentir que, s'il vient à bout de cette négociation, 100 000 écus seront sa récompense.

Voici tout ce que j'ai pu imaginer sur ce sujet. Vous pourriez faire remarquer à milord Hyndford que, comme les Français retirent leurs troupes de la Westphalie[1], je suis à présent maître de faire d'autres arrangements, mais que l'hiver passé le cas avait été différent.

En gros, je suis résolu de faire la paix aux meilleures conditions que je le pourrai, sauf les déshonorantes. Du reste, je me repose sur vous que vous employerez dans cette négociation toute l'activité et le feu dont vous êtes capable. Adieu, cher Podewils, comme je suis fort intrigué de tout ceci, mandez-moi tous les détails et toutes vos conjectures et cela amplement.

FÉDÉRIC.

Bien que le terrain d'entente parût assez difficile à trouver en raison et des exigences inattendues de la reine de Hongrie et du tour qu'avaient pris les deux premières conférences, Frédéric n'était pas homme à se décourager pour si peu, à renoncer à jouer jusqu'au bout une partie qu'il tenait tellement à gagner. Les moindres indices de détente suffisent pour le décider à recourir à des moyens d'un genre nouveau, à des arguments qui doivent, pense-t-il, décider Hyndford à s'atteler à la négociation, que lui seul est capable de faire réussir.

C. P. 796. — *Au ministre d'État comte de Podewils, à Breslau.*

Chrudim, 22 avril 1742.

MON CHER PODEWILS,

Je suis bien aise d'apprendre que Hyndford se réchauffe un peu. Il est nécessaire qu'il entame cette négociation avec ardeur, car il n'y a que lui capable de la faire réussir. Faites-lui ce dilemme, pour lui mon-

[1] Cf. *ibidem*, 799, au maréchal de Belle-Isle, Chrudim, 22 avril 1742, l'argument bien différent qu'il fait valoir afin de « donner, dit-il, bien à penser aux Hanovriens ».

trer le ridicule que la cour de Vienne se donne en demandant mon assistance contre leurs ennemis :

S'ils ne sont pas assez forts pour repousser eux seuls les Français et les Saxons, comment résisteront-ils à ces puissances lorsque je suis réuni avec elles ?

Et s'ils sont assez forts d'eux-mêmes pour résister à tous, à plus forte raison résisteront-ils et vaincront-ils, s'ils n'ont à faire qu'à une partie de leurs ennemis.

Ainsi, ils n'ont pas besoin de mon assistance, et ma neutralité leur vaut la victoire [1].

Faites bien valoir les avantages des Français et dites à Hyndford qu'il verra bientôt que c'est mon grand sérieux de parvenir à mon but, mais que tout ce qui me fait de la peine, c'est que, si je bats les Autrichiens — comme cela arrivera sans faute — il ne faut plus penser à un accommodement, puisqu'alors mes alliés sont assez forts pour les accabler et qu'alors il est trop tard de penser à sauver cette maison. Mais à présent cela se peut, et j'y suis prêt.

La partie de la Haute-Silésie, dont parle Hyndford [2], va jusqu'à Troppau, à l'exclusion du pays de Teschen. Je crois que, si cela en vient au pourparler, toute la Haute-Silésie, à l'exception de Teschen, pourrait bien nous revenir. Vous savez que je ne me cabre point sur le Königingrätz. Il nous faut la paix, et nous l'aurons toujours plus avantageuse, si nous la faisons séparée, que si nous attendons la paix générale. Ainsi, attendez la réponse de la cour de Vienne ; ménagez et

---

[1] Le 23 avril, Podewils, après avoir lu ce dilemme à Hyndford, mandait au roi : « J'ai lu à milord Hyndford la première page de la lettre du 22 et le dilemme sur le ridicule de la demande d'une assistance que la cour de Vienne faisait. Hyndford se mit à rire et dit : « Répondez, je vous prie, au roi, que je trouve ce dilemme aussi juste qu'une démonstration de Newton, je souhaite seulement qu'on pense de même à Vienne. »

Il ne sera peut-être pas inutile de faire remarquer qu'Hyndford, tout comme la cour de Vienne, se refusait à considérer cette neutralité de Frédéric comme une garantie réelle et sérieuse. Six semaines auparavant, Hyndford s'était exprimé très catégoriquement à ce propos dans une de ses dépêches à son collègue Robinson : « Il faut forcer, lui écrivait-il, ce monarque, qui ne respecte pas plus les lois divines que les lois humaines, qui a violé sans le moindre scrupule le traité du 9 octobre, à s'allier solennellement avec la reine et à chasser, de concert avec elle, les Français hors de l'Allemagne. »

[2] D'après le rapport de Podewils du 19 avril, Hyndford avait dit : « Si le roi voulait se contenter de Glatz, moyennant de certaines conditions, et de la Silésie jusqu'aux montagnes, c'est-à-dire du cordon des quartiers d'hiver qui fut arrêté dans le protocole du 9 octobre... je pourrais peut-être me flatter d'y porter la cour de Vienne. »

disputez ensuite le terrain pied à pied, mais cédez s'il faut, et que nous ayons la paix.

Vous pouve lire la première page de cette lettre à Hyndford, et je ne doute point que vous n'en fassiez le meilleur usage du monde.

Adieu, je suis avec bien de l'estime votre bien affectionné ami.

FÉDÉRIC.

C. P. 798. — *Au ministre d'État comte de Podewils, à Breslau.*

Chrudim, 22 avril 1742.

MON CHER PODEWILS,

La relation d'Andrié est fort intéressante. Vous savez par là combien l'Angleterre est portée pour nous. Je crois qu'il ne serait pas mal de la montrer à Hyndford et de faire en mon nom un compliment très obligeant au ministère de sa façon avantageuse de penser à mon égard et de donner des assurances de la sincérité avec laquelle je réponds à leurs bonnes intentions, et combien je suis porté à m'y prêter.

Je vois cependant que par l'Angleterre nous pourrons peut-être encore parvenir au Königingrätz, et cela par le raisonnement suivant :

Si la Reine le cède, elle regagne par là toute la Bohême, la Haute-Silésie, la Moravie et la Haute-Autriche. Si elle ne le cède pas, tout le reste est perdu.

Je ne m'opiniâtre point, mais je crois qu'il ne faut prendre le bon que lorsqu'on ne peut avoir le meilleur.

Adieu, cher Podewils, vous connaissez mes sentiments.

FÉDÉRIC.

Dans ce moment, je reçois une relation de Moscou par où vous verrez que la Russie désire de se lier avec nous. Faites entrevoir la perspective de cette alliance à Hyndford. Nouvel argument.

C. P. 805. — *Au ministre d'État comte de Podewils, à Breslau.*

Chrudim, 25 avril 1742.

MON CHER PODEWILS,

La faim et les admirables soins de M. de Schewerin ont obligé le prince Didier d'abandonner Olmütz et de se retirer sur Troppau ; et

Jägerndorf. Je vous en avertis d'avance pour que vous préveniez le public là-dessus. J'envoie le vieux prince d'Anhalt pour qu'il ait le commandement de la Haute-Silésie et qu'il y opère la défensive tout au mieux, tandis que j'assemble ici mes forces principales pour marcher en force droit vers Teutschbrod, Iglau et l'Autriche, car, c'est la seule opération que nous puissions faire.

Touchant notre négociation, je suis de votre avis qu'il ne faut point s'empresser; mais vous pouvez bien faire sentir à Hyndford que nous sommes en état de maintenir ce que nous demandons des Autrichiens et qu'ils n'ont qu'à voir s'ils pourront nous en chasser; que d'ailleurs, s'ils n'acceptent point les conditions qu'on leur offre, ce sera à eux à voir comment ils feront et *que l'Angleterre ne pourra trouver étrange que nous entrions aveuglément dans toutes les mesures de la France.*

Touchant une cession du Königingrätz, ne pourrait-on point accorder peut-être une somme considérable, payable à la Reine, tant qu'elle aura la guerre dans ses provinces d'Allemagne? Je payerais bien 700 000 écus par an, ce qui reviendrait au même qu'un secours et qui ne serait pas si odieux. Mais comme la plupart de nos dépenses pour cette campagne sont faites, je m'embrasse très peu de la continuer. *Tout ce que je redoute, c'est la France et qu'elle ne nous veuille prévenir par une paix séparée.*

Dans les circonstances critiques, nous n'avons à craindre que l'infidélité de nos alliés et l'enthousiasme des Anglais. Je vois bien, quoi qu'il en soit, qu'il faut avoir patience et commettre quelque chose de notre destinée au hasard.

Si les Français prospèrent en Bavière, nous viendrons peut-être, quoiqu'avec peine, à notre but. Si la guerre s'allume en Flandre, nous aurons plus de peine. En un mot, toute la machine politique est dans un état si confus et si problématique que, de quelque côté que l'on tourne, on risque de prendre un mauvais parti.

Adieu, à revoir.

Frédéric.

De tout ce qui précède et de la conduite que Frédéric va tenir à partir du 26 avril jusqu'au 11 mai, il semble qu'on est en droit de porter sur lui le jugement qu'il porta plus tard sur la cour de Vienne : « On a vu, écrit-il vers la fin du chapitre v de l'*Histoire de mon temps*, l'esprit de la cour d'Autriche suivre les impressions brutes de la nature; enflée dans la bonne fortune et rampante dans l'adversité, elle n'a jamais su parvenir à cette sage modération qui rend les hommes impassibles à l'égard des biens et des maux que le hasard dispense. Alors son orgueil et son astuce reprenaient le dessus. »

C'est précisément le cas de Frédéric pendant les cinq journées des 26, 27, 28, 29 et 30 avril. Dès qu'il ne reçoit plus de mauvaises nouvelles, dès qu'il sait que les Autrichiens n'ont pas inquiété la retraite du prince Thierry sur la Silésie, dès qu'il a appris que Maurice de Saxe a pris Eger [1], que les renforts français vont arriver en Bavière [2], que Khevenhüller, au lieu de se porter en avant pour les battre isolément, se dispose à se replier sur Landshut, il change de ton, tout en poursuivant encore la conclusion d'une paix séparée ; il a parcouru et vu les cercles de Königgrätz et de Pardubitz ; ils sont bien situés pour la Prusse, riches et fertiles ; il désire les obtenir et croit qu'on pourra y parvenir, grâce à l'Angleterre. Du reste, il n'est déjà plus si pressé d'en finir. Il ne voit « aucun inconvénient à ce que les négociations durent deux mois [3] ». Il affecte d'oublier que, deux jours auparavant, il a écrit à Podewils : « ...C'est à présent le moment de m'avoir ou jamais [4]. »

Il fait mieux encore ; il écrit directement à lord Hyndford une lettre, qu'il ne lui fit pas remettre d'ailleurs, et dans laquelle il se déclarait de nouveau prêt à s'accommoder avec la reine de Hongrie et à contracter, après la conclusion de la paix et sous certaines conditions, une alliance défensive avec les Puissances Maritimes [5]. En même temps il a refusé à Belle-Isle de se porter contre Lobkowitz [6]. Le lendemain, lorsqu'il croit savoir que « les Français ont un homme qui négocie pour eux à Vienne [7] », il perd de nouveau patience et tout en ne renonçant pas à attendre

---

[1] *Correspondance politique*, II, 800, à l'empereur des Romains, et 803, au maréchal de Broglie, Chrudim, 23 avril 1742.

[2] *Ibidem*, 809, à Podewils, Chrudim, 27 avril 1742.

[3] *Ibidem*, 815, à Podewils, Chrudim, 28 avril 1742.

[4] *Ibidem*, 807, à Podewils, Chrudim, 26 avril 1742.

[5] *Ibidem*, 816, à lord Hyndford, Chrudim, 28 avril 1742.

[6] *Ibidem*, 814, au maréchal de Belle-Isle (à Francfort-sur-le-Main), Chrudim, 28 avril 1742.

[7] Rapport de Klinsggräffen au roi. Francfort, 17 avril. *Ibidem*, note 817.

le retour des courriers de Vienne, il n'hésite pas à écrire à Podewils : « Ceci me fait résoudre à m'accommoder le premier, à tout prix [1]. »

C. P. 806. — *Au ministre d'État comte de Podewils, à Breslau.*

Chrudim, 26 avril 1742.

Mon cher Podewils,

Je suis curieux de savoir quel dessein les Anglais forment en Flandre, ce qu'ils veulent faire avec ces 16 000 hommes qu'ils y veulent envoyer et quelle idée, en un mot, ils se font d'une diversion qu'ils peuvent opérer? Si vous le pouvez, tâchez de l'apprendre par Hyndford. Prenons 40 000 Hollandais, ajoutons-y les 16 000 Anglais et 15 000 Autrichiens, ce qui fait ensemble 71 000 hommes; croyez-vous qu'avec ce corps l'on peut entamer la Flandre en France? Je ne saurais me le persuader. Se pourrait-il que cette armée traversât l'Allemagne? C'est ce que ne souffrira de la vie M. de Maillebois, ni Noailles. Que feront donc ces milliers rassemblés? Rien que de camper en Flandre. De plus, la Hollande n'est point encore d'accord avec les Anglais, et cette sage République craint trop d'attirer sur elle le flambeau de la guerre, qui fait tant de ravages dans d'autres pays.

Lorsque je considère ceci d'un côté, et l'orgueil immense de la maison d'Autriche de l'autre, je ne sais comment les faire cadrer ensemble; il faut donc qu'ils aient encore une corde à leur arc qui nous est inconnue. Vous pouvez dire à Hyndford qu'il n'aura pas un mot de ma main, avant que je sache à quoi m'en tenir avec la cour de Vienne; que je comprends par tout le commencement de la négociation que les Autrichiens et les Anglais veulent premièrement attendre le premier événement, pour voir s'il leur serait favorable ou contraire, mais qu'ils peuvent compter là-dessus que je réglerai aussi mes prétentions sur le baromètre de ma fortune. Entre nous soit dit, je ne crois pas que nous parviendrons à quelque chose par cette négociation et qu'il faudra par une montre de vigueur et quelque coup d'éclat les obliger à plier leur orgueilleuse opiniâtreté à la nécessité des conjonctures.

Ainsi, je n'ai plus cette idée aussi vivement dans l'esprit que passé trois semaines. D'ailleurs, ma situation, à l'égard de mes arrangements

---

[1] *Correspondance politique*, 817, à Podewils, Chrudim, 29 avril 1742.

militaires est bien meilleure à présent et je peux combattre, assiéger, me défendre ou attaquer, selon que je le juge utile. Que cela ne vous empêche pas cependant de faire des efforts pour parvenir à votre but; mais je ne crois pas que nous en soyons déjà à l'heure du berger.

Tâchez cependant de flatter Hyndford et de nous le conserver; c'est un escalier dérobé qui peut servir en cas d'incendie et dont l'utilité pourra un jour nous servir, lorsque nous n'aurons plus d'autre saint auquel nous vouer. Je vous écrirai ci-joint un billet ostensible [1]. Adieu.

Fédéric.

C. P. 807. — *Au ministre d'État comte de Podewils, à Breslau.*

Chrudim, 26 avril 1742 [2].

Mon cher Podewils,

J'ai reçu votre lettre et tout le détail de votre conférence avec milord Hyndford.

Je suis étonné de voir les difficultés qu'il paraît faire pour les cessions que je demande, vu que la reine de Hongrie n'est pas en état de me chasser, ni de la Haute-Silésie, ni de la Bohême, ainsi qu'elle devrait être trop heureuse qu'on lui cède l'un de bon gré pour garder une très petite portion de l'autre. *D'ailleurs, le seul moyen pour éviter une guerre générale est de me détacher de l'alliance qui paraît l'attirer, et il me semble qu'il est quasi démontré que, si je quitte la partie, tout le reste des ressorts à l'alliance s'arrêteront d'eux-mêmes.*

Milord Hyndford m'a écrit une lettre, passés deux mois, dans laquelle il me semble mettre au niveau de tout espérer et à présent, l'on paraît plus dur, et il me semble que l'on chicane tout.

Je n'ai pas besoin de la paix. Je dois même me promettre des succès heureux de la guerre. L'unique dessein, qui m'a fait donner les mains à cette négociation, a été d'éteindre par là le flambeau de la guerre, dont l'embrasement pourrait facilement devenir général. L'ancienne inclination que j'ai pour les Anglais et le despotisme immanquable de la France m'ont rendu facile, mais l'opiniâtreté orgueilleuse et le peu d'empressement des Anglais et des Autrichiens me rendra plus fier encore que je n'ai été.

C'est à présent le temps de m'avoir ou jamais, et dès que je serai

---

[1] Cf. *Correspondance politique*, 807.
[2] Billet ostensible.

éclairci de ce que j'ai à espérer des Puissances Maritimes et de la maison d'Autriche, je prendrai mon parti pour la paix, ou bien pour entrer complètement dans toutes les vues de la France et pour m'unir d'une façon si indissoluble avec cette puissance que la maison d'Autriche, et le roi d'Angleterre peut-être lui-même, pourront se reprocher de m'avoir négligé. Faites mes compliments à milord Hyndford [1] et dites-lui que j'espère qu'il sera assez discret pour ne rien dire de cette négociation et pour obliger la cour de Vienne à une égale discrétion.

J'attends la réponse de Vienne avec curiosité, car l'on y verra sûrement l'orgueil et la fanfaronnade autrichiens en entier et je suis sûr qu'ils parleront de nous en termes si abjects et si humiliants qu'on ne saura en soutenir la lecture.

Adieu. Vous connaissez les sentiments que j'ai pour vous.

FÉDÉRIC.

C. P. 809. — *Au ministre d'État comte de Podewils, à Breslau.*

Chrudim, 27 avril 1742.

MON CHER PODEWILS,

Je ne saurais m'empêcher de vous faire encore ce raisonnement sur la situation présente des affaires, que vous pouvez même lire à milord Hyndford, si vous le jugez à propos.

Voyez comme la reine de Hongrie est entourée d'ennemis de tous côtés. L'armée française de Bavière, pour laquelle nous étions en

---

[1] Pour mieux montrer jusqu'à quel point Frédéric poussait la prudence, l'habileté et la méfiance, il ne sera pas inutile de reproduire ici les deux paragraphes, par lesquels se termine la réponse qu'Eichel fait sur son ordre, et presque sous sa dictée, à un rapport de Podewils en date du 24 avril (*ibidem*, 808, Chrudim, 26 avril 1782).

« ... Que Podewils voie et réfléchisse : « Si cela ne produirait pas un bon « effet, si l'on chargeait Andrié (mais il faut pour cela que ledit Andrié « puisse et sache se taire) de faire des ouvertures secrètes à Carteret, de lui « parler des bonnes dispositions du roi en faveur d'un accommodement..... « de lui marquer qu'il s'agit seulement d'une bagatelle à propos de König-« grätz... et qu'une fois cela convenu et réglé, Sa Majesté serait disposée à « conclure une alliance défensive avec les Puissances maritimes. »

« Le roi pense qu'Hyndford, à lui tout seul, « ne pourra faire marcher « l'affaire et rendre la cour de Vienne plus pliable. »

« EICHEL. »

mille appréhensions, est arrivée et s'est rassemblée aujourd'hui. Les troupes du prince d'Anhalt me joindront le 3 de mai, les recrues et les troupes de l'Empire seront dans quinze jours à portée de l'armée de Bohême. La Moravie est regardée comme un pays neutre, à cause que nulle armée n'y peut subsister et la Haute-Silésie peut être soutenue.

Le roi de Sardaigne est sur le point d'embrasser le parti espagnol. Les Anglais avec 16 000 hommes, joints aux Autrichiens, en Flandre ne sauraient opérer l'offensive; les Hollandais n'y consentiront jamais. Les Hanovriens n'oseraient se remuer, ou risqueraient d'être accablés par mes troupes et 12 000 Danois. L'Empire va se déclarer pour l'Empereur.

Dans ces conjonctures, il ne s'agit plus que de concerter le plan d'opération.

Je suis sûr que mon dessein mènera la cour de Vienne au point où le désirent les alliés; mais je suis obligé de dire en même temps que ce dessein une fois entamé, il n'y a plus moyen de reculer et qu'il y a même des mesures à prendre qui ne sauraient être que très préjudiciables au roi d'Angleterre et qui, une fois prises, me mettraient pour quelques années hors d'état de me lier avec lui. Il est donc temps de me déterminer. Pour cet effet, je voudrais que milord Hyndford envoyât un courrier à Londres pour leur proposer l'article de Königingratz[1].

Je soupçonne que les Anglais, moyennant la cession que leur a faite la maison d'Autriche d'Ostende et de Nieuport, lui auront garanti la Bohême. Mais si l'on pense que cette garantie soit suffisante pour sauver la maison d'Autriche, c'est à l'Angleterre à voir comment elle fera; au lieu que, si l'on considère qu'en me cédant un douzième de la Bohême, je cède la Haute-Silésie en revanche — que la maison d'Autriche n'est pas en état de me reprendre — et que tout le reste de la succession sera dès lors facile à recouvrer, alors je me persuade que les Anglais verront que c'est le véritable intérêt de la cour de Vienne d'en agir ainsi.

Mes inquiétudes ont cessé pour la Bavière; Glatz est rendu[2]; mon armée est assemblée. Ainsi j'attends la réponse de Londres pour décider à jamais de l'équilibre de l'Europe et *pour me lier pour l'éternité avec Londres ou avec Paris*.

---

[1] Le 30 avril, Hyndford, à l'instigation de Podewils, expédia un courrier à Carteret et lui conseilla de charger Robinson de pousser la cour de Vienne à consentir à la cession de Königgrätz et de Pardubitz.

[2] Le 26 avril, Frédéric ressentit une joie si vive de la capitulation de

Je vous ordonne de montrer cette lettre à Hyndford et de lui dire qu'il ne me trouvera pas difficile pour tout ce qui regarde l'argent[1], ni l'intérêt de l'Angleterre.

Vous connaissez l'estime que j'ai pour vous. Adieu.

FÉDÉRIC.

C. P. 815. — *Au ministre d'État comte de Podewils, à Breslau.*
(Du Secrétaire du Cabinet).

Chrudim, 28 avril 1742.

Le roi pense : Que l'on ne doit pas montrer trop d'empressement à lord Hyndford, qu'on doit au contraire attendre avant tout les réponses que les courriers rapporteront de Vienne et de Londres. Il y a d'autant plus lieu d'attendre ces réponses que pour le moment les affaires ne pressent nullement et qu'il n'y aurait aucun inconvénient à ce que les négociations durent encore deux mois, vu que pendant ce temps il ne se produira vraisemblablement pas grand'chose sous le rapport des opérations.

Le Roi s'est enfin décidé à adresser à milord Hyndford une lettre autographe que j'envoie à Votre Excellence sous *cachet volant* et que Sa Majesté vous laisse libre de faire parvenir au susdit Milord ou de garder, selon que vous jugerez plus utile après y avoir réfléchi.

EICHEL.

Glatz qu'il éprouva le besoin de la célébrer en vers. (Lettre à Jordan, de Chrudim, le 29 avril 1742) :

> Enfin la demeure éthérée
> Aux astronomes consacrée,
> Qu'une troupe d'Autrichiens
> Gardait à ses fiers souverains,
> De tout le monde séparée,
> Fréquentant, au lieu des humains,
> Les chats-huans de la contrée
> Ou quelque ombre triste, égarée
> Qui plaignit encore ses destins,
> Environnée de Prussiens,
> De tout secours désespérée,
> Ses tours, ses forts, ses ravelins,
> Sont tombés ce jour dans nos mains.

« C'est-à-dire que Glatz s'est rendu, le 26 de ce mois, par capitulation, de sorte que je suis à présent maître sans réserve de toute la Silésie. »

[1] Les créances anglaises ou plutôt de sujets anglais sur la Silésie.

C. P. 816. — *Au comte de Hyndford, ministre de la Grande-Bretagne, à Breslau*[1].

Chrudim, 28 avril 1742.

MILORD,

La situation des affaires présentes m'engage à me prêter à un accommodement avec la reine de Hongrie, pour lequel votre nation m'a pressé si souvent. Si les Anglais me font avoir l'équivalent des avantages que je perds en quittant le parti de la France, vous pouvez être sûr de réussir, et, en ce cas, je m'engage, d'abord après la conclusion de la paix, de contracter une alliance défensive avec les Puissances Maritimes.

Je serai bien fâché de mon côté que, si vous ne pouvez porter la cour de Vienne à des vues aussi salutaires, je me verrai obligé de resserrer les liens qui me rendent l'ennemi de vos alliés, et dont les suites ne pourront manquer de me compromettre avec les Puissances Maritimes.

Ne prenez point ceci comme des menaces, mais comme un exposé vrai du fond des choses.

Je laisse à votre pénétration le soin d'opter ce qui peut être des intérêts de votre nation et à votre prudence à vous décider là-dessus, vous assurant de l'estime particulière que j'ai pour votre personne.

Je prie Dieu, Milord, de vous avoir dans sa sainte garde.

FÉDÉRIC.

C. P. 817. — *Au ministre d'Etat comte de Podewils, à Breslau.*

Chrudim, 29 avril 1743.

MON CHER PODEWILS,

J'ai eu un avis de Klinggräffen qui me marque que les Français ont un homme à Vienne qui négocie pour eux[2], mais que la fierté de la Reine faisait échouer la négociation. Cependant on disait que la France pourrait peut-être se relâcher jusqu'au point de prendre la médiation conjointement avec les Puissances Maritimes.

Ceci me fait résoudre à m'accommoder le premier à tout prix; mais

---

[1] Lettre autographe, mais qui ne fut pas remise à Hyndford, cf. *ibidem*, 825 et 839.

[2] Klinggräffen mande de Francfort, le 17 avril : « J'ai découvert que la France tient à Vienne un certain Fargis depuis quatre ou cinq semaines. »

comme il serait imprudent de nous précipiter dans une chose de cette importance, il faut attendre le retour des courriers de Vienne pour ajuster sur la réponse la grandeur de nos prétentions ; mais comme j'ai résolu, préalablement à tout, de faire ma paix le premier, je saurais me relâcher jusqu'au point d'accommodement qui me paraîtra praticable. N'en faites rien remarquer à Hyndford ; mais pourvu que nous en tirions quelque chose de plus qu'il ne nous est stipulé, nous aurons toujours lieu d'être infiniment satisfaits.

Mandez-moi votre sentiment sur ce que vous espérez d'obtenir et jusqu'où vous croyez que nous pouvons espérer. Adieu, je suis avec toute l'estime du monde, votre bon ami.

FÉDÉRIC.

C. P. 818. — *Au roi de Pologne, à Leipzig.*

Chrudim, 29 avril 1742.

MONSIEUR MON FRÈRE,

La lettre de Votre Majesté, datée de Leipzig, m'a été très bien rendue, et j'ai vu, par les nouvelles qu'Elle a eu la bonté de me communiquer, qu'Elle appréhende beaucoup du secours que la reine de Hongrie tirera des Puissances Maritimes et principalement de l'Angleterre. Il est sûr que les sommes considérables, que la reine de Hongrie a reçues des Anglais, la mettent en état de continuer la guerre contre les alliés et qu'elle n'aurait pu y fournir de ses propres forces ; mais il n'est pas moins sûr qu'avec tout l'argent du monde, lorsqu'on ne peut trouver suffisamment de recrues, les trésors du Pérou ne suffiront pas pour fournir à la guerre. C'est le cas des Autrichiens, dont la dernière ressource est fondée sur les Hongrois, qui ne composent après tout qu'une très mauvaise milice. La faim et le manque de subsistance, comme les officiers de Votre Majesté le Lui auront sûrement écrit, nous ont obligés de quitter la Moravie, que jamais les troupes de la Reine ne nous auraient pu faire évacuer par force. Il est sûr que la cour de Vienne s'attend à une diversion que les Anglais feront en sa faveur ; mais cette diversion ne saurait se faire qu'en Flandre. Elle regarde par conséquent la France, qui prend aussi actuellement des mesures pour s'en garantir.

Je ne sais ce que le ministre d'Angleterre a dit à la cour de Votre Majesté[1] ; mais tant sais-je bien que milord Hyndford a tenu jusqu'à

---

[1] Répondant le 3 mai à une lettre d'Auguste III, de Leipzig, le 27 avril

présent une conduite plus modeste. Il a tenu à la vérité quelques propos vagues sur la nécessité de ne point abandonner la reine de Hongrie. Pour moi, je crois en général que le dessein des Puissances Maritimes est plutôt de soutenir leur médiation par les armes que de commencer une guerre ouverte, et je crois qu'ils ne manqueront pas dans peu de s'en expliquer plus clairement. C'est je crois le seul service qu'ils soient en état de rendre à la reine de Hongrie, d'autant plus que je crois la république de Hollande dans des sentiments trop pacifiques pour qu'il soit possible aux Anglais de l'ébranler. Le mérite du prince de Weissenfels, que Votre Majesté a mis à la tête de Ses troupes, est généralement connu. On ne peut qu'approuver le choix d'un prince si éclairé et pour lequel je suis avec tous les sentiments de la plus haute estime, Monsieur mon Frère, de Votre Majesté le très bon frère et fidèle allié.

Fédéric.

C. P. 820. — *Au ministre d'Etat comte de Podewils, à Breslau.*

Chrudim, 30 avril 1742.

Mon cher comte de Podewils,

Les raisons que vous m'exposez dans votre relation n° 7 [1] sont tellement *valables* que j'ai résolu de ne pas désavouer encore les propositions relatives à l'acceptation de la Haute-Silésie et décidé que vous ne devrez ni négocier, ni parler avec milord Hyndford au sujet tant de Königgrätz que de la Haute-Silésie, avant que nous n'ayons connaissance de la réponse qu'apporteront les courriers de Vienne. Ma dernière lettre vous aura du reste fait connaître mon sentiment sur toute l'affaire et je n'en changerai pas.

Frédérich.

qui ne contenait rien de bien saillant relativement aux déclarations de Villiers, Frédéric lui disait : « Mon sentiment était d'écouter de sang-froid la déclaration des Anglais sans leur répondre... Il sera toujours temps de s'expliquer envers eux ou en *termes doux* ou *comme on le jugera convenable* dès que l'on sera bien instruit du parti que prendront les Hollandais. »

[1] Dans son rapport du 28 avril, Podewils combattait l'opinion émise par le roi dans ses instructions du 26 (cf. pièce 808) ayant trait au passage de la lettre autographe du roi du 22 (pièce 796) : « Vous savez que je ne me cabre point sur le Königgrätz. » Reprendre et annuler les déclarations faites au négociateur anglais (acceptation de la Haute-Silésie au lieu et place de Königgrätz et de Pardubitz), ce serait, à son avis, tout gâter irrémédiablement.

Loin de rassurer Frédéric, l'arrivée à son quartier général, le 1ᵉʳ mai, de Mortagne, « précurseur » de son chef, Belle-Isle, ne fait au contraire qu'accroître son impatience. Il est plus pressé que jamais d'en finir. Il désire si fort la paix qu'il acceptera même, s'il le faut, des conditions médiocres. Ce qui ne l'empêche cependant pas de parler vingt-quatre heures plus tard au Cardinal des opérations qui à cause de la saison, fort en retard, à l'en croire, ne commenceront guère avant deux mois et de joindre à sa lettre un singulier mémoire sur l'état de l'Europe.

C. P. 822. — *Au ministre d'Etat comte de Podewils, à Breslau.*

Chrudim, 1ᵉʳ mai 1742.

Mon cher Podewils,

J'ai bien reçu vos lettres d'avant-hier, hier et aujourd'hui. Je me suis déterminé définitivement à la paix, mais je n'ai pas renoncé aux meilleures conditions. D'avance, il faut disputer son terrain et ne céder que ce qu'il est impossible de maintenir. C'est pourquoi il faut attendre la réponse de la cour de Vienne pour hausser ou pour baisser le ton, selon qu'il nous paraîtra convenable.

Je ne m'embarrasse pas de quelques semaines. A présent, il s'agit de savoir en gros si la cour de Vienne est portée à faire sa paix et si je puis m'attendre à de bonnes conditions, pour que je diffère les opérations jusqu'au moment que nous soyons tombés d'accord sur quelque chose. Les courriers, qui vont à Londres, nous sont pour le moins aussi utiles que ceux qui vont à Vienne, puisque je regarde le ministère anglais comme le maître-ressort de la machine autrichienne. En un mot, je suis bien sûr que nous ferons notre paix. Il n'y a que les conditions plus ou moins bonnes qui pourraient différer de quelque chose.

Le comte de Mortagne, précurseur du maréchal de Belle-Isle, vient d'arriver. Il souffle feu et flammes. Les Français veulent se servir de nous pour tirer les marrons du feu. Ils seront bien habiles, s'ils y réussissent.

Si vous pouvez faire usage de cette apparition, eh bien, il dépendra de vous de vous en servir.

Je voudrais bien que Hyndford m'écrivît pour voir quelle tournure il donnera à sa lettre.

Adieu, cher Podewils, il ne me reste plus rien à vous dire.

FÉDÉRIC.

C. P. 823. — *Au ministre d'Etat comte de Podewils, à Breslau.*
(*Du Secrétaire du Cabinet.*)

Chrudim, 1er mai 1742.

Eichel mande au ministre, que le Roi lui a dit : « La paix, je la veux et il me la faut. Si je puis avoir des conditions avantageuses, je m'en réjouirai. Si l'on ne m'en offre que de médiocres, je ne renoncerai pourtant pas pour cela à la faire. Mais j'attends entre-temps le retour du courrier envoyé à Vienne. »

EICHEL.

C. P. 824. — *Au cardinal de Fleury, à Issy.*

Chrudim, 2 mai 1742.

MONSIEUR MON COUSIN,

L'appréhension, que ma lettre puisse être interceptée par quelque parti des ennemis, m'oblige d'avoir recours au chiffre. M. de Chambrier le recevra par le même courrier et vous en communiquera la teneur. Je vous félicite des progrès que font les troupes françaises en Bavière. J'espère qu'elles arriveront bientôt aux frontières de l'Autriche.

La saison n'est guère avancée ici. Je ne crois pas que les véritables opérations pourront commencer avant deux mois.

Je fais mille vœux pour la conservation de vos jours précieux, vous assurant qu'on ne saurait être avec plus d'estime que je suis, Monsieur mon Cousin, votre fidèle ami.

FÉDÉRIC.

Mémoire.

Le premier coup d'œil de l'Europe offre un tableau de troubles causés par des ligues puissantes d'une moitié de ce continent contre l'autre. De puissantes armées marchent de tout côté ; des flottes couvrent les mers ; mais plus que tout ceci, un esprit de vertige et de fanatisme chez les nations républicaines y cause une fermentation si forte qu'il est difficile de prédire ce qui en résultera.

A examiner ensuite ces grands objets plus foncièrement, on voit peu d'union entre les puissances qui forment le parti de la reine de Hongrie. Les Anglais veulent la guerre; il est contre l'intérêt de la Hollande de s'y engager; le roi de Sardaigne est à l'encan et l'électeur de Hanovre, avec beaucoup de mauvaise volonté, manque de résolution définitive.

Cependant, la France rassemble une armée en Flandre, où une trentaine des places les mieux fortifiées de l'Europe et les mieux fournies présentent un boulevard formidable à la mauvaise volonté de ses voisins et à l'ambition des Anglais.

Il n'y a que le pays de Clèves, situé en delà du Rhin, qui soit exposé aux maux de la guerre et que le désir de vengeance des alliés de la reine de Hongrie ne ménagera pas.

Si l'électeur de Hanovre, contre toute attente, prenait quelque résolution vigoureuse, on se flatte que le Roi Très Chrétien disposerait le roi de Danemark de façon que ces 12000 hommes, pour lesquels ce prince reçoit des subsides, puissent, en ce cas, se joindre aux Prussiens.

Les émissaires de la cour de Vienne tentent l'impossible pour fomenter une confédération en Pologne, dont leur intention est de se servir également contre les rois de Prusse et de Pologne. Ce qui allumerait une guerre d'autant plus ruineuse que ces troupes tartares, hongroises et polonaises ne sont proprement que des incendiaires.

Les opérations des alliés seraient fort difficiles, pour ne pas dire impraticables, en Bohême, à cause du charroi. Celles du Danube sont sûres et d'un plus grand poids; elles obligeront les Autrichiens d'évacuer la Bohême et la Moravie pour couvrir Vienne. Si l'on suit alors le cours du Danube, il est indubitable qu'on les forcera à combattre et qu'on les réduira au point d'avoir recours à la négociation.

C. P. 825. — *Au ministre d'État comte de Podewils, à Breslau.*
(*Du Secrétaire du Cabinet.*)

Chrudim, 3 mai 1742.

..... Ce que le marquis de Valory a laissé échapper, en parlant à Votre Excellence à propos de Neisse [1], a frappé Sa Majesté le Roi et

---

[1] « Nous parlâmes des grandes difficultés qu'il y aurait à parvenir à la

sans s'impatienter toutefois, Sa Majesté attend avec curiosité le retour du courrier de Vienne. Sa Majesté approuve ce que Votre Excellence a fait en gardant jusqu'à ce jour, pour les raisons que vous en avez données, la lettre autographe qu'Elle vous a fait tenir [1]. Sa Majesté pense néanmoins que Votre Excellence pourrait faire comprendre au Mylord que vous avez en main une lettre, que vous ne serez autorisé à lui remettre qu'après le retour du courrier de Vienne. Sa Majesté vous laisse d'ailleurs pleine liberté d'agir comme vous le croirez utile et convenable. Sa Majesté persiste à croire qu'on a tout intérêt à laisser la négociation marcher tout tranquillement et qu'on peut fort bien la laisser durer quelques mois.

L'extrait, ci-joint, du discours tenu par M. Pulteney, ainsi que celui qui a été envoyé par Andrié dans la relation chiffrée ci-contre, ont fort plu à Sa Majesté qui pense qu'en raison de la disposition même des esprits en Angleterre, le premier rapport de mylord Hyndford et la dépêche, qu'on a envoyée aussitôt après par estaffette à mylord Carteret, arriveront très à propos et devront produire un effet d'autant meilleur que Sa Majesté croit que la cour de Vienne est actuellement jusqu'à un certain point sous la dépendance de la cour d'Angleterre.

Eichel.

C. P. 828. — *Au ministre d'État comte de Podewils, à Breslau.*

Chrudim, 5 mai 1742.

Mon cher Podewils,

Dans tout ce que vous dit mylord Hyndford, on voit visiblement quelle est son intention, savoir de diminuer la force et les bonnes dispositions des alliés et de faire valoir l'Angleterre et la maison d'Autriche. Mais examinons les choses de sang-froid et entrons dans le détail de ce que peut produire cette diversion de Flandre, quand même elle aurait lieu.

Vous savez sans doute que M. de Maillebois a ordre de marcher à

---

paix, surtout aux conditions stipulées pour l'Empereur et la Saxe ». Il me répondit alors : « Il est juste que, si l'un se trouve obligé de se relâcher de ses prétentions, chacun des autres en fasse autant à proportion. » (Rapport de Podewils, 1ᵉʳ mai.)

[1] « Si l'on voit qu'on n'a aucune envie à Vienne de s'accommoder avec nous, il serait inutile et même dangereux de remettre cette lettre à Hyndford. » (Même rapport.)

Liège, dès que les Anglais entrent en Flandre et que la grande armée française se formera auprès de Dunkerque. La position de M. de Maillebois tient furieusement les Hollandais en échec, les coupant de toutes les places de la barrière et leur faisant craindre pour l'intérieur de leur pays. Cette raison rend, je le crois, les Hollandais plus mesurés que les Anglais, dont l'enthousiasme passe sur toutes les considérations.

Je prévois que vous me parlerez des Hanovriens. Premièrement, ceux-ci n'osent dégarnir leur pays, tant qu'un corps assez considérable les tient en échec et qu'ils ont à craindre des Danois. Examinez ensuite le grand poids de ces armées de tant d'alliés réunies et qui n'attendent que la belle saison pour pousser les opérations avec vigueur. Les Hongrois ne viennent point au nombre qu'on s'en était flatté à Vienne, et il faut qu'il y ait quelque vice caché, dont nous ne connaissons pas la cause, qui produit ce changement. En un mot, loin d'être des coupables qui demandons grâce la corde au col, nous sommes des vainqueurs qui ne veulent pas abîmer des vaincus et qui, par des raisons de politique et d'intérêt, sortons de la guerre, lorsque nous croyons en avoir trouvé le moment favorable. J'attends donc patiemment la réponse de Vienne et je crois qu'il sera bon de dire à Hyndford, ou qu'il faut garantir la Frise, ou nous dédommager de ce côté ici. Vous avez jusqu'au de 15 juin à négocier tranquillement. Adieu.

Frédéric.

Sans qu'on puisse en discerner la cause réelle, on ne peut s'empêcher de constater qu'à partir du 5 mai, Frédéric est subitement redevenu plus calme. Il n'est plus le moins du monde pressé, peut-être parce qu'il a maintenant tout son monde sous la main, qu'il se sent en état de tenir tête à toute attaque et enfin parce qu'il croit la Cour de Vienne bien disposée pour la paix.

C. P. 832. — *Au ministre d'État comte de Podewils, à Breslau.*

Chrudim, 6 mai 1742.

Mon cher Podewils,

Je suis d'avis qu'il faut céder à Hyndford dans son caprice [1] et passer par tout ce qu'il voudra, si nous ne pouvons faire autrement.

---

[1] Cf. *ibidem*, 833. La femme de l'aubergiste Abbé, au service d'Hyndford,

Après tout, il s'agit ici de bien plus grands intérêts que d'affaires de banqueroutiers. Je me ressouviens d'un conte du Boccalin, qu'un homme, qui voulait aller de Rome à Tusculum, s'amusa à vouloir faire taire toutes les sauterelles qu'il trouva dans son chemin ; un autre, qui allait au même endroit que lui, laissa crier les sauterelles et y arriva.

Imitons le dernier de ces voyageurs et poussons à notre but, sans nous embarrasser des bagatelles.

Valory est venu me trouver; il m'a montré une lettre de M. Amelot, que j'ai lue, où il marque d'être informé que milord Hyndford était chargé de m'offrir, premièrement, la garantie de la Haute et de la Basse-Silésie et de Juliers et de Bergue, moyennant ma neutralité et que, si je voulais lier parti avec eux, ils y joindraient la Gueldre et le Limbourg. Si vous trouvez à propos d'en faire usage, la chose dépendra de vous. En attendant, on s'aperçoit de l'activité de la France à être informée de tout, et qu'elle n'est pas mal servie.

Nous n'avons pas besoin de marquer de l'empressement. Laissez à Hyndford le temps de se reconnaître et ne lui demandez absolument point ce que contiennent ses dépêches de Vienne. Il faut qu'il soit le premier à nous en parler.

Pour tranquilliser Valory, je lui ai conté l'histoire de la banqueroutière avec tous les enjolivements dont j'ai été capable. Cela a fait l'effet que j'en attendais et je le crois rassis pour le présent ; mais il est bien sûr que deux ou trois courriers ultérieurs feront éventer la mine.

Je suis sûr que, si la conduite de notre Anglais était connue à Londres, il courrait grand risque de sa fortune, car le travers est hors de saison et la passion amoureuse perce trop. On voit par là que le plus sage a sa folie.

L'on me mande de Dresde que le duc de Weissenfels veut perdre Brühl pour lui substituer Manteuffel. Jugez quel préjudice ce serait pour nous. J'ai ordonné qu'on devait assurer Brühl de toute ma protection et qu'on devrait s'employer en tout ce qu'il jugerait à propos pour le soutenir.

J'ai oublié de vous dire que les Autrichiens ont évacué toute la Moravie et qu'ils se retirent en Bohême et en Autriche, ce qui nous met à notre aise et dans l'état d'attendre tranquillement la fin de la négociation. Toutes mes troupes m'ont joint, de façon que je ne crains

---

avait été arrêtée à Berlin sur la plainte de ses créanciers. Hyndford déclara qu'il ne reprendrait l'exercice de ses fonctions qu'après avoir obtenu satisfaction.

pas le diable, quand même il aurait les cornes dix fois pires que les prêtres les dépeignent.

Adieu. C'est à présent la saison de l'épée. Nous verrons si ce sera elle ou votre plume qui nous procurera la paix.

Fédéric.

C. P. 833. — *Au comte de Hyndford, ministre de la Grande-Bretagne, à Breslau.*

Chrudim, 6 mai 1742.

Milord,

J'ai reçu votre lettre touchant ce qui s'est passé à Berlin avec la femme de l'aubergiste Abbé. Vous serez persuadé, Milord, que je connais assez ce que c'est le droit des gens et ce qui est dû aux ministres des cours étrangères résidant chez moi et que, si on pèche encontre, c'est toujours sans mes ordres et contre mes volontés. Mais vous devez savoir aussi qu'il est indécent que les maisons des ministres étrangers deviennent l'asile des banqueroutiers et des gens de mauvaise vie, que de pareils abus ont introduit la licence dans Rome, dont sont suivis des vols, des meurtres et des assassinats et que la bonne police et les bonnes mœurs ont été par là entièrement détruites. Je dois de la justice à mes sujets et si je dois les protéger dans des pays étrangers, où l'on pourrait les opprimer impunément, à plus forte raison les dois-je protéger dans ma capitale et dans le cœur de mon pays. Il me semble, Milord, que vous associez un peu mal à propos l'honneur d'une banqueroutière avec l'honneur du Roi, votre Maître, et le nom d'une personne prostituée avec le nom auguste d'un souverain. Vous verrez que par cet exposé cette affaire-ci change de face.

J'avoue cependant ingénûment que le gouvernement de Berlin a eu tort dans la forme de l'exécution et pour vous donner une preuve de mon équité, on vous donnera une satisfaction raisonnable, puisque vous la demandez.

Je ne puis m'empêcher de vous dire que votre lettre en général m'a fait faire bien des réflexions, car si, dans un temps où la cour d'Angleterre ne joue certainement pas le premier rôle dans l'Europe, ses envoyés tiennent des discours si fiers, avec quel ton impérieux et despotique ne parleront-ils pas, si la fortune les favorise? Ce sera à Londres qu'on fera revivre la cour de Louis XIV et ce sera la France que l'Europe pourra regarder alors comme son unique appui et protectrice de ses libertés.

Je suis, avec des sentiments d'estime, Milord, votre très affectionné.

FÉDÉRIC.

C. P. 834. — *Au ministre d'État comte de Podewils, à Breslau.*

Chrudim, 7 mai 1742.

Mon cher Podewils,

J'ai oublié de vous dire que Valory me dit hier que, lorsque l'Angleterre nous aurait fait des propositions et qu'elle ne se trouverait pas écoutée, alors on s'adresserait à la France. Je crois que cela lui est assez imprudemment échappé, mais on remarque ni plus ni moins qu'ils ont une insigne envie de faire les médiateurs. Je montrerai la lettre de Hyndford au Français, ce qui l'abusera d'autant plus qu'il n'est pas dit un mot de négociation dans sa teneur et que ce ne sont que des plaintes très impertinentes.

J'ai répondu d'une façon à faire concevoir à Hyndford que, s'il y avait du tort dans nos procédures, il n'y en avait pas moins pour lui dans le fond de l'affaire, mais que cependant on lui donnerait satisfaction. Eichel vous enverra cette lettre.

Je suis du sentiment que le bien de l'État exige que nous fassions la paix. Dévorons donc des couleuvres et allons à notre but.

Vous appréhendez qu'après cette affaire-ci l'Angleterre ne veuille nous traiter despotiquement; mais l'alliance de la Russie[1] et nos propres forces porteront toujours respect et dans quelques années la France aura oublié le tour que nous lui jouons. En un mot, les conjonctures changeront aussi.

Adieu, cher Podewils, ne montrez point d'empressement et conservez votre flegme.

FÉDÉRIC.

C. P. 836. — *Au ministre d'État comte de Podewils, à Breslau.*

Chrudim, 9 mai 1742.

Mon cher Podewils,

Je suis bien aise de la bonne disposition des Autrichiens pour la paix et je crois que nous en tirerons la Haute-Silésie à l'exception de

[1] Cf. 835. La Russie insistait pour que le roi lui fournisse le projet du traité d'amitié. (Voir la résolution de Znaym, du 4 mars et *ibidem*, la pièce 732.)

Teschen, ou peut-être une partie du Königingrätz et une partie de la Haute-Silésie [1], ce qui se développera bientôt.

Si Hyndford vous parle de la Haute-Silésie, voyez comment nous pourrons faire pour nous décharger des dettes qui sont sur cette province, et s'il n'y aura pas de moyen pour arranger cette affaire, en tout cas, que nous n'eussions à payer que les dettes anglaises et non pas celles de Brabant et de Hollande. Mais lorsque nous en serons jusqu'à ce point, d'autant mieux cela vaudra-t-il et plutôt pourra-t-on arranger cet article.

Les ennemis, après avoir évacué la Moravie, font mine de s'assembler à Teutschbrod et le long de la Sazawa. On leur suppose un dessein sur nous et sur Prague. Toutefois ils ne seront guère en état d'agir en corps d'armée avant la fin du mois ou le commencement du prochain.

Dès qu'on sera convenu de quelque chose avec la cour de Vienne, je crois qu'il sera bon de préparer l'esprit des alliés à ce que nous allons faire, mais pas avant que nous soyons sûrs de notre fait. Nous avons pour nous la lettre du roi de Pologne [2], les avis touchant de Fargis [3], la retraite des Saxons, la guerre prête à s'allumer dans le voisinage du Rhin, les conditions que nous stipulons pour nos alliés, et un mot que nous avons soutenu leur faiblesse jusqu'au temps que leurs secours étaient arrivés, que les justes soupçons que nous avaient donnés la conduite de l'évêque de Bamberg [4], les propos de M. de Belle-Isle [5], la négociation du sieur Fargis nous obligeaient à prévenir les autres pour ne point être prévenus ; qu'à la vérité on nous faisait des conditions avantageuses touchant la Haute-Silésie, mais qu'il était notoire que les deux Silésies périraient également si elles n'étaient pas sous une même domination, tant pour leurs manufactures que pour leur commerce et qu'après tout cette Haute-Silésie est un pays chargé de dettes, pauvre et ruiné par la guerre, qui nous serait plus à

---

[1] Eichel écrit à Podewils, le 9 mai, que « ce point sera un peu obscur, mais que pour l'élucider *sub rosa* il lui dira que, lorsqu'il y a peu Sa Majesté parla des difficultés que Mylord Hyndford faisait au sujet de l'article de Königgrätz et faisait valoir à ce propos que le futur possesseur de la Bohême, n'importe quel ce soit, ne verrait jamais d'un bon œil le Roi établi à 3 ou 4 milles de la capitale Prague, Sa Majesté avait songé à renoncer à un morceau du cercle de Königgrätz et à demander par contre le reste de la principauté de Neisse et la principauté d'Oppeln ».
[2] Cf. *ibidem*, 765, à propos de la lettre du roi de Pologne, du 15 mars.
[3] Cf. *ibidem*, 817.
[4] Cf. *ibidem*, 775.
[5] Cf. *ibidem*, 779.

charge qu'avantageux, et que la nécessité du temps et la prudence nous avaient obligés de faire ce que nous ne pouvions pas faire autrement ; qu'après tout, nous tiendrions tous nos autres engagements, touchant Juliers et Bergue et qu'en un mot on verrait par toute notre conduite la droiture de nos intentions et notre intégrité.

Lorsque notre paix sera arrangée, il faudra nous faire garantir la Frise par les Puissances Maritimes, ou voir quel équivalent nous en pourrons tirer ; mais je crois qu'il serait trop prématuré d'en parler déjà. En un mot, finissons à présent bien cette affaire ici avec le plus d'avantage que nous en puissions tirer et en suite de cela le reste viendra de soi-même.

Adieu, cher Podewils, adoucissez votre farouche Anglais, trompez votre rusé Saxon, endormez le soupçonneux Français et finissez nos affaires.

Fédéric.

C. P. 837. — *Au ministre d'Etat comte de Podewils, à Breslau.*
(*Du Secrétaire du Cabinet.*)

Chrudim, 10 mai 1742.

Eichel transmet un rapport du comte O. de Podewils, de la Haye, contenant les ouvertures faites par lord Stair[1] que le Roi a « jugées dignes d'une attention toute particulière ». Ordre au Ministre « d'en faire usage avec mylord Hyndford et d'amener à cette occasion sur le tapis la question de la succession de la Frise Orientale ou celle d'un équivalent, soit éventuel, soit immédiat. » Mais comme toute cette pièce, et surtout le *post-scriptum* de la main même de mylord Stair, sont quelque peu obscurs et équivoques, Sa Majesté m'a chargé de vous inviter à prescrire audit comte de Podewils de sonder plus à fond mylord Stair sur ce sujet et de savoir ce que mylord Stair entend[2]

---

[1] En date du 28 avril.

[2] La note donnée par Stair à Podewils se terminait par la phrase suivante : « Si le roi de Prusse avait en vue de s'agrandir d'un autre côté, il me paraît que dans la situation présente cela se pourrait faire, sans faire aucune peine au roi de la Grande-Bretagne. » Et Stair avait ajouté de vive voix : « J'y mets pour fondement que Sa Majesté Prussienne gardera la Silésie telle qu'Elle la demande, et que nous la Lui garantirons ; que si Elle trouve à propos de s'agrandir du côté de la Prusse Polonaise, Sa Majesté Britannique ne s'y opposerait point, mais qu'Elle *fera encore d'autres avantages à Sa Majesté Prussienne pourvu qu'Elle veuille se lier avec Elle.* »

par « agrandissement d'un autre côté — du côté de la Prusse Polonaise, » et par « les autres avantages qu'on veut faire¹ ».

Le Roi comprend bien à peu près ce qu'on veut dire, mais tient beaucoup à ce que lord Stair s'en explique plus clairement......²

. . . .

EICHEL.

Ces mouvements de bascule, ces alternatives de calme et d'impatience auraient pu durer longtemps encore si le Roi n'avait pas fini par recevoir la réponse de la Cour de Vienne. Pleine de confiance dans la réussite des opérations de l'armée du prince Charles de Lorraine, trouvant exorbitantes les concessions qu'on lui demandait, ne croyant du reste pas à la sincérité de Frédéric³, la reine de Hongrie refusait de rien céder en Bohême. Elle accorderait tout au plus au Roi ou Glatz ou une partie de la Haute-Silésie, mais à la condition que le Roi lui garantira ses États d'Allemagne et signera avec elle et les Puissances Maritimes un traité d'alliance contre la France. Par suite d'une foule d'incidents et de circonstances, ce fut le 11 mai seulement que Frédéric prit connaissance de la réponse de Marie-Thérèse, au moment même où, afin de faciliter et d'accélérer la

---

¹ Stair reparla à plusieurs reprises encore à Podewils des « avantages du côté de la Pologne ». Une dépêche ministérielle, en date du 10 juin, apporta à Podewils les instructions suivantes inspirées par la note d'Eichel : « Vous devez tâcher de le sonder étroitement sur ce qu'il veut dire par cela et de quelle manière il croit qu'on me pourrait procurer ces avantages et ce que le Roi son maître pourrait y contribuer. Car de dire *qu'il ne s'y opposera pas*, n'est pas un avantage, Sa Majesté Britannique étant trop éloignée de la Pologne pour s'y opposer directement, si j'avais de pareilles vues. Mais il y a d'autres occasions où la Grande-Bretagne peut me donner des marques de son amitié et où elle est plus à portée de soutenir nos justes droits » ; et à l'appui, à titre d'exemple, on citait dans cette dépêche les prétentions prussiennes sur la Frise Orientale et le Mecklembourg.

² Je n'ai pas cru devoir reproduire le reste de la note d'Eichel, tout entière consacrée à l'énoncé de certains points de détail des conditions que Frédéric tenait à faire insérer dans le traité, qu'avec l'aide de l'Angleterre il se flattait à ce moment de pouvoir imposer à Marie-Thérèse.

³ Uhlefeld, dans un entretien qu'il eut à ce moment avec Robinson, lui avait dit : « Je regrette de voir l'Angleterre admettre la possibilité d'une chose absolument impossible et crains que le roi de Prusse ne veuille nous tromper. »

marche des affaires, il venait d'envoyer à Breslau le colonel de Goltz, le négociateur de Klein-Schnellendorf.

C. P. 839. — *Au ministre d'État comte de Podewils, à Breslau.*

Chrudim, 11 mai 1742.

Mon cher Podewils,

J'ai cru tomber en syncope en recevant la lettre que vous m'avez écrite [1]. Je vois à présent que nous n'avons rien à espérer de la négociation de Hyndford et qu'il faut renoncer à toute paix séparée. Montrez à Hyndford la lettre cachetée que je lui avais écrite [2] et déchirez-la en sa présence, sans la lui faire lire et cela par mon ordre [3].

Vous devez déclarer à Hyndford que la nation anglaise doit se contenter des bonnes dispositions dans lesquelles j'ai été, mais que, puisqu'il paraît par les courriers de Hyndford que la cour de Vienne est d'une arrogance si insupportable, je ne puis faire mieux que de

---

[1] Lettre de Breslau, 8 mai, avec une annexe : *Discours que mylord Hyndford m'a dicté le 8 mai 1742*. Un *Pro memoria* de la cour de Vienne, du 30 avril 1742, offre : les concessions indiquées le 9 octobre 1741 (cf. *ibidem*, 530, *Klein-Schnellendorff*) avec une lisière d'un demi-mille de l'autre côté de la Neisse, et ou Glatz ou une partie de la Haute-Silésie qu'on déterminera ultérieurement, tout cela sous la condition *sine qua non* que le roi de Prusse se tournera contre les Français. Un précédent *Pro memoria* de la cour de Vienne (28 avril) avait rejeté les propositions de paix transmises par Hyndford avec ces mots : « Les lettres postérieures à l'invitation faite à milord Hyndford de se rendre à Breslau n'augmentent que trop la crainte de la Reine que le roi de Prusse n'est pas encore disposé à y concourir. » Et sur la question de Podewils relative à ces lettres, Hyndford répondit : « Que c'était un billet anonyme envoyé à Vienne et dans lequel on avait marqué que milord Hyndford ne se trouvant point auprès du roi, on pouvait parvenir par une voie plus courte à négocier avec Sa Majesté ». (Copie de ce billet de la main d'Eichel) : « Le 19 février 1742, milord Hyndford n'est point auprès du roi de Prusse; la lettre qui lui a été adressée est partie pour Berlin. Le roi de Prusse est à Znaym et on peut trouver des moyens plus courts que milord Hyndford à lui parler. »
La personne ainsi indiquée était le comte Giannini.

[2] Cf. *ibidem*, 816.

[3] Podewils répond le 14 mai : « Mes faibles idées seraient qu'on montrât moins d'aigreur et d'empressement que d'indifférence... qu'on ménageât même en apparence la cour de Londres pour avoir toujours une ressource secrète... Cette réflexion m'a fait risquer aussi de surseoir jusqu'à nouvel ordre à la démarche que Votre Majesté m'a ordonné de faire.

resserrer plus étroitement les nœuds qui m'unissent contre cette nation et ses alliés avec la France.

J'ai fait écrire aujourd'hui à Belle-Isle de venir, et puisque les Autrichiens sont aveuglés, il faut précipiter leur ruine. Il semble que ce soit un arrêt de la Providence, auquel nous ne pouvons pas résister.

En un mot, mon parti est pris de pousser les opérations avec toute la force possible, afin de réduire la cour de Vienne au point d'abaissement où elle doit être. Adieu. J'ai bien du chagrin de cette affaire, mais je n'y vois point de remède.

FÉDÉRIC.

Nous campons le 13 : Effet de la négociation.

Avant de rejoindre son armée, avant d'aller obtenir par les armes ce qu'il s'était flatté de devoir aux négociations, Frédéric n'avait pu cependant s'empêcher d'exhaler sa mauvaise humeur, de rendre Hyndford responsable des refus de la Cour de Vienne. Il renonce si peu aux projets dont il a cru la réalisation si proche et déjà assurée, qu'avant de commencer ses opérations il songe à se servir de lord Stair pour reprendre les négociations que Marie-Thérèse vient de rompre, ce qui ne l'empêchera pas de tomber sur ces mêmes Anglais dans l'entretien qu'il s'empresse d'accorder à Valory, de protester dans sa lettre à Fleury de sa fidélité et de son attachement indissoluble, d'insister même sur la solidité de son union avec la France dans la longue dépêche qu'il adresse le même jour à Le Chambrier.

C. P. 840. — *Au ministre d'État comte de Podewils, à Breslau.*
(Du Secrétaire du Cabinet.)

Chrudim, 11 mai 1742.

Le Roi donne à Andrié l'ordre de demander en secret à Carteret qu'on envoie auprès de lui un personnage appartenant au parti du ministère et qui soit bien informé de tout. Votre Excellence devra, si ce projet lui suggère quelques observations, les faire parvenir à Sa Majesté dans le plus bref délai [1].

[1] Podewils répond en ces termes le 14 mai à la question relative à Hyndford : « Il a ses défauts et se ressent de sa nation, étant un peu farouche

Votre Excellence devra ensuite écrire au comte Podewils à la Haye et lui recommander d'insinuer à mylord Stair que, dans le cas où il aurait l'intention de venir et d'essayer de mettre sur pied les propositions qu'il a faites, Sa Majesté n'y verrait aucun inconvénient, mais qu'il lui faudrait alors aller droit à Vienne et y ramener la Cour à des idées plus saines... Sa Majesté soupçonne de plus mylord Hyndford, en raison de la nonchalance qu'il a montrée dès le début de cette négociation, d'avoir été d'accord avec les Autrichiens qui méditaient de tenter ainsi contre les troupes du Roi un coup qui, s'il réussissait, aurait pu leur valoir de meilleures conditions et qui en cas d'échec ne pouvait aggraver leur situation. D'après tous les renseignements que nous avons reçus, il paraît que le prince Charles de Lorraine marche réellement contre nous.

EICHEL.

C. P. 841. — *Au ministre d'État comte de Podewils, à Breslau.*
(*Du Secrétaire du Cabinet.*)

Chrudim, 12 mai 1742.

Sa Majesté a tout lieu de penser que mylord Hyndford, qui a laissé voir tant de violence et de passion dans maintes circonstances, a dû adresser à sa Cour un rapport sinistre *(sic)* à propos de l'affaire qui s'est passée dans sa maison. Sa Majesté m'a en conséquence chargé de demander en son nom à Votre Excellence, s'il ne serait pas bon d'informer Andrié des détails et du véritable caractère de cette affaire, de la conduite arrogante de mylord Hyndford en dépit de la grande satisfaction qui lui a été donnée, afin que ce ministre puisse en parler à mylord Carteret et le mettre au courant de tout ce qui s'est passé. Il conviendrait d'ajouter que Sa Majesté, qui n'a que de bonnes intentions à l'égard de l'Angleterre, redoute pour l'avenir de ses relations l'action d'un ministre aussi hautain et craint que ce personnage ne soit pas fait pour conformer sa conduite avec vous aux intentions du ministère actuel. Sa Majesté désire en conséquence qu'on lui

---

comme tous les Écossais, avec cela indolent et sensible au dernier point sur les moindres incidents..... Mais avec tout cela, je le crois un parfait honnête homme, discret et très porté pour les intérêts de Votre Majesté, autant que les instructions de sa cour ne lui lient pas les mains. Nous connaissons Hyndford et il nous connaît; c'est une étude qui de part et d'autre ne laisse pas que d'arrêter les affaires qui demandent de la promptitude, pour un nouveau ministre qui, crainte de broncher, va d'abord à tâtons. »

envoie un ministre plus modéré et plus complètement informé [1] ou qu'on charge mylord Stair de suivre de la Haye, ou de la façon qu'on croira la plus convenable, les négociations secrètes et un accommodement avec l'Autriche et la conclusion d'une alliance défensive avec les Puissances Maritimes qui en sera la conséquence.

Sa Majesté a reçu hier soir par l'entremise de M. de Valory une lettre du Cardinal [2]. Sa Majesté ayant daigné me la faire lire aujourd'hui, j'ai sollicité et obtenu la faveur d'en envoyer copie à Votre Excellence.

Sa Majesté a soupçonné mylord Carteret d'avoir agi avec quelque duplicité. C'est là ce que mieux que personne Votre Excellence est en mesure de juger [3]. Pour ma part, je pense qu'au fond le ministère anglais n'a pas autrement envie de s'engager à cause de la reine de Hongrie dans une guerre continentale fort onéreuse et que dans tout ce qui a été débité jusqu'ici il y a plus d'ostentation que de sérieux, qu'on voulait de la sorte embarrasser le plus possible les alliés de la France, essayer de détacher quelque membre de cette alliance, au moins jusqu'au moment où ce ministère aurait pu connaître la résolution prise par la Hollande. *Sed manum de tabula.*

Le dernier paragraphe du *post-scriptum* de la lettre du Cardinal du 29 mars [4] a renforcé dans l'esprit de Sa Majesté les soupçons à l'égard

---

[1] Cf. *ibidem*, 856, à Podewils, camp de Brzezy, 22 mai 1742. « Le roi renonce à demander le rappel d'Hyndford, après avoir encore une fois insisté sur ce rappel dans sa dépêche à Podewils du 15 mai. » (*Ibidem*, 844.)

[2] Il s'agit là de deux lettres, l'une d'Issy, le 29 mars, l'autre de Fontainebleau, le 29 avril. La première ayant été enlevée par les hussards autrichiens (cf. *ibidem*, 770), Fleury en envoya une copie, à laquelle était annexée la « Copie de la lettre écrite à M. le cardinal de Fleury par M. de Bussy, Londres, le 23 mars. »

[3] Carteret a dit à Bussy : « Qu'il n'était point du tout d'avis d'employer avec la France les petits artifices du précédent ministère, qu'entre deux grandes puissances comme la France et l'Angleterre, il fallait faire noblement la paix ou la guerre; que le parti, que prendraient la France et l'Angleterre, devait être l'arrêt de la paix ou de la guerre, etc., etc. » Podewils se range dans son rapport du 14 mai à l'avis du roi : « J'avoue que je trouve une grande duplicité dans la conduite de ce ministre anglais, qui a même quelque chose de méprisable pour un homme qui se pique comme Carteret de penser et agir en Romain et noblement, et qui, dans le temps même où il fait toutes les démarches imaginables auprès du ministre de Votre Majesté en Angleterre de l'indisposer contre la France... fait des avances toutes opposées auprès du sieur de Bussy, pour que l'Angleterre et la France partagent l'arbitrage de la paix et de la guerre et qu'on traite les autres en petits garçons. »

[4] Voici ce passage : « Votre Majesté aura jugé aisément par tous les dis-

de mylord Hyndford, qui ne lui semble pas avoir fait à la cour de Vienne les représentations qu'il devait lui faire parvenir dans l'intérêt du roi d'Angleterre et de son ministère et qui, créature du précédent ministère, pourrait bien avoir agi contre le cabinet actuel sous l'impulsion de sentiments de jalousie secrète...

Eichel.

C. P. 842. — *Au cardinal de Fleury, à Issy.*

Camp de Saint-Anne, auprès de Chrudim, 14 mai 1742.

Monsieur mon Cousin,

Pour éviter tout inconvénient j'envoie à mon ministre Chambrier une réponse chiffrée à la lettre, Monsieur, que vous m'avez fait le plaisir de m'écrire. — Je suis sûr que notre union mutuelle et l'attachement indissoluble que j'ai pour votre Cour confondront à jamais les faibles artifices de nos ennemis et triompheront également que nos armes de leur astuce et de leur insolence.

Je suis campé depuis hier. On dit que l'ennemi marche à moi. Je vous prie de faire dire quelque messe pour que la chose arrive et que nous finissions par un coup d'éclat une guerre qu'il n'est pas de notre intérêt de continuer.

M. de Belle-Isle sera, je pense, le 22 dans mon camp. Je suis persuadé que nous serons fort contents l'un de l'autre et que vous aurez la satisfaction de voir tourner le grand ouvrage, que nous avons entrepris, selon vos souhaits.

Rien ne saurait m'être plus flatteur que votre estime et votre confiance, ni rien plus agréable que les bonnes nouvelles de votre santé. Je suis avec tous les sentiments d'estime et de considération, Monsieur mon Cousin, votre fidèle ami et cousin.

Fédéric.

cours de milord Carteret qu'il voulait se rendre médiateur et faire reprendre au roi son maître l'influence qu'il avait ci-devant dans toutes les affaires de l'Europe. »

C P. 843. — *Au conseiller baron Le Chambrier, à Paris.*

Camp de Saint-Anne, près de Chrudim, 14 mai 1742.

Monsieur,

Le Cardinal peut être entièrement assuré de mon amitié et de l'attachement parfait pour le Roi, son maître; marque de cela, j'avais fait part à M. de Valory de ce qu'on m'a fait proposer de la part de la cour de Vienne par l'envoyé d'Angleterre. La cour de Vienne m'a fait offrir la cession de la Haute-Silésie, la garantie de Juliers et de Bergue et encore d'autres avantages, moyennant que je veuille joindre mes troupes aux leurs pour expulser les Français de l'Allemagne et me rendre, selon leur façon de parler[1], le libérateur de ma patrie.

J'ai rejeté hautement et définitivement de pareilles propositions, comme indignes de ma gloire et trop opposées à ma façon de penser. On m'a menacé de faire une paix séparée avec l'Empereur à mon détriment. Je leur ai répondu que j'étais si sûr de la bonne foi de mes alliés, que je savais à quoi m'en tenir et que ce n'était point à eux à m'en dire des nouvelles. Sur quoi, ils m'ont dit que, pour donner une preuve de leur sincérité, ils voulaient bien me confier que la France avait envoyé un nommé Fargis[2] à Vienne pour y négocier. J'ai fait répondre que, quand M. le Cardinal aurait envoyé un émissaire à Vienne, quoique je le crusse bien éloigné de le faire, j'étais persuadé que cette démarche ne contiendrait jamais rien de préjudiciable aux alliés du Roi son maître. Sur quoi, ils m'ont voulu faire part de tout le détail de cette négociation; mais j'ai rompu tout court là-dessus avec eux, et je n'ai plus cru nécessaire de parler avec eux de quoi que ce soit, en combinant cette démarche avec les menées précédentes de la cour de Vienne. L'on voit qu'elle met tout son salut dans la division des alliés et qu'elle regarde l'artifice de les séparer comme ses plus fortes armes.

Je ne vois pas pourquoi la France serait obligée de plier devant la fierté anglaise et je crois que le Roi Très Chrétien, *avec un allié aussi*

---

[1] Le 4 mars, Giannini écrit de Znaym à Eichel : « On est en attente de la proposition du roi, qu'on regarde comme *le vindicateur de la liberté du Saint-Empire* : ce sont les termes de M. le comte Gundaccar de Starhemberg. »

[2] Cf. *ibidem*, 817.

fidèle que le roi de Prusse, n'a pas lieu de céder à qui que ce soit, d'autant plus que la force des alliés est si supérieure à celle de la reine de Hongrie qu'il n'est pas possible à cette Princesse de se soutenir contre tant de forces réunies. On remercie le Cardinal de la confiance qu'il met en nous. Il aura toujours lieu d'être content du roi de Prusse, qui préfère l'amitié et l'alliance du Roi à tous les avantages que pourraient lui faire la reine de Hongrie et ses alliés.

Quant aux affaires ecclésiastiques, il paraît que le Pape ait été assez mal informé de ces consistoires, qu'on nomme mixtes dans la Silésie [1]. Selon mon intention, il n'y a que les affaires ecclésiastiques des églises protestantes qui sont du ressort de ces consistoires, et ils ne se mêleront jamais ni des choses purement ecclésiastiques de ceux qui professent la religion catholique, ni de ce qui concerne leur culte et leurs cérémonies. Mais comme il peut arriver que des catholiques ont des plaintes à faire contre des protestants, j'ai mis des membres catholiques dans ces consistoires pour ôter tout soupçon de partialité, de quoi je crois que les catholiques n'auront pas lieu de se plaindre.

La raison pourquoi j'ai souhaité d'avoir un vicaire général sur toutes les églises catholiques dans mon pays, c'est que j'aime mieux que mes sujets, qui professent la religion catholique, dépendent plutôt de la juridiction spirituelle d'un évêque établi dans mon pays que des évêques qui sont sous la domination de princes étrangers.

FÉDÉRIC [2].

Le Roi est déjà parti en avant ce matin à 8 heures, avec l'avant-garde, écrivait Eichel le 16 à Podewils, pour lui expliquer com-

---

[1] Fleury a donné communication d'une lettre du Pape du 10 mars 1742 dans lequel il est dit : « Le marquis de Brandebourg veut établir en Silésie un nouveau système pernicieux aux catholiques, malgré la liberté de religion qu'il a promise. Nous ne savons que trop qu'il pense à un consistoire composé de luthériens et de catholiques qui soit juge des affaires ecclésiastiques. Le cardinal de Sintzendorf nous donne avis de tout cela et il ajoute qu'en faisant un délégué apostolique, qui serait néanmoins nommé par le marquis de Brandebourg pour tous ses États, on éviterait le consistoire. » Mais ce moyen terme même paraît encore grave et inquiétant au Pape.

[2] En envoyant le 16 mai copie de cette dépêche à Podewils, Eichel ajoute : « Dieu sait quels sont mes sentiments : mais il m'est impossible de nager contre le courant et j'ai rarement vu le roi plus monté qu'il ne l'était à cause de la fière résolution de la cour de Vienne, qu'il considère comme offensante et méprisante. Il ne respire que vengeance. Mais le tour, qu'on a mis dans la pièce chiffrée, ne me plaît nullement. Elle m'a été dictée mot par mot. Pourvu seulement qu'avec l'aide de Dieu *ne pereamus in undis.*

ment il se faisait qu'il lui expédiait tout son courrier que Frédéric n'avait pas pris le temps de signer. Vingt-quatre heures plus tard, le roi lui-même s'empressait d'annoncer à l'Empereur, au roi de Pologne, au vieux maréchal d'Anhalt-Dessau [1], à l'Europe entière, en ayant soin d'en exagérer, pour les besoins de sa politique, les conséquences et la portée, la *victoire complète et détaillée* qu'il vient de remporter et qu'il ne tenait qu'à lui de rendre plus complète et plus décisive encore. Cette victoire, en effet, n'a réussi ni à fixer complètement, ni à modifier sensiblement ses idées. Écrasera-t-il la reine de Hongrie, comme il a grande chance de pouvoir le faire en poursuivant vigoureusement l'armée qu'il vient de battre? Va-t-il, au contraire, profiter de sa victoire pour obtenir une paix plus avantageuse pour lui? C'est là un point sur lequel il ne semble pas avoir pris encore son parti au moment où, pour le pousser à reprendre immédiatement l'offensive, il adresse au maréchal de Broglie une lettre, dans laquelle il n'a pu s'empêcher de mettre, pour nous servir des termes mêmes du duc de Broglie [2], « une pointe d'ironie assez blessante », au moment où il envoie cette lettre, ainsi que celle destinée au maréchal de Belle-Isle, à Valory avec un court billet, dans lequel il laisse libre cours à son enthousiasme et à sa joie. Mais, d'autre part, le même jour encore, on relève la trace manifeste et bien significative de ses préoccupations dans la dépêche que sur son ordre Eichel expédie à Podewils. Malgré cela et bien que, le 18 au soir et le 19 au matin, il soit déjà décidé à ne pas recommencer de suite des opétions qui serviraient puissamment la cause de ses alliés, il ne semble pas qu'il ait déjà à ce moment pris la résolution de se séparer d'eux pour ne songer de nouveau qu'à ses propres intérêts. S'il se tint le 19 et le 20 mai dans l'immobilité la plus absolue, il déploya en revanche une énorme activité intellectuelle

---

[1] Cf. *ibidem*, 846, au roi de Pologne, du champ de bataille, 17 mai 1742. — 847, à l'empereur des Romains, camp de Chotusitz, 17 mai. — 848, au général feld-maréchal prince d'Anhalt-Dessau, camp de Czaslau, 17 mai 1742.

[2] Cf. duc DE BROGLIE, *Frédéric II et Marie-Thérèse*, II, 277, et *Correspondance politique*, II, 849, camp de Czaslau, 18 mai 1742.

pendant ces deux journées, au cours desquelles son attention se porta tout entière sur la situation politique, dont il compte tirer le plus grand parti possible. C'est ainsi qu'il fait tenir à Podewils la relation de la bataille, cette « relation officielle et exacte qu'il a rédigée à « sa façon », qu'on doit « rendre publique partout », que Valory sera invité à répandre, qu'il fait adresser à Schmettau, en route pour Francfort, avec une lettre qui contient quelques lignes d'intéressantes recommandations. Mais ce qui prouve mieux que tout le reste qu'à l'encontre de ce qu'on serait en droit de déduire et du billet qu'il avait envoyé le 18 mai à Podewils et du singulier *post-scriptum*, qu'il ajoute aux quelques lignes qu'il expédie, le 19, à Valory, Frédéric avait, encore ce jour-là et même le lendemain, l'intention de rester fidèle à ses alliés, ce sont les mots mêmes par lesquels se termine la dépêche qu'il adressait, le 19, à son ministre d'État, à son plus intime confident.

C. P. 850. — *Au marquis de Valory, envoyé de France, à Prague.*

Camp de Czaslau, 18 mai 1742.

Monsieur,

Je vous adresse ci-joint mes lettres pour Messieurs les maréchaux de Belle-Isle et de Broglie, dans lesquelles je leur fais part de la victoire complète que j'ai remportée hier sur l'armée ennemie sous les ordres du prince Charles de Lorraine et du maréchal de Königsegg.

Je suis persuadé que cette nouvelle leur sera autant agréable qu'à vous, Monsieur; et comme cet événement doit jeter l'armée de Lobkowitz dans une grande consternation, j'espère que M. le maréchal de Broglie s'en prévaudra pour faire quelque mouvement sur Lobkowitz. Il ne serait pas permis, si votre armée en Bohême voulait rester à présent sans rien faire, et je crois que ce serait une honte éternelle qui rejaillirait sur la nation française si, après une action si éclatante, l'armée de M. le maréchal de Broglie voulait rester les bras croisés. Je suis avec estime, Monsieur, votre très affectionné.

Frédéric.

Eh bien! l'ami Valory, n'ai-je pas tenu parole, et n'avons-nous point bien battu les Autrichiens? J'espère que Messieurs les Français seront contents de moi, d'autant plus que ma victoire vaut la Bohême à l'Empereur.

C. P. 851. — *Au ministre d'État comte de Podewils, à Breslau.*
(Du Secrétaire du Cabinet.)

Camp près de Czaslau, 18 mai 1742.

Le Roi ne sait pas encore quel parti il doit prendre après une pareille action : négocier une paix séparée ou persévérer jusqu'au bout dans l'alliance. Sa Majesté vous serait reconnaissante de Lui faire connaître votre sentiment. J'ai déjà pu remarquer que le Roi aimerait mieux avoir en Bohême un autre voisin que les Autrichiens et désire surtout que les Saxons n'obtiennent pas la Moravie.

EICHEL.

C. P. 853. — *Au ministre d'État comte de Podewils, à Breslau.*

Camp de Czaslau, 19 mai 1742.

MON CHER MINISTRE D'ÉTAT COMTE DE PODEWILS,

Je vous adresse ci-joint la relation détaillée de la bataille livrée le 17 à Chotusitz, que vous ferez publier non seulement à Breslau, mais aussi à Berlin, que vous communiquerez au comte de Podewils à la Haye, à Andrié à Londres, à Ammon à Dresde, afin qu'elle soit rendue publique partout et qu'on fera insérer dans les journaux officiels allemands, français, hollandais et anglais. Vous la ferez tenir également au ministre de Mardefeld ainsi qu'aux autres ministres auprès des Cours étrangères. Cette relation est d'autant plus exacte qu'elle est de *Ma façon*, qu'on n'y a mis, sans rien supprimer comme sans rien exagérer, que ce qui est absolument conforme à la vérité. Je suis, etc.

FRIDERICH.

Vous ferez insérer dans les journaux les avancements ci-joints.
Hé bien *(sic)*, ils l'ont voulu et leur volonté est accomplie. Que nous reste-t-il à désirer? *Dites à Hyndford : Monsieur, vous avez forcé le Roi à détruire la maison d'Autriche, que vous vouliez sauver!*

C. P. 854. — *Au marquis de Valory, envoyé de France, à Prague.*

Camp de Czaslau, 19 mai 1742.

Monsieur,

J'espère que vous voudriez avoir soin de ces deux lettres incluses pour Messieurs les maréchaux de Belle-Isle et de Broglie, afin qu'elles soient envoyées au plus tôt à leur destination.

Je joins ici en même temps une relation exacte et très fidèle de ce qui s'est passé à la journée de Chotusitz, dont vous pourriez faire tel usage que vous trouverez convenable.

Je suis avec bien de l'estime, Monsieur, votre bien affectionné

Fédéric.

J'ai tenu parole. A présent, je suis quitte envers vous et mes alliés de la bataille et ces .... de Saxons n'en ont pas été.

C. P. 855. — *Au feld-maréchal baron de Schmettau, à Pilsen.*

Camp de Czaslau, 19 mai 1742.

Mon cher maréchal de Schmettau,

J'ai trouvé bon de composer moi-même une relation de tout ce qui s'est passé à la journée de Chotusitz, laquelle vous pourrez lire à Sa Majesté Impériale.

J'espère que vous presserez votre voyage, autant qu'il est possible, pour porter vous-même cette bonne nouvelle à l'Empereur [1], qui lui sera d'autant plus agréable que cette bataille le mettra en possession de la Bohême, si les efforts que j'ai faits sont secondés par mes alliés.

Je vous ai destiné 2 000 écus pour les frais extraordinaires de votre voyage, lesquels Fredersdorf [2] payera sur votre assignation. Vous savez du reste le point auquel je vise [3] et je compte sûrement sur votre dextérité et savoir-faire pour que j'obtienne certainement ce que je me suis proposé d'obtenir et il serait injuste que moi, qui fais tout

---

[1] Parti de Pilsen le 20, Schmettau était le 24 à Francfort.
[2] Chambellan privé du roi.
[3] Cf. *ibidem*, 716. Instructions de Znaym, 26 février 1742, et *ibidem*, 859.

pour les autres, dans un temps où je pouvais rester les bras croisés, dusse avoir travaillé pour des ingrats. Je suis; etc.

Frédéric.

Mandez-moi quel effet produit notre bataille et si elle donne du respect aux Français pour nos troupes.

X

LE LENDEMAIN DE CZASLAU. — LE MÉCONTENTEMENT ET LA DÉFECTION DE FRÉDÉRIC. — LES PRÉLIMINAIRES DE BRESLAU ET LA PAIX DE BERLIN.

Jusqu'au 20 mai le roi de Prusse, comme le prince Charles de Lorraine [1], s'étaient fait tous les deux une idée absolument fausse de leur situation réciproque. Dans l'après-midi du 20 mai, Frédéric apprend par ses émissaires que l'armée autrichienne est toujours à Habern, que le Prince a reçu des renforts et qu'il a l'intention de lui offrir la bataille. Sa cavalerie ne tarde pas d'ailleurs à lui confirmer ce renseignement et le Roi, toujours intimement convaincu de la désorganisation de l'armée autrichienne, croyant malgré tout qu'il lui suffira de se montrer pour contraindre le prince Charles à se replier sur la Moravie, se décide le 21 mai, aussitôt après l'arrivée de quelques renforts, à pousser son avant-garde sur Habern, où elle s'arrêta à la vue de l'armée autrichienne, qui avait pris les armes et paraissait décidée à recevoir son attaque sur la bonne position qu'elle occupait.

---

[1] Par un singulier hasard le revirement, qui s'était produit le 21 mai dans l'esprit de Frédéric, avait coïncidé avec des modifications non moins radicales que la force même des choses avait obligé le prince Charles à faire subir à ses projets. De l'examen de la situation établie à la date du 20 mai, il résultait qu'il ne disposait plus guère que de 15 000 combattants. Il lui semblait donc impossible de reprendre la lutte contre le Roi, et le conseil de guerre qu'il réunit sur l'heure, ayant reconnu à l'unanimité que l'armée autrichienne était trop faible pour tenter quoi que ce fût contre l'armée du Roi, on décida de se porter au secours de Lobkowitz. Le 22, les Autrichiens levaient le camp et se mettaient en marche sur Deutsch-Brod.

Cette attitude dissipa les dernières illusions, donna le coup de grâce aux dernières velléités offensives du Roi qui, rappelant son avant-garde, alla occuper un nouveau camp au sud de Czaslau [1] et caressa à partir de ce moment, comme le prouveront les dépêches qu'aussitôt arrivé au camp de Bzrezy il envoie à Podewils et à Schmettau, le projet de traiter pour son compte avec Marie-Thérèse.

L'armée prussienne ne bougea plus pendant le reste du mois de mai. Le Roi se contenta de suivre les événements de Bohême. Il savait que Broglie et Belle-Isle avaient résolu de se porter contre Lobkowitz et s'intéressait si vivement à la réussite de cette opération, qui ne pouvait que faciliter la marche des négociations qu'il voulait reprendre avec Vienne, qu'afin d'être mieux et plus rapidement renseigné il envoya un de ses officiers, le lieutenant-colonel de Wylich, au quartier général de Belle-Isle, sous le prétexte de lui « expliquer la situation » dans laquelle il se trouvait [2]. Mais il ne songe pas un seul instant à appuyer et à seconder les opérations des Français. Il se garde bien d'entreprendre quoi que ce soit de son côté et se borne à faire observer l'armée du prince Charles. Persuadé qu'on n'obtiendrait pas de grands résultats en Bohême, il désire seulement voir les Français y remporter quelques petits succès qui intimideront et inquiéteront la Reine et dont il compte tirer parti pour la décider à s'entendre avec lui. C'est bien là, du reste, l'impression qui résulte de la lecture de sa dépêche à Schmettau et surtout des instructions qu'il envoie le 23 mai à Podewils et qui ne sont rien autre chose que l'expression de la pensée vraie du roi de Prusse [3].

[1] Cf. *Ibidem*, II, 855 et 856 au feld-maréchal de Schmettau et au comte de Podewils. Camp de Brzezy, 19 et 22 mai 1742.
[2] Cf. *ibidem*, II, 857 et 858, aux maréchaux de Belle-Isle et de Broglie. Camp de Brzezy, 22 mai 1742.
[3] Cf. Major Z..., *op. cit.*, 222-225.

C. P. 856. — *Au ministre d'État comte de Podewils, à Breslau.*
(*Du Secrétaire du Cabinet.*)

Camp de Brzezy, 22 mai 1742.

Podewils doit dire à Hyndford : « que quoique Sa Majesté sache se défendre et rabattre l'orgueil de l'ennemi, Elle est néanmoins dans des sentiments de modération. »

Telles sont les propres paroles de Sa Majesté que j'ai ordre de transmettre à Votre Excellence en vous invitant en outre, à déclarer audit Mylord : « qu'avec tous les sentiments de modération de Sa Majesté, Elle ne se laisserait pourtant leurrer de la cour de Vienne et que, si l'on voulait faire quelque chose, il fallait que cela se fît pendant un temps de quinze jours. »

Je dois encore mander à Votre Excellence que malgré sa grande victoire et les heureuses conséquences qui doivent en résulter, Sa Majesté ne refuserait pas de s'accommoder et de faire sa paix avec la cour de Vienne, si cette Cour montre le désir de traiter sérieusement, ne prétend pas obtenir des garanties impertinentes et s'engage à céder le cercle de Königgrätz avec Pardubitz. Votre Excellence pourra dans ce sens continuer la négociation, insinuer ce qui précède à mylord Hyndford, mais toutefois « *comme en particulier* » et sans montrer le moindre empressement.

Pour ce qui est de la personne de mylord Hyndford, Sa Majesté le verrait avec plaisir continuer ses fonctions à Sa cour et renoncerait à insister sur son rappel, tant à cause des raisons que vous avez fait valoir que du retard que souffriraient, par suite de l'envoi d'un nouveau ministre d'Angleterre, des négociations, dont Sa Majesté désire le plus possible abréger la durée afin d'éviter ainsi de nouveaux incidents qui, s'ils venaient à se produire, seraient, malgré toute la bonne volonté imaginable, la cause de la ruine de la maison d'Autriche. Mylord Hyndford a du reste parfaitement jugé la situation, lorsqu'il a dit : « Il est temps plus que jamais que ces .... de Vienne deviennent sages. »

L'intérêt que Sa Majesté témoigne aux blessés est si grand qu'Elle va Elle-même de maison en maison pour les visiter et qu'Elle prend toutes les mesures de nature à soulager leurs souffrances.

EICHEL.

C. P. 859. — *Au feld-maréchal baron de Schmettau.*

Camp de Brzezy, 22 mai 1742.

Mon cher Maréchal,

J'ai été charmé de recevoir vos deux lettres, dont l'une a été datée de Pilsen du 20 de ce mois, et vous n'auriez jamais su mieux faire que de disposer le maréchal de Belle-Isle d'aller à Pisek y prendre le commandement des troupes françaises et d'écrire au duc de Weissenfels pour qu'il s'approche avec les troupes saxonnes de Prague. Elles ne viendront jamais à temps pour faire quelque chose qui vaille, mais leur approche sera toujours bonne et portera du respect à celles des ennemis, lorsqu'elles apprendront que celles de Saxe sont en chemin pour se joindre à celles de la France qui sont en Bohême.

Quant aux 200 000 écus[1], vous irez un peu bride en main afin que je puisse voir auparavant comment la grande affaire se dénoue et vous ne presserez pas même le nouveau négoce, à vous connu, avant que nous voyions clair dans les affaires. Votre savoir-faire m'est trop connu pour que vous dussiez m'avancer dans des choses, dont on ne voit point encore l'issue et vous vous réglerez selon les conjonctures. Au reste, vous ne manquerez pas de faire autant de bruit sur notre victoire que vous jugerez à propos. Je me remets en tout sur votre prudence, vous assurant de ma reconnaissance, etc.

Frédéric.

C. P. 860. — *Au ministre d'État comte de Podewils, à Berlin.*

Camp de Brzezy, 23 mai 1742.

Mon cher Podewils,

Je n'ai point encore eu le temps de vous mettre au fait de mes idées sur notre situation présente.

L'armée du prince Charles est diminuée de plus du tiers. Elle se retire du côté de Neuhaus, pourtant pas plus qu'à trois milles d'Allemagne distante de la mienne.

Le corps du prince Lobkowitz assiège Frauenberg; le maréchal de Belle-Isle, qui est parti de Prague, pour Pisek, veut attaquer les

[1] Le dernier terme du payement à faire pour la cession de Glatz, terme échu depuis la chute de cette place.

Autrichiens le 25 ou le 26 de ce mois. Il est à présumer que la victoire se déclarera pour les Français, vu leur supériorité et l'aiguillon d'honneur que leur inspirent nos avantages.

Vous voyez par ces circonstances combien la situation de la Reine devient critique et quelle énorme faute elle a faite en refusant mon amitié. *Cependant, je suis toujours du sentiment qu'une paix séparée me convient mieux que la paix générale.* Voyez donc comment vous pourrez insinuer d'une bonne manière à Hyndford que la condition de Königgrätz et Pardubitz pourrait encore être acceptable; mais je crains que, si à Vienne ils ne se pressent pas, leur ruine ne soit totale avant qu'ils s'y attendent.

C'est une désertion prodigieuse dans ces troupes, un abattement parmi l'officier, un découragement parmi les communs et la confusion parmi les chefs de l'armée. *Indépendamment de ces tristes circonstances, si nous faisions la paix, ils seraient encore en état de faire tête au reste des alliés.*

Je remets donc entre vos mains cette affaire, dont le but est si sage, si utile et si nécessaire. Je crois que vous rencontrerez beaucoup plus de facilité dans votre négociation que par le passé et que, si nous réussissons, cela ne tardera guère à être conclu.

Adieu, cher Podewils, mandez-moi vos sentiments et ce que pense Hyndford, en grand détail.

Fédéric.

Faites insérer dans les gazettes que tous les étendards des Autrichiens ont été un quart de mille derrière leur armée pendant l'action.

La victoire de Czaslau, si elle avait modifié la situation, avait en même temps, on n'en saurait douter en lisant quelque peu attentivement la *Correspondance politique*, donné à réfléchir au Roi. C'est en vain qu'on y chercherait à ce moment la moindre trace de l'enthousiasme, de la confiance, des vastes projets, conséquences ordinaires d'une victoire « si décisive », au dire de Frédéric lui-même. La lettre qu'il adresse le 20 mai à son ami Jordan, la première après son billet laconique du 17, écrit sur le champ de bataille, est conçue dans des termes peu habituels chez un vainqueur : « Je crois que la paix nous viendra dans peu et que je reviendrai à Berlin plus tôt que vous n'avez osé l'espérer[1]. » Le Roi depuis sa victoire est moins avide, moins exigeant, non seulement que le philosophe Jordan, mais qu'un calculateur aussi froid que son ministre Podewils, qui ne rêve, lui, rien moins que d'extorquer la Bohême à la cour de Vienne, mais auquel Frédéric s'empresse d'administrer une douche dans ses deux dépêches du 26. L'affaire même de Sahay ne modifie en rien la manière de voir du Roi. Loin de devenir plus intraitable, il en conclut simplement que cet avantage mènera les affaires d'autant plus tôt au point où il les désire et après avoir, comme il le dira à Belle-Isle[2], « mûrement réfléchi sur les conjonctures présentes », il prend sans plus tarder une série de mesures qui marquent bien nettement son intention de se retirer de la lutte.

C. P. 864. — *Au ministre d'État comte de Podewils, à Breslau.*

Camp de Brzezy, 24 mai 1742.

MON CHER PODEWILS,

Comme il est important de vous mettre bien au fait de ma façon de penser, je dois vous informer que je ne suis pas éloigné dans le fond de donner les mains à un accommodement[3], mais que la condition *sine qua non* est Königingrätz, Pardubitz, sans garantir les possessions autrichiennes ni en tout, ni en partie. Vous pouvez dire à Hyndford que, si les Autrichiens avaient envie de faire la paix, ils l'offriraient; et que, s'ils n'en avaient pas envie, il serait ridicule à nous de la leur demander; mais sous termes couverts vous pouvez lui faire sentir que Königgrätz et Pardubitz sont les paroles sacramentales.

D'ailleurs Marwitz pourrait recevoir ordre d'étendre nos limites du côté d'Oppeln, au delà de la Brinnitza, une lieue, ce qui revient au même dans ces temps de troubles et de confusion.

L'ennemi est allé de l'autre côté de Teutschbrod et il continuera sa

---

[1] FRÉDÉRIC II, *Œuvres posthumes*. Frédéric à Jordan, 20 mai 1742.

[2] *Correspondance politique*, II, 867 et 868, au maréchal de Belle-Isle, camp de Brzezy, 27 et 29 mai 1742.

[3] Eichel revient sur le même sujet le même jour dans une note à Podewils. Il ajoute que : « le Roi croit avoir assez fait pour ses alliés et espère que, lors de la paix générale, l'Empereur obtiendra, si ce n'est toute la Bohême, au moins une partie de ce royaume. »

marche probablement tirant sur Neuhaus et sur Brünn. Cette victoire est si décisive que l'ennemi ne pourra la pallier aux yeux de l'Europe et que toute la terre, éclairée ou non, jugera par leur fuite et leur retraite de la grandeur de nos avantages.

Indépendamment de tout ceci, je désire ardemment la paix par des raisons que je ne saurais confier au papier, et en fidèle serviteur de l'État vous ne pouvez mieux faire que de la procurer, cependant sans témoigner de l'empressement et sans vous relâcher sur les conditions spécifiées.

Le pauvre major Suckow est mort. Rothenburg se rétablit parfaitement, et nos pertes, plus on les examine et plus elles diminuent. En revanche, l'ennemi est presque sans infanterie; tout est tué, déserté, et le découragement de ceux qui leur restent est plus fort que tout ce que l'on peut imaginer.

Je ferai cantonner mon armée pour la refaire et la ménager. Quelques mois répareront toutes nos pertes et nous remettront en situation de battre l'ennemi toutes les fois et quand il s'y exposera.

Mandez-moi, je vous prie, forces nouvelles et surtout des anecdotes dont je suis le plus curieux et soyez persuadé de l'estime entière que j'ai pour vous. Adieu.

FÉDÉRIC.

C. P. 865. — *Au ministre d'État comte de Podewils, à Breslau.*

Camp de Brzezy, 26 mai 1742.

MON CHER PODEWILS,

Valory vient de me mander dans cet instant par un courrier qu'il y a eu avant-hier une affaire chez Frauenberg entre l'avant-garde française et les Autrichiens, où les carabiniers et les dragons des Français ont renversé (la cavalerie ennemie) jusqu'à trois fois, et quatre brigades d'infanterie ont attaqué un village où il y a eu de l'infanterie autrichienne qui en a été chassée. Comme la nuit est survenue, le prince Lobkowitz en a profité de la manière qu'il s'est retiré avec toutes ses troupes au delà de la Moldau. Cet avantage, quoique point décisif, ne laissera pas de faire impression et mènera peut-être les affaires d'autant plus tôt au point où nous les désirons [1]. Vous en

---

[1] « Le Roi espère, écrit Eichel à Podewils le 26 mai, que ce revers mettra en branle les Autrichiens et les amènera plus vite où Sa Majesté désire les voir venir. »

ferez part à milord Hyndford et en ferez tel usage que vous trouverez convenable. Je suis, etc.

Frédéric.

A présent, notre Anglais va filer un mauvais coton. Tu l'as voulu, Georges Dandin, tu l'as voulu.

Les ordres de Frédéric avaient été si vivement et si intelligemment exécutés qu'il ne pouvait, lui généralement si difficile à contenter, s'empêcher, dès le 30 mai, d'en témoigner sa satisfaction à Podewils et même à Hyndford, à ce diplomate, dont moins de trois semaines auparavant il avait hâte d'être débarrassé.

C. P. 871. — *Au ministre d'État comte de Podewils, à Breslau.*

Camp de Brzezy, 30 mai 1742.

Mon cher ministre d'État comte de Podewils,

J'ai reçu hier votre relation du 27 de ce mois. Je suis très satisfait de tout ce que vous me mandez du procédé de milord Hyndford, qui a fait en cette occasion tout ce qu'un honnête homme et un ministre sage et digne aurait pu faire et qui, contre mon attente, m'a prévenu d'une manière dont je suis charmé de toute façon.

Vous lui insinuerez cela d'une manière convenable en l'assurant de mon estime parfaite et de l'obligation que je lui en ai, étant convaincu qu'on ne saurait agir plus honnêtement qu'il n'a fait.

Il faudra voir maintenant ce que la cour de Vienne fera, et si elle sera capable de revenir de son orgueil et de son aveuglement, ou si elle veut absolument se perdre, n'était-ce que pour faire enrager tout le monde. Aussi attendrai-je tranquillement les nouvelles. Je suis, etc.

Frédéric.

Je ne vous écris rien puisqu'il n'est pas nécessaire de mettre des gueux de hussards dans notre secret.

Belle-Isle va arriver pour que nous puissions prendre ensemble des mesures bien justes pour finir rondement cette grande affaire.

L'attente ne fut pas bien longue et lorsque le 5 juin Belle-Isle quitta Kuttenberg, se rendant en toute hâte à Dresde où il allait continuer ses démarches et réclamer le concours de l'armée saxonne, il n'emportait au lieu des justes mesures, dont Frédéric parlait à Podewils, qu'un engagement, d'ailleurs absolument vague, dans lequel le Roi envisageait la possibilité pour lui de s'avancer vers la fin de juillet sur la rive droite de la Moldau et de charger le prince d'Anhalt d'exécuter une diversion du côté de la Hongrie. Comme Frédéric le dit dans l'*Histoire de mon temps*, « il n'entra dans aucune des mesures que le maréchal de Belle-Isle lui proposait et les audiences ne se passèrent qu'en compliments et en éloges. » Comme on pourra s'en convaincre par la lecture du procès-verbal que le Roi eut la coquetterie de faire dresser de ce curieux entretien, Belle-Isle n'avait pu arriver à obtenir aucune des confidences, auxquelles il attachait à bon droit tant de prix, à connaître les conditions que Frédéric poserait lors du renouvellement de l'alliance ou de la signature de la paix. Il n'y avait, déjà à ce moment, plus rien à faire, plus rien à espérer. Frédéric avait pris son parti. Quelques heures après l'arrivée à Kuttenberg de Valory et du Maréchal, avant même d'avoir conféré avec ce dernier, il avait dicté à Eichel des instructions destinées à Podewils, bien catégoriques dans le laconisme du passage relatif à Belle-Isle, et qui ne pouvaient laisser l'ombre d'un doute sur le résultat négatif de ces conférences.

C. P. 873. — *Au ministre d'État comte de Podewils, à Breslau.*
(*Du Secrétaire du Cabinet.*)

Camp de Maleschau, 3 juin 1742.

L'armée est venue s'établir ici hier. Le maréchal de Belle-Isle, arrivé hier soir au camp avec M. Valory, a pris quartier à Kuttenberg. Jusqu'à présent il n'a été question que de généralités. Le temps nous apprendra le reste. Votre Excellence connaît les sentiments de Sa Majesté et je puis vous affirmer que *Sa Majesté ne se laissera dérouter ni à droite, ni à gauche.*

Pour ce qui est du sieur de Ginkel, Sa Majesté ne trouve pas seulement utile, mais absolument indispensable la démarche que le comte de Podewils devra faire à la Haye pour demander le rappel, dans le plus bref délai possible, du sieur de Ginkel et son remplacement par un homme qui, faisant preuve de plus de modération que le de Ginkel, saura assurer le maintien de la bonne harmonie avec la République, se gardera de tenir à l'égard de Sa Majesté une conduite tellement partiale qu'il allait jusqu'à entretenir une correspondance suivie avec les ennemis déclarés du Roi.

EICHEL.

C. P. 874. — *Au ministre d'État comte de Podewils, à Breslau.*

Camp de Maleschau, 4 juin 1742.

Points de l'entretien que j'ai eu avec le maréchal de Belle-Isle, ou sa façon de m'interroger avec mes réponses.

1° Si la guerre devait être traînée en longueur ou abrégée ?

Réponse. — Abrégée, le plus que l'on peut, pour prévenir le chapitre des accidents qui ne manquent jamais de s'en mêler, si elle venait à traîner en longueur.

Demande. — Ce que je pensais sur les opérations ?

Réponse. — Qu'il fallait faire avancer les Saxons et qu'après leur jonction avec Broglie l'on pourrait agir dès que les fourrages le permettraient.

Demande. — Si j'agirais aussi ?

Réponse. — Oui, quand la saison en serait venue, ou en cas que l'on eût à craindre pour Prague.

Demande. — Si je croyais que les Hollandais se déclareraient ?

Réponse. — Non, d'autant plus que la bataille que j'avais gagnée leur en ferait bien passer l'envie. (Sur quoi nous avons supputé les forces des Hollandais, Anglais et Autrichiens, déduit leurs garnisons et trouvé qu'ils ne pourraient entreprendre sur la France qu'à leur grand détriment. Belle-Isle ajoute qu'assurée de mon amitié, l'armée de Maillebois pourrait tourner la Hollande et y faire une diversion du côté de Münster.)

Demande. — Si j'étais d'avis qu'une confédération se fît en Pologne contre la Russie ou non.

Réponse. — Que cela pouvait m'être indifférent, mais que si cela arrivait, le trouble et la confusion redoubleraient et que la Pologne s'attirerait les Hongrois sur le corps.

Demande. — Que M. Montijo viendrait ici.

Réponse. — Que nous étions trop séparés par la situation de nos

— 499 —

États pour nous être utiles les uns aux autres [1]. — De quoi Belle-Isle convint.

Demande. — Qu'il avait ordre de s'ouvrir avec moi en confidence sur la situation critique de cette guerre et de me consulter de quelle façon l'on pourrait faire la paix?

Réponse. — *Beati possidentes* [2]. Je crois d'ailleurs qu'après encore une bataille gagnée, l'Empereur pourra avoir la Bohême et le Brisgau; peut-être la Saxe, la Haute-Silésie; mais que je crois que l'on viendrait difficilement à bout d'arracher plus que la susmentionnée, cette année ici, à la reine de Hongrie.

Il paraît que j'ai dit en toutes mes réponses ce qu'il pensait et que je l'ai prévenu sur tous ces points.

La France, autant que j'ai pu le remarquer, ne demande que le Montbéliard, quelques villages du Germersheim et la démolition de Luxembourg. A savoir, s'ils ne gardent rien *in petto;* c'est ce qui est bien difficile à deviner. Je suis, etc.

Tout ceci est fort curieux. Vous connaissez assez ma façon de penser pour deviner ce que je conclus de tout ceci.

FÉDÉRIC.

Pendant que le Roi avait avec Belle-Isle la conversation, dont on vient de lire le procès-verbal, Podewils n'avait cessé de conférer avec Hyndford, de rendre compte de chacun de ces entretiens à Frédéric qui, après avoir examiné à nouveau la situation, désormais presque absolument claire pour lui, insiste à nouveau dans la dépêche, qu'il envoie le 5 à Podewils, alors que Belle-Isle brûlait les relais sur la route de Dresde, sur son intention, plus arrêtée que jamais, d'en finir au plus vite et par n'importe quel moyen, les armes ou un accommodement.

C. P. 875. — *Au ministre d'État comte de Podevils, à Breslau.*

Camp de Maleschau, 5 juin 1742.

Vos relations du 1er et du 2 de ce mois me sont bien parvenues et j'ai lieu d'être content de tout ce que vous m'y mandez. Vous avez

---

[1] Cf. *ibidem*, 658, au comte de Montijo, Berlin, 5 janvier 1742. — 721, à l'Empereur des Romains, Znaym, 27 février 1742.
[2] Dans l'original : *Beatus est posedendi.*

très bien fait d'instruire Andrié sur le sujet de Robinson et qu'il sollicite l'envoi de milord Stair à la cour de Vienne afin de parler à cette Cour comme il faut. Vous savez qu'il y a plus de cinq semaines que je l'y aurais souhaité. Ma dernière lettre vous aura déjà instruit sur presque tous les points, sur lesquels vous désirez d'avoir mes ordres. Vos réflexions sur ce que Carteret doit avoir dit à Bussy sont justes [1], et il faut voir jusqu'où on peut venir avec les Anglais. Si je puis parvenir par leur entremise à une bonne paix avec la cour de Vienne, vous savez que mon intention est de me prêter alors à une alliance, défensive avec les Puissances Maritimes, et si la paix se fait entre moi et la reine de Hongrie, je ne trouverai jamais à redire que les Puissances Maritimes, les États de Hanovre et la Russie y soient compris. Je suis persuadé que l'Angleterre y va à présent tout de bon, et le procédé de Hyndford me charme. Mais avec tout cela, je crois que nous ne ferons que de l'eau claire avec la cour de Vienne, dont la résolution sera que leurs affaires ne sont pas si désespérées que l'Angleterre le croyait, et quoiqu'ils eussent perdu la bataille, ils seraient encore en état avec l'assistance des alliés à faire tête à tous leurs ennemis. Peut-être qu'en égard de l'Angleterre m'offriront-ils la Basse-Silésie avec Glatz et la Haute-Silésie jusqu'au cordon, et rien en outre de cela, ce dont le temps nous instruira. En attendant, vous insinuerez à milord Hyndford qu'il *m'importe extrêmement de savoir où j'en suis, mon intention étant de finir cette année la guerre ou par la voie d'un prompt accommodement ou par celle des armes, par des vigoureuses opérations.*

J'attends le plus souvent de vos nouvelles et j'agrée que vous pouvez continuer votre séjour à Breslau jusqu'à nouvel ordre. Je suis, etc.

FÉDÉRIC.

Je suis fort curieux d'apprendre de vos premières nouvelles d'où je pourrai juger si je me suis trompé ou non.

P.-S. — Quant à ce que vous me mandez touchant la prise de possession des contrées de l'autre côté de l'Oder jusqu'à la rivière de la Bolnitza [2], je vous dis que vous devez laisser encore cette affaire en

---

[1] « Selon les dernières lettres d'Andrié qui mandent que milord Carteret lui avait dit qu'on avait déclaré au sieur de Bussy, ministre de France, qu'on ferait tout au monde pour détacher Votre Majesté de la France, on ne saurait trop se fier à ce ministre qui peut-être par là aura voulu tâcher d'inspirer de la défiance à la France contre Votre Majesté et obliger cette couronne de s'entendre avec l'Angleterre. » (Rapport de Podewils, du 2 juin.)

[2] L'Himmelwitzer-Wasser qui prend sa source près de Blottnitz.

suspens jusqu'à ce que nous voyions avec qui nous aurons à faire. Si ce sera avec les Autrichiens, il faut s'élargir et prendre autant de terrain qu'on pourra garder. Si c'est avec les Saxons, il faut aller un peu bride en main, mais chercher des prétextes pour avoir encore, s'il se peut, une lisière au delà de la Brinnitza. Mais tout cela dépend des conjonctures, dont il faut profiter autant que les circonstances le permettent.

Les événements politiques et militaires, qui se sont produits du 4 au 7 juin, ont exercé une influence si considérable sur la marche générale des affaires et sur les projets et les résolutions mêmes de Frédéric, qu'on ne saurait se dispenser de leur consacrer pour le moins un rapide examen.

Tout en exprimant, comme on l'a vu, à Podewils sa satisfaction des démarches entreprises par Hyndford à Londres et à Vienne, Frédéric craint encore, le 5 juin, que la cour de Vienne ne considère pas ses affaires aussi désespérées que l'Angleterre semblait le penser. Le Roi avait deviné juste. On croyait si peu à la sincérité de ses intentions que le chancelier d'État autrichien, le comte Ulfeld, avait déjà donné l'ordre de préparer un mémoire justificatif.

Mais comme le Roi l'avait prévu, on tenait par-dessus tout à Vienne à ménager l'Angleterre et on avait répondu à la cour de Londres par une note, dans laquelle l'Autriche déclarait, en somme, se contenter de la neutralité de la Prusse, et pour mieux prouver son désir de tout concilier, elle avait envoyé à Hyndford, en même temps que les pleins-pouvoirs, dont le diplomate anglais avait besoin, une réponse, rédigée par Bartenstein, *à l'écrit remis par M. de Robinson le 28 mai 1742.*

Il importe de faire remarquer, à ce propos, que lord Hyndford, auquel Robinson avait expédié les pleins-pouvoirs par courrier, eut une première conférence avec Podewils qui, n'osant pas échanger ses pouvoirs avant d'avoir reçu des ordres formels du Roi, se contenta d'essayer d'obtenir des confidences que le diplomate anglais se garda bien de lui faire.

Entre temps, à la suite de l'échec éprouvé le 4 juin par d'Aubigné, l'armée française se repliait le 6 sur Protivin, puis sur Písek. Le Roi ignorait encore ces graves événements, lorsque Valory l'informa le 7 juin de la présence de l'armée de Khevenhüller au nord du Danube. C'était là une nouvelle d'autant plus grave que les trois armées autrichiennes n'auraient plus eu qu'à opérer leur jonction pour écraser sans peine les corps français assez mal commandés et par trop éparpillés et se porter ensuite contre lui; mais c'était aussi une raison de plus pour lui d'en finir au plus vite, de signer la paix, même au prix de quelques concessions [1]. Dès qu'il a congédié Valory et jeté un coup d'œil sur le nouvel aspect de la situation, il expédie à Podewils une dépêche, dans laquelle il ne cherche même pas à dissimuler son inquiétude.

C. P. 876. — *Au ministre d'État comte de Podevils, à Breslau.*

Camp de Maleschau, 7 juin 1742.

J'espère que mes lettres du 4 et du 5 de ce mois vous auront été bien rendues. Je suis très chagriné de vous mander que par les mauvaises dispositions que les Français font et par la lenteur extraordinaire dont ils usent pour se mettre en état d'agir avec vigueur, le comte Khevenhüller [2] a eu l'occasion de passer le Danube avec son armée, ce que j'apprends par Valory même, qui vient d'arriver aujourd'hui. J'en crains les suites et que par là les trois armées des Autrichiens ne se joignent pour agir ensemble. Je suis même en peine que

[1] Cf. Major Z..., *op. cit.*, 233-234, 239-240.
[2] Comme cela lui arrivait souvent dans les moments critiques, Frédéric avait cette fois encore éprouvé le besoin de s'épancher avec son ami Jordan :
« Nos maudits Français gâtent tout, pendant que je raccommode tout. Voilà deux oisons que le Roi de France et l'Empereur avaient choisis avec bien du soin pour commander en Bavière, qui laissent passer à Khevenhüller le Danube en leur présence. Il est impossible de compter toutes les fautes qu'ont faites ces généraux. Qu'en résultera-t-il? Que tout le poids de la guerre tombera sur moi. Belle consolation que de faire des conquêtes pour les autres! Le prince Charles a marché sur la Moldau pour attaquer le maréchal de Broglie qui se tient à Frauenberg; Belle-Isle reste à Dresde, les Saxons sur leurs frontières. Quelle bizarrerie! Voici le point critique de cette armée. Dans quinze jours, la scène des événements sera éclaircie... »
FRÉDÉRIC II, *Œuvres posthumes*. Frédéric à Jordan, 7 juin 1742.

par la marche que l'armée du prince Charles a faite vers Sobieslaw, qui s'est joint par là avec Lobkowitz, le maréchal de Broglie n'ait un échec pendant le temps que Belle-Isle fait une corvée à Dresde. *Je vous avoue que je souhaiterais de bon cœur de pouvoir tirer au plus tôt possible mon épingle de ce jeu, puisque je n'augure rien de bon et qu'à la fin cela ira mal.*

Depuis le 2 de ce mois, je n'ai point eu de vos nouvelles, que j'attends avec impatience. Faites m'en avoir le plus souvent et mandez forces nouvelles, et ce qu'on dit de nous. Je suis, etc.

Fédéric.

Le lendemain, 8 juin, Frédéric a reçu le rapport de Podewils du 5. Il est, en somme, satisfait du résultat obtenu; il autorise son ministre à aborder la question des conditions, maintenant qu'il voit, qu'il sait même que Marie-Thérèse désire la paix. Malgré cela, il n'est pas encore absolument tranquille et les rumeurs alarmantes, qui circulent à Kuttenberg, le décident à faire écrire par Eichel une dépêche, dans laquelle il croit nécessaire d'affirmer une fois de plus, et plus positivement que jamais, son désir de faire la paix.

C. P. 877. — *Au ministre d'État comte de Podewils, à Breslau.*

Camp de Maleschau, 8 juin 1742.

J'ai lu avec grande attention tout ce que Hyndford vous a dit. Nous avons gagné un grand point, qui est celui qu'on se désiste de notre assistance; nous avons encore gagné celui de rendre notre paix désirable à la reine de Hongrie. Il s'agit à présent des conditions.

Premièrement, vous pouvez stipuler que Hyndford vous rendra vos pleins-pouvoirs en original, si vous ne convenez de rien. De même, que vous promettez en mon nom de ne point faire mauvais usage des choses que l'on vous proposera.

Quant aux conditions, vous pouvez dire à Hyndford que je payerais les dettes de la Basse-Silésie à l'Angleterre, mais que, ne demandant pas la Haute-Silésie, il serait injuste que j'en paye les charges; mais que, si l'Angleterre me procure le Königgrätz et Pardubitz, je veux bien me charger de ce remboursement.

Après donc que vous aurez échangé vos pleins-pouvoirs, il faut que vous fassiez l'impossible pour pénétrer l'ultimatum de la reine de Hongrie, pour voir jusqu'où nous pouvons porter nos espérances afin de hausser et baisser les voiles, selon qu'il sera nécessaire.

La Haute-Silésie, que l'on veut me céder, est un pays ruiné, insoutenable et dont les sujets ne me seront jamais fidèles.

Le Königgrätz est un pays abondant, dont je puis d'abord jouir, qui produit un revenu clair et qui fournit des hommes et des chevaux pour la guerre. Je puis le défendre, et c'est une acquisition solide. *D'ailleurs, l'abandon que je fais de mes alliés et le Mecklembourg et l'Ost-Frise méritent bien quelques attentions.* Enfin faites bien valoir ces articles et dites qu'en cédant ce seul cercle, il est sûr et certain que la Reine gagne tout le reste.

Quant à la paix particulière avec la France, je défie la Reine de la faire, bien moins avec l'Empereur, à moins que de cracher dix fois pis dans le bassin. En un mot, les Autrichiens n'ont nulle ressource que dans une paix particulière avec nous, et si nous en sentons les raisons, elles ne leur sont pas moins sensibles. Ainsi peut-être que l'envoi d'encore un courrier nous mettra totalement d'accord.

Car ne nous trompons point, une paix plâtrée n'est point une paix ; bien pis, c'est une guerre sourde qui se rallume, lorsqu'on croit prendre son ennemi au dépourvu. J'attends donc avec bien de l'impatience ce que me rapportera votre courrier après l'échange des pleins-pouvoirs pour prendre là-dessus une résolution finale.

C. P. 878. — *Au ministre d'État comte de Podewils, à Breslau.*

(*Du Secrétaire du Cabinet.*)

Camp de Maleschau, 8 juin 1742.

Sa Majesté vient de me donner verbalement l'ordre de mander encore à Votre Excellence que, lorsque mylord Hyndford lui communiquera les propositions et les offres de la reine de Vienne, Votre Excellence les doit simplement prendre *ad referendum* et les envoyer d'abord par le courrier porteur de celle-ci à Sa Majesté qui lui mandera Sa résolution. Que Votre Excellence ne doit d'abord plier devant Hyndford, mais témoigner de la fermeté en disputant le terrain, autant qu'il est possible, sans pourtant rompre la négociation. Que le comte Podewils à la Haye doit sonder délicatement milord Stair sur ce qu'il propose des convenances à faire du côté de la Pologne [1], pour voir si l'on en peut faire usage dans l'alliance défensive à conclure avec les Puissances Maritimes, la paix faite avec la reine de Hongrie.

Le Roi est dans la meilleure disposition du monde pour la paix, ainsi que j'espère qu'avec l'assistance du bon Dieu, Votre Excellence aura la satisfaction et la gloire d'avoir achevé ce grand et salutaire ouvrage.

Eichel.

Le 8 juin, Frédéric était réellement et sincèrement dans la meilleure disposition du monde pour la paix, parce qu'il craint de voir Marie-Thérèse modifier de son côté ses dispositions à la nouvelle des avantages que le prince Charles venait de remporter sur les Français. Il sent qu'il n'a plus un instant à perdre pour négocier sérieusement avec Marie-Thérèse. Non seulement il fait partir le capitaine von Sydow, qu'il a nanti d'instructions formelles et pressantes pour Podewils, mais il a si grande hâte d'être fixé, que ce même Sydow a ordre de lui rapporter les préliminaires qu'il ratifiera, pendant qu'on en donnera avis par courrier exprès au prince Charles de Lorraine. Mais malgré la gravité des circonstances, Frédéric ne peut dépouiller entièrement le vieil homme et si dans son *post-scriptum* il répète « la Silésie et Glatz *sine qua non* », il a soin d'ajouter : *Et du reste tout ce que vous pourrez leur extorquer.*

La dépêche qu'Eichel adresse le même jour par ordre du Roi à Podewils est encore plus catégorique et plus pressante. On y trouve l'expression complète des pensées intimes de Frédéric. Il redoute les conséquences d'un mouvement des Autrichiens sur Prague. Il ne veut pas, et ne peut pas décemment laisser attaquer et prendre cette ville sans aller à son secours et, d'autre part, il ne se soucie nullement d'avoir à livrer une nouvelle bataille [2].

---

[1] *Correspondance politique*, 837, à Podewils, Chrudim, 10 mai 1742.

[2] La correspondance de Frédéric avec Jordan est, cette fois encore, comme dans tous les moments difficiles, utile et intéressante à consulter. Le 7 juin, le Roi craint encore, on vient de le voir, une reprise des hostilités : « Dieu sait quand je pourrai vous entretenir dans ces charmantes retraites et parler

Comme toujours, Frédéric se ménage un moyen de resserrer l'alliance en cas d'insuccès de ses négociations avec l'Autriche. Avec son habileté et sa duplicité ordinaires, il n'hésite pas à écrire le même jour à Auguste III pour l'engager à faire marcher ses troupes au secours du maréchal de Broglie, et lui dire qu'il fera « de son mieux pour couvrir Prague et le pays en deçà de la Moldau [1] ».

Enfin, quelques instants après avoir expédié à Podewils le capitaine von Sydow, il adresse au maréchal de Broglie une dépêche, qui n'a d'autre but que de lui annoncer et de lui démontrer « qu'avant *six semaines* il m'est impossible de marcher sur Budweis quelle bonne volonté que je puisse avoir pour y marcher [2] ». Un peu plus de quarante-huit heures après l'expédition de cette dépêche, le capitaine von Sydow quittait Breslau, porteur des préliminaires revêtus des signatures des deux plénipotentiaires.

C. P. 880. — *Au ministre d'État comte de Podewils, à Breslau.*

Camp de Maleschau, 9 juin 1742.

Mon cher Podewils,

J'ai bien voulu vous avertir que pour me renforcer d'autant plus en Bohême et pour faire tête aux armées de l'ennemi, quand même les troupes françaises et saxonnes auraient quelque échec, je fais marcher actuellement ici 10 000 hommes, à savoir 4 000 de cavalerie et 6 000 d'infanterie, qui me viennent de la Haute-Silésie, où j'ai laissé

---

raison, hors du tourbillon du monde et des embarras. Je crains fort que ce temps désiré ne soit encore plus éloigné qu'on ne le croit... »
Trois jours plus tard, le 10 juin, il est difficile de déterminer la nature des sentiments qu'il éprouve, lorsqu'il lui écrit, sous le titre : « *Gazette*. Charles de Lorraine et Lobkowitz se sont joint. Ils ont passé la Moldau et chassent devant eux un troupeau de Français, dont Broglie est le berger. Les Prussiens vont marcher à Prague pour remettre les Français dans le bon chemin ou pour faire la paix. » (Frédéric II, *Œuvres posthumes,* à Jordan, camp de Kuttenberg, 7 et 10 juin 1782.)

[1] *Correspondance politique*, II, 879, au roi de Pologne, camp de Maleschau, 9 juin 1742.

[2] *Ibidem*, II, 883, au maréchal de Broglie, camp de Maleschau, 9 juin 1742.

néanmoins un corps de 16 000 hommes pour y être en garde contre tout ce que l'ennemi y voudrait entreprendre. Vous en ferez part à milord Hyndford et vous lui direz que mes arrangements sont pris de la manière que, quand même ou les Français ou les Saxons auraient quelque échec, je pourrais nonobstant de cela me soutenir contre la reine de Hongrie, quand même ses armées voudraient alors agir contre moi et que je me soutiendrai avec la même vigueur que jusqu'ici. Je suis, etc.

Fédéric.

C. P. 881. — *Au ministre d'État comte de Podewils, à Breslau.*

Camp de Maleschau, 9 juin 1742.

Mon cher Podewils,

Des circonstances imprévues, qui viennent d'arriver avec les troupes françaises en Bohême, m'obligent de vous ordonner de la manière la plus positive, que, d'abord que vous aurez reçu la présente, vous devez faire l'échange de vos pleins-pouvoirs avec ceux de milord Hyndford. Cela fait, et les pleins-pouvoirs de milord Hyndford examinés, vous devez tâcher de voir les instructions qu'il a de la reine de Hongrie pour l'accommodement avec moi et vous prendrez vos mesures afin qu'on ne puisse jamais dire que ce Milord ait surpassé ses instructions. Alors vous devez traiter incontinent après avec ledit Milord sur les conditions que la reine de Hongrie m'offre pour avoir sa paix avec moi. Comme Hyndford vous a déjà dit que *la Reine m'offre des conditions qui me feront plus avoir, en paix et en repos, que mes alliés ne m'ont promis,* je suppose comme une chose qui ne souffre plus de contradiction que la Reine me cède en pleine souveraineté toute la Basse-Silésie et la lisière stipulée en deçà de la Neisse, avec la ville et comté de Glatz. Cela posé pour base, vous devez, quant aux autres conditions, tâcher de les avoir pour moi si bien qu'il sera possible, soit du côté de la Bohême, ou, s'il n'y a rien à faire de ce côté, du côté de la Haute-Silésie.

Mais *après avoir tout fait pendant une demi-journée, ma volonté expresse est que, sans m'en faire votre rapport et sans même demander ou attendre ma résolution là-dessus, vous devez absolument régler les points dont vous pourrez convenir avec milord Hyndford, les conclure par écrit et les signer incontinent avec milord Hyndford en forme de préliminaires de paix.*

La présente doit vous servir de plein-pouvoir pour conclure et signer avec Hyndford sans attendre mon approbation, et je veux absolument que vingt-quatre heures après l'arrivée du porteur de la présente, le capitaine Sydow, tout soit fait, c'est-à-dire l'échange des pleins-pouvoirs, le traité avec milord Hyndford sur les convenances à me faire et la signature des préliminaires de la paix. Sitôt que ces préliminaires seront signés, tant de vous que de milord Hyndford, vous devez me les envoyer avec votre relation par ledit capitaine Sydow, afin que je puisse les ratifier, et la signature entre vous et Hyndford faite, vous devez disposer Hyndford qu'il en donne avis par un courrier exprès, qui pourra passer alors par Glatz, Königgrätz et Kolin, au prince Charles de Lorraine, afin que celui-ci soit informé sous main que l'affaire entre moi et la reine de Hongrie est faite. Je suis, etc.

Il s'agit de terminer en douze heures, pour peu que la chose soit faisable. *La Silésie et Glatz sine qua non et du reste tout ce que vous pourrez leur extorquer.* Je dors en repos, persuadé que Sydow me rapportera les préliminaires signés. Il faut limiter les ratifications au terme de huit jours.

Fédéric.

C. P. 882. — *Au ministre d'État comte de Podewils, à Breslau.*
(*Du Secrétaire du Cabinet.*)

Camp de Maleschau, 9 juin 1742.

Je dois encore mander à Votre Excellence par ordre de Sa Majesté que, si mylord Hyndford venait à vous demander pourquoi vous pressez maintenant tellement l'affaire, vous aurez à lui répondre que Sa Majesté veut savoir au plus vite et bien clairement où l'on en est; qu'Elle ne veut pas faire d'autres mouvements inutiles, qu'Elle veut être entièrement rassurée, ou prendre dans le cas contraire les mesures nécessaires.

La raison, pour laquelle on est si pressé d'en finir, est que les Français ont manœuvré d'une façon déplorable en Bohême, que non seulement l'armée combinée du prince de Lorraine et de Lobkowitz a passé la Moldau, mais qu'après avoir délogé les Français de Frauenberg et de Thayn (Moldauthein), leur avoir enlevé une partie de leur bagage, elle les a poussés en désordre jusque dans leur ancien camp de Pisek. L'armée autrichienne est sur leurs talons et comme Broglie va probablement devoir continuer sa retraite, Prague va se trouver en danger. Dans des circonstances aussi critiques, Sa Majesté veut savoir où Elle en est. Car Elle ne peut laisser attaquer et prendre Prague, avant d'avoir sa paix, même s'il lui fallait pour cela livrer une bataille. D'autre part, livrer une bataille, au moment où Sa Majesté est décidée à faire la paix, Lui semble chose d'autant plus grave qu'il Lui serait bien dur d'exposer dans de pareilles circonstances la vie de tant de braves gens. Sa Majesté a par conséquent hâte de sortir de l'incertitude de savoir si on veut avoir la paix ou la guerre[1]. Je dois mander encore à Votre Excellence qu'afin d'empêcher l'arrivée à Breslau de fausses nouvelles ou de rumeurs exagérées relatives aux progrès des Autrichiens contre les Français, nous arrêtons pendant quatre jours le service de la poste et des estafettes.

Merci de l'envoi de la relation autrichienne de la bataille de Chotusitz. Je n'ai pu m'empêcher de la remettre à Sa Majesté, que les mensonges qu'elle renferme ont fort diverti.

EICHEL.

C. P. 886. — *Au ministre d'État comte de Podewils, à Breslau.*

Camp de Maleschau, 12 juin 1742.

MON CHER PODEWILS,

Vos relations sous n°^{s} 24 et 25 m'ont été bien rendues. Comme celles sous n° 24 ne sont pas encore déchiffrées et qu'apparemment il n'y a rien là-dedans qui ne se rapporte que sur le contenu de votre relation n° 25, je vous dis sur celle-ci que je suis satisfait de la manière dont vous avez agi avec milord Hyndford pour convenir des articles préliminaires de la paix à faire entre moi et la reine de Hongrie.

Mon intention est d'avoir une paix solide et stable avec la reine de

---

[1] Frédéric revenait encore sur le même sujet le lendemain dans la dépêche qu'il adressait (*ibidem*, 885), le 10 juin, à Schmettau, à Francfort-sur-le-Main. « Voilà donc bien du changement dont j'ai bien du dépit, et il faut avouer que jusqu'à présent les Français se sont pris bien de travers de tout côté..... Par toutes ces raisons, vous comprendrez aisément que ce n'est point du tout le temps de payer les 200 000 écus qu'on me demande pour Glatz et que je crains avec raison que, si l'on ne se prend d'une tout autre manière pour se défendre et agir contre un ennemi qui agit en désespéré, il faut absolument que les affaires des alliés prennent un fort mauvais train, puisqu'on ne fait rien qui vaille pendant le temps que je fais tout pour eux et qu'à la fin j'aurais toutes les forces de l'ennemi sur mes bras. Vous pourrez représenter cela d'une manière convenable à Sa Majesté Impériale, en disant que je gémis de ces mauvaises dispositions par l'intérêt que je prends pour sa personne, mais qu'il est aussi temps de revenir de cette lenteur si nuisible avec laquelle on a fait tout jusqu'ici. »

Hongrie, sous la garantie des Puissances Maritimes, et j'espère que, de la part de la cour de Vienne, on agira avec la même droiture et sincérité que je veux agir avec elle, mon parti étant pris fermement et décisivement là-dessus.

Quant au projet de la paix [1], tel que milord Hyndford vous l'a dicté, j'approuve qu'à la queue du premier article on mette ces paroles : « La seule voie des armes exceptée [2]. »

L'article 2 peut rester de la même manière qu'il est couché dans le projet, de même que l'article 3.

Sur le quatrième article, mon intention est que les hostilités cesseront de part et d'autre dès le jour de la *ratification* [3] de la présente paix, qui pour cet effet sera publiée alors. Quant à mes troupes, je ne pourrai les retirer dans les pays de ma domination que pendant l'espace de *six* [4] semaines, à compter du temps de la ratification, puisqu'il me faut absolument ce temps pour consumer les magasins que j'ai assemblés, en partie pour mon propre argent, et pour transporter les amas de munitions de guerre et de l'artillerie que j'y ai, de même pour transporter les malades et blessés de mon armée que je ne pourrai abandonner aux soins d'autrui, et même pour faire les arrangements nécessaires pour mettre en quartier mes troupes dans le pays de ma domination. Je promets néanmoins que, dès le jour de la publication de la paix, mes troupes observeront le même ordre de discipline, comme si elles étaient dans mon propre pays.

Quant à l'article 5, je suis d'accord qu'il soit couché de la manière

---

[1] Le projet de traité de paix définitive.

[2] « Les parties contractantes prennent l'engagement de détourner, autant qu'il leur sera possible, les dommages, dont l'une et l'autre des parties est, ou pourrait être menacée par quelque autre puissance, *la seule voie des armes exceptée*. »

[3] Au lieu de *signature* dans le projet Hyndford.

[4] Au lieu de deux, dans le projet Hyndford.

Il ne sera pas inutile de faire remarquer à ce propos que lorsque Podewils essaya d'exposer les désirs du Roi à lord Hyndford, celui-ci déclara nettement et sèchement qu'il refusait d'intervenir et d'avoir l'air de prêter la main à quelque machination dans le genre de celle qui s'était produite après Klein-Schnellendorf. Le Roi n'aurait du reste qu'à discuter cette question avec le prince Charles qui pouvait, mieux que lui, traiter un sujet purement militaire. Quand à lui, Hyndford, il était décidé à ne se mêler en rien à des négociations de ce genre. L'entêtement du Roi sur ce point pouvait tout compromettre, et, pour en finir, il chargea Podewils de transmettre littéralement à Frédéric les réponses qu'il venait de lui faire.

On se tira d'ailleurs d'affaire plus tard en appliquant le délai de quinze jours à la durée des préparatifs de l'évacuation, qui ne commença qu'à l'expiration de ce terme. Cf. Major Z..., *op. cit.*, 245.

qu'il est marqué sous lettre B dans votre relation [1] et je m'en contente. Vous aurez soin pourtant que la reine de Hongrie me cède avec toute souveraineté et indépendance tout ce qu'elle me cède tant de la Haute que de la Basse-Silésie, de même que la ville et château de Glatz. C'est ce qu'il faut exprimer d'une manière claire et nette et point sujette au moindre équivoque.

Dans l'article 6, il sera nécessaire que la déclaration à renouveler, qu'on demande tant au sujet de la religion catholique qu'en faveur des habitants des pays cédés, soit couchée de manière qu'il ne reste plus de voies à la cour de Vienne de se mêler ni directement ni indirectement des affaires de Silésie, ni d'entretenir là un parti.

Quant aux dettes hypothéquées sur la Silésie, j'acquitterai celles qui en sont dues aux marchands anglais de la manière que milord Hyndford le propose et encore les prétentions des particuliers qui ont prêté sur la *Steuercasse*, sans me mêler de ce que les marchands hollandais ont à prétendre de la reine de Hongrie, ni de ce qui est dû aux États de Brabant.

L'article 7[2] sera observé immédiatement après la ratification de la présente paix et je n'ai rien à dire contre le contenu des articles 8, 9 et 10.

La ratification se fera au plus tôt possible, et au plus tard en douze ou quinze jours, à compter du jour de la signature, et l'échange des ratifications se pourra faire à Breslau.

Telle est ma résolution sur tous les articles de cette paix à faire, lesquels vous devez signer avec milord Hyndford incontinent après avoir reçu la présente, à quelle fin j'ai signé les pleins-pouvoirs ci-joints.

Je crois que je tire de cette façon mon épingle le plus honorablement du jeu. Les Français, avec beaucoup de bonne volonté se prennent si mal, que jamais de la vie ils ne réussiront, et après tout, la

---

[1] « Pour obvier à toutes les disputes sur les confins et abolir de part et d'autre toutes les prétentions de quelque nature qu'elles puissent être, S. M. la reine de Hongrie et de Bohême cède par le présent traité à S. M. le roi de Prusse, ses héritiers et successeurs de l'un et l'autre sexe, à perpétuité et avec toute la souveraineté et indépendance de la couronne de Bohême tant la Basse que la Haute-Silésie, à l'exception de la principauté de Teschen, de la ville de Troppau et de ce qui est au delà de la rivière d'Oppau et des hautes montagnes ailleurs dans la Haute-Silésie, aussi bien que la seigneurie d'Hennersdorf et des autres districts qui font partie de la Moravie quoiqu'enclavés dans la Haute-Silésie, comme aussi la ville de Glatz et toute la comté de ce nom..... »

[2] Mise en liberté, sans rançon, des prisonniers.

Haute-Silésie vaut infiniment mieux que rien. Je crois avoir compris qu'Hotzenplotz et les districts de la Moravie pourraient bien aussi m'être cédés, mais cela ne vaut pas la peine de rompre. Concluez donc, si ce n'est déjà fait [1], et que j'aie bientôt les ratifications.

FÉDÉRIC.

Du reste, pendant que Podewils essayait vainement d'arracher ces concessions à lord Hyndford, le Roi lui adressait, en date du 13, une dépêche, dans laquelle il ne lui cachait pas la joie que lui causait la signature de ces préliminaires, grâce auxquels il obtenait, en somme, en toute souveraineté, les territoires qu'il convoitait et qui avaient été les seules causes de la guerre qu'il avait entreprise dix-huit mois auparavant. Malgré son cynisme et son absence de scrupules, il n'ose pourtant pas avouer encore à Belle-Isle et au Cardinal l'acte déloyal qu'il vient de commettre en pleine connaissance de cause à l'égard de la France et de ses alliés d'Allemagne. Il se borne pour le moment à préparer le cabinet de Versailles à la révélation ultérieure d'un fait qu'il lui sera impossible de cacher bien longtemps. Avec Belle-Isle, il se lamente sur la conduite déplorable des opérations ; il ne lui dissimule pas ses craintes pour l'avenir, la nécessité où l'on va se trouver « de faire la paix à des conditions si bonnes qu'on puisse les avoir ». Avec le Cardinal, il prend un ton plus dolent. Il est bien mortifié d'avoir à lui mander tant de désagréables nouvelles ; mais le mal est fait et on ne peut y remédier que par une paix aussi bonne que les circonstances le permettront. Frédéric connaît du reste si bien l'homme auquel il a affaire, qu'il termine sa lettre par une de ces flatteries, dans lesquelles il excelle, et qui le compromet et l'engage d'autant moins qu'il a déjà tiré son épingle du jeu : « Je me remets là-dessus sur vos lumières. »

[1] On échangea les signatures le 11 juin.

— 513 —

C. P. 888. — *Au ministre d'État comte de Podewils, à Breslau.*

Camp de Kuttenberg, 13 juin 1742.

Mon cher Podewils,

Je suis très content de votre exactitude à m'obéir et des *préliminaires que vous venez de signer*. Nous aurions peut-être pu avoir avec le temps une paix plus avantageuse, mais nous en aurions aussi pu avoir une bien plus mauvaise. En un mot, lorsque je vous reverrai, je vous détaillerai toutes mes raisons et vous conviendrez avec moi, quoiqu'on en dise, qu'en politique et pour le bien du peuple que je gouverne, je n'ai pu faire autrement. Enfin, *c'est un grand et heureux événement, qui met ma maison en possession d'une des plus florissantes provinces d'Allemagne au sortir d'une guerre la plus glorieuse du monde. Il faut savoir s'arrêter à propos. Forcer le bonheur, c'est le perdre; en vouloir toujours davantage est le moyen de n'être jamais heureux.*

Adieu, je m'en vais expédier mon gros Valory et Mortagne, qui sont insatiables de l'effusion du sang prussien.

Fédéric[1].

C. P. 889. — *Au maréchal de France duc de Belle-Isle, à Dresde.*

Camp de Kuttenberg, 13 juin 1742.

Monsieur,

M. le comte de Mortagne vient de me rendre votre lettre du 10 de ce mois, par laquelle j'ai vu tout ce que vous me mandez tant de la marche des Autrichiens que du renfort que la cour de Saxe a destiné pour M. le maréchal de Broglie.

Si la cour de Saxe avait voulu suivre mon conseil, toutes leurs troupes seraient depuis longtemps auprès de Prague, et l'ennemi ne se serait peut-être point pris à M. de Broglie, sachant les troupes saxonnes à portée de soutenir vos troupes en Bohême. Mais comme cette Cour n'a jamais voulu goûter ce conseil, je crains que tout ce

---

[1] C'est le même ton que l'on retrouve dans les lettres qu'il écrit à ce moment à Jordan : « Et enfin, je vous apprends cette nouvelle tant attendue, tant désirée, la fin de la guerre, cette grande nouvelle, en un mot, la conclusion d'une bonne et avantageuse paix. » Telle est la phrase par laquelle commence la lettre du 13 juin et qu'il commentera en vers dans une autre lettre en date du 18 juin.

qu'on fait à présent de sa part ne soit pas suffisant, ni vienne pas assez tôt pour mettre M. de Broglie dans une meilleure situation.

Pour moi, Monsieur, vous savez déjà que ma situation est telle que ce serait vouloir faire l'impossible que de marcher avec mon armée vers Prague, ne trouvant point du tout la subsistance qui me fallait pour y marcher, et comme mon armée n'est pas encore remise des pertes qu'elle a eues dans la bataille sanglante qu'elle vient de donner, je risquerais infiniment de la ruiner tout à fait si je la voulais mener d'abord à une autre bataille, pour ne point parler des tristes suites, si malheureusement elle eût quelque échec, qui entraînerait absolument la perte de toute la Bohême et même de toute la Silésie.

A vous parler franchement, Monsieur, je crois qu'on ne s'est pas bien pris à exécuter les opérations qu'on a concertées et que les choses vont tant à rebours que je n'ai pas bonne opinion de leur réussite. Aussi, selon moi, il n'y a guère d'autre ressource, pour ne pas gâter tout, que *de faire la paix à des conditions si bonnes qu'on les pourra avoir*. Je suis, etc.

FÉDÉRIC.

C. P. 890. — *Au cardinal de Fleury, à Issy.*

Camp de Kuttenberg, 13 juin 1742.

MONSIEUR MON COUSIN,

J'ai le chagrin de vous apprendre qu'après que M. de Broglie n'a pas poussé le prince de Lobkowitz comme il convenait, et qu'il lui a laissé le temps de se retirer à Budweis, les deux armées ennemies, dont je n'ai pu suivre celle du prince Charles, faute à trouver la subsistance, se sont jointes, ont passé la Moldau et ont obligé par là M. de Broglie de se retirer derrière la Beraun. En apprenant cette mauvaise nouvelle, mon dessein était de marcher aussitôt vers Prague pour soutenir cette capitale, mais en voulant faire les arrangements nécessaires pour cela, j'ai trouvé qu'il m'était impossible d'exécuter ce dessein, puisque j'aurais abandonné par là tous mes magasins et que je m'en serais tant éloigné que mon armée n'aurait absolument pas trouvé sa subsistance.

Dès le commencement de mon entrée en Bohême, mon avis était que les troupes saxonnes, au lieu d'aller à Leitmeritz, devaient rester proche de Prague. Depuis ce temps, j'ai plusieurs fois réitéré ma demande à cette cour pour faire approcher ses troupes vers Prague afin d'y être à portée de soutenir M. de Broglie, étant même persuadé que l'ennemi ne se prendrait point à M. de Broglie, s'il savait les troupes saxonnes à portée de soutenir celui-ci. Mais mes avis n'ont point été du tout écoutés, et on s'est pris tellement de travers de tous les côtés, qu'à la fin il est arrivé ce que j'avais craint. Mon chagrin en est d'autant plus grand que M. de Valory m'a appris que presque en même temps l'armée ennemie en Bavière a trouvé moyen de passer en deçà du Danube.

Toutes ces circonstances ont mis mes affaires en un assez mauvais état, dont je ne vois guère de remède, puisque d'un côté mon armée ne s'est point encore remise de la bataille qu'elle vient de donner et que de l'autre côté la position de l'armée ennemie rend bien difficile la jonction des troupes qui doivent renforcer M. de Broglie. Et quoique la cour de Saxe ait à la fin, sur les instances de M. le maréchal de Belle-Isle, destiné quelque secours à M. de Broglie, néanmoins je crains que ce secours ne soit suffisant et qu'il n'arrive point assez à temps pour mettre M. de Broglie en état d'agir en force contre les Autrichiens.

Je suis très mortifié d'être obligé de vous mander tant de désagréables nouvelles à la fois, mais comme le mal est fait et que les moyens de le redresser sont éloignés et très incertains, je crois que dans des circonstances si critiques il ne restera guère d'autre remède pour en sortir que par une paix, qu'on sera obligé de faire à des conditions si bonnes que les circonstances le voudront permettre. Je me remets là-dessus sur vos lumières, et vous prie d'être assuré de la considération et de l'estime immuables avec laquelle je suis, Monsieur mon Cousin, votre très bon cousin.

FÉDÉRIC[1].

Ce qui inquiète à ce moment, ou plutôt ce qui gêne quelque peu le Roi, c'est bien moins la façon, dont il s'y prendra pour annoncer le fait accompli à ses alliés, que certaines craintes au sujet de l'attitude et des projets ultérieurs de la cour de Vienne, et que le temps relativement long qui devra forcément s'écouler

---

[1] Avant d'adresser une communication du même genre (*ibidem*, 892) à l'Empereur et de l'informer du rappel de Schmettau, Frédéric avait, dans une dépêche qu'Eichel envoya par son ordre à Podewils (*ibidem*, 891) pour compléter ses instructions relatives à certains points du traité, ajouté en parlant des Français et de ses lettres à Belle-Isle et à Fleury : « Sa Majesté, pas plus par écrit que verbalement, dans son entretien avec Valory, n'a songé à prendre réellement le parti de la France. C'est en vain que Valory a prié le Roi de patienter encore pendant trois semaines... »

jusqu'à la réception de la ratification des préliminaires. Ce qu'il voulait, ce qu'il désirait même très vivement, c'était retarder, si faire se pouvait, de cinq à six jours la communication qu'il se flattait de ne faire à ses ci-devant alliés qu'à ce moment. C'étaient surtout les Saxons qu'il voulait tenir dans l'ignorance, afin de leur ôter la possibilité de se justifier aux yeux de la France et de faire valoir la raison qui les empêchait de fournir le secours promis à Broglie [1]. La recommandation, qu'il faisait à Podewils, était d'ailleurs inutile, puisque, dès le 13 juin, lord Hyndford avait mis ses collègues de Dresde au courant des événements. Frédéric aurait pu, on le voit, s'épargner cette nouvelle perfidie. Elle était du reste bien insignifiante si on compare les lettres pleines de duplicité, d'impudence et d'onction qu'il ne rougit pas d'adresser le 17, au roi de Pologne, le 18, à l'Empereur, après avoir, dès le 14, fait tenir le billet suivant au prince Charles :

C. P. 894. — *Au prince Charles de Lorraine.*

Camp de Kuttenberg, 14 juin 1742.

Monsieur mon Cousin,

Vous verrez par la lettre de milord Hyndford en quels termes je suis avec la Reine, votre belle-sœur. J'ai donné ordre à l'armée de faire cesser toutes les hostilités. Vous en ferez autant de votre part. Je me réjouis que je puisse avoir la satisfaction de vous faire connaître, mon Prince, l'estime que j'avais conçue de votre personne et tous les sentiments avec lesquels je suis, Monsieur mon Cousin, votre très bon Cousin

Frédéric.

C. P. 897. — *Au roi de Pologne, à Dresde.*

Camp de Kuttenberg, 17 juin 1742.

Monsieur mon Frère et Cousin,

Votre Majesté aura dû voir par toute ma conduite avec quel zèle j'ai travaillé pour l'avantage de mes alliés, jusque même à me vaincre

[1] Cf. *ibidem*, 896, à Podewils. Camp de Kuttenberg, 16 juin 1742.

souvent sur des démarches de leur part qui devaient, sinon me refroidir, au moins me rebuter. Après le départ de Ses troupes, j'ai tenu constamment la campagne en Haute-Silésie et Bohême; j'ai même risqué le sort d'une bataille pour l'intérêt de cette cause qui m'était si chère; mais j'ai eu le désagrément de voir que les Français, bien loin de profiter de mes avantages, en ont perdu le fruit par leur mauvaise retraite. Dans ce temps je devais me persuader que l'armée de Votre Majesté courrait au secours du maréchal de Broglie et lui faciliterait par cette jonction le moyen de battre les Autrichiens [1].

A présent, par la position du prince Charles, les Français sont coupés de leurs recrues et de leur communication de la Bavière, trop faibles pour se soutenir eux-mêmes. Les troupes de Votre Majesté, qui restent d'un autre côté dans l'inaction, me mettent dans la nécessité de pourvoir à ma propre sûreté. Je n'ai rien à me reprocher avec mes alliés. S'ils avaient tous agi avec autant de volonté et de vigueur que mes troupes, non seulement la conquête de la Bohême, mais aussi de l'Autriche serait achevée. *Après tout, on n'est point tenu à l'impossible*, et si de mon côté mes services n'ont pas eu tout le succès qu'on devait s'en attendre, c'est assurément que je n'ai point été secondé, et jamais faute d'un véritable désir de ma part de contribuer à la satisfaction et contentement de mes alliés. Je suis avec tous les sentiments d'une parfaite estime, Monsieur mon Frère et Cousin, de Votre Majesté, le très bon frère et fidèle allié.

FÉDÉRIC.

C. P. 898. — *A l'empereur des Romains à Francfort-sur-le-Main.*

Camp de Kuttenberg, 18 juin 1742.

MONSIEUR MON FRÈRE ET COUSIN,

C'est dans l'amertume de mon cœur que je suis obligé de faire un détail à Votre Majesté Impériale du délabrement de Ses affaires.

Elle me rendra la justice que mon zèle pour Ses intérêts ne s'est

---

[1] Après avoir, comme on le voit, rejeté une fois de plus sur les alliés la responsabilité de ses propres actes, Frédéric II va encore plus loin quand il parle de la Saxe au chapitre VII de l'*Histoire de mon temps* : « Pour l'électeur de Saxe, tout jaloux qu'il était de l'agrandissement de la maison de Brandebourg, il devait de l'obligation au Roi de ce que, l'ayant compris dans la paix de Breslau, il pouvait se tirer honorablement d'un mauvais pas. »

jamais démenti et que je me suis porté avec toute la vigueur imaginable pour La mettre en possession de Son domaine par la voie des armes. J'ai opéré dix-huit mois sans discontinuer, toujours entretenu dans l'espérance de ce que mes alliés partageraient mes peines et mes périls. Votre Majesté est assez informée de la retraite des Saxons, mais Elle saura de plus qu'après la chétive retraite du maréchal de Broglie sur Prague, Messieurs les Saxons n'ont jamais voulu avancer au secours des Français, ce qui a donné le moyen au prince Charles de couper les Français de la Bavière et de leurs magasins de Pilsen et de leurs secours. Ceci change si totalement le tableau que nous voilà plus reculés que nous l'étions au mois de septembre de l'année passée.

Quelque projet que l'on puisse faire, on ne doit point se flatter qu'à moins de trois victoires on vienne à bout de réduire la cour de Vienne. Quelle fortune ne faut-il point pour un succès pareil et combien de temps? Ce n'est assurément point l'affaire d'une campagne, et si malheureusement il nous arrivait un échec et que dans cet intervalle d'autres puissances toutes prêtes se mêlassent de cette guerre, j'en prévoirais de funestes suites pour les alliés. Je ne dois pas non plus cacher à Votre Majesté Impériale que les Français et le Cardinal sont excédés et las de cette guerre, que le roi de Pologne est autant qu'accommodé avec la cour de Vienne et que de tous les côtés que je me tourne tout le poids de cette guerre me tombe sur les épaules.

D'un côté, les guinées anglaises, répandues en Russie, ébranlent le système de ce ministère ; d'un autre côté, les subsides anglais arment toute la Hongrie, prête à fondre sur l'armée du prince d'Anhalt. Qu'Elle joigne à cela l'inaction des Saxons et la faiblesse des Français et pour comble la fortune presque déclarée pour la reine de Hongrie et Elle conviendra que tous les efforts, que je pourrais faire pour redresser ce qui a été perdu par la faute des uns et par la mauvaise volonté des autres, seraient inutiles.

Me voyant donc réduit dans une situation où *mon épée ne Lui devient plus d'aucun secours, je L'assure que ma plume La servira toujours;* mon cœur ne se démentira jamais pour Votre Majesté Impériale et, s'il y a des choses que l'impossibilité seule m'empêche d'accomplir, Votre Majesté me trouvera constamment le même sur tout ce qui dépend de mes facultés, *ne cédant qu'à la nécessité, mais ferme dans mes engagements, incapable de varier dans la promesse que j'ai faite à Votre Majesté Impériale pour l'ordre de la succession palatine, Lui vouant mes armes et même prêt à répandre mon sang pour Elle, pourvu qu'il puisse être versé utilement à Son service et d'ailleurs touché de la plus vive compassion et triste au suprême degré de ne pouvoir, comme je le voudrais, La tirer de l'état où Elle se trouve et Lui voir une fortune digne de Ses grandes qualités et de Son caractère que je respecterai toute ma vie.* Ce sont les sentiments avec lesquels je suis jusqu'au tombeau, Monsieur mon Frère et Cousin, de Votre Majesté Impériale, le très bon frère et fidèle allié.

Frédéric.

Avec son grand sens politique, merveilleusement servi par son indifférence et son scepticisme, le roi de Prusse avait compris qu'il ne pouvait s'en tenir aux communications pleines de réticences, de reproches, de mauvaises excuses et de vaines protestations qu'il venait d'adresser à Charles VII et à Auguste III. Il sentait bien qu'il lui était impossible de se borner aux deux lettres qu'à la date du 13 juin il avait écrites à Belle-Isle et à Fleury pour les préparer à son évolution. Il ne pouvait pas se dissimuler que le bruit, puis la nouvelle de la signature des préliminaires de Breslau devaient causer un profond désappointement, une légitime indignation à Versailles, où l'on était déjà assez mal disposé pour lui, depuis qu'on savait qu'il n'avait rien fait pour soutenir Broglie, où l'on ignorait, il est vrai encore, à ce moment la retraite vers Prague et où de plus en plus las de la guerre on désirait ardemment la conclusion d'une paix générale. Dans l'*Histoire de mon temps*, Frédéric a d'ailleurs essayé de justifier sa conduite, en insistant naturellement une fois de plus sur le peu de bonne volonté de ses alliés et en déclarant que « loin d'avoir intention d'offenser cette puissance (la France) il voulait conserver tous les dehors de la bienséance envers elle et se *borner à ne point suivre la carrière périlleuse où elle était engagée et à devenir simple spectateur d'acteur qu'il avait été.* » Mais ce qu'il se garde bien de dire, c'est qu'il a agi de propos délibéré et ne s'est décidé à parler de la paix à Valory que lorsqu'à cause du mouvement de retraite de ses troupes il lui était désormais impossible de cacher plus longtemps la signature qu'il avait donnée.

C'est du reste avec un sentiment de satisfaction non dissimulée, avec un cynisme effrayant qu'on va le voir raconter à Podewils comment « l'ami Valory a été obligé d'avaler ce calice, » et qu'il lui dépeint tout au long l'entretien qu'il avait eu la veille avec le malheureux ambassadeur de France. Avec cette malice et ce scepticisme qui lui étaient propres, il avait eu la cruauté de lui remettre une lettre destinée à « son cher Belle-Isle », qu'il avait une singulière manière de consoler de l'effondrement de toutes ses espérances et une autre adressée au Cardinal, cette dernière d'autant plus curieuse qu'elle n'est pas seulement une apologie, mais d'un bout à l'autre un véritable panégyrique de sa conduite.

C. P. 899. — *Au maréchal de Belle-Isle, à Prague.*

Camp de Kuttenberg, 18 juin 1742.

Monsieur,

M. de Valory m'a bien rendu la lettre que vous venez de m'écrire sous la date du 16 de ce mois.

Il n'y a personne, Monsieur, qui connaisse mieux que vous avec quelle fidélité inviolable et avec quelle ardeur j'ai agi dès le moment que j'avais pris des engagements avec Sa Majesté le Roi votre maître pour seconder ses desseins et pour obliger la reine de Hongrie d'accepter la paix à des conditions dont nous étions convenus.

Mais l'impossibilité seule de faire réussir un dessein qui, par une suite de fautes, a été totalement dérangé, a été le principal motif qui m'a déterminé à finir une guerre qui aurait coûté encore une prodigieuse effusion de sang, par quelques campagnes successives à faire, où le hasard des armes devenait de moment en moment plus décisif; et même, pour vous montrer ma cordialité, je ne vous déguiserai point que j'ai fait tous mes efforts, après la dernière bataille, auprès de la reine de Hongrie pour la porter à faire une cession considérable de ses États à l'Empereur, mais que j'ai bien vu par les réponses qu'on m'a faites qu'il n'y avait pas moyen d'y penser au moins d'ensevelir cette Princesse sous les débris de ses États. Je ne dois pas non plus vous cacher que le duc de Weissenfels a écrit une lettre au prince Léopold, datée du 13 de ce mois, par laquelle il lui marque positivement que les troupes saxonnes ne marcheraient point et que sa Cour était même intentionnée de retirer ces troupes jusqu'aux frontières de leur pays.

Ces circonstances vous feront assez juger que le poids de la guerre ne serait pas seulement tombé seul sur mes épaules, mais encore qu'il m'aurait fallu faire des efforts encore plus considérables que les précédents et qu'il m'aurait fallu avoir un cours de prospérités non interrompu d'aucune infortune, même une destinée plus qu'humaine, pour oser me promettre quelques succès de tous mes efforts. Je regarde donc cette affaire ici comme une navigation, entreprise par plusieurs à un même but, mais qui, dérangée par un naufrage, met chacun des voyageurs en droit de pourvoir à sa sûreté particulière, de se sauver à la nage et d'aborder où il peut. De ce bord, néanmoins, je tends la main à mes alliés et je ne veux mon salut que pour procurer le leur, autant qu'il est en mes forces. Ce sont les dispositions dans lesquelles je resterai toujours et l'on me verra sans cesse fidèle à tous les engagements dont l'exécution dépend uniquement de moi.

Je suis, avec toute l'estime imaginable, Monsieur, votre très affectionné et fidèle ami.

FÉDÉRIC.

C. P. 900. — *Au cardinal de Fleury, à Issy.*

Camp de Kuttenberg, 18 juin 1742.

MONSIEUR MON COUSIN,

Il vous est connu que, depuis le moment où nous avons pris des engagements ensemble, j'ai fait ce qui a dépendu de moi pour seconder avec une fidélité inviolable les desseins du Roi votre maître. J'ai détaché la Saxe du parti autrichien, j'ai donné ma voix à l'électeur de Bavière, j'ai accéléré le couronnement impérial, j'ai concouru avec vous pour contenir le roi d'Angleterre et j'ai décidé celui de Danemark sur le parti qu'il avait à prendre; en un mot, par la voie de la négociation, par celle des armes et par une fidélité rigide à remplir tous mes engagements, je vous ai rendu tous les services dont j'étais capable, quoique toujours inférieurs à ma bonne volonté et au désir d'être utile à mes alliés.

Lorsque mes troupes, épuisées par les fatigues, demandaient le repos qui semblait leur être dû après la campagne de 1741, je ne pus refuser au maréchal de Belle-Isle un détachement de vingt escadrons qu'il me demandait en Bohême, ni la marche de M. de Schwerin en Moravie. Au mois de janvier de cette année, lorsque j'appris que les Autrichiens étaient prêts d'entrer en Bavière pour y établir le théâtre de la guerre, mon zèle pour l'Empereur me transporta; je volais en Saxe, j'agitai tout et après bien des peines, j'obtins du roi de Pologne que ses troupes opéreraient, de concert avec les miennes, une diversion en Moravie, démarche qui aurait été efficace, si M. de Ségur ne se fût rendu trop tôt avec sa garnison de Linz et si M. de Broglie avait eu aux bords de la Wotawa 20 000 hommes sous ses ordres. Mais la lâcheté de l'un et la faiblesse de l'autre, jointes au peu de volonté et d'intelligence de la guerre des officiers saxons, avec l'impardonnable négligence du maréchal de Schwerin à former les magasins à Olmütz lorsqu'il en était temps, m'obligèrent de quitter un pays où tous ceux qui y ont été conviennent que les troupes n'auraient pu se maintenir sans risquer de périr par misère ou même par inanition.

Je ne m'arrête pas à relever tous les mauvais propos qui se sont tenus sur ce sujet.

La guerre est de toutes les choses du monde celle où le petit détail influe le plus sur le grand, où les fautes des subalternes font des combinaisons nouvelles et sur laquelle ces espèces de hasards ou d'événements qu'on ne saurait prévoir ont droit et dans laquelle les succès ne se suivent pas également; en un mot, le cœur a eu plus de part à mon expédition de Moravie que la prudence.

Lors même que, pour ébranler ma fermeté, la Reine m'a fait par différentes reprises les offres les plus avantageuses, aucune raison d'intérêt n'a pu me décider, bien moins m'arrêter dans les opérations que j'étais résolu de faire pour l'avantage de mes alliés uniquement.

Ainsi j'ai garanti la ville de Prague contre le prince Charles, qui marchait droit pour en faire le siège. On m'a reproché que je n'avais pas poursuivi ce prince assez loin après sa défaite; mais j'en appelle aux mânes immortelles du grand Turenne et de Condé, si je devais, sans être muni de subsistances, mettre mon armée victorieuse dans le risque de périr de misère en la menant dans un pays où l'armée autrichienne avait passé deux fois l'automne dernier, où les Saxons et les Français avaient hiverné après le prince Lobkowitz, où les mêmes Saxons ont repassé en revenant de Moravie, par où l'ennemi est venu à moi et par où il a pris la fuite.

Nos succès et le passage de la Moldau par le prince Lobkowitz engagèrent le maréchal de Broglie à se porter sur Frauenberg. L'affaire de Sahay, où la cavalerie française eut de l'avantage sur l'autrichienne, obligea le prince de Lobkowitz à lever le siège de Frauenberg, à repasser la Moldau et à se réfugier dans son vieux camp de Budweis.

Averti de ce qui se passait de ce côté, je conseillai à M. de Broglie à faire de deux choses l'une, savoir : d'attaquer le prince Lobkowitz à Budweis où il l'aurait battu en détail avant la jonction du prince Charles, ou de reprendre le poste de Pisek pour éviter, par sa prudence, une retraite précipitée semblable à une fuite qu'il ne pouvait éviter à l'approche du prince Charles de Lorraine. M. de Broglie, ne trouvant pas à propos de suivre ces partis, demeura à Frauenberg et fit quelques détachements, dont la faiblesse faisait présumer tout homme de guerre à quel succès on pouvait s'attendre.

Je fis avertir le maréchal de Broglie par différentes reprises des marches du prince Charles, dont je lui envoyais l'itinéraire. Ce fut sur mon dernier avis que le maréchal se retira, moyennant quoi il évita d'être surpris. Vous savez apparemment le détail de ce qui s'est passé ensuite à cette armée et la perte des Français. Par la position actuelle de vos troupes, elles sont à présent entièrement coupées de la Bavière, de Pilsen où elles ont leurs magasins et par où viennent leurs recrues. Dans ces conjonctures, les Saxons auraient pu apporter un prompt remède, mais malgré les promesses faites au maréchal de Belle-Isle, leurs troupes ne marchent point au secours des Français. J'apprends même qu'ils retirent à eux celles qui étaient les plus avancées en Bohême. De ceci et d'avis particuliers que j'ai reçus de Dresde, je puis conjecturer, sans me tromper, que les Saxons sont non seulement en négociations avec la cour de Vienne, mais même qu'ils sont prêts à conclure.

Dans cette situation, où il n'y a point de secours à attendre de la France, ni de la Saxe, où il faudrait gagner trois batailles de suite pour expulser les Autrichiens de la Bohême, où les succès de l'armée du comte d'Harcourt ne répondent point à l'attente qu'on en avait, où une guerre longue et ruineuse appesantirait tout son poids sur mes épaules, où l'argent des Anglais arme presque toute la Hongrie prête à fondre sur l'armée du prince d'Anhalt en Haute-Silésie, où le hasard des événements devient plus décisif que jamais, où la supériorité de l'ennemi et sa fortune m'obligeraient enfin de succomber avec les autres, il m'a fallu, quoique dans l'amertume de mon cœur, me sauver d'un naufrage inévitable et gagner le port comme j'ai pu.

Il n'y a que la nécessité et l'impuissance qui puissent me vaincre ; on ne condamne personne pour n'avoir point fait des choses impossibles. Quant aux possibles, vous trouverez en moi une fidélité invariable. Jamais je ne penserai à révoquer les renonciations que j'ai faites de Juliers, de Bergue et de Ravenstein. On ne me verra point ni directement, ni indirectement troubler l'ordre établi dans cette succession, et plutôt mes armes se tourneront-elles contre moi-même que contre des alliés qui me sont aussi chers que les Français. Vous me trouverez toujours disposé à concourir, autant qu'il dépendra de moi, aux avantages du Roi, votre maître, et à tout ce qui peut influer sur le bonheur de son royaume.

Le cours de cette guerre forme, pour ainsi dire, un tissu des marques de bonne volonté que j'ai données à mes alliés ; je me flatte que l'on sera assez convaincu de mes sentiments sur ce sujet pour ne m'en supposer de contraires. Je suis persuadé, Monsieur, que vous convenez de toutes les choses que je viens de vous exposer avec *toute la bonne foi imaginable* et que vous plaignez avec moi que le caprice du sort ait fait avorter des desseins aussi salutaires à l'Europe que l'étaient les nôtres.

Je suis, avec toute l'estime imaginable, Monsieur mon Cousin, votre fidèle ami et cousin.

FÉDÉRIC.

C. P. 901. — *Au ministre d'État comte de Podewils, à Breslau.*

Camp de Kuttenberg, 19 juin 1742.

MON CHER PODEWILS,

Comme je suis obligé de commencer à faire défiler les troupes pour être en état de retirer les dernières le 27, je n'ai pu cacher la paix, à cause qu'il faut trop de préparatifs pour régler les marches, pour le transport des malades et pour la vente des magasins, de même que pour l'armistice, de sorte que l'ami Valory, de retour de Prague, a été obligé d'avaler ce calice. Je lui ai délivré en même temps une lettre pour le Cardinal, une autre pour Belle-Isle, et comme on est obligé de faire des réquisitoriaux en Saxe pour la marche, j'ai de même écrit une lettre au roi de Pologne et une autre à l'Empereur, dont Eichel vous enverra les copies selon mes ordres.

Aucun Polichinelle ne peut imiter les contorsions de Valory ; ses sourcils ont fait des zigzags, sa bouche s'est élargie, il s'est trémoussé d'une étrange façon, et tout ceci sans avoir rien de bon à me dire. Sa plus grande inquiétude roulait sur le parti que je prendrais après la paix. Je l'ai fort rassuré sur cet article : qu'il pouvait compter que mes armes ne se tourneraient jamais contre la France et que je remplirais de mon alliance tous les points qui étaient possibles, comme ceux qui regardent la succession de Juliers, mais qu'on ne devrait pas demander de moi des efforts et des risques continuels et que simplement pour avoir la paix, je m'étais tiré d'affaire comme j'avais pu. J'ai même promis de lui communiquer en gros la teneur de notre traité.

Quant à tous ces propos de Hyndford, je crains toujours deux choses : l'une, que la cour de Vienne ne nous fasse quelque anicroche à notre traité, et la seconde que, *si elle conserve la Bohême, nous n'ayons dans quatre ou cinq ans une nouvelle guerre à soutenir*[1]. Parlez-en à Hyndford, pour qu'il me tranquilise sur ces deux points.

Comme notre affaire commence à faire de l'éclat, vous pouvez dire naturellement à Bülow de quoi il s'agit et que nous ne leur serons pas moins utiles pour la négociation que nous l'avons été durant le cours de la guerre; qu'il dépend d'eux de se rendre à mon camp par Schweidnitz, s'il le juge à propos, mais que je compte d'être sous peu en Silésie et de les y voir plus à mon aise et au leur.

Je souhaiterais beaucoup que les Saxons, conjointement aux Français, continuassent les opérations, ce qui mâterait d'autant plus la cour de Vienne et lui ferait perdre peut-être encore quelque bon morceau. Les propositions de Hyndford sont captieuses, tant sur le sujet de mes pays de Westphalie, où il veut me persuader de faire défiler des troupes, qu'au sujet de la Saxe, laquelle il veut détacher par moi de l'alliance. Je ne veux point que mes ministres agissent de concert avec les Anglais. Nous ne sommes pas encore assez amis pour cela. En un mot, avant que je ne voie la paix ratifiée de la main de la Reine, je ne m'y fierai pas et je fais marcher mes troupes de façon qu'en cas de nécessité je puisse les rassembler sur le champ et en tout cas mes alliés me raccepteront toujours.

J'attends cette ratification de Vienne le 23 de ce mois.

Dites à Hyndford que si elle n'arrive pas, je fais d'abord rebrousser mes troupes et que je n'ai pas encore quitté mes bottes. Adieu.

FÉDÉRIC.

Bien que les préliminaires de Breslau eussent mis fin aux hostilités entre la Prusse et l'Autriche, bien que Frédéric eût évacué

---

[1] Il est facile de comprendre et de s'expliquer la première de ces deux préoccupations, fort naturelles de la part du souverain qui avait fait si peu de cas des engagements pris par lui à Klein-Schnellendorf. Pour ce qui est du deuxième de ces soucis, de cette éventualité d'une nouvelle guerre provoquée par l'Autriche, il est d'autant plus nécessaire de l'enregistrer, que ce ne fut pas Marie-Thérèse qui attaqua la Prusse pour essayer de reconquérir la Silésie, mais que ce fut Frédéric qui reprit les armes en 1744 pour arracher à la cour de Vienne un morceau de la Bohême.

la Bohême à peu près dans les délais convenus, il n'en restait pas moins à donner une forme définitive et plus précise aux stipulations sur lesquelles l'accord venait de se faire, à déterminer, à délimiter les territoires que l'Autriche cédait à la Prusse, à se bien entendre, comme disait le Roi, sur ces points qu'il trouvait obscurs. Il avait si grande hâte d'être fixé sur ces points, peut-être craignait-il même de voir surgir quelque difficulté inattendue ou se produire quelque revirement dans l'esprit de la Reine, qu'il avait poussé la prudence jusqu'à répondre sans perdre une minute, et dans des termes, qu'il s'essayait de faire aussi gracieux que possible, à Belle-Isle, que quelques instants auparavant il venait dans sa dépêche à Podewils d'appeler le *charlatan de l'alliance*. Il est vrai que de son côté Marie-Thérèse, mise en garde par les événements qui s'étaient produits aussitôt après l'acte de Klein-Schnellendorf, avait fait rédiger une série de *Remarques*, dont les plus importantes avaient trait à la publication du traité et au règlement des dettes de la Haute-Silésie. Entre temps, la ratification des préliminaires avait été remise à Frédéric. Rien ne le retenait plus désormais, et comme la générosité n'était certes pas son péché mignon, il n'hésita pas à montrer les dents à Podewils, lorsque celui-ci, en présence des instances de lord Hyndford, se risqua le 24 juin à revenir sur la question des dettes de la Silésie, sur les créances hypothécaires des Hollandais.

C. P. 902. — *Au ministre d'État comte de Podewils, à Breslau.*

Camp de Kuttenberg, 20 juin 1742.

Mon cher Podewils,

J'ai bien reçu votre dernière lettre. J'attends à présent avec grande impatience pour voir la réponse qui nous viendra de Vienne, si tout sera signé ou non. Je me flatte que oui, mais comme je trouve beaucoup d'obscurité dans la désignation des limites, il serait bon de se bien entendre sur ce sujet les uns et les autres.

Vous avez fort bien fait d'expédier les Saxons avec des compliments. Vous aurez sans doute déjà reçu toutes les lettres que j'ai écrites aux alliés et au *charlatan de l'alliance* [1].

Borcke [2] est revenu de Paris. Autant qu'il en peut juger, il lui a paru qu'on était fort las de la guerre en France et que je n'ai pas tout à fait mal pris mon temps pour me tirer hors de l'embarras où je me suis trouvé.

La chose est en elle-même séante; je ne crains que pour les sûretés de mes nouvelles conquêtes, pour lesquelles cependant je prendrai les meilleurs arrangements que je pourrai, en faisant fortifier avec promptitude et vigueur, en augmentant l'armée, en rangeant les finances et en contractant des alliances dont les garanties me donnent du relief envers mes voisins; telles sont les précautions que nous fournit la prudence, et j'espère qu'avec cela nous nous soutiendrons avec dignité sur le pied d'élévation où nous nous sommes annoncés à l'Europe.

Le prince Charles ne presse point du tout le vieux Broglie, qui s'est tapi sous les canons de Prague, où il se tient fort serré. Il serait bon que ces gens-là se battissent bien *comme il faut*; mais je crains que les Saxons ne quittent la partie et qu'au lieu de se faire couronner en Moravie, ne fassent amende honorable en Saxe.

Je serai le 4 de juillet à Breslau, où je pourrai vous entretenir tout à mon aise des affaires présentes et de mes idées. Un heureux quiétisme doit faire pour quelques années la base de notre politique. Pour consolider l'État, il lui faut quelques années de paix, pourquoi vous porterez toute votre attention à ne point entrer dans toutes les alliances qui, sous quelque prétexte que ce puisse être, nous entraîneraient dans quelque guerre contre ma volonté. Adieu, je suis avec estime, etc.

Fédéric.

C. P. 904. — *Au maréchal de Belle-Isle, à Prague.*

Camp de Kuttenberg, 20 juin 1742.

Monsieur,

Je viens de recevoir tout présentement par M. de Valory votre lettre du 19 de ce mois, sur laquelle, par un retour de confiance, je veux bien vous dire que l'événement qui vient d'arriver n'est qu'*une cessa-*

---

[1] Belle-Isle.
[2] Envoyé à Paris pour porter à Louis XV la nouvelle de la victoire de Czaslau.

tion des opérations de mon côté, et point autre chose. Quant à l'armistice général, vous concevez bien que je n'ai pas été le maître d'en stipuler quelque chose pour les alliés, sans savoir leur façon de penser là-dessus.

Mes troupes évacueront toute la Bohême et je n'ai pu rien stipuler touchant les troupes que la Reine a actuellement dans la Moravie, d'autant plus qu'il n'y a que des troupes irrégulières et qu'il n'y a aucun régiment de troupes réglées parmi. Outre cela, je suis dans la ferme persuasion que la reine de Hongrie ne retirera pas entièrement ses troupes sur mes frontières.

Touchant Sa Majesté Impériale, vous concevez bien vous-même que, dans le mauvais état où M. de Broglie a mis les affaires, je n'ai pu réussir à stipuler quelque chose pour elle ; mais pour peu que M. d'Harcourt ait quelque avantage en Bavière sur Khevenhüller, on pourra sûrement parvenir à faire avoir de grands avantages à l'Empereur, et indépendamment que la cour de Vienne ne m'ait pas voulu recevoir simplement pour médiateur, je pourrai trouver pourtant des moyens pour interposer mes bons offices en faveur de Sa Majesté Impériale.

Au reste, dans quelque situation que je puisse être, je ne manquerai jamais de cultiver soigneusement l'amitié de Sa Majesté le Roi votre maître et de contribuer à tout ce qui lui peut être agréable, autant qu'il dépendra de moi. Quant à vous, Monsieur, je vous prie d'être assuré que les sentiments d'estime et de considération seront éternels avec lesquels je suis, Monsieur, votre très affectionné et fidèle ami.

FÉDÉRIC.

C. P. 905. — *Au ministre d'État comte de Podewils, à Breslau.*

Camp de Kuttenberg, 23 juin 1742.

MON CHER PODEWILS,

J'ai reçu avec grande joie le traité de paix. J'espère que le grand traité lui succédera bientôt ; mais je vous avertis d'avance que jamais je ne me chargerai de payer d'autres dettes que celles des Anglais et des particuliers silésiens, et dussent Messieurs les Hollandais ne me point garantir mes nouvelles conquêtes, la garantie de l'Angleterre et de la Russie est suffisante et me vaudra tout autant que si celle des Hollandais y était jointe. Ainsi vous pouvez vous régler là-dessus.

Quant à la sûreté future de nos nouvelles possessions, je la fonde sur une bonne et nombreuse armée, un bon trésor, des forteresses redoutables et des alliances de parade qui en imposent du moins au monde. Tout ce qui pourrait arriver de plus fâcheux pour nous dans l'avenir serait la ligue de la France et de la reine de Hongrie[1]; mais en ce cas, nous aurions l'Angleterre, la Hollande, la Russie et beaucoup d'autres princes pour nous. *Il ne s'agit à présent qu'à habituer les cabinets politiques de l'Europe à nous voir dans la situation où nous a mis cette guerre et je crois que beaucoup de modération et de douceur envers tous nos voisins pourra nous y mener.*

Je ne suis point de votre sentiment sur le sujet de l'air d'alliance que vous voulez que nous affections avec les Anglais. Nous ne nous en unirons pas moins ensemble; mais cela révolterait trop la France.

Il s'agit à présent plus que jamais de conclure avec la Russie et il faut pour cet effet envoyer un courrier à Mardefeld.

Le roi de Pologne m'a demandé ce que je lui conseillais de faire, *après que je ne voulais plus continuer les opérations.* Je lui ai fait répondre verbalement par Borcke qu'il pouvait choisir de deux partis à prendre, savoir : en se joignant d'abord avec la France pour faire une guerre vive aux Autrichiens; que ce serait un moyen de faire des conquêtes. Que l'autre serait de faire la paix; mais qu'en ce dernier cas, il ne pouvait compter sur rien; que c'était donc à lui à savoir ce qu'il jugerait de plus avantageux pour ses intérêts et qu'en cas qu'il préférât le parti de la paix, je lui offrais ma médiation.

Adieu, cher Podewils, je compte de vous revoir bientôt et de vous faire un détail plus ample de mes idées.

FÉDÉRIC.

C. P. 906. — *Au ministre d'État comte de Podewils, à Breslau.*

Königgrätz, 26 juin 1742.

Rapport de Podewils, de Breslau, 23 juin :

« On a écrit à milord Hyndford de Vienne pour le prier de porter Votre Majesté de vouloir bien donner une marque d'amitié à la Reine et de n'exiger point le payement des magasins qui sont tirés de la Bohême même... Hyndford

Dites en riant à Hyndford que du foin et de la paille ne sont pas un présent à faire à une Reine; que si j'avais de la porcelaine ou des joyaux, ce serait plutôt de quoi lui offrir et que, quoi qu'il en dise, je ne puis me résoudre à lui faire un présent si ridicule.

FR.

---

[1] Dès ce moment Frédéric envisageait et redoutait, on le voit, le *renversement des alliances.*

dit qu'une pareille générosité dans les conjonctures présentes ferait le meilleur effet du monde et l'impression la plus favorable sur l'esprit de la Reine.

« Milord Hyndford a écrit, il y a plus de huit jours à Vienne, pour qu'on marque positivement et d'une façon claire les endroits de limites dans la Haute-Silésie ; mais malgré tout cela, et quelque explication qu'on puisse donner sur cela dans un traité, il faut de toute nécessité qu'après l'échange des ratifications on nomme des commissaires de part et d'autre pour mettre la dernière main au règlement des limites. »

Podewils supplie le Roi de rester en Silésie jusqu'à la conclusion de la paix, afin que l'accroissement des distances ne retarde pas la transmission des décisions qu'il aura à lui demander, ce qui serait le cas, si on transportait de Breslau à Berlin le siège des conférences.

Je nommerai dix commissaires, s'il le faut ; mais je suis si résolu dans mes opinions que vous n'avez qu'à déclarer à Hyndford que, si la reine de Hongrie ne paye pas les Hollandais, ils ne seront jamais payés, et dût-il en arriver tout ce qui vous plaira. Je vous ordonne de lui dire nettement que je ne les payerai pas, et plutôt livrer encore une bataille, dût-il m'en coûter la vie.

Ces bougres veulent nous prescrire des lois, mais je leur apprendrai beau jeu. En un mot, je ne veux point entendre parler des Hollandais et je vous défends de m'en parler [1]. Vous pouvez même dire à Hyndford que je ferai d'abord rebrousser mes troupes et que je ne sortirai point de la Bohême qu'on ne se soit relâché sur ce point-là. Le prince Charles est auprès de Prague et serre les Français de près. Donnez la peur à Hyndford s'il ne pro-

---

[1] Lorsque Frédéric sut que la cour de Vienne ne céderait pas sur ce point et lorsqu'on lui eut démontré la gravité des représailles commerciales, que la Hollande ne manquerait pas d'exercer, ainsi que l'importance du préjudice que sa parcimonie allait causer à la Silésie, il se radoucit et consentit, afin de ne pas retarder la signature du traité, à régler par un acte séparé la question des créances hollandaises et comme au même moment il avait fait mettre en liberté les prisonniers faits et les otages pris en Moravie, il avait ordonné à Eichel de finir par cette phrase bien caractéristique la note, que le secrétaire du cabinet adressait sous sa dictée à Podewils : *Quand on est bon, on l'est à l'excellence, mais gare la vivacité, quand elle nous prend. (Ibidem,* à Podewils, 907, Königgrätz, 26 juin, 908 et 909, Glatz, 27 et 29 juin 1742.)

met point d'abord de me satisfaire sur le point de la Hollande.

Mêlez-vous, Monsieur, de vos affaires et ne prescrivez point les voyages que je dois faire ou ne point faire. Négociez comme je vous l'ordonne et ne faites point la mie qui a des c......., s'entend le faible et complaisant négociateur des caprices des Anglais et de l'impertinence des Autrichiens. C'est ce que je prends la liberté de vous conseiller et de vous faire souvenir en même temps que vous ne tenez pas un langage convenable pour un ministre dont le maître vient de gagner une bataille, il y a quinze jours.

Frédéric.

Répondez-moi par courrier ce à quoi Hyndford se sera résolu ; que je l'aie en deux jours à Glatz ou Neisse [1].

Mettant à profit avec son habileté habituelle les lenteurs de la négociation, les discussions auxquelles donnait lieu la fixation de la délimitation du massif montagneux, Frédéric avait éprouvé le besoin, non seulement d'expliquer sa conduite au pauvre Empereur et de mettre en pleine lumière la détermination qu'il lui avait été si pénible de prendre, mais d'adresser à Klinggraeffen

---

[1] Réponse de Podewils de Breslau, 28 juin : « Hyndford me répondit qu'il n'était pas en état de me donner la réponse que je lui demandais, avant que de n'avoir reçu celle qu'il attendait de Vienne...; qu'il avait écrit fortement là-dessus sans déguiser la moindre chose, mais plutôt en leur déclarant que tout serait rompu et que la guerre allait recommencer, si l'on ne se relâchait à Vienne sur cette demande. Il dit : « C'est tout ce que j'ai pu faire, et sur quoi j'attends la réponse ; il en arrivera après cela ce qu'il plaira à Dieu. J'ai fait mon devoir, dit-il, mais je n'agirais pas en honnête homme si je voulais flatter le Roi mal à propos, puisque je crains toujours, continua-t-il, que la Reine n'insiste fermement là-dessus. »

une longue note destinée à être communiquée à Charles VII et grâce à laquelle il espérait l'édifier et le convaincre en lui exposant tout au long, mais naturellement à sa manière, les raisons pour lesquelles il lui avait été impossible de le comprendre dans son accommodement avec la reine de Hongrie.

C. P. 914. — *A l'Empereur des Romains, à Francfort-sur-le-Main.*

Breslau, 5 juillet 1742.

MONSIEUR MON FRÈRE ET COUSIN,

J'entre plus que personne dans la situation de Votre Majesté Impériale. Il m'est impossible de Lui dire ce que j'ai souffert, lorsque j'ai vu qu'il m'était impossible, sans me perdre moi-même, de soutenir Ses intérêts en Bohême avec la même vigueur que je l'avais fait jusqu'à présent. Mais Votre Majesté Impériale est si éclairée et sait trop Elle-même que ceux qui gouvernent des peuples leur doivent leurs premiers soins et que, voyant tous les risques, les hasards et les périls de la guerre pour nos troupes, l'inaction maligne des uns et la faiblesse condamnable des autres, je n'ai pu que songer, préalablement à tout, à ma conservation. Après quoi, tous mes soins se tourneront pour les intérêts de Votre Majesté Impériale, que j'ai à cœur non seulement comme un bon et fidèle allié, mais encore par une prédilection naturelle qui m'attache entièrement à Sa personne et à Ses éminentes qualités. Je promets à Votre Majesté Impériale de faire tout ce qui dépend de moi pour Elle, en quoi je ne désespère pas de réussir. L'unique chose, dont je La prie, est de nous ménager Sa personne et de ne point oublier que le salut de l'Empire dépend uniquement de Sa conservation.

Je suis avec tous les sentiments de la plus vive estime et considération, Monsieur mon Frère et Cousin, de Votre Majesté Impériale le très bon frère et fidèle allié.

FÉDÉRIC.

C. P. 916. — *Au conseiller privé de guerre de Klinggræffen, à Francfort-sur-le-Main.*

Breslau, 7 juillet 1742.

J'ai reçu vos dépêches du 23 et du 27 du mois passé avec le détail que vous m'avez fait de votre entretien avec l'Empereur et ses ministres au sujet de la paix entre moi et la reine de Hongrie.

Je vous ai déjà mandé que, dès le commencement de la négociation de cette affaire, j'ai fait tous les efforts imaginables pour obtenir de la cour de Vienne une satisfaction pour tous mes alliés et principalement pour Sa Majesté Impériale. J'en appelle au témoignage du roi d'Angleterre, qui sait la demande que j'ai faite d'abord sur cet article. Mais la cour de Vienne a été inflexible là-dessus et on m'a toujours répondu que, puisque je refusais d'assister la reine de Hongrie contre ses ennemis, ainsi qu'on le demandait opiniâtrement de moi, je ne saurais prétendre de prescrire à la Reine de quelle manière elle devrait faire un accommodement avec ses ennemis, dont d'ailleurs elle n'était point éloignée.

Il est vrai que le roi de Pologne a été compris nommément dans le traité des préliminaires, comme électeur de Saxe, à condition qu'il retire ses troupes de la Bohême dans seize jours, à commencer de la date de la notification qui lui en serait faite. Mais, outre qu'on n'aurait jamais pu faire mention de l'Empereur, d'une manière convenable et décente, dans le susdit traité, la cour de Vienne refusant jusqu'ici de reconnaître ses titres, comment aurais-je osé souffrir qu'on prescrive à ce Prince les mêmes conditions par rapport à la Bohême, tandis qu'il n'est pas difficile de prévoir et de comprendre qu'il fera ses conditions beaucoup meilleures les armes à la main que quand il aurait été compris dans le traité sur le même pied que la cour de Saxe, et que je trouverai plus d'occasions et de moyens de lui rendre service par mes bons offices et mon entremise auprès du roi d'Angleterre pour ses intérêts que par une inclusion telle que celle qu'on a stipulée pour le roi de Pologne, lequel je suis si fort éloigné, aussi, de forcer d'accepter cette condition, que je lui ai plutôt fait insinuer qu'il dépendrait absolument de lui, pour ce qui me regarde, s'il voulait se soumettre à la susdite condition ou non et que, quelque parti qu'il puisse prendre, je ne serais pas moins pour cela de ses fidèles amis et porté à seconder ses intérêts, par rapport à sa paix avec la Reine, par mes bons offices, autant qu'il me serait possible; de sorte qu'il est absolument faux que je me sois engagé de forcer le roi de Pologne de retirer ses troupes de la Bohême, que plutôt ce Prince est entièrement le maître de faire là-dessus tout ce qu'il trouve le plus convenable à ses intérêts, ce dont vous pouvez assurer positivement l'Empereur et ses ministres.

Mais si Sa Majesté Impériale pouvait se résoudre de faire sortir ses troupes et celles de ses alliés de la Bohême, à condition que celles de la Reine en fassent autant par rapport à l'évacuation entière de l'électorat de Bavière, je suis persuadé que la cour de Vienne ne balancerait pas un moment d'y donner les mains; et s'il plaisait à l'Empereur de s'ouvrir confidemment là-dessus au roi d'Angleterre et de faire faire par le ministre de ce Prince cette insinuation à Vienne, puisque je ne me trouve encore dans aucune correspondance ou relation avec cette Cour, ce serait le premier pas à parvenir à une pacification, où moi et le roi d'Angleterre nous nous donnerions toutes les peines imaginables pour obtenir les meilleures conditions qu'il soit possible pour Sa Majesté Impériale, puisqu'il ne s'agit à présent que de la façon de l'entamer d'une manière que la Bavière fût soulagée et évacuée d'abord préliminairement. Mais cela ne se pourra faire que contre une évacuation réciproque de la Bohême, puisqu'il ne faudra jamais compter d'arracher ce royaume à la reine de Hongrie, à moins que de ne l'ensevelir en même temps sous les ruines de Vienne, quelque effort qu'on fît et quelque douce que pourrait être la satisfaction que je ressentirais, si je voyais le moindre jour à faire obtenir à l'Empereur ce royaume.

On se trompe beaucoup, si l'on croit que les Autrichiens s'étaient déjà mis eux-mêmes dans les filets et qu'avec un petit effort on aurait obligé la reine de Hongrie à faire des propositions aux alliés. Il aurait fallu soutenir une guerre douteuse, longue et onéreuse, pour bien des années, avant que de parvenir à la paix sur le pied qu'on se l'était proposé, et l'Empereur sait lui-même que malgré les troupes nombreuses de la France en Bavière, jointes par celles de ce Prince, le maréchal de Kevenhüller y avait toujours de la supériorité sur elles et restait le maître de la capitale et de la plus grande partie de cet électorat, sans qu'on l'en ait pu dénicher jusqu'à présent. Les mauvaises manœuvres des Français en Bohême, fondus jusqu'à 12 000 hommes de 30 000 qu'ils devaient être, et l'inaction totale des Saxons, qui prétendaient n'être point en état d'agir avant la fin de ce mois, ne promettaient pas un meilleur succès en Bohême et me chargeaient seul de tout le fardeau de la guerre, où une journée malheureuse m'aurait frustré non seulement de tous mes avantages pour toujours, mais transporté même le théâtre de la guerre dans mes États héréditaires, où une armée de 30 000 Hongrois était prête à pénétrer d'un autre côté, tandis que la cour de Russie n'attendait que sa paix avec la Suède, qui n'est guère éloignée, pour se jeter sur la Prusse et me forcer d'abandonner tout et de courir à ma propre défense, puisqu'aucun de mes alliés ne se trouve, ni en état, ni à portée de m'assister de ce côté-là.

Je laisse à juger à tout le monde impartial si, dans une pareille situation, j'ai pu différer plus longtemps de songer à ma propre conservation et de prévenir ma ruine et si je n'aurais pas eu des reproches éventuels à me faire si, en me sacrifiant pour les autres, j'aurais refusé à moi-même et à ma postérité ce qu'un amour bien ordonné et la nature même exigent de nous, quand il s'agit d'opter entre des convenances étrangères et sa propre conservation.

Tel a été pourtant le triste choix qu'il me restait à faire depuis le dépérissement soudain et total des affaires de mes alliés, si je ne voulais pas être enveloppé dans leur ruine. Les avantages, que j'ai obtenus par la paix, paraissent à la vérité éblouir d'abord, mais quand on considère ce qu'ils me coûtent de sang et de peines, mes finances épuisées, une conquête chargée de dettes immenses, le sacrifice de mes justes droits sur la succession de Juliers et de Bergue, qui ne pouvaient jamais me manquer, mais à la renonciation desquels en faveur de la maison de Sulzbach je me tiendrai inviolablement malgré la paix, ainsi que je l'ai fait déclarer à Mannheim et en France — on trouvera que j'ai acheté assez chèrement les cessions qu'on m'a faites, et il n'y a pas de quoi en être jaloux, ni de dire que je n'ai songé qu'à mes profits et avantages.

Voilà ce que vous devez insinuer à l'Empereur et à ses ministres, en les priant de vouloir s'ouvrir en confidence envers vous de quelle manière ils croyent pouvoir entamer une négociation avec la cour de Vienne, soit pour un armistice et évacuation réciproque, soit par l'entremise et la médiation du roi d'Angleterre appuyée de mes bons offices, et de quels avantages l'Empereur voudra se contenter dans la situation présente des affaires. Vous assurerez en même temps ce Prince que je ne discontinuerai jamais de prendre ses intérêts chaudement à cœur, de les seconder en tout ce que je pourrai dans l'Empire pour le maintien de son autorité, pour les convenances et avantages de sa maison et en tout ce qui peut contribuer quelque chose à sa satisfaction.

Frédéric.

H. comte de Podewils.

A partir de ce moment, c'est le conseiller de la chancellerie de Bohême, Hermann von Kannegiesser, que Marie-Thérèse, trouvant que lord Hyndford faisait preuve de trop de condescendance à l'égard de Frédéric, a envoyé à Breslau, qui prend en mains la direction des négociations. C'est avec lui que Podewils aura désormais à discuter les points encore en litige, à trancher les questions sur lesquelles, avant de partir de Breslau, le Roi lui a laissé des instructions, qu'il n'y a pas lieu de reproduire ici tout au long et dans lesquelles il n'avait pas manqué de lui répéter : *Extorquez-leur tout ce que vous pourrez* [1].

Malgré cela, Frédéric était en veine de faire des concessions. Quelques jours plus tard, le 14 juillet, il autorisait Podewils à céder, s'il le fallait, sur le payement des créances des Hollandais hypothéquées sur la Silésie, comme sur la question de l'attribution à la Prusse de Weidenau et de Johannesberg. Il ne réservait sa réponse définitive qu'au sujet de Jägerndorf, et encore se bornait-il, à ce propos, à prescrire à Podewils d'attendre le retour du courrier envoyé à Vienne. « Si la Reine cède, tout est fini, et vous n'aurez qu'à signer avec lord Hyndford. Si au contraire elle maintient ses prétentions, le mieux sera de vous rendre immédiatement à Berlin avec Hyndford et Kannegiesser, afin que nous arrangions le traité le mieux possible », et il ajoutait en *postscriptum* ces mots significatifs : « *Il faut caler les voiles, lorsque le vent ne nous souffle point en poupe et faire nos affaires le mieux possible.* Je me flatte que, l'anicroche de Jägerndof redressé [2], nous pourrons conclure [3]. »

La signature de la paix avec l'Autriche était désormais certaine. La modération, quelque peu surprenante, dont Frédéric fit preuve à ce moment et les intentions, nettement pacifiques et étonnamment conciliantes qu'il manifeste durant la dernière période des négociations, méritent d'autant plus d'être signalées et mises en pleine lumière qu'il fallut au roi de Prusse toute sa lucidité d'esprit, toute sa puissance de raisonnement, tout son calme, tout son sang-froid, tout son grand sens politique, pour fermer l'oreille aux propositions alléchantes, aux avances intéressées de l'Angleterre. En effet, pendant que l'on examinait à Vienne la question de savoir s'il ne conviendrait

---

[1] *Correspondance politique*, 918, à Podewils, Breslau, 8 juillet 1742.
[2] Kannegiesser, malgré tous les effets tentés par Podewils, restait absolument irréductible en ce qui avait trait à la cession de Jägerndorf.
[3] *Ibidem*, 921, à Podewils. Charlottenburg, 14 juillet 1742.

pas de déclarer officiellement la guerre à la France dans l'espoir de se procurer, à ses dépens, une compensation à la cession de la Silésie, l'Angleterre, profitant à sa façon de la mission que lui avait confiée la Reine, l'Angleterre, médiatrice d'une part, mais de l'autre, alliée de l'Autriche, ne s'était pas contentée d'exciter les désirs ambitieux de la Sardaigne, de l'inciter à prendre les armes pour s'agrandir en Italie aux dépens des Habsburg, elle avait essayé de se servir du roi de Prusse pour réaliser plus facilement son programme et de le séduire par des offres qu'elle se croyait presque certaine de lui faire accepter.

C. P. 919. — *Au ministre d'État comte de Podewils, à Breslau.*
(*Du Secrétaire du Cabinet.*)

Glogau, 10 juillet 1742.

Après avoir pris connaissance du rapport ci-inclus du comte de Podewils, de la Haye, en date du 3 de ce mois, Sa Majesté ordonne qu'on fasse de suite savoir à ce ministre que : « L'on ne devra jamais donner au comte Stair le moindre espoir d'entraîner le Roi dans une guerre offensive contre la France, vu que jamais il ne prendra d'engagements de ce genre. Le comte de Podewils devra déclarer au comte Stair avec la plus grande douceur, avec la plus irréprochable politesse, mais en même temps *rondement* qu'on ne saurait songer à une pareille offensive et qu'il est parfaitement inutile d'en faire même l'offre ; que Sa Majesté n'a fait la paix que pour rester neutre et ne plus continuer la guerre ; que Sa Majesté est toute disposée à conclure avec les Puissances Maritimes une alliance défensive, dans laquelle les contractants se garantiraient réciproquement leurs possessions, parmi lesquelles Sa Majesté consentirait à comprendre dans ce cas le Hanovre [1]…….

EICHEL.

Quelques jours plus tard, ce n'était plus indirectement lord Stair à la Haye, c'était directement Hyndford à Breslau qui saisaissait Podewils de la question.

[1] La dernière phrase de cette note avait trait à Jägerndorf, à l'espoir qu'avait encore le Roi de voir la cour de Vienne céder sur ce point.

C. P. 923. — *Au ministre d'État comte de Podewils, à Breslau.*

Charlottenbourg, 14 juillet 1742.

Podewils mande de Breslau, 11 juillet, qu'Hyndford lui a déclaré : « Que le roi d'Angleterre est non seulement prêt d'entrer dans une alliance défensive avec Votre Majesté, mais qu'il donnerait aussi, en cas que la France dût entreprendre la moindre chose contre les provinces de Clèves et de Westphalie, toute l'assistance et tout le secours imaginables, dès qu'il en serait requis par Votre Majesté et que même ce Prince, pour ne pas perdre de temps, a déjà donné ordre de former un camp de vingt escadrons et de dix bataillons de ses troupes d'Hanovre. En cas de besoin, l'armée anglaise de Flandre serait mise à la disposition du Roi et lord Stair solliciterait le concours et l'aide de la République de Hollande. »

Faire un accueil obligeant à ces offres des Anglais et les en remercier très chaudement, quoique je ne croye pas que la France veuille rien entreprendre contre moi. Pour ce qui est de l'alliance défensive, nous la devons faire au plus vite et ne pas perdre une minute pour y travailler. Quant aux Hollandais, on peut rédiger l'instrument de façon qu'ils accéderont à ce traité d'alliance défensive et de garantie.

Toujours prudent, toujours prêt à prodiguer les cajoleries, tenant par-dessus tout à se ménager les moyens de reprendre plus tard les conversations qu'il jugeait inutile d'engager ou de continuer pour le moment, Frédéric n'avait pas manqué d'exprimer, quarante-huit heures plus tard, sa reconnaissance à George II, puis de remercier dans les termes les plus gracieux lord Stair des ouvertures qu'il avait été chargé de lui faire.

C. P. 926. — *Au roi de la Grande-Bretagne, à Londres.*

16 juillet 1742.

Monsieur mon Frère,

Je ne puis m'empêcher de remercier Votre Majesté de la façon obligeante dont il Lui a plu de s'employer, par Sa médiation, pour moyenner ma paix avec la reine de Hongrie. Cette marque d'amitié de Votre Majesté m'est d'autant plus sensible que je m'y étais toujours attendu de Sa part. Je souhaite de tout mon cœur d'avoir une occasion assez favorable pour Lui en témoigner ma reconnaissance et pour Lui donner des marques de l'estime infinie et de tous les sentiments avec lesquels je suis, Monsieur mon Frère, de Votre Majesté le très bon et fidèle frère.

Fédéric.

C. P. 930. — *Au comte de Stair, ambassadeur de la Grande-Bretagne, à la Haye.*

Berlin, 18 juillet 1742.

Milord,

J'ai vu avec une satisfaction des plus sensibles par la lettre, que vous m'avez écrite en date du 5 de ce mois, les offres obligeantes qu'il a plu à Sa Majesté Britannique de me faire du secours de ses troupes, au cas que mes États fussent attaqués.

Bien que jusqu'ici il n'y ait guère d'apparence qu'on en veuille venir à des hostilités contre moi, je ne laisse pas de reconnaître, comme il faut, l'attention que Sa Majesté Britannique témoigne en cette rencontre pour ma sûreté et pour mes intérêts et je lui en ai tout autant d'obligation que si le danger était des plus pressants.

Je ne manquerai non plus de répondre avec toute la cordialité imaginable à des avances aussi obligeantes. L'amitié de Sa Majesté Britannique m'est et me sera toujours d'un prix infini, ne désirant rien avec plus d'ardeur que de vivre constamment avec elle dans l'union la plus étroite. Et comme Ses intérêts ne me sont pas moins chers que les miens propres, je me prêterai avec plaisir à tous les engagements qu'on jugera nécessaires et convenables pour la défense et la conservation réciproque de nos États, et il ne tiendra pas à moi que l'alliance défensive entre nous ne soit conclue sans délai.

C'est de quoi vous pouvez assurer positivement le Roi votre maître. Au reste je me flatte, Milord, que vous voudrez bien continuer à prendre mes intérêts à cœur, comme vous l'avez fait jusqu'ici à ma grande satisfaction. Vous ne devez pas douter un moment de ma vive reconnaissance, de la justice que je rends à vos grands mérites et de l'estime distinguée avec laquelle je suis, Milord, votre très affectionné ami.

FRÉDÉRIC.

Pour tentantes qu'elles fussent, Frédéric ne s'était pas laissé aveugler par « ces offres obligeantes ». Quelles qu'aient pu être les raisons secrètes qui dictèrent au Roi cette conduite, le fait en lui-même est certainement trop grave et trop caractéristique pour qu'il soit possible de le passer sous silence.

Fidèle à cette politique égoïste qui nous a fait tant de mal, l'Angleterre, tout comme Frédéric de son côté, se souciait peu des intérêts des autres, et cette fois encore elle ne songeait qu'au profit personnel qu'elle comptait tirer de cette coalition ourdie en silence, de cette coalition dont elle était l'âme, dont elle aurait tenu tous les fils entre ses mains et dans laquelle elle se proposait de faire jouer à chacun de ses alliés le rôle qui servait le mieux ses projets, de cette coalition qui aurait permis à Carteret d'assouvir sans trop grands risques « la haine implacable qu'il avait jurée à tout ce qui portait le nom français [1] ».

Frédéric avait vu clair dans le jeu de Carteret « Vous voyez, écrit-il à Podewils un mois plus tard [2], que l'unique intention qu'aient les Anglais est de nous rendre irréconciliables avec les Français. » Et il ajoute : « Puisque par ma paix les mains me sont liées, je ne puis me mêler de rien et du grand jamais le ministère anglais ne doit se flatter de m'entraîner dans une guerre contre la France. »

---

[1] FRÉDÉRIC II, *Histoire de mon temps,* chapitre v.

[2] *Correspondance politique,* 958, Podewils. Berlin, 17 août 1742. Cf. *ibidem,* 968, au même. Clèves, 28 août 1742, le très intéressant rapport que le ministre à la Haye, le comte O. de Podewils fait de l'audience que Frédéric lui accorda le 26 août, rapport que j'ai dû renoncer à reproduire à cause de sa longueur.

Il n'a pas changé d'idée quelques mois plus tard, et lorsque le 16 novembre[1], Podewils lui soumet la pièce, qui permettra à Andrié de présenter le traité d'alliance défensive avec l'Angleterre[2] à la signature de George II, il ne peut s'empêcher de donner libre cours à ses sentiments et d'écrire en marge du rapport de Podewils ces quelques mots qui le peignent bien : « *Je fais cette alliance à contre-cœur et s'ils ne me satisfont pas sur mes intérêts et qu'ils n'entrent pas dans mes idées, ils en seront les dupes. — Fr.* »

Quoique certaine (il n'était plus possible d'en douter après les derniers mots par lesquels se terminait l'une des dépêches que le roi adressa le 14 juillet à Podewils[3]), la paix tardait cependant quelque peu à être signée. Hyndford n'était pas encore revenu de sa tournée du côté de Jägerndorf, et ce fut seulement à son retour que les plénipotentiaires se réunirent de nouveau le 17 juillet et que, l'entente n'ayant pu s'établir, Podewils, exécutant les ordres de son souverain, leur proposa de se rendre avec lui à Berlin. Hyndford y consentit de suite, et d'autant plus facilement qu'il craignait de voir les choses traîner en longueur et qu'il savait de plus que le Roi comptait partir, le plus tôt qu'il lui serait possible, pour aller prendre les eaux à Aix-la-Chapelle. Kannegiesser fit habilement mine de se faire tirer l'oreille, bien décidé, et d'ailleurs autorisé par son gouvernement, à se rendre n'importe où, plutôt que de laisser à lord Hyndford le soin de plaider la cause de l'Autriche. Rien ne servait mieux les projets du Roi que cet arrêt forcé qu'allait faire subir aux négociations le petit voyage des plénipotentiaires. Il n'avait rien eu de plus pressé que de mettre ces quelques jours à profit pour renouer des relations personnelles avec le grand-duc de Toscane. En lui rappelant l'amitié qui les liait jadis à Berlin, il avait eu soin de lui dire, espérant le toucher et l'attendrir par cette phrase bien significative : « Ce n'est pas un des moin-

---

[1] *Correspondance politique*, 1011, à Podewils. Berlin, 16 novembre 1742.
[2] Le traité fut signé le 18 et le 29 novembre.
[3] *Ibidem*, 921, à Podewils. Charlottenbourg, 14 juillet 1742.

dres motifs du contentement que me donne la paix de pouvoir vous écrire. J'ai même toujours cru entrevoir qu'au travers des troubles de la guerre vous distinguiez le personnel du politique [1]. »

Frédéric ne s'en était pas tenu là. Il avait habilement profité de cet entr'acte pour montrer les dents à la Saxe et charger Le Chambrier de fournir au Cardinal des preuves de la duplicité de la cour de Dresde.

C. P. 933. — *Au conseiller de Légation d'Ammon, à Dresde.*

Potsdam, 23 juillet 1742.

Je viens d'être averti, d'une manière à ne pas pouvoir douter de la vérité du fait, que la cour de Saxe a non seulement communiqué à la cour de Vienne une lettre que je dois avoir écrite à l'Empereur et qu'elle y a ajouté des réflexions assez odieuses, mais qu'aussi ses ministres à la cour de France et de l'Empereur tâchent d'insinuer là que, quelque bonne volonté que le roi de Pologne eût eu d'agir de concert avec la France et l'Empereur et de faire marcher ses troupes pour se joindre aux Français qui sont en Bohême, il était néanmoins fâché de ne pouvoir satisfaire à ses engagements, parce que j'avais fait connaître au roi de Pologne que je m'étais rendu garant auprès de la cour de Vienne qu'il n'y aurait aucunes troupes saxonnes en Bohême, seize jours après que le roi de Pologne aurait été informé de mon accommodement fait avec la reine de Hongrie, et que j'aurais fait parler d'une manière dure et impérieuse à ce Prince sur ce que je voudrais qu'il fût.

Il serait bien superflu de détailler la fausseté de toutes ces insinuations à vous qui êtes au fait de tout ce qui s'est passé par rapport à la cour de Saxe, depuis le temps que j'ai fait ma paix avec la reine de Hongrie. Néanmoins, comme il est bien désagréable de se voir noirci par des choses si controuvées, par les ministres d'une Cour qui me fait faire mille protestations d'amitié et de l'union dont elle veut vivre avec moi, mon intention est d'en parler d'une manière polie et convenable au comte de Brühl, en lui déclarant ma surprise de ce qu'on agit avec moi d'une manière si peu amiable, pendant que j'ai la meilleure volonté du monde de leur être utile à quelque chose par mes

---

[1] *Correspondance politique*, 931, au grand-duc de Toscane. Charlottenbourg, 21 juillet 1742.

bons offices et que cela m'obligerait à la fin de ne plus me mêler ni en noir ni en blanc de leurs affaires.

Vous aurez soin de bien observer la contenance que le comte de Brühl tiendra, pendant que vous lui parlerez et j'attends votre rapport de tout ce qu'il vous aura dit là-dessus[1].

Fédéric.

C. P. 934. — *Au conseiller baron Le Chambrier, à Paris.*

Potsdam, 23 juillet 1742.

Bien que je me sois toujours douté que la cour de Saxe n'oublierait rien pour se blanchir à mes dépens, auprès du Cardinal, de ce qu'elle n'a point satisfait à ce qu'elle a promis à la France, néanmoins je n'aurais pas cru que sa mauvaise foi pourrait aller si loin que de vouloir insinuer au Cardinal, selon ce que vous me mandez dans votre relation du 13 de ce mois, que j'aurais fait connaître à cette Cour que je m'étais rendu garant auprès de la cour de Vienne qu'il n'y aurait aucunes troupes saxonnes en Bohême, seize jours après que le roi de Pologne aurait été informé de mon accommodement avec la reine de Hongrie, comme aussi que j'avais fait parler au roi de Pologne d'une manière dure et impérieuse.

J'avoue que j'ai été frappé d'une si insigne malice, et quoique je puisse mépriser des mensonges si grossiers, néanmoins je crois qu'il est nécessaire que vous preniez occasion pour assurer au Cardinal que, quant au premier point, il est absolument faux et controuvé que je me sois rendu garant vers la reine de Hongrie qu'il n'y aurait plus de troupes saxonnes en Bohême; que les articles préliminaires de ma paix avec la reine de Hongrie sont à présent rendus publics et que jamais on n'a stipulé autre chose là-dessus que ce qui est contenu dans l'article 11, c'est-à-dire qu'on est convenu de comprendre dans ces préliminaires de paix le roi d'Angleterre, la Russie, le roi de Danemark, les États-généraux, la maison de Wolfenbüttel et le roi de Pologne en qualité d'électeur de Saxe, à condition que dans l'espace de seize jours après la signature de ses préliminaires il retirât ses troupes de l'armée française et de la Bohême.

Vous pouvez assurer au Cardinal de la manière la plus positive que

---

[1] La cour de Dresde répondit à cette démarche par une circulaire en date du 4 août qu'elle adressa à toutes ses légations.

je n'ai point pris d'autres engagements que ce qui est contenu littéralement dans les susdits articles préliminaires.

Quant au second point, le Cardinal ne sait que trop qu'aussi souvent que la cour de France m'a voulu faire parler d'un ton un peu haut avec mes voisins, je l'ai toujours refusé, en remontrant que ce n'était point à moi à parler d'une manière décisive et hautaine à mes voisins. Après ma paix faite, j'ai agi sur le même principe et je défie la cour de Saxe de pouvoir soutenir que je lui ai fait parler sur un ton impérieux.

Ce n'est point pour me disculper auprès du Cardinal que je vous mande ceci, mais seulement pour lui faire voir la mauvaise foi et la duplicité de la cour de Saxe qui, en même temps qu'elle cherche avec empressement mon amitié, tâche de me noircir si indignement auprès de la cour de France. Vous ne manquerez point d'expliquer tout cela au Cardinal d'une manière convenable et j'attendrai votre rapport quelle impression cela aura fait sur l'esprit du Cardinal.

FÉDÉRIC.

Trois jours plus tard, le 26 juillet, Hyndford et Kannegiesser remettaient un nouveau traité à Podewils. auquel Hyndford fit savoir en particulier que lord Carteret invitait le Roi à en finir au plus vite. Cette communication, insignifiante en elle-même, suffit pour démontrer au ministre qu'il ne fallait plus compter sur l'Angleterre pour exercer une pression sur l'Autriche et essayer de l'amener à céder Jägerndorf. Il envoya par suite le jour même au roi, à Potsdam, le projet en seize articles, plus un article additionnel élaboré par Hyndford et Kannegiesser, que Frédéric renvoya le lendemain avec ces mots [1] : « Très bien! J'approuve tout, sous réserve des quelques additions que j'ai faites moi-même ou que j'ai jugé bon de faire faire... »

Rien ne s'opposait plus à la signature du traité et le soir même (27 juillet), Podewils tint avec Hyndford et Kannegiesser une dernière conférence, dans laquelle il tenta vainement, et pour la forme, d'arracher encore quelques concessions. La chose était d'autant plus impossible que le Roi lui-même l'avait autorisé à céder sur le point qui lui tenait le plus à cœur, Jägerndorf,

---

[1] *Correspondance politique*, 936, à Podewils. Potsdam, 27 juillet 1742.

en mettant en marge ces mots : « J'approuve cet article, puisqu'il n'y a pas moyen de faire autrement ».

Frédéric regretta d'autant moins « cette concession qu'elle lui servit d'argument, ou plutôt de prétexte pour justifier les raisons qu'il crut avoir de déclarer en 1744 la guerre à la reine de Hongrie[1]. »

Il serait trop long, et de plus inutile, de relever ici les dernières discussions de détail, auxquelles donna lieu la rédaction définitive des différents articles du traité de Berlin. Je me bornerai toutefois à dire seulement quelques mots de la discussion, quelque peu puérile, qui s'engagea lors de la rédaction de l'article 13 à propos du titre de *duc souverain de Silésie* que, tout en abandonnant cette province au roi de Prusse, Marie-Thérèse tenait à conserver pour elle et ses héritiers.

Lorsque la question lui fut soumise pour la première fois, le 8 juillet, Frédéric avait commencé par répondre : « Je me f... des titres pourvu que j'ai le pays[2]. »

Mais lorsqu'il s'agit de signer, il changea d'idée et mit en marge du projet la note suivante : « Il faut le correctif de souveraine duchesse *en* Silésie, mais pas *de la* Silésie. On pourrait, pour éviter ces inconvénients, leur proposer d'incorporer leur Silésie avec la Moravie, pour que les titres mêmes ne pussent réveiller des chicanes, mais après tout ce sont des coyonneries[3] ».

Sur ce point encore, Podewils dut céder : « On n'a absolument pas voulu admettre, écrivait-il au Roi, le 28 juillet, le correctif touchant le titre de souverain duc de Silésie, provoquant à

---

[1] *Correspondance politique*, III, 1341, février 1744 (articles qui donnent lieu aux justes appréciations que le Roi doit avoir des desseins pernicieux de la reine de Hongrie et du roi d'Angleterre) et *Histoire de mon temps*, chapitre IX. « Pourquoi par la paix de Breslau la reine de Hongrie s'est-elle si obstinément opiniâtrée à se réserver les hautes montagnes de la Haute-Silésie qui sont d'un si modique rapport ? Certainement l'intérêt n'y a aucune part. J'y découvre un autre dessein : c'est de se conserver, par la possession de ces montagnes, des chemins avantageux pour s'en assurer l'entrée, lorsqu'elle le jugera à propos. »

[2] *Ibidem*, 918, à Podewils. Breslau, 8 juillet 1742.

[3] *Ibidem*, 936, à Podewils. Potsdam, 27 juillet 1742.

l'exemple de la Suède, par rapport au titre de duc de Poméranie pour un petit bout que les Suédois tiennent de cette province. »

Le 28 juillet au soir, après deux mois de négociations les trois plénipotentiaires signèrent enfin le traité définitif de Berlin. Quinze jours plus tard, le 13 août, on procéda à l'échange des ratifications [1].

On trouve à toutes les époques de l'histoire un certain nombre d'événements auxquels, pour des raisons qu'il est pour la plupart du temps impossible de découvrir, on se refuse à prêter l'attention qu'ils méritent à tous égards, et dont on daigne à peine s'occuper malgré l'indéniable gravité de leurs conséquences et en dépit de l'état de choses auquel ils ont donné naissance. C'est à cette catégorie de faits historiques qu'appartiennent sans l'ombre d'un doute les préliminaires de Breslau et la paix de Berlin. Et cependant la signature de ce traité, la dissolution de l'alliance, la cession définitive de la Silésie marquent le point de départ d'une ère nouvelle, l'apparition sur la scène du monde d'un nouveau facteur, d'une puissance à peine née de la veille et qui, non contente d'affirmer de plus en plus son existence, va à partir de ce moment poursuivre, avec une incroyable persévérance, avec un incomparable esprit de suite, mais aussi avec un manque absolu de scrupules, la réalisation de ses projets ambitieux. Frédéric II avait seul vu juste, seul bien jugé la situation lorsque, le 26 octobre 1740, au lendemain de la mort de l'Empereur, il écrivait à Voltaire : « Mon affaire de Liège est toute terminée ; mais celles d'à présent sont de bien plus grande conséquence pour l'Europe. *C'est le moment du changement total de l'ancien système de politique.* »

Il suffit en effet de jeter un rapide coup d'œil sur les événements des années 1741 et 1742, sur le traité qui mit fin à la première guerre de Silésie pour se rendre un compte exact de la portée considérable, de l'effrayante répercussion des faits qu'on

[1] Cf. Major Z..., *op. cit.*, p. 262-266.

venait de consacrer à Breslau et à Berlin. A la rivalité entre les maisons de Hohenzollern et de Habsbourg, à cette rivalité qui s'était manifestée pour la première fois du temps du Grand Électeur, à cette rivalité que l'Autriche croyait avoir fait disparaître à tout jamais en accordant une couronne royale à l'électeur de Brandebourg, avait succédé, dès la mort de Charles VI, un antagonisme froid et raisonné, une opposition systématique qui avait donné la première preuve de sa force lors de l'élection de Charles VII. A partir de ce moment, l'existence du Saint-Empire Romain est à tout jamais compromise. La diète de Francfort-sur-le-Main, en préférant l'électeur de Bavière au grand-duc de Toscane, a enregistré d'une façon retentissante l'éclosion d'une rivalité politique inconnue jusque-là et qui va durer plus d'un siècle. Elle a vu se jouer devant elle le prologue du grand drame dont le dernier acte se dénouera cent vingt-quatre ans plus tard dans ces mêmes plaines de Königgrätz que dès 1742 Frédéric II avait vainement tenté de se faire attribuer.

A partir de ce moment aussi, avant même que Frédéric n'ait eu la possibilité de souder entre eux les morceaux épars des États dont il a hérité, de leur donner une cohésion forte et réelle, de se rendre maître de toute l'Allemagne du Nord depuis les monts de Bohême jusqu'à la Baltique, la Prusse ignorée, presque inconnue et méprisée, est devenue une puissance dont l'influence a déjà réussi à se faire sentir en Allemagne, mais dont le rayon d'action et la force vont s'étendre et s'augmenter encore à la suite de l'annexion de la Silésie.

Comme l'a si justement établi M. Lavisse[1], « la paix de Westphalie, en donnant à la Prusse sur la route de l'Elbe au Rhin quelques territoires qui marquaient des étapes, lui avait donné mieux encore : *l'impuissance de l'Allemagne*. L'anarchie allemande lui laissait le champ libre. Nécessité d'agir, liberté d'agir, voilà les deux causes de la fortune prussienne. »

Ce n'est pas seulement en Allemagne que la Prusse, « passée

---

[1] Ernest Lavisse, *Trois Empereurs d'Allemagne*, chap. Ier.

grande puissance en demeurant petit État », élèvera désormais la voix à tout instant, à tout propos. Le nouveau royaume a marqué sa place dans les conseils de l'Europe ; il est devenu un des facteurs les plus essentiels, les plus considérables de la politique européenne. Dix-huit mois avaient suffi à Frédéric II pour la conquête, non seulement de la Silésie, mais d'une situation qui modifiait du tout au tout les assises déjà bien instables et bien fragiles de l'équilibre européen.

Comme il se complaît lui-même à le dire à la fin du chapitre vi de l'*Histoire de mon temps*, « le trésor que le feu roi avait laissé se trouva presque épuisé ; mais c'est acheter à bon marché des États quand il n'en coûte que 7 à 8 millions. » Le succès ne grise pas *le méchant homme de Berlin*. Toujours froid, toujours méthodique, il se rend un compte exact des causes de ses succès. « Les conjonctures, dit-il, secondèrent surtout cette entreprise. Il fallut que la France se laissât entraîner dans cette guerre, que la Russie fût attaquée par la Suède, que par timidité les Hanovriens et les Saxons restassent dans l'inaction ; que les succès fussent ininterrompus et que le roi d'Angleterre, ennemi des Prussiens, devînt malgré lui l'instrument de leur agrandissement. Ce qui contribua le plus à cette conquête fut une armée, qui s'était formée pendant vingt-deux ans par une admirable discipline et supérieure au reste du militaire de l'Europe, des généraux vrais citoyens, des ministres sages et incorruptibles et enfin un certain bonheur qui accompagne souvent la jeunesse et se refuse à l'âge mûr... Réellement, ce n'est que la fortune qui décide de la réputation ; celui qu'elle favorise est applaudi ; celui qu'elle dédaigne est blâmé. »

Il m'a paru d'autant plus intéressant de reproduire ici ces phrases écrites par Frédéric II quelques années après les événements, qu'elles ne sont en somme que la réédition, la paraphrase des idées qu'il avait exposées à Podewils le jour même où son ministre lui faisait tenir le traité de paix[1].

[1] *Correspondance politique*, II, 905, à Podewils. Camp de Kuttenberg, 23 juin 1742.

Le Roi, on l'a vu, ne se fait pas d'illusions; il ne croit pas à la durée de cette paix qu'il vient de conclure pour son compte [1]. Dès le lendemain de la signature du traité de Berlin, comme le prouvent, entre autres, deux des pièces que nous avons reproduites plus haut, tout en restant dans les meilleurs termes avec l'Angleterre, il a si bien pénétré les projets de lord Carteret, « qui se flatte, dit-il [2], d'engager incessamment la Prusse dans la guerre qu'il méditait contre la France, » qu'il n'a rien de plus pressé que de faire de nouveau des avances à Valory.

C. P. 937. — *Au marquis de Valory, envoyé de France à Berlin.*

Potsdam, 27 juillet 1742.

Monsieur,

Votre lettre, en date de Dresde du 21 de ce mois avec l'incluse de M. le Cardinal, vient de m'être rendue, et comme j'ai répondu à celle-ci, je vous adresse ci-jointe ma réponse, ne doutant point que vous aurez soin pour qu'elle arrive à sa destination. J'espère d'avoir bientôt des nouvelles de votre heureuse arrivée à Berlin [3] et je suis avec des sentiments d'estime, Monsieur, votre bien affectionné

Frédéric.

Je suis bien aise que vous reveniez à Berlin et que vous ne fassiez pas le loup-garou avec vos anciens amis qui vous estiment toujours également.

C'était à ce billet, qu'était jointe l'étrange lettre, datée du jour même où Podewils allait apposer sa signature sur le traité de paix. Non content d'essayer de justifier une fois de plus sa conduite à l'égard de la France, il osait déclarer au Cardinal, en lui affirmant que « *l'Autriche ne pourrait jamais oublier ni la*

---

[1] *Correspondance politique*, II, 919, à Podewils. Glogau, 10 juillet; 923, au même. Charlottenbourg, 14 juillet, et 958, Berlin, 17 août 1742.

[2] Frédéric II, *Histoire de mon temps*, chap. VII.

[3] Valory était à ce moment déjà de retour à Berlin depuis près de quarante-huit heures.

Lorraine ni la Silésie », que « *par conséquent nos intérêts seront toujours les mêmes* ».

C. P. 938. — *Au cardinal de Fleury, à Issy.*

Charlottenbourg, 28 juillet 1742.

Monsieur mon Cousin,

Quoique j'aie prévu les suites qu'aurait la dissolution de l'alliance et que j'eusse toujours persisté dans la résolution de remplir mes engagements avec toute la rigidité possible, une enchaînure de fautes, faites par les généraux, tant français que bavarois, en diminuant le nombre de mes alliés, me chargeait d'autant plus du fardeau de la guerre. De plus, le risque devenait de jour en jour plus problématique et la difficulté à réunir les respectifs alliés sur un plan d'opération fixe et praticable m'obligea, après avoir fait toutes sortes de tentations inutiles à la cour de Vienne pour lui arracher quelque partie de ses États en faveur de l'Empereur et de la Saxe, d'accepter les conditions de paix si souvent offertes et tant de fois refusées, ne pouvant seul soutenir à la longue le poids de cette guerre qui semblait tirer en longueur et pour laquelle il aurait fallu des flots de sang répandu et des campagnes nombreuses pour la terminer au gré des parties contractantes.

Je suis persuadé que la maison d'Autriche n'oubliera, tant qu'elle subsistera, ni la Lorraine ni la Silésie, et que par conséquent nos intérêts seront toujours les mêmes. Vous verrez, de plus, par toutes mes démarches que jamais je n'enfreindrai rien contre la renonciation que j'ai faite de mes prétentions sur les duchés de Juliers et de Bergue. J'ai trop d'obligations à la France pour la payer d'une si noire ingratitude et quelques ressorts que l'Angleterre fasse jouer, on ne tirera ni directement, ni indirectement le moindre secours de moi contre la France.

Mon traité de paix sera imprimé; il n'y a point d'article secret et par cette publication toute l'Europe sera convaincue que je n'ai voulu autre chose, sinon me soustraire aux hasards de la guerre et remettre par la paix mes provinces que le tumulte de la guerre avait dérangées.

Je n'ai point pressé le roi de Pologne de faire sa paix. Il lui a simplement été déclaré qu'il dépendait de lui d'accéder à ce traité, à condition qu'il retirerait ses troupes de la Bohême, ce qui veut dire à peu près en termes synonymes : « Si vous voulez faire la paix, ne faites plus la guerre. »

Je ne suis point étonné des discours du public en France. Des gens, qui ne sont pas instruits, ne passent jamais pour juges. La postérité est la seule qui puisse décider de la réputation des princes ; pendant leur vie ils n'ont que des flatteurs et des envieux.

Vous pouvez être persuadé, Monsieur, que j'employerai tout ce que je puis employer pour être utile à l'Empereur, que vous ne trouverez nulle part un zèle semblable pour la gloire de la France et une estime pleine d'amitié et d'admiration pour le véritable Mentor de la France [1], avec laquelle je suis à jamais, Monsieur mon Cousin, votre très fidèle ami et cousin.

Frédéric.

J'aurais dû arrêter ici les nombreux emprunts que j'ai faits à la *Correspondance politique,* mais les cinq dépêches, que j'ai cru devoir ajouter à une série déjà bien longue, m'ont paru présenter tant d'intérêt et mettre si bien en lumière le caractère et les procédés de Frédéric que je n'ai pu résister à la tentation.

C. P. 961. — *Au ministre d'État comte de Podewils, à Berlin.*

Potsdam, 18 août 1742.

Rapport de Podewils, Berlin, 17 août : Il transmet la copie, qui lui a été communiquée par Valory, d'une lettre adressée par le Cardinal à ce dernier et commençant par ces mots : « Il me revient par trop d'endroits que des gens mal

Vous pouvez dire à Valory que je suis charmé de l'effort qu'ils font par la marche de Maillebois ; que je me flatte que cela pourrait encore redresser les affaires de l'Empereur, que je ne leur serai du grand jamais contraire, et que,

---

[1] Frédéric avait assurément oublié ces flatteries, lorsqu'il écrivit le paragraphe suivant du chapitre VII de l'*Histoire de mon temps* : « Ce fut ainsi que se termina cette alliance, où chacun de ceux qui la formaient voulait jouer au plus fin, où les troupes des différents souverains étaient aussi désobéissantes à ceux qui étaient à la tête des armées que si on les avait rassemblées pour désobéir, où les camps étaient semblables aux anarchies, où tous les projets des généraux étaient soumis *à la révision d'un vieux prêtre qui, sans connaissance ni de la guerre, ni des lieux, rejetait ou approuvait, souvent mal à propos, les projets importants dont il devait décider;* ce fut là le vrai miracle qui sauva la maison d'Autriche ; une conduite plus prudente rendait sa perte inévitable. »

intentionnés cherchent à donner des soupçons au roi de Prusse contre nous, etc. [1]. »

pour peu qu'ils eussent des succès, je tâcherai alors de m'employer plus efficacement pour eux et qu'autant que cela dépendait de moi, je les favoriserai, mais que je dois garder beaucoup de ménagement en égard à ma paix, pour qu'on ne puisse rien trouver à redire contre une exacte neutralité. Que j'avoue qu'on débite bien des choses par rapport à la France, par exemple les propositions de La Chétardie en Russie [2], la lettre du Cardinal au comte Königsegg [3], mais que je n'y ajouterai aucune foi et qu'ils verraient par toute ma conduite combien je suis porté pour eux et éloigné de l'enthousiasme anglais et que, s'ils ne m'attaquent pas de vive force, *les Prussiens ne paraîtront pas de ma vie comme leurs ennemis*. Assaisonnez tout cela de tout le miel possible et donnez à cette déclation l'air le plus galant que vous pouvez.

FÉDÉRIC.

[1] Cf. VALORY, *Mémoires*, II, 266.

[2] « J'ai eu la patience, écrit le duc de Broglie (*Frédéric II et Marie-Thérèse*, II, 342) de parcourir la correspondance de La Chétardie et y ai cherché vainement quoi que ce soit qui ressemble à cette étrange imputation (tentative d'unir la Suède et la Russie contre la Prusse). En tout cas, au moment de la conclusion de la paix, le galant ambassadeur ne jouissait déjà plus de la faveur de la souveraine volage qu'il avait placée sur le trône; la médiation qu'il avait offerte était refusée et il se préparait à quitter Saint-Pétersbourg en disgrâce. Frédéric n'avait à concevoir de ce côté aucune crainte sérieuse. »

[3] Fleury au comte de Königsegg. Versailles, 11 juillet. Lettre dans laquelle le cardinal, lui parlant de l'alliance avec la Prusse, s'élevait contre « *une ligue qui était si contraire à mon goût et à mes principes* ».

C. P. 976. — *Au cardinal de Fleury, à Issy.*

Magdebourg, 12 septembre 1742.

Monsieur mon Cousin,

Il est fort difficile de répondre à la lettre que vous m'avez fait le plaisir de m'écrire. Je ne puis entrer dans un détail des raisons qui m'ont obligé de faire la paix avant mes alliés sans exposer des faits qui vous seraient désagréables. Je veux ne point croire des choses à demi prouvées; je veux même tâcher de me persuader que je me suis abusé sur bien des sujets et, en général, je crois que ce qui nous reste de mieux à faire à tous les deux, c'est de garder un parfait silence sur le passé et de penser à l'avenir.

Vous ne trouverez premièrement point que j'aie fait un mauvais usage de la confiance que vous avez eue en moi, et je vous assure que personne au monde ne sera instruit de ce qui s'est passé entre nous. Vous pouvez de même être persuadé que je n'agirai jamais ni directement ni indirectement contre les intérêts du roi de France; mais j'espère en revanche que votre Cour se trouve dans les mêmes principes, sans quoi je me verrais forcé de changer de conduite.

Ni les offres avantageuses de la reine de Hongrie, ni les nouvelles propositions des Anglais n'ont pu m'arracher la moindre démarche contraire à la neutralité que j'ai embrassée [1]. Je ne changerai point de conduite et je crois que cette conduite est aussi avantageuse au Roi Très Chrétien dans les circonstances présentes que pourrait lui être mon assistance formelle; et cela même doit vous répondre de la droiture de mes intentions et de l'attachement que je conserve pour mes anciens alliés.

Tout ce que peut dire contre moi un monde volage, ignorant et peu instruit, ne m'embarrasse guère. Il n'y a que la postérité qui juge les rois. Peut-on me rendre responsable de ce que le maréchal de Broglie n'est pas un Turenne? Je ne puis d'un chat-huant faire un aigle. Peut-on m'accuser que je ne me batte vingt fois pour les Français? Ç'aurait été l'ouvrage de Pénélope, car il était réservé à M. de Broglie de détruire ce que les autres avaient édifié. Peut-on m'accuser de faire la paix pour ma sûreté, lorsqu'au fond du Nord on en négociait une qui allait à mon détriment [2]; et, en un mot, peut-on m'accuser

---

[1] Cf. *ibidem*, 958, à Podewils. Potsdam, 17 août 1742.

[2] *Ibidem*, 942, au ministre d'État baron de Mardefeld, à Moscou. Berlin, 31 juillet 1742, et *ibidem*, 949, à Podewils. Potsdam, 6 août 1742, et l'extrait

d'avoir si grand tort de me tirer d'une alliance que celui qui gouverne la France avoue d'avoir contractée à regrets[1]? Un ministre sent le poids de ces raisons, mais ce n'est pas à la multitude d'en juger.

Je regrette d'ailleurs véritablement que le temps ait du pouvoir sur certaines personnes qu'il devrait respecter. Les hommes aimables et les grands hommes devraient être exemptés de la loi commune. Je ne puis me consoler de ne vous avoir pas connu personnellement; c'est une chose que je me reprocherai toute ma vie. Je vous prie, Monsieur, de me conserver les bons sentiments que vous avez à mon égard et je vous assure que je suis, sans la moindre rancune, avec toute l'estime et toute l'amitié possible, Monsieur mon Cousin, votre très parfait ami et cousin.

FÉDÉRIC.

C. P. 982. — *Au cardinal de Fleury, à Issy.*

Breslau, 19 septembre 1742.

MONSIEUR MON COUSIN,

J'espère que vous serez à présent convaincu par ma conduite de la sincérité de mes sentiments envers la France. Je vous assure que je continuerai constamment de même et je me flatte que ma neutralité vous sera aussi utile que l'eût été une assistance réelle. Vous ne devez point appréhender que les insinuations malignes, ni que des perspectives d'intérêt puissent en rien altérer ou changer le parti que j'ai pris. Je hais le fanatisme en politique comme je l'abhorre en religion. Uniquement occupé du bonheur des peuples soumis à ma domination, j'entretiendrai la bonne union avec mes anciens alliés également comme avec mes voisins, me fondant sur les assurances réitérées et positives, que m'a faites encore M. de Valory, que vous étiez, Monsieur, constamment dans les principes d'entretenir l'union et la bonne intelligence entre nos Cours respectives et d'éviter tout ce qui pourrait y mettre un empêchement, ni me donner de l'ombrage ou me causer de justes soupçons.

suivant de la dépêche de Mardefeld, de Moscou, 16 juillet : « L'idée de la France de proposer à la Suède Stettin avec son territoire en guise d'équivalent pour la satisfaction que la cour de Stockholm demande à la Russie, tout chimérique que cet expédient m'a paru, n'a pas laissé d'être proposé à la Cour d'ici..... Il est avéré que le marquis de La Chétardie remue ciel et terre pour disposer l'Impératrice à faire la paix *quovis modo* avec la Suède pour faire une ligue contre Votre Majesté et ses alliés. »

[1] Cf. page 552, note 3 à la pièce précédente 961.

Je me flatte que, connaissant mes sentiments, vous rendrez justice à l'amitié et à l'estime infinie avec laquelle je ne cesserai d'être, Monsieur mon Cousin, votre bon cousin et fidèle ami.

FÉDÉRIC.

C. P. 998. — *Au marquis de Valory, envoyé de France à Berlin.*

Potsdam, 21 octobre 1742.

Monsieur,

J'ai été sensiblement touché de la marque d'amitié et de confiance, que le Roi votre maître me témoigne, et de la communication qu'il daigne me faire de ses idées sur une pacification générale.

Né prince allemand, je me sens tous les sentiments d'un bon patriote et d'un bon citoyen envers ma patrie, ce qui m'attache, outre mon inclination naturelle, à la personne et aux intérêts de l'Empereur. Je déplore la situation de l'Empire et je désirerais, autant que l'Empereur, de lui procurer une paix salutaire. Mais ce n'est pas l'ouvrage d'un prince neutre; il n'est que les parties belligérantes qui puissent l'effectuer et je ne doute pas que l'Empereur, fortifié du puissant appui de la France, ne sorte de cette guerre à sa satisfaction et d'une façon qui lui soit honorable. Vous savez, Monsieur, que ce n'est point par les négociations qu'on fait fléchir la cour de Vienne, mais par des batailles gagnées.

Je ne doute point, vu la supériorité du maréchal de Maillebois, qu'il ne soit en état de faciliter les négociations de votre ministère. J'applaudirai à votre gloire et je prendrai toute la part aux succès de l'Empereur qu'un frère doit prendre au bonheur de son frère. Je n'ai que les bons offices à vous offrir; mais que peuvent les bons offices contre la haine, la vengeance, l'ambition, l'intérêt et toutes les passions des princes?

Vous pouvez être persuadé, Monsieur, que je ne ferai jamais mauvais usage de la confiance que votre Cour me témoigne et j'espère qu'elle verra par ma façon d'agir que je suis toujours dans la constante résolution de cultiver l'amitié du Roi, votre maître, autant qu'il dépendra de moi, de quoi je vous prie de l'assurer et de me croire avec bien de l'estime, Monsieur, votre bien affectionné.

FÉDÉRIC.

C. P. 1001. — *Au cardinal de Fleury, à Issy.*

Berlin, 28 octobre 1742.

Monsieur mon Cousin,

Les soins, que vous prenez pour me désabuser sur les soupçons que j'ai eus sur la conduite du marquis de La Chétardie, doivent me suffire. Je n'entre point dans l'examen du passé, sur ce qui peut s'être négocié à Pétersbourg ou sur ce qui s'est pu débiter à Rome [1], et voyant la volonté qu'a le roi de France de cultiver les liens qui subsistent entre nous, je puis vous assurer que j'y répondrai toujours sincèrement. Oublions, Monsieur, de part et d'autre tous les sujets de mécontentement que nous pouvons avoir eus et, ouvrant les yeux sur nos véritables intérêts, ne soyons occupés qu'à bien vivre ensemble.

Je suis dans la ferme persuasion que ce doit être notre objet réciproque. Je puis vous assurer, Monsieur, que je ne le perdrai jamais de vue et que, dans toutes les occasions où je pourrai me trouver en liberté de vous en donner des marques, je ne le négligerai certainement point.

Je me borne, en attendant, à faire des vœux pour tout ce qui peut être à l'avantage du Roi, votre maître, et pour le bien de l'Empereur.

Vous ne trouverez pas étrange, Monsieur, si en même temps je m'intéresse à votre conservation avec autant d'affection qu'un ami. Deux ans de correspondance valent bien une année de commerce, et peu de moments de commerce vous doivent gagner les cœurs. Je suis avec toute l'estime imaginable, Monsieur mon Cousin, votre fidèle ami et cousin.

Fédéric.

[1] Rapport de Cataneo, de Venise, 27 juillet : « On prétend que le cardinal avait donné sa parole au Pape, par le moyen du cardinal de Tencin, qu'il travaillerait pour qu'à la paix générale la Silésie ne restât point entre les mains du roi de Prusse et que cet illustre et puissant chef des protestants ne fût plus en état de se faire craindre en Allemagne. Qu'à cette fin, il ne demandait que le temps de conduire la reine Thérèse à la cession de la Bohême à l'Empereur et au roi Auguste, dont il la revancherait sans doute. Il priait aussi le Pape de donner les mains à cette intrigue, l'y poussant par un esprit d'un horrible Catholicisme. La personne, dont je tiens cette anecdote, me veut persuader que le Pape avait trop de religion et d'honnêteté pour tremper là-dessus, et qu'il refusa même d'en rien communiquer à son nonce Doria. »

Le roi de Prusse, on n'en saurait douter, avait froidement, mais sainement envisagé la situation. Il était évident et certain pour lui que tout était loin d'être définitivement tranché par le traité qui venait de mettre fin à la Première Guerre de Silésie. S'il était bien décidé à s'assurer par tous les moyens en son pouvoir la possession de la belle et riche province qu'on lui avait cédée, il sentait aussi que Marie-Thérèse, tout en respectant la parole donnée et le traité sur lequel elle venait d'apposer sa signature, n'était pas femme à renoncer à tout jamais à l'espoir de reprendre cette Silésie, qu'elle considérait, à juste titre, comme l'un des plus beaux joyaux de sa couronne. Frédéric, loin de s'endormir dans une sécurité trompeuse, loin de profiter de cette tranquillité momentanée, « loin de s'amollir, en tira parti pour rétablir ses finances, pour affermir la discipline et augmenter les effectifs de son armée. Plus la guerre durait, plus la maison d'Autriche épuisait ses ressources ; plus la Prusse restait en paix, plus elle acquérait de forces. La chose la plus difficile dans ces conjonctures était de maintenir tellement la balance entre les parties belligérantes que l'une ne prît pas trop d'ascendant sur l'autre. Il fallait empêcher que l'Empereur ne fût détrôné et que les Français ne fussent chassés d'Allemagne et, quoique les voies de fait fussent interdites aux Prussiens par la paix de Breslau, ils pouvaient par les *intrigues* parvenir aux mêmes fins que par les armes [1] ».

Comme Frédéric l'avait compris, prévu, deviné, Marie-Thérèse n'avait consenti à désarmer le roi de Prusse, à sacrifier la Silésie tout entière que pour sauver la Bohême et pour pouvoir recouvrer son entière liberté d'action. Il ne s'agissait plus maintenant pour elle de défendre les droits qu'elle tenait de la Pragmatique Sanction, mais de reprendre énergiquement l'offensive sur toute la ligne, de chasser les Français de la Bohême,

---

[1] Frédéric II, *Histoire de mon temps*, chap. vii. Cet aveu ne suffisait pas, paraît-il, à Frédéric, puisqu'il ajoutait plus loin : « C'était une guerre sourde que je faisais à la reine de Hongrie. Je lui suscitais des ennemis où je le pouvais ». (Cf. *Histoire de mon temps. Publicationen aus den Prussischen Staats-Archiven*, IV, 305.)

d'abattre l'orgueil de Charles VII, de conquérir la Bavière, enfin d'arracher, par la victoire et grâce à l'appui que l'Angleterre ne pouvait refuser de prêter à ses revendications, une compensation suffisante pour l'indemniser, au moins momentanément, de la perte de la Silésie.

Ce résultat, Marie-Thérèse était sur le point de l'atteindre au moment où, à la fin de juillet 1744, Frédéric, « ne trouvant plus de sûreté pour la Prusse dans la paix de Breslau [1] », jugea que son intérêt lui commandait de déclarer de nouveau la guerre à l'Autriche et d'entrer encore une fois en Bohême.

Je n'ajouterai plus que quelques lignes, une lettre assez peu connue, je crois, dans laquelle Frédéric, éprouvant le besoin d'expliquer sa conduite à celui qu'il appelle souvent « son très pacifique Jordan », lui révèle sans ambages et sans voile le fond de sa pensée [2].

FEDERICUS JORDANO, salut.

« Enfin, lui écrit-il quelques heures après avoir ratifié les préliminaires de Breslau, voilà la paix venue, cette paix après laquelle vous avez tant soupiré, pour laquelle tant de sang a été versé et dont toute l'Europe commençait à désespérer. Je ne sais ce que l'on dira de moi. Je m'attends à la vérité à quelque trait de satire et à ces propos ordinaires, ces lieux communs que les sots et les ignorants, en un mot les gens, qui ne pensent point, répètent sans cesse après les autres.

Mais je m'embarrasse peu du jargon insensé du public et j'en appelle à tous les docteurs de la jurisprudence et de la morale politique si, après avoir fait humainement tout ce qui dépend de moi pour remplir mes engagements, je suis obligé de ne m'en point départir, lorsque je vois d'un côté un allié qui n'agit point, de l'autre un allié qui agit mal, et que, pour surcroit, j'ai l'appréhension, au premier mauvais succès, d'être abandonné moyennant une paix fourrée par celui de tous nos alliés qui est le plus fort et le plus puissant.

---

[1] FRÉDÉRIC, *Histoire de mon temps,* chap. IX.
[2] FRÉDÉRIC II, *Œuvres posthumes*, VIII, 193-196. (Édition de 1788.) Frédéric à Jordan. Camp de Kuttenberg, 25 juin 1742.

Je demande si, dans un cas où je prévois la ruine de mon armée, l'épuisement de mon Trésor, la perte de mes conquêtes, le dépeuplement de l'État, le malheur de mes peuples et en un mot, toutes les mauvaises fortunes auxquelles exposent le hasard des armes et la duplicité des politiques, je demande si dans un cas semblable un souverain n'a pas raison de se garantir par une sage retraite d'un naufrage certain ou d'un péril évident.

Nous demandez-vous de la gloire ? Mes troupes en ont suffisamment acquis. Nous demandez-vous des avantages ? Les conquêtes en font foi. Désirez-vous que les troupes s'aguerrissent ? J'en appelle au témoignage de nos ennemis qui est irrévocable. En un mot, rien ne surpasse cette armée en valeur, en force, en patience, dans le travail et dans toutes les parties qui constituent des troupes invincibles.

Si l'on trouve de la prudence à un joueur qui, après avoir gagné un sept-leva, quitte la partie, combien plus ne doit-on point approuver un guerrier qui sait se mettre à l'abri des caprices de la fortune après une suite triomphante de prospérités !

Ce ne sera pas vous qui me condamnerez, mais ce seront ces stoïciens, dont le tempérament sec et la cervelle brûlée inclinent à la morale rigide.

Je leur réponds qu'ils feront bien de suivre leurs maximes, mais que le pays des romans est plus fait pour cette pratique sévère que le pays que nous habitons et qu'après tout *un particulier a de tout autres raisons pour être honnête homme qu'un souverain*. Chez un particulier, il ne s'agit que de l'avantage de son individu ; il le doit constamment sacrifier au bien de la société. Ainsi l'observation rigide de la morale lui devient un devoir, la règle étant : Il vaut mieux qu'un homme souffre que si tout le peuple périssait.

Chez un souverain, l'avantage d'une grande nation fait son objet ; c'est son devoir de le procurer. Pour y parvenir, il doit se sacrifier lui-même, à plus forte raison, ses engagements, lorsqu'ils commencent à devenir contraires au bien-être de ses peuples.

Voilà ce que j'avais à vous dire, et dont vous pourrez faire usage en temps et lieux dans les compagnies et les conversations, sans faire remarquer que la paix est faite.

Pressez Knobelsdorf d'achever Charlottenburg ; car je compte y passer une bonne partie de mon temps.

Adieu, cher Jordan. Ne doutez point de toute la tendre amitié que j'ai eue, que j'ai et que j'aurai pour vous jusqu'au dernier soupir de ma vie. »

Au camp de Kuttenberg, ce 15 de juin 1742.

En réalité, Frédéric ne pouvait alléguer aucun bon motif. Il n'osait même pas faire valoir aucun des quatre cas de rompre les alliances qu'il a fixés et énumérés lui-même dans l'Avant-Propos de l'*Histoire de mon temps*. Il avoue lui-même qu'il a fait la paix, qu'il a abandonné ses alliés uniquement, parce qu'en joueur heureux et en homme sage il a cru prudent d'empocher ses gains, enfin parce qu'il « avait rempli le grand objet qu'il s'était proposé ». Il avait, en deux courtes campagnes, eu la bonne fortune de réaliser son programme et, comme il le déclare dans l'*Histoire de mon temps* : « Le but de la guerre que le Roi avait entreprise était de conquérir la Silésie. » Or ce but était atteint et le reste lui importait peu.

INDEX ALPHABÉTIQUE

A

Abbé, aubergiste de Berlin, 473.
Abbé (Mme), 471 (note), 473.
Abdication, abdiquer, 104.
Accommodement, accord, 13, 29, 95, 104, 118, 120, 126, 127, 133, 134 (note), 137, 139, 140, 142, 144, 152, 154, 162, 168, 169, 172-174, 177, 178, 181, 183, 185, 189, 191, 192, 193, 195-197, 199, 200-203, 210, 216, 219, 220, 227, 228, 233, 238, 240, 243, 253, 255, 258, 278, 294, 297, 309, 328-331, 336, 342, 361, 409, 414, 415, 417, 418, 420, 437, 440, 443, 448, 450, 455, 458, 459, 461 (note), 464, 465, 481, 491, 494, 499, 500, 507, 518, 526, 532, 533, 542, 543.
Acunha (Dom Luis), ambassadeur de Portugal à Paris, 393, 394.
Accession (et traité d'), adhésion, 296, 303, 315, 319, 326, 332, 333, 343, 348, 358, 352-354.
Affaires ecclésiastiques, 484.
Affaires étrangères (et Département des), 14, 154, 162, 165, 178, 179, 367, 368, 389, 405, 415.
Aigle Noir (Ordre de l'), 170.
Aix-la-Chapelle, 541.
Allemagne (Affaires d' — et petits princes d'), 23, 41-43, 46, 63-65, 70, 71, 83-86, 88, 90, 94, 100, 104, 105, 137, 142, 164, 169, 192, 198, 202, 203, 211, 222, 224, 227, 229, 231, 235, 247, 248, 250, 259, 287, 301, 306, 330, 362, 381, 385, 386, 393, 395, 397, 399, 400, 406, 408, 416, 419, 425, 428, 429, 437, 455 (note), 457, 459, 477, 483, 487, 512, 547, 556 (note), 557.
Allemagne du Nord (l'), 547.
Alliance (Traité d'), alliés, 8, 13, 14, 16, 17, 19, 22-28, 30, 33, 34, 43, 44, 57, 65, 71, 76, 84, 88, 90, 95, 99, 102, 109 (note), 110, 115, 130, 131, 135 (note), 136, 138-140, 144-152, 154-156, 158, 159, 164, 165, 168, 169, 176, 178, 180, 182, 184, 187, 192, 193, 202-205, 207, 209, 212-215, 221-224, 226, 227, 233, 235, 239-242, 245, 248-252, 257, 260, 262-265, 267-269, 271, 275, 280, 281, 284, 285, 290, 295, 298, 304, 308-311, 315, 319, 320, 324-329, 335, 337, 338, 341-343, 345, 346, 348, 350, 354-356, 358, 361-363, 374, 376, 377, 386, 388, 390, 393, 394, 397-399, 401, 402 (note), 405, 407-410, 413, 414, 418-421, 423, 425-429, 431, 439, 440, 442, 443, 445, 446, 449-451, 453, 455, 456, 458, 460-465, 469-471, 474, 475, 477, 479, 481, 483, 484, 486, 488, 493, 494 (note), 497, 500, 504-507, 509 (note), 512, 513, 515-519, 521, 522, 524, 527-529, 532-535, 537-541, 546, 550-554, 558, 560.
Alsace, 9.
Amélie (Impératrice), 289 (note), 352.
Amelot (de Chaillou, Jean-Jacob), secrétaire d'État aux Affaires étrangères, 105, 193, 472.
Amérique, 301.
Amérique du Sud, 243.

36

— 562 —

Ammon (Christophe-Henri d'), conseiller de légation, résident de Prusse à Dresde, 27, 47, 49, 82, 98, 104, 109, 114, 135 (note), 145 (note), 183-185, 191, 194, 246, 275, 346, 384, 487, 542.

Amsterdam (Négociants d'), 57.

André, auditeur, 171 (note).

Andrié (Jean-Henri), capitaine, ministre de Prusse à Londres, 75, 87, 141, 289, 358, 360, 366, 367, 384, 405, 456, 461 (note), 470, 479, 480, 487, 500, 541.

Angleterre (et Maison d'), Anglais, 12, 13, 15, 16, 19, 20, 22, 23, 33, 37, 46, 54, 57, 59, 70, 75, 77-79, 87, 110, 111, 115, 130-133, 138-143, 151, 156, 159, 160, 162, 164, 165, 167, 168, 173-177, 180, 181, 184, 185 (note), 187, 190, 192, 193, 195, 201, 202, 204, 209, 211, 217, 219, 227, 228, 238, 242, 244, 259, 268, 271, 272, 278, 279, 283, 284, 299, 300, 305, 306, 317, 320, 326, 335 (note), 336, 360, 362-364, 367, 378, 379, 381, 385, 388, 397, 411, 425-429, 433, 444, 447, 449, 451-454, 456-481, 483, 487, 491, 496, 500, 501, 503, 511, 518, 523, 525, 528, 529, 531, 533-538, 540, 541, 544, 548-550, 553, 558.

Anhalt-Dessau (Didier, ou Thierry, prince d'), général prussien, 244, 251, 291, 292, 307, 355, 424, 432, 441, 456, 458.

Anhalt-Dessau (Léopold, prince d'), feld-maréchal prussien et de l'Empire, 113, 134 (note), 135 (note), 160 (note), 170 (note), 172 (note), 183, 212, 213 (note), 231, 232 (note), 237, 239 (note), 243, 261, 262, 268, 301, 311, 317, 349, 355, 356, 366, 375, 377, 392, 396, 425, 432, 441, 445, 457, 462, 485, 497, 518, 520, 523.

Anhalt-Dessau (Léopold-Maximilien, prince héritier d'), 79 (note), 357, 356 (note).

Anne, impératrice de Russie, 34, 35, 51 (note), 52, 58, 63, 89 (note).

Annexion, 257 (note).

Ansbach (Margraviat d'), 229, 231, 232.

Anti-Machiavel (l'— et le machiavélisme de l'), 7, 9 (note), 11 (note), 70.

Argus (les), 212.

Argyle (Duc d'), 433.

Armée anglaise, 427, 429, 437, 451, 459, 462, 471, 498, 538, 539.

Armée autrichienne, 117, 119, 134 (note), 147, 167, 170 (note)-172, 177, 183, 221, 226, 229-231, 238, 240, 241, 245, 252, 262, 263 (note), 274, 284, 285 (note), 292-294, 302, 303, 305, 306, 308, 309, 310, 312, 316, 321, 324, 326, 331 (note), 336, 337, 340, 341, 345, 354, 356, 377, 378, 388, 393, 394, 396, 400, 404 (note), 406-408, 410, 412, 421, 422, 424, 434, 437, 439, 441, 448, 455, 458, 459, 462, 465, 469, 477, 480, 482, 485-487, 489, 490, 492, 493, 495, 498, 502, 503, 505, 506, 508, 509, 513-517, 521-523, 525, 528.

Armée bavaroise, 144, 163, 214, 223, 228, 229, 231, 232, 242, 243, 245 (note), 255, 266, 270, 277, 278, 290, 314, 316, 322, 327, 331, 352, 359, 368, 374, 377, 387, 388, 393, 426 (note), 427, 462, 534.

Armée française (et corps d'), 33, 144, 208, 214, 215, 222-224, 227-229, 231, 232, 235, 236, 240, 242, 243, 247-250, 255, 266, 268, 270, 278, 299-301, 305, 306, 309, 314, 327, 336, 343 (note), 345, 348, 357, 358, 359, 362, 368, 377, 378, 381 (note), 385, 386, 388, 389, 391, 393, 394, 396, 408, 410, 411, 424, 425, 427, 429, 434, 439, 441, 445 (note), 448, 454, 455, 461, 468, 469, 471, 483, 486, 487, 490, 492, 493, 495, 498, 502, 505-509, 517, 518, 522, 523, 530, 534, 542, 543, 557.

Armée hanovrienne, 244, 278, 410, 538.

Armée d'observation, 209, 212, 232, 237, 243.

— 563 —

Armée prussienne de Silésie, 292, 276, 337, 379 (note).
Armée prussienne (et corps d'), 70 (note), 79 (note), 92, 99 (note), 100, 103, 116, 119, 128, 138, 146 (note), 152, 163, 168, 176, 183, 208, 211, 218, 229-231, 241, 242, 252, 253, 255, 257, 266, 268, 271, 276, 277, 279, 284, 293 (note), 300-302, 310, 312-314, 316, 317, 321, 323-326, 331, 337, 340, 341, 349, 354, 358, 360, 362, 368, 369, 373, 376, 377, 385, 390, 392, 394, 400, 401, 404 (note), 408, 411, 412, 420-422, 424-426, 428, 429, 431, 433, 437, 439, 441, 443 (note), 445, 449-451, 453, 457, 462, 463, 465, 469, 472, 479, 480, 483, 489 (note), 490, 492, 497, 506, 507, 510, 514, 515, 518, 519, 521, 522, 527, 528, 530, 534, 548, 557-559.
Armée russe, 192, 193, 398.
Armée saxonne, 113, 145, 192, 243, 266, 278, 302, 314, 327, 330, 345, 352, 355, 359, 368, 384, 389-391, 393, 394, 396, 400, 401, 406, 412, 421, 424-426 (note), 431, 437-439, 441, 444, 455, 466, 475, 492, 497, 502 (note), 506, 507, 513, 515, 517, 518, 520, 522, 523, 527, 533, 534, 542, 543, 550.
Armées alliées, 423, 471, 528, 532, 533.
Armements, 61, 64, 80, 105, 107, 119, 154, 523.
Armistice, suspension d'armes, trêve, 196, 363, 368, 370, 373, 374, 376, 524, 528, 535.
Arneth (Baron d'), 369.
Artillerie, 67, 276, 324, 421.
Attila, 5.
Aubigné (Louis-François, comte d'), lieutenant-général, 501, 502.
Audience (et audience de congé), 19, 33, 72, 94, 96, 97, 103, 114, 118, 119, 125 (note), 131, 143, 152, 185, 191, 195, 197, 199, 221, 240 (note), 269, 272, 279, 297, 370, 398, 417, 497.
Auguste III, roi de Pologne, électeur de Saxe, 49, 53 (note), 74, 77, 81, 82, 88, 98, 103-105, 109, 110, 115, 150-152, 169, 172, 181, 183, 184, 243, 244, 249, 264, 266, 268, 270, 273, 274, 278, 282, 287, 288, 300, 302, 303, 315, 348, 350, 353, 354, 387, 390-394, 400, 421-423, 435, 438, 440 (note), 442, 443, 465, 475, 485, 506, 516-519, 522, 524, 529, 533, 540, 543, 550, 556 (note).
Austerlitz, 438.
Autriche (et Maison d'), Autrichiens, 10, 41, 44, 46-50, 53, 56 (note), 58, 60, 62, 65, 66, 70-72, 74, 76, 78, 79, 82, 84-88, 90, 92, 94, 96, 98-108, 117 (note), 118, 120-126, 129, 130, 133, 137, 142, 144-147, 152, 155, 158 (note), 160, 165, 168-173, 178, 184, 185 (note), 194-196, 201, 203, 210, 221, 222, 226-228, 230, 231, 242, 243, 245 (note), 246, 253-255, 262-264, 268, 270, 272-274, 276, 277, 279, 280, 282, 284, 287, 289, 290, 292, 294-296, 303, 306, 312, 321, 325, 326, 335, 338, 342, 345-347, 350, 352, 355, 356, 358, 361-365, 369, 372-374, 376, 377, 383, 385, 386, 388, 394 (note), 395, 397-399, 401, 402 (note), 406, 407, 418-420, 422, 423, 426, 428, 433, 434, 436, 440, 443, 446, 447, 450, 453, 455, 457, 459-463, 465, 467, 468, 470, 472, 474, 479-481, 487, 491, 494, 501, 504, 506, 517, 521, 525, 526, 529, 531, 534, 536, 537, 541, 544, 547, 549, 550, 551 (note), 557, 558.
Autriche (Basse-), 385, 396, 407, 421, 424.
Autriche (Haute-), 377, 387, 389, 407, 456.
Avances, emprunts, prêts, 258, 332, 382, 389, 390, 396, 412, 413, 416, 428, 429.

B

Baguenault de Puchesse (Comte), 9 (note).

Bailliages, 102, 115, 140, 169, 190 (note), 294, 310, 319.
Baireuth (Margraviat de), 23, 229, 412 (note).
BAIREUTH (Frédérique-Sophie-Wilhelmine, margrave de Brandenburg), 373, 396 (note).
Baltique (Mer), 193, 547.
Bamberg, 232.
BAMBERG (Évêque de). Voir évêque de Würzbourg (Frédéric-Charles), comte de Schönborn.
Banqueroutier, banqueroutière, 471, 472, 473.
BARANYAY (Feld-maréchal lieutenant), 171 (note).
Barcelone, 359.
Barrière (Traité et places de), 112 (note), 254, 258, 437, 469, 471.
Bärsdorf, 162.
BARTENSTEIN (Jean-Christophe, baron DE), conseiller aulique, 73, 96, 336, 364, 501.
BATTHYANY (Charles, comte), ministre d'Autriche à Berlin), 25.
Baumgarten (Affaire de), 158 (note).
BAUMGARTEN, lieutenant-colonel, aide de camp de Frédéric II, 171 (note).
Bavière (et Cour de), *Bavarois* (pour ÉLECTEUR DE BAVIÈRE, VOIR CHARLES-ALBERT), 32, 35, 43-45, 48, 50, 52-54, 56, 57, 59, 60, 62, 76, 79, 83, 88, 91, 94, 100, 101, 107, 115, 126, 131, 143, 144, 149, 158, 163-165, 168, 170, 173, 190, 203, 208, 213, 215, 216, 222, 226, 228, 230, 231, 233 (note), 239, 242, 250-252, 259, 262 (note), 266, 269, 273, 274, 278, 281, 289, 292, 293, 295, 298, 299, 304, 310, 317, 318, 325, 326, 333, 337, 340, 343, 345, 347, 348, 350, 351-355, 374, 377 (note), 384, 387-390, 394-396, 398, 399, 403, 404, 407, 410, 419, 424, 428, 433, 434, 441, 443, 457, 458, 461, 462, 468, 502 (note), 515, 517, 518, 521, 523, 528, 534, 550, 558.
BEAUVEAU (Louis-Charles-Antoine, marquis DE), maréchal de camp et ministre de France à Berlin, 37, 80, 276, 340.
BELLE-ISLE (Louis-Charles-Auguste Fouquet, comte DE), maréchal de France, 178, 180-182, 184, 185-187, 191-193, 206 (note)-208, 214, 215, 222-224, 229, 230, 233-236, 238, 239, 246-250, 252, 260, 263, 266, 276, 286, 288, 296, 299, 302-305, 309 (note), 313, 314, 321, 322 (note), 327, 328, 330, 337-339, 343, 348, 352-355, 359, 362, 371, 373, 382, 383, 387, 388, 390, 391, 402 (note), 408, 409-413, 423, 433, 434, 443-446, 448, 454 (note), 458, 467, 475, 479, 482, 485, 486, 488, 490, 492, 494, 496-499, 502 (note), 503, 512, 515, 519-521, 523, 524, 526, 527.
BENOIST (Charles), 5, 9 (note), 11 (note), 70 (note).
BENOIT XIV, 484, 556 (note).
Beraun (le), 514.
Bergue (Duché et succession de), 12, 16, 17, 20, 22 (note)-24, 29, 35, 36, 40, 41, 43, 44, 56, 59, 63, 67, 80, 86, 95, 96, 102, 103, 115, 116, 120, 121, 125, 127 (note), 142, 149, 205, 206 (note), 213, 246, 287, 303, 314, 318, 367, 425, 472, 476, 483, 523, 535, 550.
Berlin (et Traité de), 7, 14, 15 (note), 19, 20, 25, 27, 28, 30, 31, 33-35, 37, 43, 45, 47, 49-53, 56, 58, 61-65, 67, 68, 70, 74, 75-84, 86-91, 93, 97-100, 102, 103, 105, 108, 109, 111-113, 115, 119-122, 125 (note), 127-131, 133-136, 139-145, 147-154, 157, 160, 161, 163, 165, 167, 173-175, 179, 185, 186, 218 (note), 225, 278, 352, 356, 357, 360, 361, 366-368, 373 (note), 375, 378, 380-385, 391, 394, 396-398, 401, 402, 405, 411, 412, 430, 444, 445, 450, 472 (note), 473, 478 (note), 487, 492, 493, 499 (note), 530, 536, 539, 540 (note), 541, 545-549, 551, 553 (note), 555, 556.
BETHMANN-HOLLWEG, 7.
Biegen (Bailliage de), 90.

— 565 —

Biron (Ernest-Jean), duc de Courlande, 58, 90 (note).
Bismarck, 7.
Blocus, investissement, 116 (note), 326 (note), 339, 345, 377.
Blottnitz, 500 (note).
Boccalin (le), 472.
Bohême, 44, 50, 52, 62, 63, 71, 77, 79, 82, 88, 94, 98, 104, 108, 115, 151, 155, 215, 222, 228, 229, 231, 233 (note), 240, 245, 249, 252, 255, 263, 264, 266, 274, 284, 285 (note), 287, 288, 294, 295, 298, 302, 304, 305, 314, 321, 323, 327, 331 (note), 332, 334, 336, 337, 339, 341, 345, 348, 349, 352, 354-356, 368, 376-378, 384-386, 394-396, 398, 399, 406, 407, 412-414, 418, 424-426, 428, 431, 433, 434, 439, 442, 443 (note), 445 (note), 447, 456, 460, 462, 469, 472, 477, 486-488, 490, 492, 494 (note), 499, 506-508, 511 (note), 513, 514, 517, 521, 523, 525, 526, 528-530, 532-535, 542, 543, 550, 556 (note), 558.
Bohême (Monts de), 547.
Bohême (Reine de). Voir Marie-Thérèse.
Boileau, 432 (note).
Bolnitza (la), 500.
Bonn (Cour de), 35.
Borcke (Frédéric-Louis-Félix, von), colonel, puis général prussien, aide de camp du roi, 351 (note), 403, 527, 529.
Borcke (Gaspard-Guillaume de), conseiller privé, ministre de Prusse à Vienne, 31, 35, 37, 42, 47, 51-53, 55, 56, 62, 65, 67, 70, 74, 78, 79 (note), 81, 86, 87, 88, 91, 93-97, 99, 111, 114, 118, 119, 122, 125 (note), 129, 134 (note), 135, 165, 175, 178.
Botta d'Adorno (Antoine-Othon, marquis de), général, envoyé extraordinaire d'Autriche à Berlin, 79, 86, 112, 113, 119, 133.
Bourbon (Maison de), 43, 107, 355.
Boutaric, 7.
Brabant, 59, 436, 475, 511.

Brackel (Casimir-Christophe, baron), ministre de Russie à Berlin, 25, 51, 52, 63 (note), 80, 113 (note).
Brandebourg (Maison et armée de), 14, 57, 58, 254, 318, 387, 517 (note), 547.
Brandenburg, 170 (note).
Brême, 21, 60, 393.
Breslau (et Préliminaires de), 7, 117, 127-132, 138, 140, 144, 147 (note), 153 (note), 157, 159, 163, 164, 166, 169, 169, 175, 177-186, 188 (note), 190-192, 196-198, 200, 204, 205, 209-219, 222, 225, 228, 229, 232-234, 236, 237, 238, 240, 246, 250-252, 255-257, 259-261, 264, 266-283, 285, 289, 290, 293, 295, 296, 298, 304, 309-311, 317, 319, 320, 329, 330, 332, 334, 335, 339, 341, 343, 347, 349 (note), 350, 352-354, 370 (note), 375, 430-432, 444-447, 450, 452-454, 456, 459, 460, 463, 464, 466-471, 473, 474, 476, 478-480, 487, 491, 494-500, 502-504, 506-509, 511, 513, 517 (note), 519, 524-532, 535-538, 545 (note), 547, 554, 557, 558.
Brieg (Duché de), 58, 117, 191, 252, 285 (note), 328.
Briesnitz, 157 (note).
Brinnitza (la), 431, 494, 501.
Brisgau (le), 499.
Broglie (Duc de), 5, 6, 11, 363, 485 (note), 552 (note).
Broglie (Maréchal de), 382, 391, 396, 404-410, 424, 426 (note), 434, 438, 439, 441, 458 (note), 485, 486, 488, 490, 498, 502 (note), 503, 506, 508, 513-519, 522, 523, 527, 528, 553.
Broïch (Balthazar-Conrad von und zum), conseiller privé d'État, 151 (note), 234, 247, 250, 251, 300, 305, 337, 352, 410, 440 (note).
Browne de Camus (Ulysse-Maximilien, comte), feld-maréchal lieutenant, 117, 134 (note), 146, 147, 243, 244, 311, 321, 331 (note).
Brühl (Henri, comte), premier mi-

nistre de l'Électeur de Saxe, 82, 98, 103-105, 109, 110, 115, 152 (note), 181, 183, 184, 194, 246, 338, 393 (note), 401-472, 542, 543.
Brünn, 368, 377, 409, 410, 420-425, 432, 438, 439, 495.
Brunswick-Wolfenbüttel (Antoine-Ulrich, duc de), 89, 90, 137, 160, 161, 172, 380, 381.
Brunswick-Wolfenbüttel (Élisabeth - Catherine - Christine - Anne, duchesse de), régente de Russie, 89, 90, 112 (note), 133, 137, 381.
Brunswick-Wolfenbüttel (Ferdinand-Albert, duc de), 89 (note), 280.
Brunswick-Wolfenbüttel (Louis, prince de), 137, 380.
Bruxelles, 290.
Brzezy, 481 (note), 490-492, 494-496.
Budweis, 377, 378, 408, 506, 514, 522, 523.
Bülow (Frédéric-Gotthard de), ministre de Saxe à Berlin, 82, 98, 103, 108-110, 113, 114 (note), 175, 187, 269, 272, 274, 275, 281, 291, 293, 299, 302, 315, 319, 330, 435, 437, 438, 441-443, 525.
Bülow (Major de), 171 (note).
Bunzlau, 441.
Burgau (Marquisat de), 126.
Burmannia (Barthélemy, baron), ministre de Hollande à Vienne, 368.
Burnet (Baron de), colonel au service de Baireuth, 412.
Bussy (de), ministre de France à Londres, 357, 358, 360, 383, 481 (note), 500.

C

Camas (de Tilio, Paul-Henri de), colonel, ministre de Prusse à Paris, 11-13, 15-19, 21, 23, 27, 29, 32, 34, 36-38, 40, 45, 47, 64, 66, 67 (note), 107 (note), 132.
Camp, campement, 175, 178, 185, 192, 203, 216, 217, 230, 231, 239, 262, 274, 305, 306, 320 (note), 482, 489 (note), 490, 497, 525.
Campardon, 7.
Candidature, 65, 151 (note).
Canonniers, 230.
Cantonnements, cantonner, 33, 212, 327.
Capitalistes, capitaux, 5, 7, 66, 68, 162, 196.
Capitulation, 98, 101, 134 (note), 135 (note), 146 (note), 323, 329 (note), 348, 368, 376, 393, 396, 449 (note), 462 (note), 463 (note), 522.
Capten, 199, 202.
Capucins (Couvent des), 292, 293, 307.
Carlos (Don). Voir Charles III.
Carlyle, 5, 283, 291 (note).
Caroline (Archiduchesse). Voir Marianne.
Cartel, 252, 269, 275.
Carteret (John-Hawnes, lord), 427, 461 (note), 462 (note), 470, 479-482, 500, 540, 544, 549.
Carthagène (Combat naval de), 240 (note), 243.
Cassel (Troupes de), 232.
Cataneo (Jean), conseiller prussien, agent de Prusse à Venise, 556 (note).
Catholiques (les) et religion catholique, 104, 140, 145 (note), 146, 153, 213, 254, 256, 257, 267, 484, 513, 556 (note).
Catilina, 362.
Cavalerie et chevaux (Achat de), 60, 61, 67, 79, 212, 230, 506 (note).
Cavalerie autrichienne, 241, 424, 495, 522.
Cercles confédérés (les cinq), 227.
César (Commentaires de), 432 (note).
Cessions, concession et rétrocession, 71, 76, 95, 118, 121, 136, 137, 142, 144, 163, 164, 169, 213, 246, 253-256, 273, 279, 283, 285 (note), 287, 288, 296, 298, 304, 306, 307, 312, 317, 321, 324, 332, 342, 345, 348, 351, 355, 367, 372, 382, 393, 398, 399, 411 (note), 412 (note), 417, 430, 431, 442, 447, 449, 451 (note), 456,

460, 462, 477, 478 (note), 483, 484, 492 (note), 502, 504, 507, 511, 512, 520, 526, 535-537, 544, 556 (note).

CHAMBRIER (Jean, baron LE), ministre de Prusse à Paris, 15 (note), 40, 45, 47, 76, 83, 105, 116, 119, 121, 131, 132, 136, 141, 142, 147 (note), 150, 154, 157, 158, 191, 192, 249 (note), 260, 289, 382-384, 387, 395, 397, 443 (note), 468, 479, 482, 542, 543.

CHARLEMAGNE, 332.

CHARLES III, roi de Naples et des Deux-Siciles, 143, 194.

CHARLES VI (Empereur), 11, 13, 15, 27, 31, 33, 36, 39, 45, 47-49, 51, 53, 57, 63, 67 (note), 72, 75, 76, 83, 84, 94, 95, 97 (note), 102, 103, 105, 107, 110, 112, 116, 120, 124, 126, 176, 178, 245, 373, 428, 546, 547.

CHARLES, margrave de Prusse, 293 (note).

CHARLES-ALBERT, Électeur de Bavière, CHARLES VII, empereur, 35, 36, 44, 46, 49, 52, 62, 67 (note), 78, 83, 89, 91, 100, 101, 107, 116, 121, 131, 144, 149-151 (note), 154-156, 163, 177, 208, 215, 221-228, 231, 233-236, 240, 245, 247, 251, 257, 258, 261-264, 266, 267, 273, 274, 276, 280, 281, 286-289, 292-296, 300, 302-305, 307, 314-316, 321, 328, 330-332, 336, 337-339, 342, 344, 345, 348, 350, 352-355, 358, 359, 362, 371, 372, 385, 387-390, 392, 393, 396, 400, 403, 406, 409, 410, 412-414, 416, 423-429, 432 (note), 434, 436, 440, 447, 449, 458 (note), 462, 470 (note), 483, 485, 487, 488, 490, 494, 499 (note), 502 (note), 504, 515 (note)-521, 524, 528, 531-535, 542, 547, 548, 551, 553, 556, 558.

CHARLES DE LORRAINE (Prince), 378, 393, 410, 424, 438, 441, 477, 480, 486, 489, 490, 492, 502 (note), 503, 505, 506 (note), 508, 510 (note), 514, 516-518, 522, 523, 527, 530.

CHARLES-EDGARD, dernier prince de l'Ost-Frise, 30 (note).

CHARLES-EMMANUEL III, roi de Sardaigne, 60, 61, 462, 469.

CHARLES-PHILIPPE. Voir Palatin, électeur.

Charlottenburg, 15 (note), 16, 18, 21, 356 (note), 384, 536 (note), 538, 541 (note), 542 (note), 549 (note), 550, 559.

Chasseurs prussiens, 230.

Chiffre, 252.

CHRISTIAN VI, roi de Danemark, 85, 192, 343, 345, 469, 521, 543.

Chrudim, 447-450, 452-454, 456, 458 (note)-461, 463-471, 473, 474, 476, 478-480, 482, 483, 505 (note).

CICÉRON, 362, 432 (note).

Circulaire, 416 (note).

Clèves (et Pays de), 14, 23, 83, 268, 318, 408, 409, 449-451, 469, 8. 540 (note).

Coalition, coalisés, 238, 242, 377 (note), 540.

COLBERT, secrétaire de Frédéric, 171 (note).

Collège et corps électoral, électeurs, 42, 44, 46, 89, 101, 410, 414.

Cologne, 187.

COLOGNE (Clément-Auguste), duc en Bavière, Électeur DE, 19, 35, 36, 44, 46, 49, 79, 89, 102, 154, 240.

Communications, 406, 410, 424, 517, 519, 544.

Compagnie franche prussienne, 230.

Compiègne, 19.

Concert européen, 176.

CONDÉ, 522.

Confédération, 469, 498.

Conférences (et Ministres de), 40, 72, 96, 99 (note), 122, 177, 181, 183, 220, 221, 244, 279, 283, 284, 292, 297, 307, 311, 322, 327, 329, 330, 377 (note), 404, 412, 441, 447, 450, 460, 497, 501, 530.

Conflit, 176.

Conseil aulique de la guerre, 377.

Conseil (Membres du), 58, 134.

Contingent et contingent ou corps auxiliaire, 232, 234, 236, 239.

Contributions, 312, 313, 325, 365, 403.
Convenances, 17, 46, 54, 74, 80, 88, 98, 103, 111, 119, 131, 188, 190, 201, 211, 241, 273, 274, 294, 296.
Conventions, 19, 29, 36, 59, 102, 126, 134 (note), 201, 217, 233 (note), 232, 243, 261, 307, 318, 322, 343, 333, 337, 349, 350, 357, 368, 374, 375, 410, 415.
Coopération, 139, 249, 252, 258.
Copenhague, 320, 343 (note), 416 (note).
Corps germanique (le), 77, 89, 105, 106, 306.
Corps d'observation, 439, 441.
Corps prussien (Premier), 79 (note), 110.
Corps prussien (Deuxième), 79 (note), 127 (note).
Correspondant, correspondances, 109, 118, 209, 231, 250, 326, 349, 399, 498, 534, 556.
Courlande (Duc et duché de), 58, 60, 90 (note), 115, 137, 140, 215, 236.
Couronne impériale, 42, 43, 46, 74, 79, 81, 94, 95, 104, 105, 116, 124, 156, 521.
Courrier, estafette, 32, 33, 56, 73, 97, 161, 187, 196, 198, 200, 204-207, 211, 218, 234, 251, 272, 279, 286, 290, 297, 303, 312, 334, 344, 366, 368, 411, 438, 441, 445, 447, 450, 459, 462, 463, 465-467, 470, 472, 478, 485, 504, 508, 529, 536.
Croates (les), 293 (note).
Crossen, 107, 108, 131 (note).
Czaslau-Chotusitz (Bataille de), 446, 485-488, 490, 493, 509, 527 (note).

D

DANAÉ (Pluie de), 58.
Danemark (et Troupes de), Danois 30, 33, 43, 44, 60, 85, 131, 182, 187, 192, 193, 218 (note), 228, 232, 239, 273, 299, 306, 320, 346, 357, 385, 453, 462, 471.
Danube (le), 226; 378, 411, 424, 432 (note), 448, 469, 502, 515.

Darmstadt (Troupes de), 231, 232.
Dauphiné, 358 (note).
Déclaration de guerre, déclarations, 36, 38, 62, 79, 82, 103, 108, 114, 115, 124, 139, 141, 151, 194, 211, 261 (note), 278, 282, 293, 294, 296, 323, 336, 357, 360, 362, 366, 367, 377 (note), 383, 385, 425, 429, 452, 466 (note), 511, 537, 545, 558.
Dédommagement, compensation, indemnités, équivalent, 71, 85, 94, 95, 120, 123, 137, 140, 144, 196, 253, 254, 288, 554 (note), 558.
Défensive, 457.
Démembrement, 43, 95, 287, 302, 338, 386.
DEMERADT (François-Joseph), résident impérial à Berlin, 37, 52, 131, 143.
DESALLEURS (Roland, comte DE), ministre de France à Dresde, 384.
Déserteurs, désertion, 163, 241, 336, 340, 493, 495.
Dessau, 134 (note).
Détachement, 242, 268, 294, 521, 523.
Dettes, créances, 475, 503, 511, 526, 528, 530, 535, 536.
Deutsch-Brod (Teutsch-Brod), 378, 403 (note), 457, 475, 489 (note), 494.
DEUX-PONTS (Christian), comte palatin DE, 18, 386.
Deux-Siciles (Royaume des), 126, 194.
Diète (la) de l'Empire, 96, 151 (note), 246, 252, 299, 547.
Dignité impériale, 43-46, 54, 71, 76, 78, 81, 88, 94, 100, 115, 155, 296.
Diversion, 43, 44, 46, 60, 106, 192, 193, 215, 224 (note), 257, 344, 354, 389, 390, 394, 402 (note), 407, 451, 459, 465, 470, 497, 522.
DÖBLIN (Jean-Christian), cordonnier, agent de Frédéric II, 117, 128 (note), 129, 153 (note).
DOHNA (Régiment de), 379.
Donauwörth, 270, 424.
DORIA (Georges), archevêque d'Athè-

— 569 —

nes, nonce pontifical, 289 (note), 556 (note).
Dossow (Frédéric-Guillaume DE), général-lieutenant, 32, 249.
Dresde (Cour de), 27, 44, 47, 49, 50, 61, 62, 74, 77, 79, 80-82, 88, 98, 99, 103, 104, 109, 134 (note)-136, 145, 150, 160, 165, 166, 174, 177, 178, 181, 183, 185, 195, 196, 232, 243, 244, 246, 269, 281, 296, 335, 338, 346, 348 (note), 350 (note), 353, 375, 384, 388, 391, 392, 396, 400, 406, 416 (note), 421, 422, 426 (note), 434, 435, 443, 444, 447, 472, 487, 496, 499, 502 (note), 503, 513, 516, 523, 542, 543 (note), 549.
DUNCKER, 55 (note).
Dunkerque, 471.
Düsseldorf (et Démolition de la forteresse de), 12, 13, 21, 77, 299.

E

Écosse, Écossais, 480 (note).
Egra, Egre, Eger, 433, 434, 458.
EICHEL (Auguste-Guillaume), secrétaire du cabinet du roi, 214, 220 (note), 275, 276 (note), 280, 285, 291, 293, 304, 342 (note), 403, 412, 417-419, 436, 437, 448, 450, 452, 461 (note), 463, 468, 470, 474-478, 480, 482-485, 487, 491, 494 (note), 495, 497, 498, 503-505, 509, 515 (note), 524, 530 (note), 537.
Eischsfeld (l'), 239.
Elbe (l'), 266, 345, 547.
ÉLECTEUR (le Grand), 141, 547.
Électeurs ecclésiastiques, 44, 46.
Election impériale, 36, 41, 46, 49, 50, 71, 74, 78, 83, 85, 94, 98, 101, 108, 121, 124, 131, 137, 149, 151 (note), 154, 163, 173, 234-236, 246, 248, 250 (note), 267, 269, 295, 296, 300, 306, 307, 314, 331, 338, 345, 353, 357, 358, 362, 366, 386, 388, 393, 398, 414, 420, 547.
ÉLISABETH, impératrice douairière, 280.
ÉLISABETH, impératrice de Russie, 378, 380-382, 395, 413, 552 (note), 554 (note).
ÉLISABETH FARNÈSE, reine d'Espagne, 358 (note).
Émissaire, 339, 340, 400, 444, 469, 483, 489.
Empire (Saint-, princes et villes du), 36, 43, 44, 46, 54, 57, 60, 66, 67, 70, 74, 78, 84, 85, 87, 88, 91, 98, 102, 105, 120, 121, 155, 165, 184, 210, 231, 255, 259, 268, 269, 295, 361, 420, 425, 428, 431, 432 (note), 440, 462, 483 (note), 532, 535, 547, 555.
Enns (l'), 332, 387.
Enrôlements, recrutements, 325, 365.
Entente, 67, 78, 244, 292, 296, 297, 344, 356, 364, 447, 541.
Entretien, entrevue, conversation, 15, 23, 74, 97 (note), 107, 112 (note), 152 (note), 188, 189, 194, 197 (note), 283, 291-293, 307, 325, 327, 366, 398, 417, 436, 447, 448, 450, 497, 499, 520, 532.
Espagne (et Guerre de la succession d'), Espagnols, 37, 53, 54, 75, 83, 124, 158, 194, 213, 233 (note), 242, 244, 301, 358, 359, 361, 364, 393, 462.
États généraux de Hollande (les), 83-85, 176, 368, 379 (note), 395, 412, 414, 543.
EUGÈNE DE SAVOIE (Prince), 39 (note).
Europe (et Équilibre de l'), 9, 10, 13, 16, 18, 28, 37, 39 (note), 41, 43, 45, 46, 49, 57, 63 (note), 66, 70, 72, 75, 84, 85, 87, 90, 106, 110, 123, 138, 146, 160, 176, 178, 179, 195, 198, 216, 227, 238, 255, 259, 265, 320, 346, 358 (note), 361-363, 382, 387, 397, 407, 415, 425, 427, 428, 439, 453, 463, 468, 469, 473, 482 (note), 485, 495, 524, 527, 529, 546, 548, 550, 558.
Évacuation, 253, 312, 394, 403, 404 (note), 431, 448, 465, 469, 472, 475, 510, 528, 533-535, 542, 543, 550.

F

FARGIS, 464 (note), 475, 483.
FÉNELON (Gabriel-Jacob, marquis de Salignac), ministre de France à La Haye, 107, 108.
FERDINAND Ier, empereur, 63.
Fief féminin, 120.
Fief masculin, 56, 120.
FINCH (Edward), ministre d'Angleterre à Saint-Pétersbourg, 196, 243, 294, 358.
FINCKENSTEIN (Frédéric-Guillaume, comte Finck VON), ministre de Prusse à Dresde, 135, 141, 145, 151, 152, 157.
FINCKENSTEIN (Charles-Guillaume, comte Finck DE), ministre de Prusse à Copenhague), 93 (note), 103, 104, 105, 157, 320, 346.
Finlande, 60, 215, 222, 236.
Flandre, 289, 427, 429, 457, 459, 462, 465, 469-471, 538.
FLEURY (Cardinal), 12, 13, 15 (note), 17-20, 22, 24. 27-30, 35-38, 46, 64, 67 (note), 75, 76, 78, 83, 105, 106, 116, 121, 131, 132, 139, 148, 150, 155, 158, 159, 193, 207, 214, 221-223, 226, 229, 233 (note)-235. 237-239, 247, 248, 260, 263-267, 269, 272, 273, 289, 302, 313, 315-317, 344, 346, 359, 361-363, 366, 370 (note), 381 (note), 382, 385, 387, 391 (note), 393-395, 397, 399, 405-409, 413, 423, 424, 428, 429, 433, 437, 443 (note), 446, 467, 468, 481-484, 512, 514, 515 (note), 518-521, 524, 542-544, 549, 550-556.
Flotte anglaise, 193, 240, 244.
Flotte espagnole, 240.
Flotte française, 37 (note).
Fontainebleau, 67 (note), 481 (note).
Fort-Louis, 270.
France, Français, 10, 12, 13, 15-17, 19-28, 30-32, 35, 36, 43-46, 49, 53, 54, 57, 59, 60, 62, 64, 66, 67 (note), 70, 71, 72, 74-80, 83-88, 89, 94-96, 99, 100, 103, 104, 106, 107, 109-111, 115, 116, 119, 121, 125, 126, 129-131, 133, 139-142, 144, 146-151, 154, 155, 157-162, 164, 165, 167, 168, 170, 172-174, 176, 177, 180, 182, 184, 188 (note), 191-194, 199, 200, 202-209, 212-217, 220-222, 224, 225, 227, 228, 230, 233 (note), 234, 237, 240-245, 247, 249, 254, 256, 259-261, 264, 266, 268, 269, 271-278, 281, 285, 287, 289, 292-295, 297 (note)-301, 308 (note), 310, 311 (note), 314, 316-318, 320, 325, 329, 333, 337, 339, 340, 343, 344, 347, 358, 360-364, 366, 377 (note), 379, 382, 384-388, 393, 394, 396, 397, 399, 401, 403, 408, 411, 412, 414, 418, 419, 426-429, 436, 446-451, 453-455, 457-461, 464, 465, 467, 469, 472-474, 476, 477, 479, 481, 483, 486-489, 498-500, 502, 504, 511, 512, 515 (note), 516, 518-520, 523, 524, 527, 529, 535, 537, 538, 540, 542-544, 548-555, 557.
Francfort sur-le-Mein, 151 (note), 222, 230 (note), 248, 249, 263, 266, 272, 287, 296, 302, 304 (note), 305, 313, 321, 328, 337-339, 343 (note), 348, 350, 352, 354, 358, 388, 390, 400, 406 (note), 410, 416 (note), 420, 425, 426, 434, 436, 440, 445, 458 (note), 464 (note), 486, 488 (note), 509 (note), 517, 532, 547.
FRANÇOIS Ier, roi de France, 46.
FRANÇOIS-ÉTIENNE DE LORRAINE, grand-duc de Toscane, 41, 42, 45, 47-49, 51-53, 59, 65-67, 71-74, 76, 78, 79, 85, 87-89, 92-99, 101, 108, 109, 114, 118, 119, 122, 125 (note), 127, 137, 138, 142, 144, 145, 151 (note), 154, 165, 169, 173, 178, 195, 209, 242, 246, 292, 307, 311 (note), 326, 330, 345, 347 (note), 357, 359, 364, 373, 378, 398-401, 417, 541, 542 (note), 547.
FRANÇOIS-GEORGES (Comte Schönborn), électeur de Trèves. Voir *Trèves*.
FRANÇOIS-LORRAINE (Régiment de), 349 (note).
FRANKENBERG (Baron DE), 329 (note).

Frankenstein, 288, 303.
Frauenberg, 492, 495, 502 (note), 508, 522, 523.
Frédéric I*er*, roi de Prusse, 120.
Frédéric, roi de Suède, landgrave de Hesse-Cassel, 261.
Frédéric-Christian, prince électoral de Saxe, 52, 53.
Frédéric-Guillaume, électeur de Brandebourg, 66, 120, 123.
Frédéric-Guillaume I*er*, roi de Prusse, 11, 12, 16, 21 (note), 96, 97, 102, 123, 125, 126, 369, 548.
Fredersdorf, chambellan privé de Frédéric, 182, 488.
Freudenthal, 345, 376.
Friedland (et Camp de), 168, 315, 319, 322 (note), 328, 330.
Frise, Frise Orientale (Ost-Frise), 16, 17, 115, 165, 262 (note), 310, 471, 476, 477 (note), 504.
Fritsch (Thomas de), conseiller de guerre de la Saxe électorale, 104.
Fulnek, 425.

G

Gage, 416.
Galles (Frédéric-Louis, prince de), 405.
Garanties, 42, 44, 65, 71, 94, 102, 103, 107, 120, 121, 126, 162, 213, 215, 259, 268, 273, 295, 310, 350, 352, 387, 426, 429, 434, 442, 462, 472, 476 (note), 527, 528, 537, 538.
Garnison, 323, 324, 351, 404 (note), 424, 498, 522.
Gassion (Pierre-Armand, marquis de), lieutenant-général, 392.
George II, roi d'Angleterre, 15, 16, 20-23, 26, 30, 33, 34, 67, 75, 84, 88, 100, 102, 111, 139, 142, 145-147, 152, 161, 163, 164, 167-170, 172, 176-179, 183-185, 187-191, 194-196, 200-202, 210-213, 221, 232, 238, 239, 242-244, 253-256, 258, 260, 261, 264, 267-269, 272, 278, 282, 288, 289, 296-301, 307, 310, 315-317, 319, 320, 323, 324, 327, 328, 330, 335, 345, 357, 358, 360 (note), 361, 362, 364, 379, 383, 385, 405, 410, 411, 425-427, 430, 433, 434, 448, 454, 461, 462, 469, 473, 476 (note), 477 (note), 482, 521, 533, 534, 535, 538-541, 543, 545 (note), 548.
Germersheim, 499.
Giannini, chanoine, 399 (note), 402, 412, 416-419, 423, 429, 432, 441, 446, 447, 478 (note), 483 (note).
Gillern (Baron de), 349, 366, 367, 368, 369.
Ginkel (Reinhold, baron van Reede tot), général, ministre de Hollande à Berlin, 127, 206, 207, 211, 216, 242, 378, 379, 394, 497, 498.
Glatz, 128, 133, 231, 252, 258, 266, 267, 269, 273, 276, 279, 284, 285 (note), 288, 292, 295, 298, 299, 302-305, 308, 310, 314, 315, 317, 318, 322, 330, 332, 333, 336, 338, 339, 341, 342, 343, 345, 347-349, 351, 355, 372, 377, 389, 398, 412, 443, 417, 437, 449, 455 (note), 462, 463 (note), 477, 478 (note), 492 (note), 500, 505, 507-509, 511, 530 (note), 531.
Glogau (Siège de), 79 (note), 116, 127 (note), 134, 146 (note), 159, 210, 217, 246, 253, 255, 256, 537, 549 (note).
Göding, 424.
Goltz (Georges-Conrad, baron von der), colonel, aide de camp du roi, 283-285, 290 (note)-293, 297, 307-309, 311 (note)-313, 321-323, 326, 329, 331 (note), 333, 334, 336, 349, 372, 478.
Gotha (Duc de), 253.
Gotter (Frédéric-Guillaume), comte, grand maréchal de la cour de Prusse, 93-97, 99, 111, 117-120, 122, 125 (note), 129, 134 (note), 135, 179, 180, 189, 196.
Göttin, 170 (note), 183 (note), 213 (note), 243, 261.
Graeve (Jean-Frédéric de), conseiller privé prussien, 37 (note).

Grand Pensionnaire (le), 83, 91 (note).
Grande-Bretagne, 17, 87, 102, 111, 164, 168, 169, 188, 192, 197, 198, 210, 242, 280, 298, 308, 309, 312, 322, 323, 334, 401, 411, 430, 464, 539.
Grätz, 146 (note).
Greffier (le) de la République de Hollande, 91 (note).
GRESSET, 39 (note).
GRIMBERGHEN (d'Albert de Luynes, Louis-Joseph, prince DE), ministre de Bavière à Paris, 121, 122, 384.
Gross-Bitesch, 393, 402, 404, 405.
Grossburg, 229.
Gross-Meseritsch, 393.
Grotthau, 136, 191, 199, 205-216, 251, 291 (note), 328, 379 (note).
GRÜNAU, 263 (note).
GRÜNEBERG, 217, 246.
GRÜNHAGEN, 153 (note).
GUARINI (Révérend Père), confesseur du roi de Pologne, 27, 52, 53, 104, 145 (note), 181, 338.
Gueldre, 246, 253, 254, 472.
Gueldre (Haute-), 449.
GUILLAUME (AUGUSTE-), margrave de Prusse, 293 (note).
Gumbinnen, 15 (note).
Gurein, 402 (note).
GUSTAVE-ADOLPHE, 13, 28.
GUY DICKENS (Melchior), capitaine, chargé d'affaires à Berlin, 88, 127.

H

Habern, 489.
Habsbourg (Maison de), 537, 547.
Halberstadt, 68.
Halle (Université de), 55.
Hanovre (Maison et troupes de), *Hanovriens* 12, 14-18, 20, 22-24, 26, 33, 60, 61, 64, 66, 102, 163, 166 (note), 168, 170 (note), 176, 180, 182 (note), 188, 190, 192, 197 (note), 199, 201, 202, 210-213, 217, 227, 228, 231-233, 237, 239, 241, 243, 244, 248, 258, 259, 264, 265, 267, 269, 270, 272, 273, 276 (note)-278, 281, 282, 285, 288, 293, 294, 296, 298-301, 309, 310, 314, 316, 319, 324, 344, 349, 357, 358, 360, 364, 382, 410, 425, 429, 434, 441, 450, 454 (note), 469, 471, 500, 537.
HANOVRE (Jean-Frédéric, duc DE), 352 (note).
Harburg, 232.
HARCOURT (Duc D'), lieutenant-général, 523, 528.
HARDENBERG (Charles-Frédéric VON), conseiller intime hanovrien, 278.
HARRINGTON (William-Stanhope, lord), sous-secrétaire d'État anglais, 20, 22, 26, 33, 34, 75, 161, 209, 212, 283 (note), 335.
Hennersdorf (Seigneurie d'), 324, 511 (note).
HENRI, prince de Prusse, 55, 157.
Herford, 23.
Hermsdorf, 191, 217-219.
Herrndorf, 115, 116, 118, 119, 121.
Herstal (Baronnie d'), 14, 15, 37.
Hesse (et Troupes de), *Hessois*, 23, 60, 192, 228, 239, 299, 357.
HESSE-CASSEL (Frédéric, prince DE), 21, 386.
HESSE-CASSEL (Guillaume prince DE), 436.
HESSE-CASSEL (Marie, princesse DE), 21.
Hildesheim (Évêché d'), 180, 182, 190, 197 (note), 310.
Himmelwitzer-Wasser (l'), 500 (note).
HOFFMANN (Charles-Gottfried), conseiller de justice, résident de Prusse à Varsovie, 153.
Hohenstein (Comté de), 190.
Hohenzollern (Maison de), 547.
Hollande (République de), *Hollandais*, 33, 43, 54, 57, 59, 66-68, 77, 79, 85-87, 91 (note), 107, 127 (note), 176, 254, 294, 298, 300, 306, 328, 362, 368, 378, 379, 385, 415, 416, 425, 428, 429, 437, 449, 450, 459, 462, 466, 469, 471, 475, 481, 487, 498, 511, 526, 528-531, 536, 538.

Holstein (Frédéric-Guillaume, duc de), 79 (note),
Holstein-Gottorp (Pierre-Charles-Ulrich, duc de), grand-duc héritier de Russie, 386.
Hongrie, Hongrois (Milices hongroises), 48, 71, 77, 88, 111, 230, 287, 304, 305, 323, 324, 422, 424, 426, 429, 433, 435, 436 (note), 465, 469, 471, 497, 498, 518, 523, 534.
Hongrie (Reine de). Voir Marie-Thérèse.
Horace, 158.
Horn, 422, 424.
Hostilités (Commencement, cessation, reprise des), 57, 116 (note), 127, 134 (note), 138, 311 (note), 313, 325, 327, 359, 364, 371, 403, 505 (note), 510, 516, 525, 539.
Hotzenplotz, 512.
Hugo (Ludolf-Didier von), ministre de Hanovre à la Diète d'élection, 299.
Hühnern, 191.
Hussards autrichiens, 157, 158 (note), 171 (note), 199, 230, 313, 324, 328, 410, 424, 433, 434, 436, 481 (note), 496.
Hussards Bronikowski, 359.
Hussards de Czaky, 171 (note).
Hussards prussiens, 230.
Hyndford (John, lord Carmichael, comte), ministre d'Angleterre à Berlin, 167, 169, 180, 185, 187, 188, 190-192, 194-200, 204-206, 216, 217, 228, 229, 234, 237, 240-243, 251, 253-257, 259, 260, 265, 269, 279-286, 290 (note), 291, 294, 296-298, 306-309, 311, 312, 315, 321-323, 325-329, 334, 336, 345, 356, 357, 364, 366-369, 372, 383, 395, 397, 401, 402, 411, 429-434, 436, 438, 441-448, 450-456, 458-468, 470-475, 478-482, 487, 491, 493, 494, 496, 499-501, 503, 504, 507-512, 516, 525, 526, 529, 530, 531, 535, 536, 538, 541, 544.
Hypothèques, 31, 102, 162, 169, 196, 298, 319, 332, 333, 389, 390, 416, 511, 526, 536.

I

Iablunka, 147, 424.
Iaegerndorff (Principauté de), 58, 146 (note), 312, 326 (note), 327 (note), 345, 349, 457, 536, 541, 544.
Iauer, 206, 210.
Iglau, 378, 390-392, 396, 400 (note), 404, 406, 457.
Iglawa (l'), 424.
Ilgen (Henri-Rudiger von), ministre d'État prussien, 56 (note).
Ilten (Thomas-Eberhard d'), général-major hanovrien, 232, 234, 243.
Indes Occidentales, 37 (note).
Infanterie prussienne, 79, 158 (note), 172, 230, 506 (note).
Interrègne, 63.
Invasion, incursion, 278, 284, 298, 394, 433, 438, 534.
Iroquois, 14.
Issy, 18, 28, 37, 132, 148, 207, 223, 226, 235, 238, 248, 263, 265, 315, 361, 385, 393, 406, 407, 424, 468, 481 (note), 482, 514, 521, 550, 553, 554, 556.
Italie, Italiens, 48, 60, 143, 199, 305, 359, 386, 386, 537.
Iungbunzlau, 356 (note), 366 (note).
Ivan VI, 89 (note), 112 (note), 147, 156, 178.

J

Janus, 241.
Jedownitz, 397 (note), 401.
Johannesberg, 536.
Jonction, 278, 306, 327, 331 (note), 355, 358, 396, 401, 444, 462, 469, 483, 492, 502, 503, 514, 515, 523, 534.
Jordan (Charles-Étienne), conseiller privé, 7, 158 (note), 292 (note), 370, 371, 397 (note), 409 (note), 410, 423, 427, 431 (note), 432 (note), 439, 462 (note), 493, 498,

502 (note), 505 (note), 506 (note), 513 (note), 558, 559.
JORDAN (Christophe), maître de poste de la cour de Prusse, 290.
JOSEPH Iᵉʳ, empereur, 88, 352 (note).
JOSEPH II, empereur, 165.
Juif (et Émissaire), 31, 413.
Juliers (Duché et succession de), 12, 13, 16, 11, 20, 22 (note)-24, 29, 35, 36, 40, 41, 43, 44, 63, 67, 80, 86, 95, 96, 116, 120, 121, 125, 127 (note), 142, 149, 213, 246, 287, 303, 314, 318, 367, 425, 472, 476, 483, 523, 524, 535, 550.

K

KALKSTEIN (Christophe-Guillaume), général-lieutenant prussien, 286.
Kalteck, 309, 313, 316, 317.
KANNEGIESSER (Hermann-Laurent VON), conseiller aulique, 535, 536, 541, 544.
KELLER (Christophe-Didier DE), conseiller privé wurtembergeois, 129, 134, 144, 233, 235.
KHEVENHÜLLER (Joseph, comte), ministre d'Autriche à Dresde, 145 (note), 335.
KHEVENHÜLLER (Louis-André, comte), feld-maréchal autrichien, 377, 378, 387, 398, 406, 407, 410, 424, 458, 502, 528, 534.
Khevenhüller, régiment autrichien de cavalerie, 230 (note).
KIRCHEYSEN (Charles-David), conseiller de guerre prussien, 118, 119, 122.
Klein-Oels, 134 (note), 135.
Klein-Schnellendorf (Acte de), 7, 140 (note), 220, 231 (note), 296, 311 (note), 321-323, 325, 327-330, 333, 336, 348, 350, 351 (note), 359, 363, 365, 369, 371-375, 400, 431, 445 (note)-447, 452, 453, 478, 510 (note), 525 (note), 526.
KLEIST (Henning-Alexandre DE), général-lieutenant prussien, 191.
KLINGGRÆFFEN (Joachim-Guillaume DE), ministre de Prusse à Munich, 93 (note), 100, 101, 151, 154, 157, 163, 203, 289, 293, 295, 332, 355 (note), 387, 389, 440, 458 (note), 464, 531, 532.
KNOBELSDORFF (Jean-Georges, Wenzel, baron), surintendant des châteaux royaux, 158, 559.
KOCH (Ignace VON), conseiller privé des guerres, 339.
Kolin, 508.
Königgrätz, 389, 390, 396, 416, 431, 436, 437, 439, 441-443, 451 (note), 455-458, 461 (note), 462, 466, 475, 493, 494, 503, 504, 508, 529, 530 (note), 547.
Königsberg, 17.
KÖNIGSEGG (Comte Joseph-Lothaire), feld-maréchal, 486, 552.
Krems (et Pont de), 406, 410, 422.
KROTTENDORF (Baron), lieutenant-colonel autrichien, 351 (note).
Kuttenberg, 496, 497, 503, 506 (note), 513-517, 520, 521, 524, 526, 527, 548 (note), 558 (note), 559.

L

LA CHÉTARDIE (Joachim-Jacob Trotti, marquis DE), ambassadeur de France à Saint-Pétersbourg, 381, 382, 552, 554 (note), 556.
La Haye (et Traité de), 12, 66, 83, 94 (note), 107, 131 (note), 159, 162, 165, 195, 196, 357, 368, 379 (note), 412, 414-416, 476, 480, 481, 487, 498, 504, 537, 539, 540 (note).
LA MOTHE (Général DE), 418.
Landshut, 458.
Landskron, 392, 393, 403 (note).
Langenbielau, 145.
Lauchnitz (Camp de) *(Loncznik)*, 331, 332.
LAVISSE (Ernest), 5, 547.
Leipnik, 146 (note).
Leipzig, 191, 465.
Leitmeritz, 442, 514.
Leitomischl, 445.

— 575 —

Le Maire (Abbé), ministre de France à Copenhague, 320, 346.
Lentulus (Baron), général autrichien, 244, 251, 291, 292, 307, 322, 323, 325, 327 (note), 330, 333.
Léopold, empereur, 66, 120.
Lestocq, 381, 382, 396.
Lestwitz (Colonel de), 71 (note).
Lettre déhortatoire, 195, 379.
Lettres de créance, 93, 94, 96, 398 (note).
Levée de boucliers et de troupes, 43, 44, 46, 50, 52, 60, 62, 64, 79, 84, 100, 195.
Levrier (Lieutenant-colonel de), 326, 331 (note), 349 (note), 365, 368.
Libéralités (Fonds secrets), 93, 96, 104, 135, 137, 140, 141, 177.
Liége (Évêque de) (Georges-Louis de Berghes), 15, 25, 36, 39 (note), 425, 471, 546.
Liegnitz (et Duché de), 58, 206, 210, 257 (note).
Ligue et ligues, 357, 468, 529, 554 (note).
Limbourg (Duché de), 253, 254, 472.
Linde (Detlof-Gustave-Frédéric von der), conseiller de guerre, ministre de Prusse à Stockholm, 166, 219, 220 (note).
Linsburg, 316 (note).
Linz, 226, 258, 281, 286, 294, 295, 303, 305, 332, 378, 387, 393, 406, 522.
Livonie, 192.
Lobkowitz (Christian, prince), feldmaréchal autrichien, 302, 327, 331 (note), 355, 378, 390, 406, 410, 424, 458, 486, 489 (note), 490, 492, 495, 503, 506 (note), 508, 514, 522, 523.
Lombardie, 358 (note).
Londres (et Cour de), 14, 22, 66, 75, 84, 87, 113, 129, 143, 145, 152, 159, 164, 165, 168, 174, 188 (note), 189, 199, 201, 289, 293, 357, 360, 367, 379, 405, 416 (note), 462, 463, 467, 472, 473, 478 (note), 484, 487, 501, 539.

Lorraine (et Maison de), 9, 46, 67, 345, 550.
Lorraine (Duc de). Voir François-Étienne, grand-duc de Toscane.
Louis XV, 9, 12, 19, 28, 36, 38, 46, 77, 106, 107, 132, 139, 148, 149, 151, 158, 180, 192, 193, 203, 207, 208, 215, 218 (note), 222, 224, 226, 227, 232, 236, 238, 239, 248, 249, 252, 260, 263, 265, 266, 274, 278, 280, 287, 288, 292, 293, 299, 300, 315, 316, 328, 344, 346, 357, 361, 362, 386, 404, 413, 445 (note), 469, 473, 483, 484, 502, 520, 521, 524, 527 (note), 528, 533, 535, 536.
Louis, dauphin de France, 19.
Löwen, 171 (note).
Ludewig (Jean-Pierre de), chancelier de l'Université de Halle, 55, 56 (note).
Lummsdorf, 309.
Lusace (Basse), *Lausitz* et *Nieder-Lausitz*, 367.
Lutsch, officier autrichien, 292.
Luxembourg, 32, 33, 83, 382, 499.

M

Macaulay, 5, 11, 69 (note), 70 (note).
Machiavel, 39 (note), 69.
Magasins, 50, 60, 79, 138, 145, 245 (note), 249, 276, 324, 341, 406, 434, 437, 510, 514, 518, 522-524, 529.
Magdebourg, 30, 31, 203, 553.
Maillebois (Jean-Baptiste-François, marquis de), maréchal de France, 281, 299, 300, 409, 459, 470, 471, 498, 551, 555.
Mailly-Nesle (Louise-Julie, comtesse de), 260.
Maistre (Joseph de), 333.
Maleschau, 497-499, 502-504, 506-509.
Mannheim, 389, 390, 535.
Manteuffel (Ernest-Christophe, comte de), diplomate saxon, 52, 472.
Marche (Comté de la), 300.

Marche (la Nouvelle), 61.
MARDEFELD (Axel, baron DE), ministre de Prusse à Saint-Pétersbourg, 27, 34, 89, 130, 132, 133 (note), 136, 141, 145, 157, 159-161, 165, 172, 179, 181, 192, 210, 218, 219 (note), 289, 290, 380, 382, 395, 487, 529, 553 (note), 554 (note).
Mariage (Projet de), 396 (note).
MARIANNE (Archiduchesse), 48, 52, 53.
MARIE-AMÉLIE, électrice de Bavière, 289 (note).
MARIE LECZYNSKA, reine de France, 19.
MARIE-THÉRÈSE, 39, 48, 70 (note), 71, 74, 78 (note), 83, 86, 88, 93-97, 99, 111-113, 115-118, 120, 122, 126, 127, 129, 130, 135 (note), 137, 146, 147, 151, 159, 162, 165, 169, 176-178, 184, 185 (note), 188, 195, 197, 211, 212, 227, 238, 242-244, 252, 253, 255, 256, 258, 259, 265, 268, 270, 278, 279, 282-285, 290-292, 294, 297-299, 302, 307, 309, 311, 315, 321, 323-327, 330 (note), 331 (note), 333, 335, 336, 339 (note), 344, 346 (note), 349, 354, 357, 358, 360, 362-375, 377, 378, 384, 385, 388, 393, 397-399, 409-412, 414, 415, 417, 418, 423, 425-432, 434, 437, 438, 440, 442, 443, 446, 447, 451, 454, 456-458, 460, 461, 464-466, 469, 477, 479, 481, 484, 485, 490, 493. 499, 500, 503-505, 507, 509-511, 516, 518, 520, 522, 525, 526, 528-536, 539, 542, 543, 545, 553, 556 (note)-558.
Mark, 318.
MARSCHALL (Samuel DE), ministre d'État prussien, 191.
Marschwitz, 134 (note).
MARWITZ (Henri-Charles VON DER), général-lieutenant prussien), 283, 291 (note), 336, 441, 494.
MAUPERTUIS (Pierre-Louis Moreau DE), 171 (note).
MAUREPAS (Jean-Frédéric, comte DE), ministre de la Marine, 13.
Mayence (Électeur de) (Philippe-Charles, comte D'ELTZ), 66, 89, 94, 118, 296, 299, 314, 315, 353, 362.
Mazovie, 104 (note).
Mecklembourg (et la Succession de), 16, 17, 20, 24, 102, 115, 140, 169, 182 (note), 188, 190 (note), 262 (note), 294, 295, 298, 310, 319, 477 (note), 504.
MECKLEMBOURG-SCHWERIN (Charles-Léopold, duc DE), 89 (note), 137, 140, 310.
MECKLEMBOURG-SCHWERIN (Catherine-Ivanowna, duchesse DE), 89 (note).
Médiateur, médiation, 139-144, 147, 152, 168, 174, 183-185, 190 (note), 192, 211, 244, 246, 279, 292, 327, 431, 466, 474, 528, 529, 535, 537, 539, 552 (note).
Memel, 160, 192.
Mémoire, notes, 259, 366, 367, 383, 398, 443 (note), 467, 468, 501, 532.
Meseritsch, 424.
Metz, 30.
Meuse (Rentes sur la), 112, 124.
Milanais (le), 126.
Milices, milice bourgeoise, 257 (note), 258.
Milkau, 112, 113, 114.
Minden, 300.
MINUCCI (Général, comte), 387.
MIREPOIX (Pierre-Louis, marquis DE LÉVIS-), ambassadeur de France à Vienne, 62, 74, 78, 89.
Moldau (la), 495, 497, 502 (note), 506, 508, 514, 522.
Mölk, 350.
Mollwitz (et Bataille de), 138, 139, 167, 170-172, 177, 179, 181, 183, 184, 186, 187, 189, 190, 194, 195, 197-200, 204, 239, 379.
Montbéliard, 499.
MONTEMAR (Marquis DE), général espagnol, 358 (note).
MONTIJO (Christophe, comte DE), ambassadeur d'Espagne à Francfort, 498, 499 (note).
Moravie, 50, 91, 145, 147, 171 (note), 231, 233 (note), 264, 266, 287, 288, 298, 302, 303, 314, 321, 323, 324,

— 577 —

331 (note), 334, 336, 339-341, 343, 352, 354, 355, 359, 365, 373, 376-378, 385, 390-392, 395, 398, 400, 403, 404 (note), 409, 412, 418, 420-424, 428, 429, 431, 434, 437-439, 443 (note), 444, 456, 462, 465, 469, 472, 475, 487, 489, 511 (note), 512, 521, 522, 527, 528, 530 (note), 545.

Morawa (la), 424.

MORTAGNE (Ernest-Louis, comte DE), quartier-maître général, 276, 467, 513.

Moscou, 381, 456, 553 (note), 554 (note).

Moselle (la), 240.

MÜNCHHAUSEN (Gerlach-Adolphe, baron DE), président du Conseil de Hanovre, 14, 21, 170, 179, 189, 238, 358.

MÜNCHOW (Bogislaw), colonel prussien, 191.

Munich, 25, 100, 101, 154, 155, 165, 208, 215, 245 (note), 273, 276, 289 (note), 534.

Munitions, 249.

MUNNICH (Christian-Guillaume, baron), conseiller privé russe, frère du maréchal, 141.

MÜNNICH (Burchard-Adolphe, comte DE), feld-maréchal, 89, 90, 133, 136, 137, 141, 147, 148, 159, 165, 173, 192 (note), 381.

Münster, 498.

Münsterberg, 273, 328.

N

NABUCHODONOSOR, 39 (note).

Namslau, 133, 285 (note).

Naples, 358 (note).

NEEK (VAN DER), pensionnaire de Rotterdam, 162.

Négociations (Tentatives de), 12-15, 18, 21, 22, 23, 26, 29, 34, 36, 43, 58, 72, 73, 76, 83, 85, 93, 94, 96, 97, 101, 104, 114, 118, 122, 124, 126, 127, 129, 138, 142, 144, 149, 151, 166, 167, 169, 170, 172, 180-182, 188, 191, 193, 198, 200, 201, 204, 216, 219, 228, 236, 241, 243, 244, 251, 258, 259, 262 (note), 270-274, 278, 289, 291, 293, 303-306, 310, 311, 315, 320, 321 (note), 333, 334, 338, 339 (note), 342, 345, 347-350, 353, 371, 376, 383, 387, 388, 397, 401, 402 (note), 410, 425, 429-431, 436, 440-442, 444-448, 451, 452, 454, 457-461, 463, 464, 469, 470, 471, 472, 474, 475, 478-481, 483, 487, 490, 491, 493, 504, 506, 521, 523, 525, 531, 535, 541, 555.

NEHRKORN, perruquier, 153 (note).

NEIPPERG (Guillaume-Reinhard, comte), feld-maréchal autrichien, 49, 241-244, 257, 262-264, 274, 276, 278, 284, 286, 288, 290 (note)-293, 297, 298, 303-314, 316, 321-327, 329-331, 334-336, 339, 341, 343-345, 349, 352, 354-356, 363, 365-368, 374, 434.

Neisse (la), rivière, 127, 128, 171 (note), 230, 252, 258, 263 (note), 274 (note), 280-282, 285-289, 293, 294, 299, 303-306, 310, 312, 314-316, 324, 328, 330, 336-338, 347, 379 (note), 417, 431, 478 (note), 507.

Neisse (Ville de), 128, 133, 136 (note), 140, 146 (note), 168, 230, 231, 243, 252, 258, 263 (note), 266, 267, 273, 276, 279, 284, 285 (note), 288, 291, 292, 295, 299, 302, 303, 306-313, 315, 321-324, 326 (note), 329 (note), 334, 336, 337, 339, 341, 345, 348, 350, 351, 364, 366 (note), 371, 374, 431, 440-443, 469, 475 (note), 531.

NESSELRODE (Comte DE), 369 (note).

NEUBOUR (Frédéric-Christian DE), colonel saxon, 348.

Neubourg (Maison de), 318.

Neuendorf, 291 (note).

Neuhaus, 406, 492, 495.

Neunz, 290 (note), 334, 339, 340, 342 (note)-344, 347.

Neustadt, 326 (note), 330 (note).

Neustädtel, 145, 167.

Neutralité (et Traité de), neutre, 128 (note), 138, 276 (note)-278, 281, 282, 285, 288, 292-294, 297 (note), 298, 300, 302, 305-307, 310,

315-317, 319, 345, 357, 361, 368, 374, 379, 425, 450, 453, 455 (note), 472, 501, 553-555.
NEWTON, 455 (note).
Nicolsburg, 438.
Nieuport, 462.
Nimègue (Traité et paix de), 97.
Nimptsch, 163, 164.
NOAILLES (Adrien-Maurice, duc DE), maréchal de France, 459.
Nord (Affaires du), 301, 345, 553.
Nowag, 136, 137 (note).
Nuremberg, 426.
NÜSSLER, conseiller privé, 440, 441.
Nymphenbourg (Château et convention de), 223, 225, 233 (note), 245, 257, 262.

O

Occupation, prise, 404 (note), 421.
Oder (l'), 186, 251, 285 (note), 321, 324, 341, 431, 500.
Ofen, 290.
Offenbach (Convention d'), 358.
Offensive, 242, 302, 462, 485, 537, 557.
Offices (Bons), 137, 142, 152, 168, 169, 174, 177, 178, 210, 272, 281.
Offres, 19, 42, 65, 66, 71, 73, 89, 95, 99 (note), 100, 111, 114, 133, 142, 144, 168, 174, 185, 284, 286, 305, 425, 500, 504, 522, 537, 539, 540.
Ohlau, 133, 134 (note), 135 (note), 158, 170 (note)-175, 178-186, 191, 241, 257 (note), 291 (note).
Olmütz, 134 (note), 331 (note), 368, 376, 377 (note), 393, 394, 396-398, 400-403, 412-414, 416, 417, 420, 432, 433, 436-442, 444, 446, 447, 456, 522.
Opérations (et Plan d'), 45, 117, 138, 160 (note), 175, 215, 224, 226, 227, 229-231, 234-236, 242, 243, 245, 247, 249, 257, 258, 263 (note), 266, 274, 282, 284, 286, 288, 294, 302, 309 (note), 311, 314, 315, 327, 328, 331, 336, 340, 341, 345, 348, 353, 355, 369, 371, 373, 376, 388, 392, 402, 404, 406, 407, 411, 413, 422, 425, 444 (note), 457, 462, 463, 467, 469, 471, 477, 479, 490, 498, 512, 514, 518, 522, 525, 528, 529, 550.
Oppatau, 404 (note).
Oppau (Rivière d'), 324, 340, 511 (note).
Oppeln (et Duché d'), 58, 170 (note), 171 (note), 285 (note), 324, 475 (note), 494.
Oppersdorf, 312.
Ordres allemands (Biens des), 154.
Osnabrück (Évêché d'), 102, 163, 164, 166, 169, 182 (note), 188, 310.
OSTEIN (Henri-Charles, comte D'), ministre d'Autriche à Londres, 188, 189, 244.
Ostende, 462.
OSTERMANN (Henri-James-Frédéric-André comte D'), grand-amiral de Russie, 34, 89, 90, 133, 136, 137, 156, 159, 172, 179, 210, 219 (note), 381.
Ostfrise (Succession de l'), 20, 24, 29, 30, 140, 152, 163, 164, 166, 190, 295, 310.
Ottmachau, 131, 136, 139, 140-143, 146 (note), 230, 324.
Ouvertures, 31, 34, 41, 52 (note), 53, 96, 183, 184, 248, 260, 397, 401, 417, 434, 447, 453, 461, 538.

P

Paix (Conclusions et ouvertures de), 178, 183, 209, 216, 228, 238, 258, 260, 280, 301, 307-309, 324, 325, 333, 335, 339 (note), 346 (note), 349, 350, 352, 355, 356, 362, 364, 367, 368, 371, 375, 382, 384, 393, 395, 398, 399, 402, 406 (note), 410, 414-416, 418, 420, 421, 428, 430-434, 437-440, 442-446, 449-458, 460, 464, 465, 467, 468, 470 (note), 471, 473, 474, 478, 481 (note), 483, 485, 487, 491, 493-495, 499-505, 507-515, 519, 520, 524, 525, 527, 530, 533-537, 539-542, 544, 546, 548-550, 552-558, 560.

— 579 —

Palatin (Électeur, maison et troupes palatines), 12, 19, 21 (note), 22 (note), 28, 29, 29, 36, 44-46, 49, 54, 59, 61, 63, 79, 80, 89, 102, 125, 126, 205 (note), 213, 231, 240, 247.
PALFFY (VON Erdödy, comte Jean), palatin de Hongrie, 424.
Pardubitz, 431, 442, 451 (note), 458, 462 (note), 466 (note), 491, 493, 494, 503.
Paris, 6, 15 (note), 17 (note), 18, 19, 21, 23, 25, 33, 36, 40, 45, 66, 77, 83, 104, 105, 116, 150, 192, 249 (note), 260, 277, 278, 289, 302, 347 (note), 382, 384, 393, 416 (note), 463, 527, 543.
Parlement (Ouverture et séances du), 75, 79, 188 (note), 195, 196, 201, 293, 454.
Parme, 358 (note).
Partage (et traité et projet de), 44, 160 (note), 175, 266, 273, 279, 285, 318, 325, 350, 433.
Passau, 226, 257, 406.
Passeports, 251.
Pays-Bas, 41, 43, 59, 112, 162, 254, 437.
Péages, 13.
PECQUET, premier commis aux Affaires étrangères, 21.
PÉNÉLOPE, 553.
Pérou, 465.
PERUSA (Max-Emmanuel, comte), ministre de Bavière à Vienne, 56 (note).
PFÜTSCHNER (Baron), envoyé du grand-duc de Toscane, 398-401, 420, 423.
PHILIPPE (DON), infant d'Espagne, 358 (note).
PHILIPPE-CHARLES (Comte VON ELTZ), électeur de Mayence. Voir MAYENCE.
Philippsbourg, 228.
PIERRE LE GRAND, 378.
Pillau, 192.
Pilsen, 488 (note), 492, 518, 523.
Pisek, 404, 492, 502, 508, 523.
Pitschin, 171 (note).
Plaisance, 358 (note).

Pleins pouvoirs, 35, 96, 170, 172, 194, 205, 250, 251, 262, 271, 279, 302, 322, 328, 335, 415, 447, 501, 504, 507, 508, 511.
Plénipotentiaire, 322, 506, 541, 546.
PLOTHO (Éric-Christophe), conseiller à la Cour suprême d'appel, ministre de Prusse à Hanovre, 168, 170, 201, 212, 232, 233, 235, 238, 265, 267.
PODEWILS (Henri, comte DE), ministre d'État prussien, 25, 27, 28, 30, 31, 37, 40, 47, 50, 51, 52, 55, 56, 58, 61, 63-65, 67, 68, 77, 78, 80-82, 97, 108-111, 113, 115, 119-121, 127-134, 136-143, 145, 149-153, 155 (note), 157, 158, 160, 161, 163, 165-167, 170-175, 178, 180-186, 188-191, 194, 197-201, 204-221, 225, 228, 232-238, 240, 246, 247, 250, 251, 256, 259, 260, 262 (note), 264, 265, 267, 269-272, 274-279, 281-283, 285, 289-291, 293, 304, 309, 310, 317-320, 330, 332, 334, 336, 341-343, 346 (note), 352, 353, 357, 358, 360, 361, 363, 366, 378, 379, 382, 383, 389 (note), 393-397, 402, 413, 416 (note), 429 (note)-433, 436, 437, 440, 441 (note), 442, 444, 445, 447-456, 458-464, 466-471, 474-481, 484-487, 490-510, 512, 513, 515 (note), 516, 519, 524, 526, 528, 529, 531, 535-538, 540, 541, 544, 545, 548, 549, 551, 553.
PODEWILS (Othon-Christophe, comte DE), ministre de Prusse à La Haye, 379, 412, 414, 476, 480, 487, 498, 504, 537, 540 (note).
POLASTRON (Jean-Baptiste, comte DE), lieutenant-général, 389-392, 396, 403-405.
POLLMANN (Adam-Henri DE), conseiller privé de justice, représentant de la Prusse à Ratisbonne, 37, 52, 346 (note), 443.
Polna, 404 (note).
Pologne (et République de), Polonais, 43, 61, 77, 81, 105, 113, 115, 153, 169, 184, 195, 350, 429, 435, 436 (note), 469, 477 (note), 498, 505.

Pologne (Maria-Josepha, reine de), 81, 98, 104, 113, 145 (note), 392.
Poméranie suédoise (la), 141, 546.
Poniatowski (Stanislas, comte), voïvode de Mazovie, 104, 115, 300, 302, 382, 384, 387, 394 (note).
Ponts (Equipage de), haquets, 411, 413.
Porlitz, 410, 423 (note).
Porte ottomane (la), 44, 54, 182, 453.
Portugal, 393, 394 (note).
Possession (Envoi en —, garantie de — et possession provisionnelle), 42, 56, 58, 62, 73, 121, 125, 155, 205, 206 (note), 268, 277, 310, 338, 396, 413, 426, 449, 500, 513, 518, 528, 537.
Potsdam, 24, 83, 151, 382, 383, 389, 390, 397 (note), 542-545, 549, 551, 553 (note), 555.
Pourparlers, 168, 450, 453, 455.
Praetorius (André-Auguste de), général-lieutenant et ministre de Danemark à Berlin, 218, 220 (note).
Pragmatique Sanction, 32, 46, 48, 73, 75, 83, 88, 95, 96, 98, 102, 107, 115, 120, 126, 140, 152, 153, 159, 420, 557.
Prague (Escalade de — et traité de), 97, 233 (note), 305, 321 (note), 331, 335, 336, 352, 355-359, 373, 377, 381 (note), 392, 396, 401, 404 (note), 407-410, 412, 416 (note), 438, 439, 441, 475, 486, 488, 492, 498, 505, 506, 508, 509, 513, 514, 518-520, 522, 524, 527, 550.
Préliminaires, 364, 374, 431, 448, 506-508, 512, 513, 516, 519, 525, 526, 533, 543, 544, 558.
Préparatifs, 73, 79, 80, 84, 119, 248, 524.
Presbourg (et Cour de), 270, 271, 279, 306, 311, 312, 330, 331 (note), 333, 335, 339 (note), 349 (note), 356 (note), 367, 407, 413, 418, 421.
Prince électoral. Voir Frédéric-Christian de Saxe.
Prisonniers (et Échanges de), 244, 305, 307, 329 (note), 424, 511 (note), 530 (note).
Programme (et programme politique), 10, 11, 68, 129, 138, 176, 403, 430, 431, 450, 537, 560.
Pro memoria, 20, 22, 299, 416, 417, 419, 478 (note).
Prétentions, protestations, réclamations, représentations, 20, 44, 51, 58, 59, 62, 84, 94, 95, 100, 103, 105-107, 120, 121, 123, 125, 132, 137, 142, 144, 151, 165, 178, 183, 184, 194, 238, 245, 253, 254, 276 (note), 285, 287, 288, 292, 298, 307, 309, 334, 363, 387, 403, 421, 446, 448, 450, 482, 519, 550.
Propositions, 12, 17, 20, 21, 23 (note), 24, 41, 42, 73, 77, 81, 83, 90, 92, 93, 98, 114, 118, 135, 152, 168, 170, 172, 174, 177, 184, 185, 189, 228, 243, 246, 253, 258, 259, 265, 267-270, 272, 273, 277, 286, 291, 296, 309, 311, 320, 321, 371, 391, 401, 404 (note), 417, 420-422, 425, 438, 440, 449, 450, 466, 474, 480, 483, 504, 525, 534, 536, 552, 553, 554 (note).
Prostnitz, 444.
Protestants (Princes et pays), protestante (cause et religion), 75, 85, 87, 146, 164, 254, 256, 259, 364, 484, 556 (note).
Protivin, 502.
Prusse, Prussiens, 6, 9-11, 13, 51 (note), 56 (note), 61, 78, 104, 111, 127 (note), 139, 146 (note), 151 (note), 153 (note), 160 (note), 166 (note), 171 (note), 175, 176, 190, 192, 195, 203, 206 (note), 208, 219 (note), 222 (note), 225, 231, 233 (note), 238, 239 (note), 242, 246, 250 (note), 259, 264, 265, 270, 282, 301, 304, 307, 310, 317-319, 326, 330 (note), 334, 339 (note), 350, 352, 356, 360, 364, 365, 368, 376, 378, 379, 393, 397, 399, 413, 416 (note), 418, 423, 428, 436 (note), 438, 449, 450, 458, 463 (note), 501, 513, 525, 526, 534, 536, 539, 547-549, 552, 555, 556 (note), 557.

— 581 —

Prusse polonaise (la), 476 (note), 477.
PRUSSE (Élisabeth-Christine de Brunswick-Bevern, reine de), 161.
Puissances maritimes (les), 42-44, 60, 65, 67, 71, 80, 90, 99, 149, 159, 431, 442, 445, 448, 453, 458, 461, 464, 465, 476, 477, 481, 500, 505, 510, 537.
PULTENEY (Guillaume, comte Bath), 470.

Q

Quartier général, 328, 330, 430, 467, 490.
Quartiers (et quartiers d'hiver), 32, 33, 106, 138, 139, 146 (note), 227, 266, 285 (note), 294, 298, 301, 302, 313, 314, 321, 324, 334, 336, 337, 341, 344, 352, 365, 366, 371, 373, 389, 401, 404 (note), 421, 422, 426, 428, 449, 455 (note), 497, 522.

R

Raab, 171 (note).
RAESFELD (Jean-Pierre), ministre de Prusse à La Haye, 83, 91 (note), 107, 108, 131, 157, 162, 368,
RAMPUSCH (Colonel DE), 153 (note).
Rassemblement de troupes, 136 (note), 183, 232, 237, 239, 379, 422, 457, 475.
Ratibor, 58, 425.
Ratification, 136, 214, 215 (note), 248, 228, 232, 431, 508, 510-512, 516, 525, 526, 530, 546, 558.
Ratisbonne (Diète de), 37, 52, 66, 89, 102, 346 (note).
Rauschwitz, 251.
Ravensberg, 303, 318.
Ravenstein (Seigneurie de), 267, 318, 328, 339, 342, 523.
Reichenbach, 261-267, 269, 270, 272-278, 286, 370, 371 (note).
Reichstag de Suède, 222 (note).
Reimersheide, 279.
REINHARD (DE), commissaire de guerre, 171 (note).

REISEWITZ (Baron DE), 329 (note).
Remontes (et Chevaux de), 57, 61, 79.
RENARD (Jean-Baptiste, comte), général-lieutenant saxon, 392.
Renforts, 409, 410, 422, 426 (note), 441, 458, 489, 506, 513, 515, 527, 557.
Renonciation, 66, 120, 123, 145 (note), 287, 303, 310, 314, 317, 318, 339, 342, 523, 535, 550.
Renversement des alliances (le), 364, 529 (note).
Réquisitoriaux, 524.
Retraite, 324, 334, 356, 359, 406, 407, 420, 429, 437, 439, 458, 472, 475, 489, 495, 502, 514, 517-520, 523.
Revers, 123.
Révolte, révolution, 14, 147 (note), 378, 380-383, 385.
Rheinsberg (*Römusberg*), 11, 36 (note), 38 (note)-40, 50-52, 55, 56, 58, 61, 63, 64, 67, 68, 78 (note), 120 (note), 148, 158.
Rheinzabern, 270.
Rhin (Le, passage et cours du), 13, 21, 208, 215, 216, 240, 249, 252, 255, 270, 278, 469, 475, 547.
Rhin (Bas-), 437.
ROBINSON (Thomas), ministre d'Angleterre à Vienne, 100, 196, 197, 199, 217, 228, 238, 251-253, 255-259, 263, 265, 269-273, 275, 278-280, 283 (note), 284, 297, 334 (note), 349 (note), 356 (note), 364, 369 (note), 455 (note), 462 (note), 477 (note), 500, 501.
Romains (Empereur, et roi des), 36, 41.
Rome, 380, 472, 473, 556.
RÖMER (Général DE), 171 (note).
Rossbach, 9.
Rostock, 310.
ROTHENBURG (Frédéric-Rodolphe, comte DE), général-major prussien, 495.
Rothsürben, 133 (note).
Rotterdam, 162.
Rubicon (le), 108, 111.

RUDENSCHÖLD (Charles DE), ministre de Suède à Berlin, 191, 219, 220 (note), 222, 230, 261.
Ruppin, 12, 22, 23, 32, 33, 36, 37, 148, 149.
Rupture (et rupture de traités), 7, 8, 117, 130, 133, 193, 194, 225, 333, 349, 350, 365, 374, 512, 546.
Russie, Russes, 25-27, 34, 42-44, 52, 54, 57, 60, 61, 65, 67, 71, 77, 84, 85, 87, 89 (note), 90, 105, 106 (note), 109 (note), 110, 113-115, 130, 131, 133, 134, 136, 137, 139, 140, 142, 143-145, 147, 149, 156, 159-163, 169, 174, 176, 178-182, 187, 192, 193, 200, 201, 224 (note), 225, 243, 244, 259, 261 (note), 278, 287, 289, 290, 294, 298, 301-303, 306, 315, 343, 347, 358, 380-383, 385, 386, 393, 396, 413, 414, 425, 451 (note), 453, 456, 474, 498, 518, 528, 529, 534, 543, 548, 552, 554 (note), 556.
RUTOWSKI (Frédéric-Auguste, comte), général saxon, 358, 400 (note), 401, 404, 420, 421, 422.

S

Saatz, 442.
Sagan (Principauté de), 152.
Sahay (Affaire de), 494, 522.
Saint-James (Cabinet de), 176, 194, 244, 284, 360, 364.
Saint-Pétersbourg, 27, 34, 51, 58, 66, 89, 112, 130 (note), 132, 133 (note), 136, 141, 143, 147, 156, 159, 165, 166, 168, 174, 175, 192, 195, 196, 201, 210, 328, 380, 381, 414, 416 (note), 552 (note), 556.
Sainte-Anne (Camp de), 482.
Sanct-Pölten, 336, 340.
Sardaigne (Cour et roi de), 60, 61, 83, 194, 462, 537.
Savoie, Savoyards, 53, 59, 358 (note).
Savoie (Régiment autrichien de cavalerie), 230.
Saxe (et Cour de), Saxons, 26, 43, 44, 47, 48, 50, 52-54, 57, 60, 61, 64, 74, 81, 88, 94, 98, 102, 106 (note), 109, 113, 115, 118, 127, 130, 135, 136, 151, 160, 172 (note), 174, 175, 181-185, 192, 194, 195, 200, 201, 213, 217, 227, 228, 231-234, 239, 240, 243, 244, 248-250, 252, 262, 265, 266, 270, 272, 273, 275, 277, 281, 287, 288, 290, 293, 294, 297 (note)-300, 302-304, 306, 314, 315, 318, 326, 328, 330, 337, 338, 341, 343, 348, 350, 352, 353, 358, 362, 372, 378, 384-388, 391, 396-401, 403, 404 (note), 418, 429, 434, 437, 438, 441-444, 455, 470 (note), 487, 488, 498, 499, 501, 513, 516-518, 520-527, 533, 542-544, 548, 550.
SAXE (Jean-Georges, chevalier DE), général saxon, 392, 403 (note), 436, 438, 439 (note).
SAXE (Maurice DE), 404, 458.
Saxe électorale (la), 204 (note), 262.
Sazawa (la), 359, 404 (note), 475.
Scalitz, 422, 424.
Scanie, 193.
SCHMETTAU (Samuel, baron DE), feld-maréchal, 191, 198 (note), 199, 245, 274, 284, 286, 293, 294, 305, 312 (note), 337, 338, 340, 355 (note), 359 (note), 371, 374, 389, 392 (note), 416, 417, 447, 486, 488, 490, 492, 509 (note), 515 (note).
SCHUBITZ (Baron), Kreishauptmann d'Olmütz, 377 (note).
Schulenburg (Régiment de cavalerie de), 158 (note).
SCHUMACHER (Élias), secrétaire du cabinet du roi, 209.
Schwarzawa (la), 424.
Schweidnitz, 152-154, 156, 157, 159-161, 172 (note), 206, 210, 257 (note), 442, 525.
Schweinitz, 108, 109.
Schwerin, 310.
SCHWERIN (Bogislav-Frédéric DE), grand-écuyer de Frédéric II, 151 (note).
SCHWERIN (Kurt-Christophe, comte), feld-maréchal général prussien, 40, 47, 79 (note), 117 (note), 127 (note), 136, 146 (note), 170 (note),

177, 256 (note), 257 (note), 263 (note), 290 (note), 300, 366, 373, 375-377, 392, 440, 441, 456, 521, 522.
Schwicheldt (Auguste-Guillaume de), conseiller privé de guerre, ministre de Hanovre à Berlin, 166, 180 (note), 185, 188, 190, 191, 197 (note), 211, 212, 217, 240-242, 257, 259, 264, 276, 277, 282, 288, 290, 293, 299, 309, 310, 319.
Schwiebus (Cercle de), 58, 120, 123, 210, 217.
Séchelles (Moreau de), intendant de l'armée de Bohême, 392.
Seckendorff (Louis-Henri, comte de), feld-maréchal de l'empire, 108.
Sedan, 9.
Ségur (Henri-François, comte de), lieutenant-général, 396.
Seine (la), 432 (note).
Selowitz (et Programme de), 403, 423 (note), 424, 426, 427, 429 (note)-431, 433-441, 443 (note), 450.
Sibérie, 381.
Siepmann (Alexandre-Henri), résident de Saxe à Berlin, 52 (note), 77.
Silésie (et Princes de), Silésiens, 25, 31, 39-42, 44, 45, 50, 55-58, 60-63, 65-67, 69-71, 73, 79, 80, 82, 84, 85, 89-93, 95, 96, 98, 99 (note)-108, 111, 114, 116-120, 122-130, 132, 135, 137, 140-147, 150, 151 (note), 153, 154, 162, 163, 167, 168, 173, 177, 178, 183, 184, 189, 194, 196, 197, 210, 211, 230, 231, 233 (note), 242, 253-256, 259, 275, 279, 284, 308, 312, 332, 338, 341, 343, 345, 356, 358 (note), 359 (note), 362, 364, 371-373, 379 (note), 395, 411 (note), 442, 455 (note), 458, 463 (note), 475, 476 (note), 484, 505, 508, 511, 514, 525, 526, 528, 530, 536, 537, 545-548, 550, 556 (note), 557, 558, 560.
Silésie (Basse-), 134, 135, 140, 143-145, 163, 164, 169, 190, 196, 213, 238, 255-257, 259, 266, 268, 271, 273, 283, 285 (note), 295, 296, 306, 307, 309, 310, 312, 315, 321, 324, 328, 372, 417, 439, 441, 472, 475, 500, 503, 507, 511.
Silésie (Haute-), 134, 152, 171 (note), 266, 277, 287, 288, 298, 302, 303, 309 (note), 311 (note), 313, 314, 316, 324, 328, 348, 365, 398, 399, 418, 424, 428, 431, 434, 437, 440-443, 451 (note), 455-460, 462, 466, 472, 474, 475, 477, 478 (note), 483, 499, 500, 503, 504, 506, 507, 511, 512, 517, 523, 526, 530, 545 (note).
Sinzendorff (Philippe-Louis, comte de), chancelier d'Autriche, 92, 93, 96, 119, 336, 364, 484 (note).
Sobieslaw, 503.
Sommations, 376 (note).
Sonsfeldt (Dragons de), 59.
Sophie-Dorothée, reine douairière de Prusse, 18, 26, 277.
Sophie-Wilhelmine, princesse de la Frise orientale, 30.
Sorel (Albert), 5, 55 (note), 68.
Souabe (la), 227, 314.
Stainville (Joseph, marquis de Choiseul), ministre de Toscane à Paris, 289, 347, 348.
Stair (John Dalrymple, comte), feld-maréchal anglais, ambassadeur à La Haye, 476, 477, 479-481, 500, 537-540.
Stanislas Leczynski, roi de Pologne, 81, 104, 105.
Starhemberg (Gundaccar-Thomas, comte de), ministre de conférences, 483 (note).
Steinau, 321.
Steinberg (Ernest de), ministre d'État hanovrien, 168, 172.
Sternberg (Comte de), 322.
Stettin, 554 (note).
Steuercasse (la), 511.
Stockerau, 424.
Stockholm, 166, 219 (note), 416 (note), 554 (note).
Strasbourg, 17 (note), 424.
Strehlen, 165, 166, 220 (note), 222, 223, 225, 226, 228, 230, 232-239,

241, 244, 246, 248-253, 257-261, 370 (note).
Strelitz, 310, 326 (note).
Stuttgart, 273.
Subsides (et traité des), arrérages, 32, 35, 42, 65, 71, 124, 144, 167, 203, 231, 236, 237, 268, 294, 298, 358, 360, 364, 410, 427, 449, 457, 469, 518.
Subsistances (et manque de), vivres, 276, 316, 331, 341, 345, 406, 408, 409, 422, 429, 433, 436, 437, 462, 465, 514, 522.
Succession d'Autriche, 5, 12, 13, 25, 31, 54, 57, 62, 74, 82-84, 88, 94-96, 98, 100, 102, 106, 115, 124, 242, 245, 268, 318, 462.
Succession palatine (la), 518.
Sückow (Major von), 495.
Suède, Suédois, 27, 30, 43, 44, 54, 58, 131, 162, 165, 166 (note), 182, 187, 192-194, 209, 213, 215, 220 (note), 222, 224, 225, 235-237, 261, 278, 290, 301, 303, 343, 347, 381, 382, 386, 393, 411, 453, 534, 546, 548, 552 (note), 554 (note).
Suède (Ulrike-Éléonore, reine de), 386.
Suhm (Nicolas de), conseiller de légation, 382.
Sulzbach (Charles-Théodore de, comte palatin), 29, 96, 103, 213.
Sulzbach (Maison de), 21, 96, 120, 125, 318, 535.
Sydow (von), capitaine, aide de camp de Frédéric, 505, 506, 508.

T

Tabor, 408.
Tartares, 469.
Tencin (Pierre Guérin cardinal de), 556 (note).
Terzy (Général von), 376 (note).
Teschen (Duché de), 324, 365, 411 (note), 431, 451 (note), 455, 475, 511 (note).
Testament, 26, 63.

Thaya (la), 392, 396, 402 (note), 406, 420, 424.
Thayn (Moldautheyn), 508.
Titley (Walter), résident anglais à Copenhague, 320.
Törring-Jettenbach (Ignace-Félix-Joseph, comte), feld-maréchal et ministre de conférence bavarois, 151, 154, 396.
Törring-Jettenbach (Max-Emmanuel, comte), ministre de Bavière à Berlin, 25, 155, 245, 250, 251, 257, 262, 274, 295, 296, 317, 342.
Toscane (Grand-duc de). Voir François-Étienne de Lorraine.
Toussaint (François-Joseph), secrétaire du grand-duc de Toscane, 92, 93, 96, 119.
Traité secret (et articles secrets), 12, 19, 31, 35, 95, 96, 102, 144, 150, 161, 162, 164, 169, 180, 190, 202, 206, 218, 220, 221, 225, 233 (note), 236, 262 (note), 267, 274, 288 (note), 293, 296, 299, 300, 302-304, 308, 309, 311 (note), 317, 318, 320, 322, 324, 325, 327, 337, 338, 342, 347, 348, 361, 367, 377 (note), 395, 396, 399, 413-415, 425, 426, 429, 431, 434, 442, 453, 455 (note), 474 (note), 515 (note), 525, 528, 530, 533, 536, 538, 545, 548-550, 557.
Trèves (Électeur de), François-Georges, comte Schönborn, 89, 94, 299, 358.
Trevor (Robert), ministre d'Angleterre à La Haye, 162, 196, 294, 357, 379.
Troppau, 146 (note), 312, 323, 324, 331 (note), 333, 341, 349, 366-369, 376, 425, 455, 456, 511 (note).
Troupes auxiliaires, 60, 105, 106, 167, 188 (note), 192, 227, 234, 242, 243, 306, 320, 364, 410.
Trübau, 445 (note).
Truchsess (Frédéric-Sébastien-Winibald, comte von Waldburg-), général-major, ministre de Prusse à Londres, 12, 14, 16, 17, 20, 22, 24, 26, 33, 93 (note), 102, 136, 152, 157, 161, 163, 164, 167, 168, 170-

— 585 —

172, 181, 187-189, 191, 197, 198, 201, 210, 212, 293.
Truchsess (Régiment de), 326 (note), 327.
TURENNE, 522, 553.
Turnhout (Revenus de), 124.
Turquie, Turcs, 15.
Tusculum, 158, 472.
Tyrol, 314.

U

UHLEFELD (ULFELD) (Antoine-Cornélius, comte), chancelier de la cour d'Autriche, 477 (note), 501.
Ultimatum, 44, 66, 134 (note), 138, 141, 144, 145, 196, 217, 221, 238, 253, 256, 430, 442, 450 (note).
Ungarisch-Brod, 424.
Union, 34, 38, 52, 86, 98, 103, 104, 110, 111, 139, 142, 145, 148, 149, 164, 179, 183, 221, 274, 362, 363.
Usurpateur, usurpation, 281.

V

VALORY (Guy-Louis-Henri, marquis DE), ministre de France à Berlin, 25, 30, 77, 78, 109, 111, 131, 132, 143, 148-150, 157, 158, 161, 162, 164, 165, 170, 172, 179, 180-182, 185, 186, 194, 199, 204-206, 208, 209, 213, 214, 216, 218-223, 226, 229, 230, 232-236, 241, 246-248, 250, 251, 259, 262 (note), 263, 265-267, 269, 271-273, 275, 276 (note), 279, 282, 287, 288, 293, 297, 299, 304, 305, 314-316, 321, 322, 327, 328, 337-339, 341, 343-347, 354, 357-360, 362, 366, 370, 391, 400, 401, 408, 409, 411, 412, 433, 438, 441, 447-449, 451, 469, 472, 474, 479, 481, 483, 485, 486, 488, 497, 502, 513, 515, 519, 520, 524, 527, 549, 551, 552 (note), 554, 555.
VARENNE (Marquis DE), lieutenant-colonel, 326.
Varsovie, 153 (note).

Venise, 556.
Verden, 60, 393.
VERNON (Amiral), 243.
Versailles (et Cour, cabinet et convention de), 11, 13, 22, 34, 79, 122, 125 (note), 164, 192, 230, 236, 239, 299, 344, 397, 399, 411, 512, 519, 552 (note).
Vienne (et Cour de), 25, 31, 32, 35, 37, 40-44, 47, 54, 56 (note), 59-62, 66, 67, 70-74, 76-81, 84-94, 96-104, 106, 107, 110-112, 114, 117-119, 122-127, 129-131, 134-137, 140, 142-144, 146-148, 152, 163, 173, 176, 177, 181. 189, 193-197, 199-202, 204-206, 208-210, 226, 228, 230, 231, 233 (note), 234, 238, 243, 245, 253-256, 258, 259, 261, 265, 270-273, 275, 277, 280, 282, 284-286, 289-292, 294, 296, 299, 301, 305-309, 311 (note), 315, 316, 325, 327, 331, 335, 339, 343-345, 347-350, 352, 356, 362, 367, 368, 370, 373, 377, 378, 381, 383, 384, 386, 395, 397-399, 401, 402, 406-408, 411, 415-422, 435-438, 440-444, 446-448, 450, 452, 453, 455, 458, 459, 461-472, 475, 477-480, 482, 483, 490, 491, 493, 494, 496, 500, 501, 504, 510, 511, 515, 518, 523, 525, 526, 528-531, 533, 534, 536, 537 (note), 542, 543, 550.
VILLIERS (Thomas), ministre d'Angleterre à Dresde, 177, 185 (note), 196, 335 (note), 465, 466 (note).
VOLTAIRE, 7, 39, 170 (note), 546.

W

Waidhofen, 424.
WALLIS (François-Wenzel, comte), feld-maréchal lieutenant, 116 (note).
WALPOLE (Robert), chancelier de l'Échiquier, 364, 405, 411, 427.
WALRAVE, général prussien, 351 (note).
Wartemberg (Comté de), 58 (note), 90.

WASNER (Ignace DE), ministre d'Autriche à Paris, 289, 347, 348.
Weidenau, 536.
WEISSENFELS (Jean-Adolphe, duc DE SAXE-), feld-maréchal saxon, 366, 472, 492, 520.
WERNER, lieutenant de hussards autrichien, 171 (note).
WERTHEIMBER (Wolf), banquier à Munich, 289 (note).
Wesel, 15, 21, 23-29, 32, 59.
Weser (le), 190, 301, 437.
Westphalie (Cercles et grenadiers de la), Westphaliens, 59, 199, 203, 268, 272, 297 (note), 300, 305, 306, 309, 343 (note), 410, 448, 454, 525, 538.
Westphalie (Traité de), 89, 547.
White Hall (Traité de), 364.
Wiborg, 382.
Willmanstrand, 290 (note).
WINTERFELD (Jean-Charles DE), major prussien, gendre de Münnich, 133, 137, 142.
Wischau, 401, 439, 442.
Wittingau, 406.
Woitz, 137, 263 (note), 274 (note), 279.
Wolein, 404 (note).

Wolfenbüttel (Maison de), 543.
Wotawa (la), 522.
WRATISLAW (Francois-Charles, comte), ministre d'Autriche à Dresde, 145 (note), 335.
Wurtemberg (et troupes de), 129, 134, 231, 233 (note).
WURTEMBERG (Louis, duc DE), 396 (note).
WURTEMBERG (Marie-Auguste, duchesse régente DE), 396.
Würzbourg (Évêque de, Frédéric-Charles, comte SCHÖNBORN), 436, 440, 449, 450, 475.
Wusterhausen (Traité de), 129.
WYLICH (Lieutenant-colonel DE), 490.

Y

Ybbs, 340.

Z

Znaym (Notanda de), 396 (note), 405-409, 411-413, 416-419, 421, 422, 474 (note), 478 (note), 483 (note), 488 (note), 499 (note).
Zülz, 331.

ERRATA ET ADDENDA

Page 23, 9ᵉ ligne, au lieu de : *en*, mettre : *m'*.
Page 39, 5ᵉ ligne, guillemets à déplacer et à mettre comme suit : « Le moment du changement total de l'ancien système de politique. »
Page 110, 4ᵉ ligne à partir du bas de la page, au lieu de *manger*, mettre : *ménager*.
Page 111, 3ᵉ ligne à partir du bas de la page, au lieu de : *avait*, mettre : *avais*.
Page 133, 6ᵉ ligne, après : *il*, supprimer : *me*.
Page 136, 2ᵉ ligne, au lieu de : *19*, mettre : *10*.
Page 206, 3ᵉ ligne à partir du bas de la page, au lieu de: *Liegnitze*, mettre : *Liegnitz*.
Page 215, 3ᵉ ligne, au lieu de : *tôt*, mettre : *vite*.
Page 231, 1ʳᵉ ligne, au lieu de : *e*, mettre *et*.
Page 250, dernière ligne, au lieu de : . Le, mettre : , le.
Page 254, 1ʳᵉ ligne, au lieu de : *a*, mettre : *à*.
Page 293, note 1, avant-dernière ligne, au lieu de : *pur*, mettre : *par*.
Page 314, 16ᵉ ligne, au lieu de : *nos*, mettre : *mes*.
Page 403, note, 5ᵉ ligne, au lieu de : *chancelier*, mettre : *chevalier*.
Page 404, 3ᵉ ligne, au lieu de : *soutenu*, mettre : *appuyé*.
Page 410, dernière ligne, au lieu de : *Jordani*, mettre : *Jordan*.
Page 417, 9ᵉ ligne à partir du bas de la page, au lieu de : *la*, mettre : *le*.
Page 424, 21ᵉ ligne, au lieu de : *Storkerau*, mettre : *Stockerau*.
Page 456, avant-dernière ligne, au lieu de : *Schewerin*, mettre : *Schwerin*.
Page 466, dernière ligne, au lieu de : *Frederich*, mettre : *Friderich*.

TABLE DES MATIÈRES

	Pages.
Avant-propos...	5
I. — De l'avènement de Frédéric II à la mort de l'empereur Charles VI (juin-octobre 1740)...	11
II. — La mort de l'Empereur, l'invasion de la Silésie et le traité de neutralité de Breslau (26 octobre 1740-3 janvier 1741).	38
III. — Du traité de neutralité de Breslau au lendemain de la bataille de Mollwitz (avril 1741)...	138
IV. — De la bataille de Mollwitz au traité avec la France (5 juin 1741)...	175
V. — Du traité d'alliance avec la France et des premières difficultés relatives à son exécution jusqu'à l'acte de Klein-Schnellendorf (juin-octobre 1741)...	220
VI. — L'évolution de Frédéric pendant les mois de novembre et de décembre 1741. — La rupture de l'acte de Klein-Schnellendorf...	333
VII. — Les préliminaires de la première guerre de Silésie. — Frédéric à Dresde et à Olmütz. — La mission de Pfütschner.	375
VIII. — La reprise des hostilités. — Le programme de Selowitz et l'évacuation de la Moravie...	403
IX. — Les négociations de Breslau. — La bataille de Czaslau....	446
X. — Le lendemain de Czaslau. — Le mécontentement et la défection de Frédéric. — Les préliminaires de Breslau et la paix de Berlin...	489
Index alphabétique...	561
Errata et addenda...	587

PARIS
TYPOGRAPHIE PLON-NOURRIT ET Cie
8, rue Garancière

PARIS
TYPOGRAPHIE PLON-NOURRIT ET Cie
RUE GARANCIÈRE, 8

www.ingramcontent.com/pod-product-compliance
Lightning Source LLC
Chambersburg PA
CBHW070330240426
43665CB00045B/1290